에듀윌과 함께 시작하면,
당신도 합격할 수 있습니다!

이 일 저 일 전전하다 관리자가 되려고 시작해
최고득점으로 동차 합격한 퇴직자

4살 된 딸아이가 어린이집에 있는 동안 공부해
고득점으로 합격한 전업주부

밤에는 대리운전, 낮에는 독서실에서 공부하며
에듀윌의 도움으로 거머쥔 주택관리사 합격증

누구나 합격할 수 있습니다.
시작하겠다는 '다짐' 하나면 충분합니다.

마지막 페이지를 덮으면,

에듀윌과 함께
주택관리사 합격이 시작됩니다.

16년간 베스트셀러 1위

기초서

기본서

기출문제집

핵심요약집

문제집

네컷회계

주택관리사 교재 보기

베스트셀러 1위 교재로 따라만 하면 합격하는 커리큘럼

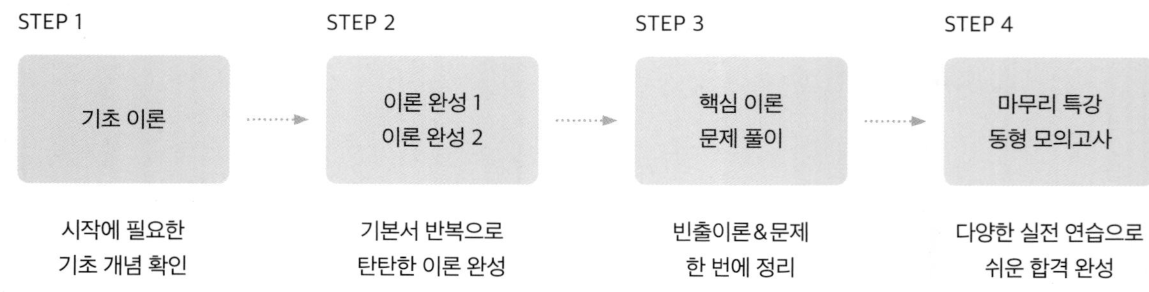

* 커리큘럼의 명칭 및 내용은 변경될 수 있습니다.

* 2023 대한민국 브랜드만족도 주택관리사 교육 1위 (한경비즈니스)
* YES24 수험서 자격증 주택관리사 베스트셀러 1위 (2010년 12월, 2011년 3월, 9월, 12월, 2012년 1월, 3월~12월, 2013년 1월~5월, 8월~11월, 2014년 2월~8월, 10월~12월, 2015년 1월~5월, 7월~12월, 2016년 1월~12월, 2017년 1월~12월, 2018년 1월~12월, 2019년 1월~12월, 2020년 1월~7월, 9월~12월, 2021년 1월~12월, 2022년 1월~12월, 2023년 1월~11월, 2024년 1월~2월, 4월~12월, 2025년 1월~2월 월별 베스트)

업계 유일 6년 연속 최고득점자 배출

에듀윌 주택관리사의 우수성, 2024년에도 입증했습니다!

제27회 시험 최고득점자&수석합격

문O호 합격생

에듀윌 주택관리사를 공부하면서 좋았던 부분은 체계적인 커리큘럼과 실전 대비 시스템입니다. 강의가 단계적으로 구성되어 초보자도 쉽게 따라갈 수 있었고, 중요한 내용을 반복 학습할 수 있는 구조가 시험 준비에 큰 도움이 되었다고 생각합니다. 또한 다양한 문제 풀이와 모의고사를 통해 실전에 대한 자신감을 키울 수 있었던 점이 좋았습니다. 주택관리사 시험을 준비하는 여러분들, 많이 힘들고 불안한 마음이 들겠지만 "한 발짝 더 나아가는 용기와 꾸준함이 합격을 만드는 것 같습니다." 포기하지 않고 끝까지 달려간다면 반드시 좋은 결과를 얻을 수 있습니다. 마지막까지 최선을 다하는 여러분을 진심으로 응원합니다.

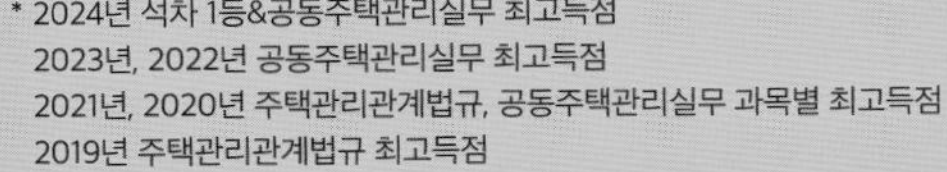

* 2024년 석차 1등&공동주택관리실무 최고득점
2023년, 2022년 공동주택관리실무 최고득점
2021년, 2020년 주택관리관계법규, 공동주택관리실무 과목별 최고득점
2019년 주택관리관계법규 최고득점

주택관리사,
에듀윌을 선택해야 하는 이유

오직 에듀윌에서만 가능한 합격 신화
6년 연속 최고득점자 배출

합격을 위한 최강 라인업
주택관리사 명품 교수진

주택관리사

합격부터 취업까지!
에듀윌 주택취업지원센터 운영

합격생들이 가장 많이 선택한 교재
16년간 베스트셀러 1위

* 2023 대한민국 브랜드만족도 주택관리사 교육 1위 (한경비즈니스)
2024년 석차 1등&공동주택관리실무 최고득점 / 2023년, 2022년 공동주택관리실무 최고득점 / 2021년, 2020년 주택관리관계법규, 공동주택관리실무 과목별 최고득점 / 2019년 주택관리관계법규 최고득점
* YES24 수험서 자격증 주택관리사 베스트셀러 1위 (2010년 12월, 2011년 3월, 9월, 12월, 2012년 1월, 3월~12월, 2013년 1월~5월, 8월~11월, 2014년 2월~8월, 10월~12월, 2015년 1월~5월, 7월~12월, 2016년 1월~12월, 2017년 1월~12월, 2018년 1월~12월, 2019년 1월~12월, 2020년 1월~7월, 9월~12월, 2021년 1월~12월, 2022년 1월~12월, 2023년 1월~11월, 2024년 1월~2월, 4월~12월, 2025년 1월~2월 월별 베스트)

주택관리사, 단기간에 이론을 끝내고 싶다면

주택관리관계법규 요약집 8주 완성 플래너

* 주택관리관계법규 핵심요약집 권장학습기간인 8주는 에듀윌 이론강의에 기반하였습니다.
* 학습 내용 란에 한 주마다의 학습계획을 작성하고, 학습이 끝난 후 성취도 란에 표시합니다.

1주차

월 일 ~ 월 일

학습 내용	성취도
예시) PART 1 주택법 - CHAPTER 01	%
	%
	%
	%
	%
	%

2주차

월 일 ~ 월 일

학습 내용	성취도
	%
	%
	%
	%
	%
	%

3주차

월 일 ~ 월 일

학습 내용	성취도
	%
	%
	%
	%
	%
	%

4주차

월 일 ~ 월 일

학습 내용	성취도
	%
	%
	%
	%
	%
	%

5주차 월 일 ~ 월 일

학습 내용	성취도
	%
	%
	%
	%
	%
	%

6주차 월 일 ~ 월 일

학습 내용	성취도
	%
	%
	%
	%
	%
	%

7주차 월 일 ~ 월 일

학습 내용	성취도
	%
	%
	%
	%
	%
	%

8주차 월 일 ~ 월 일

학습 내용	성취도
	%
	%
	%
	%
	%
	%

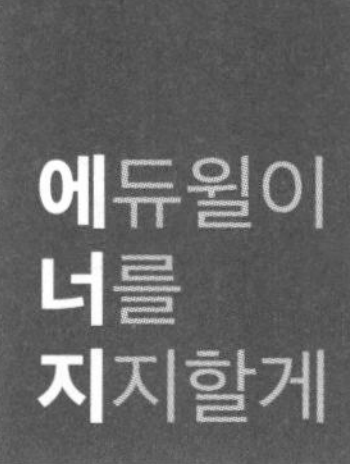

ENERGY

세상을 움직이려면

먼저 나 자신을 움직여야 한다.

– 소크라테스(Socrates)

합격할 때까지 책임지는 개정법령 원스톱 서비스!

기준 및 법령 개정이 잦은 주택관리사 시험,
개정사항을 어떻게 확인해야 할지 막막하고 걱정스러우신가요?
에듀윌에서는 필요한 개정법령만을 빠르게! 한번에! 제공해 드립니다.

에듀윌 도서몰 접속 (book.eduwill.net) ▶ 도서자료실 클릭

개정법령 확인하기

2025

에듀윌 주택관리사

핵심요약집

2차 주택관리관계법규 핵심이론

시험 안내

주택관리사, 무슨 일을 하나요?

주택관리사란?	주택관리사(보) 합격증서 + 대통령령으로 정하는 주택 관련 실무 경력 → 주택관리사 자격증 발급
하는 일은?	공동주택, 아파트 등의 관리사무소장은 물론, 주택관리 전문 공무원, 공동주택 또는 건물관리 용역 업체 창업 등 취업의 문이 넓습니다.

주택관리사(보) 시험에서는 어떤 과목을 보나요?

제1차 (2025년 6월 28일 시행 예정)

1교시 (총 100분)	회계원리	세부과목 구분 없이 출제 ※ 회계처리 등과 관련된 시험문제는 한국채택국제회계기준(K-IFRS)을 적용하여 출제
	공동주택 시설개론	목구조 · 특수구조를 제외한 일반건축구조와 철골구조, 홈네트워크를 포함한 건축설비개론 및 장기수선계획 수립 등을 위한 건축적산 포함
2교시 (총 50분)	민법	총칙, 물권, 채권 중 총칙 · 계약총칙 · 매매 · 임대차 · 도급 · 위임 · 부당이득 · 불법행위

▶ 과목별 각 40문항이며, 전 문항 객관식 5지 택일형으로 출제됩니다.

제2차 (2025년 9월 20일 시행 예정)

1교시 (총 100분)	주택관리 관계법규	다음의 법률 중 주택관리에 관련되는 규정: 「주택법」, 「공동주택관리법」, 「민간임대주택에 관한 특별법」, 「공공주택 특별법」, 「건축법」, 「소방기본법」, 「화재의 예방 및 안전관리에 관한 법률」, 「소방시설 설치 및 관리에 관한 법률」, 「승강기 안전관리법」, 「전기사업법」, 「시설물의 안전 및 유지관리에 관한 특별법」, 「도시 및 주거환경정비법」, 「도시재정비 촉진을 위한 특별법」, 「집합건물의 소유 및 관리에 관한 법률」
	공동주택 관리실무	시설관리, 환경관리, 공동주택회계관리, 입주자관리, 공동주거관리이론, 대외업무, 사무 · 인사관리, 안전 · 방재관리 및 리모델링, 공동주택 하자관리(보수공사를 포함한다) 등

▶ 과목별 각 40문항이며, 객관식 5지 택일형 24문항, 주관식 16문항으로 출제됩니다.

상대평가, 어떻게 시행되나요?

2024년 제27회 1,612명 선발!

국가에서 정한 선발예정인원(선발예정인원은 매해 시험 공고에 게재됨) 범위에서 고득점자 순으로 합격자가 결정되며, 2025년 제28회 시험의 선발예정인원은 1,600명으로 예상됩니다.

제1차는 평균 60점 이상 득점한 자, 제2차는 고득점자 순으로 선발!

제1차	매 과목 40점 이상, 전 과목 평균 60점 이상 득점한 사람 중에서 선발합니다.
제2차	매 과목 40점 이상, 전 과목 평균 60점 이상 득점한 사람 중에서 선발하며, 그중 선발예정인원 범위에서 고득점자 순으로 결정합니다. 선발예정인원에 미달하는 경우 전 과목 40점 이상자 중 고득점자 순으로 선발하며, 동점자로 인하여 선발예정인원을 초과하는 경우에는 동점자 모두를 합격자로 결정합니다.

제2차 과목의 주관식 단답형 16문항은 부분점수 적용

괄호가 3개인 경우	3개 정답(2.5점), 2개 정답(1.5점), 1개 정답(0.5점)
괄호가 2개인 경우	2개 정답(2.5점), 1개 정답(1점)
괄호가 1개인 경우	1개 정답(2.5점)

2020년 상대평가 시행 이후 제2차 시험 합격선은?

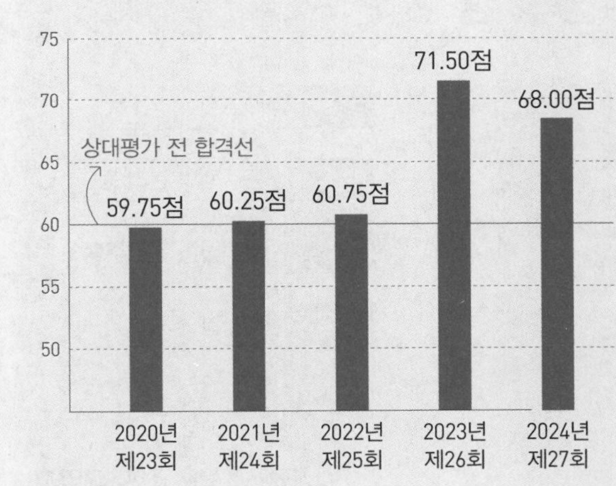

최근 2개년 합격선 **평균 69.75점!**

상대평가 시행 이후 제25회 시험까지는 합격선이 60점 내외로 형성되었지만, 제26회에는 평균 71.50점, 제27회에는 평균 68.00점에서 합격선이 형성되며 합격에 필요한 점수가 상당히 올라갔습니다. 앞으로도 에듀윌은 변화하는 수험 환경에 맞는 학습 커리큘럼과 교재를 통해 수험자 여러분들을 합격의 길로 이끌겠습니다.

에듀윌 핵심요약집이 효율적인 이유!

"시작하기에 너무 늦지는 않았을까?"
"양이 너무 많아서 뭐부터 공부해야 할지 모르겠어…"

고민은 그만, 에듀윌 핵심요약집으로 해결하세요!

베스트셀러 1위, 합격생이 인정한 교재

* YES24 수험서 자격증 주택관리사 핵심요약 베스트셀러 1위
– 공동주택관리실무 2024년 7월 월별 베스트
– 주택관리관계법규 2024년 8월 2주 주별 베스트

합격생 A

변별력을 위한 문제를 제외하고 핵심요약집에 모든 내용이 담겨 있어 전체적인 내용 파악을 편하게 할 수 있었어요.

합격생 B

공부해야 할 양이 만만치 않아 시험 한 달 전까지도 자신이 없었는데, 핵심요약집과 강의를 중점적으로 학습하여 좋은 결과를 얻을 수 있었어요.

방대한 주택관리사, 핵심만 담은 집약이론

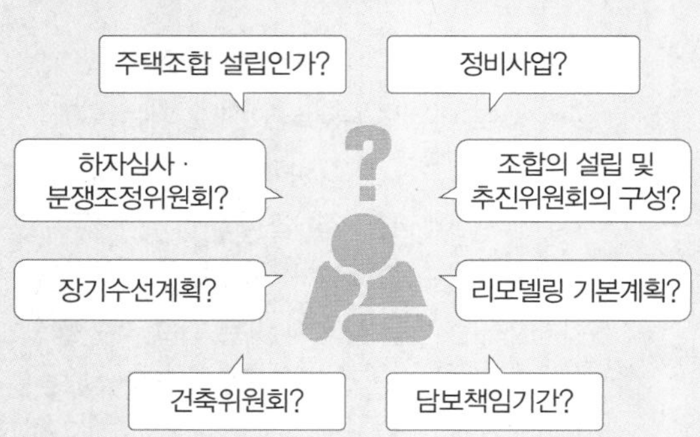

넓은 범위, 수많은 주제와 키워드

핵심	주택조합
핵심	공동주택의 관리 등
핵심	지분적립형 분양주택
핵심	정비사업

⋮

핵심만 싹 모은 **진짜 요약서!**

합격을 위한 최종병기, 차별화된 복습자료

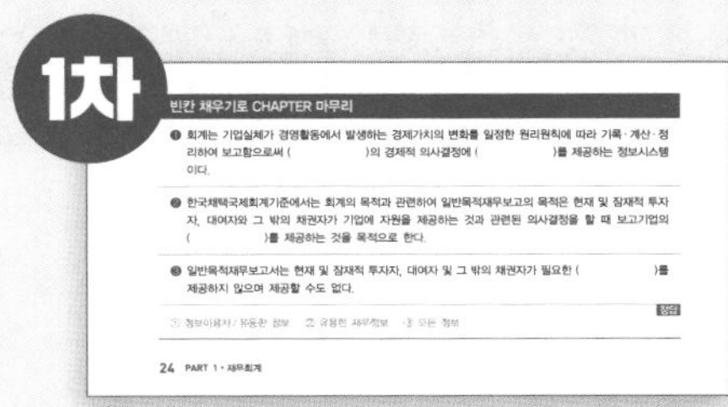

빈칸 채우기로 CHAPTER 마무리

1차 과목의 요약이론 중에서도 CHAPTER별로 반드시 알아야 하는 빈출이론은 빈칸을 채워가며 최종적으로 복습하고, 나만의 요약이론으로 활용할 수 있습니다.

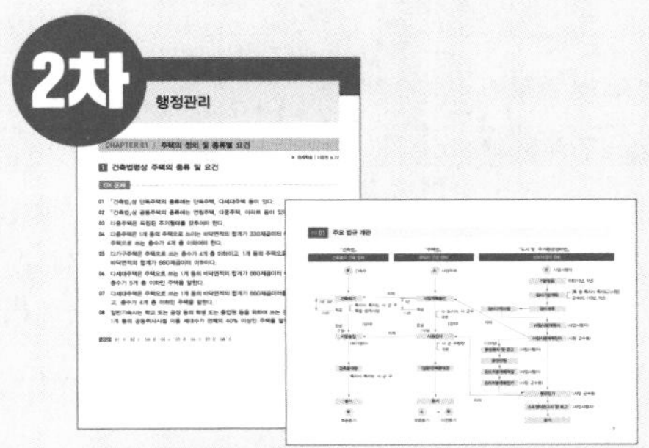

주택관리관계법규 체계도

방대한 양의 주택관리관계법규 이론을 체계도로 간단명료하게 정리할 수 있습니다.

공동주택관리실무 문제편

공동주택관리실무 핵심이론을 간단 문제로 확실히 정리할 수 있습니다.

PLUS 핵심요약집, 함께하면 좋은 책은?

단원별 기출문제집(2종)

주택관리사(보) 최근 기출문제로 약점 극복, 실전 완벽 대비!

출제가능 문제집(5종)

주택관리사(보) 최근문제 해결 능력 확실히 키우기!

구성과 특징

핵심이론

❶ **핵심이론**
기출 분석을 기반으로 과목별로 가장 핵심적인 이론을 본문에 실었습니다. ★로 중요도를 확인하세요.

❷ **기본서와 연계학습**
더 깊이 학습하고 싶다면, 기본서 연계학습 페이지로 이동하여 학습할 수 있습니다.

❸ **회독체크**
반복학습을 할 때마다 회독 체크표에 표시하세요.

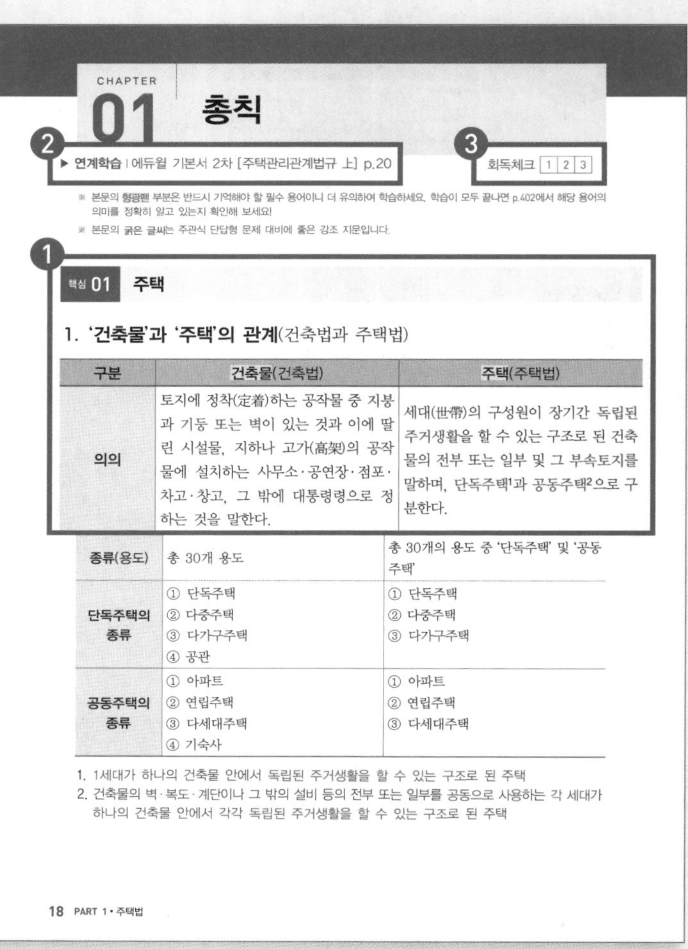

CHAPTER 01 총칙

2 ▶ **연계학습** | 에듀윌 기본서 2차 [주택관리관계법규 上] p.20

3 회독체크 1 2 3

※ 본문의 형광펜 부분은 반드시 기억해야 할 필수 용어이니 더 유의하여 학습하세요. 학습이 모두 끝나면 p.402에서 해당 용어의 의미를 정확히 알고 있는지 확인해 보세요!
※ 본문의 굵은 글씨는 주관식 단답형 문제 대비에 좋은 강조 지문입니다.

1 핵심 01 **주택**

1. '건축물'과 '주택'의 관계(건축법과 주택법)

구분	건축물(건축법)	주택(주택법)
의의	토지에 정착(定着)하는 공작물 중 지붕과 기둥 또는 벽이 있는 것과 이에 딸린 시설물, 지하나 고가(高架)의 공작물에 설치하는 사무소·공연장·점포·차고·창고, 그 밖에 대통령령으로 정하는 것을 말한다.	세대(世帶)의 구성원이 장기간 독립된 주거생활을 할 수 있는 구조로 된 건축물의 전부 또는 일부 및 그 부속토지를 말하며, 단독주택[1]과 공동주택[2]으로 구분한다.
종류(용도)	총 30개 용도	총 30개의 용도 중 '단독주택' 및 '공동주택'
단독주택의 종류	① 단독주택 ② 다중주택 ③ 다가구주택 ④ 공관	① 단독주택 ② 다중주택 ③ 다가구주택
공동주택의 종류	① 아파트 ② 연립주택 ③ 다세대주택 ④ 기숙사	① 아파트 ② 연립주택 ③ 다세대주택

1. 1세대가 하나의 건축물 안에서 독립된 주거생활을 할 수 있는 구조로 된 주택
2. 건축물의 벽·복도·계단이나 그 밖의 설비 등의 전부 또는 일부를 공동으로 사용하는 각 세대가 하나의 건축물 안에서 각각 독립된 주거생활을 할 수 있는 구조로 된 주택

18 PART 1 • 주택법

⊕ 특별제공

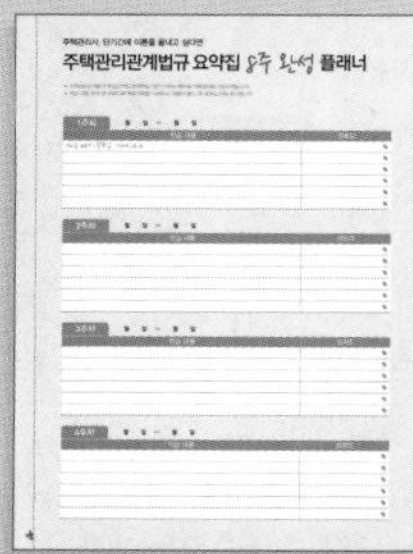

8주 완성 플래너
가장 먼저 한 주마다의 학습계획을 작성하고 성취도를 적어 보세요. 계획적인 학습이 성공의 지름길입니다.

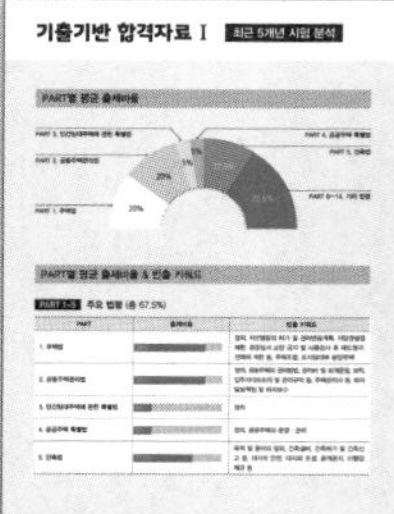

기출기반 합격자료
최근 5개년 출제경향과 2024년 제27회 시험 리포트로 본격적인 학습 시작 전 최신 출제경향을 파악해 보세요.

체계도

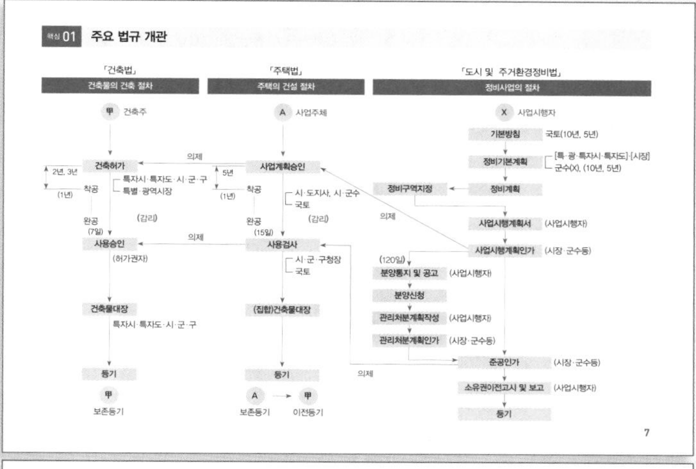

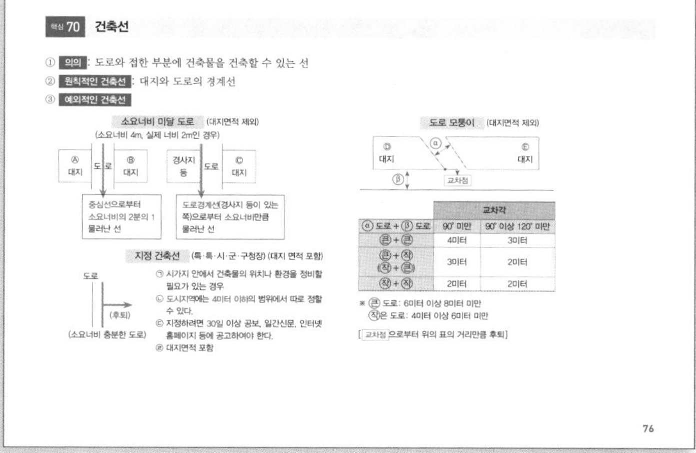

ⓐ 도로 + ⓑ 도로	교차각 90° 미만	교차각 90° 이상 120° 미만
㉠+㉠	4미터	3미터
㉠+㉡ ㉡+㉠	3미터	2미터
㉡+㉡	2미터	2미터

주택관리관계법규 시험에 자주 출제되는 내용을 96개의 핵심 주제로 정리했습니다.

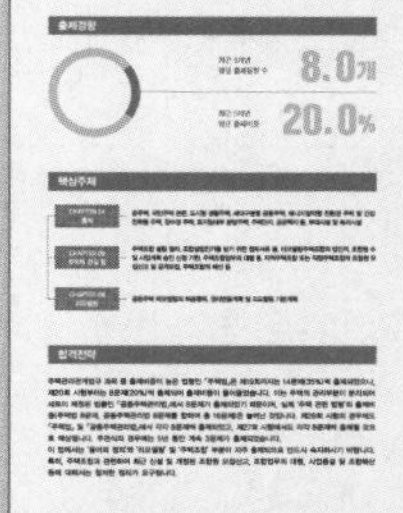

PART별 분석전략

최근 5개년 출제경향을 반영한 PART별 분석자료를 확인하고 전략적으로 학습해 보세요.

필수용어 찾아보기

본문 학습이 끝나면 해당 용어의 의미를 정확히 알고 있는지 체크해 보고, 헷갈리는 용어는 본문으로 돌아가 다시 학습합니다.

기출기반 합격자료 I 최근 5개년 시험 분석

PART별 평균 출제비율

PART별 평균 출제비율 & 빈출 키워드

PART 1~5 주요 법령 (총 67.5%)

PART	출제비율	빈출 키워드
1. 주택법	20%	정의, 리모델링의 허가 및 권리변동계획, 저당권설정 제한, 공급질서 교란 금지 및 사용검사 후 매도청구, 전매의 제한 등, 주택조합, 토지임대부 분양주택
2. 공동주택관리법	20%	정의, 공동주택의 관리방법, 관리비 및 회계운영, 보칙, 입주자대표회의 및 관리규약 등, 주택관리사 등, 하자담보책임 및 하자보수
3. 민간임대주택에 관한 특별법	5%	정의
4. 공공주택 특별법	5%	정의, 공공주택의 운영 · 관리
5. 건축법	17.5%	목적 및 용어의 정의, 건축설비, 건축허가 및 건축신고 등, 대지의 안전, 대지의 조경, 공개공지, 이행강제금 등

PART 6~14 기타 법령 (총 32.5%)

PART	출제비율	빈출 키워드
6. 도시 및 주거환경정비법	5%	정의, 정비계획 및 정비구역의 지정 등, 조합설립추진위원회 및 조합의 설립 등
7. 도시재정비 촉진을 위한 특별법	2.5%	정의, 재정비촉진지구 지정요건 및 효력상실
8. 시설물의 안전 및 유지관리에 관한 특별법	5%	정의, 안전점검
9. 소방기본법	2.5%	소방활동 등
10. 화재의 예방 및 안전관리에 관한 법률 11. 소방시설 설치 및 관리에 관한 법률	5%	정의, 소방안전관리, 특정소방대상물에 설치하는 소방시설 등의 유지 · 관리 등
12. 전기사업법	5%	총칙, 전기사업, 전력산업의 기반조성 등
13. 승강기 안전관리법	5%	승강기의 자체점검 및 안전검사
14. 집합건물의 소유 및 관리에 관한 법률	2.5%	기관 및 규약 등

기출기반 합격자료 Ⅱ 2024년 제27회 시험 리포트

PART별 출제비율

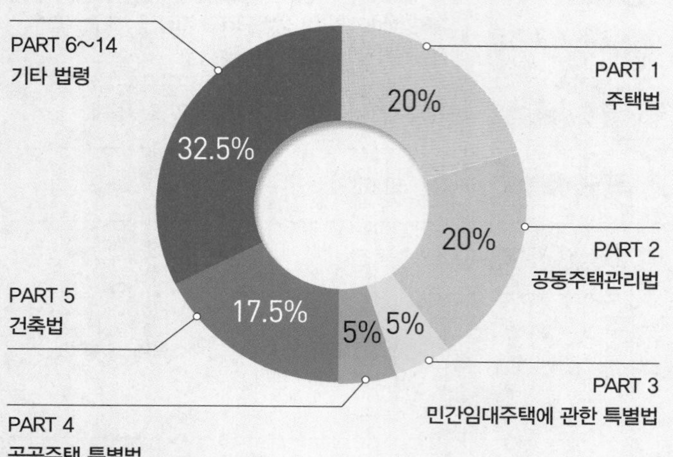

모든 PART에서 예년과 같은 출제 비중을 유지하며 출제되었습니다.

그중 PART 1 주택법과 PART 2 공동주택관리법이 각각 20%로 가장 높은 비중을 보였고, 그 다음으로 PART 5 건축법에서 17.5%의 출제 비중을 보였습니다. PART 3 민간임대주택에 관한 특별법과 PART 4 공공주택 특별법은 각각 5%의 비중을 차지하였습니다. PART 6에서 PART 14까지에 해당하는 기타 법령에서는 각 법령당 출제 비중은 적은 편이나, 모두 합쳤을 경우 32.5%의 높은 비중을 보였습니다.

유형별 출제비율

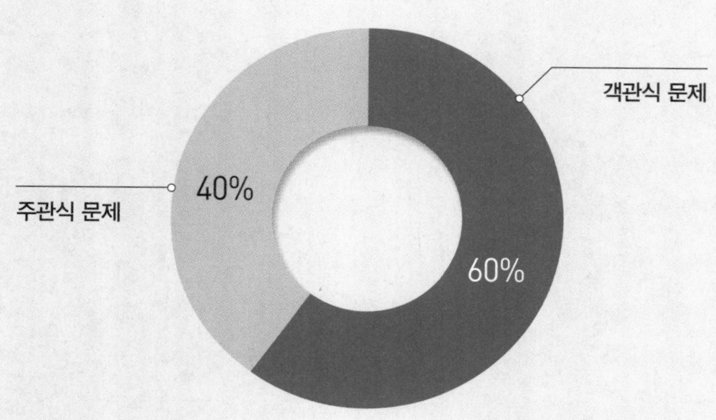

예년과 마찬가지로 객관식 문제 24문항(60%), 주관식 문제 16문항(40%)이 출제되었습니다.

전반적인 출제경향

완벽한 이해와 정확한 암기

지난 제26회 시험은 주택관리사 업무와 관련이 없는, 너무 세세한 부분에 대한 문항이 많았던 것이 특징이었습니다. 반면 제27회 시험에서는 출제가 예상된 문제가 다수 출제되어 제26회 시험에 비해 평이한 시험이었습니다. 이러한 출제경향의 변화는 바람직한 방향이라 판단됩니다. 향후에도 기본적인 부분을 정확하게 이해하는 것이 필요하며, 완벽한 암기가 더해져야 합니다.

기출문제 반복 출제 및 최근 개정 및 신설된 부분 다수 출제

제27회 시험의 특징은 기출문제를 변형한 문제와 최근 개정 및 신설된 부분에 대한 문제가 다수 출제되었다는 점입니다. 이러한 추세는 향후에도 계속될 것으로 예상되는 만큼 이에 대비하여 기출문제를 철저히 파악하고 개정 및 신설된 규정 등을 숙지하는 등의 준비가 필요합니다. 따라서 기본서를 통해 이론을 확실히 이해한 후, 기출문제를 꼼꼼히 정리하고, 출제가능 문제집으로 다양한 문제를 접해 보는 것이 중요합니다.

총평

제27회 시험은 주택관리사 업무와 전혀 관련이 없는, 지나치게 지엽적이고 어려운 문제가 다수 출제된 제26회 시험과 달리 비교적 예측 가능한 평이한 문제가 다수 출제되어 전반적으로 제26회에 비해 쉬운 시험이었습니다. 또한, 제26회 시험과 유사하게 최근에 개정 내지 신설된 부분 및 기출문제를 변형한 문제가 다수 출제되었습니다.

전년 대비 평이했던 시험

완벽한 이해를 바탕으로 한 반복 학습 중요

개정 및 신설된 규정 등을 숙지

차례

| 핵심이론 |

PART 6~14 | 기타 법령

PART 1

주택법

출제경향

최근 5개년
평균 출제문항 수

8.0개

최근 5개년
평균 출제비중

20.0%

핵심주제

CHAPTER 01 총칙
준주택, 국민주택 관련, 도시형 생활주택, 세대구분형 공동주택, 에너지절약형 친환경 주택 및 건강친화형 주택, 장수명 주택, 토지임대부 분양주택, 주택단지, 공공택지 등, 부대시설 및 복리시설

CHAPTER 02 주택의 건설 등
주택조합 설립 절차, 조합설립인가를 받기 위한 첨부서류 등, 리모델링주택조합의 법인격, 조합원 수 및 사업계획 승인 신청 기한, 주택조합업무의 대행 등, 지역주택조합 또는 직장주택조합의 조합원 모집신고 및 공개모집, 주택조합의 해산 등

CHAPTER 04 리모델링
공동주택 리모델링의 허용행위, 권리변동계획 및 리모델링 기본계획

합격전략

주택관리관계법규 과목 중 출제비중이 높은 법령인 「주택법」은 제19회까지는 14문제(35%)씩 출제되었으나, 제20회 시험부터는 8문제(20%)씩 출제되어 출제비중이 줄어들었습니다. 이는 주택의 관리 부분이 분리되어 새로이 제정된 법률인 「공동주택관리법」에서 8문제가 출제되었기 때문이며, 실제 '주택 관련 법령'의 출제비중(주택법 8문제, 공동주택관리법 8문제를 합하여 총 16문제)은 늘어났습니다. 제27회 시험의 경우에도 「주택법」 및 「공동주택관리법」에서 각각 8문제씩 출제되었고, 제28회 시험에서도 각각 8문제씩 출제될 것으로 예상됩니다. 주관식의 경우에는 5년 동안 계속 3문제가 출제되었습니다.
이 법에서는 '용어의 정의'와 '리모델링' 및 '주택조합' 부분이 자주 출제되므로 반드시 숙지하시기 바랍니다. 특히, 주택조합과 관련하여 최근 신설 및 개정된 조합원 모집신고, 조합업무의 대행, 사업종결 및 조합해산 등에 대해서는 철저한 정리가 요구됩니다.

CHAPTER

01 총칙

▶ **연계학습** | 에듀윌 기본서 2차 [주택관리관계법규 上] p.20 회독체크 1 2 3

※ 본문의 형광펜 부분은 반드시 기억해야 할 필수 용어이니 더 유의하여 학습하세요. 학습이 모두 끝나면 p.425에서 해당 용어의 의미를 정확히 알고 있는지 확인해 보세요!

※ 본문의 굵은 글씨는 주관식 단답형 문제 대비에 좋은 강조 지문입니다.

핵심 01 주택

1. '건축물'과 '주택'의 관계(건축법과 주택법)

구분	건축물(건축법)	주택(주택법)
의의	토지에 정착(定着)하는 공작물 중 지붕과 기둥 또는 벽이 있는 것과 이에 딸린 시설물, 지하나 고가(高架)의 공작물에 설치하는 사무소·공연장·점포·차고·창고, 그 밖에 대통령령으로 정하는 것을 말한다.	세대(世帶)의 구성원이 장기간 독립된 주거생활을 할 수 있는 구조로 된 건축물의 전부 또는 일부 및 그 부속토지를 말하며, 단독주택[1]과 공동주택[2]으로 구분한다.
규정	「건축법」 제2조 제1항 제2호	「주택법」 제2조 제1호
종류(용도)	총 30개 용도	총 30개의 용도 중 '단독주택' 및 '공동주택'
단독주택의 종류	① 단독주택 ② 다중주택 ③ 다가구주택 ④ 공관	① 단독주택 ② 다중주택 ③ 다가구주택
공동주택의 종류	① 아파트 ② 연립주택 ③ 다세대주택 ④ 기숙사	① 아파트 ② 연립주택 ③ 다세대주택

1. 1세대가 하나의 건축물 안에서 독립된 주거생활을 할 수 있는 구조로 된 주택
2. 건축물의 벽·복도·계단이나 그 밖의 설비 등의 전부 또는 일부를 공동으로 사용하는 각 세대가 하나의 건축물 안에서 각각 독립된 주거생활을 할 수 있는 구조로 된 주택

2. 「건축법 시행령」 [별표 1]의 '단독주택' 및 '공동주택'

단독주택	① 단독주택(협의) ② **다중주택**: 다음의 요건을 모두 갖춘 주택을 말한다. ㉠ 학생, 직장인 등 여러 사람이 장기간 거주할 수 있는 구조 ㉡ 독립된 주거의 형태를 갖추지 않은 것(각 실별로 욕실은 설치할 수 있으나, 취사시설은 설치하지 않은 것을 말한다) ㉢ 바닥면적의 합계가 660제곱미터 이하 + 주택 층수 3개 층 이하 ㉣ 적정한 주거환경을 조성하기 위하여 건축조례로 정하는 '실별 최소 면적, 창문의 설치 및 크기 등의 기준'에 적합할 것 ③ **다가구주택**: 다음 요건을 모두 갖춘 주택 + 공동주택 아닌 것 ㉠ 주택 층수가 3개 층 이하 ㉡ 바닥면적의 합계가 660제곱미터 이하 ㉢ 19세대 이하가 거주할 수 있을 것 ④ 공관(公館)
공동주택	① **아파트**: '주택'으로 쓰는 층수가 5개 층 이상인 주택 ② **연립주택**: 바닥면적의 합계가 660제곱미터 초과 + 4개 층 이하 ③ **다세대주택**: 바닥면적의 합계가 660제곱미터 이하 + 4개 층 이하 ④ **기숙사**: 다음 어느 하나에 해당하는 건축물 ㉠ **일반기숙사**: 학교, 공장의 학생, 종업원을 위해 쓰는 것 + 공동취사시설 이용 세대수가 전체의 50퍼센트 이상인 것(교육기본법에 따른 '학생복지주택' 포함) ㉡ **임대형기숙사**: 공공주택사업자 또는 임대사업자가 임대사업에 사용하는 것 + 임대 목적으로 제공하는 실 20실 이상, 공동취사시설 이용 세대수가 전체 세대수의 50퍼센트 이상인 것

3. 일반건물 및 집합건물

(1) 일반건물

① **'1동' 건물**('하나'의 건물): '소유권'이 1개

② **「주택법」상 '단독주택'**: '일반건물'

(2) 집합건물

① **'1동' 건물**('하나'의 건물): '구분소유권'이 여러 개

② **「주택법」상 '공동주택'**: '집합건물'

➲ 1. '건물': '1동' = '하나'의 건물
① 일반건물: '1동' 건물 = '소유권'이 1개
② 집합건물: '1동' 건물 = '구분소유권'이 여러 개
2. '토지': '1필지' = '하나'의 토지 = '소유권'이 1개('항상')

4. 주택의 '층수'에서 제외되는 경우(필로티 구조)

아파트, 연립주택	1층 전부 필로티 구조, 주차장으로 사용, 필로티 부분, 층수에서 제외
다중주택, 다가구주택, 다세대주택	1층의 전부 또는 일부 필로티 구조, 주차장으로 사용 + 나머지 부분을 주택 외의 용도로 쓰는 경우 → 해당 층 주택의 층수에서 제외

5. 건축법령상 '바닥면적'에서 제외되는 경우(필로티 구조)

① 그 부분이 '공중의 통행'이나 '차량의 통행' 또는 '주차'에 전용되는 경우

② '공동주택'의 경우

핵심 02 준주택 ★

1. 의의

'주택 외'의 건축물과 그 부속토지로서 주거시설로 이용 가능한 시설 등을 말하며, 그 범위와 종류는 대통령령으로 정한다. ['주택도시기금'의 지원을 받아 건설 가능]

2. 정리표

'준주택'	건축법령상 '용도'	건축법령상 '시설군'	민간임대주택	공공임대주택
기숙사	공동주택	주거업무시설군	○	○
다중생활시설	제2종 근린생활시설	영업시설군	×	○
	숙박시설	영업시설군		
노인복지주택	노유자시설	교육 및 복지시설군	×	○
오피스텔	업무시설	주거업무시설군	○	○

1. **다중생활시설**: 500제곱미터 미만 → '제2종 근린생활시설', 500제곱미터 이상 → '숙박시설'
2. 민간임대주택에 관한 특별법령상 민간임대주택 중 '준주택'의 요건
   ① 주택 외의 건축물을 '기숙사' 중 일반기숙사로 리모델링한 건축물
   ② '기숙사' 중 임대형기숙사
   ③ 다음의 요건을 모두 갖춘 「주택법 시행령」 제4조 제4호의 오피스텔
      ㉠ 전용면적이 120제곱미터 이하일 것
      ㉡ 상하수도 시설이 갖추어진 전용 입식 부엌, 전용 수세식 화장실 및 목욕시설을 갖출 것
3. 공공주택 특별법령상 공공임대주택 중 '공공준주택'의 요건
   ① 기숙사, 다중생활시설, 노인복지주택: 전용면적이 85제곱미터 이하인 것
   ② 오피스텔: 전용면적이 85제곱미터 이하일 것 + 위 2. ③의 ㉡을 갖출 것

3. 범위와 종류(건축법 시행령 별표 1)

① '공동주택' 중 기숙사

② '제2종 근린생활시설' 및 '숙박시설' 중 다중생활시설

③ '노유자시설' 중 노인복지시설 중 「노인복지법」의 노인복지주택

④ '(일반)업무시설' 중 오피스텔

핵심 03 기타의 주택

1. 국민주택 관련 ★

국민주택	① 국민주택규모 이하 + '국가 등'[1] 건설 ② 국민주택규모 이하 + 국가·지방자치단체의 재정으로 건설, 개량 ③ 국민주택규모 이하 + 주택도시기금을 지원받아 건설, 개량
민영주택	'국민주택'을 '제외'한 주택
국민주택규모	① '주거전용면적'이 1호(戶) 또는 1세대당 85제곱미터 이하인 주택 ② '수도권' 제외, '도시지역'이 아닌 '읍·면' 지역: 100제곱미터 이하

1. '국가 등' = 국가·지방자치단체·한국토지주택공사·지방공사

2. 주거전용면적의 산정방법

(1) 단독주택의 경우

'바닥면적'(건축물의 각 층 또는 그 일부로서 '벽', 기둥, 그 밖에 이와 비슷한 구획의 '중심선'으로 둘러싸인 부분의 수평투영면적)에서 지하실(거실로 사용되는 면적은 '제외'), 본 건축물과 '분리'된 창고·차고 및 화장실의 면적을 제외한 면적

(2) 공동주택의 경우

① '외벽의 내부선'을 기준으로 산정한 면적

② 다만, '2세대 이상이 공동으로 사용하는 부분'으로서 '다음 어느 하나에 해당하는 공용면적'은 제외하며, 이 경우 '바닥면적에서 주거전용면적을 제외하고 남는 외벽면적'은 공용면적에 가산한다.

㉠ 복도, 계단, 현관 등 공동주택의 지상층에 있는 공용면적

㉡ 위 ㉠의 공용면적을 제외한 지하층, 관리사무소 등 그 밖의 공용면적

3. 도시형 생활주택 ★

의의	300세대 미만 + 국민주택규모(85제곱미터 이하) + '도시지역'에 건설
종류	① 아파트형 주택: 다음의 요건을 모두 갖춘 아파트 ㉠ 세대별로 독립된 주거가 가능하도록 욕실 및 부엌을 설치할 것 ㉡ 지하층에는 세대를 설치하지 않을 것 ② 단지형 연립주택: 연립주택 (건축위원회의 심의를 받은 경우, 주택으로 쓰는 층수 5개 층 가능) ③ 단지형 다세대주택: 다세대주택 (건축위원회의 심의를 받은 경우, 주택으로 쓰는 층수 5개 층 가능)
복합주택	① 원칙: '도시형 생활주택'과 '그 밖의 주택'을 함께 건축할 수 없다. ② 위 ①의 예외(복합주택이 가능한 경우) ㉠ 도시형 생활주택과 주거전용면적이 85제곱미터를 초과하는 주택 1세대를 함께 건축 ㉡ 준주거지역, 상업지역 + [아파트형 주택과 '도시형 생활주택 외 주택'] ③ '단지형 연립주택, 단지형 다세대주택'과 '아파트형 주택'은 함께 건축 불가

1. 하나의 건축물에는 도시형 생활주택과 그 밖의 주택을 함께 건축할 수 없다. (○)
2. 준주거지역 또는 상업지역에서 아파트형 주택과 도시형 생활주택 외의 주택을 함께 건축하는 것은 허용된다. (○)
3. 준주거지역 또는 상업지역에서 아파트형 주택과 그 밖의 주택을 함께 건축하는 것은 허용된다. (×)
4. 상업지역이라 하더라도 하나의 건축물에 아파트형 주택과 단지형 연립주택을 함께 건축하는 것은 허용되지 아니한다. (○)

「국토의 계획 및 이용에 관한 법률」 제36조 제1항(용도지역)

① 도시지역: 다음의 어느 하나로 구분하여 지정한다.
㉠ 주거지역: 전용주거지역, 일반주거지역, 준주거지역
㉡ 상업지역: 중심상업지역, 일반상업지역, 근린상업지역, 유통상업지역
㉢ 공업지역: 전용공업지역, 일반공업지역, 준공업지역
㉣ 녹지지역: 보전녹지지역, 생산녹지지역, 자연녹지지역
② 관리지역: 보전관리지역, 생산관리지역, 계획관리지역
③ 농림지역
④ 자연환경보전지역

4. 세대구분형 공동주택 ★

의의	공동주택의 주택 내부 공간의 일부를 세대별로 구분하여 '생활'이 가능한 구조로 하되, 그 구분된 공간의 일부를 '구분소유할 수 없는 주택'
영 제9조 제1항	① 사업계획승인을 받아 건설하는 공동주택: 다음의 요건을 모두 충족할 것 ㉠ 세대별로 구분된 각각의 공간마다 별도의 욕실, 부엌, 현관을 설치할 것 ㉡ 하나의 세대가 통합하여 사용할 수 있도록 세대 간에 연결문 또는 경량구조의 경계벽 등을 설치할 것 ㉢ 세대구분형 공동주택의 세대수가 해당 주택단지 안의 공동주택 전체 세대수의 3분의 1을 넘지 않을 것 ㉣ 전체 주거전용면적 합계의 3분의 1을 넘지 않는 등의 기준 충족 ② 「공동주택관리법」 제35조에 따른 행위 허가를 받거나 신고를 하고 설치하는 공동주택의 경우: 다음의 요건을 모두 충족할 것 ㉠ 구분된 공간의 세대수는 기존 세대를 포함하여 2세대 이하일 것 ㉡ 세대별로 구분된 각각의 공간마다 별도의 욕실, 부엌, 구분 출입문을 설치할 것 ㉢ 세대구분형 공동주택의 '세대수'가 '전체' 세대수의 10분의 1과 '해당 동'의 전체 세대수의 3분의 1을 각각 넘지 않을 것. 다만, 시장·군수·구청장이 부대시설의 규모 등 해당 주택단지의 여건을 고려하여 인정하는 범위에서 세대수 기준을 넘을 수 있다. ㉣ 구조, 화재, 소방, 피난안전 등 관계 법령에서 정하는 안전기준을 충족할 것
영 제9조 제2항	위 영 제9조 제1항에 따라 건설 또는 설치되는 주택과 관련하여 주택건설기준 등을 적용하는 경우 세대구분형 공동주택의 세대수는 그 구분된 공간의 세대수에 관계없이 '하나'의 세대로 산정한다.

5. 임대주택 관련(공동주택관리법을 포함)

임대주택	임대를 목적으로 하는 주택으로서, 「공공주택 특별법」에 따른 '공공임대주택'과 「민간임대주택에 관한 특별법」에 따른 '민간임대주택'으로 구분한다.
사용자	공동주택을 임차하여 사용하는 사람(임대주택의 임차인은 제외) 등을 말한다.
입주자[1]	공동주택의 소유자 또는 그 소유자를 대리하는 배우자 및 직계존비속
입주자등[1]	입주자와 사용자
임대사업자[2]	「민간임대주택에 관한 특별법」에 따른 임대사업자 및 「공공주택 특별법」에 따른 공공주택사업자

임차인 대표회의	「민간임대주택에 관한 특별법」에 따른 임차인대표회의 및 「공공주택 특별법」에 따라 준용되는 임차인대표회의

1. 「공동주택관리법」상 개념임
   ※ 「주택법」상 '입주자'
   ① 법 제54조(주택의 공급) 등의 경우: 주택을 공급받는 자
   ② 법 제66조(리모델링의 허가 등): 주택의 소유자, 소유자를 대리하는 배우자 및 직계존비속
2. 「공동주택관리법」 및 「주택법」상 '관리주체'에 해당함

6. 에너지절약형 친환경 주택 및 건강친화형 주택 ★

구분	에너지절약형 친환경 주택	건강친화형 주택
정의	저에너지 건물 조성기술 등 대통령령으로 정하는 기술을 이용하여 에너지 사용량을 절감하거나 이산화탄소 배출량을 저감할 수 있도록 건설된 주택을 말하며, 그 종류와 범위는 대통령령으로 정한다.	건강하고 쾌적한 실내환경의 조성을 위하여 실내공기의 오염물질 등을 최소화할 수 있도록 대통령령으로 정하는 기준에 따라 건설된 주택을 말한다.
건설기준	「주택법」에 따른 사업계획승인을 받은 공동주택을 건설하는 경우에는 일정한 기술을 이용하여 주택의 총에너지사용량 또는 총이산화탄소배출량을 절감할 수 있는 에너지절약형 친환경 주택으로 건설하여야 한다.	500세대 이상의 공동주택을 건설하는 경우에는 일정한 사항을 고려하여 세대 내의 실내공기 오염물질 등을 최소화할 수 있는 건강친화형 주택으로 건설하여야 한다.

7. 장수명 주택 ★

의의	구조적으로 오랫동안 유지·관리될 수 있는 내구성을 갖추고, 입주자의 필요에 따라 내부 구조를 쉽게 변경할 수 있는 가변성과 수리 용이성 등이 우수한 주택
등급	① 등급은 최우수 등급, 우수 등급, 양호 등급, 일반 등급으로 구분한다. ② 1,000세대 이상의 주택 공급: '일반 등급' 이상의 등급 인정 요망 ③ '우수 등급' 이상: 건폐율 및 용적률(100분의 115) 완화·높이 제한 완화

8. 토지임대부 분양주택 ★

의의	토지의 소유권은 사업계획승인을 받아 토지임대부 분양주택 건설사업을 시행하는 자가 가지고, 건축물 및 복리시설 등에 대한 소유권(건축물의 '전유부분'에 대한 구분소유권은 이를 분양받은 자가 가지고, 건축물의 공용부분·부속건물 및 복리시설은 분양받은 자들이 '공유'한다)은 주택을 분양받은 자가 가지는 주택
계약 관련	① 토지의 임대차기간은 40년 이내, 소유자 75퍼센트 이상 계약갱신을 청구하는 경우 40년의 범위에서 갱신 가능 ② 임대차계약 체결, 구분소유권을 목적으로 한 임대차기간 동안 지상권 설정 의제 ③ 국토교통부령으로 정하는 '표준임대차계약서' 사용 의무 ④ 토지임대부 분양주택을 양수한 자 또는 상속받은 자 → 임대차계약 승계 ⑤ 토지 임대차 관계, 토지소유자와 주택을 공급받은 자 간 임대차계약에 따른다. ⑥ 「집합건물의 소유 및 관리에 관한 법률」, 「민법」 순으로 적용한다.
임대료 등	① 월별 임대료 원칙, [합의] 임대료를 선납하거나 보증금으로 전환하여 납부 可 ② 토지임대료를 '보증금으로 전환'하려는 경우 보증금 산정 시 '적용 이자율'은 은행의 3년 만기 정기예금 평균이자율 이상이어야 한다. ③ 토지임대료약정 체결 후 2년이 지나기 전에 토지임대료의 증액 청구 불가 ④ 「주택임대차보호법 시행령」상 증액 청구 한도 비율(20분의 1) 초과 금지
재건축	① 토지임대부 분양주택 소유자 5분의 4 이상(집합건물법 제47조)이 토지소유자 동의 받아 재건축 가능(토지소유자, 정당한 사유 없이 거부 불가) ② 위 ①에 따라 재건축한 주택은 토지임대부 분양주택으로 한다. ③ 합의한 경우, 토지임대부 분양주택이 아닌 주택으로 전환할 수 있다.
토지임대부 분양주택의 공공매입	① 토지임대부 분양주택을 공급받은 자는 법 제64조 제1항(주택의 전매행위 제한 등)에도 불구하고 전매제한기간이 지나기 전에 대통령령으로 정하는 바에 따라 한국토지주택공사에 해당 주택의 매입을 신청할 수 있다. ② 한국토지주택공사는 '위 ①에 따라 매입신청'을 받거나 '법 제64조 제1항을 위반하여 토지임대부 분양주택의 전매가 이루어진 경우' 대통령령으로 정하는 특별한 사유가 없으면 해당 주택을 매입하여야 한다. ③ 한국토지주택공사가 위 ②에 따라 주택을 매입하는 경우 다음의 금액을 그 주택을 양도하는 자에게 지급한 때에는 그 지급한 날에 한국토지주택공사가 해당 주택을 취득한 것으로 본다. ㉠ 위 ①에 따라 매입신청을 받은 경우: 해당 주택의 매입비용과 보유기간 등을 고려하여 대통령령으로 정하는 금액 ㉡ 법 제64조 제1항(주택의 전매 제한)을 위반하여 전매가 이루어진 경우: 해당 주택의 매입비용

④ 한국토지주택공사가 앞의 ②에 따라 주택을 매입하는 경우에는 법 제64조 제1항(주택의 전매 제한)을 적용하지 아니한다. 〈신설〉

➲ 법 제64조 제1항 〈신설〉
'토지임대부 분양주택'도 10년간 '전매가 제한됨

핵심 04 기타 용어의 정의

1. 주택단지 ★

(1) 의의

'일단의 토지'. 다만, 다음의 시설로 분리된 토지는 각각 별개의 주택단지로 본다.

① 철도·고속도로·자동차전용도로

② 폭 20미터 이상인 일반도로

③ 폭 8미터 이상인 도시계획예정도로

④ 위 ①부터 ③까지의 시설에 준하는 것으로서 대통령령으로 정하는 시설

(2) 국토교통부령으로 정하는 '공동관리'의 기준(공동주택관리법)

① 세대수가 1천5백 세대 이하일 것. 다만, 의무관리대상 공동주택단지와 인접한 300세대 미만의 공동주택단지를 공동으로 관리하는 경우는 제외한다.

② 공동주택 단지 사이에 「주택법」 제2조 제12호의 어느 하나에 해당하는 시설이 없을 것. 다만, 특별자치시장·특별자치도지사·시장·군수 또는 구청장(구청장은 자치구의 구청장)이 지하도, 육교, 횡단보도 등의 설치를 통해 단지 간 보행자 통행의 편리성 및 안전성이 확보되었다고 인정하는 경우 적용하지 아니한다.

③ **공동관리를 위한 서면동의 요건**

㉠ **원칙**: 단지별로 입주자등 과반수의 서면동의

㉡ **예외**(위 ②의 단서의 경우): 단지별로 입주자등 3분의 2 이상의 서면동의

2. 공구

① **의의**: 하나의 주택단지에서 '대통령령으로 정하는 기준'에 따라 둘 이상으로 구분되는 일단의 구역으로, '착공신고' 및 '사용검사'를 별도로 수행할 수 있는 구역

② 주택단지 안의 도로 등을 설치하여 6미터 이상의 너비로 공구 간 경계 설정

③ '공구별 세대수'는 300세대 이상, '전체 세대수'는 600세대 이상

④ 공구별로 하는 사용검사를 '분할 사용검사'라 한다.

⑤ **공구별 분할 건설의 경우, 착공 시기**

㉠ '최초'로 공사를 진행하는 공구: '사업계획승인을 받은 날'부터 5년 이내

㉡ '최초 공구 외'의 공구: '최초 착공신고일'부터 2년 이내

PART 1

3. 관리주체

① 자치관리기구의 대표자인 공동주택의 관리사무소장

② 관리업무를 인계하기 전의 사업주체

③ 주택관리업자

④ 임대사업자(민간임대주택법상 임대사업자 + 공공주택특별법상 공공주택사업자)

⑤ 「민간임대주택에 관한 특별법」 제2조 제11호에 따른 주택임대관리업자(시설물 유지·보수·개량, 그 밖의 주택관리 업무를 수행하는 경우에 '한정')

4. 공공택지 등 ★

공공택지	① '공공택지'는 다음 ②의 공공사업에 의하여 개발·조성되는 '공동주택'이 건설되는 용지를 말한다. ② 「주택법」 제24조 제2항[1]에 따른 국민주택건설사업 또는 대지조성사업, '택지개발사업', '산업단지개발사업', '공공주택지구조성사업' 및 '공공지원 민간임대주택 공급촉진지구 조성사업'(수용, 사용방식으로 시행하는 사업만 해당), 도시개발사업(수용, 사용의 방식으로 시행하는 사업과 혼용방식 중 수용, 사용방식이 적용되는 구역에서 시행하는 사업만 해당) 및 경제자유구역개발사업(수용, 사용방식으로 시행하는 사업과 혼용방식 중 수용, 사용 방식이 적용되는 구역에서 시행하는 사업만 해당), 혁신도시개발사업, 행정중심복합도시건설사업, 「공익사업을 위한 토지 등의 취득 및 보상에 관한 법률」에 따른 공익사업으로서 대통령령으로 정하는 사업
준용 규정	주택의 '건설' 및 '공급'에 관하여 다른 법률에 특별한 규정이 있는 경우를 '제외'하고는 「주택법」에서 정하는 바에 따른다.

1. 「주택법」 제24조 제2항(수용)의 내용: '국가 등인 사업주체'가 국민주택을 건설하거나 국민주택을 건설하기 위한 대지를 조성하는 경우에는 토지나 토지에 정착한 물건 및 그 토지나 물건에 관한 소유권 외의 권리(이하 '토지등'이라 한다)를 수용하거나 사용할 수 있다.

5. 부대시설 및 복리시설 ★

부대시설	복리시설
주택에 딸린 다음의 시설 또는 설비를 말한다. ① 주차장, 관리사무소, 담장 및 주택단지 안의 도로 ② 「건축법」에 따른 건축설비 ③ 대통령령으로 정하는 다음의 시설 또는 설비 ㉠ 보안등 · 대문 · 경비실 · 자전거보관소 ㉡ 조경시설 · 옹벽 · 축대 ㉢ 안내표지판 · 공중화장실 ㉣ 저수시설 · 지하양수시설 · 대피시설 ㉤ 쓰레기수거 및 처리시설 · 오수처리시설 · 정화조 ㉥ 소방시설 · 냉난방공급시설(지역난방공급시설은 제외) 및 방범설비 ㉦ 「환경친화적 자동차의 개발 및 보급 촉진에 관한 법률」에 따른 전기자동차에 전기를 충전하여 공급하는 시설 등	주택단지의 입주자등의 생활복리를 위한 다음의 공동시설을 말한다. ① 어린이놀이터, 근린생활시설, 유치원, 주민운동시설 및 경로당 ② 대통령령으로 정하는 다음의 공동시설 ㉠ 제1종 근린생활시설 및 제2종 근린생활시설(장의사 · 총포판매소 · 단란주점 · 안마시술소 및 다중생활시설은 제외) ➲ 다, 단, 안, 총, 장 ㉡ 「건축법 시행령」 [별표 1]에 따른 종교시설 ㉢ 「건축법 시행령」 [별표 1]에 따른 판매시설 중 소매시장 · 상점 ㉣ 「건축법 시행령」 [별표 1]에 따른 교육연구시설, 노유자시설 및 수련시설 ㉤ 「건축법 시행령」 [별표 1]의 규정에 의한 업무시설 중 금융업소 ㉥ 지식산업센터 · 사회복지관 · 공동작업장 ㉦ 주민공동시설 ㉧ 도시 · 군계획시설인 시장 등

CHAPTER

02 주택의 건설 등

▶ **연계학습** | 에듀윌 기본서 2차 [주택관리관계법규 上] p.33 회독체크 1 2 3

핵심 01 사업주체

1. 등록사업자

등록 여부	① 연간 다음의 주택건설사업, 연간 1만 제곱미터 이상 대지조성사업을 시행하려는 자는 국토교통부장관에게 등록하여야 한다. ㉠ 단독주택: 20호 이상 ㉡ 공동주택: 20세대 이상, 도시형 생활주택('도시형 생활주택'과 85제곱미터를 초과하는 주택 1세대를 함께 건축하는 경우를 포함)은 30세대 이상 ② 다만, 다음의 사업주체의 경우에는 그러하지 아니하다. ㉠ 국가·지방자치단체·한국토지주택공사·지방공사 및 주택건설사업을 목적으로 설립된 공익법인 ㉡ '주택조합'(등록사업자와 공동 시행하는 주택조합만 해당) 및 '고용자'(등록사업자와 공동 시행하는 고용자만 해당)
등록요건	① 자본금: 3억원('개인'인 경우에는 자산평가액 6억원) 이상 ② 다음의 구분에 따른 기술인력 ㉠ 주택건설사업: 건축분야 기술인 1명 이상 ㉡ 대지조성사업: 토목분야 기술인 1명 이상 ③ 사무실 면적: 사업의 수행에 필요한 사무장비를 갖출 수 있는 면적
공동 사업주체	① 토지소유자 + '등록사업자'와 공동으로 사업을 시행할 수 있다. ② 주택조합(세대수를 증가하지 아니하는 리모델링주택조합은 제외) + 등록사업자(지방자치단체·한국토지주택공사·지방공사를 포함)와 공동으로 사업을 시행할 수 있다. ③ 고용자 + '등록사업자'와 공동으로 사업을 시행하여야 한다. ④ 공동사업주체 간의 구체적인 업무·비용 및 책임의 분담 등에 관하여는 대통령령으로 정하는 범위에서 '당사자 간'의 협약에 따른다.

2. 주택건설사업의 시공

(1) 시공 가능한 자	① 「건설산업기본법」 제9조에 따른 건설업의 등록을 한 자(건설사업자) ② '건설사업자로 간주되는 등록사업자'
(2) 간주 등록사업자	'건설사업자로 간주되는 등록사업자'는 다음과 같다. ① 자본금이 5억원(개인인 경우에는 자산평가액 10억원) 이상일 것 ② 건축분야 및 토목분야 기술인 3명 이상을 보유하고 있을 것(건축시공 기술사 또는 건축기사 및 토목분야 기술인 각 1명이 포함되어야 한다) ③ 최근 5년간의 주택건설 실적이 100호 또는 100세대 이상일 것
(3) 층수 제한	① 위 **(2)**의 등록사업자가 건설할 수 있는 주택은 주택으로 쓰는 층수가 5개 층 이하. 다만, 각 층 거실 바닥면적의 300제곱미터 이내마다 1개소 이상의 '직통계단'을 설치한 경우, 주택으로 쓰는 층수가 6개 층인 주택 건설 가능 ② 위 ①에도 불구하고 다음의 경우 주택으로 쓰는 층수가 '6개 층 이상 주택'을 건설할 수 있다. ㉠ 주택으로 쓰는 층수가 6개 층 이상인 아파트를 건설한 실적이 있는 자 ㉡ 최근 3년간 300세대 이상의 '공동주택'을 건설한 실적이 있는 자
(4) 규모 제한	위 **(2)**의 등록사업자는 건설공사비(총공사비에서 대지구입비를 제외한 금액을 말한다)가 자본금과 자본준비금·이익준비금을 합한 금액의 10배(개인인 경우에는 자산평가액의 5배)를 초과하는 건설공사는 시공할 수 없다.

3. 등록사업자 요건, 건설사업자 간주 요건 및 주택상환사채 발행 요건

(1) 비교표 ★

등록사업자의 '등록 요건'	등록사업자의 건설사업자 간주 요건	주택상환사채 '발행 요건'
① 자본금: 법인 3억원 이상 (개인, 자산평가액 6억원) ② '기술인' 1명 이상 ㉠ 주택건설사업: 건축분야 ㉡ 대지조성사업: 토목분야 ③ 사무실: 사업수행에 필요한 사무장비를 갖출 수 있는 면적	① 자본금: 법인 5억원 이상 (개인, 자산평가액 10억원) ② 건축분야 및 토목분야 기술인 3명 이상 ③ 최근 5년간 100호, 100세대 이상의 주택건설 실적	① '법인'으로서 자본금 5억원 이상 ② '건설사업자'일 것 ③ 최근 3년간 연평균 주택건설 실적 300호 이상

(2) '등록사업자'가 발행할 수 있는 주택상환사채의 규모

최근 3년간의 연평균 '주택건설 호수 이내'로 한다.

4. 공동사업주체의 '사업시행'

(1) 토지소유자	토지소유자와 등록사업자는 다음 요건을 모두 갖추어 사업계획승인을 신청해야 한다. ① '등록사업자'가 다음의 어느 하나에 해당하는 자일 것 ㉠ '건설사업자로 간주되는 등록사업자' ㉡ '건설사업자' ② 주택건설대지가 저당권 등이 되어 있는 경우에는 저당권 등을 말소할 것(저당권 등 권리자로부터 해당 사업 시행에 대한 동의를 받은 경우는 예외) ③ 토지소유자와 등록사업자 간에 협약이 체결되어 있을 것
(2) 주택조합	주택조합과 등록사업자는 다음 요건을 모두 갖추어 사업계획승인 신청해야 한다. ① '등록사업자'가 위 (1)의 ①의 요건을 갖출 것 ② 주택조합이 주택건설대지의 소유권을 확보하고 있을 것. 다만, 지역주택조합, 직장주택조합이 등록사업자와 공동사업을 시행하는 경우로서 지구단위계획 결정이 필요한 사업인 경우는 95퍼센트 이상의 소유권을 확보하여야 한다. ③ 위 (1)의 ② 및 ③의 요건을 갖출 것. 이 경우 위 (1)의 ②의 요건은 소유권을 확보한 대지에 대해서만 적용한다.
(3) 고용자	고용자와 등록사업자는 다음 요건을 모두 갖추어 사업계획승인 신청해야 한다. ① 위 (1)의 요건을 모두 갖추고 있을 것 ② 고용자가 해당 주택건설대지의 소유권을 확보하고 있을 것

핵심 02 주택조합

1. 의의

많은 수의 구성원이 '사업계획의 승인'을 받아 주택을 마련하거나 리모델링하기 위하여 결성하는 다음의 조합을 말한다.

지역 주택조합	다음의 지역에 거주하는 주민이 주택을 마련하기 위하여 설립한 조합: (서울특별시·인천광역시·경기도), (대전광역시·충청남도·세종특별자치시), (충청북도), (광주광역시·전라남도), (전북특별자치도), (대구광역시·경상북도), (부산광역시·울산광역시·경상남도), (강원특별자치도), (제주특별자치도)
직장 주택조합	같은 직장 근로자가 주택을 마련하기 위해 설립한 조합
리모델링 주택조합	공동주택 소유자가 그 주택을 리모델링하기 위해 설립한 조합

2. 주택조합 설립 절차 ★

구분	인가(신고)	비고
지역주택조합	인가	지역주택조합이 직접 '건설' + 조합원에게 '우선 공급'
직장주택조합	인가	직장주택조합이 직접 '건설' + 조합원에게 '우선 공급'
	신고	국민주택을 공급받기 위한 직장주택조합
리모델링주택조합	인가	리모델링(대수선 또는 일부 증축)하기 위한 조합

1. '시장·군수·구청장' = 특별자치시장, 특별자치도지사, 시장·군수·자치구의 구청장(인가권자)
2. 변경, 해산의 경우도 모두 동일한(인가 또는 신고) 절차

3. 관련 규정

① 주택조합(리모델링주택조합은 '제외')은 그 구성원을 위하여 건설하는 주택을 그 조합원에게 우선 공급할 수 있으며, '국민주택을 공급받기 위한 직장주택조합'에 대하여는 '사업주체'가 국민주택을 그 직장주택조합원에게 우선 공급할 수 있다(세대수 증가형 리모델링: 권리변동계획).

② 주택조합과 등록사업자가 공동으로 사업을 시행하면서 시공할 경우 '등록사업자'는 시공자로서의 책임뿐만 아니라 자신의 귀책사유로 사업 추진이 불가능하게 되거나 지연됨으로 인하여 조합원에게 입힌 손해를 배상할 책임이 있다.

4. '조합설립인가'를 받기 위한 첨부서류 등 ★

지역주택조합, 직장주택조합	① 주택건설대지의 80퍼센트 이상, 토지의 '사용권원'을 확보할 것 ② 주택건설대지의 15퍼센트 이상, 토지의 '소유권'을 확보할 것
리모델링주택조합 (결의 요건)	① 주택단지 전체를 리모델링하고자 하는 경우 ㉠ 주택단지 전체 구분소유자와 의결권의 각 3분의 2 이상의 결의 ㉡ 각 동의 구분소유자와 의결권의 각 과반수의 결의 ② 동을 리모델링하고자 하는 경우: 그 동의 구분소유자 및 의결권의 각 3분의 2 이상의 결의
리모델링주택조합 (기간 요건)	① '대수선': 사용검사일 등으로부터 10년 경과 입증 ② '증축': 사용검사일 등으로부터 15년(15년 이상 20년 미만의 연수 중 '시·도'의 조례로 정하는 경우에는 그 연수) 경과 입증
리모델링 (행위허가 요건)	① 주택단지 '전체'를 리모델링하는 경우 ㉠ 주택단지 전체 구분소유자 및 의결권의 각 75퍼센트 이상의 동의 ㉡ 각 동별 구분소유자 및 의결권의 각 50퍼센트 이상의 동의 ② '동'을 리모델링하는 경우: 그 동의 구분소유자 및 의결권의 각 75퍼센트 이상의 동의

➲ 「도시 및 주거환경정비법」상 '정비사업조합'의 설립인가 요건의 비교

1. 재개발사업: '토지등소유자'의 4분의 3 이상 및 '토지면적'의 2분의 1 이상의 토지소유자의 동의
2. 재건축사업
   ① 각 동별 '구분소유자'의 과반수 동의
   ② 전체 구분소유자의 100분의 70 이상 및 토지면적의 100분의 70 이상의 토지소유자 동의
3. 주택단지가 아닌 지역이 정비구역에 포함된 재건축사업: 주택단지가 아닌 지역의 토지 또는 건축물 소유자의 4분의 3 이상 및 토지면적의 3분의 2 이상의 토지소유자의 동의

5. '리모델링주택조합'의 법인격 ★

법인격	리모델링주택조합의 법인격에 관하여는 「도시 및 주거환경정비법」 제38조를 준용한다. 이 경우 '정비사업조합'은 '리모델링주택조합'으로 본다.
도시 및 주거환경 정비법 제38조	① 조합은 법인으로 한다. ② 조합은 조합설립인가를 받은 날부터 30일 이내에 주된 사무소의 소재지에서 대통령령으로 정하는 사항을 등기하는 때에 성립한다. ③ 명칭에 '정비사업조합'(리모델링주택조합)이라는 문자를 사용하여야 한다. ➲ 「도시 및 주거환경정비법」 제49조: 조합에 관하여는 이 법에 규정된 사항을 제외하고는 「민법」 중 사단법인에 관한 규정을 준용한다.

6. 조합원의 자격

(1) 지역주택조합	① 조합설립인가 신청일부터 입주가능일까지 다음의 어느 하나에 해당할 것 ㉠ 세대주를 포함한 세대원 전원이 무주택인 세대의 세대주일 것 ㉡ 1명에 한정, 85제곱미터 이하의 주택 1채를 소유한 세대의 세대주일 것 ② 조합설립인가 신청일 현재 해당 지역에 6개월 이상 계속 거주할 것 ③ 본인 또는 본인과 같은 세대별 주민등록표에 등재되어 있지 않은 배우자가 '같은' 또는 '다른' 지역주택조합 및 직장주택조합의 조합원이 아닐 것
(2) 직장주택조합	① 위 (1)의 ①에 해당하는 사람일 것. 다만, 국민주택을 공급받기 위한 직장주택조합의 경우에는 '무주택 세대주'로 한정한다. ② 동일한 국가기관·지방자치단체·법인에 근무하는 사람일 것 ③ 본인 또는 본인과 같은 세대별 주민등록표에 등재되어 있지 않은 배우자가 '같은' 또는 '다른' 지역주택조합 및 직장주택조합의 조합원이 아닐 것
(3) 리모델링 주택조합	① 사업계획승인을 받아 건설한 공동주택의 소유자 ② 복리시설을 함께 리모델링하는 경우, 해당 복리시설의 소유자 ③ 건축허가를 받아 분양을 목적으로 건설한 공동주택의 소유자(해당 건축물에 공동주택 외의 시설이 있는 경우에는 해당 시설의 소유자)

7. 총회 의결(지역주택조합 및 직장주택조합)

(1) 반드시 총회 의결을 거쳐야 할 사항	① 조합규약(영 제20조 제2항의 조합규약에 포함될 사항만 해당)의 변경 ② 자금의 차입과 그 방법·이자율 및 상환방법 ③ 예산으로 정한 사항 외에 조합원에게 부담이 될 계약의 체결 ④ '업무대행자'의 선정·변경 및 업무대행계약의 체결 ⑤ 시공자의 선정·변경 및 공사계약의 체결 ⑥ 조합임원의 선임 및 해임 ⑦ 사업비의 조합원별 분담 명세 확정 및 변경 ⑧ 사업비의 세부항목별 사용계획이 포함된 예산안 ⑨ 조합해산의 결의 및 해산 시의 회계 보고
(2) 조합원 출석	① 원칙: 총회 의결 → 조합원의 100분의 10 이상이 직접 출석하여야 한다. ② 예외: 창립총회 + 위 (1) 사항 의결 총회 → 100분의 20 이상 직접 출석
위 (2)의 예외	① 집합 제한, 금지 조치 → 전자적 방법으로 총회를 개최해야 한다. ② 주택조합은 전자적 방법으로 총회를 개최하려는 경우 총회의 의결사항 등을 조합원에게 사전에 통지해야 한다.

8. 조합원 수 및 사업계획승인 신청 기한 등 ★

조합원 수	주택조합('리모델링주택조합'은 '제외')은 주택조합 설립인가를 받는 날부터 사용검사를 받는 날까지 계속하여 다음의 요건을 모두 충족해야 한다. ① 주택건설 예정 세대수의 50퍼센트 이상의 조합원으로 구성. 다만, 사업계획승인 과정에서 세대수가 변경된 경우 변경된 세대수를 기준으로 한다. ② 조합원은 20명 이상일 것
신청 기한	① 설립인가를 받은 날부터 2년 이내에 사업계획승인('사업계획승인 대상이 아닌 리모델링인 경우'에는 법 제66조 제2항에 따른 허가를 말한다)을 신청하여야 한다. ② 주택조합은 '등록사업자가 소유하는 공공택지'를 주택건설대지로 사용해서는 아니 된다. 다만, '경매 또는 공매를 통하여 취득한 공공택지'는 예외로 한다.

9. 주택조합업무의 대행 등 ★

(1) 대행할 수 있는 자	① 공동사업주체인 등록사업자 ② 다음의 자('대통령령으로 정하는 자본금을 보유한 자'에 한함) ㉠ 등록사업자 ㉡ 「공인중개사법」 제9조에 따른 중개업자 ㉢ 「도시 및 주거환경정비법」 제102조에 따른 정비사업전문관리업자 ㉣ 「부동산개발업의 관리 및 육성에 관한 법률」에 따른 등록사업자 ㉤ 「자본시장과 금융투자업에 관한 법률」에 따른 '신탁업자' 등
(2) 대행 업무	① 조합원 모집, 토지 확보, 조합설립인가 신청 등 조합설립을 위한 업무의 대행 ② 사업성 검토 및 사업계획서 작성업무의 대행 ③ 설계자 및 시공자 선정에 관한 업무의 지원 ④ 사업계획승인 신청 등 사업계획승인을 위한 업무의 대행 ⑤ 계약금 등 자금의 보관 및 그와 관련된 업무의 대행(계약금 등 자금의 보관 업무는 '신탁업자'에게 대행하도록 하여야 한다) ⑥ 그 밖에 총회의 운영업무 지원 등 국토교통부령으로 정하는 사항
(3) 자본금 등	위 (1)의 ②에서 '대통령령으로 정하는 자본금을 보유한 자'란 다음의 어느 하나에 해당하는 자를 말한다. ① 법인인 경우: 5억원 이상의 '자본금'을 보유한 자 ② 개인인 경우: 10억원 이상의 '자산평가액'을 보유한 사람

10. 실적보고서 등

실적보고서	① '업무대행자'는 사업연도별로 분기마다 해당 업무의 실적보고서를 작성하여 주택조합 또는 주택조합의 발기인에게 제출하여야 한다. ② '업무대행자'는 '위 ①의 실적보고서'를 해당 분기의 말일부터 20일 이내에 주택조합 또는 주택조합의 발기인에게 제출해야 한다.
표준업무 대행계약서	국토교통부장관은 주택조합의 원활한 사업추진 및 조합원의 권리 보호를 위하여 '공정거래위원회 위원장'과 협의를 거쳐 '표준업무대행계약서'를 작성·보급할 수 있다.
손해배상 책임 등	① '업무대행자'의 신의성실 의무 ② 자신의 귀책사유로 '주택조합'(발기인을 포함) 또는 '조합원'(주택조합 가입 신청자를 포함)에게 손해를 입힌 경우, 손해배상책임

11. '지역주택조합' 또는 '직장주택조합'의 조합원 모집신고 및 공개모집 ★

① 50퍼센트 이상 토지 사용권원 확보, 시장·군수·구청장에게 신고, 15일 이내 신고 수리 여부 결정 통지 의무(비교: 민간임대협동조합은 80퍼센트 이상 사용권원 확보, 신고) [위반자: 2년 이하 징역 또는 2천만원 이하 벌금]

② 공개모집의 방법으로 모집 [위반자: 2년 이하 징역 또는 2천만원 이하 벌금]

③ **모집공고**: 조합원을 모집하려는 자는 조합원 모집신고가 수리된 이후 다음 구분에 따른 방법으로 모집공고를 하여야 한다.

㉠ **지역주택조합**: 조합원 모집대상 지역의 주민이 널리 볼 수 있는 일간신문 및 '관할 시·군·자치구'의 인터넷 홈페이지에 게시

㉡ **직장주택조합**: '조합원 모집대상 직장'의 인터넷 홈페이지에 게시

④ 공개모집 이후 조합원의 사망·자격상실·탈퇴 등으로 인한 결원을 충원하거나 미달된 조합원을 재모집하는 경우, 선착순의 방법으로 모집 가능

12. 모집주체

① 조합원을 모집하는 자('모집주체')와 '주택조합 가입신청자'는 일정한 사항이 포함된 '주택조합 가입에 관한 계약서'를 작성하여야 한다.

② 모집주체는 위 ①의 사항을 주택조합 가입신청자가 이해할 수 있도록 설명하여야 한다.

③ 모집주체는 가입신청자가 이해하였음을 서면 확인을 받아 주택조합 가입신청자에게 교부해야 하며, 그 사본을 5년간 '보관'하여야 한다. [위반자: 1천만원 이하의 과태료]

④ 모집주체가 주택조합의 조합원을 모집하기 위해 광고를 하는 경우에는 '주택건설대지의 사용권원 및 소유권을 확보한 비율' 등의 내용이 포함되어야 한다.

⑤ 조합원 가입 권유 등 금지행위 [위반자: 2년 이하 징역 또는 2천만원 이하 벌금]

13. 주택조합에 대한 감독 등

감독	시장·군수·구청장은 주택조합 또는 주택조합의 구성원이 거짓이나 그 밖의 부정한 방법으로 설립인가를 받은 경우 주택조합의 설립인가를 취소할 수 있다.
회계감사	① 주택조합은 대통령령으로 정하는 바에 따라 회계감사를 받아야 하며, 그 감사결과를 관할 시장·군수·구청장에게 보고하여야 한다. ② 주택조합의 임원 또는 발기인은 계약금등(해당 주택조합사업에 관한 모든 수입에 따른 금전을 말한다)의 징수·보관·예치·집행 등 모든 거래 행위에 관하여 장부를 월별로 작성하여 그 증빙서류와 함께 '주택조합 해산인가를 받는 날'까지 보관하여야 한다. → 정보처리시스템을 통해 작성, 보관 가능

영 제26조	① 주택조합은 다음의 날부터 30일 이내에 감사인의 회계감사를 받아야 한다. ㉠ 주택조합 설립인가를 받은 날부터 3개월이 지난 날 ㉡ 사업계획승인(사업계획승인 대상이 아닌 리모델링인 경우에는 '허가')을 받은 날부터 3개월이 지난 날 ㉢ 사용검사 또는 임시사용승인을 '신청'한 날 ② 회계감사를 한 자는 회계감사 종료일부터 15일 이내에 회계감사 결과를 관할 시장·군수·구청장과 해당 주택조합에 각각 통보하여야 한다.

PART 1

14. 조합 가입 철회 및 가입비등의 반환

➲ 체계도 핵심 10 참고

15. 주택조합의 해산 등 ★

➲ 체계도 핵심 12 참고

법 제14조의2	① 총회를 소집하려는 임원 또는 발기인은 총회가 개최되기 7일 전까지 회의 목적 등을 조합원 또는 주택조합 가입신청자에게 통지하여야 한다. ② 해산을 결의하거나 사업의 종결을 결의하는 경우 '청산인'을 선임해야 한다. ③ 발기인은 총회(사업 종결 결의)의 결과(사업의 종결을 결의한 경우에는 청산계획을 포함)를 총회 개최일로부터 10일 이내에 서면으로 시장·군수·구청장에게 통지하여야 한다.
영 제25조의2	주택조합의 해산 또는 사업의 종결을 결의한 경우에는 주택조합의 임원 또는 발기인이 청산인이 된다. 다만, 조합규약 또는 총회의 결의로 달리 정한 경우에는 그에 따른다.

16. 주택조합의 발기인 또는 조합임원의 결격사유 등

결격사유	① 미성년자·피성년후견인 또는 피한정후견인 ② 파산선고를 받은 사람으로서 복권되지 아니한 사람 ③ 금고 이상의 실형을 선고받고 집행이 종료(종료된 것으로 보는 경우를 포함)되거나 집행이 면제된 날부터 2년이 지나지 아니한 사람 ④ 금고 이상 형의 집행유예를 선고받고 그 유예기간 중에 있는 사람 ⑤ 금고 이상 형의 선고유예를 받고 그 선고유예기간 중에 있는 사람 ⑥ 법원 판결 또는 다른 법률에 따라 자격이 상실 또는 정지된 사람 ⑦ 공동사업주체인 등록사업자 또는 업무대행사의 임직원

당연 퇴임 등	① 해당 '발기인'의 지위 상실, 해당 '임원'의 당연 퇴직 사유 ㉠ 발기인 또는 임원이 법적 자격기준을 갖추지 아니한 경우 ㉡ 발기인 또는 임원이 결격사유에 해당하게 되는 경우 ② 임원은 다른 주택조합의 임원, 직원 또는 발기인을 겸할 수 없다.

17. 실적보고 및 관련 자료의 공개

실적보고서	발기인 또는 임원, 사업연도별 분기마다 분기 말일부터 30일 이내에 작성
공개 의무	① 발기인 또는 임원, 작성 또는 변경된 후 15일 이내, 인터넷 등 병행 공개 ② 임원 또는 발기인은 '사업시행계획서'에 관한 사항을 인터넷으로 공개할 때 조합원의 50퍼센트 이상 동의를 얻어 개략적인 내용만 공개할 수 있다.
열람 등	관련 자료 등을 조합원이 열람·복사 요청을 한 경우 발기인, 임원은 15일 이내에 요청에 따라야 하며, 복사 비용은 '실비의 범위'에서 '청구인'이 부담한다.
서류제출	발기인, 임원은 원활한 사업추진과 조합원 권리 보호를 위해 연간 자금운용 계획 등을 매년 정기적으로 2월 말까지 시장·군수·구청장에게 제출하여야 한다.

18. 주택조합사업의 시공보증

① 주택조합이 공동사업주체인 시공자를 선정한 경우 시공자는 시공보증서를 조합에 제출
② 위 ①의 시공보증은 시공자가 공사의 계약상 의무를 이행하지 못하거나 의무이행을 하지 아니할 경우 ['보증기관'에서 시공자를 대신하여 '계약이행의무'를 부담]하거나 [총공사금액의 50퍼센트 이하에서 '대통령령으로 정하는 비율 이상(30퍼센트 이상)의 범위'에서 주택조합이 정하는 금액을 납부할 것을 보증하는 것]을 말한다.
③ 사업계획승인권자는 착공신고를 받는 경우에는 위 ①의 시공보증서 제출 여부를 확인하여야 한다.

19. 조합원 교체 등

① 지역주택조합, 직장주택조합은 설립인가를 받은 후에는 조합원 교체, 신규 가입 금지
② 다음의 사유로 결원이 발생한 범위에서 충원하는 경우는 예외적으로 허용
㉠ 조합원의 사망
㉡ 사업계획승인 이후 양도·증여·판결로 변경. 다만, 전매 금지되는 경우는 제외한다.
㉢ '조합원 수'가 주택건설 예정 세대수의 50퍼센트 미만이 되는 경우
㉣ 조합원이 무자격자로 판명되어 자격을 상실하는 경우 등
③ 위 ②에 따라 조합원으로 추가모집되거나 충원되는 자가 조합원 자격요건을 갖추었는지를 판단할 때에는 해당 조합설립인가 신청일을 기준으로 한다.

④ 앞의 ②에 따른 조합원 추가모집의 승인과 조합원 추가모집에 따른 주택조합의 변경인가 신청은 사업계획승인신청일까지 하여야 한다.
⑤ 조합원은 조합규약으로 정하는 바에 따라 조합에 탈퇴 의사를 알리고 탈퇴할 수 있다.
⑥ 탈퇴한 조합원은 조합규약으로 정하는 바에 따라 부담한 비용의 환급을 청구할 수 있다.
⑦ 리모델링주택조합 설립에 동의한 자로부터 취득한 자는 조합 설립에 동의한 것으로 의제된다.

20. 사업계획의 승인 등

(1) 사업주체 및 사업계획승인권자 ★

사업주체	'주택건설사업계획' 또는 '대지조성사업계획' 승인을 받아 사업을 시행하는 자 ① 국가 · 지방자치단체 · 한국토지주택공사 · 지방공사 ② 「주택법」에 따라 등록한 주택건설사업자 또는 대지조성사업자 ③ 「주택법」에 따라 주택건설사업, 대지조성사업을 시행하는 자(주택조합) 등
사업계획 승인권자	① 10만 제곱미터 이상: 시 · 도지사[1] 또는 대도시[2]의 시장 ② 10만 제곱미터 미만: '특별시장 · 광역시장 · 특별자치시장 · 특별자치도지사' 또는 '시장 · 군수'
국토교통부 장관의 사업계획 승인	① 국가 및 한국토지주택공사가 시행하는 경우 ② 330만 제곱미터 이상 + 택지개발사업, 도시개발사업 ③ 수도권 또는 광역시 지역의 긴급한 주택난 해소, 지역균형개발 등의 조정 필요 ④ 국가 등이 단독, 공동으로 총지분 50퍼센트 초과 출자한 위탁관리 부동산투자회사(부동산투자회사의 '자산관리회사'가 '한국토지주택공사인 경우'만 해당)가 「공공주택 특별법」에 따른 공공주택건설사업을 시행하는 경우

1. 시 · 도지사 = 특별시장 · 광역시장 · 특별자치시장 · 도지사 또는 특별자치도지사
2. 대도시 = 서울특별시 · 광역시 및 특별자치시를 제외한 인구 50만 이상의 대도시

(2) 총정리표(절차) ★

건축법	주택법	도시 및 주거환경정비법
'건축주'	'사업주체'	'사업시행자'
건축허가	사업계획승인	사업시행계획인가
사용승인	사용검사	준공인가

(3) 허가권자, 사업계획승인권자, 사업시행계획인가권자의 비교

구분	허가권자	사업계획승인권자	사업시행계획인가권자
원칙	특별자치시장·특별자치도지사·시장·군수·구청장	'시·도지사' 또는 '시장·군수'[1]	'시장·군수등'[2]
예외	특별시장·광역시장[3]	국토교통부장관	–

1. '시장·군수' = 시장(대도시의 시장을 포함) 및 군수
2. '시장·군수등' = 특별자치시장·특별자치도지사·시장·군수·자치구의 구청장
3. 특별시장·광역시장이 허가권자인 경우 = 21층 이상 또는 연면적 합계 10만 제곱미터 이상 등

(4) 사업계획승인의 대상 및 예외

구분	내용
① 사업계획 승인의 대상	㉠ 단독주택: 30호 이상(다음의 경우는 50호 이상) ⓐ (공공택지 관련) 공공사업에 따라 조성된 용지를 개별 필지로 구분하지 아니하고 일단의 토지로 공급받아 건설하는 단독주택 ⓑ 「건축법 시행령」 제2조 제16호에 따른 한옥 ㉡ 공동주택: 30세대 이상('리모델링'은 '증가하는 세대수' 기준). 다만, 다음의 경우(리모델링의 경우는 제외)에는 50세대 이상 ⓐ 다음의 요건을 모두 갖춘 단지형 연립주택, 단지형 다세대주택 i) 세대별 주거전용면적이 30제곱미터 이상일 것 ii) 해당 주택단지 진입도로의 폭이 6미터 이상일 것(예외 있음) ⓑ 일정한 방법으로 시행하는 주거환경개선사업
② [위 ① 예외] '건축허가'를 받아 '주상복합'을 건축하는 경우	㉠ 다음의 요건을 모두 갖춘 사업의 경우 ⓐ 준주거지역, 상업지역(유통상업지역은 제외)에서 300세대 미만의 주택과 주택 외의 시설을 동일 건축물로 건축 ⓑ 연면적에서 '주택'의 연면적이 차지하는 비율이 90퍼센트 미만 ㉡ 「농어촌정비법」에 따른 생활환경정비사업 중 농업협동조합중앙회가 조달하는 자금으로 시행하는 사업인 경우

[참고] 의무관리대상 공동주택의 범위(공동주택관리법 제2조 제1항)
「건축법」 제11조에 따른 건축허가를 받아 주택 외의 시설과 주택을 동일 건축물로 건축한 건축물로서 주택이 150세대 이상인 건축물

(5) 주택건설사업의 '등록' 대상 및 '사업계획승인'의 대상

구분	주택건설사업의 '등록' 대상	'사업계획승인'의 대상
주택건설사업	원칙: 연간 20호, 20세대 이상	원칙: 30호, 30세대 이상
대지조성사업	연간 1만 제곱미터 이상	1만 제곱미터 이상

(6) 사업계획의 변경승인 등

변경승인	① 승인받은 사업계획을 변경하려면 변경승인을 받아야 한다. ② 사업계획승인권자는 주택도시기금을 지원받은 사업주체에게 '사업계획의 변경승인'을 하였을 때에는 해당 기금수탁자에게 '통지'할 의무가 있다. ③ 위 ②의 사업주체가 '사업주체를 변경'하기 위해 변경승인을 신청하는 경우 기금수탁자로부터 사업주체 변경에 관한 동의서를 받아 첨부해야 한다.
승인 절차	① 사업계획에는 부대시설 및 복리시설 설치에 관한 계획 등 포함 의무 ② 사업계획승인권자는 사업주체가 제출하는 사업계획에 주택건설사업 등과 직접적으로 관련이 없거나 과도한 기반시설의 기부채납을 요구할 수 없다. ③ 사업계획승인권자는 60일 이내에 사업주체에게 승인 여부의 통보 의무 ④ 사업계획승인권자가 사업계획을 승인한 때에는 '건축허가 등'이 의제 ⑤ 50퍼센트 이상의 국민주택을 건설하는 사업주체가 위 ④의 인·허가 등이 의제되는 경우 관계 법률에 따라 부과되는 수수료 등을 면제 ⑥ 국민주택을 건설·공급하는 사업주체는 등기소의 장 등에게 필요한 서류의 열람·등사나 그 등본 또는 초본의 발급을 무료로 청구 가능

(7) 기부채납

① 국토교통부장관은 기부채납 등과 관련하여 '운영기준'을 작성하여 고시할 수 있다.

② 사업계획승인권자는 위 ①의 '운영기준의 범위'에서 지역여건 등을 고려하여 자체 실정에 맞는 '별도의 기준'을 마련 운영할 수 있으며, 미리 국토교통부장관에게 보고하여야 한다.

(8) 표본설계도서 및 통합심의 등

표본설계도서	① 한국토지주택공사, 지방공사, 등록사업자는 동일 규모 주택 대량 건설 → 국토교통부장관에게 형별로 표본설계도서를 작성·제출, 승인받을 수 있다. ② 국토교통부장관은 위 ①의 승인, 관계 행정기관의 장과 협의 의무 ③ 협의를 요청받은 기관은 15일 이내에 국토교통부장관에게 의견을 통보하여야 한다.
통합심의	① 사업계획승인권자는 건축심의 등을 '통합심의'할 수 있다. ② 사업계획승인권자는 사업계획승인을 받으려는 자가 통합심의를 신청하는 경우 통합심의를 하여야 한다. 다만, 사업계획의 특성 및 규모 등으로 인하여 통합심의가 적절하지 아니하다고 인정하는 경우에는 그 사항을 제외하고 통합심의를 할 수 있다. 〈신설〉

	③ 통합심의를 하는 지방자치단체의 장은 '일정한 위원회'에 속하고 해당 위원회의 위원장 추천을 받은 위원들과 '사업계획승인권자가 속한 지방자치단체' 및 '법령에 따라 통합심의를 하는 지방자치단체 소속 공무원'으로 소집된 공동위원회를 구성하여 통합심의를 하여야 한다. 〈개정〉

(9) 공사 착수기간

착공신고	① **원칙**: 사업계획승인을 받은 날부터 5년 이내, **'사업계획승인권자'**에게 신고 ② **공구별 분할 건설** ㉠ **최초로 공사를 진행하는 공구**: 사업계획승인을 받은 날부터 5년 이내 ㉡ **나머지 모든 공구**: '최초 착공신고일'부터 2년 이내
연장 사유	다음의 경우에는 '그 사유가 없어진 날'부터 1년의 범위에서 연장할 수 있다. ① 문화유산청장의 매장유산 발굴허가를 받은 경우 ② 해당 사업시행지에 대한 소유권 분쟁(소송절차가 진행 중인 경우만 해당)으로 인하여 공사 착수가 지연되는 경우 ③ 천재지변, 사업주체에게 책임 없는 불가항력적인 사유로 인한 지연 등
승인의 취소	① 사업계획승인권자는 다음의 경우 사업계획승인을 취소할 수 있다. ㉠ 사업주체가 착공시기를 위반한 경우(위 착공신고의 ②의 ㉡은 제외) ㉡ 사업주체가 경매·공매 등으로 인하여 대지소유권을 상실한 경우 ㉢ 사업주체의 부도·파산 등으로 공사의 완료가 불가능한 경우 ② 사업계획승인권자는 위 ①의 ㉡ 또는 ㉢의 사유로 사업계획승인을 취소하고자 하는 경우는 사업주체에게 사업계획 이행, 사업비 조달계획 등이 포함된 '**사업 정상화 계획**'을 제출받아 계획의 타당성을 심사한 후 취소 여부를 결정하여야 한다. ③ 위 ①에도 불구하고 사업계획승인권자는 시공자 등이 해당 주택건설대지의 소유권 등을 확보하고 사업주체 변경을 위하여 사업계획의 변경승인을 요청하는 경우에 이를 승인할 수 있다.

21. 택지취득의 특례

(1) 요약표

매도 청구	지구단위계획 결정 필요 + 80퍼센트 이상 사용권원 확보 + 나머지 매도 청구 가능 → 시가, 3개월 이상 협의
국공유지 우선 매각	국가, 지방자치단체 + (50퍼센트 이상 국민주택규모, 조합) + 2년 이내(×) → 환매, 임대계약 취소
체비지	① (도시개발사업 + 환지방식) + 50퍼센트의 범위 + 감정가격, 조성원가[1] ② '국민주택용지'로 사용하기 위한 '사업주체'에게 우선 매각
수용 및 사용	국가 등 + 국민주택건설사업 또는 대지조성사업 + 토지등의 수용, 사용 가능(주택법상 '공공택지'와 관련되는 공공사업)

1. '조성원가'로 할 수 있는 경우: 85제곱미터 이하의 임대주택 또는 60제곱미터 이하의 국민주택

(2) 매도 청구 등 ★

➲ 체계도 핵심 16, 17 참고

사업계획승인 요건	① 주택건설사업계획의 승인을 받으려는 자는 주택건설대지의 소유권을 확보하여야 한다. ② 예외 ㉠ 지구단위계획 결정 필요 + 대지면적 80퍼센트 이상 사용권원[1]을 확보[2] + 확보 못한 대지가 매도 청구대상이 되는 대지에 해당 ㉡ 사업주체가 소유권을 확보하지 못하였으나 사용권원을 확보한 경우 ㉢ 국가·지방자치단체·한국토지주택공사·지방공사가 주택건설사업을 시행 ㉣ 리모델링을 결의한 리모델링주택조합이 매도 청구를 하는 경우
착공	사업주체가 신고한 후 공사를 시작하려는 경우 사업계획승인을 받은 해당 주택건설대지에 매도 청구대상이 되는 대지가 포함되어 있으면 해당 매도 청구대상 대지에 대하여는 '그 대지의 소유자가 매도에 대하여 합의'를 하거나 '매도 청구에 관한 법원의 승소판결(확정되지 아니한 판결 포함)을 받은 경우'에만 공사를 시작할 수 있다.

1. 등록사업자와 공동으로 시행하는 주택조합(리모델링주택조합은 제외)의 경우는 95퍼센트 이상의 소유권을 확보
2. '국공유지가 포함된 경우'는 관리청이 토지를 사업주체에게 매각, 양여 확인 서류를 사업계획승인권자에게 제출하는 경우에는 확보한 것으로 본다.

(3) 리모델링 결의에 찬성하지 아니하는 자에 대한 매도 청구 등(집합건물법 제48조 준용)

준용규정	① 재건축의 결의(5분의 4 이상)가 있으면 집회를 소집한 자는 찬성하지 아니한 구분소유자에 대해 재건축에 참가할 것인지 여부의 회답을 서면으로 촉구하여야 한다. ② 촉구받은 구분소유자는 촉구를 받은 날부터 2개월 이내 회답하여야 한다. ③ '기간 내 회답'(×) → 재건축에 참가하지 아니하겠다는 뜻을 회답한 것으로 본다. ④ 위 ② 기간이 지나면 '재건축에 참가하지 아니하겠다는 뜻'을 회답한 구분소유자에게 구분소유권과 대지사용권을 시가로 '매도 청구' 가능[1]
소유자를 확인하기 어려운 대지 등에 대한 처분	① 대지소유자가 있는 곳을 확인하기가 현저히 곤란한 경우에는 전국적으로 배포되는 둘 이상의 일간신문에 두 차례 이상 공고하고, 공고한 날부터 30일 이상이 지났을 때에는 매도 청구대상의 대지로 본다. [2-2-30] ② 사업주체는 감정평가액을 법원에 공탁하고 주택건설사업을 시행할 수 있다. ③ 감정평가액은 감정평가법인등 2인 이상이 평가한 금액 산술평균하여 산정한다.

1. '재건축 결의가 있은 후'에 이 구분소유자로부터 '대지사용권만을 취득한 자'의 대지사용권에 대하여도 또한 같다.

(4) 국공유지 등의 우선 매각 및 임대 ★

우선 매각	국가, 지방자치단체는 다음 목적으로 매수 또는 임차를 원하는 자에게 우선 매각·임대할 수 있다. ① '국민주택규모의 주택'을 50퍼센트 이상으로 건설하는 주택의 건설 ② 주택조합이 건설하는 주택(이하 '조합주택'이라 한다)의 건설 ③ 위 ① 또는 ②의 주택을 건설하기 위한 대지의 조성
의무	국가 또는 지방자치단체는 매수하거나 임차한 자가 '매수일' 또는 '임차일'부터 2년 이내 국민주택규모 주택 등 건설(×) → 환매하거나 '임대계약'을 취소할 수 있다.

(5) 체비지 ★

체비지 활용	사업주체가 국민주택용지로 사용하기 위해 '환지방식 도시개발사업시행자'에게 체비지의 매각을 요구한 경우 도시개발사업 시행자는 체비지 총면적의 50퍼센트의 범위에서 이를 우선적으로 사업주체에게 매각할 수 있다.
체비지 양도가격	① 체비지 양도가격은 감정평가법인등이 감정평가한 감정가격을 기준 ② 85제곱미터 이하 임대주택, 60제곱미터 이하 국민주택 → 조성원가 기준

(6) 수용 또는 사용

① 수용 또는 사용	㉠ '국가 등인 사업주체'가 국민주택건설사업이나 대지조성사업을 하는 경우에는 '토지등'을 수용, 사용할 수 있다. ㉡ 이러한 '국민주택건설사업'이나 '대지조성사업'에 의하여 개발, 조성되는 '공동주택'이 건설되는 용지는 '공공택지'에 해당한다.
② 준용 규정	㉠ 위 ①에 따라 토지등을 수용하거나 사용하는 경우, 공토법[1]을 준용 ㉡ '공토법에 따른 사업인정'을 '사업계획승인'으로 본다. ㉢ 다만, 재결신청은 공토법(1년 이내 재결신청 및 사업인정의 효력 상실)에도 불구하고 사업계획승인을 받은 주택건설사업 기간 이내에 할 수 있다.

1. 「공익사업을 위한 토지 등의 취득 및 보상에 관한 법률」: 이하 '공토법'이라 한다.

(7) 토지에의 출입 등 및 토지매수 업무 등의 위탁

① 토지 출입	'국가·지방자치단체·한국토지주택공사·지방공사인 사업주체'가 국민주택사업을 시행하기 위하여 필요한 경우에는 타인 토지에 출입하는 행위를 할 수 있다.
② 손실보상	㉠ 위 ①로 인하여 손실을 입은 자에게 그 행위를 한 사업주체가 손실보상하여야 한다. ㉡ 손실보상에 관하여는 손실을 보상할 자와 손실을 입은 자가 협의해야 한다. ㉢ 협의가 성립되지 아니한 경우, 관할 토지수용위원회에 재결을 신청할 수 있다.
③ 업무 위탁	국가, 한국토지주택공사인 사업주체는 토지매수 업무와 손실보상 업무를 지방자치단체의 장에게 위탁할 수 있다. → 2퍼센트 범위의 위탁수수료

22. 임대주택 및 '국민주택규모 주택'의 건설, 공급의무(비교)

(1) 비교표

'임대주택'의 건설, 공급 (주택법)	'국민주택규모 주택'의 건설, 공급 (도시 및 주거환경정비법)
'주택과 주택 외의 시설'을 동일 건축물로 건축하는 경우	'재건축사업' 및 '재개발사업' [주거지역 및 대통령령으로 정하는 공업지역(준공업지역)]
완화된 용적률의 60퍼센트 이하 범위에서 '대통령령으로 정하는 비율'(30퍼센트 이상 60퍼센트 이하의 범위에서 '시·도조례'로 정하는 비율) 이상에 해당하는 면적을 '임대주택'으로 공급	① **과밀억제권역 + 재건축사업**: 초과용적률의 100분의 30 이상 100분의 50 이하로서 시·도조례로 정하는 비율 ② **과밀억제권역 + 재개발사업**: 초과용적률의 100분의 50 이상 100분의 75 이하로서 시·도조례로 정하는 비율 ③ **과밀억제권역 외 + 재건축사업**: 초과용적률의 100분의 50 이하로서 시·도조례로 정하는 비율 ④ **과밀억제권역 외 + 재개발사업**: 초과용적률의 100분의 75 이하로서 시·도조례로 정하는 비율 → '국민주택규모 주택'의 건설의무
국토교통부장관, 시·도지사, 한국토지주택공사, 지방공사에 공급	국토교통부장관, 시·도지사, 시장·군수·구청장 또는 토지주택공사등(한국토지주택공사, 지방공사)에 공급
인수자 지정 등[다음 **(2)**]	'장기공공임대주택'으로 활용[다음 **(3)**]
① **임대주택 공급가격**: 건축비 ② '그 부속토지'는 '기부채납'	① **국민주택규모 주택의 공급가격**: 공공건설임대주택의 '표준건축비' ② '그 부속토지'는 '기부채납'

➲ 역세권 등 대통령령으로 정하는 요건에 해당하는 경우(도시 및 주거환경정비법)

1. 사업시행자는 완화된 용적률에서 정비계획으로 정하여진 용적률을 뺀 용적률의 100분의 75 이하로서 '대통령령으로 정하는 바'에 따라 시·도조례로 정하는 비율에 해당하는 면적에 '국민주택규모 주택'을 건설하여 인수자에게 공급하여야 한다.
2. '대통령령'의 내용
   ① 과밀억제권역 + 재건축사업: 추가용적률의 100분의 30 이상 100분의 75 이하의 범위에서 시·도조례로 정하는 비율
   ② 과밀억제권역 + 재개발사업: 추가용적률의 100분의 50 이상 100분의 75 이하의 범위에서 시·도조례로 정하는 비율
   ③ 과밀억제권역 외의 지역 + 재건축사업: 추가용적률의 100분의 50 이하의 범위에서 시·도조례로 정하는 비율
   ④ 과밀억제권역 외의 지역 + 재개발사업: 추가용적률의 100분의 75 이하의 범위에서 시·도조례로 정하는 비율

(2) 인수자 지정 등(주택법)

① 사업주체는 임대주택을 국토교통부장관, 시·도지사, 한국토지주택공사 또는 지방공사(이하 '인수자'라 한다)에 공급하여야 하며 시·도지사가 우선 인수할 수 있다.

② 시·도지사가 인수(×) → 다음의 구분에 따라 국토교통부장관에게 인수자 지정 요청

㉠ 특별시장, 광역시장, 도지사가 인수(×): 시장·군수·구청장이 특별시장, 광역시장, 도지사에게 통보한 후 국토교통부장관에게 '인수자 지정 요청'

㉡ 특별자치시장, 특별자치도지사가 인수(×): 특별자치시장, 특별자치도지사가 '직접' 국토교통부장관에게 '인수자 지정 요청'

③ 국토교통부장관은 위 ②의 ㉠에 따라 시장·군수·구청장으로부터 요청받은 경우, 30일 이내에 인수자를 지정하여 시·도지사에게 통보하여야 한다.

④ 사업주체는 공급되는 주택의 전부를 대상으로 공개추첨의 방법에 의하여 인수자에게 공급하는 임대주택을 선정하여야 한다.

⑤ 사업주체는 임대주택의 준공인가(건축법의 사용승인을 포함)를 받은 후 지체 없이 인수자에게 등기를 촉탁 또는 신청하여야 한다. 이 경우 사업주체가 거부 또는 지체하는 경우에는 인수자가 등기를 촉탁 또는 신청할 수 있다.

(3) '장기공공임대주택'으로 활용(도시 및 주거환경정비법 제55조 제4항 및 제5항)

① 인수된 '국민주택규모 주택'은 임대의무기간이 20년 이상인 장기공공임대주택으로 활용해야 한다.

② 다만, 다음 ㉠의 가액을 ㉡의 가액으로 나눈 값이 100분의 80 미만인 경우에는 장기공공임대주택이 아닌 임대주택으로 활용할 수 있다.

㉠ 정비사업 후 대지 및 건축물의 총가액에서 총사업비를 제외한 가액

㉡ 정비사업 전 토지 및 건축물의 총가액

③ 부속토지는 기부채납한 것으로 보는 것이 원칙이지만, '위 ②에 따른 인수자'는 감정평가액의 100분의 50 이하의 범위에서 '다음의 가격'으로 부속토지를 인수해야 한다.

㉠ 임대의무기간이 10년 이상인 경우: 감정평가액의 100분의 30에 해당하는 가격

㉡ 임대의무기간이 10년 미만인 경우: 감정평가액의 100분의 50에 해당하는 가격

23. 간선시설

◆ 체계도 핵심 18 참고

(1) 용어의 비교 ★

기반시설	「국토의 계획 및 이용에 관한 법률」 제2조 제6호에 따른 기반시설(도로·철도·항만·공항·주차장 등 교통시설, 광장·공원·녹지 등 공간시설, 수도·전기·가스공급설비, 방송·통신시설, 공동구 등 유통·공급시설, 하천, 하수도 등)을 말한다.
기간시설	도로·상하수도·전기시설·가스시설·통신시설·지역난방시설 등을 말한다.
간선시설	도로·상하수도, 전기시설·가스시설·통신시설 및 지역난방시설 등 주택단지(둘 이상의 주택단지를 동시에 개발하는 경우에는 각각의 주택단지를 말한다) '안'의 기간시설을 그 주택단지 '밖'에 있는 같은 종류의 기간시설에 연결시키는 시설을 말한다. 다만, 가스시설·통신시설·지역난방시설의 경우에는 주택단지 '안'의 기간시설을 포함한다.

(2) 간선시설 중 '도로 및 상하수도시설'의 설치범위

도로	주택단지 '밖'의 기간이 되는 도로부터 '주택단지의 경계선'까지로 하되, 그 길이가 200미터를 초과하는 경우로서 그 초과부분에 한정한다.
상하수도시설	주택단지 '밖'의 기간이 되는 상하수도시설부터 '주택단지의 경계선'까지 시설로 하되, 그 길이가 200미터를 초과하는 경우로서 그 초과부분에 한정한다.

24. 주택의 감리

(1) 감리자의 지정권자(건축법상 공사감리자의 지정권자와 비교)

주택법	건축법
사업계획승인권자	① 원칙: 건축주 ② 예외: 허가권자

「건축법」 제25조 제2항('허가권자'가 공사감리자를 지정하는 경우)

① 「건설산업기본법」 제41조 제1항에 해당하지 아니하는 소규모 건축물로서 '건축주가 직접 시공'
② '주택으로 사용하는 건축물 중 대통령령으로 정하는 건축물'
  ㉠ 「건설산업기본법」 제41조 제1항에 해당하지 아니하는 건축물 중 다음의 어느 하나에 해당하지 아니하는 건축물
    ⓐ [별표 1] 제1호 가목의 (협의) 단독주택
    ⓑ 농업·임업·축산업·어업용으로 설치하는 창고·저장고·작업장·퇴비사·축사·양어장 등
  ㉡ 다음의 주택: [ⓐ 아파트 ⓑ 연립주택 ⓒ 다세대주택] [ⓓ 다중주택 ⓔ 다가구주택]

> **「건설산업기본법」 제41조 제1항에 해당하는 건축물**
>
> 다음의 건축물의 건축 또는 대수선(大修繕)에 관한 건설공사는 '**건설사업자**'가 하여야 한다.
> ① 연면적이 200제곱미터를 초과하는 건축물
> ② 연면적이 200제곱미터 이하인 건축물로서 다음의 어느 하나에 해당하는 경우
> ㉠ 「건축법」에 따른 공동주택(아파트, 연립주택, 다세대주택, 기숙사)
> ㉡ 「건축법」에 따른 단독주택 중 다중주택, 다가구주택, 공관 등
> ㉢ 주거용 외의 건축물로서 많은 사람이 이용하는 건축물 중 학교, 병원 등

PART 1

▶ (공사)감리자의 지정권자 정리

구분	사례	감리자의 지정
A[1]	–	건축주
B[2]	건축주가 직접 시공하는 경우	허가권자
B[2]	(협의) 단독주택	건축주
	농업, 임업 등 관련 창고 등	건축주
	경미한 경우	건축주
'건축허가' 대상 주택	아파트, 연립주택, 다세대주택	허가권자
	다중주택, 다가구주택	허가권자
	공관 및 기숙사	건축주

1. A: 건설사업자가 시공하여야 하는 경우
2. B: 'A'가 아닌 경우

➲ '사업계획승인' 대상 주택: 「주택법」 적용 → 사업계획승인권자가 감리자 지정

(2) 감리자의 자격(건축법과 비교) ★

주택법	건축법[1]
① '300세대 미만'의 주택건설공사 ㉠ 「건축사법」에 따라 건축사 사무소 개설 신고를 한 자 ㉡ 「건설기술 진흥법」에 따라 등록을 한 건설엔지니어링사업자 ② '300세대 이상'의 주택건설공사: 「건설기술 진흥법」 제26조 제1항에 따라 등록한 건설엔지니어링사업자	① '일반건축물'로서 다음의 경우: 건축사 ㉠ 건축허가대상 건축물(건축신고대상 건축물은 '제외')을 건축하는 경우 ㉡ 건축물을 '리모델링'하는 경우 ② '다중이용 건축물'을 건축하는 경우: 「건설기술 진흥법」에 따른 건설엔지니어링사업자 또는 건축사('건설사업관리기술인'을 배치하는 경우만 해당)

1. '건축신고대상 건축물'의 시공지도, 위법시공 여부의 확인, 지도, 단속 → '건축지도원' 업무

(3) 「주택법」상 감리자 지정의 예외 등

「주택법」상 감리자 지정의 예외	① 사업주체가 국가·지방자치단체·한국토지주택공사·지방공사인 경우 ② 다음의 요건을 모두 갖춘 '위탁관리 부동산투자회사'인 경우 ㉠ '국가 등'이 단독, 공동으로 총지분 50퍼센트를 초과하여 출자 ㉡ 해당 부동산투자회사의 자산관리회사가 한국토지주택공사일 것 ㉢ 사업계획승인 대상 주택건설사업이 '공공주택건설사업'일 것 ③ 「건축법」 제25조에 따라 공사감리를 하는 '도시형 생활주택'의 경우
감리자 교체 등 사유	① 감리자의 교체 및 1년의 범위에서 감리업무 지정 제한의 사유 ㉠ 감리업무 수행 중 발견한 위반 사항을 묵인한 경우 ㉡ 이의신청 결과 시정 통지가 3회 이상 잘못된 것으로 판정된 경우 ㉢ 공사기간 중 공사현장에 1개월 이상 감리원을 상주시키지 아니한 경우 ㉣ 감리자 지정 서류를 거짓 등 부정한 방법으로 작성·제출한 경우 ㉤ 감리자 스스로 감리업무 수행의 포기 의사를 밝힌 경우 ② 사업계획승인권자는 위 ①의 ㉤에도 불구하고 감리자가 다음의 사유로 감리업무 수행을 포기한 경우에는 그 감리자에 대하여 감리업무 지정제한을 하여서는 아니 된다. ㉠ 사업주체의 부도·파산 등으로 인한 공사 중단 ㉡ 1년 이상의 착공 지연 ㉢ 그 밖에 천재지변 등 부득이한 사유
'건축구조기술사'와 협력	수직증축형 리모델링(세대수가 증가되지 아니하는 리모델링 포함)의 감리자는 감리업무 수행 중 수직증축형 리모델링 허가 시 제출한 구조도 또는 구조계산서와 다르게 시공하고자 하는 경우는 건축구조기술사의 협력을 받아야 한다.

(4) 시정요청(건축법) 및 시정통지(주택법)

시정요청 (건축법)	① 공사감리자, 위반사항 발견 → '건축주'에게 알린 후 '공사시공자'에게 시정, 재시공 요청, 따르지 아니하면 서면으로 공사 중지 요청 ② 공사감리자, 공사시공자가 위 ①에 따르지 않으면 허가권자에게 보고 (7일 이내에 위법건축공사보고서를 허가권자에게 제출)
시정통지 (주택법)	① 감리자는 업무수행 상황을 사업계획승인권자 및 사업주체에게 보고 ② 감리자가 위반사항 발견 → 시공자, 사업주체에게 시정통지, 7일 이내에 사업계획승인권자에게 그 내용을 '보고' ③ 시공자, 사업주체는 시정통지를 받은 경우, 즉시 해당 공사를 중지하고 위반사항을 시정한 후 감리자 확인. 감리자의 시정통지에 이의가 있을 때에는 즉시 공사 중지, 사업계획승인권자에게 서면으로 이의신청

	④ 이의신청을 받은 사업계획승인권자는 10일 **이내** 처리 결과 회신, 감리자에게도 결과 통보
공사감리비의 예치 및 지급 (주택법 시행규칙)	① **사업주체**는 **감리자**와 '계약'을 체결한 경우 **사업계획승인권자**에게 계약 내용을 통보하여야 한다. 이 경우 통보를 받은 **사업계획승인권자**는 즉시 사업주체 및 감리자에게 **공사감리비 예치 및 지급 방식에 관한 내용**을 '안내'하여야 한다. ② **사업주체**는 해당 공사감리비를 계약에서 정한 지급예정일 **14일 전까지 '사업계획승인권자'**에게 예치하여야 한다. ③ **감리자**는 계약에서 정한 공사감리비 지급예정일 **7일 전까지 사업계획승인권자**에게 공사감리비 **지급**을 **요청**하여야 하며, **사업계획승인권자**는 감리업무 수행 상황을 확인한 후 공사감리비를 **지급**하여야 한다.

(5) 감리자의 업무

① 시공자가 설계도서에 맞게 시공하는지 여부의 확인
② 시공자가 사용하는 건축자재가 관계 법령에 따른 기준에 맞는 건축자재인지 여부 확인
③ 주택건설공사에 대하여 「건설기술 진흥법」에 따른 품질시험을 하였는지 여부의 확인
④ 시공자가 사용하는 마감자재 및 제품이 사업주체가 시장·군수·구청장에게 제출한 마감자재 목록표 및 영상물 등과 동일한지 여부의 확인
⑤ 주택건설공사의 「건설산업기본법」에 따른 하수급인이 「건설산업기본법」 제16조에 따른 시공자격을 갖추었는지 여부의 확인 〈신설〉
⑥ 설계도서가 해당 지형 등에 적합한지에 대한 확인
⑦ 설계변경에 관한 적정성 확인
⑧ 시공계획·예정공정표 및 시공도면 등의 검토·확인
⑨ 국토교통부령으로 정하는 주요 공정이 예정공정표대로 완료되었는지 여부의 확인
⑩ 예정공정표보다 공사가 지연된 경우 대책의 검토 및 이행 여부의 확인
⑪ 방수·방음·단열시공의 적정성 확보, 재해의 예방, 시공상의 안전관리 및 그 밖에 건축공사의 질적 향상을 위하여 국토교통부장관이 정하여 고시하는 사항에 대한 검토·확인

(6) 비교표

시정요청	시정통지	시정명령
「건축법」	「주택법」	「건축법」
'공사감리자'의 위반자에 대한 조치	**'감리자'**의 위반자에 대한 조치	**허가권자**의 위반건축물에 대한 조치 [이행(×) → **이행강제금**]

25. 사전방문 등

(1) 사전방문 등

➲ 체계도 핵심 19 참고

(2) 품질점검단의 설치 및 운영 등

➲ 체계도 핵심 20 참고

(3) 품질점검단의 구성 및 운영 등

① 구성: 위원은 다음 사람 중에서 시·도지사(대도시 시장을 포함)가 임명하거나 위촉한다.
  ㉠ 건축사 및 건축분야 기술사 자격을 취득한 사람
  ㉡ 주택관리사 자격 취득한 사람 등

② 시·도지사는 위원에게 예산 범위에서 수당 등 경비를 지급할 수 있다. 다만, 공무원인 위원이 소관 업무와 직접적으로 관련되어 품질점검에 참여하는 경우에는 지급하지 않는다.

26. 사용검사

(1) 사용검사권자

➲ 체계도 핵심 21 참고

(2) 사용검사 절차 등 ★

구분	내용
사업주체가 파산 등으로 사용검사를 받을 수 없는 경우	① 사용검사권자는 입주예정자대표회의가 사용검사를 받아야 하는 경우 대책회의를 소집, 공사현장에 10일 이상 '공고', 입주예정자는 과반수의 동의로 10명 이내의 입주예정자로 구성된 입주예정자대표회의 구성 의무 ② 사업주체의 파산 등으로 입주예정자가 사용검사를 받을 때는 「공동주택관리법」에도 불구하고 '입주예정자의 대표회의'가 사용검사권자에게 사용검사를 신청할 때 '하자보수보증금'을 예치하여야 한다.
사용검사 및 임시사용승인 등	① 사용검사, 분할 사용검사(공구별 사용검사), 동별 사용검사가 가능하다. ② 주택건설사업의 경우는 건축물의 동별로 공사가 완료된 경우, 대지조성사업의 경우는 구획별로 공사가 완료된 경우에는 임시사용승인이 가능하다. ③ 임시사용승인의 대상이 공동주택인 경우, 세대별로 임시사용승인이 가능하다. ④ 사용검사는 신청일부터 15일 이내에 하여야 한다.

27. 주택건설기준 등

(1) 정리표

공동주택성능 등급[1]	500세대 이상의 공동주택, '입주자 모집공고'에 표시
환기시설	30세대 이상 공동주택(주상복합을 포함)은 시간당 0.5회 이상 환기가 이루어질 수 있도록 자연환기설비 또는 기계환기설비 설치 의무
바닥충격음 차단구조의 성능등급	① 유효기간은 그 성능등급 인정을 받은 날부터 5년으로 한다. ② 연장되는 유효기간은 연장될 때마다 3년을 초과할 수 없다. ③ 사업주체가 '대통령령으로 정하는 두께(콘크리트 슬래브 두께 250밀리미터) 이상'으로 바닥구조를 시공하는 경우 사업계획승인권자는 「국토의 계획 및 이용에 관한 법률」에 따라 지구단위계획으로 정한 건축물 높이의 최고한도의 100분의 115를 초과하지 아니하는 범위에서 조례로 정하는 기준에 따라 건축물 높이의 최고한도를 완화하여 적용할 수 있다. 〈신설〉
바닥구조	① 콘크리트 슬래브 두께는 210밀리미터[라멘구조(보와 기둥을 통해서 내력이 전달되는 구조)의 공동주택은 150밀리미터] 이상으로 할 것. 다만, 법 제51조 제1항에 따라 인정받은 공업화주택의 층간바닥은 예외로 한다. ② 각 층간 바닥의 경량충격음(비교적 가볍고 딱딱한 충격에 의한 바닥충격음) 및 중량충격음(무겁고 부드러운 충격에 의한 바닥충격음)이 각각 49데시벨 이하인 구조일 것. 다만, 다음의 층간바닥은 그렇지 않다. ㉠ 라멘구조의 공동주택(공업화주택은 제외한다)의 층간바닥 ㉡ 위 ㉠의 공동주택 외의 공동주택 중 발코니, 현관 등 국토교통부령으로 정하는 부분의 층간바닥
바닥충격음 성능검사 등	① 국토교통부장관은 바닥충격음 차단구조의 성능을 검사하기 위하여 '성능검사기준'을 마련하여야 한다. ② 국토교통부장관은 성능검사를 전문적으로 수행하기 위하여 '바닥충격음 성능검사기관'을 대통령령으로 정하는 지정 요건 및 절차에 따라 지정할 수 있다. ③ 사업주체는 사업계획승인을 받아 시행하는 주택건설사업의 경우 '사용검사를 받기 전'에 '바닥충격음 성능검사기관'으로부터 성능검사기준에 따라 '성능검사'를 받아 그 결과를 사용검사권자에게 제출하여야 한다. ④ 사용검사권자는 성능검사 결과가 성능검사기준에 미달하는 경우 사업주체에게 보완 시공, 손해배상 등의 조치를 권고할 수 있으며, 권고받은 사업주체는 대통령령으로 정하는 기간 내('권고사항에 대한 조치기한이 지난 날'부터 5일)에 권고사항에 대한 조치결과를 사용검사권자에게 제출하여야 한다.

	⑤ 권고를 받은 사업주체는 '권고받은 날'부터 **10일 이내**에 사용검사권자에게 권고사항에 대한 **조치계획서**를 제출하여야 한다. 다만, 기술적 검토에 시간이 걸리는 등 불가피한 경우에는 사용검사권자와 협의하여 그 기간을 연장할 수 있다. ⑥ 사업주체는 앞의 ③에 따라 사용검사권자에게 제출한 성능검사 결과 및 위 ⑤에 따라 사용검사권자에게 제출한 조치결과를 입주예정자에게 알려야 한다. 〈신설〉 ⑦ 바닥충격음 성능검사기관은 앞의 ③에 따른 성능검사 결과를 토대로 '매년' 우수 시공자를 선정하여 공개할 수 있다. 〈신설〉
'시·군 지역'	'수도권 외 지역' 중 인구 **20만 미만**의 **시지역**과 **군지역**
세대 간의 경계벽 (주택건설기준)	① 철근콘크리트조가 **15센티미터** 이상인 것 ② 무근콘크리트조가 **20센티미터** 이상인 것 ③ 조립식 주택부재인 콘크리트판이 **12센티미터** 이상인 것 ➲ 예외: 공동주택의 3층 이상인 층 발코니에 '**피난구**'나 '**파괴하기 쉬운 경량구조**' 등으로 할 수 있다.
주택단지 안의 도로	① **폭 1.5미터 이상**의 '보도'를 포함한 **폭 7미터 이상**의 '도로'(보행자전용도로, 자전거도로는 제외)를 설치하여야 한다. ② 공동주택의 세대수가 **100세대 미만**이고 막다른 도로로서 길이가 **35미터 미만**인 경우에는 도로의 폭을 **4미터 이상**으로 할 수 있다.
도로의 설계속도	유선형(流線型) 도로, 요철(凹凸) 포장 또는 과속방지턱의 설치 등을 통하여 도로의 설계속도가 시속 **20킬로미터 이하**가 되도록 하여야 한다.
어린이 안전보호구역	**500세대 이상**의 공동주택
보안등	주택단지 안의 어린이놀이터 및 도로(폭 **15미터 이상**인 도로의 경우에는 도로의 **양측**)에는 보안등을 설치하여야 한다. 이 경우 해당 도로에 설치하는 보안등의 간격은 **50미터 이내**로 하여야 한다.
공동주택 외벽까지의 거리	**도로**(주택단지 안의 도로를 포함) 및 **주차장**(지하주차장 등은 제외)의 경계선으로부터 공동주택의 외벽까지의 거리는 **2미터 이상** 띄어야 하며, 그 띄운 부분에는 식재등 조경에 필요한 조치를 하여야 한다.
어린이놀이터의 이격거리	'실외'에 설치하는 경우 **인접 대지경계선**과 **주택단지 안의 도로** 및 **주차장**으로부터 **3미터 이상**의 거리를 두고 설치하여야 한다.
공업화주택의 인정	① 국토교통부장관은 '공업화주택'으로 인정할 수 있다. ② 공업화주택 인정의 유효기간은 공고일부터 **5년**으로 한다. ③ 설계, 시공, 감리 규정 등을 적용하지 아니할 수 있다.

주택의 규모별 건설비율	국토교통부장관은 75퍼센트('주택조합'이나 '고용자'가 건설하는 주택은 100퍼센트) 이하 범위에서 일정 비율 이상을 국민주택규모로 건설하게 할 수 있다.
소음방지대책의 수립	① **사업계획승인권자는 사업주체**에게 소음방지대책을 수립하도록 해야 한다. ② 실외소음도가 **65데시벨 미만**이 되도록 소음방지대책을 수립해야 한다.
기타	공동주택 각 세대로 소방자동차의 접근이 가능하도록 **통로** 설치 의무

1. 공동주택성능등급
   ① 경량충격음·중량충격음·화장실소음·경계소음 등 소음 관련 등급
   ② 리모델링 등에 대비한 가변성 및 수리 용이성 등 구조 관련 등급
   ③ 조경·일조확보율·실내공기질·에너지절약 등 환경 관련 등급
   ④ 커뮤니티시설, 사회적 약자 배려, 홈네트워크, 방범안전 등 생활환경 관련 등급
   ⑤ 화재·소방·피난안전 등 화재·소방 관련 등급

[참고] 방화문
1. 60분+ 방화문: '연기 및 불꽃을 차단할 수 있는 시간'이 60분 이상이고, '열을 차단할 수 있는 시간'이 30분 이상인 방화문
2. 60분 방화문: '연기 및 불꽃을 차단할 수 있는 시간'이 60분 이상인 방화문
3. 30분 방화문: '연기 및 불꽃을 차단할 수 있는 시간'이 30분 이상 60분 미만인 방화문

(2) 승강기 ★

구분	주택건설기준 등에 관한 규정	건축법
승용승강기	6층 이상[1] → 6인승 이상 승용승강기 설치 의무	6층 이상 + 2천 제곱미터 이상 → 승강기 설치 의무
	층수가 6층인 건축물로서 각 층 '거실'의 바닥면적의 300제곱미터 이내마다 1개소 이상의 직통계단을 설치한 건축물은 승강기 설치 의무가 없다.	
비상용승강기	10층 이상 → 비상용승강기 '구조'로 하여야 한다.	높이 31미터 초과 → 비상용승강기를 '추가'로 설치할 의무가 있다.
화물용승강기	10층 이상[2] [겸용 가능]	–
피난용승강기	–	주석 3. 참고

1. 탑승인원수
   ① 계단실형인 공동주택, 계단실마다 1대(한 층에 3세대 이상이 조합된 계단실형 공동주택이 22층 이상인 경우는 2대) 이상 설치, 그 탑승인원수는 '4층 이상인 층의 세대당' 0.3명의 비율로 산정한 인원수(1명 이하의 단수는 1명으로 본다) 이상일 것
   ② 복도형인 공동주택, 1대에 100세대를 넘는 80세대마다 1대를 더한 대수 이상을 설치하되, 그 탑승인원수는 '4층 이상인 층의 세대당' 0.2명의 비율로 산정한 인원수 이상일 것

2. 화물용승강기 설치기준
   ① 적재하중이 0.9톤 이상일 것
   ② 승강기의 폭 또는 너비 중 한변은 1.35미터 이상, 다른 한변은 1.6미터 이상일 것
   ③ 계단실형인 공동주택의 경우에는 계단실마다 설치할 것
   ④ 복도형인 공동주택의 경우에는 100세대까지 1대를 설치하되, 100세대를 넘는 경우에는 100세대마다 1대를 추가로 설치할 것
3. **피난용승강기**(건축법 제64조 제3항)
   고층건축물에는 건축물에 설치하는 승용승강기 중 1대 이상을 다음의 기준에 맞는 피난용승강기(피난용승강기의 승강장 및 승강로를 포함)로 설치하여야 한다.
   ① 승강장의 바닥면적은 승강기 1대당 6제곱미터 이상으로 할 것
   ② 각 층으로부터 피난층까지 이르는 승강로를 단일구조로 연결하여 설치할 것
   ③ 예비전원으로 작동하는 조명설비를 설치할 것
   ④ 승강장의 출입구 부근의 잘 보이는 곳에 피난용승강기임을 알리는 표지를 설치할 것
   ⑤ 화재예방 및 피해경감을 위해 국토교통부령으로 정하는 구조 및 설비 등의 기준에 맞을 것

(3) 주차장

① 주택의 '전용면적의 합계'를 기준으로 다음의 표에서 정하는 '면적당 대수의 비율'로 산정한 주차대수 이상의 주차장을 설치하되, 세대당 주차대수가 1대(세대당 전용면적이 60제곱미터 이하인 경우에는 0.7대) 이상이 되도록 하여야 한다.

주택규모별 (전용면적: m^2)	주차장 설치기준(대/m^2)			
	㉠ 특별시	㉡ 광역시·특별자치시 및 수도권 내의 시지역	㉢ ㉠ 및 ㉡ 외의 시지역과 수도권 내의 군지역	㉣ 그 밖의 지역
85 이하	1/75	1/85	1/95	1/110
85 초과	1/65	1/70	1/75	1/85

② '도시형 생활주택'(단지형 연립주택 또는 단지형 다세대주택 '중' 주택으로 쓰는 층수를 '5개층까지 건축하는 경우'는 '제외'한다)은 위 ①에도 불구하고 세대당 주차대수가 1대(세대당 전용면적이 30제곱미터 이상 60제곱미터 이하인 경우에는 0.6대, 세대당 전용면적이 30제곱미터 미만인 경우에는 0.5대) 이상이 되도록 주차장을 설치해야 한다.

(4) 주민공동시설 ★

① **종류**: 경로당, 어린이놀이터, 어린이집, 주민운동시설, 도서실(정보문화시설과 도서관법 제2조 제4호 가목에 따른 작은도서관을 포함), 주민교육시설(영리를 목적으로 하지 아니하고 공동주택의 거주자를 위한 교육장소를 말한다), 청소년 수련시설, 주민휴게시설, 독서실, 입주자집회소, 공용취사장, 공용세탁실, 「공공주택 특별법」 제2조에 따른 공공주택의 단지 내에 설치하는 사회복지시설, 「아동복지법」 제44조의2의 다함께돌봄센터, 「아이돌봄 지원법」 제19조의 공동육아나눔터, 그 밖에 위의 시설에 준하는 시설로서 사업계획의 승인권자가 인정하는 시설

② 100세대 이상 주택단지, 다음의 면적 이상의 주민공동시설을 설치하여야 한다.
  ㉠ 100세대 이상 1,000세대 미만: 세대당 2.5제곱미터를 더한 면적
  ㉡ 1,000세대 이상: 500제곱미터에 세대당 2제곱미터를 더한 면적
③ 다음 시설이 포함되어야 한다. 다만, 해당 주택단지 특성 등을 고려할 때 '사업계획승인권자가 설치할 필요가 없다고 인정하는 시설'이거나 '입주예정자 과반수가 서면으로 반대하는 **다함께돌봄센터**'는 설치하지 않을 수 있다.
  ㉠ 150세대 이상: 경로당, 어린이놀이터
  ㉡ 300세대 이상: 경로당, 어린이놀이터, 어린이집
  ㉢ 500세대 이상: 경로당, 어린이놀이터, 어린이집, 주민운동시설, 작은도서관, **다함께돌봄센터**(다함께돌봄센터는 아동복지법 제44조의2 제5항의 기준에 적합하게 설치하여야 한다)

(5) 영상정보처리기기 ★

① **설치대상**: '의무관리대상 공동주택'
② 승강기, 어린이놀이터 및 각 동의 출입구마다 설치 의무
③ 해상도 130만 화소 이상
④ 보수 또는 교체하려는 경우, **장기수선계획**에 반영하여야 한다.
⑤ 장기수선계획 수립기준에 따른 **수선주기** 이상으로 운영될 수 있도록 설치할 것
⑥ 촬영된 자료는 컴퓨터보안시스템을 설치하여 30일 이상 보관할 것
⑦ 다음의 경우를 제외하고 보안 및 방범 목적 외의 용도로 활용 등을 하여서는 아니 된다.
  ㉠ 정보주체에게 열람 또는 제공하는 경우
  ㉡ 정보주체의 동의가 있는 경우
  ㉢ 범죄의 수사와 공소의 제기 및 유지에 필요한 경우
  ㉣ 범죄에 대한 재판업무수행을 위하여 필요한 경우 등

CHAPTER

03 주택의 공급 등

▶ **연계학습** | 에듀윌 기본서 2차 [주택관리관계법규 上] p.106 회독체크 1 2 3

1. 주택공급의 원칙 등

➲ 체계도 핵심 22 참고

(1) 입주자모집의 승인

① 사업주체(공공주택사업자 제외)가 입주자모집 → **시장·군수·구청장의 승인**('복리시설'의 경우에는 신고)을 받아야 한다.

② '입주자모집의 승인을 받고 건설·공급하여야 하는 자'는 다음과 같다.

㉠ 사업주체

㉡ 건축허가를 받아 주택 외 시설과 주택을 동일 건축물로 하여 30세대 이상 건설·공급하는 건축주

㉢ 사용검사를 받은 주택을 사업주체로부터 **일괄**하여 **양수**받은 자

(2) 주택의 공급업무의 대행 등

① 사업주체는 주택의 공급업무 일부를 제3자로 하여금 **대행하게 할 수 있다**.

② 위 ①에도 불구하고 사업주체가 **입주자자격**, **부적격 당첨 여부 확인**, **공급 순위 등을 증명하는 서류의 확인** 등의 업무를 대행하게 하는 경우 등록사업자 등 '**분양대행자**'에게 **대행하게 하여야** 한다.

③ 사업주체가 위 ②에 따라 업무를 대행하게 하는 경우 분양대행자에 대한 **교육**을 실시하는 등 국토교통부령으로 정하는 **관리·감독 조치**를 시행하여야 한다.

(3) 입주자저축 ★

입주자저축	① 국토교통부장관은 주택을 공급받으려는 자에게 미리 **입주금**의 전부 또는 일부를 저축(이하 '**입주자저축**'이라 한다)하게 할 수 있다. ② 위 ①의 '**입주자저축**'이란 국민주택과 민영주택을 공급받기 위하여 가입하는 '**주택청약종합저축**'을 말한다. ③ 입주자저축은 **한 사람이 한 계좌만** 가입할 수 있다.
입주자저축 취급기관	① '입주자저축취급기관'은 '은행' 중 **국토교통부장관**이 지정한다. ② **국토교통부장관**은 입주자자격, 재당첨 제한 여부 및 공급 순위 등 확인 등 업무를 수행하기 위해 필요한 경우 금융실명법에도 불구하고 **입주자저축취급기관의 장**에게 '**입주자저축정보**'를 제공하도록 요청할 수 있다. ③ 정보를 누설한 경우 5년 이하 징역 또는 5천만원 이하 벌금에 처한다.

주택청약업무 수행기관	국토교통부장관은 입주자자격, 공급 순위 등의 확인과 입주자저축의 관리 등 '주택공급'과 관련하여 '국토교통부령으로 정하는 업무'를 효율적으로 수행하기 위하여 **주택청약업무수행기관**을 지정·고시할 수 있다.

PART 1

2. 분양가상한제 적용주택 등

(1) 분양가상한제 적용주택

① 원칙	'다음의 지역'에서 공급하는 주택은 '**분양가상한제 적용주택**'이다. ㉠ '**공공택지**' ㉡ '공공택지 외의 택지'에서 주택가격 상승 우려가 있어 국토교통부장관이 주거정책심의위원회의 심의를 거쳐 지정하는 지역('**분양가상한제 적용지역**')
② 예외	㉠ **도시형 생활주택** ㉡ **경제자유구역**에서 건설·공급하는 공동주택 ㉢ **관광특구**에서 건설·공급하는 공동주택으로서 **50층 이상**이거나 높이가 **150미터 이상**인 경우 ㉣ **한국토지주택공사 또는 지방공사가 '대통령령으로 정하는 다음의 공공성 요건'을 충족하는 경우로서 해당 사업에서 건설·공급하는 주택** ⓐ '**정비사업**'으로서 면적, 세대수 등이 '대통령령으로 정하는 요건에 해당되는 사업' ⓑ 「빈집 및 소규모주택 정비에 관한 특례법」에 따른 **소규모주택정비사업** ㉤ 「도시 및 주거환경정비법」에 따른 주거환경개선사업 및 **공공재개발사업**에서 건설·공급하는 주택 ㉥ '**주거재생혁신지구**'에서 시행하는 **혁신지구재생사업**에서 건설·공급하는 주택 ㉦ 「공공주택 특별법」에 따른 도심 공공주택 복합사업에서 건설·공급하는 주택
③ 영 제58조의4	㉠ **위 ②의 ㉣에 따른 '공공성 요건'** ⓐ 한국토지주택공사 또는 지방공사가 각 사업의 시행자로 참여할 것 ⓑ 전체 세대수의 **10퍼센트 이상**을 **임대주택**으로 건설·공급할 것 ㉡ **위 ② ㉣의 ⓐ에서 '대통령령으로 정하는 요건에 해당되는 사업'** ⓐ 「도시 및 주거환경정비법」의 정비구역 면적이 **2만 제곱미터 미만**인 사업 ⓑ 해당 정비사업에서 건설·공급하는 주택의 전체 세대수가 **200세대 미만**인 사업

(2) 분양가격 및 분양가 공시

⊙ 체계도 핵심 23 참고

(3) 분양가상한제 적용주택 등의 입주자의 거주 의무 등 〈개정〉

① 거주 의무가 있는 경우	㉠ '수도권'에서 건설·공급하는 분양가상한제 적용주택 ㉡ 토지임대부 분양주택
② 거주 의제	'부득이한 사유[1]'가 있는 경우 그 기간은 거주한 것으로 본다.
③ 입주 및 거주 의무 기간	㉠ 위 ①의 ㉠의 경우 ⓐ '최초 입주가능일부터 3년 이내'에 입주하여야 한다. ⓑ 5년 이내의 범위에서 대통령령으로 정하는 다음의 기간(이하 '거주 의무기간'이라 한다) 동안 계속하여 해당 주택에 거주하여야 한다. 가. 공공택지에서 건설·공급되는 주택의 경우 i) 분양가격이 인근지역주택매매가격의 80퍼센트 미만: 5년 ii) 분양가격이 인근지역주택매매가격의 80퍼센트 이상 100퍼센트 미만: 3년 나. 공공택지 외의 택지에서 건설·공급되는 주택의 경우 i) 분양가격이 인근지역주택매매가격의 80퍼센트 미만: 3년 ii) 분양가격이 인근지역주택매매가격의 80퍼센트 이상 100퍼센트 미만: 2년 ㉡ 위 ①의 ㉡의 경우 ⓐ '최초 입주가능일'에 입주하여야 한다. ⓑ 5년 동안 계속하여 해당 주택에 거주하여야 한다.
④ 매입신청	㉠ 거주의무자는 거주 의무를 이행하지 아니한 경우 해당 주택을 양도(매매·증여나 그 밖에 권리 변동을 수반하는 모든 행위를 포함하되, 상속의 경우는 제외한다. 이하 같다)할 수 없다. ㉡ 다만, 거주의무자가 법령으로 정한 사유 이외의 사유로 거주 의무기간 이내에 거주를 이전하려는 경우 거주의무자는 한국토지주택공사(사업주체가 공공주택사업자인 경우에는 공공주택사업자)에 해당 주택의 매입을 신청해야 한다. ㉢ 한국토지주택공사는 위 ㉡ 등에 따라 '매입신청'을 받거나 '거주의무자 등'이 법령을 위반하였다는 사실을 알게 된 경우 위반사실에 대한 의견청취를 하는 등 '대통령령으로 정하는 절차'를 거쳐 '부도·파산' 등 대통령령으로 정하는 특별한 사유가 없으면 해당 주택을 매입하여야 한다.

⑤ 부기등기	㉠ 사업주체는 앞의 ①에 따른 주택을 공급하는 경우에는 거주의무자가 거주 의무기간을 거주하여야 해당 주택을 양도할 수 있음을 소유권에 관한 등기에 부기등기하여야 한다. 이 경우 부기등기는 주택의 소유권 보존등기와 동시에 하여야 하며, 부기등기에 포함되어야 할 표기내용 등은 대통령령으로 정한다. ㉡ '거주의무자등'은 '거주 의무기간을 거주한 후' 지방자치단체의 장으로부터 그 거주사실을 확인받은 경우 위 ㉠에 따른 부기등기 사항을 말소할 수 있다.
⑥ 재공급 등	㉠ 한국토지주택공사는 앞의 ④에 따라 취득한 주택을 국토교통부령으로 정하는 바에 따라 '재공급'하여야 하며, '주택을 재공급받은 사람'은 거주 의무기간 중 잔여기간을 '계속하여 거주하지 아니하고' 그 주택을 양도할 수 없다. ㉡ 위 ㉠에 따라 '주택을 재공급받은 사람'이 법령으로 정한 사유 이외의 사유로 거주 의무기간 이내에 거주를 이전하려는 경우에는 대통령령으로 정하는 바에 따라 한국토지주택공사에 해당 주택의 매입을 신청하여야 한다. ㉢ 한국토지주택공사가 앞의 ④에 따라 '주택을 취득'하거나 위 ㉠에 따라 '주택을 공급'하는 경우에는 법 제64조(전매행위 제한 등) 제1항을 적용하지 아니한다.

1. 부득이한 사유(영 제60조의2 제2항)

'부득이한 사유'는 다음의 어느 하나에 해당하는 사유를 말한다. 이 경우 ②부터 ⑧까지의 규정에 해당하는지는 한국토지주택공사(사업주체가 공공주택 특별법 제4조의 공공주택사업자인 경우에는 공공주택사업자를 말한다)의 확인을 받아야 한다.

① 다음의 어느 하나에 해당하는 경우

㉠ '앞의 ①의 ㉠의 주택'에 입주하기 위해 준비기간이 필요한 경우. 이 경우 해당 주택에 거주한 것으로 보는 기간은 '최초 입주가능일 이후 3년이 되는 날부터' 90일까지(최초 입주가능일부터 3년이 되는 날 '전'에 '입주'하는 경우에는 입주일 전날부터 '역산하여 최초 입주가능일까지의 기간'으로 하되, 90일을 한도로 한다)로 한다.

㉡ 법률 제20393호 「주택법」 일부개정법률 부칙 제3조에 따라 '앞의 ①의 ㉠의 주택'에서의 거주를 중단했다가 거주를 재개하기 위해 입주하는 경우로서 준비기간이 필요한 경우. 이 경우 해당 주택에 거주한 것으로 보는 기간은 거주를 중단한 날의 다음 날 이후 3년이 되는 날부터 90일까지(거주를 중단한 날의 다음 날부터 3년이 되는 날 전에 입주하는 경우에는 입주일 전날부터 역산하여 거주를 중단한 날의 다음 날까지의 기간으로 하되, 90일을 한도로 한다)로 한다.

㉢ '토지임대부 분양주택'에 입주하기 위해 준비기간이 필요한 경우. 이 경우 해당 주택에 거주한 것으로 보는 기간은 최초 입주가능일부터 90일까지로 한다.

② '앞의 ①의 거주의무자'가 거주 의무기간 중 세대원(거주의무자가 포함된 세대의 구성원을 말한다. 이하 ②에서 같다)의 근무·생업·취학 또는 질병치료를 위하여 해외에 체류하는 경우

③ 거주의무자가 주택의 특별공급(군인복지기본법 제10조에 따른 공급을 말한다)을 받은 군인으로서 인사발령에 따라 거주 의무기간 중 해당 주택건설지역(주택을 건설하는 특별시·광역시·특별자치시·특별자치도 또는 시·군의 행정구역을 말한다. 이하 같다)이 아닌 지역에 거주하는 경우
④ 거주의무자가 거주 의무기간 중 세대원의 근무·생업·취학 또는 질병치료를 위하여 세대원 전원이 다른 주택건설지역에 거주하는 경우. 다만, 수도권 안에서 거주를 이전하는 경우는 제외한다.
⑤ 거주의무자가 거주 의무기간 중 혼인 또는 이혼으로 입주한 주택에서 퇴거하고 해당 주택에 계속 거주하려는 거주의무자의 직계존속·비속, 배우자(종전 배우자를 포함한다) 또는 형제자매가 자신으로 세대주를 변경한 후 거주 의무기간 중 남은 기간을 승계하여 거주하는 경우
⑥ 「영유아보육법」 제10조 제5호에 따른 가정어린이집을 설치·운영하려는 자가 같은 법 제13조에 따라 해당 주택에 가정어린이집의 설치를 목적으로 인가를 받은 경우. 이 경우 해당 주택에 거주한 것으로 보는 기간은 가정어린이집을 설치·운영하는 기간으로 한정한다.
⑦ 법 제64조 제2항 본문에 따라 전매제한이 적용되지 않는 경우. 다만, 영 제73조(전매행위 제한기간 및 전매가 불가피한 경우) 제4항 제7호(입주자로 선정된 지위 또는 주택의 일부를 배우자에게 증여하는 경우) 또는 제8호(실직·파산 또는 신용불량으로 경제적 어려움이 발생한 경우)에 해당하는 경우는 제외한다.
⑧ 거주의무자의 직계비속이 「초·중등교육법」 제2조에 따른 학교에 재학 중인 학생으로서 주택의 최초 입주가능일 현재 해당 학기가 끝나지 않은 경우. 이 경우 해당 주택에 거주한 것으로 보는 기간은 학기가 끝난 후 90일까지로 한정한다.

(4) 분양가심사위원회 ★

설치	① **시장·군수·구청장**은 법 제57조(주택의 분양가격 제한 등)에 관한 사항을 심의하기 위하여 분양가심사위원회를 설치·운영하여야 한다. ② 사업주체가 국가, 지방자치단체, 한국토지주택공사 또는 지방공사인 경우에는 **해당 기관의 장**이 위원회를 설치·운영하여야 한다. ③ 시장·군수·구청장은 입주자모집 승인을 할 때에는 분양가심사위원회의 심사결과에 **'따라'** 승인 여부를 결정하여야 한다. ④ 시장·군수·구청장은 **사업계획승인** 신청(도시 및 주거환경정비법에 따른 **사업시행계획인가** 및 건축법에 따른 **건축허가**를 포함)이 있는 날부터 **20일 이내**에 분양가심사위원회를 설치·운영하여야 한다.
심의사항	① **분양가격 및 발코니 확장비용 산정의 적정성 여부** ② **'시·군·구'별 기본형건축비 산정의 적정성 여부** ③ 분양가격 공시내용의 적정성 여부 ④ 분양가상한제 적용주택과 관련된 **제2종 국민주택채권 매입예정상한액 산정의 적정성 여부** ⑤ 분양가상한제 적용주택의 전매행위 제한과 관련된 **인근지역 주택매매가격 산정의 적정성 여부**

3. 분양가상한제 적용지역, 투기과열지구, 조정대상지역

(1) 비교표 ★

분양가상한제 적용지역	투기과열지구	조정대상지역 (과열지역, 위축지역)
국토교통부장관	국토교통부장관, 시·도지사	국토교통부장관
주거정책심의위원회 심의	주거정책심의위원회 심의	주거정책심의위원회 심의
–	최소한의 범위[1]	최소한의 범위[1] ('과열지역'에 한함)
주택가격상승률이 물가상승률보다 현저히 높은 지역	주택가격상승률이 물가상승률보다 현저히 높은 지역	–
40일 이내 해제 여부	40일 이내 해제 여부	40일 이내 해제 여부
'투기과열지구' 중 12개월간 '아파트 분양가격상승률'이 시·도 소비자물가상승률의 2배를 초과	–	[과열될 우려가 있는 지역] 3개월간 '주택가격상승률'이 시·도 소비자물가상승률의 1.3배를 초과
2개월 동안 '주택'의 월평균 청약경쟁률이 모두 5대 1을 초과하였거나 '국민주택규모주택'의 월평균 청약경쟁률이 모두 10대 1을 초과	2개월 동안 '주택'의 월평균 청약경쟁률이 모두 5대 1을 초과하였거나 '국민주택규모주택'의 월평균 청약경쟁률이 모두 10대 1을 초과	2개월 동안 '주택'의 월평균 청약경쟁률이 모두 5대 1을 초과하였거나 '국민주택규모주택'의 월평균 청약경쟁률이 모두 10대 1을 초과
'국토교통부장관'은 미리 시·도지사 의견 청취	'국토교통부장관'은 미리 시·도지사 의견 청취, '시·도지사'는 국토교통부장관과 협의	'국토교통부장관'은 미리 시·도지사 의견 청취
–	국토교통부장관은 반기마다 지정 유지 여부를 재검토	국토교통부장관은 반기마다 지정 유지 여부를 재검토
전매제한기간: 최대 3년(수도권)	전매제한기간: 최대 3년(수도권)	전매제한기간: 최대 3년(수도권)

1. 그 지정 목적을 달성할 수 있는 최소한의 범위에서 시·군·구 또는 읍·면·동의 지역 단위로 지정하되, 「택지개발촉진법」 제2조 제3호에 따른 택지개발지구 등 해당 지역 여건을 고려하여 지정 단위를 조정할 수 있다.

(2) '지정 대상지역' 비교 ★

분양가상한제 적용지역	'투기과열지구' 중 다음의 어느 하나에 해당하는 지역을 말한다. ① 12개월간 '아파트 분양가격상승률'이 '시·도 소비자물가상승률'의 2배 초과 ② 3개월간의 '주택매매거래량'이 전년 동기 대비 20퍼센트 이상 증가한 지역 ③ 2개월 동안 '주택'의 월평균 청약경쟁률이 모두 5대 1을 초과하였거나 '국민주택규모 주택'의 월평균 청약경쟁률이 모두 10대 1을 초과한 지역
투기과열지구	① 2개월 동안 '주택'의 월평균 청약경쟁률이 모두 5대 1을 초과하였거나 '국민주택규모 주택'의 월평균 청약경쟁률이 모두 10대 1을 초과한 지역 ② 다음의 어느 하나에 해당하여 주택공급이 위축될 우려가 있는 곳 ㉠ 직전월의 주택분양실적이 전달보다 30퍼센트 이상 감소한 곳 ㉡ 사업계획승인 및 건축허가 건수가 직전 연도보다 급격하게 감소한 곳 ③ 신도시 개발, 전매행위 성행으로 투기 등 우려가 있는 곳으로서 다음에 해당하는 곳 ㉠ 시·도의 주택보급률 및 자가주택비율이 전국 평균 '이하'인 곳 ㉡ 분양주택의 수가 '입주자저축에 가입한 사람으로서 국토교통부령으로 정하는 사람의 수'보다 현저히 적은 곳
조정대상지역	① **과열지역**: 3개월간의 주택가격상승률이 시·도 소비자물가상승률의 1.3배를 초과한 지역으로서 다음의 어느 하나에 해당하는 지역 ㉠ 2개월 동안 '주택'의 월평균 청약경쟁률이 모두 5대 1을 초과하였거나 국민주택규모 주택의 월평균 청약경쟁률이 모두 10대 1을 초과한 지역 ㉡ 3개월간 분양권 전매거래량이 직전 연도 같은 기간보다 30% 이상 증가한 지역 ㉢ 시·도의 주택보급률 또는 자가주택비율이 전국 평균 '이하'인 지역 ② **위축지역**: 6개월간의 '평균 주택가격상승률'이 마이너스 1.0퍼센트 이하인 지역으로서 다음에 해당하는 지역 ㉠ 조정대상지역지정직전월부터 소급하여 3개월 연속 '주택매매거래량'이 직전 연도의 같은 기간보다 20퍼센트 이상 감소한 지역 ㉡ 조정대상지역지정직전월부터 소급하여 3개월간의 '미분양주택의 수'가 '직전 연도의 같은 기간'보다 2배 이상인 지역 ㉢ 해당 지역이 속하는 시·도의 주택보급률 또는 자가주택비율이 전국 평균을 '초과'하는 지역

(3) 공통점

시장·군수·구청장은 사업주체로 하여금 입주자모집공고 시 해당 지역에서 공급하는 주택이 **분양가상한제 적용주택**('투기과열지구', '조정대상지역'에 포함된 사실)이라는 사실을 공고하게 해야 한다.

4. 저당권설정 제한, 공급질서 교란 금지, 사용검사 후 매도 청구

(1) 저당권설정 등의 제한 [위반자: 2-2] ★

체계도 핵심 24 참고

부기등기 예외	① **'대지'의 경우** ㉠ 사업주체가 국가 등인 경우 ㉡ 사업주체가 지적정리되지 아니하여 소유권을 확보할 수 없는 경우 등 ② **'주택'의 경우:** 해당 주택의 입주자로 선정된 지위를 취득한 자가 없는 경우(소유권보존등기 이후 입주자모집공고 승인을 신청하는 경우는 제외)

(2) 공급질서 교란 금지

체계도 핵심 25 참고

지급금액	사업주체가 위반자에게 '다음의 금액'을 합산한 금액에서 감가상각비를 '공제'한 금액을 지급한 경우에는 그 지급한 날에 그 주택을 취득한 것으로 본다. ① 입주금 ② 융자금의 상환 원금 ③ 위 ① 및 ②의 금액을 합산한 금액에 생산자물가상승률을 곱한 금액

(3) 사용검사 후 매도 청구 등 ★

체계도 핵심 26 참고

5. 전매행위의 제한

(1) 전매 제한 [위반자: 3-3, 공급질서 교란 금지 위반자와 동일]

사업주체가 건설·공급하는 주택[해당 주택의 입주자로 선정된 지위(입주자로 선정되어 그 주택에 입주할 수 있는 권리·자격·지위 등을 말한다)를 포함한다]으로서 다음의 어느 하나에 해당하는 경우에는 **10년 이내의 범위**에서 대통령령으로 정하는 기간(이하 '전매제한기간'이라 한다)이 지나기 전에는 그 주택을 **전매**(매매·증여나 그 밖에 권리의 변동을 수반하는 모든 행위를 포함하되, 상속의 경우는 제외한다)하거나 이의 **전매를 알선할 수 없다**. 이 경우 전매제한기간은 주택의 수급 상황 및 투기 우려 등을 고려하여 대통령령으로 '지역별'로 '달리' 정할 수 있다.

① '투기과열지구'에서 건설·공급되는 주택
② 조정대상지역에서 건설·공급되는 주택(예외 있음)
③ 분양가상한제 적용주택(예외 있음)
④ 공공택지 외의 택지에서 건설·공급되는 주택(예외 있음)
⑤ 「도시 및 주거환경정비법」에 따른 공공재개발사업에서 건설·공급하는 주택 〈신설〉
⑥ 토지임대부 분양주택

(2) 전매가 불가피한 경우

다음에 해당하는 경우에는 앞의 **(1)**을 적용하지 아니한다. 다만, 위 **(1)**의 ③의 주택을 공급받은 자가 전매하는 경우 한국토지주택공사가 우선 매입할 수 있다.

① 세대원이 근무 또는 생업상의 사정이나 질병치료·취학·결혼으로 인해 세대원 전원이 다른 광역시, 특별자치시, 특별자치도, 시 또는 군('광역시의 관할 구역에 있는 군'은 제외)으로 이전하는 경우. 다만, 수도권 안에서 이전하는 경우는 제외한다.
② 상속에 따라 취득한 주택으로 세대원 전원이 이전하는 경우
③ 세대원 전원이 해외로 이주하거나 2년 이상의 기간 동안 해외에 체류하려는 경우
④ 이혼으로 인하여 입주자로 선정된 지위 또는 주택을 배우자에게 이전하는 경우
⑤ 공토법에 따라 공익사업의 시행으로 주거용 건축물을 제공한 자가 사업시행자로부터 '이주대책용 주택'을 공급받은 경우로서 시장·군수·구청장이 확인하는 경우
⑥ 위 **(1)**의 ③부터 ⑤까지의 주택의 소유자가 국가·지방자치단체 및 금융기관에 대한 채무를 이행하지 못하여 경매 또는 공매가 시행되는 경우
⑦ 입주자로 선정된 지위 또는 주택의 일부를 배우자에게 증여하는 경우
⑧ 실직·파산 또는 신용불량으로 경제적 어려움이 발생한 경우

(3) 위반 시 조치 등

① 앞의 **(1)**[위 **(1)**의 ⑥은 제외)을 위반하여 주택의 입주자로 선정된 지위의 전매가 이루어진 경우, 사업주체가 매입비용을 그 매수인에게 지급한 경우에는 그 지급한 날에 사업주체가 해당 입주자로 선정된 지위를 취득한 것으로 보며, 위 **(2)** 단서에 따라 한국토지주택공사가 분양가상한제 적용주택을 우선 매입하는 경우에도 매입비용을 준용하되, 해당 주택의 분양가격과 인근지역 주택매매가격의 비율 및 해당 주택의 보유기간 등을 고려하여 대통령령으로 정하는 바에 따라 매입금액을 달리 정할 수 있다.

② 사업주체가 위 **(1)**의 ③, ④, ⑥에 해당하는 주택을 공급하는 경우(한국주택토지공사가 주택을 재공급하는 경우도 포함한다)에는 그 주택의 소유권을 제3자에게 이전할 수 없음을 소유권에 관한 등기에 부기등기하여야 한다.

③ 부기등기는 주택의 소유권보존등기와 동시에 하여야 하며, 부기등기에는 "이 주택은 최초로 소유권이전등기가 된 후에는 「주택법」 제64조 제1항에서 정한 기간이 지나기 전에 한국토지주택공사(법령에 따라 한국토지주택공사가 매입한 주택을 공급받는 자를 포함한다) 외의 자에게 소유권을 이전하는 어떠한 행위도 할 수 없음"을 명시하여야 한다.

④ 한국토지주택공사는 앞의 **(2)** 단서 및 법 제78조의2 제3항('한국토지주택공사가 토지임대부 분양주택을 공급받은 자로부터 매입신청'을 받거나 '법령을 위반하여 토지임대부 분양주택의 전매가 이루어진 경우' 한국토지주택공사는 해당 주택을 매입하여야 한다)에 따라 매입한 주택을 국토교통부령으로 정하는 바에 따라 재공급하여야 하며, 해당 주택을 공급받은 자는 전매제한기간 중 잔여기간 동안 그 주택을 전매할 수 없다. 이 경우 법 제78조의2 제3항에 따라 매입한 주택은 토지임대부 분양주택으로 재공급하여야 한다.

⑤ 국토교통부장관은 앞의 **(1)** 및 ④를 위반한 자에 대하여 10년의 범위에서 국토교통부령으로 정하는 바에 따라 주택의 입주자자격을 제한할 수 있다.

⑥ 한국토지주택공사가 위 ④에 따라 주택을 재공급하는 경우에는 앞의 **(1)**을 적용하지 아니한다.

(4) 전매행위 제한기간 ★

① **공통사항**

㉠ 전매행위 제한기간은 '해당 주택의 입주자로 선정된 날'부터 기산한다.

㉡ 주택에 대한 전매행위 제한기간이 2 이상일 경우에는 그중 '가장 긴 전매행위 제한기간'을 적용한다. 다만, 다음 ②의 ㉡의 ⓑ인 '위축지역'에서 건설·공급되는 주택의 경우에는 '가장 짧은 전매행위 제한기간'을 적용한다.

㉢ 주택에 대한 다음 ②에 따른 전매행위 제한기간 이내에 해당 주택에 대한 소유권이전등기를 완료한 경우 소유권이전등기를 완료한 때에 전매행위 제한기간이 지난 것으로 본다. 이 경우 주택에 대한 소유권이전등기에는 대지를 제외한 건축물에 대해서만 소유권이전등기를 하는 경우를 포함한다.

② **제한기간**

㉠ **투기과열지구**: 다음의 구분에 따른 기간

ⓐ **수도권**: 3년

ⓑ **수도권 외의 지역**: 1년

㉡ **조정대상지역**: 다음의 구분에 따른 기간

ⓐ **과열지역**: 다음의 구분에 따른 기간

i) **수도권**: 3년

ii) **수도권 외의 지역**: 1년

ⓑ **위축지역**

공공택지에서 건설·공급되는 주택	공공택지 외의 택지에서 건설·공급되는 주택
6개월	–

㉢ **분양가상한제 적용주택**: 다음의 구분에 따른 기간

ⓐ **공공택지에서 건설·공급되는 주택**: 다음의 구분에 따른 기간

i) **수도권**: 3년

ii) **수도권 외의 지역**: 1년

ⓑ **공공택지 외의 택지에서 건설·공급되는 주택**: 다음의 구분에 따른 기간

i) **투기과열지구**: 앞의 ㉠의 ⓐ, ⓑ의 구분에 따른 기간

ii) **투기과열지구가 아닌 지역**: 다음 ㉣의 구분에 따른 기간

㉣ **공공택지 외의 택지에서 건설·공급되는 주택**: 다음의 구분에 따른 기간

구분		전매행위 제한기간
수도권	ⓐ「수도권정비계획법」 제6조 제1항 제1호에 따른 과밀억제권역	1년
	ⓑ「수도권정비계획법」 제6조 제1항 제2호 및 제3호에 따른 성장관리권역 및 자연보전권역	6개월
수도권 외의 지역	ⓐ광역시 중 「국토의 계획 및 이용에 관한 법률」 제36조 제1항 제1호에 따른 도시지역	6개월
	ⓑ그 밖의 지역	–

㉤ **법 제64조 제1항 제5호의 주택**[도시 및 주거환경정비법 제2조 제2호 나목 후단에 따른 공공재개발사업(법 제57조 제1항 제2호의 지역에 한정한다)에서 건설·공급하는 주택]: 위 ㉢의 ⓑ에 따른 기간

㉥ **토지임대부 분양주택**: 10년

CHAPTER 04 리모델링

▶ **연계학습** | 에듀윌 기본서 2차 [주택관리관계법규 上] p.138   회독체크 1 2 3

1. 리모델링 전반

⊙ 체계도 핵심 27~31 참고

(1) 시공자의 선정

① 설립인가를 받은 **리모델링주택조합의 총회** 또는 **소유자 전원의 동의를 받은 입주자대표회의**에서 '건설사업자' 또는 '건설사업자로 보는 등록사업자'를 시공자로 선정하여야 한다.

② 시공자를 선정하는 경우에는 **경쟁입찰의 방법**으로 하여야 한다(예외 있음).

③ **위 ① 및 ②의 위반자**: 3년 이하의 징역 또는 3천만원 이하의 벌금
[도시 및 주거환경정비법: '조합설립인가 전' 선정, '동일'한 벌칙]

(2) 공동주택 리모델링의 허용행위 ★

① **공동주택**

㉠ 리모델링은 주택단지별 또는 동별로 한다.

㉡ 복리시설을 분양하기 위한 것이 아니어야 한다. 다만, 1층을 필로티 구조로 전용하여 세대의 일부 또는 전부를 **부대시설 및 복리시설** 등으로 이용하는 경우는 그렇지 않다.

㉢ 위 ㉡에 따라 1층을 필로티 구조로 전용하는 경우 '수직증축 허용범위'를 초과하여 증축하는 것이 아니어야 한다.

㉣ '내력벽의 철거'에 의하여 '세대를 합치는 행위'가 아니어야 한다.

② **입주자 공유가 아닌 복리시설 등**

㉠ 사용검사를 받은 후 **10년 이상** 지난 복리시설로서 **공동주택과 동시에** 리모델링하는 경우로서 **시장·군수·구청장**이 구조안전에 지장이 없다고 **인정**하는 경우로 한정한다.

㉡ 증축은 기존건축물 연면적 합계의 10분의 1 이내여야 하고, 증축 범위는 「건축법 시행령」 제6조 제2항 제2호 나목에 따른다. 다만, 주택과 주택 외의 시설이 동일 건축물로 건축된 경우는 **주택의 증축 면적비율의 범위** 안에서 증축할 수 있다.

(3) 세대수 증가형 리모델링의 시기 조정 및 리모델링 지원센터

세대수 증가형 리모델링의 시기 조정	① 국토교통부장관 → 특별시장·광역시장·대도시의 시장에게 '리모델링 기본계획 변경 요청', 시장·군수·구청장에게 사업계획승인, 허가 시기 조정 요청 ② 시·도지사 → 대도시의 시장에게 '리모델링 기본계획을 변경 요청', 시장·군수·구청장에게 사업계획승인 또는 허가의 시기 조정 요청 可
리모델링 지원센터	① 시장·군수·구청장은 리모델링 지원센터를 설치하여 운영할 수 있다. ② 리모델링 지원센터는 권리변동계획 수립에 관한 지원 등의 업무를 수행할 수 있다.

(4) 권리변동계획 및 리모델링 기본계획 ★

➲ 체계도 핵심 28 참고

(5) 증축형 리모델링의 안전진단(α) 및 수직증축형 리모델링의 안전진단(β)

➲ 체계도 핵심 31 참고

(6) 안전진단 결과보고서의 '적정성 검토'

① 위 (5)의 안전진단 실시기관은 '안전진단 결과보고서'를 작성하여 '안전진단을 요청한 자'와 '시장·군수·구청장'에게 제출하여야 한다.
② 위 ①에 따라 결과보고서를 제출받은 시장·군수·구청장은 필요하다고 인정하는 경우에는 제출받은 날부터 7일 이내 국토안전관리원 또는 한국건설기술연구원에 '안전진단 결과보고서'의 적정성에 대한 검토를 의뢰할 수 있다.
③ 시장·군수·구청장은 위 (5)에 따라 안전진단을 실시하는 비용의 전부 또는 일부를 '리모델링을 하려는 자'에게 부담하게 할 수 있다.

(7) 전문기관의 안전성 검토 등

① 의뢰 의무	㉠ 시장·군수·구청장은 수직증축형 리모델링을 하려는 자가 건축위원회의 심의를 요청하는 경우 구조계획상 증축범위의 적정성에 대해 국토안전관리원, 한국건설기술연구원에 안전성 검토를 의뢰하여야 한다. ㉡ 시장·군수·구청장은 '수직증축형 리모델링을 하려는 자의 허가신청'이 있거나 수직증축형의 안전진단 결과 '국토교통부장관이 정해 고시하는 설계도서의 변경이 있는 경우' 제출된 설계도서상 구조안전의 적정성 여부 등에 대하여 위 ㉠에 따라 검토를 수행한 전문기관에 안전성 검토를 의뢰하여야 한다.

② 조치	㉠ 앞의 ①에 따라 검토의뢰를 받은 전문기관은 30일 이내(20일 범위에서 한 차례 연장한 경우에는 그 연장된 기간을 포함한 기간)에 시장·군수·구청장에게 제출하여야 한다. ㉡ 국토교통부장관은 시장·군수·구청장에게 위 ㉠에 따라 제출받은 자료의 제출을 요청할 수 있으며, 필요한 경우 시장·군수·구청장으로 하여금 '안전성 검토결과'의 적정성 여부에 대하여 「건축법」에 따른 중앙건축위원회의 심의를 받도록 요청할 수 있다.

(8) 임대차기간의 특례 및 부정행위 금지

임대차기간의 특례	임대차계약 당시 다음에 해당하여 그 사실을 임차인에게 고지한 경우로서 '리모델링 허가를 받은 경우', 해당 리모델링 건축물에 관한 임대차계약에 대하여 주택 임대차기간 2년 및 상가 임대차기간 1년 규정을 적용하지 않는다. ① 리모델링주택조합 설립인가를 받은 경우 ② 임대차계약 당시 해당 건축물의 입주자대표회의가 직접 (증축형)리모델링을 실시하기 위하여 관할 시장·군수·구청장에게 안전진단을 요청한 경우
부정행위 금지	① 공동주택의 리모델링과 관련하여 입주자, 사용자, 관리주체, 입주자대표회의 또는 그 구성원, 리모델링주택조합 또는 그 구성원은 부정하게 이익을 취득하거나 제공해서는 안 된다. ② 위반자: 2년 이하의 징역 또는 2천만원 이하의 벌금, 그 위반행위로 얻은 이익의 50퍼센트에 해당하는 금액이 2천만원을 초과하는 자는 2년 이하의 징역 또는 그 이익의 2배에 해당하는 금액 이하의 벌금

(9) 「도시 및 주거환경정비법」상 재건축사업을 위한 '재건축진단' [개정 전 '안전진단']

재건축진단	① 시장·군수등은 '정비예정구역별 정비계획의 수립시기가 도래한 때'부터 '사업시행계획인가 전'까지 재건축진단을 실시하여야 한다. ② 재건축사업의 재건축진단은 주택단지(연접한 단지를 포함)의 건축물을 대상으로 한다. ③ 시장·군수등은 재건축진단의 결과와 '도시계획 및 지역여건 등'을 종합적으로 검토하여 사업시행계획인가 여부(법 제75조에 따른 시기 조정을 포함한다)를 결정하여야 한다.

CHAPTER

05 보칙

▶ **연계학습** | 에듀윌 기본서 2차 [주택관리관계법규 上] p.148 회독체크 1 2 3

1. 주택상환사채 ★

발행	① 한국토지주택공사와 등록사업자는 '주택상환사채'를 발행할 수 있다. ② **'등록사업자'**가 발행할 경우의 기준 ㉠ '금융기관', '주택도시보증공사'의 **보증을 받은 경우**에만 발행 가능 ㉡ 발행요건 ⓐ **법인**으로서 자본금이 **5억원 이상**일 것 ⓑ 「건설산업기본법」 제9조에 따라 건설업 등록을 한 자일 것 ⓒ 최근 3년간 **연평균** 주택건설 실적이 **300호 이상**일 것 ㉢ **발행규모**: 최근 3년간의 **연평균 '주택건설 호수 이내'**로 한다. ③ 주택상환사채를 발행하려는 자는 **'주택상환사채 발행계획'**을 수립하여 **국토교통부장관**의 **승인**을 받아야 한다.
조건 등	① 주택상환사채를 발행한 자는 발행조건에 따라 주택을 건설하여 사채권자에게 상환하여야 한다. ② 주택상환사채는 **기명증권**으로 하고, **사채권자의 명의변경**은 취득자의 성명과 주소를 **사채원부**에 기록하는 방법으로 하며, 취득자의 성명을 **'채권'**에 기록하지 아니하면 '사채발행자' 및 '제3자'에게 **대항**할 수 없다. ③ 등록사업자의 **등록이 말소**된 경우에도 등록사업자가 발행한 주택상환사채의 효력에는 영향을 미치지 아니한다. ④ 주택상환사채의 발행에 관하여 이 법에서 규정한 것 외에는 「상법」 중 **사채발행에 관한 규정**을 적용한다.
상환	① 주택상환사채의 상환기간은 **3년**을 초과할 수 없다. ② 상환기간은 **주택상환사채 발행일**부터 **주택의 공급계약체결일**까지의 기간으로 한다. ③ 주택상환사채는 양도하거나 중도에 해약할 수 없다. 다만, 다음의 경우는 예외로 한다. ㉠ 세대원의 근무 등으로 세대원 전원이 다른 행정구역으로 이전하는 경우 ㉡ 세대원 전원이 상속으로 취득한 주택으로 이전하는 경우 ㉢ 세대원 전원이 해외로 이주하거나 **2년 이상** 해외에 체류하는 경우

2. 국민주택사업특별회계 ★

설치운용	지방자치단체는 '국민주택사업을 시행하기 위하여' 국민주택사업특별회계를 설치·운용하여야 한다.
재원	① 자체 부담금, 주택도시기금으로부터의 차입금, 정부로부터의 보조금 ② 농협은행으로부터의 차입금, 외국으로부터의 차입금 ③ 국민주택사업특별회계에 속하는 재산의 매각 대금 ④ 국민주택사업특별회계자금의 회수금·이자수입금 및 그 밖의 수익 ⑤ 「재건축초과이익 환수에 관한 법률」상 '재건축부담금' 중 지방자치단체 귀속분
보고	① 국민주택을 건설·공급하는 지방자치단체의 장은 국민주택사업특별회계의 분기별 운용 상황을 그 분기가 끝나는 달의 다음 달 20일까지 국토교통부장관에게 보고하여야 한다. ② 시장·군수·구청장은 시·도지사를 거쳐(특별자치시장, 특별자치도지사가 보고하는 경우는 '제외') 보고하여야 한다.

3. 협회

(1) 설립절차 등

설립	① 등록사업자는 주택건설사업 및 대지조성사업의 전문화와 주택산업의 건전한 발전을 도모하기 위하여 주택사업자단체를 설립할 수 있다. ② 위 ①에 따른 단체(이하 '협회'라 한다)는 법인으로 한다. ③ 협회는 그 주된 사무소의 소재지에서 설립등기를 함으로써 성립한다. ④ 영업의 정지처분을 받은 협회 회원의 권리·의무는 '그 영업의 정지기간 중'에는 정지되며, '등록사업자의 등록이 말소되거나 취소된 때'에는 협회의 회원자격을 상실한다. ⑤ 협회에 관하여 이 법에서 규정한 것 외에는 「민법」 중 사단법인에 관한 규정을 준용한다. ⑥ 국토교통부장관은 협회를 지도·감독한다.
발기인	① 협회를 설립하려면 '회원자격을 가진 자' 50인 이상을 발기인으로 하여 정관을 마련한 후 창립총회의 의결을 거쳐 국토교통부장관의 인가를 받아야 한다. ② 협회가 정관을 변경하려는 경우에도 또한 같다.

(2) 각종 협회 발기인 수 등

① **주택사업자단체**: '회원자격을 가진 자' 50인 이상, 국토교통부장관의 인가
② **주택관리사단체**: '공동주택의 관리사무소장으로 배치된 자'의 5분의 1 이상, 국토교통부장관의 인가
③ **임대사업자단체**: 5인 이상, 국토교통부장관의 인가
④ **주택임대관리업자단체**: 10인 이상, 국토교통부장관의 인가
⑤ **정비사업전문관리업자단체**: '회원의 자격'이 있는 50명 이상, 국토교통부장관의 인가
⑥ **안전진단전문협회**: 회원 자격이 있는 안전진단전문기관 '50인 이상'이 발기하고 회원 자격이 있는 '안전진단전문기관 수의 10분의 1 이상'의 동의를 받아 창립 총회에서 정관을 작성한 후 국토교통부장관에게 인가를 신청하여야 한다.

한국소방안전원(개정 전: '협회')

1. 소방기술과 안전관리기술의 향상 및 홍보, 그 밖의 교육·훈련 등 행정기관이 위탁하는 업무의 수행과 소방 관계 종사자의 기술 향상을 위하여 한국소방안전원(이하 '안전원'이라 한다)을 소방청장의 인가를 받아 설립한다.
2. 안전원은 법인으로 하며, 안전원에 관하여 「소방기본법」에 규정된 것을 제외하고는 「민법」 중 재단법인에 관한 규정을 준용한다.

4. 등록증의 대여 등 금지

① 등록사업자는 다른 사람에게 자기의 성명 또는 상호를 사용하여 이 법에서 정한 사업이나 업무를 수행하게 하거나 그 등록증을 대여하여서는 아니 된다.
② 누구든지 등록사업자로부터 그 성명이나 상호를 빌리거나 허락 없이 등록사업자의 성명 또는 상호로 이 법에서 정한 사업이나 업무를 수행 또는 시공하거나 그 등록증을 빌려서는 아니 된다.
③ 누구든지 위 ① 및 ②에서 금지된 행위를 알선하여서는 아니 된다.
④ '등록사업자', 주택조합의 '임원'(발기인을 포함) 및 법령에 따른 '업무대행자'는 이 법에서 정한 사업이나 업무를 수행 또는 시공하기 위하여 위 ②의 행위를 교사하거나 방조하여서는 아니 된다.

5. 보고·검사 등

① 국토교통부장관 또는 지방자치단체장은 필요하다고 인정할 때는 일정한 자에게 필요한 보고를 하게 하거나, 관계 공무원으로 하여금 사업장에 출입하여 필요한 검사를 하게 할 수 있다. 다만, 공공택지를 공급하기 위하여 한국토지주택공사등이 등록기준 관련 검사를 요청하는 경우 요청받은 지방자치단체의 장은 검사요청을 받은 날부터 30일 이내에 검사결과를 통보하여야 한다.

② 위 ①에 따른 검사를 할 때에는 검사 7일 전까지 검사 일시, 검사 이유 및 검사 내용 등 검사계획을 검사를 받을 자에게 알려야 한다. 다만, 긴급한 경우나 사전에 통지하면 증거인멸 등으로 검사 목적을 달성할 수 없다고 인정하는 경우에는 그러하지 아니하다.

PART 2

공동주택관리법

출제경향

최근 5개년
평균 출제문항 수
8.0개

최근 5개년
평균 출제비중
20.0%

핵심주제

CHAPTER 02
공동주택의 관리

관리방법의 결정 또는 변경 및 관리규약의 제정 및 개정, 의무관리대상 전환 공동주택, 자치관리, 사업자 선정, 공동관리와 구분관리, 관리의 이관 등, 입주자대표회의, 관리규약 등, 관리주체의 의무 등, 장기수선계획 및 안전관리계획, 장기수선충당금 및 특별수선충당금 등, 안전점검 및 안전진단 등, 하자담보책임 등, 하자진단 및 감정

합격전략

「주택법」 중 '주택의 관리' 부분이 대폭 손질되어 「공동주택관리법」으로 이관되어 최초 제20회 시험 이후 제27회까지 매회 8문제씩 출제되었으며, 주관식의 경우에는 5년 동안 계속 3문제가 출제되었습니다. 특히 「공동주택관리법」은 관리사무소장의 업무와 가장 관련이 많은 부분이므로 전 부분을 꼼꼼히 학습하셔야 합니다. 제28회 시험에서도 객관식은 8문제, 주관식은 3문제가 출제될 것으로 예상됩니다.
공동주택의 '관리'에 관한 내용이 주를 이루며, 시험에서 출제빈도가 매우 높습니다. 관리방법의 결정·변경, 입주자대표회의, 하자담보책임, 관리사무소장 등에 관한 내용, 장기수선계획 및 장기수선충당금, 관리규약준칙 및 관리규약, 회계감사, 의무관리대상 공동주택 및 의무관리대상 전환 공동주택 등 중요 부분이 많으므로, 「공동주택관리법」 전 부분을 유의 깊게 학습하시기 바랍니다.

CHAPTER

01 총칙

▶ **연계학습** I 에듀윌 기본서 2차 [주택관리관계법규 上] p.164

회독체크 1 2 3

1. 용어의 정의 등 ★

공동주택	다음의 주택 및 시설을 말하며, 일반인에게 분양되는 복리시설은 제외한다. ① 「주택법」에 따른 공동주택 ② 「건축법」에 따른 건축허가를 받아 주택 외의 시설과 주택을 동일 건축물로 건축하는 건축물 ③ 「주택법」에 따른 부대시설 및 복리시설
의무관리대상 공동주택	해당 공동주택을 '전문적으로 관리하는 자'(관리주체)를 두고 '자치 의결기구'(입주자대표회의)를 의무적으로 구성하여야 하는 등 일정한 의무가 부과되는 공동주택으로서, 다음의 공동주택을 말한다. ① 300세대 이상의 공동주택 ② 150세대 이상으로서 승강기가 설치된 공동주택 ③ 150세대 이상으로서 중앙집중식 난방방식(지역난방방식을 포함)의 공동주택 ④ 「건축법」 제11조에 따른 건축허가를 받아 주택 외의 시설과 주택을 동일 건축물로 건축한 건축물로서 주택이 150세대 이상인 건축물 ⑤ 위 ①부터 ④까지에 해당하지 아니하는 공동주택 중 전체 입주자등 3분의 2 이상이 '서면'으로 동의하여 정하는 공동주택
입주자 대표회의	공동주택의 입주자등을 대표하여 관리에 관한 주요사항을 결정하기 위하여 제14조에 따라 구성하는 '자치 의결기구'를 말한다.
관리규약	공동주택의 입주자등을 보호하고 주거생활의 질서를 유지하기 위하여 입주자등이 정하는 '자치규약'을 말한다.
관리주체	① 자치관리기구의 대표자인 공동주택의 관리사무소장 ② 관리업무를 인계하기 전의 사업주체 ③ 주택관리업자 ④ 임대사업자 ⑤ 「민간임대주택에 관한 특별법」에 따른 주택임대관리업자(시설물 유지·보수·개량 등 주택관리 업무를 수행하는 경우에 한정)

입주자	공동주택의 소유자, 그 소유자를 대리하는 배우자 및 직계존비속을 말한다.
사용자	공동주택을 임차하여 사용하는 사람(임대주택의 임차인은 제외)을 말한다.
입주자등	입주자와 사용자를 말한다.
공동주택단지	「주택법」 제2조 제12호에 따른 주택단지를 말한다.
혼합주택단지	분양을 목적으로 한 공동주택과 임대주택이 함께 있는 공동주택단지를 말한다.
주택관리업	공동주택을 안전하고 효율적으로 관리하기 위하여 입주자등으로부터 의무관리 대상 공동주택의 관리를 위탁받아 관리하는 업(業)을 말한다.
주택관리업자	주택관리업을 하는 자로서 법 제52조 제1항에 따라 등록한 자를 말한다.
장기수선계획	공동주택을 오랫동안 안전하고 효율적으로 사용하기 위하여 필요한 주요 시설의 교체 및 보수 등에 관하여 법령에 따라 수립하는 장기계획을 말한다.
임대주택	「민간임대주택에 관한 특별법」에 따른 민간임대주택 및 「공공주택 특별법」에 따른 공공임대주택을 말한다.
임대사업자	「민간임대주택에 관한 특별법」 제2조 제7호에 따른 '임대사업자' 및 「공공주택 특별법」 제4조 제1항에 따른 '공공주택사업자'를 말한다.
준용[1]	① 공동주택의 관리에 관하여 이 법에서 정하지 아니한 사항에 대하여는 「주택법」을 적용한다. ② 임대주택의 관리에 관하여 「민간임대주택에 관한 특별법」 또는 「공공주택 특별법」에서 정하지 아니한 사항에 대하여는 「공동주택관리법」을 적용한다.

1. ① 「민간임대주택에 관한 특별법」: 민간임대주택의 건설·공급·관리 등에 관해 이 법에서 정하지 아니한 사항에 대하여는 「주택법」, 「건축법」, 「공동주택관리법」, 「주택임대차보호법」을 적용한다.
   ② 「공공주택 특별법」: '공공주택'의 건설·공급 및 관리에 관하여 「공공주택 특별법」에서 정하지 아니한 사항은 「주택법」, 「건축법」 및 「주택임대차보호법」을 적용한다.

CHAPTER 02 공동주택의 관리

▶ **연계학습** | 에듀윌 기본서 2차 [주택관리관계법규 上] p.169　　　　회독체크 1 2 3

1. '관리방법의 결정 또는 변경' 및 '관리규약의 제정 및 개정' ★

구분	내용
(1) 관리방법	공동주택의 '관리방법의 결정 또는 변경'은 다음의 방법으로 한다. ① 입주자대표회의의 의결로 제안하고 전체 입주자등의 과반수가 찬성 ② 전체 입주자등의 10분의 1 이상이 서면으로 제안, 전체 입주자등의 과반수가 찬성
(2) 관리규약	① 사업주체는 입주예정자와 관리계약을 체결할 때 관리규약 제정안을 제안하여야 한다. ② 다만, 사업주체가 '입주자대표회의가 구성되기 전'에 주민공동시설 중 어린이집, 다함께돌봄센터 및 공동육아나눔터의 임대계약을 체결하려는 경우에는 입주개시일 3개월 전부터 관리규약 제정안을 제안할 수 있다. ③ '최초'의 관리규약은 사업주체가 제안한 내용을 입주예정자의 과반수가 서면으로 동의하는 방법으로 결정한다. ④ 위 ③의 경우 사업주체는 해당 공동주택단지의 인터넷 홈페이지에 제안내용을 '공고'하고 입주예정자에게 '개별 통지'해야 한다. ⑤ 관리규약을 '개정'하려는 경우, 다음의 사항을 기재한 개정안을 위 ④의 방법에 따른 공고·통지를 거쳐 위 (1)의 방법으로 결정한다. ㉠ 개정 목적 ㉡ 종전의 관리규약과 달라진 내용 ㉢ 관리규약준칙과 달라진 내용 ⑥ 관리주체는 관리규약을 보관하고 열람 등에 응할 의무가 있다.

'어린이집' 관련 주요 지문

1. 어린이집은 '주민공동시설'에 속한다.
2. 주민공동시설(어린이집, 다함께돌봄센터 및 공동육아나눔터는 제외)의 위탁운영의 제안은 입주자대표회의 의결사항이다.
3. 시장·군수·구청장은 '입주자대표회의가 구성되기 전'에 주민공동시설 중 어린이집, 다함께돌봄센터 및 공동육아나눔터 임대계약의 체결이 필요하다고 인정하는 경우, 사업주체로 하여금 입주예정자 과반수의 '서면동의'를 받아 어린이집 임대계약을 체결하도록 할 수 있다.

2. '의무관리대상 전환 공동주택' 관련 정리표 ★

구분	의무관리대상 공동주택	의무관리대상 전환 공동주택
관리규약의 제정	① 사업주체 제안 ② '입주예정자' 과반수 서면동의	① 관리인 제안 ② '입주자등' 과반수 서면동의
관리규약의 제정 신고	[사업주체] 시장·군수·구청장에게 신고, '제정된 날'부터 30일 이내	[관리인(입주자등 10분의 1 이상)] 시장·군수·구청장에게 신고, '제정된 날'부터 30일 이내
입주자대표회의 구성	[입주자등] '법 제11조 제1항에 따른 요구받은 날'부터 3개월 이내	[입주자등] 관리규약의 제정 신고가 수리된 날부터 3개월 이내
관리방법의 결정 등	[입주자등] (기한 없음)	[입주자등] 입주자대표회의의 구성 신고가 수리된 날부터 3개월 이내
관리방법 결정의 통지, 신고[1]	[입주자대표회의의 회장] ① '사업주체'에게 통지 ② 시장·군수·구청장에게 신고(30일 이내)	[입주자대표회의의 회장] ① '관리인'에게 통지 ② 시장·군수·구청장에게 신고(30일 이내)
자치관리기구 구성 (자치관리)	[입주자대표회의] '법 제11조 제1항에 따른 요구받은 날'부터 6개월 이내	[입주자대표회의] 입주자대표회의의 구성 신고가 수리된 날부터 6개월 이내
주택 관리업자의 선정 (위탁관리)	[입주자대표회의] (기한 없음)	[입주자대표회의] 입주자대표회의의 구성 신고가 수리된 날부터 6개월 이내
의무관리대상 전환 신고	–	[관리인(입주자등 10분의 1 이상)] '전체 입주자등의 3분의 2 이상의 서면동의를 받은 날'부터 30일 이내에 시장·군수·구청장에게 '전환 신고'
의무관리대상 제외 신고	–	[입주자대표회의의 회장(직무대행자를 포함)] '전체 입주자등의 3분의 2 이상의 서면동의를 받은 날'부터 30일 이내에 시장·군수·구청장에게 '제외 신고'

1. '주택관리업자의 선정'을 포함

3. 자치관리(자치관리기구 구성) ★

자치관리기구	① 입주자대표회의는 법 제11조 제1항에 따른 요구가 있은 날부터 6개월 이내에 공동주택의 관리사무소장을 자치관리기구의 '대표자'로 선임하고, 자치관리기구를 구성하여야 한다. ② '의무관리대상 공동주택으로 전환되는 경우'에는 입주자대표회의 구성 신고가 수리된 날부터 6개월 이내에 자치관리기구를 구성하여야 한다. ③ '위탁관리'하다가 '자치관리'로 관리방법을 변경하는 경우 입주자대표회의는 '그 위탁관리의 종료일'까지 자치관리기구를 구성하여야 한다.
영 제4조	① 자치관리기구는 입주자대표회의의 감독을 받는다. ② 관리사무소장은 '입주자대표회의 구성원'의 과반수의 찬성으로 선임한다. ③ '입주자대표회의 구성원'은 '관리규약으로 정한 정원'을 말하며, '구성원'의 3분의 2 이상이 선출되었을 때에는 그 선출된 인원을 말한다. ④ 입주자대표회의는 관리사무소장이 해임된 경우 30일 이내에 새로 선임하여야 한다(위탁관리 15일). ⑤ 입주자대표회의 구성원은 자치관리기구의 직원을 겸할 수 없다.

4. '구성원 과반수의 찬성'으로 하는 것 및 관리사무소장의 선임

'구성원 과반수의 찬성'으로 하는 것	① 자치관리기구 관리사무소장의 선임 ② 입주자대표회의 의결 ③ 회장의 후보자가 없거나 선출된 자가 없는 경우 ④ 감사 후보자가 없거나 선출된 자가 없는 경우(선출된 자가 선출필요인원에 미달하여 '추가선출이 필요한 경우'를 포함) ⑤ 500세대 미만의 공동주택단지에서 관리규약으로 정하는 경우 공동주택의 회장 및 감사의 선출 ⑥ 이사는 세대수를 불문하고 입주자대표회의 구성원 과반수의 찬성으로 선출 ⑦ 안전관리계획을 '3년이 지나기 전'에 조정하는 경우
관리 사무소장의 선임	① 의무관리대상 공동주택을 관리하는 다음의 자는 '주택관리사'를 관리사무소장으로 배치하여야 한다. 다만, 500세대 미만의 공동주택에는 주택관리사를 갈음하여 '주택관리사보'를 관리사무소장으로 배치할 수 있다. [위반자: 1천만원 이하의 벌금] ㉠ 입주자대표회의(자치관리의 경우에 한정) ㉡ 관리업무를 인계하기 전의 사업주체 ㉢ 주택관리업자 ㉣ 임대사업자 ② 위 ①의 자는 '주택관리사등'을 '관리사무소장의 보조자'로 배치할 수 있다.

5. 위탁관리(주택관리업자 선정)

체계도 핵심 35 참고

선정방법	다음 구분에 따른 사항에 대하여 전체 입주자등의 과반수의 동의를 얻을 것 ① 경쟁입찰: 입찰의 종류 및 방법, 낙찰방법, 참가자격 제한 등 입찰과 관련한 중요사항 ② 수의계약: 계약상대자 선정, 계약 조건 등 계약과 관련한 중요사항
참관 등	① 감사가 입찰과정 참관을 원하는 경우에는 참관할 수 있도록 할 것 ② 계약기간은 '장기수선계획'의 조정 주기[수선 주기(×)]를 고려하여 정할 것

6. 사업자 선정 ★

체계도 핵심 35 참고

참관 등	감사가 입찰과정 참관을 원하는 경우에는 참관할 수 있도록 할 것
'선정' 및 '집행'	① 관리주체가 사업자를 '선정'하고 '집행'하는 사항 ㉠ 청소, 경비, 소독, 승강기유지, 지능형 홈네트워크, 수선·유지(냉방·난방시설의 청소를 포함)를 위한 용역 및 공사 ㉡ '주민공동시설의 위탁', 물품의 구입과 매각, 잡수입의 취득(주민공동시설 중 어린이집, 다함께돌봄센터, 공동육아나눔터 임대에 따른 '잡수입의 취득'은 제외), 보험계약 등 국토교통부장관이 정하여 고시하는 사항 ② 입주자대표회의가 사업자를 '선정'하고 '집행'하는 사항 ㉠ '하자보수보증금'을 사용하여 보수하는 공사 ㉡ '하자보수비용'을 사용하여 보수하는 공사 ③ 입주자대표회의가 사업자를 '선정'하고 관리주체가 '집행'하는 사항 ㉠ '장기수선충당금'을 사용하는 공사 ㉡ '전기안전관리'(전기안전관리법에 따라 전기설비의 안전관리에 관한 업무를 위탁 또는 대행하게 하는 경우를 말한다)를 위한 용역

7. 공동관리와 구분관리 ★

① 입주자대표회의는 인접한 공동주택단지(임대주택단지를 포함)와 공동으로 관리하거나 '500세대 이상 단위'로 나누어 관리하게 할 수 있다.

② 입주자대표회의 또는 관리주체는 공동관리하거나 구분관리하는 경우에는 공동관리 또는 구분관리 단위별로 공동주택관리기구를 구성하여야 한다.

③ 입주자대표회의 또는 관리주체는 공동주택 공용부분의 유지·보수 및 관리 등을 위하여 공동주택관리기구(자치관리기구를 포함)를 구성하여야 한다.
④ 입주자대표회의는 공동관리하거나 구분관리할 것을 결정한 경우에는 지체 없이 그 내용을 시장·군수·구청장에게 통보하여야 한다.

8. 관리의 이관 등 ★

(1) 관리 이관	① 시장·군수·구청장은 관리방법 결정의 신고를 받은 날부터 7일 이내에 신고 수리 여부를 신고인에게 통지하여야 한다. ② 사업주체 및 임대사업자는 입주자대표회의의 구성에 협력하여야 한다.
(2) 관리업무 인계	① '사업주체' 또는 '의무관리대상 전환 공동주택의 관리인'은 다음의 경우 1개월 이내에 관리주체에게 공동주택의 관리업무를 인계하여야 한다. ㉠ 입주자대표회의 회장으로부터 주택관리업자 선정을 통지받은 경우 ㉡ 자치관리기구가 구성된 경우 ㉢ 다음 (5)에 따라 주택관리업자가 선정된 경우 ② 위반자: 1천만원 이하의 과태료
(3) 관리주체의 변경 관리업무 인계	① 새로운 관리주체는 '기존 관리의 종료일'까지 공동주택관리기구를 구성하여야 하고, 기존 관리주체는 '해당 관리의 종료일'까지 관리업무를 인계하여야 한다. ② 위 ①에도 불구하고 기존 관리 종료일까지 인계·인수가 이루어지지 아니한 경우 기존 관리주체는 기존 관리 종료일(기존 관리 종료일까지 새로운 관리주체가 선정되지 못한 경우 '새로운 관리주체가 선정된 날')부터 1개월 이내에 새로운 관리주체에게 공동주택의 관리업무를 인계하여야 한다. ③ 위 ②의 경우 그 인계기간에 소요되는 기존 관리주체의 인건비 등은 해당 공동주택의 관리비로 지급할 수 있다.
(4) 인계 절차	'사업주체' 또는 '의무관리대상 전환 공동주택의 관리인'은 관리업무를 관리주체에 인계할 때, 입주자대표회의의 회장 및 1명 이상의 감사의 '참관하'에 인계자와 인수자가 인계·인수서에 각각 서명·날인하여 다음의 서류를 인계하여야 한다. ① 설계도서, 장비의 명세, 장기수선계획 및 안전관리계획 ② 관리비·사용료·이용료의 부과·징수현황 및 이에 관한 회계서류 ③ 장기수선충당금의 적립현황 ④ 관리비예치금의 명세 ⑤ 세대 전유부분을 입주자(임차인)에게 인도한 날의 현황 ⑥ 관리규약과 그 밖에 공동주택의 관리업무에 필요한 사항

(5) 사업주체 의무	사업주체는 '입주자대표회의의 회장이 입주자등이 해당 공동주택의 관리방법을 결정했다는 통지가 없거나' '입주자대표회의가 자치관리기구를 구성하지 아니하는 경우'에는 주택관리업자를 선정하여야 한다.

◘ 「공동주택관리법」에 따른 '분양전환'이란 「민간임대주택에 관한 특별법」에 따른 임대사업자 외의 자에게의 양도 및 「공공주택 특별법」에 따른 분양전환을 말한다.

PART 2

9. 입주자대표회의

(1) 동별 대표자의 선출 등 ★

① 구성	㉠ 4명 이상, 동별 세대수에 비례하여 관리규약으로 정한 선거구에 따라 선출된 대표자(이하 '동별 대표자'라 한다)로 구성한다. ㉡ 선거구는 2개 동 이상으로 묶거나 통로나 층별로 구획하여 정할 수 있다. ㉢ **공구별 건설:** 먼저 입주한 공구의 입주자등은 입주자대표회의 구성이 가능하다. 다만, 다음 공구 입주예정자의 과반수가 입주한 때에는 다시 입주자대표회의의 구성 의무가 있다.
② 선출	㉠ 동별 대표자는 요건을 갖춘 입주자(입주자가 법인인 경우는 대표자) 중에서 선거구 '입주자등'의 보통·평등·직접·비밀선거를 통해 선출한다. ㉡ 입주자인 동별 대표자 후보자가 없는 선거구는 '다음 ③' 및 '대통령령으로 정하는 다음 ㉢의 요건'을 갖춘 사용자도 동별 대표자로 선출될 수 있다. ㉢ 사용자는 2회 선출공고(직전 선출공고일부터 2개월 이내 공고하는 경우만 2회로 계산)에도 불구하고 입주자(입주자가 법인인 경우 그 대표자)인 동별 대표자의 후보자가 없는 선거구에서 직전 선출공고일부터 2개월 이내 선출공고를 하는 경우로서 '다음 ③'과 '다음의 요건을 모두 갖춘 경우'에는 동별 대표자가 될 수 있다. 이 경우 입주자인 후보자가 있으면 사용자는 후보자의 자격을 상실한다. ⓐ 공동주택을 임차하여 사용하는 사람일 것(법인인 경우는 그 대표자) ⓑ 위 ⓐ의 전단에 따른 사람의 배우자 또는 직계존비속일 것. 이 경우 위 ⓐ의 전단에 따른 사람이 서면으로 위임한 대리권이 있는 경우만 해당한다.
③ 동별 대표자 요건	'서류제출 마감일'을 기준으로 다음의 요건을 갖춘 입주자로 한다. ㉠ '해당 공동주택단지 안'에서 주민등록을 마친 후 계속하여 3개월 이상 거주하고 있을 것('최초의 경우' 및 '위 ①의 ㉢의 단서의 경우'는 제외) ㉡ '해당 선거구'에 주민등록을 마친 후 거주하고 있을 것

④ 당연 퇴임사유	동별 대표자가 임기 중에 자격요건을 충족하지 아니하게 된 경우나 결격사유에 해당하게 된 경우에는 당연히 퇴임한다.
⑤ 회의록 작성, 보관	입주자대표회의는 그 회의를 개최한 때에는 회의록을 작성하여 관리주체에게 보관하게 하여야 한다. 이 경우 입주자대표회의는 관리규약으로 정하는 바에 따라 입주자등에게 회의를 실시간 또는 녹화·녹음 등의 방식으로 중계하거나 방청하게 할 수 있다. 〈개정〉
⑥ '사용자'인 동별 대표자 특례	㉠ '사용자인 동별 대표자'는 입주자대표회의의 회장이 될 수 없다. ㉡ 다만, '입주자인 동별 대표자 중에서 회장 후보자가 없는 경우'로서 선출 전에 전체 '입주자' 과반수의 서면동의를 얻은 경우에는 그러하지 아니하다.
⑦ 회의록 공개	㉠ 300세대 이상인 공동주택의 관리주체는 관리규약으로 정하는 범위·방법 및 절차 등에 따라 회의록을 입주자등에게 공개하여야 한다. ㉡ 300세대 미만인 공동주택의 관리주체는 관리규약으로 정하는 바에 따라 회의록을 공개할 수 있다. ㉢ 이 경우 관리주체는 입주자등이 회의록의 열람을 청구하거나 자기의 비용으로 복사를 요구하는 때에는 관리규약으로 정하는 바에 따라 이에 응하여야 한다.

➲ 입주자대표회의의 구성원 중 '사용자인 동별 대표자'가 과반수인 경우에는 대통령령으로 그 의결방법 및 의결사항을 '달리' 정할 수 있다.

(2) 동별 대표자의 결격 및 자격상실사유

'서류제출 마감일'을 기준으로 다음의 어느 하나에 해당하는 사람은 동별 대표자가 될 수 없으며 그 자격을 상실한다.

① 미성년자, 피성년후견인 또는 피한정후견인
② 파산자로서 복권되지 아니한 사람
③ 이 법 또는 「주택법」, 「민간임대주택에 관한 특별법」, 「공공주택 특별법」, 「건축법」, 「집합건물의 소유 및 관리에 관한 법률」을 위반한 범죄로 금고 이상의 실형선고를 받고 그 집행이 끝나거나 집행이 면제된 날부터 2년이 지나지 아니한 사람
④ 금고 이상의 형의 집행유예선고를 받고 그 유예기간 중에 있는 사람
⑤ 이 법 또는 「주택법」, 「민간임대주택에 관한 특별법」, 「공공주택 특별법」, 「건축법」, 「집합건물의 소유 및 관리에 관한 법률」을 위반한 범죄로 벌금형을 선고받은 후 2년이 지나지 아니한 사람
⑥ 선거관리위원회 위원(사퇴, 해임, 해촉된 사람으로서 남은 임기 중에 있는 사람 포함)
⑦ 소유자가 서면으로 위임한 '대리권이 없는' 소유자의 배우자나 직계존비속

⑧ 관리주체의 소속 임직원과 관리주체에 용역을 공급하거나 사업자로 지정된 자의 소속 임원. 이 경우 관리주체가 주택관리업자인 경우에는 해당 주택관리업자 기준으로 판단한다.
⑨ 동별 대표자를 사퇴한 날부터 1년(해당 동별 대표자에 대한 해임이 요구된 후 사퇴한 경우에는 2년을 말한다)이 지나지 아니하거나 해임된 날부터 2년이 지나지 아니한 사람
⑩ '관리비 등'을 최근 3개월 이상 '연속'하여 '체납'한 사람
⑪ 동별 대표자로서 임기 중에 위 ⑩에 해당하여 법 제14조 제5항(당연 퇴임)에 따라 퇴임한 사람으로서 그 남은 임기(남은 임기가 1년을 초과하는 경우에는 1년을 말한다) 중에 있는 사람

PART 2

(3) 동별 대표자의 선출방법 및 기준 ★

➲ 체계도 핵심 39 참고

공동주택 소유자 또는 공동주택을 임차하여 사용하는 사람의 결격사유는 '그를 대리하는 자'에게 미치며, 공유(共有)인 공동주택 '소유자'의 결격사유를 판단할 때에는 '지분의 과반을 소유한 자'의 결격사유를 기준으로 한다.

(4) 임원의 선출 ★

➲ 체계도 핵심 39 참고

회장 1명, 감사 2명 이상, 이사 1명 이상을 선출한다.

(5) 동별 대표자 및 임원의 '해임' ★

➲ 체계도 핵심 39 참고

(6) 동별 대표자의 임기 등 ★

구분	내용
임기	동별 대표자의 임기는 2년으로 한다. 다만, 보궐선거 또는 재선거로 선출된 동별 대표자의 임기는 다음의 구분에 따른다. ① 모든 동별 대표자의 임기가 '동시에 시작'하는 경우: 2년 ② '그 밖'의 경우: 전임자 임기의 '남은 기간'
중임 제한	① 동별 대표자는 '한 번만' 중임할 수 있다. 보궐선거, 재선거로 선출된 동별 대표자의 임기가 '6개월 미만인 경우'에는 임기의 횟수에 포함하지 않는다. ② 2회의 선출공고에도 불구하고 '동별 대표자의 후보자가 없거나 선출된 사람이 없는 선거구'에서 직전 선출공고일부터 2개월 이내에 선출공고를 하는 경우에는 동별 대표자를 중임한 사람도 해당 선거구 입주자등의 과반수의 찬성으로 다시 동별 대표자로 선출될 수 있다.

(7) 동별 대표자 후보자 등에 대한 범죄경력 조회 등

동별 대표자 후보자	① 선거관리위원회 위원장, 입주자대표회의 회장, 관리사무소장 → 동별 대표자 후보자, 동별 대표자의 자격요건 충족 여부와 결격사유 해당 여부를 확인하여야 한다. ② '후보자 동의'를 받아 범죄경력을 경찰관서의 장에게 확인해야 한다.
동별 대표자	① 선거관리위원회 위원장, 입주자대표회의 회장, 관리사무소장 → 동별 대표자, 동별 대표자의 자격요건 충족 여부와 결격사유 해당 여부를 확인할 수 있다. ② '동별 대표자의 동의'를 받아 범죄경력을 경찰관서의 장에게 확인해야 한다.

➲ '경찰관서의 장'은 범죄의 경력이 있는지 확인하여 '회신'하여야 한다.

(8) 입주자대표회의 임원의 업무범위 등

① 입주자대표회의의 회장은 입주자대표회의를 대표하고, 그 회의의 의장이 된다.
② 이사는 회장을 보좌하고, 회장이 사퇴 또는 해임으로 궐위된 경우 및 사고나 그 밖에 부득이한 사유로 그 직무를 수행할 수 없을 때에는 관리규약에서 정하는 바에 따라 그 직무를 대행한다. 〈개정〉
③ 감사는 관리비·사용료 및 장기수선충당금 등의 부과·징수·지출·보관 등 회계 관계 업무와 '관리업무 전반'에 대하여 관리주체의 업무를 감사한다.
④ 감사는 감사보고서를 '작성'하여 입주자대표회의와 관리주체에게 제출하고 인터넷 홈페이지('인터넷 홈페이지가 없는 경우'에는 인터넷 포털을 통해 관리주체가 운영·통제하는 유사한 기능의 웹사이트 또는 관리사무소의 게시판을 말한다) 및 동별 게시판('통로별 게시판이 설치된 경우'에는 이를 포함)에 공개해야 한다.

➲ 감사는 입주자대표회의에서 의결한 안건이 관계 법령 및 관리규약에 위반된다고 판단되는 경우에는 입주자대표회의에 재심의를 요청할 수 있다. → 입주자대표회의는 재심의 의무

(9) 입주자대표회의의 의결사항

① 관리규약 '개정안'의 제안(제안서에 개정안 취지, 내용, 제안유효기간 및 제안자 등 포함)
② 관리규약에서 위임한 사항과 그 시행에 필요한 규정의 제정·개정 및 폐지
③ 공동주택 '관리방법'의 제안
④ '관리비 등의 집행을 위한 사업계획 및 예산'의 승인(변경승인을 포함)
⑤ 공용시설물 이용료 부과기준의 결정
⑥ '관리비 등의 회계감사 요구 및 회계감사보고서'의 승인
⑦ '관리비 등의 결산'의 승인

⑧ 단지 안 전기·도로·상하수도·주차장·가스설비·냉난방설비·승강기 등의 유지·운영 기준
⑨ '자치관리'를 하는 경우 '자치관리기구 직원의 임면'에 관한 사항
⑩ '장기수선계획'에 따른 공동주택 공용부분의 보수·교체 및 개량
⑪ 공동주택 '공용부분'의 행위허가 또는 신고 행위의 제안
⑫ 공동주택 '공용부분'의 담보책임 종료 확인
⑬ 주민공동시설(어린이집, 다함께돌봄센터, 공동육아나눔터 제외) 위탁 운영의 제안
⑭ 인근 공동주택단지 입주자등의 주민공동시설 이용에 대한 허용 제안
⑮ 장기수선계획 및 안전관리계획의 수립, 조정(비용지출을 수반하는 경우로 한정)
⑯ 입주자등 상호간에 이해가 상반되는 사항의 조정
⑰ 공동체 생활의 활성화 및 질서유지에 관한 사항 등

- 입주자대표회의는 '위탁관리'의 경우 주택관리업자의 직원인사·노무관리의 업무수행에 부당하게 간섭해서는 아니 되며, 입주자등이 아닌 자로서 해당 공동주택의 관리에 이해관계를 가진 자의 권리를 침해해서는 안 된다.

(10) 입주자대표회의의 의결방법 등 ★

의결방법	① 입주자대표회의 '구성원' 과반수의 찬성으로 의결한다. ② 입주자대표회의 구성원 중 사용자인 동별 대표자가 과반수인 경우에는 위 (9)의 ⑫에 관한 사항은 의결사항에서 제외하고, 위 (9)의 ⑮ 중 장기수선계획의 수립 또는 조정에 관한 사항은 전체 '입주자' 과반수의 서면동의를 받아 그 동의 내용대로 의결한다.
소집	'관리규약'에 따라 회장이 소집한다. 다음의 경우 회장은 14일 이내 '소집'해야 하며, 회장이 소집하지 않으면, '관리규약'으로 정하는 이사가 회의를 소집하고 회장 직무를 대행한다. ① 입주자대표회의 '구성원' 3분의 1 이상이 청구하는 때 ② '입주자등'의 10분의 1 이상이 요청하는 때 ③ 전체 입주자의 10분의 1 이상이 요청하는 때[위 (9)의 ⑮ 중 장기수선계획의 수립 또는 조정에 관한 사항만 해당]

(11) 동별 대표자 등의 선거관리 ★

선거 관리위원회 구성	① 입주자등은 동별 대표자나 입주자대표회의의 임원을 선출하거나 해임하기 위하여 선거관리위원회를 구성한다. ② '입주자등' 중에서 위원장을 포함하여 다음의 위원으로 구성한다. ㉠ 500세대 이상인 공동주택: 5명 이상 9명 이하 ㉡ 500세대 미만인 공동주택: 3명 이상 9명 이하

PART 2

	③ 앞의 ②의 '입주자등'에는 서면으로 위임된 대리권이 없는 공동주택 소유자의 배우자 및 직계존비속이 그 소유자를 대리하는 경우를 포함한다. ④ 앞의 ②에도 불구하고 500세대 이상인 공동주택, 「선거관리위원회법」에 따른 선거관리위원회 소속 직원 1명을 위원으로 '위촉'할 수 있다. ⑤ 구성·운영·업무(동별 대표자 결격사유의 확인을 포함)·경비, 위원의 선임·해임 및 임기 등에 관한 사항은 '관리규약'으로 정한다.
결격 및 자격상실 사유	① 동별 대표자 또는 그 후보자 ② 위 ①에 해당하는 사람의 배우자 또는 직계존비속 ③ 미성년자, 피성년후견인 또는 피한정후견인 ④ 동별 대표자를 사퇴하거나 그 지위에서 해임된 사람 또는 법 제14조 제5항(당연 퇴임)에 따라 퇴임한 사람으로서 '그 남은 임기 중'에 있는 사람 ⑤ 선거관리위원회 위원을 사퇴하거나 그 지위에서 해임 또는 해촉된 사람으로서 '그 남은 임기 중'에 있는 사람
의결 등	① '구성원'('관리규약으로 정한 정원'을 말한다) 과반수의 찬성으로 의결한다. ② 선거관리위원회는 선거관리를 위해 「선거관리위원회법」에 따라 해당 소재지를 관할하는 구·시·군선거관리위원회에 투표 및 개표 관리 등 '선거지원을 요청'할 수 있다.

(12) 입주자대표회의의 구성원 등 교육

대상자	① 시장·군수·구청장은 입주자대표회의 구성원에게 층간소음 예방 및 입주민 간 분쟁 조정에 관한 사항 등에 대한 교육 등을 실시하여야 한다. ② 시장·군수·구청장은 '관리주체 및 입주자등'이 희망하는 경우에는 교육을 실시할 수 있다. 〈개정〉
비용	① 입주자대표회의 '구성원' → '입주자대표회의 운영경비'로 부담하며, '입주자등' → '수강생 본인'이 부담 ② '시장·군수·구청장'은 그 비용의 전부 또는 일부를 '지원'할 수 있다.
실시 절차	① 교육 10일 전까지 공고 등, 매년 4시간 교육 이수 ② 집합교육 방법 → 교육 참여현황 관리가 가능한 경우에는 '온라인교육' 가능 ③ 수료증의 수여 → 교육수료사실을 입주자대표회의 구성원이 소속된 입주자대표회의에 문서로 통보함으로써 수료증의 수여 '갈음' 가능 ④ 시장·군수·구청장은 교육 참여현황을 엄격히 관리해야 하며, 교육 미이수자에 대해서는 법 제93조 제1항에 따라 필요한 조치를 하여야 한다.

(13) 공동주택관리에 관한 교육과 윤리교육(이하 '교육')

대상자	① '주택관리업자'(법인은 그 대표자)와 '관리사무소장으로 배치받은 주택관리사등'은 시·도지사로부터 교육을 받아야 한다. ② '관리사무소장으로 배치받으려는 주택관리사등'은 교육을 받을 수 있고, 그 교육을 받은 경우에는 교육의무를 이행한 것으로 본다.
교육기간 등	① 교육기간: 3일 ② 교육시기: 다음의 시기에 '교육수탁기관'으로부터 교육을 받아야 한다. ㉠ '주택관리업자': 주택관리업의 '등록'을 한 날부터 3개월 이내 ㉡ '관리사무소장': 관리사무소장으로 '배치'된 날부터 3개월 이내(주택관리사보로서 관리사무소장이던 사람이 주택관리사의 자격을 취득한 경우: '그 자격취득일'부터 3개월 이내) ③ 관리사무소장으로 배치받아 근무 중인 주택관리사등은 '교육'을 받은 후 3년마다 교육을 받아야 한다.
무경력자	① 배치예정일부터 직전 5년 이내에 종사한 경력이 없는 경우, 교육을 이수하여야 관리사무소장으로 배치받을 수 있다(교육의무 이행 의제). ② 위 ①의 교육은 '주택관리사'와 '주택관리사보'로 구분하여 실시한다.

구분	입주자대표회의의 구성원 교육	주택관리업자 등의 교육
교육주체	시장·군수·구청장	시·도지사
교육시간(기간)	교육시간: 매년 4시간	교육기간: 3일

10. 관리규약 등

(1) 관리규약의 준칙 및 관리규약 ★

관리규약	① '시·도지사'는 관리규약의 준칙을 정하여야 한다. ② '입주자등'은 관리규약의 준칙을 참조하여 관리규약을 정한다. ③ 관리규약은 입주자등 지위를 승계한 사람에 대하여도 그 효력이 있다.
신고	① 입주자대표회의의 회장은 다음 사항을 30일 이내에 시장·군수·구청장에게 신고하여야 하며, 신고한 사항이 변경되는 경우에도 또한 같다. ㉠ 관리규약의 개정 ㉡ 입주자대표회의의 구성·변경 등 ② 관리규약의 제정의 경우에는 사업주체 또는 의무관리대상 전환 공동주택의 관리인이 위 ①의 '신고 의무'가 있다. ③ 다만, '의무관리대상 전환 공동주택의 관리인'이 관리규약의 제정 신고를 하지 아니하는 경우에는 입주자등의 10분의 1 이상이 '연서'하여 신고할 수 있다.

(2) 관리규약의 준칙에 포함되어야 할 사항(발췌)

① 입주자등의 권리 및 의무[다음 **(3)**의 ①에 따른 의무를 포함]
② 입주자대표회의의 소집절차, 운영경비의 용도 등 및 선거관리위원회의 구성 등
③ 동별 대표자의 선거구·선출절차와 해임 사유·절차 등에 관한 사항
④ 자치관리기구의 구성·운영 및 관리사무소장과 그 소속 직원의 자격요건 등
⑤ 관리비예치금, 관리비 등의 세대별부담액 산정방법 등
⑥ 입주자대표회의, 관리주체가 작성·보관하는 자료의 종류 및 열람방법 등에 관한 사항
⑦ 장기수선충당금의 요율 및 '사용절차'(사용절차는 '관리규약으로 정하는 것'은 아니다)
⑧ 회계관리 및 회계감사에 관한 사항
⑨ 관리규약을 위반한 자 및 공동생활의 질서를 문란하게 한 자에 대한 조치
⑩ **공동주택의 어린이집 임대계약**(지방자치단체에 무상임대하는 것을 포함)**에 대한 다음의 임차인 선정기준**: 이 경우 그 기준은 「영유아보육법」 제24조 제2항 각 호 외의 부분 후단에 따른 국공립어린이집 위탁체 선정관리 기준에 따라야 한다.
  ㉠ 임차인의 신청자격, 선정을 위한 심사기준, 임대료 및 임대기간
  ㉡ 어린이집을 이용하는 입주자등 중 어린이집 임대에 동의하여야 하는 비율 등
⑪ 공동주택의 층간소음 및 간접흡연에 관한 사항
⑫ 주민공동시설의 위탁에 따른 방법 또는 절차에 관한 사항
⑬ **주민공동시설을 인근 공동주택단지 입주자등의 이용에 대한 허용 기준**
  ㉠ 허용에 동의하여야 하는 비율, 이용자의 범위
  ㉡ 그 밖에 인근 공동주택단지 입주자등의 이용을 위하여 필요한 사항
⑭ 혼합주택단지의 관리에 관한 사항
⑮ 전자투표의 본인확인 방법에 관한 사항
⑯ 공동체 생활의 활성화에 관한 사항
⑰ **공동주택의 주차장 임대계약 등에 대한 다음의 기준**
  ㉠ **'승용차 공동이용'을 위한 '주차장 임대계약'의 경우**
    ⓐ 입주자등 중 주차장의 임대에 동의하는 비율, 임대 가능 주차대수 및 위치
    ⓑ 이용자의 범위 및 주차장의 적정한 임대를 위하여 필요한 사항
  ㉡ **지방자치단체와 입주자대표회의 간 체결한 협약에 따라 지방자치단체 또는 지방공단이 직접 운영·관리하거나 위탁하여 운영·관리하는 방식으로 '입주자등 외의 자'에게 공동주택의 '주차장을 개방'하는 경우**
    ⓐ 입주자등 중 주차장의 개방에 동의하는 비율, 개방 가능 주차대수 및 위치
    ⓑ 주차장의 개방시간 및 주차장의 적정한 개방을 위하여 필요한 사항
⑱ 경비원 등 근로자에 대한 괴롭힘의 금지 및 발생 시 조치에 관한 사항 등

(3) 관리주체의 동의

① 동의 대상	㉠ 법 제35조 제1항 제3호의 경미한 행위(창틀 교체 등)로서 주택 내부의 구조물과 설비를 교체하는 행위 ㉡ 「소방시설 설치 및 관리에 관한 법률」에 '위배되지 아니하는 범위'에서 공용부분에 물건을 적재하여 통행·피난 및 소방을 방해하는 행위 ㉢ 공동주택에 광고물·표지물 또는 표지를 부착하는 행위 ㉣ 가축(장애인 보조견은 제외)을 사육하거나 방송시설 등을 사용함으로써 공동주거생활에 피해를 미치는 행위 ㉤ 공동주택의 발코니 난간 또는 외벽에 돌출물을 설치하는 행위 ㉥ 전기실·기계실·정화조시설 등에 출입하는 행위 ㉦ '전기자동차의 이동형 충전기'를 이용하기 위한 차량무선인식장치[전자태그(RFID tag)를 말한다]를 콘센트 주위에 부착하는 행위
② 예외	위 ①의 ㉤에도 불구하고 세대 안에 '냉방설비의 배기장치를 설치할 수 있는 공간이 마련된 공동주택의 경우' 입주자등은 냉방설비의 배기장치를 설치하기 위하여 '돌출물을 설치하는 행위를 하여서는 아니 된다'.

(4) 층간소음의 방지 등

① 의의	벽간소음 등 인접한 세대 간의 소음(대각선에 위치한 세대 간 소음 포함)을 포함한다.
② 범위	'입주자등'(임대주택의 '임차인'을 포함)의 활동으로 인해 발생하는 소음으로서 다른 입주자 또는 사용자에게 피해를 주는 다음 소음으로 한다. 다만, 욕실, 화장실, 다용도실 등에서 급수·배수로 인하여 발생하는 소음은 제외한다. 〈개정〉 ㉠ **직접충격 소음**: 뛰거나 걷는 동작 등으로 인하여 발생하는 소음 ㉡ **공기전달 소음**: 텔레비전, 음향기기 등의 사용으로 인하여 발생하는 소음
③ 조치	㉠ 입주자등은 층간소음으로 다른 입주자등에게 피해를 주지 아니하도록 노력하여야 한다. ㉡ 피해를 입은 입주자등은 관리주체에게 알리고, 관리주체는 피해를 끼친 입주자등에게 층간소음 발생 중단, 소음차단 조치를 권고하도록 요청할 수 있다. 이 경우 관리주체는 사실관계 확인을 위하여 세대 내 확인 등 필요한 조사를 할 수 있다. ㉢ 피해를 끼친 입주자등은 관리주체의 조치 및 권고에 협조하여야 한다. ㉣ 관리주체의 조치에도 불구하고 층간소음 발생이 계속될 경우에는 층간소음 피해를 입은 입주자등은 공동주택 층간소음관리위원회에 조정을 신청할 수 있다.

④ 층간소음 관리위원회	㉠ 관리주체는 층간소음의 예방, 분쟁 조정 등을 위한 교육을 실시할 수 있다. ㉡ 입주자등은 층간소음에 따른 분쟁을 예방하고 조정하기 위하여 관리규약으로 정하는 바에 따라 다음의 업무를 수행하는 공동주택 층간소음관리위원회(이하 '층간소음관리위원회'라 한다)를 구성·운영할 수 있다. 다만, '의무관리대상 공동주택' 중 '대통령령으로 정하는 규모(700세대) 이상인 경우'에는 층간소음관리위원회를 구성하여야 한다. 〈신설〉 ⓐ 층간소음 민원의 청취 및 사실관계 확인 ⓑ 분쟁의 자율적인 중재 및 조정 ⓒ 층간소음 예방을 위한 홍보 및 교육 ⓓ 그 밖에 층간소음 분쟁 방지 및 예방을 위하여 관리규약으로 정하는 업무 ㉢ 층간소음관리위원회는 다음의 사람으로 구성한다. 〈신설〉 ⓐ 입주자대표회의 또는 임차인대표회의의 구성원 ⓑ 선거관리위원회 위원 ⓒ 법 제21조에 따른 공동체 생활의 활성화를 위한 단체에서 추천하는 사람 ⓓ 관리사무소장 ⓔ 그 밖에 공동주택관리 분야에 관한 전문지식과 경험을 갖춘 사람으로서 관리규약으로 정하거나 지방자치단체의 장이 추천하는 사람 ㉣ 국토교통부장관은 층간소음의 피해 예방 및 분쟁 해결을 지원하기 위하여 다음 업무를 수행하는 기관 또는 단체를 지정, 고시할 수 있다. 〈신설〉 ⓐ 층간소음의 측정 지원 ⓑ 피해사례의 조사·상담 ⓒ 층간소음관리위원회의 구성원에 대한 층간소음 예방 및 분쟁 조정 교육 ⓓ 그 밖에 국토교통부장관 또는 지방자치단체의 장이 층간소음과 관련하여 의뢰하거나 위탁하는 업무 ㉤ 층간소음관리위원회의 구성원은 위 ㉣에 따라 고시하는 기관 또는 단체에서 실시하는 교육을 성실히 이수하여야 한다. 이 경우 교육의 시기·방법 및 비용 부담 등에 필요한 사항은 대통령령으로 정한다. ㉥ 층간소음 피해를 입은 입주자등은 관리주체 또는 층간소음관리위원회의 조치에도 불구하고 층간소음 발생이 계속될 경우 공동주택관리 분쟁조정위원회나 「환경분쟁 조정 및 환경피해 구제 등에 관한 법률」 제4조에 따른 환경분쟁조정피해구제위원회에 조정을 신청할 수 있다. 〈신설〉

⑤ **층간소음 관리위원회 구성원의 교육** 〈신설〉	㉠ 앞의 ④의 ㉣에 따라 국토교통부장관이 정하여 고시하는 기관 또는 단체(이하 '층간소음분쟁해결지원기관'이라 한다)는 층간소음관리위원회의 구성원에 대해 '층간소음예방등교육'을 하려면 다음 사항을 교육 10일 전까지 공고하거나 교육대상자에게 알려야 한다. ⓐ 교육일시, 교육기간 및 교육장소 ⓑ 교육내용 ⓒ 교육대상자 ⓓ 그 밖에 교육에 관하여 필요한 사항 ㉡ 층간소음관리위원회의 구성원은 매년 4시간의 층간소음예방등교육을 이수해야 한다. ㉢ 층간소음예방등교육은 집합교육의 방법으로 한다. 다만, 교육 참여현황의 관리가 가능한 경우에는 그 전부 또는 일부를 온라인교육으로 할 수 있다. ㉣ 층간소음분쟁해결지원기관은 층간소음예방등교육을 이수한 사람에게 수료증을 내주어야 한다. 다만, 교육수료사실을 층간소음관리위원회의 구성원이 소속된 층간소음관리위원회에 문서로 통보함으로써 수료증의 수여를 갈음할 수 있다. ㉤ 층간소음관리위원회의 구성원에 대한 층간소음예방등교육의 수강비용은 '잡수입'에서 부담한다. ㉥ 층간소음분쟁해결지원기관은 층간소음관리위원회 구성원의 층간소음예방등교육 참여현황을 엄격히 관리해야 한다.
⑥ **층간소음 실태조사** 〈신설〉	㉠ 국토교통부장관 또는 지방자치단체의 장은 공동주택의 층간소음 예방을 위한 정책의 수립과 시행에 필요한 기초자료를 확보하기 위하여 층간소음에 관한 실태조사를 단독 또는 합동으로 실시할 수 있다. ㉡ 국토교통부장관 또는 지방자치단체의 장은 위 ㉠의 실태조사와 관련하여 관계 기관의 장 또는 관련 단체의 장에게 필요한 자료의 제출을 요청할 수 있다. 이 경우 자료제출을 요청받은 자는 정당한 사유가 없으면 이에 따라야 한다. ㉢ 국토교통부장관 또는 지방자치단체의 장은 위 ㉠에 따른 층간소음에 관한 '실태조사 업무'를 '대통령령으로 정하는 기관 또는 단체'에 위탁하여 실시할 수 있다.
⑦ **층간소음 실태조사 (시행령)** 〈신설〉	㉠ 국토교통부장관 또는 지방자치단체의 장은 층간소음에 관한 실태조사를 하는 경우에는 국토교통부장관 또는 지방자치단체의 장이 환경부장관과 '협의하여 정하는 방법'에 따라 다음의 사항을 조사한다. ⓐ 공동주택의 주거환경 ⓑ 층간소음 피해 및 분쟁조정 현황 ⓒ 그 밖에 층간소음 예방을 위한 정책의 수립과 시행에 필요한 사항

	㉡ 앞의 ⑥의 ㉢에서 '대통령령으로 정하는 기관 또는 단체'란 다음의 기관 또는 단체를 말한다. ⓐ 공동주택관리 지원기구 ⓑ 「정부출연연구기관 등의 설립·운영 및 육성에 관한 법률」에 따라 설립된 정부출연연구기관 ⓒ 「지방자치단체출연 연구원의 설립 및 운영에 관한 법률」에 따라 설립된 지방자치단체출연 연구원 ㉢ 국토교통부장관 또는 지방자치단체의 장은 업무를 위탁하는 경우에는 위탁받는 기관 또는 단체 및 위탁업무의 내용을 관보 또는 공보에 고시해야 한다.

(5) 간접흡연의 방지 등

조치	① 입주자등은 흡연으로 다른 입주자등에게 피해를 주지 아니하도록 노력하여야 한다. ② 피해를 입은 입주자등은 관리주체에게 발생사실을 알리고, 관리주체는 피해를 끼친 해당 입주자등에게 흡연 중단 권고 요청 및 사실관계 확인을 위하여 세대 내 확인 등 필요한 조사를 할 수 있다. ③ 피해를 끼친 입주자등은 관리주체의 권고에 협조하여야 한다.
교육 등	① 관리주체는 간접흡연의 예방 등을 위한 교육을 실시할 수 있다. ② 입주자등은 분쟁 예방 등을 위한 자치적인 조직의 구성·운영이 가능하다.

(6) 공동체 생활의 활성화

조직 구성	① 공동주택의 입주자등은 입주자등의 소통 및 화합 증진 등을 위하여 필요한 활동을 자율적으로 실시할 수 있고, 이를 위하여 필요한 조직을 구성하여 운영할 수 있다. ② 입주자대표회의는 입주자등의 소통 및 화합 증진을 위해 공동체 생활의 활성화에 관한 업무를 담당하는 이사를 선임할 수 있다.
경비 지원	① 입주자대표회의 또는 관리주체는 공동체 생활의 활성화에 필요한 경비의 일부를 잡수입(재활용품의 매각 수입 등 공동주택을 관리하면서 부수적으로 발생하는 수입)에서 '지원'할 수 있다. ② 위 ①에 따른 경비의 지원은 관리규약으로 정하거나 관리규약에 위배되지 아니하는 범위에서 입주자대표회의의 의결로 정한다.

(7) 전자적 방법을 통한 의사결정

① 입주자등은 동별 대표자나 임원 선출 등 관리와 관련하여 의사를 결정하는 경우(서면동의에 의하여 의사를 결정하는 경우를 포함) 전자적 방법(전자문서 및 전자거래 기본법에 따른 정보처리시스템을 사용하거나 그 밖에 정보통신기술을 이용하는 방법을 말한다)을 통하여 그 의사를 결정할 수 있다.
② 입주자등은 전자적 방법으로 의결권을 행사(이하 '전자투표'라 한다)하는 경우, 휴대전화, 전자서명, 인증서를 통한 본인확인 방법으로 본인확인을 거쳐야 한다.
③ 관리주체, 입주자대표회의, 의무관리대상 전환 공동주택의 관리인 또는 선거관리위원회는 전자투표를 실시하려는 경우에는 전자투표를 하는 방법, 전자투표 기간, 기술적인 사항 등을 입주자등에게 미리 알려야 한다.

PART 2

11. 관리비 등

(1) 정리표

체계도 핵심 42 참고

관리비	관리비와 구분징수	사용료 등
① 일반관리비 ② 청소비 ③ 경비비 ④ 소독비 ⑤ 승강기유지비 ⑥ 지능형 홈네트워크 설비 유지비 ⑦ 난방비 ⑧ 급탕비 ⑨ 수선유지비[2] ⑩ 위탁관리수수료[3]	① 장기수선충당금 ② 영 제40조 제2항 단서[1]에 따른 안전진단 실시비용	① 전기료(공동사용시설 전기료를 포함) ② 수도료(공동사용 수도료를 포함) ③ 가스사용료 ④ 지역난방 방식인 공동주택의 난방비와 급탕비 ⑤ 정화조오물수수료 ⑥ 생활폐기물수수료 ⑦ 공동주택단지 안의 건물 전체를 대상으로 하는 보험료 ⑧ 입주자대표회의 운영경비 ⑨ 선거관리위원회 운영경비 ⑩ 「방송법」 제64조에 따른 텔레비전방송수신료 〈신설〉

1. 안전진단에 드는 비용은 '사업주체'가 부담한다. 다만, 하자의 원인이 '사업주체 외의 자'에게 있는 경우에는 '그 자'가 부담한다(구분징수).

2. 수선유지비

① '장기수선계획'에서 '제외'되는 공동주택의 공용부분의 수선·보수에 소요되는 비용으로 보수용역 시에는 용역금액, 직영 시에는 자재 및 인건비

② 냉난방시설의 청소비, 소화기충약비 등 공동 이용시설의 보수유지비 및 제반 검사비

③ 건축물의 안전점검비용

④ 재난 및 재해 등의 예방에 따른 비용

3. '위탁관리수수료'는 주택관리업자에게 위탁하여 관리하는 경우로서 입주자대표회의와 주택관리업자 간의 계약으로 정한 월간 비용을 말한다.

(2) 관리비 등

➲ 체계도 핵심 42 참고

관리비	'의무관리대상 공동주택'의 입주자등은 **관리주체**에게 관리비를 납부할 의무가 있다.
사용료 등	'의무관리대상 공동주택'의 **관리주체**는 입주자등이 납부하는 사용료 등을 대행하여 그 사용료 등을 받을 자에게 납부할 수 있다.
장기수선 충당금	관리주체는 장기수선충당금에 대해서는 관리비와 구분하여 징수할 의무가 있다.

(3) 관리비 등의 공개 ★

➲ 체계도 핵심 42 참고

① 지방자치단체의 장은 공동주택관리정보시스템에 공개된 **관리비 등의 적정성을 확인**하기 위하여 필요한 경우 **관리비 등의 내역에 대한 점검을 대통령령으로 정하는** 기관 또는 법인으로 하여금 수행하게 할 수 있다. 〈신설〉

② 지방자치단체의 장은 위 ①에 따른 점검 결과에 따라 관리비 등의 내역이 부적정하다고 판단되는 경우 공동주택의 **입주자대표회의** 및 **관리주체**에게 개선을 권고할 수 있다. 〈신설〉

③ 위 ①에서 '대통령령으로 정하는 기관 또는 법인'이란 다음의 어느 하나에 해당하는 기관 또는 법인을 말한다. 〈신설〉

㉠ 공동주택관리 지원기구

㉡ 지역공동주택관리지원센터

㉢ 공동주택관리정보시스템의 구축·운영 업무를 위탁받은 「한국부동산원법」에 따른 한국부동산원

㉣ 그 밖에 관리비 등 내역의 점검을 수행하는 데 필요한 전문인력과 전담조직을 갖추었다고 지방자치단체의 장이 인정하는 기관 또는 법인

(4) 관리비 등 부과

① 관리주체는 주민공동시설, 인양기 등 공용시설물의 이용료를 해당 시설의 이용자에게 따로 부과할 수 있다.
② 관리주체는 보수가 필요한 시설[누수(漏水)되는 시설을 포함]이 2세대 이상의 공동사용에 제공되는 것인 경우에는 직접 보수하고 해당 입주자등에게 그 비용을 따로 부과할 수 있다.
③ 관리주체는 관리비 등을 통합하여 부과하는 때에는 그 수입 및 집행의 세부내용을 쉽게 알 수 있도록 정리하여 입주자등에게 알려주어야 한다.

(5) 관리비예치금

체계도 핵심 45 참고

사업주체	사업주체는 입주예정자의 과반수가 입주할 때까지 공동주택을 직접 관리하는 경우에는 입주예정자와 관리계약을 체결하여야 하며, 그 관리계약에 따라 관리비예치금을 징수할 수 있다.
관리주체	① 관리주체는 관리비예치금을 공동주택의 소유자로부터 징수할 수 있다. ② 관리주체는 '소유자가 공동주택의 소유권을 상실한 경우'에는 위 ①에 따라 징수한 관리비예치금을 반환하여야 한다. ③ 다만, 소유자가 '관리비·사용료 및 장기수선충당금 등을 미납한 때'에는 관리비예치금에서 정산한 후 그 잔액을 반환할 수 있다.

12. 관리주체의 의무 등

(1) '의무관리대상 공동주택의 관리주체'의 의무 ★

회계서류의 작성·보관 의무	① '의무관리대상 공동주택'의 관리주체는 관리비 등의 징수 등 모든 거래 행위에 관하여 장부를 월별로 작성, 회계연도 종료일부터 5년간 보관 의무 ② 위 ①의 경우 관리주체는 「전자문서 및 전자거래 기본법」에 따른 정보처리시스템을 통하여 장부 및 증빙서류를 작성하거나 보관할 수 있다.
계약서의 공개 등	① '의무관리대상 공동주택'의 관리주체 또는 입주자대표회의는 '주택관리업자' 또는 '사업자'와 계약을 체결하는 경우 계약 체결일부터 1개월 이내에 그 '계약서'를 인터넷 홈페이지 및 동별 게시판에 공개하여야 한다. ② 개인의 사생활의 비밀을 침해할 우려가 있는 정보 '제외'하고 공개 ③ 관리주체는 입주자대표회의의 소집 및 그 회의에서 의결한 사항(입주자등의 세대별 사용명세 및 연체자의 동·호수 등 기본권 침해의 우려가 있는 것은 제외한다)을 '인터넷 홈페이지' 및 '동별 게시판'에 각각 공개하거나 입주자등에게 개별 통지해야 한다. 이 경우 동별 게시판에는 정보의 주요내용을 요약하여 공개할 수 있다. 〈개정〉

(2) 주민공동시설의 위탁운영 및 인근 입주자등의 이용 허용

① 위탁운영	관리주체는 '입주자등의 이용을 방해하지 아니하는 한도'에서 주민공동시설을 '관리주체가 아닌 자'에게 위탁하여 운영할 수 있다.
② 요건	㉠ 사업계획승인을 받아 건설한 공동주택(건설임대주택은 제외)의 경우: '다음의 방법'으로 '제안'하고 '입주자등' 과반수의 동의를 받을 것 ⓐ 입주자대표회의의 의결 ⓑ 입주자등 10분의 1 이상의 요청 ㉡ 사업계획승인을 받아 건설한 '건설임대주택'의 경우: '다음의 방법'으로 '제안'하고 '임차인' 과반수의 동의를 받을 것 ⓐ 임대사업자의 요청 ⓑ 임차인 10분의 1 이상의 요청 ㉢ 건축허가를 받아 주택 외 시설과 주택을 동일 건축물로 건축한 건축물의 경우: '다음의 방법'으로 '제안'하고 '입주자등' 과반수의 동의를 받을 것 ⓐ 입주자대표회의의 의결 ⓑ 입주자등 10분의 1 이상의 요청
③ 이용 허용	관리주체는 입주자등의 이용을 방해하지 아니하는 한도에서 주민공동시설을 인근 공동주택단지 입주자등도 이용할 수 있도록 허용할 수 있다. 이 경우 영리를 목적으로 주민공동시설을 운영해서는 아니 된다.
④ 요건	㉠ 위 ②의 ㉠의 내용 중 '다음의 방법' 차이: '입주자등' 과반수의 동의 → '과반의 범위'에서 '관리규약으로 정하는 비율 이상'의 '입주자등'의 동의 ㉡ 위 ②의 ㉡의 내용 중 '다음의 방법' 차이: '임차인' 과반수의 동의 → '과반의 범위'에서 '관리규약으로 정하는 비율 이상'의 '임차인'의 동의 ㉢ 위 ②의 ㉢의 내용 중 '다음의 방법' 차이: '입주자등' 과반수의 동의 → '과반의 범위'에서 '관리규약으로 정하는 비율 이상'의 '입주자등'의 동의

13. 회계감사

(1) 회계감사 의무(매년 1회 이상, '감사인'의 회계감사)

구분	의무관리대상 공동주택 + 300세대 이상	의무관리대상 공동주택 + 300세대 미만
원칙	○	○
예외	회계감사를 받지 아니하기로 입주자등의 '3분의 2 이상'의 서면동의를 받은 연도에는 그러하지 아니하다. (×)	회계감사를 받지 아니하기로 입주자등의 과반수의 서면동의를 받은 연도에는 그러하지 아니하다. (×)

(2) 「집합건물의 소유 및 관리에 관한 법률」상의 회계감사와 비교

<table>
<tr><th colspan="2">집합건물의 소유 및 관리에 관한 법률</th><th colspan="2">공동주택관리법</th></tr>
<tr><td rowspan="2">전유부분 150개 이상 + 관리비, 수선적립금 3억원 이상</td><td>원칙: ○</td><td rowspan="2">300세대 이상 + 의무관리대상</td><td>원칙: ○</td></tr>
<tr><td>예외: ×
(구분소유자 및 의결권 3분의 2)</td><td>예외: ×
(입주자등 3분의 2)</td></tr>
<tr><td rowspan="2">전유부분 50개 이상 150개 미만 + [3년 이상 회계감사를 받지 않은 경우] + 관리비, 수선적립금 1억원 이상</td><td>원칙: ×</td><td rowspan="2">300세대 미만 + 의무관리대상</td><td>원칙: ○</td></tr>
<tr><td>예외: ○
(구분소유자 5분의 1)</td><td>예외: ×
(입주자등 과반수)</td></tr>
</table>

(3) 절차 및 공개, 감사인 선정 등

절차 및 공개	① 매 회계연도 종료 후 9개월 이내 재무상태표, 운영성과표, 이익잉여금 처분계산서(결손금처리계산서), 주석 등 재무제표에 대한 회계감사 ② 감사인은 1개월 이내 '관리주체'에게 감사보고서를 제출 ③ 관리주체는 1개월 이내 입주자대표회의에 보고, '인터넷 홈페이지' 및 '동별 게시판'에 공개하여야 한다. ④ 감사인은 회계감사 완료일부터 1개월 이내 회계감사 결과를 시장·군수·구청장에게 제출하고 '공동주택관리정보시스템'에 공개하여야 한다.
감사인 선정 등	① 회계감사의 감사인은 입주자대표회의가 선정한다. ② 입주자대표회의는 시장·군수·구청장 또는 한국공인회계사회에 '감사인의 추천을 의뢰'할 수 있으며, 입주자등의 10분의 1 이상이 연서하여 감사인의 추천을 요구하는 경우 입주자대표회의는 감사인의 추천을 의뢰한 후 '추천을 받은 자 중'에서 감사인을 선정하여야 한다. ③ 입주자대표회의는 감사인에게 감사보고서에 대한 설명을 요청할 수 있다.

(4) 회계처리기준 및 회계감사기준

회계처리기준	① 재무제표를 작성하는 회계처리기준은 '국토교통부장관'이 정해 고시한다. ② 국토교통부장관은 회계처리기준 제정·개정의 업무를 외부 전문기관에 위탁할 수 있다.
회계감사기준	① 회계감사는 공동주택 회계의 특수성을 고려하여 제정된 회계감사기준에 따라 실시되어야 한다. ② 회계감사기준은 한국공인회계사회가 정하되, 국토교통부장관의 승인이 필요하다.

(5) 회계서류 등의 작성·보관 및 공개 등

① 보관기간	의무관리대상 공동주택의 관리주체는 다음의 구분에 따른 기간 동안 해당 장부 및 증빙서류를 보관하여야 한다. 이 경우 관리주체는 「전자문서 및 전자거래 기본법」에 따른 정보처리시스템을 통하여 장부 및 증빙서류를 작성하거나 보관할 수 있다. ㉠ **관리비등의 징수·보관·예치·집행 등 모든 거래 행위에 관하여 월별로 작성한 장부 및 그 증빙서류**: 해당 회계연도 종료일부터 5년간 ㉡ **주택관리업자 및 사업자 선정 관련 증빙서류**: 해당 계약 체결일부터 5년간
② 열람대상 정보의 범위	㉠ 관리주체는 입주자등이 위 ①에 따른 장부나 증빙서류, 그 밖에 관리비등의 사업계획, 예산안, 사업실적서 및 결산서의 '열람'을 요구하거나 자기의 비용으로 복사를 요구하는 때에는 관리규약으로 정하는 바에 따라 이에 응하여야 한다. 다만, '다음의 정보'는 제외하고 요구에 응하여야 한다. ⓐ 「개인정보 보호법」 제24조에 따른 고유식별정보 등 개인의 사생활의 비밀 또는 자유를 침해할 우려가 있는 정보 ⓑ 의사결정과정 또는 내부검토과정에 있는 사항 등으로서 공개될 경우 업무의 공정한 수행에 현저한 지장을 초래할 우려가 있는 정보 ㉡ 관리주체는 다음의 사항(입주자등의 세대별 사용명세 및 연체자의 동·호수 등 '기본권 침해의 우려가 있는 것'은 제외한다)을 그 공동주택단지의 인터넷 홈페이지 및 동별 게시판에 각각 '공개'하거나 입주자등에게 개별 통지해야 한다. 이 경우 동별 게시판에는 정보의 주요내용을 '요약'하여 공개할 수 있다. ⓐ 입주자대표회의의 소집 및 그 회의에서 의결한 사항 ⓑ 관리비등의 부과명세(영 제23조 제1항부터 제4항까지의 관리비, 사용료 및 이용료 등에 대한 항목별 산출명세를 말한다) 및 연체 내용 ⓒ 관리규약 및 장기수선계획·안전관리계획의 현황 ⓓ 입주자등의 건의사항에 대한 조치결과 등 주요업무의 추진상황 ⓔ 동별 대표자의 선출 및 입주자대표회의의 구성원에 관한 사항 ⓕ 관리주체 및 공동주택관리기구의 조직에 관한 사항

14. 장기수선계획 및 안전관리계획

(1) 의무관리대상 및 장기수선계획 수립대상(공동주택관리법령) ★

의무관리대상	장기수선계획 수립대상
① 300세대 이상의 공동주택 ② 150세대 이상 승강기가 설치된 공동주택 ③ 150세대 이상으로 중앙집중식 난방방식(지역난방방식을 포함)의 공동주택 ④ 건축허가를 받아 주택 외의 시설과 주택을 동일 건축물로 건축한 건축물로서 주택이 150세대 이상인 건축물 ⑤ 위 ①부터 ④까지에 해당하지 아니하는 공동주택 중 전체 입주자등의 3분의 2 이상이 '서면'으로 동의하여 정하는 공동주택	① 300세대 이상의 공동주택 ② 승강기가 설치된 공동주택 ③ 중앙집중식 난방방식 또는 지역난방방식의 공동주택 ④ 건축허가를 받아 주택 외의 시설과 주택을 동일 건축물로 건축한 건축물 [위 ②, ③, ④는 세대수 불문]

(2) 장기수선계획의 수립 및 조정 관련 규정 ★

① 사용검사권자는 사업주체 또는 리모델링을 하는 자에게 장기수선계획 **보완 요구** 可
② 입주자대표회의와 관리주체는 수립 또는 조정된 장기수선계획에 따라 주요시설을 교체하거나 보수하여야 하며, 위반 시 1천만원 이하의 과태료 부과 대상이다.
③ 입주자대표회의와 관리주체는 장기수선계획을 3년마다 검토하고, 필요한 경우 이를 조정하여야 한다.
④ 관리주체는 장기수선계획을 검토하기 전에 관리사무소장으로 하여금 시·도지사가 실시하는 장기수선계획의 비용산출 및 공사방법 등의 교육을 받게 할 수 있다.
⑤ 장기수선계획 조정은 관리주체가 조정안 작성, 입주자대표회의가 의결하는 방법
⑥ 입주자대표회의와 관리주체는 장기수선계획을 조정하려는 경우에는 「에너지이용 합리화법」에 따라 산업통상자원부장관에게 등록한 에너지절약전문기업이 제시하는 에너지절약을 통한 주택의 온실가스 감소를 위한 시설 개선 방법을 반영할 수 있다.
⑦ 조정교육을 위탁받은 기관은 교육 실시 10일 전에 공고, 관리주체에게 통보할 의무
⑧ '시·도지사'는 수탁기관으로 하여금 다음의 사항을 이행하도록 하여야 한다.
  ㉠ 매년 11월 30일까지 '교육계획서'를 작성하여 시·도지사의 승인을 받을 것
  ㉡ 해당 연도 교육종료 후 1개월 이내에 교육결과보고서를 작성하고 시·도지사에게 보고할 것

(3) '장기수선계획' 및 '안전관리계획'의 수립 및 조정 ★

체계도 핵심 46 참고

① 입주자대표회의와 관리주체는 장기수선계획에 대한 검토사항을 기록하고 보관할 의무가 있다.

② '의무관리대상 공동주택'의 관리주체는 시설물로 인한 안전사고를 예방하기 위하여 안전관리계획을 수립하고, 이에 따라 시설물별로 안전관리자 및 안전관리책임자를 지정하여 이를 시행하여야 한다.

(4) 안전관리계획 관련 규정 ★

① '경비업무의 종사자' 및 '시설물 안전관리자 및 안전관리책임자로 선정된 자'는 시장·군수·구청장이 실시하는 방범교육 및 안전교육을 받아야 한다.
② **교육시간**: 연 2회 이내에서 '시장·군수·구청장이 실시하는 횟수', 매회별 4시간
③ 시장·군수·구청장은 다음의 기관 또는 법인에 위임하거나 위탁하여 실시할 수 있다.
   ㉠ **방범교육**: 관할 경찰서장 또는 법 제89조 제2항에 따라 인정받은 법인
   ㉡ **소방 안전교육**: 관할 소방서장 또는 법 제89조 제2항에 따라 인정받은 법인
   ㉢ **시설물에 관한 안전교육**: 법 제89조 제2항에 따라 인정받은 법인
④ **안전관리계획 수립대상 시설**: 고압가스·액화석유가스·도시가스시설, 중앙집중식 난방시설, 발전 및 변전시설, 위험물 저장시설, 연탄가스배출기(세대별로 설치된 것은 제외), 소방시설, 승강기 및 인양기, 석축, 옹벽, 담장, 맨홀, 정화조 및 하수도, 옥상 및 계단 등의 난간, 우물 및 비상저수시설, 주차장, 경로당 또는 어린이놀이터에 설치된 시설, 펌프실, 전기실 및 기계실

(5) 시설의 안전관리에 관한 기준 및 진단사항

구분	대상시설	점검횟수
해빙기진단	석축, 옹벽, 법면, 교량, 우물 및 비상저수시설	연 1회(2월 또는 3월)
우기진단	석축, 옹벽, 법면, 담장, 하수도 및 주차장	연 1회(6월)
월동기진단	연탄가스배출기, 중앙집중식 난방시설, 노출배관의 동파방지 및 수목보온	연 1회(9월 또는 10월)
안전진단	변전실, 고압가스시설, 도시가스시설, 액화석유가스시설, 소방시설, 맨홀(정화조의 뚜껑을 포함), 유류저장시설, 펌프실, 인양기, 전기실, 기계실, 어린이놀이터, '주민운동시설' 및 '주민휴게시설'	매분기 1회 이상

	승강기	「승강기 안전관리법」에서 정하는 바에 따른다. [월 1회 이상 자체점검]
	지능형 홈네트워크 설비	매월 1회 이상
위생진단	저수시설, 우물 및 어린이놀이터	연 2회 이상

[비고]
1. 안전관리진단사항의 세부내용은 시·도지사가 정하여 고시한다.
2. 「시설물의 안전 및 유지관리에 관한 법률」상 '우기 전 정기안전점검'은 5월, 6월, '동절기 전 정기안전점검'은 11월, 12월에 실시한다.

(6) 장기수선계획의 수립 ★

구분	공동주택관리법	민간임대주택에 관한 특별법[1]	공공주택 특별법[1]
수립 대상 공동 주택	① 300세대 이상 ② 승강기 설치 ③ 중앙집중식 난방방식, 지역난방방식 ④ 건축허가를 받아 주택 외의 시설과 주택을 동일 건축물로 건축한 건축물	① 300세대 이상 ② 150세대 이상으로서 승강기 설치 ③ 150세대 이상으로서 중앙집중식 난방방식 또는 지역난방방식	① 300세대 이상 ② 승강기 설치 ③ 중앙집중식 난방방식
수립	'사업주체 등'은 장기수선계획을 수립하여 사용검사를 신청할 때에 사용검사권자에게 제출하고, 사용검사권자는 이를 '관리주체'에게 인계하여야 한다.	'임대사업자'는 장기수선계획을 수립, 사용검사 신청 시 제출, '임대기간' 중 관리사무소에 장기수선계획을 갖춰 놓아야 한다.	'공공주택사업자'는 장기수선계획을 수립하여 사용검사 신청 시 제출하여야 하며, '임대기간' 중 관리사무소에 장기수선계획을 갖춰 놓아야 한다.

1. 「민간임대주택에 관한 특별법」 및 「공공주택 특별법」의 공통사항
시장·군수·구청장은 '임대사업자'의 특별수선충당금 적립 여부, 적립금액 등을 시·도지사에게 보고하여야 하며, 시·도지사는 시장·군수·구청장의 보고를 종합하여 국토교통부장관에게 보고하여야 한다.

(7) 「공공주택 특별법」상 장기수선계획 및 특별수선충당금 '신설' 내용 〈신설〉

① 공공주택사업자는 장기수선계획을 수립한 후 이를 조정할 필요가 있는 경우에는 임차인대표회의의 구성원(임차인대표회의가 구성되지 않은 경우에는 전체 임차인) 과반수의 서면동의를 받아 장기수선계획을 조정할 수 있다.

② 공공주택사업자는 법령에 따라 '특별수선충당금을 사용한 경우'에는 그 사유를 '사용일'부터 30일 이내에 관할 시장·군수 또는 구청장에게 통보해야 한다.

15. 장기수선충당금 및 특별수선충당금 등

(1) 적립대상 ★

'장기수선계획의 수립대상'과 동일

(2) 적립 및 인계 ★

장기수선충당금	특별수선충당금(민간임대)	특별수선충당금(공공임대)
'관리주체'가 '소유자'로부터 징수하여 적립	'임대사업자' 적립 의무	'공공주택사업자' 적립 의무
인계 의무 규정(×)	최초로 구성된 '입주자대표회의'에 인계 의무(○)	
적립(×) → 5백만원 과태료	적립(×) → 1천만원 과태료 인계(×) → 1천만원 과태료	적립(×) → 1천만원 과태료 인계(×) → 1천만원 과태료
가산금리(×)	가산금리(○)[1]	가산금리(×)

1. 국토교통부장관은 다음의 임대사업자에 대해 주택도시기금 융자금에 연 1퍼센트 포인트의 범위에서 '가산금리'를 부과할 수 있다.
   ① 임대보증금에 대한 보증에 가입(×), 보증수수료(분할납부액을 포함) 납부(×)
   ② 특별수선충당금을 적립하지 아니하여 1천만원 이하의 과태료를 부과받고, 부과받은 시점부터 6개월 이상 특별수선충당금을 적립하지 아니한 자

(3) 장기수선충당금의 요율 등 ★

➲ 체계도 핵심 47~48 참고

적립금액	① 장기수선충당금의 적립금액은 '장기수선계획'으로 정한다. ② 국토교통부장관이 주요시설의 계획적인 교체 및 보수를 위하여 최소 적립금액의 기준을 정하여 고시하는 경우에는 그에 맞아야 한다.
장기수선 충당금 산정	장기수선충당금은 다음의 계산식에 따라 산정한다. 월간 세대별 장기수선충당금 = [장기수선계획기간 중의 수선비총액 ÷ {총공급면적 × 12 × 계획기간(년)}] × 세대당 주택공급면적
사용 등	① 장기수선충당금의 사용은 장기수선계획에 따른다. 다만, 입주자 과반수의 서면동의가 있는 경우에는 다음의 용도로 사용할 수 있다. ㉠ 「공동주택관리법」 제45조에 따른 조정등의 비용 ㉡ 「공동주택관리법」 제48조에 따른 하자진단 및 감정에 드는 비용 ㉢ 위 ㉠ 또는 ㉡의 비용을 청구하는 데 드는 비용 ② 분양되지 아니한 세대의 장기수선충당금은 사업주체가 부담한다. ③ 소유자는 장기수선충당금을 '사용자가 대신 납부'한 경우 반환 의무가 있다. ④ 관리주체는 공동주택의 사용자가 장기수선충당금의 납부 확인을 요구하는 경우에는 '지체 없이' 확인서를 발급해 주어야 한다.

(4) 적립시기 및 요율(비교표) ★

장기수선충당금	특별수선충당금(민간)	특별수선충당금(공공)
'사용검사 등을 받은 날'부터 1년이 경과한 날이 속하는 달부터 매달 적립		
요율은 '관리규약'으로 정함	1만분의 1[1]	① 50년, 30년, 20년: 1만분의 4[2] ② 10년, 6년, 5년: 1만분의 1[1] ③ 예외[3]

1. 사업계획승인 당시 표준 건축비 1만분의 1
2. 국토교통부장관 고시 표준건축비의 1만분의 4
3. 해당 주택이 「공동주택관리법」에 따른 혼합주택단지 안에 있는 경우(입주자대표회의와 공공주택사업자가 장기수선충당금 및 특별수선충당금을 사용하는 주요시설의 교체 및 보수에 관한 사항을 각자 결정하는 경우는 제외한다) 해당 주택에 대한 특별수선충당금의 적립요율에 관하여는 관리규약으로 정하는 장기수선충당금의 요율을 준용한다. 〈신설〉

(5) 명의 등 및 사용절차 ★

장기수선충당금	특별수선충당금(민간임대)	특별수선충당금(공공임대)
관리사무소장의 직인 외에 입주자대표회의의 회장 인감을 복수로 등록할 수 있다. [장기수선충당금: 별도 계좌]	임대사업자와 시장·군수·구청장의 '공동명의'로 금융회사 등에 예치하여 따로 관리하여야 한다.	공공주택사업자는 금융회사 등에 예치하여 따로 관리해야 한다. [공동명의(×)]
'관리주체'가 사용계획서를 장기수선계획에 따라 '작성'하고 '입주자대표회의 의결'을 거쳐 사용한다(사용절차).	임대사업자는 특별수선충당금을 사용하려면 미리 '시장·군수·구청장'과 협의해야 한다(사용절차).	① 공공주택사업자는 특별수선충당금을 사용하려면 미리 시장·군수·구청장과 협의하여야 한다(사용절차). ② 예외[1]

1. 다만, '다음의 어느 하나에 해당하는 경우'에는 그렇지 않다. 〈신설〉
   ① 「주택법 시행령」 제53조의2 제4항 각 호에 따른 중대한 하자가 발생한 경우
   ② 천재지변이나 그 밖의 재해로 장기수선계획 수립 대상물이 파손되거나 멸실되어 긴급하게 '교체·보수가 필요한 경우'

➲ 1. 장기수선충당금의 요율 및 사용절차는 '관리규약의 준칙'에 포함되어야 한다. (○)
2. 장기수선충당금의 요율 및 사용절차는 '관리규약'으로 정한다. (×)

(6) 설계도서의 보관 등 ★

의무	① '의무관리대상 공동주택'의 관리주체는 '설계도서 등'을 보관하고, 공동주택 시설의 교체·보수 등의 내용('국토교통부령으로 정하는 서류')을 기록·보관·유지하여야 한다. ② 위 ①의 '국토교통부령으로 정하는 서류'란 다음의 서류를 말한다. ㉠ 사업주체로부터 인계받은 설계도서 및 장비의 명세 ㉡ 안전점검 결과보고서 및 감리보고서 ㉢ 공용부분 시설물의 교체, 유지보수 및 하자보수 등의 이력관리 관련 서류·도면 및 사진
등록	'의무관리대상 공동주택'의 관리주체는 공용부분에 관한 시설의 교체, 유지보수 및 하자보수 등을 한 경우에는 그 실적을 시설별로 '이력관리'하여야 하며, '다음의 서류'를 공동주택관리정보시스템에도 '등록'하여야 한다. ① 이력 명세 ② 공사 전·후의 평면도 및 단면도 등 주요 도면 ③ 주요 공사 사진

16. 안전점검 및 안전진단 등

➲ 체계도 핵심 49~50 참고

(1) 안전점검 및 안전진단(비교표) ★

구분	안전점검	안전진단
의무자	'의무관리대상 공동주택'의 관리주체	시장·군수·구청장
시기	반기마다	담보책임기간에 공동주택의 '구조안전에 중대한 하자'가 있다고 인정하는 경우
비용	'관리비'로서 '수선유지비 항목'	① 사업주체가 부담 ② 하자 원인이 사업주체 외의 자에게 있는 경우, 그 자가 부담(구분징수)

(2) 안전점검 ★

의무자	'의무관리대상 공동주택'의 관리주체는 반기마다 안전점검 실시 의무가 있다.
예외	① 다음의 경우, '대통령령으로 정하는 자'로 하여금 실시하도록 하여야 한다. ㉠ 16층 이상의 공동주택 ㉡ 15층 이하의 공동주택 중 다음의 어느 하나에 해당하는 공동주택 ⓐ 사용검사일부터 30년이 경과한 공동주택 ⓑ 「재난 및 안전관리 기본법」에 따른 안전등급이 C등급, D등급, E등급인 공동주택 ② 위 ①의 '대통령령으로 정하는 자'는 다음과 같다. ㉠ 「시설물의 안전 및 유지관리에 관한 특별법 시행령」에 따른 '책임기술자'로서 해당 공동주택단지의 관리직원인 자 ㉡ 주택관리사등이 된 후 '국토교통부령으로 정하는 교육기관'에서 「시설물의 안전 및 유지관리에 관한 특별법 시행령」에 따른 '정기 안전점검교육을 이수한 자' 중 관리사무소장으로 배치된 자 또는 관리직원인 자 ㉢ 「시설물의 안전 및 유자관리에 관한 특별법」에 따라 시·도지사에게 '등록'한 안전진단전문기관 ㉣ 「건설산업기본법」에 따라 국토교통부장관에게 '등록'한 유지관리업자
예산 등	'의무관리대상 공동주택'의 입주자대표회의 및 관리주체는 건축물의 안전점검과 재난예방에 필요한 예산을 '매년' 확보하여야 한다.

(3) '소규모 공동주택'의 안전관리

지방자치단체의 장은 '의무관리대상 공동주택에 해당하지 않는 공동주택(이하 '소규모 공동주택'이라 한다)'의 관리와 안전사고의 예방 등을 위해 다음의 업무를 할 수 있다.

① 시설물에 대한 안전관리계획의 수립 및 시행

② 공동주택에 대한 안전점검

③ 그 밖에 지방자치단체의 조례로 정하는 사항

(4) 소규모 공동주택의 층간소음 상담 등 〈신설〉

① 지방자치단체의 장은 소규모 공동주택에서 발생하는 층간소음 분쟁의 예방 및 자율적인 조정을 위하여 조례로 정하는 바에 따라 소규모 공동주택 입주자등을 대상으로 층간소음 상담·진단 및 교육 등의 지원을 할 수 있다.

② 지방자치단체의 장은 위 ①에 따른 층간소음 상담·진단 및 교육 등의 지원을 위하여 필요한 경우 관계 중앙행정기관의 장 또는 지방자치단체의 장이 인정하는 기관 또는 단체에 협조를 요청할 수 있다.

17. 허가 또는 신고

[입주자등 또는 관리주체가 시장·군수·구청장에게 허가를 받거나 신고해야 하는 경우]

(1) 허가 또는 신고	① 공동주택을 사업계획에 따른 용도 외의 용도에 사용하는 행위 ② 공동주택을 증축·개축·대수선(주택법에 따른 리모델링은 제외) ③ 파손, 전부 또는 일부 철거('국토교통부령으로 정하는 경미한 행위'는 제외) ④ 「주택법」에 따른 '세대구분형 공동주택을 설치'하는 행위 ⑤ 공동주택의 용도폐지 ⑥ 공동주택의 재축·증설·비내력벽의 철거(입주자 공유 아닌 복리시설의 비내력벽 철거는 제외)
(2) 위 (1)의 ③의 예외 [관리주체의 동의]	① 창틀·문틀의 교체 ② 세대 내 천장·벽·바닥의 마감재 교체 ③ 급·배수관 등 배관설비의 교체 ④ 세대 내 난방설비의 교체(시설물의 파손·철거는 제외) ⑤ 구내통신선로설비, 경비실과 통화가 가능한 구내전화, 지능형 홈네트워크 설비, 방송수신을 위한 공동수신설비 또는 영상정보처리기기의 교체(폐쇄회로텔레비전과 네트워크 카메라 간의 교체를 포함) ⑥ 보안등, 자전거보관소, 안내표지판, 담장(축대는 제외), 보도블록의 교체 ⑦ 폐기물보관시설(재활용품 분류보관시설을 포함), 택배보관함 또는 우편함의 교체 ⑧ 조경시설 중 수목(樹木)의 일부 제거 및 교체 ⑨ 주민운동시설의 교체(다른 운동종목을 위한 시설로 변경하는 것을 말하며, 면적이 변경되는 경우는 제외) ⑩ 부대시설 중 각종 설비나 장비의 수선·유지·보수를 위한 부품의 일부 교체

18. 하자담보책임 등

(1) 하자담보책임의 '의무자' 및 '유형'

➲ 체계도 핵심 51 참고

① 의무자 (α)	다음의 사업주체(이하 '사업주체'라 한다)를 말한다. ㉠ 「주택법」 제2조 제10호에 따른 자(사업주체) ㉡ 건축허가를 받아 분양을 목적으로 하는 공동주택을 건축한 건축주 ㉢ 공동주택을 증축·개축·대수선하는 행위를 한 시공자 ㉣ 「주택법」 제66조에 따른 리모델링을 수행한 시공자
② 유형	㉠ 위 α의 ㉠ 및 ㉡ → '분양'에 따른 담보책임 ㉡ 위 α의 ㉢ 및 ㉣ → '수급인'의 담보책임

③ 의무자 (β)	앞의 ①에도 불구하고 「공공주택 특별법」에 따라 임대한 후 분양전환을 할 목적으로 공급하는 '공공임대주택'을 공급한 앞의 ①의 ㉠의 사업주체는 '분양전환이 되기 전까지'는 임차인에 대하여 '하자보수'에 대한 담보책임(법 제37조 제2항에 따른 '손해배상책임'은 제외)을 진다.

PART 2

(2) 하자담보책임의 '기산일'

➲ 체계도 핵심 52 참고

(3) 하자의 범위

① **'내력구조부별' 하자**: 다음의 어느 하나에 해당하는 경우
  ㉠ 공동주택 구조체의 일부 또는 전부가 붕괴된 경우
  ㉡ 공동주택의 구조안전상 위험을 초래하거나 위험을 초래할 우려가 있는 정도의 균열·침하(沈下) 등의 결함이 발생한 경우

② **'시설공사별' 하자**: 공사상의 잘못으로 인한 균열·처짐·비틀림·들뜸·침하·파손·붕괴·누수·누출·탈락, 작동 또는 기능불량, 부착·접지 또는 전선 연결 불량, 고사(枯死) 및 입상(서 있는 상태) 불량 등이 발생하여 건축물 또는 시설물의 안전상·기능상 또는 미관상의 지장을 초래할 정도의 결함이 발생한 경우

(4) 담보책임기간

➲ 체계도 핵심 52 참고

10년 범위에서 '대통령령'으로 정한다.

(5) 주택인도증서 ★

➲ 체계도 핵심 52 참고

사업주체는 주택의 미분양으로 인해 인계·인수서에 인도일 현황이 누락된 세대가 있는 경우에는 주택의 인도일부터 15일 **이내**에 '인도일의 현황'을 **관리주체**에게 인계해야 한다.

(6) 하자보수의 '의무자' 및 '청구권자'

➲ 체계도 핵심 53 참고

(7) 손해배상책임 등

손해배상책임	① 사업주체는 '담보책임기간'에 공동주택에 하자가 발생한 경우에는 하자 발생으로 인한 손해를 배상할 책임이 있다. ② 위 ①의 경우 손해배상책임에 관하여는 「민법」 제667조를 준용한다.
판례	'입주자대표회의'는 공동주택에 하자가 있는 경우 그 하자에 '갈음'하여 '하자보수를 청구할 수 있을 뿐' '손해배상청구권'을 가지지 못한다.

(8) 하자보수의 청구 및 하자보수 ★

청구	입주자대표회의등 및 임차인등은 하자가 발생한 경우 '담보책임기간 내'에 사업주체에게 하자보수를 청구하여야 한다.
청구자	① 다음의 구분에 따른 자가 하여야 한다. ㉠ **전유부분**: 입주자 또는 '공공임대주택'의 임차인 ㉡ **공용부분**: 다음의 어느 하나에 해당하는 자 ⓐ 입주자대표회의 또는 '공공임대주택'의 임차인대표회의 ⓑ 관리주체(입주자 또는 입주자대표회의를 대행하는 관리주체) ⓒ 「집합건물의 소유 및 관리에 관한 법률」에 따른 관리단 ② 위 ①의 경우 입주자는 '전유부분'에 대한 청구를 관리주체가 대행하도록 할 수 있으며, '공용부분'에 대한 하자보수의 청구를 위 ①의 ㉡의 자에게 요청할 수 있다.
시정명령	시장·군수·구청장은 입주자대표회의등 및 임차인등이 하자보수를 청구한 사항에 대해 사업주체가 정당한 사유 없이 따르지 아니할 때에는 시정을 명할 수 있다.
하자보수 의무	① 사업주체는 하자보수를 청구받은 날(하자진단결과를 통보받은 때에는 그 통보받은 날)부터 15일 이내 하자보수하거나 다음 내용이 포함된 '하자보수계획'을 입주자대표회의등 또는 임차인등에 서면(전자문서법에 따른 정보처리시스템을 사용한 전자문서를 포함)으로 통보하고 그 계획에 따라 하자를 보수하여야 한다. ㉠ 하자부위, 보수방법 및 보수에 필요한 상당한 기간(동일한 하자가 2세대 이상에서 발생한 경우 세대별 보수 일정을 포함) ㉡ 담당자 성명 및 연락처 등 ② 하자가 아니라고 판단되는 사항에 대해서는 그 이유를 서면으로 통보하여야 한다. ③ 하자보수를 실시한 사업주체는 하자보수가 완료되면 즉시 그 보수결과를 하자보수를 청구한 입주자대표회의등 또는 임차인등에 통보하여야 한다.

(9) 담보책임의 종료

● 체계도 핵심 53 참고

① 사업주체 의무 등	㉠ '사업주체'는 담보책임기간이 만료되기 30일 전까지 '만료 예정일'을 입주자대표회의(의무관리대상이 아닌 경우에는 '관리단') 또는 '공공임대주택'의 임차인대표회의에 서면으로 통보하여야 한다. ㉡ 위 ㉠의 경우 사업주체는 다음의 사항을 함께 알려야 한다. ⓐ 입주자대표회의등 및 임차인등이 하자보수를 청구한 경우 하자보수를 완료한 내용 ⓑ 담보책임기간 내에 하자보수를 신청하지 아니하면, 하자보수청구권이 상실된다는 사실 ㉢ 통보받은 입주자대표회의 및 임차인대표회의는 다음의 조치를 할 의무가 있다. ⓐ **'전유부분'**: 담보책임기간이 만료되는 날까지 '하자보수를 청구하도록' 입주자, 임차인에게 개별통지하고 게시판에 20일 이상 게시 ⓑ **'공용부분'**: '담보책임기간이 만료되는 날까지' 하자보수 청구 ㉣ 사업주체는 위 ㉢의 하자보수를 청구받은 사항에 대해 지체 없이 보수하고 보수결과를 서면으로 입주자대표회의등 또는 임차인등에 통보해야 한다. 다만, 하자가 아니라고 판단한 사항에 대해서는 그 이유를 명확히 기재하여 서면으로 통보하여야 한다.
② 이의제기	㉠ 보수결과를 통보받은 입주자대표회의등, 임차인등은 통보받은 날부터 30일 이내에 이유를 명확히 기재한 서면으로 사업주체에 이의제기가 가능하다. ㉡ 사업주체는 '이의제기 내용이 타당'하면 지체 없이 하자보수를 할 의무가 있다.
③ 공동작성	㉠ 사업주체와 '다음의 자'는 하자보수가 끝난 때에는 공동으로 **담보책임 종료확인서**를 작성하여야 한다. 이 경우 담보책임기간이 만료되기 전에 담보책임 종료확인서를 작성해서는 안 된다. ⓐ **전유부분**: '입주자' ⓑ **공용부분**: 입주자대표회의의 '회장'(의무관리대상 공동주택이 아닌 경우에는 '관리인') 또는 5분의 4 이상의 입주자(입주자대표회의의 구성원 중 사용자인 동별 대표자가 과반수인 경우만 해당) ㉡ 사업주체는 위 ㉠의 ⓑ에 따라 '입주자'와 공용부분의 담보책임 종료확인서를 작성하려면 입주자대표회의의 회장에게 다음 ④ '공동작성 절차'의 ㉠의 ⓐ에 따른 통지 및 게시를 요청해야 하고, '전체 입주자의 5분의 4 이상과 담보책임 종료확인서를 작성한 경우'에는 그 결과를 입주자대표회의등에 통보해야 한다.

④ 공동작성 절차	㉠ 입주자대표회의의 회장은 '공용부분'의 담보책임 종료확인서를 작성하려면 다음의 절차를 차례대로 거쳐야 한다. ⓐ 의견청취를 위하여 입주자에게 다음의 사항을 서면으로 개별통지하고 공동주택단지 안의 게시판에 20일 이상 게시할 것 i) 담보책임기간이 만료된 사실 ii) '완료'된 하자보수의 내용 iii) 담보책임 종료확인에 대해 반대의견을 제출할 수 있다는 사실, 의견제출기간 및 의견제출서 ⓑ 입주자대표회의 '의결' ㉡ 위 ㉠의 경우 전체 '입주자'의 5분의 1 이상이 '서면'으로 반대하면 입주자대표회의는 '의결'을 할 수 없다.

(10) 하자보수보증금의 예치, 금액, 명의, 인계, 보관 등

➲ 체계도 핵심 54 참고

① 예치 의무	㉠ 사업주체('건설임대주택'을 '분양전환'하려는 경우는 그 임대사업자)는 하자보수를 보장하기 위하여 하자보수보증금을 '담보책임기간'('보증기간'은 '공용부분'을 기준으로 기산) 동안 예치하여야 한다. ㉡ 국가·지방자치단체·한국토지주택공사·지방공사인 사업주체(×)
② 예치 금액	㉠ 대지조성과 '함께' 건설: ⓐ의 비용에서 ⓑ의 가격을 뺀 금액의 100분의 3 ⓐ 총사업비[간접비(설계비, 감리비, 분담금, 부담금, 보상비, 일반분양시설경비를 말한다)는 제외] ⓑ 해당 공동주택을 건설하는 대지의 조성 전 가격 ㉡ '대지조성 없이' 건설: 총사업비에서 '대지가격'을 뺀 금액의 100분의 3 ㉢ 증축·개축·대수선, 리모델링하는 경우: 총사업비의 100분의 3 ㉣ 건축허가를 받아 분양 목적으로 공동주택을 건설하는 경우: 사용승인을 신청할 당시의 '공공건설임대주택 분양전환가격의 산정기준'에 따른 '표준건축비'를 적용하여 산출한 건축비의 100분의 3
③ 예치 금액	위 ②에도 불구하고 건설임대주택이 분양전환되는 경우의 하자보수보증금은 위 ②의 ㉠ 또는 ㉡의 금액에 건설임대주택 세대 중 '분양전환을 하는 세대의 비율'을 곱한 금액으로 한다.
④ 예치, 보관 등	㉠ 사업주체는 은행에 현금으로 예치하거나 다음의 자가 취급하는 보증으로서 하자보수보증금 지급을 보장하는 보증에 가입하여야 한다. ⓐ 주택도시보증공사 ⓑ 「건설산업기본법」에 따른 건설 관련 공제조합 ⓒ 「보험업법」에 따른 보증보험업을 영위하는 자 ⓓ 「은행법」에 따른 은행, 중소기업은행, 상호저축은행, 보험회사 등

	㉡ 예치명의 또는 가입명의는 사용검사권자(주택법에 따른 사용검사권자 또는 건축법에 따른 사용승인권자를 말한다)로 하여야 한다.

(11) 사용

용도	① 입주자대표회의등은 하자보수보증금을 '대통령령으로 정하는 용도'로만 사용하여야 한다. [위반자: 2천만원 이하의 과태료] ② 대통령령으로 정하는 용도 ㉠ 하자 여부 판정서(재심의 결정서를 포함) 정본에 따라 하자로 판정된 시설공사 등에 대한 하자보수비용 ㉡ '하자분쟁조정위원회'가 송달한 조정서 정본에 따른 하자보수비용 ㉢ 법 제44조의2 제7항 본문에 따른 재판상 화해와 동일한 효력이 있는 재정에 따른 하자보수비용 ㉣ '법원'의 재판 결과에 따른 하자보수비용 ㉤ 하자진단의 결과에 따른 하자보수비용
신고	① 의무관리대상 공동주택의 경우에는 하자보수보증금의 사용 후 30일 이내에 그 사용내역을 시장·군수·구청장에게 신고하여야 한다. ② 위 ①의 위반자: 500만원 이하의 과태료
통보	① 하자보수보증금을 예치받은 자(이하 '하자보수보증금의 보증서 발급기관'이라 한다)는 하자보수보증금을 '의무관리대상 공동주택'의 입주자대표회의에 지급한 날부터 30일 이내에 지급 내역을 시장·군수·구청장에게 통보하여야 한다. ② 하자보수보증금의 보증서 발급기관은 하자보수보증금 '지급내역서'에 하자보수보증금을 사용할 '시설공사별 하자내역'을 첨부하여 시장·군수·구청장에게 제출하여야 한다. ③ '지급내역서'는 담보책임기간별로 '구분'하여 '작성'하여야 한다. ④ 시장·군수·구청장은 '하자보수보증금 사용내역'과 '하자보수보증금 지급내역'을 매년 국토교통부령으로 정하는 바에 따라 국토교통부장관에게 제공하여야 한다. ⑤ 위 ①에 따른 하자보수보증금의 보증서 발급기관은 별지 제14호의2의 하자보수보증금 지급내역서(이하 '지급내역서'라 한다)에 하자보수보증금을 사용할 시설공사별 하자내역을 첨부하여 관할 시장·군수·구청장에게 제출하여야 한다(규칙 제18조의2 제1항). ⑥ 지급내역서는 영 제36조 제1항 각 호에 따른 담보책임기간별로 구분하여 작성하여야 한다(규칙 제18조의2 제2항).

통보	⑦ 시장·군수·구청장은 앞의 ④에 따라 해당 연도에 제출받은 하자보수보증금 사용내역 신고서(첨부서류는 제외)와 지급내역서(첨부서류 포함)의 내용을 다음 해 1월 31일까지 국토교통부장관에게 제공해야 한다. 이 경우 제공 방법은 '하자관리정보시스템'에 입력하는 방법으로 한다(규칙 제18조의3).

(12) 하자보수보증금의 반환

➲ 체계도 핵심 54 참고

사용한 경우	'하자보수보증금을 사용한 경우'에는 '이미 사용한 하자보수보증금'은 반환하지 아니한다.

(13) 하자보수보증금의 청구 및 관리 ★

지급 청구	① 입주자대표회의는 사업주체가 하자보수를 이행하지 아니하는 경우 '하자보수보증서 발급기관'에 하자보수보증금의 지급을 청구할 수 있다. ② 위 ①의 청구를 받은 하자보수보증서 발급기관은 청구일부터 30일 이내에 하자보수보증금을 지급하여야 한다. ③ 다만, 하자보수보증서 발급기관이 '청구를 받은 금액'에 이의가 있으면 하자분쟁조정위원회에 '분쟁조정이나 분쟁재정을 신청한 후' 그 결과에 따라 지급해야 한다.
지급 및 관리	하자보수보증서 발급기관은 하자보수보증금을 지급할 때, 다음의 구분에 따른 '금융계좌로 이체하는 방법'으로 지급하여야 하며, 입주자대표회의는 '그 금융계좌'로 해당 하자보수보증금을 관리하여야 한다. ① **의무관리대상 공동주택**: 입주자대표회의의 회장의 인감과 관리사무소장의 직인을 '복수로 등록'한 금융계좌 ② **의무관리대상이 아닌 공동주택**: 집합건물법에 따른 관리인의 인감을 등록한 금융계좌(관리위원회가 구성되어 있는 경우에는 그 위원회를 대표하는 자 1명과 관리인의 인감을 '복수로 등록'한 계좌)
통보 등	① 입주자대표회의는 '하자보수보증금을 지급받기 전'에 미리 하자보수를 하는 사업자를 선정해서는 아니 된다. ② 입주자대표회의는 하자보수보증금을 사용한 때에는 그날부터 30일 이내에 그 사용명세를 사업주체에게 통보하여야 한다.

(14) 하자보수 청구 서류 등의 보관 의무

① '하자보수 청구 등에 관하여 입주자 또는 입주자대표회의를 대행하는 관리주체'는 하자보수 이력, 담보책임기간 준수 여부 등의 확인에 필요한 것으로서 하자보수 청구 서류 등 '대통령령으로 정하는 서류'를 보관하여야 한다.
② 위 ①에 따라 '하자보수 청구 서류 등을 보관하는 관리주체'는 입주자 또는 입주자대표회의가 해당 하자보수 청구 서류 등의 제공을 요구하는 경우 이를 제공하여야 한다.
③ 공동주택의 관리주체가 변경되는 경우 기존 관리주체는 새로운 관리주체에게 해당 공동주택의 하자보수 청구 서류 등을 인계하여야 한다.

PART 2

(15) 하자보수 청구 서류 등의 제공

① 위 (14)의 관리주체는 해당 서류의 제공을 요구받은 경우 지체 없이 이를 열람하게 하거나 그 사본·복제물을 내주어야 한다.
② 관리주체는 요구한 자가 '입주자나 입주자대표회의의 구성원인지'를 확인해야 한다.
③ 관리주체는 요구한 자에게 서류의 제공에 드는 비용을 부담하게 할 수 있다.

(16) 하자관리정보시스템에 등록 및 보관기간

① 위 (14)의 ①에서 '대통령령으로 정하는 서류'란 다음의 서류를 말한다.
　㉠ 하자보수 청구내용이 적힌 서류
　㉡ 사업주체의 하자보수 내용이 적힌 서류
　㉢ 하자보수보증금 청구 및 사용내용이 적힌 서류
　㉣ 하자분쟁조정위원회에 제출하거나 하자분쟁조정위원회로부터 받은 서류
　㉤ 그 밖에 입주자 또는 입주자대표회의의 하자보수 청구 대행을 위하여 관리주체가 입주자 또는 입주자대표회의로부터 제출받은 서류
② '입주자 또는 입주자대표회의를 대행하는 관리주체'는 위 ①의 서류를 문서 또는 전자문서의 형태로 보관해야 하며, 그 내용을 '하자관리정보시스템'에 등록해야 한다.
③ 위 ②에 따른 문서 또는 전자문서와 하자관리정보시스템에 등록한 내용은 '관리주체'가 '사업주체에게 하자보수를 청구한 날'부터 10년간 보관해야 한다.

(17) 정리표(하자 관련 의무자)

하자담보책임	하자보수 의무자	하자보수보증금 예치의무자
'사업주체'[1]	① '사업주체'[1] ② 일괄 도급받아 건설공사를 수행한 자[2]	① '사업주체'[1] ② 건설임대주택을 분양전환하려는 경우에는 그 임대사업자

1. '사업주체' = 「주택법」상 '사업주체' + 건축주 + 시공자
2. 「건설산업기본법」에 따라 하자담보책임이 있는 자로서 사업주체로부터 건설공사를 일괄 도급받아 건설공사를 수행한 자가 따로 있는 경우에는 그 자

19. 하자심사·분쟁조정위원회

(1) 설치

설치	담보책임 및 하자보수 등과 관련한 아래의 사무를 심사·조정 및 관장하기 위하여 국토교통부에 하자심사·분쟁조정위원회(이하 '하자분쟁조정위원회'라 한다)를 둔다.
사무	① '하자 여부 판정' ② '사업주체'·'하자보수보증금의 보증서 발급기관'(이하 '사업주체등'이라 한다)과 입주자대표회의등·임차인등 간의 분쟁의 '조정' 및 '재정' ③ 사업주체등·설계자·감리자 및 「건설산업기본법」에 따른 수급인·하수급인 간에 발생하는 분쟁의 '조정' 및 '재정' 등

(2) 하자심사, 분쟁조정, 분쟁재정 절차(공통점)

➲ 체계도 핵심 56 참고

'사업주체'는 하자심사, 분쟁조정, 분쟁재정 결과에 따라 하자보수를 하고, 그 결과를 '하자관리정보시스템'에 '등록'하여야 한다.

(3) 분쟁조정 절차 등

① 조정서의 내용은 재판상 화해와 동일한 효력이 있다.

② 다만, 당사자가 임의로 처분할 수 없는 사항으로 다음의 경우는 그러하지 아니하다.

㉠ 입주자대표회의가 전체 '입주자' 5분의 4 이상의 동의 없이 '공용부분'의 하자보수를 제외한 담보책임에 관한 분쟁조정을 신청한 사건. 다만, 입주자대표회의와 사업주체등(사업주체 및 하자보수보증서 발급기관을 말한다) 간의 분쟁조정으로서 입주자대표회의의 명의로 변경된 '하자보수보증금의 반환에 관한 사건'은 제외한다.

㉡ 법령이나 계약 등에 의하여 '당사자가 독자적으로 권리를 행사할 수 없는 부분'의 담보책임 및 하자보수 등에 관한 분쟁조정을 신청한 사건

(4) 분쟁재정 절차 등

① 하자분쟁조정위원회는 분쟁의 재정을 위하여 심문(審問)의 기일을 정하고 **당사자**에게 의견을 진술하게 하여야 한다.
② 심문에 참여한 하자분쟁조정위원회의 위원과 하자분쟁조정위원회의 사무국의 직원은 대통령령으로 정하는 사항을 기재한 **심문조서**를 작성하여야 한다.
③ 하자분쟁조정위원회는 재정 사건을 심리하기 위하여 필요한 경우에는 기일을 정하여 당사자, 참고인 또는 감정인을 출석시켜 진술 또는 감정하게 하거나, 당사자 또는 참고인에게 사건과 관계있는 문서 또는 물건의 제출을 요구할 수 있다.
④ **분쟁재정을 다루는 분과위원회**는 재정신청된 사건을 '**분쟁조정**'에 **회부**하는 것이 적합하다고 인정하는 경우, **분쟁조정을 다루는 분과위원회**에 '송부'하여 **조정 可**
⑤ 위 ④에 따라 분쟁조정에 회부된 사건에 관해 '당사자 간에 합의가 이루어지지 아니하였을 때'에는 재정절차를 계속 진행하고, '합의가 이루어졌을 때'에는 **재정의 신청은 철회된 것으로 본다.**
⑥ 하자분쟁조정위원회는 위 ①에 따른 심문기일의 **7일 전까지 당사자에게 심문기일을 통지**해야 한다.
⑦ 다음의 경우에는 '재판상 화해'의 효력이 없다.
  ㉠ 입주자대표회의가 전체 입주자 **5분의 4 이상의 동의 없이** 공동주택 '**공용부분의 하자보수를 제외**'한 '담보책임에 관한 **분쟁재정**을 신청한 사건'. 다만, 입주자대표회의와 사업주체등 간의 분쟁재정으로서 영 제41조 제3항에 따라 '입주자대표회의의 명의로 변경된 하자보수보증금의 반환에 관한 사건'은 **제외**한다.
  ㉡ 법령이나 계약 등에 의하여 당사자가 독자적으로 권리를 행사할 수 없는 부분의 담보책임 및 하자보수 등에 관한 재정을 신청한 사건

(5) 하자심사·분쟁조정위원회의 구성 등

➲ 체계도 핵심 55 참고

① 위원장 및 분과위원회의 위원장(이하 '**분과위원장**'이라 한다)은 **국토교통부장관**이 임명한다.
② 하자분쟁조정위원회의 위원은 다음 어느 하나에 해당하는 사람 중에서 **국토교통부장관**이 임명, 위촉한다. 이 경우 **㉢에 해당하는 사람이 9명 이상** 포함되어야 한다.
  ㉠ 1급부터 4급까지 상당의 공무원 또는 고위공무원단에 속하는 공무원이거나 이와 같은 직에 재직한 사람
  ㉡ 공인된 대학이나 연구기관에서 부교수 이상 또는 이에 상당하는 직에 재직한 사람
  ㉢ **판사·검사 또는 변호사의 직에 6년 이상** 재직한 사람
  ㉣ 건설공사, 전기공사 등 업무에 10년 이상 종사한 사람
  ㉤ **주택관리사**로서 공동주택의 관리사무소장으로 **10년 이상** 근무한 사람

ⓑ 「건축사법」 제23조 제1항에 따라 신고한 건축사 또는 「기술사법」 제6조 제1항에 따라 등록한 기술사로서 그 업무에 10년 이상 종사한 사람

(6) 조정등 기일 출석

송달 등	① 하자분쟁조정위원회는 조정등 사건의 당사자('분쟁재정 사건'인 경우에는 참고인 및 감정인을 포함)에게 조정등 기일의 통지에 관한 출석요구서를 서면이나 전자적인 방법으로 송달할 수 있다. ② 하자분쟁조정위원회는 조정등 사건의 당사자로부터 진술을 들으려는 경우에는 위 ①을 준용하여 출석을 요구할 수 있다.
이해 관계인	하자분쟁조정위원회는 '조정등의 사건'에 대한 '다음의 이해관계자'에게 조정등 기일에 출석하도록 요구할 수 있다. ① '전유부분에 관한 하자의 원인'이 '공용부분의 하자'와 관련된 경우에는 입주자대표회의의 회장, 관리사무소장 ② 신청인 또는 피신청인이 사업주체인 경우로서 '하자보수보증금으로 하자를 보수하는 것으로 조정안을 제시하거나 재정하려는 경우'에는 하자보수보증서 발급기관 ③ 신청인 또는 피신청인이 하자보수보증서 발급기관인 경우에는 '하자보수보증금의 주채무자'인 사업주체 ④ '당사자 요청이 있는 경우'는 「건설산업기본법」에 따른 하수급인

(7) 의견청취 등

의견청취	하자분쟁조정위원회는 조정등의 절차 개시에 앞서 이해관계인이나 하자진단을 실시한 안전진단기관 등의 의견을 들을 수 있다.
수수료	하자분쟁조정위원회에 조정등을 신청하는 자는 수수료를 납부해야 한다.

(8) 조정 등의 신청의 통지 등

① 절차	㉠ 하자분쟁조정위원회는 당사자 일방으로부터 조정등의 신청을 받은 때에는 그 신청내용을 상대방에게 통지하여야 한다. ㉡ 위 ㉠에 따라 조정등의 신청에 관한 통지를 받은 사업주체등, 설계자, 감리자, 입주자대표회의등 및 임차인등은 분쟁조정에 응하여야 한다. ㉢ 조정등 신청에 관한 통지를 받은 입주자(공공임대주택 경우는 임차인)가 조정기일에 출석하지 아니한 경우는 하자분쟁조정위원회가 직권으로 조정안을 결정하고, 이를 각 당사자 또는 그 대리인에게 제시할 수 있다.
② 답변서	㉠ 위 ①의 통지를 받은 상대방은 신청내용에 대한 답변서를 특별한 사정이 없으면 10일 이내에 하자분쟁조정위원회에 제출하여야 한다. ㉡ 위 ㉠의 위반자: 500만원 이하의 과태료

(9) 선정대표자

① 하자심사·분쟁조정·분쟁재정(이하 '조정등'이라 한다) 사건 중에서 여러 사람이 공동으로 조정등의 당사자가 되는 '단체사건'의 경우 그중에서 3명 이하의 사람을 대표자로 선정할 수 있다.
② 하자분쟁조정위원회는 당사자들에게 대표자를 선정하도록 권고할 수 있다.
③ 위 ①에 따라 선정된 대표자(이하 '선정대표자'라 한다)는 조정등에 관한 권한을 갖는다. 다만, 신청 철회, 조정안 수락을 하려는 경우, 서면으로 다른 당사자의 동의가 필요하다.
④ 대표자가 선정되었을 때는 다른 당사자들은 특별한 사유가 없는 한 그 선정대표자를 통하여 해당 사건에 관한 행위를 하여야 한다.
⑤ 대표자를 선정한 당사자들은 그 선정결과를 하자분쟁조정위원회에 제출해야 한다.

(10) 하자분쟁조정위원회의 임기 등

구분	내용
임기	위원장과 공무원이 아닌 위원의 임기는 2년으로 하되 연임할 수 있으며, 보궐위원의 임기는 전임자의 남은 임기로 한다.
해촉	'공무원이 아닌 위원'은 다음의 경우를 제외하고는 해촉되지 아니한다. ① 신체상 또는 정신상의 장애로 직무를 수행할 수 없는 경우 ② 「국가공무원법」 제33조의 결격사유에 해당하는 경우 ③ 직무상 의무를 위반한 경우 ④ 직무태만, 품위손상 등의 사유로 위원으로 적합하지 아니하다고 인정되는 경우 ⑤ 회피 사유인데 회피하지 아니한 경우
직무대행	위원장은 하자분쟁조정위원회를 대표하고 그 직무를 총괄한다. 다만, 위원장이 부득이한 사유로 직무를 수행할 수 없는 경우는 '위원장이 미리 지명한 분과위원장 순'으로 그 직무를 대행한다.

(11) 하자의 조사방법 및 판정기준 등

① '하자 여부의 조사'는 현장실사 등을 통하여 하자가 주장되는 부위와 설계도서를 비교하여 측정하는 등의 방법으로 한다.
② 하자보수비용은 '실제 하자보수에 소요되는 공사비용'으로 산정하되, 하자보수에 필수적으로 수반되는 부대비용을 '추가'할 수 있다.

(12) 하자분쟁조정위원회의 회의 등

① 하자분쟁조정위원회 위원장은 전체위원회, 분과위원회 또는 소위원회 회의를 소집하려면 회의 개최 3일 전까지 회의 일시·장소 등을 각 위원에게 알려야 한다.
② 하자분쟁조정위원회는 조정등을 효율적으로 하기 위하여 필요하다고 인정하면 해당 사건들을 분리하거나 병합할 수 있다.
③ 하자분쟁조정위원회는 해당 사건들을 분리하거나 병합한 경우에는 조정등의 당사자에게 지체 없이 그 결과를 알려야 한다.
④ 국토교통부장관은 조정등 사건의 접수·통지와 송달등의 사항을 인터넷을 이용하여 처리하기 위하여 하자관리정보시스템을 구축·운영할 수 있다.
⑤ 국토교통부장관은 분쟁조정 사건을 전자적 방법으로 접수·통지 및 송달하거나, 민원상담 및 홍보 등을 인터넷을 이용하여 처리하기 위하여 중앙분쟁조정시스템을 구축·운영할 수 있다('중앙 공동주택관리 분쟁조정위원회': 비교).

(13) 당사자에 대한 회의 개최통지

① 하자분쟁조정위원회는 회의 개최 3일 전까지 당사자에게 회의의 일시 및 장소 등의 사항을 통지해야 한다. 다만, 긴급히 개최해야 하는 등 부득이한 사유가 있는 경우에는 회의 개최 전날까지 통지할 수 있다.
② 하자분쟁조정위원회는 회의에 참석하는 위원이 변경된 경우에는 지체 없이 변경된 위원의 주요이력을 당사자에게 통지해야 한다.

(14) 조정등의 각하

① 하자분쟁조정위원회는 분쟁 성질상 조정등을 하는 것이 맞지 아니하다고 인정, '부정한 목적으로 신청되었다고 인정'되면 그 조정등의 신청을 '각하'할 수 있다.
② 하자분쟁조정위원회는 '처리 절차가 진행되는 도중에 한쪽 당사자가 법원에 소송을 제기한 경우'에는 조정등의 신청을 '각하'한다. 조정등을 신청하기 전에 '이미 소송을 제기한 사건으로 확인된 경우'에도 또한 같다.
③ 하자분쟁조정위원회는 '각하'를 한 때에는 그 사유를 당사자에게 알려야 한다.

(15) 대리인

① 조정등을 신청하는 자와 그 상대방은 다음의 사람을 대리인으로 선임할 수 있다.
 ㉠ 변호사
 ㉡ 관리단의 관리인
 ㉢ 관리사무소장
 ㉣ 당사자의 배우자 또는 4촌 이내의 친족

㉤ 주택(전유부분에 한정)의 **사용자**
㉥ 당사자가 국가 또는 지방자치단체인 경우에는 그 소속 공무원
㉦ 당사자가 법인인 경우에는 그 법인의 임원 또는 직원

② 다음의 행위, 위임자가 특별히 위임하는 것임을 명확히 표현하여야 대리할 수 있다.
㉠ 신청의 취하
㉡ 조정안(調停案)의 수락
㉢ 복대리인(復代理人)의 선임

③ 대리인의 권한은 **서면으로 소명**(疎明)하여야 한다.

(16) 위원의 수당 및 여비

① 하자분쟁조정위원회 위원에 대해서는 **예산의 범위**에서 업무수행에 따른 수당, 여비 및 그 밖에 필요한 경비를 지급할 수 있다.

② 다만, '**공무원인 위원**'이 '소관업무와 직접 관련하여 회의에 출석하는 경우'에는 그러하지 아니하다.

(17) 하자분쟁조정위원회의 운영 및 사무처리의 위탁

① 국토교통부장관은 하자분쟁조정위원회의 운영 및 사무처리를 '**국토안전관리원**'에 위탁할 수 있다.

② 하자분쟁조정위원회의 운영 및 사무처리를 위한 조직(이하 '하자분쟁조정위원회의 사무국'이라 한다) 및 인력 등에 필요한 사항은 '**대통령령**'으로 정한다.

③ 국토교통부장관은 '**예산의 범위**'에서 하자분쟁조정위원회의 운영 및 사무처리에 필요한 경비를 국토안전관리원에 **출연 또는 보조**할 수 있다.

(18) 사무국

① 하자분쟁조정위원회의 운영을 지원·보조하는 등 그 사무를 처리하기 위하여 **국토안전관리원**에 사무국을 둔다.

② 사무국은 '**위원장의 명**'을 받아 그 사무를 처리한다.

③ 사무국의 조직·인력은 '**국토안전관리원의 원장**'이 국토교통부장관의 승인을 받아 정한다.

(19) 위원의 제척 등

① 하자분쟁조정위원회의 위원이 다음의 어느 하나에 해당하는 경우에는 그 사건의 조정등에서 제척된다.
   ㉠ 위원 또는 그 배우자나 배우자였던 사람이 해당 사건의 당사자가 되거나 해당 사건에 관하여 공동의 권리자 또는 의무자의 관계에 있는 경우
   ㉡ 위원이 해당 사건의 당사자와 친족관계에 있거나 있었던 경우
   ㉢ 위원이 해당 사건에 관하여 증언이나 하자진단 또는 하자감정을 한 경우
   ㉣ 위원이 해당 사건에 관하여 당사자의 대리인으로서 관여하였거나 관여한 경우
   ㉤ 위원이 해당 사건의 원인이 된 처분 또는 부작위에 관여한 경우
   ㉥ 위원이 최근 3년 이내에 해당 사건의 당사자인 법인 또는 단체의 임원 또는 직원으로 재직하거나 재직하였던 경우
   ㉦ 위원이 속한 법인 또는 단체가 해당 사건에 관하여 설계, 감리 등을 수행한 경우
   ㉧ 위원이 최근 3년 이내에 해당 사건 당사자인 법인 또는 단체가 발주한 설계, 감리, 시공, 감정 또는 조사를 수행한 경우
② 제척 원인이 있는 경우, 직권 또는 당사자의 신청에 따라 제척 결정을 하여야 한다.
③ 당사자는 위원에게 공정한 조정등을 기대하기 어려운 사정이 있는 경우에는 하자분쟁조정위원회에 기피신청을 할 수 있으며, 하자분쟁조정위원회는 기피신청이 타당하다고 인정하면 기피 결정을 하여야 한다.
④ 위원은 위 ① 또는 ③의 사유에 해당하는 경우, 스스로 회피(回避)하여야 한다.
⑤ 하자분쟁조정위원회는 '기피신청을 받으면' 결정을 할 때까지 조정등의 절차를 중지해야 하고, '기피신청에 대한 결정을 한 경우' 지체 없이 당사자에게 통지하여야 한다.

(20) 하자분쟁조정위원회 위원의 기피

① 당사자는 위 (19)의 ③에 따라 기피신청을 하려는 경우에는 기피신청 사유와 그 사유를 입증할 수 있는 자료를 서면으로 하자분쟁조정위원회에 제출해야 한다.
② '기피신청의 대상이 된 위원'은 기피신청에 대한 의견서를 제출할 수 있다.
③ '기피신청에 대한 하자분쟁조정위원회의 결정'에 대해서는 불복신청을 하지 못한다.

(21) 관계 공공기관의 협조

① 하자분쟁조정위원회는 하자심사 및 분쟁조정을 위하여 필요한 경우에는 국가기관, 지방자치단체 또는 공공기관 등에 대하여 자료 또는 의견의 제출, 기술적 지식의 제공, 그 밖에 하자심사 또는 분쟁조정에 필요한 협조를 요청할 수 있다.
② 위 ①의 경우 요청받은 기관은 특별한 사유가 없으면 협조하여야 한다.

(22) 절차의 비공개 등

① 하자분쟁조정위원회가 수행하는 조정등의 절차 및 의사결정과정은 공개하지 아니한다.
② 분과위원회 및 소위원회에서 공개할 것을 의결한 경우에는 그러하지 아니하다.
③ 하자분쟁조정위원회의 위원 등은 직무상 알게 된 비밀을 누설하여서는 아니 된다.
④ 위 ③의 위반자: 1년 이하의 징역 또는 1천만원 이하의 벌금

(23) 사실 조사·검사 등

① 하자분쟁조정위원회가 조정등을 신청받은 때에는 위원장은 하자분쟁조정위원회의 사무국 직원으로 하여금 심사·조정 대상물 및 관련 자료를 조사·검사 및 열람하게 하거나 참고인의 진술을 들을 수 있도록 할 수 있다.
② 위 ①의 경우 사업주체등, 입주자대표회의등, 임차인등은 이에 협조하여야 한다.
③ 조사·검사 등을 하는 사람은 그 권한을 나타내는 증표를 지니고 이를 관계인에게 내보여야 한다.

(24) 조정등의 처리기간 등

① 하자분쟁조정위원회는 조정등 신청을 받으면 지체 없이 조정등의 절차를 개시하여야 한다. 하자분쟁조정위원회는 신청을 받은 날부터 다음 기간(다음 ②에 따른 흠결보정기간 및 하자감정기간은 '제외'한다) 이내에 그 절차를 완료하여야 한다.
   ㉠ **'하자심사'** 및 **'분쟁조정'**: 60일(공용부분의 경우 90일)
   ㉡ **'분쟁재정'**: 150일(공용부분의 경우 180일)
② 하자분쟁조정위원회는 신청사건의 내용에 흠이 있는 경우에는 상당한 기간을 정하여 그 흠을 바로잡도록 명할 수 있다. 이 경우 신청인이 흠을 바로잡지 아니하면 하자분쟁조정위원회의 결정으로 조정등의 신청을 각하(却下)한다.
③ 위 ①에 따른 기간 이내에 조정등을 완료할 수 없는 경우에는 해당 사건을 담당하는 분과위원회 또는 소위원회의 의결로 그 기간을 '한 차례만' 연장할 수 있으나, 그 기간은 30일 이내로 한다. 이 경우 그 '사유'와 '기한'을 명시하여 각 '당사자' 또는 '대리인'에게 서면으로 통지하여야 한다.

(25) 준용

민사조정법	하자분쟁조정위원회는 분쟁의 조정등의 절차에 관해 이 법에서 규정하지 아니한 사항 및 '소멸시효의 중단'에 관하여는 「민사조정법」을 준용한다.
민사소송법	'조정등에 따른 서류송달'에 관하여는 「민사소송법」 제174조부터 제197조까지의 규정을 준용한다.

20. 하자진단 및 감정 ★

(1) 하자진단 및 감정

⊙ 체계도 핵심 57 참고

(2) 하자진단 및 감정 비용('국토교통부령으로 정하는 비용')

하자진단	'당사자가 합의한 바'에 따라 부담한다.
하자감정	① 다음에 따라 부담한다. ㉠ '당사자가 합의한 바'에 따라 부담한다. ㉡ '당사자 간 합의가 이루어지지 않을 경우'에는 하자감정을 신청하는 당사자 일방 또는 쌍방이 미리 하자감정비용을 부담한 후 조정등의 결과에 따라 '하자분쟁조정위원회에서 정하는 비율'에 따라 부담한다. ② 위 ①의 경우 하자분쟁조정위원회에서 정한 기한 내에 안전진단기관(감정)에 납부해야 한다.

(3) 안전진단기관

① 하자진단	㉠ 국토안전관리원 ㉡ 한국건설기술연구원 ㉢ 「엔지니어링산업 진흥법」에 따라 신고한 해당 분야 엔지니어링사업자 ㉣ 「기술사법」 제6조 제1항에 따라 등록한 해당 분야의 기술사 ㉤ 「건축사법」 제23조 제1항에 따라 신고한 건축사 ㉥ 건축분야 안전진단전문기관
② 하자감정	㉠ 국토안전관리원 ㉡ 한국건설기술연구원 ㉢ 국립 또는 공립의 주택 관련 시험·검사기관 ㉣ 「고등교육법」에 따른 대학 및 산업대학의 주택 관련 부설 연구기관(상설기관으로 한정) ㉤ 위 ①의 ㉢부터 ㉥까지의 자. 이 경우 분과위원회(소위원회에서 의결하는 사건은 소위원회)에서 해당 하자감정을 위한 시설 및 장비를 갖추었다고 '인정'하고 '당사자 쌍방이 합의한 자'로 한정한다. [다만, 위 ①에 따른 안전진단기관(하자진단)은 같은 사건의 조정등 대상시설에 대해서는 '감정을 하는 안전진단기관'이 될 수 없다]

CHAPTER

03 공동주택의 전문관리

▶ **연계학습** | 에듀윌 기본서 2차 [주택관리관계법규 上] p.247

회독체크 1 2 3

PART 2

1. 주택관리업자 및 주택임대관리업자

(1) 등록

주택관리업자	주택임대관리업자
① '시장·군수·구청장'에게 등록하여야 한다. ② 등록사항이 변경 → 변경신고를 15일 이내 하여야 한다. ③ 위 ②의 위반: 5백만원 이하의 과태료	① '시장·군수·구청장'에게 '등록할 수' 있다. ② '자기관리형'은 100호(세대), '위탁관리형'은 300호(세대) 이상 '등록하여야 한다'. → 국가 등은 예외 ③ '변경신고' 15일 이내, '말소신고' 30일 이전 위반 시: 5백만원 이하의 과태료

(2) 등록요건 등

➲ 체계도 핵심 58~60 참고

주택관리업자	주택임대관리업자
주택관리사 1명 이상	① 자기관리형: 자격자 2명 이상[다음 (3)] ② 위탁관리형: 자격자 1명 이상[다음 (3)]
등록증 대여: 1년 이하의 징역 또는 1천만원 이하의 벌금	등록증 대여: 2년 이하의 징역 또는 2천만원 이하의 벌금
'영업정지'에 갈음하여 2천만원 이하 '과징금' ('필요적 영업정지사유의 경우' 과징금 불가) [1일당 3만원, 30일 이내 납부 의무]	'영업정지'에 갈음하여 1천만원 이하 '과징금' (모든 영업정지에 갈음하여 과징금 부과 가능) [1일당 3만원]

(3) 주택임대관리업자 등록요건

구분	자기관리형 주택임대관리업	위탁관리형 주택임대관리업
자본금	2억원 이상	1억원 이상
전문인력[1]	2명 이상	1명 이상

1. 전문인력
   ① 변호사, 법무사, 공인회계사, 세무사, 감정평가사, 건축사, 공인중개사, 주택관리사 자격을 취득한 후 각각 해당 분야 '2년 이상' 종사
   ② 부동산 관련 분야의 석사 이상의 학위를 취득한 후 부동산 관련 업무 '3년 이상' 종사
   ③ 부동산 관련 회사에서 5년 이상 근무한 사람으로서 부동산 관련 업무 '3년 이상' 종사

(4) 필요적 등록말소사유 및 필요적 영업정지사유

➲ 체계도 핵심 58, 60 참고

(5) 주택관리업자, 주택임대관리업자, 주택관리사등 비교 ★

구분	내용
주택관리업자	① 등록이 말소된 후 2년이 지나지 아니한 경우 재등록 금지 ② 유사명칭 사용금지 위반: 1천만원 이하의 과태료 ③ 등록증 대여 벌칙: 1년 이하의 징역, 1천만원 이하의 벌금 ④ 등록증 대여 행정처분: '필요적 등록말소'
주택임대 관리업자	① 등록이 말소된 후 2년이 지나지 아니한 경우 결격사유 ② 유사명칭 사용금지 위반: 2년 이하의 징역, 2천만원 이하의 벌금 ③ 등록증 대여 벌칙: 2년 이하의 징역, 2천만원 이하의 벌금 ④ 등록증 대여 행정처분: '필요적 등록말소' ⑤ 결격사유: 집행 종료 등 3년이 지나지 아니한 사람
주택관리사등	① 자격취소된 후 3년이 지나지 아니한 사람은 자격상실사유 ② 자격증 대여 벌칙: 1년 이하의 징역, 1천만원 이하의 벌금 ③ 자격증 대여 행정처분: '필요적 자격취소' ④ 결격사유: 집행 종료 등 2년이 지나지 아니한 사람

(6) 주택관리업자

➲ 체계도 핵심 58 참고

① 주택관리업자 지위에 관해 이 법에 규정이 있는 것 외에는 「민법」 중 **위임규정 준용**
② 결원 시 15일 이내 재배치 의무(자치관리, '관리사무소장' 30일 이내 재선임)

(7) 주택임대관리업의 정의 ★

➲ 체계도 핵심 59 참고

주택의 소유자로부터 '임대관리'를 위탁받아 관리하는 업을 말하며, 다음으로 구분한다.
① **자기관리형**: 주택 소유자로부터 주택을 '임차'하여 자기책임으로 '전대'하는 형태의 업
② **위탁관리형**: 주택의 소유자로부터 수수료를 받고 임대료 부과·징수 및 시설물 유지·관리 등을 '대행'하는 형태의 업

(8) 주택임대관리업자

① '자기관리형 주택임대관리업'과 '위탁관리형 주택임대관리업'을 구분하여 등록해야 한다.
② 자기관리형 주택임대관리업을 등록하면 위탁관리형 주택임대관리업도 등록 의제가 된다.

③ 등록 사항을 변경, 말소할 경우 시장·군수·구청장에게 신고하여야 한다. 다만, 자본금 또는 전문인력의 수가 증가한 경우는 신고하지 아니하여도 된다. [위반자: 5백만원 이하 과태료]

④ 주택임대관리업자는 분기마다 '그 분기가 끝나는 달'의 다음 달 말일까지 자본금 등 정보를 시장·군수·구청장에게 신고하여야 한다. 이 경우 신고받은 시장·군수·구청장은 국토교통부장관에게 이를 30일 이내에 보고하여야 한다. [위반자: 5백만원 이하 과태료]

(9) 재산상 손해 시 행정처분 ★

구분	주택관리업자 (입주자 및 사용자)	주택임대관리업자 (임대인 및 임차인)	주택관리사등 (입주자 및 사용자)
고의	6개월, 1년	6개월, 1년, 등록말소	6개월, 1년
중과실	2개월, 3개월, 3개월	2개월, 3개월, 6개월	3개월, 6개월, 6개월[1]
경과실	경고, 1개월, 1개월	처분 없음	처분 없음

1. 중과실로 자격정지처분을 하려는 경우로써 위반행위자가 손해배상책임을 보장하는 금액을 2배 이상 보장하는 보증보험가입·공제가입 또는 공탁을 한 경우는 '감경사유'에 해당하여 그 처분기준의 2분의 1의 범위에서 감경할 수 있다.

(10) 등록기준 보완 시 행정처분의 감경 ★

'주택관리업자'의 행정처분에 대한 감경	① '주택관리업자'가 청문('등록말소') 또는 「행정절차법」에 따른 의견제출(영업정지) 기한까지 등록기준을 보완하고 그 증명서류를 제출하는 경우는 '감경사유'에 해당한다. ② '영업정지'인 경우 그 처분기준의 2분의 1 범위에서 가중(가중한 영업정지기간은 1년을 초과할 수 없다)하거나 '감경'할 수 있고, '등록말소'인 경우('필요적 등록말소의 경우'는 제외)에는 '6개월 이상의 영업정지처분'으로 감경할 수 있다. → '등록사업자'의 경우도 동일
'주택임대관리업자'의 행정처분에 대한 감경	① '등록기준 미달'로 '영업정지 처분사유에 해당하게 된 등록사업자'가 「행정절차법」에 따른 의견제출 시까지 등록기준을 보완하고 이를 증명하는 서류를 제출할 때는 당초 처분기준의 2분의 1까지 감경한다. ② 다만, 당초 처분기준이 '등록말소'인 경우에는 영업정지 3개월로 한다. ③ 참고: '위 ① 외의 일반적 감경사유'는 6개월 이상의 영업정지처분

(11) 영업(자격)정지기간 중 업무 수행 ★

구분	주택관리업자	주택임대관리업자	주택관리사등
영업(자격)정지기간 중 업(업무)	필요적 등록말소	필요적 등록말소	필요적 자격취소

2. 행정처분기준 중 '일반기준'

(1) 주택관리업자

① 위반행위의 횟수에 따른 행정처분의 기준은 '최근 1년간 같은 위반행위로 처분을 받은 경우'에 적용한다. 이 경우 기준 적용일은 '위반행위에 대한 행정처분일'과 '그 처분 후에 한 위반행위가 다시 적발된 날'을 기준으로 한다.

② 위 ①에 따라 가중된 처분을 하는 경우 가중처분의 적용 차수는 그 위반행위 전 처분 차수(위 ①에 따른 기간 내에 처분이 둘 이상 있었던 경우에는 높은 차수를 말한다)의 다음 차수로 한다.

③ '같은 등록사업자'가 '둘 이상의 위반행위를 한 경우'로서 그에 해당하는 각각의 처분기준이 다른 경우에는 다음의 기준에 따라 처분한다.

㉠ 가장 무거운 처분기준이 등록말소인 경우에는 등록말소처분을 한다.

㉡ 처분기준이 영업정지인 경우 가장 중한 처분의 2분의 1까지 가중, 각 처분기준을 합산한 기간을 초과할 수 없다. 이 경우, 합산한 기간이 1년을 초과하는 때는 1년으로 한다.

④ 시장·군수·구청장은 다음의 사유를 고려, 행정처분을 가중·감경할 수 있다. 이 경우 처분이 영업정지인 경우, 그 처분기준의 2분의 1의 범위에서 가중(가중한 영업정지기간은 1년 초과 금지)하거나 감경할 수 있고, 등록말소인 경우(필요적 등록말소의 경우는 제외)에는 6개월 이상의 영업정지처분으로 감경할 수 있다.

㉠ **가중사유**

ⓐ 위반행위가 고의나 중대한 과실에 따른 것으로 인정되는 경우

ⓑ 위반의 내용과 정도가 중대하여 입주자등 소비자에게 주는 피해가 크다고 인정되는 경우

㉡ **감경사유**

ⓐ 위반행위가 사소한 부주의나 오류에 따른 것으로 인정되는 경우

ⓑ 위반의 내용과 정도가 경미하여 입주자등에게 미치는 피해가 적다고 인정되는 경우

ⓒ 위반행위자가 처음 위반행위를 한 경우로서 3년 이상 해당 사업을 모범적으로 해 온 사실이 인정되는 경우

ⓓ 위반행위자가 해당 위반행위로 '검사'로부터 기소유예처분을 받거나 '법원'으로부터 선고유예의 판결을 받은 경우

ⓔ 위반행위자가 해당 사업과 관련 지역사회의 발전 등에 기여한 사실이 인정되는 경우

ⓕ 주택관리업자가 청문 또는 「행정절차법」에 따른 의견제출 기한까지 등록기준을 보완하고 그 증명서류를 제출하는 경우

(2) 주택임대관리업자

①부터 ③까지 → [앞의 **2. (1)**의 ①부터 ③까지와 동일]
④ 시장·군수·구청장은 등록기준 미달로 영업정지 처분사유에 해당하게 된 등록사업자가 의견제출 시까지 등록기준을 보완하고 증명하는 서류를 제출할 때는 **당초 처분기준의 2분의 1까지 감경**한다. [당초 처분기준이 등록말소 → '영업정지 3개월']

PART 2

3. 주택임대관리업자 ★

(1) 주택임대관리업자의 업무범위

주된 업무	① 임대차계약의 체결·해제·해지·갱신 및 갱신거절 등 ② 임대료의 부과·징수 등 ③ 임차인의 입주 및 명도·퇴거 등(공인중개사법상 '중개업'은 제외)
부수 업무	① 시설물 유지·보수·개량 및 그 밖의 주택관리 업무(이 업무를 하는 경우에 한하여 공동주택관리법상 '관리주체'에 해당) ② 대통령령으로 정하는 다음의 업무 ㉠ 임차인이 거주하는 주거공간의 관리 ㉡ 임차인의 안전 확보에 필요한 업무 ㉢ 임차인의 입주에 필요한 지원 업무

(2) 위·수탁계약서

① 주택임대관리업자는 위 **(1)**의 업무를 위탁받은 경우 **위·수탁계약서**를 작성하여 주택의 소유자에게 교부하고 그 사본을 보관해야 한다. [위반자: 1백만원 이하 과태료]
② 국토교통부장관은 표준위·수탁계약서를 작성, 보급, 활용하게 할 수 있다.
③ 위·수탁계약서에는 '대통령령으로 정하는 다음의 사항'이 포함되어야 한다.
㉠ 관리수수료('위탁관리형 주택임대관리업자'만 해당)
㉡ 임대료('자기관리형 주택임대관리업자'만 해당)
㉢ 전대료(轉貸料) 및 전대보증금('자기관리형 주택임대관리업자'만 해당)
㉣ 계약기간
㉤ 주택임대관리업자 및 임대인의 권리·의무에 관한 사항 등

(3) 자기관리형 주택임대관리업자의 의무

① 임대사업자인 임대인이 자기관리형 주택임대관리업자에게 임대관리를 위탁한 경우 주택임대관리업자는 '위탁받은 범위'에서 '임대사업자의 의무'를 이행하여야 한다.
② 위 ①의 경우 제7장(벌칙)을 적용할 때, 주택임대관리업자를 임대사업자로 본다.

(4) 보증상품의 가입

의무자	'자기관리형 주택임대관리업자'는 보증상품에 가입하여야 한다.
가입 금액	① 임대인의 권리보호: '약정한 임대료의 3개월분 이상' 책임보증 ② 임차인의 권리보호: '임대보증금의 반환' 책임보증
보증서 제출	자기관리형 주택임대관리업자는 임대인과 주택임대관리계약을 체결하거나 임차인과 주택임대차계약을 체결하는 경우에는 위의 '보증상품 가입을 증명하는 보증서'를 임대인 또는 임차인에게 내주어야 한다.
게시	보증상품의 내용을 변경, 해지 → 잘 볼 수 있는 장소에 게시

4. 주택관리사등

(1) 주택관리사등의 자격

주택관리사보	주택관리사보가 되려는 사람은 국토교통부장관이 시행하는 자격시험에 합격한 후 시·도지사(대도시 시장)로부터 합격증서를 발급받아야 한다.
주택관리사	① 주택관리사는 다음의 요건을 갖추고 시·도지사로부터 주택관리사 자격증을 발급받은 사람으로 한다. ㉠ 합격증서 발급 ㉡ 다음 (2)의 '주택 관련 실무경력'이 있을 것 ② 자격증을 발급받으려는 자는 '실무경력에 대한 증명서류'를 첨부하여 '합격증서를 발급'한 시·도지사에게 제출하여야 한다.

(2) 대통령령으로 정하는 주택 관련 실무경력

'시·도지사'는 주택관리사보 자격시험에 합격하기 전이나 합격한 후 다음 어느 하나에 해당하는 경력을 갖춘 자에 대하여 주택관리사 자격증을 발급한다.

① 사업계획승인을 받아 건설한 50세대 이상 500세대 미만의 공동주택(건축허가를 받아 주택과 주택 외의 시설을 동일 건축물로 건축한 건축물 중 주택이 50세대 이상 300세대 미만인 건축물)의 관리사무소장으로 근무한 경력 3년 이상
② 사업계획승인을 받아 건설한 50세대 이상의 공동주택(건축허가를 받아 주택과 주택 외의 시설을 동일 건축물로 건축한 건축물 중 주택이 50세대 이상 300세대 미만인 건축물)의 관리사무소의 직원('경비원, 청소원, 소독원'은 제외) 또는 주택관리업자의 임직원으로 주택관리업무에 종사한 경력 5년 이상
③ 한국토지주택공사, 지방공사의 직원으로 주택관리업무에 종사한 경력 5년 이상
④ 공무원으로 주택 관련 지도·감독 및 인·허가 업무 등에 종사한 경력 5년 이상
⑤ 주택관리사단체와 '국토교통부장관이 정하여 고시하는 공동주택관리와 관련된 단체'의 임직원으로 주택 관련 업무에 종사한 경력 5년 이상
⑥ 위 ①부터 ⑤까지의 경력을 합산한 기간 5년 이상

(3) '주택관리사등'의 결격사유 ★

➲ 체계도 핵심 61 참고

(4) '주택관리사등'의 필요적 자격취소사유 ★

➲ 체계도 핵심 61 참고

(5) '주택임대관리업'의 결격사유 ★

① 파산선고를 받고 복권되지 아니한 자
② 피성년후견인 또는 피한정후견인
③ 등록이 말소된 후 2년이 지나지 아니한 자. 이 경우 등록이 말소된 자가 법인인 경우에는 말소 당시의 원인이 된 행위를 한 사람과 대표자를 포함한다.
④ 「민간임대주택에 관한 특별법」, 「주택법」, 「공공주택 특별법」, 「공동주택관리법」을 위반하여 금고 이상의 실형을 선고받고 '집행이 종료'(집행이 종료된 것으로 보는 경우를 포함)되거나 '그 집행이 면제된 날'부터 3년이 지나지 아니한 사람
⑤ 「민간임대주택에 관한 특별법」, 「주택법」, 「공공주택 특별법」, 「공동주택관리법」을 위반하여 형의 집행유예를 선고받고 그 유예기간 중에 있는 사람

5. 관리주체 및 관리사무소장

(1) '관리주체'의 업무

업무	① 공동주택의 공용부분의 유지·보수 및 안전관리 ② 공동주택단지 안의 경비·청소·소독 및 쓰레기 수거 ③ 관리비 및 사용료의 징수와 공과금 등의 납부대행 ④ 장기수선충당금의 징수·적립 및 관리 ⑤ 관리규약으로 정한 사항의 집행 ⑥ 입주자대표회의에서 의결한 사항의 집행 ⑦ 공동주택관리업무 공개·홍보·공동시설물 사용방법의 지도·계몽 ⑧ 입주자등의 공동사용에 제공되고 있는 공동주택단지 안의 토지, 부대시설 및 복리시설에 대한 무단 점유행위의 방지 및 위반행위 시의 조치 ⑨ 공동주택단지 안의 안전사고 및 도난사고 등에 대한 대응조치 ⑩ 하자보수 청구 등의 대행
기타	① 관리주체는 '필요한 범위'에서 공동주택의 공용부분을 사용할 수 있다. ② 관리주체는 공동주택을 이 법 또는 이 법에 따른 명령에 따라 관리해야 한다. [위반자: 500만원 이하의 과태료]

(2) 관리사무소장의 업무 ★

① 업무	㉠ 입주자대표회의에서 의결하는 다음의 업무를 집행하여야 한다. ⓐ 공동주택의 운영·관리·유지·보수·교체·개량 ⓑ 위 ⓐ의 업무를 집행하기 위한 관리비·장기수선충당금·그 밖의 경비의 '청구·수령·지출·그 금원을 관리하는 업무' ㉡ 하자의 발견 및 하자보수의 청구, 장기수선계획의 조정, 시설물 안전관리계획의 수립 및 건축물의 안전점검에 관한 업무. 다만, '비용지출을 수반하는 사항'에 대하여는 입주자대표회의의 의결을 거쳐야 한다. ㉢ '관리사무소 업무'의 지휘·총괄 ㉣ '관리주체의 업무'를 지휘·총괄하는 업무 ㉤ 입주자대표회의 및 선거관리위원회 운영의 업무 지원 및 사무처리 ㉥ 안전관리계획의 조정. 3년마다 조정하되, '관리사무소장'이 입주자대표회의 '구성원' 과반수의 서면동의를 받아 3년이 지나기 전에 조정 가능 ㉦ 관리비 등이 예치된 금융기관으로부터 매월 말일을 기준으로 발급받은 잔고증명서의 금액과 장부상 금액이 일치하는지 여부를 '관리비 등이 부과된 달'의 다음 달 10일까지 '확인'하는 업무 〈신설〉
② 기타	㉠ 관리사무소장은 공동주택을 안전하고 효율적으로 관리하여 공동주택의 입주자등의 권익을 보호하기 위하여 위 ①의 업무를 집행한다. ㉡ 관리사무소장은 위 ①의 ㉠의 ⓐ 및 ⓑ와 관련하여 '입주자대표회의를 대리'하여 재판상 또는 재판 외의 행위를 할 수 있다. ㉢ 관리사무소장은 선량한 관리자의 주의로 그 직무를 수행하여야 한다.

(3) 관리사무소장의 배치 ★

의무자	① 입주자대표회의('자치관리의 경우'에 한정) ② 관리업무를 인계하기 전의 사업주체 ③ 주택관리업자 ④ 임대사업자
자격자	① '의무관리대상 공동주택'을 관리하는 위의 의무자는 '주택관리사'를 해당 공동주택의 '관리사무소장'으로 배치하여야 한다. ② 500세대 미만의 공동주택에는 '주택관리사'를 갈음하여 '주택관리사보'를 해당 공동주택의 '관리사무소장'으로 배치할 수 있다.
보조자	위의 의무자는 '주택관리사등'을 관리사무소장의 보조자로 배치할 수 있다.
벌칙	위반자: 1천만원 이하의 '벌금'

(4) 주택관리업자에 대한 부당간섭 배제 등

'입주자대표회의' 및 '입주자등'은 다음 (5)의 ① 또는 (6)의 ③의 행위를 할 목적으로 '주택관리업자'에게 관리사무소장 및 소속 근로자에 대한 해고, 징계 등 불이익 조치를 요구하여서는 아니 된다.

(5) 관리사무소장의 업무에 대한 부당간섭 배제 등

① 입주자대표회의(구성원을 포함) 및 입주자등은 '관리사무소장의 업무'에 대하여 다음의 어느 하나에 해당하는 행위를 하여서는 아니 된다.
   ㉠ 이 법 또는 관계 법령에 위반되는 지시를 하거나 명령을 하는 등 부당간섭하는 행위
   ㉡ 폭행, 협박 등 위력을 사용하여 정당한 업무를 방해하는 행위

② 관리사무소장은 입주자대표회의 또는 입주자등이 위 ①을 위반한 경우 입주자대표회의 또는 입주자등에게 그 위반사실을 설명하고 해당 행위를 중단할 것을 요청하거나 '부당한 지시 또는 명령의 이행'을 거부할 수 있으며, 시장·군수·구청장에게 이를 '보고'하고, 사실 조사를 의뢰할 수 있다.

③ 시장·군수·구청장은 위 ②에 따라 사실 조사를 의뢰받은 때에는 지체 없이 조사를 마치고, 위 ①을 위반한 사실이 있다고 인정하는 경우 입주자대표회의 및 입주자등에게 필요한 명령 등의 조치를 하여야 한다. 이 경우 범죄혐의가 있다고 인정될 만한 상당한 이유가 있을 때에는 수사기관에 고발할 수 있다.

④ 시장·군수·구청장은 사실 조사 결과 또는 필요한 명령 등 조치 결과를 지체 없이 입주자대표회의, 해당 입주자등, 주택관리업자 및 관리사무소장에게 통보해야 한다.

⑤ 입주자대표회의는 위 ②에 따른 보고나 사실 조사 의뢰 또는 위 ③에 따른 명령 등을 이유로 관리사무소장을 해임하거나 해임하도록 주택관리업자에게 요구하여서는 아니 된다.

(6) 경비원 등 근로자의 업무 등

① 공동주택에 경비원을 배치한 경비업자(경비업법 제4조 제1항에 따라 허가를 받은 경비업자를 말한다)는 「경비업법」 제7조 제5항에도 불구하고 '대통령령으로 정하는 공동주택 관리에 필요한 업무'에 경비원을 종사하게 할 수 있다.

② 입주자등, 입주자대표회의 및 관리주체 등은 경비원 등 근로자에게 적정한 보수를 지급하고, 처우개선과 인권존중을 위하여 노력하여야 한다.

③ 입주자등, 입주자대표회의, 관리주체 등은 경비원에게 다음 행위를 하여서는 아니 된다.
 ㉠ 이 법 또는 관계 법령에 위반되는 지시를 하거나 명령을 하는 행위
 ㉡ 업무 이외에 부당한 지시를 하거나 명령을 하는 행위
④ 경비원 등 근로자는 입주자등에게 수준 높은 근로 서비스를 제공하여야 한다.

경비원이 예외적으로 종사할 수 있는 업무 등

1. 앞의 (6)의 ①에서 '대통령령으로 정하는 공동주택 관리에 필요한 업무'란 다음 업무를 말한다.
 ① 청소와 이에 준하는 미화의 보조
 ② '재활용 가능 자원'의 분리배출 감시 및 정리
 ③ 안내문의 게시와 우편수취함 투입
2. 공동주택 경비원은 공동주택에서의 도난, 화재, 그 밖의 혼잡 등으로 인한 위험발생을 방지하기 위한 범위에서 주차 관리와 택배물품 보관 업무를 수행할 수 있다.

(7) 관리사무소장의 손해배상책임 ★

구분	내용
손해배상 책임	주택관리사등은 관리사무소장 업무를 집행하면서 고의, 과실로 입주자등에게 재산상의 손해를 입힌 경우에는 그 손해를 배상할 책임이 있다.
보증보험 등	① 손해배상책임을 보장하기 위해 주택관리사등은 보증보험 또는 공제에 가입하거나 공탁을 하여야 한다. ㉠ '500세대 미만': 3천만원 ㉡ '500세대 이상': 5천만원 ② 공탁금은 사임 등을 한 날부터 3년 이내에는 회수할 수 없다.
입증서류 제출	주택관리사등은 관리사무소장으로 '배치된 날'에 다음의 자에게 보증보험 등에 가입한 사실을 입증하는 서류를 제출하여야 한다. ① 입주자대표회의의 회장 ② 임대주택의 경우에는 임대사업자 ③ '입주자대표회의가 없는 경우'에는 시장·군수·구청장
변경	① '다른 보증설정'으로 변경: '효력이 있는 기간 중' ② 보증기간이 만료되어 '다시' 보증설정: '보증기간이 만료되기 전'
보전	주택관리사등은 보증보험금 등으로 손해배상을 한 때에는 15일 이내 보증보험 또는 공제에 다시 가입하거나 공탁금 중 '부족하게 된 금액'을 보전하여야 한다.

6. 공동주택관리 분쟁조정위원회

(1) 설치 ★

① **국토교통부**: 중앙 공동주택관리 분쟁조정위원회('중앙분쟁조정위원회')
② **시·군·자치구**: 지방 공동주택관리 분쟁조정위원회('지방분쟁조정위원회')
③ '공동주택 비율이 낮은 시·군·구'로서 국토교통부장관이 인정하는 시·군·구의 경우에는 '지방분쟁조정위원회'를 두지 아니할 수 있다.

(2) 심의·조정사항 ★

① 입주자대표회의 구성·운영·동별 대표자 자격·선임·해임·임기에 관한 사항
② 공동주택관리기구의 구성·운영 등에 관한 사항
③ 관리비·사용료 및 장기수선충당금 등의 징수·사용 등에 관한 사항
④ 공동주택(공용부분만 해당)의 유지·보수·개량 등에 관한 사항
⑤ 공동주택의 리모델링에 관한 사항
⑥ 공동주택의 층간소음에 관한 사항
⑦ 혼합주택단지에서의 분쟁에 관한 사항
⑧ 다른 법령에서 분쟁을 심의·조정할 수 있도록 한 사항
⑨ 대통령령이나 시·군·구의 조례(지방분쟁조정위원회로 한정)로 정하는 사항

(3) 관할 ★

① **'중앙분쟁조정위원회'의 관할**
- ㉠ 둘 이상의 시·군·구의 관할 구역에 걸친 분쟁
- ㉡ 시·군·구에 지방분쟁조정위원회가 설치되지 아니한 경우 해당 시·군·구 관할 분쟁
- ㉢ 쌍방이 합의하여 중앙분쟁조정위원회에 조정을 신청하는 분쟁
- ㉣ 500세대 이상의 공동주택단지에서 발생한 분쟁
- ㉤ 지방분쟁조정위원회가 스스로 조정하기 곤란하다고 결정하여 중앙분쟁조정위원회에 이송한 분쟁

② **'지방분쟁조정위원회'의 관할**: 해당 시·군·구의 관할 구역에서 발생한 분쟁 중 '중앙분쟁조정위원회의 심의·조정 대상인 분쟁' 외의 분쟁을 심의·조정한다.

7. 중앙분쟁조정위원회

(1) 의결 등

① 재적위원 과반수의 출석으로 '개의'하고 출석위원 과반수의 찬성으로 '의결'한다.
② 구성할 때에는 성별을 고려하여야 한다.
③ 위원장은 소집하려면 3일 전까지 회의 일시 등을 위원에게 알려야 한다.

(2) 회의 등

① 조정을 효율적으로 하기 위해 해당 사건들을 분리하거나 병합할 수 있으며, 조정의 당사자에게 지체 없이 서면으로 그 뜻을 알려야 한다.
② 조정을 위하여 필요하다고 인정하면 당사자에게 증거서류 등 관련 자료의 제출을 요청할 수 있다.
③ 당사자나 이해관계인을 출석시켜 의견을 들으려면 회의 개최 5일 전까지 서면(전자우편을 포함)으로 출석을 요청하여야 한다.
④ 위 ③의 경우 출석을 요청받은 사람은 출석할 수 없는 부득이한 사유가 있는 경우에는 미리 서면으로 의견을 제출할 수 있다.
⑤ 위에서 규정한 사항 외에 중앙분쟁조정위원회의 운영 등 필요한 사항은 중앙분쟁조정위원회의 의결을 거쳐 위원장이 정한다.
⑥ 국토교통부장관은 분쟁조정 사건을 전자적 방법으로 접수·통지 및 송달하거나, 민원상담 및 홍보 등을 인터넷을 이용하여 처리하기 위하여 중앙분쟁조정시스템을 구축·운영할 수 있다.

(3) 절차

① 당사자 일방으로부터 조정등의 신청을 받은 때 신청내용을 상대방에게 통지 의무
② 통지받은 상대방은 답변서를 10일 이내에 중앙분쟁조정위원회에 제출 의무 [위반자: 5백만원 이하의 과태료]
③ 분쟁조정의 신청통지를 받은 입주자대표회의(구성원을 포함)와 관리주체는 응할 의무
④ 위원, '중앙분쟁조정위원회 사무국' 직원으로 하여금 출입하여 조사 등 가능
⑤ 분쟁 성질상 부정 목적 등 신청, 조정 거부, 거부사유를 신청인에게 알릴 의무
⑥ 도중에 당사자가 소 제기를 한 경우 조정 처리를 중지하고 당사자에게 알릴 의무
⑦ '소멸시효 중단'은 「민사조정법」, '서류송달'은 「민사소송법」 준용
⑧ 조정등의 절차, 의사결정과정 비공개, 공개할 것을 의결한 경우는 공개 가능
⑨ '위원'과 '사무국 직원'의 직무상 알게 된 비밀 누설 금지 [위반자: 1년 이하의 징역 또는 1천만원 이하의 벌금]
⑩ 국토교통부장관은 운영·사무처리를 고시로 정하는 기관이나 단체에 위탁 가능
⑪ 국토교통부장관은 '예산의 범위'에서 수탁 기관이나 단체에 출연, 보조 가능

⑫ 앞의 ⑩의 기관 또는 단체(이하 '운영수탁자'라 한다)에 중앙분쟁조정위원회의 운영 및 사무처리를 위한 사무국을 두며, 사무국은 '위원장의 명'을 받아 사무 처리
⑬ 사무국의 조직 및 인력 등은 운영수탁자가 국토교통부장관의 승인을 받아 결정
⑭ 위원에 대해서는 예산의 범위에서 수당, 여비 등의 경비 지급 가능. 다만, 공무원인 위원이 '소관업무와 직접 관련'하여 회의에 출석하는 경우는 예외

8. 지방분쟁조정위원회 ★

① 위원 중 공무원이 아닌 위원이 본인 의사에 반하여 해촉되지 아니할 권리, 위원의 제척·기피·회피에 관한 내용은 '중앙분쟁조정위원회 규정'을 준용한다.
② 지방분쟁조정위원회의 위원장은 위원 중에서 해당 지방자치단체의 장이 지명하는 사람이 된다.
③ 공무원이 아닌 위원의 임기는 2년으로 한다. 다만, 보궐위원의 임기는 전임자의 남은 임기로 한다.

9. 협회(주택관리사단체)

(1) 설립

① 주택관리사등은 공동주택관리에 관한 기술·행정 및 법률 문제에 관한 연구와 그 업무를 효율적으로 수행하기 위하여 주택관리사단체를 설립할 수 있다.
② 「민법」상 사단법인 규정 준용, 주된 사무소 소재지에서 설립등기를 함으로써 성립한다.
③ 협회를 설립하려면 '관리사무소장으로 배치된 자'의 5분의 1 이상을 '발기인'으로 하여 정관을 마련한 후 창립총회 의결을 거쳐 국토교통부장관의 인가를 받아야 한다.
④ 영업 및 자격정지처분을 받은 협회 회원의 권리·의무는 정지기간 중에는 정지되며, 주택관리사등의 자격이 취소된 때는 협회의 회원자격을 상실한다.
⑤ 국토교통부장관은 '협회'를 지도·감독한다.

(2) 공제사업

① 주택관리사단체는 공제사업을 할 수 있으며, 공제사업의 범위는 다음과 같다.
   ㉠ 주택관리사등의 손해배상책임을 보장하기 위한 공제기금 조성, 공제금 지급 사업
   ㉡ 공제사업의 부대사업으로서 국토교통부장관의 승인을 받은 사업
② 주택관리사단체는 공제사업을 다른 회계와 구분하여 별도 회계로 관리하여야 하며, 책임준비금을 다른 용도로 사용하려는 경우 국토교통부장관의 승인을 받을 의무가 있다.

(3) 공제사업에 대한 감시 및 공제규정

공시	주택관리사단체는 공제사업 운용실적을 '매 회계연도 종료 후' 2개월 이내에 국토교통부장관에게 보고, 일간신문 또는 주택관리사단체의 인터넷 홈페이지 등을 통해 공시해야 한다.
시정명령 등	① 국토교통부장관은 주택관리사단체가 이 법 및 공제규정을 지키지 아니하여 공제사업의 건전성을 해칠 우려가 있다고 인정되는 경우 시정을 명하여야 한다. ② 금융감독원 원장은 국토교통부장관이 요청한 경우에는 주택관리사단체의 공제사업에 관하여 검사를 할 수 있다.
공제규정	'공제규정'에는 다음의 사항이 포함되어야 한다. ① **'공제계약의 내용'으로서 다음의 사항** ㉠ 주택관리사단체의 공제책임 ㉡ 공제금, 공제료 및 공제기간 ㉢ 공제금의 청구와 지급절차, 구상 및 대위권, 공제계약의 실효 등 ② **'책임준비금'의 적립비율**: 공제료 수입액의 100분의 10 이상

10. 보칙

(1) 공동주택 우수관리단지 선정

① 시·도지사는 공동주택단지를 모범적으로 관리하도록 장려하기 위하여 '매년' 공동주택 모범관리단지를 선정할 수 있다.
② 국토교통부장관은 위 ①에 따라 시·도지사가 선정한 공동주택 모범관리단지 중에서 '공동주택 우수관리단지'를 선정하여 표창하거나 상금을 지급할 수 있고, 그 밖에 필요한 지원을 할 수 있다.

(2) 관리비용의 지원

① 지방자치단체의 장은 조례로 정하는 바에 따라 공동주택의 관리, 층간소음 개선을 위한 층간소음의 측정·진단에 필요한 비용(경비원 등 근로자의 근무환경 개선에 필요한 냉난방 및 안전시설 등의 설치·운영 비용을 포함한다)의 일부를 지원할 수 있다. 〈개정〉
② 국가는 공동주택의 보수·개량, 층간소음 저감재 설치 등에 필요한 비용의 일부를 주택도시기금에서 융자할 수 있다. 〈개정〉

(3) 공동주택관리 지원기구

① 지정 등	㉠ 국토교통부장관은 다음 ②의 업무를 수행할 기관 또는 단체를 '공동주택관리 지원기구'로 지정하여 고시할 수 있다. ㉡ 국토교통부장관은 예산의 범위에서 기구운영 등 경비를 출연하여 보조할 수 있다. ㉢ 공동주택관리 지원기구는 다음 ②의 업무를 수행하는 데 필요한 경비의 전부 또는 일부를 관리주체 또는 입주자대표회의로부터 받을 수 있다.
② 업무	㉠ 공동주택관리와 관련한 민원 상담 및 교육 ㉡ 관리규약 제정·개정의 지원 ㉢ 입주자대표회의의 구성 및 운영과 관련한 지원 ㉣ 장기수선계획의 수립·조정 지원, 공사·용역의 타당성 자문 등 기술지원 ㉤ 공동주택 관리상태 진단 및 지원 ㉥ 공동주택 입주자등의 공동체 활성화 지원 ㉦ 공동주택의 조사·검사 및 분쟁조정의 지원 ㉧ 공동주택 관리실태 조사·연구 ㉨ 국토교통부장관, 지방자치단체의 장이 의뢰하거나 위탁하는 업무 ㉩ 혼합주택단지의 분쟁조정 상담 지원 ㉪ 층간소음의 방지 등에 대하여 필요한 조사 또는 상담 지원 ㉫ 공동주택의 안전관리 업무 지원 등

(4) 권한의 위임·위탁

① 국토교통부장관은 공동주택관리정보시스템 구축 업무를 한국부동산원에 위탁한다.
② 시·도지사는 다음의 업무를 주택관리에 관한 전문기관, 단체를 지정하여 위탁한다.
  ㉠ '장기수선계획'의 조정교육
  ㉡ '주택관리업자 및 관리사무소장'에 대한 교육
③ 시·군·구청장은 '다음의 자'에게 위탁한다.
  ㉠ 입주자대표회 구성원 교육: 공동주택관리 지원기구
  ㉡ 소규모 공동주택의 안전관리 업무: 국토안전관리원 또는 주택관리사단체
  ㉢ 관리사무소장 배치신고 접수 업무: 주택관리사단체
  ㉣ 시설물 안전교육: 공동주택관리 지원기구 또는 주택관리사단체
  ㉤ 방범교육: 관할 경찰서장 또는 공동주택관리 지원기구
  ㉥ 소방에 관한 안전교육: 관할 소방서장 또는 공동주택관리 지원기구

(5) 체납된 장기수선충당금 등의 강제징수

'국가 또는 지방자치단체인 관리주체'가 관리하는 공동주택의 장기수선충당금 또는 관리비가 체납된 경우 국가 또는 지방자치단체는 '국세 또는 지방세 체납처분의 예'에 따라 해당 장기수선충당금 또는 관리비를 '강제징수'할 수 있다.

(6) 청문

국토교통부장관, 지방자치단체의 장은 다음의 처분을 하려면 청문을 하여야 한다.
① 행위허가의 취소
② 주택관리업의 등록말소
③ 주택관리사등의 자격취소

(7) 벌칙 적용에서 공무원 의제

다음의 자는 「형법」 규정 중 '뇌물 관련 규정'을 적용할 때에는 공무원으로 본다.
① 하자분쟁조정위원회의 위원 또는 사무국 직원으로서 공무원이 아닌 자
② 하자진단을 실시하는 자
③ 공동주택관리 분쟁조정위원회의 위원 또는 사무국 직원으로서 공무원이 아닌 자

(8) 공동주택관리정보시스템

① 국토교통부장관은 공동주택관리정보시스템을 구축·운영할 수 있고, 이에 관한 정보를 관련 기관·단체 등에 제공할 수 있다.
② 국토교통부장관은 공동주택관리정보시스템을 구축·운영하기 위하여 필요한 자료를 관련 기관·단체 등에 요청할 수 있으며, 기관·단체 등은 요청에 따라야 한다.
③ 시·도지사는 공동주택관리에 관한 정보를 종합적으로 관리할 수 있다.

(9) 보고·검사 등

① 국토교통부장관, 지방자치단체의 장은 허가를 받거나 신고·등록한 자에게 필요한 보고를 하게 하거나, 공무원으로 하여금 사업장에 출입하여 필요한 검사를 하게 할 수 있다.
② 검사를 할 때에는 검사 7일 전까지 검사계획을 검사받을 자에게 알려야 한다.
③ '긴급한 경우'나 '사전에 통지하면 증거인멸 등으로 검사 목적을 달성할 수 없다고 인정하는 경우'에는 그러하지 아니하다.
④ 검사하는 공무원은 권한을 나타내는 증표를 지니고 관계인에게 내보여야 한다.

(10) 공동주택관리에 관한 감독

① 지방자치단체의 장은 법령을 위반하여 조치가 필요한 경우 입주자등, 입주자대표회의나 그 구성원, 관리주체(의무관리대상 공동주택이 아닌 경우에는 관리인), 관리사무소장 또는 선거관리위원회나 위원 등에게 공동주택의 안전점검 등의 업무를 보고하게 하거나 소속 공무원으로 하여금 영업소·관리사무소 등에 출입하여 조사, 검사하게 할 수 있다.
② 입주자등은 위 ①의 경우 전체 입주자등의 10분의 2 이상의 동의를 받아 지방자치단체의 장에게 '위 ①의 업무'에 대해 감사를 요청할 수 있다. 이 경우 감사 요청은 사유를 소명하고 뒷받침 자료를 첨부하여 서면으로 하여야 한다.
③ 지방자치단체의 장은 위 ②의 감사 요청이 이유가 있다고 인정하는 경우에는 감사를 실시한 후 감사를 요청한 입주자등에게 그 결과를 통보하여야 한다.
④ 지방자치단체의 장은 '감사 요청이 없더라도' 위 ①의 업무에 대해 감사를 실시할 수 있다.
⑤ 지방자치단체의 장은 감사를 실시할 경우 변호사·공인회계사 등의 전문가에게 자문하거나 해당 전문가와 함께 영업소·관리사무소 등을 조사할 수 있다.
⑥ 지방자치단체의 장은 감사의 결과 등을 입주자대표회의, 관리주체에게도 통보의무
⑦ 관리주체는 통보받은 내용을 공동주택단지의 인터넷 홈페이지 및 동별 게시판에 공개하고 입주자등의 열람, 복사 요구에 따라야 한다.

(11) 공개 등

① 위 (10)의 ⑥에 따른 통보를 받은 관리주체는 통보를 받은 날부터 10일 이내에 그 내용을 인터넷 홈페이지 및 동별 게시판에 7일 이상 공개해야 한다. 이 경우 동별 게시판에는 통보받은 일자 등을 요약하여 공개할 수 있다.
② 관리주체는 공개하는 내용에서 「개인정보 보호법 시행령」에 따른 고유식별정보 등 '개인 사생활의 비밀 또는 자유를 침해할 우려가 있는 정보'는 제외해야 한다.

(12) 지역공동주택관리지원센터 〈신설〉

① 지방자치단체의 장은 관할 지역 내 공동주택의 효율적인 관리에 필요한 지원 및 시책을 수행하기 위해 공동주택관리에 전문성을 가진 기관 또는 단체를 지역공동주택관리지원센터(이하 '지역센터'라 한다)로 지정할 수 있다.
② 지역센터는 다음의 업무를 수행한다.
　㉠ 법 제86조(공동주택관리 지원기구) 제1항 각 호에 따른 업무
　㉡ 소규모 공동주택에 대한 관리 지원 등
③ '지방자치단체'는 지역센터의 운영 및 사무처리에 필요한 비용을 예산의 범위에서 출연 또는 보조할 수 있다.

11. 공동주택 관리비리 신고센터 및 부정행위 금지 등 ★

(1) 공동주택 관리비리 신고센터 업무 및 절차 등

① 설치	국토교통부장관은 공동주택 관리비리 신고센터(이하 '신고센터'라 한다)를 설치·운영할 수 있다.
② 업무	㉠ 공동주택관리의 불법행위와 관련된 신고의 상담 및 접수 ㉡ 지방자치단체의 장에게 '해당 신고사항'에 대한 조사 및 조치 요구 ㉢ 신고인에게 조사 및 조치 결과의 요지 등 통보
③ 절차	㉠ 공동주택관리 관련 불법행위를 인지한 자는 신고센터에 신고 가능 ㉡ 신고를 하려는 자는 '자신의 인적사항'과 '신고 취지·이유·내용'을 적고 서명한 문서와 함께 신고대상 및 증거 등을 제출 ㉢ 위 ②의 ㉡의 요구를 받은 지방자치단체의 장은 '신속하게' 해당 요구에 따른 조사 및 조치를 완료하고 '완료한 날'부터 10일 이내 그 결과를 국토교통부장관에게 통보하여야 하며, 국토교통부장관은 통보를 받은 경우 '즉시' 신고자에게 그 결과의 요지를 알려야 한다.
④ 영 제96조의5	㉠ 신고센터는 '신고서를 받은 날'부터 10일 이내 지방자치단체의 장에게 신고사항에 대한 조사 및 조치를 요구하고, 그 사실을 신고자에게 통보하여야 한다. ㉡ 지방자치단체의 장은 '요구를 받은 날'부터 60일 이내 조사 등을 완료하고, '조사 및 조치를 완료한 날'부터 10일 이내에 국토교통부장관에게 통보하여야 한다. 다만, '60일 이내에 처리가 곤란한 경우'에는 '한 차례만' 30일 이내 범위에서 그 기간을 연장할 수 있다. [위 ③의 ㉢과 비교]

(2) 신분 확인 등

① 신분 확인	㉠ 신고센터는 신고자가 신분공개에 동의하는지 여부를 '확인'할 수 있다. ㉡ 신고센터는 '신분공개의 동의 여부를 확인하는 경우'에는 신고내용의 처리절차 및 신분공개의 절차 등에 관하여 설명하여야 한다. ㉢ 신고센터는 신고서가 필요한 요건을 갖추지 못한 경우 15일 이내 기간을 정해 보완하게 하되, 보완이 곤란한 경우 보완기간을 따로 정할 수 있다.
② 종결 처리	신고센터는 다음의 경우 접수된 신고를 종결할 수 있다. ㉠ 신고내용이 명백히 거짓인 경우 ㉡ 위 ①의 ㉢에 따른 보완요구를 받고도 '보완기간 내' 보완(×) ㉢ 신고에 대한 처리결과를 통보받은 사항에 대하여 정당한 사유 없이 다시 신고한 경우로서 '새로운 증거자료 또는 참고인'이 없는 경우

(3) 부정행위 금지 등

① **공동주택**의 **관리**와 관련하여 **입주자대표회의**(**구성원**을 포함)와 **관리사무소장**은 공모(共謀)하여 부정하게 재물 또는 재산상의 이익을 취득하거나 제공하여서는 아니 된다. [위반자: **3년 이하**의 징역 또는 **3천만원 이하**의 벌금]
② **공동주택**의 **관리**(관리사무소장등 근로자의 채용을 포함)와 관련하여 **입주자등·관리주체·입주자대표회의·선거관리위원회**(**위원**을 포함)는 부정하게 재물 또는 재산상의 이익을 취득하거나 제공하여서는 아니 된다. [위반자: **2년 이하**의 징역 또는 **2천만원 이하**의 벌금]
③ **입주자대표회의** 및 **관리주체**는 **관리비·사용료**와 **장기수선충당금**을 이 법에 따른 용도 외의 목적으로 사용하여서는 아니 된다. [위반자: **1천만원 이하**의 **과태료**]
④ **주택관리업자** 및 **주택관리사등**은 다른 자에게 자기의 성명 또는 상호를 사용하여 이 법에서 정한 사업이나 업무를 수행하게 하거나 그 등록증 또는 자격증을 대여하여서는 아니 된다. [위반자: 1년 이하의 징역 또는 1천만원 이하의 벌금]

12. 벌칙 등

(1) 양벌 규정

① '법인'의 **대표자**나 '법인 또는 개인'의 **대리인**, **사용인**, 그 밖의 **종업원**이 '그 법인 또는 개인의 업무'에 관하여 다음 (2)부터 (4)까지의 **위반행위**를 하면 '**그 행위자**'를 벌하는 '**외**'에 '**그 법인 또는 개인**'에게도 **해당 조문의 벌금형**을 과(科)한다.
② 다만, '법인 또는 개인'이 그 위반행위를 방지하기 위하여 해당 업무에 관하여 **상당한 주의와 감독**을 게을리하지 아니한 경우에는 그러하지 아니하다.

(2) 3년 이하의 징역 또는 3천만원 이하의 벌금

① 위 11.의 (3)의 ①을 위반하여 **공모**하여 부정하게 재물 등을 취득한 자
② 다만, '그 위반행위로 얻은 이익'의 100**분의** 50에 해당하는 금액이 3**천만원**을 초과하는 자는 3년 **이하**의 징역 또는 '**그 이익의 2배에 해당하는 금액**' 이하의 '**벌금**'에 처한다.

(3) 2년 이하의 징역 또는 2천만원 이하의 벌금

① **등록을 하지 아니하고** '**주택관리업**'을 운영한 자 또는 **거짓**으로 **등록**한 자
② 위 11.의 (3)의 ②를 위반하여 부정하게 재물 등을 취득한 자. 다만, '그 위반행위로 얻은 이익'의 100**분의** 50에 해당하는 금액이 2**천만원**을 초과하는 자는 2년 **이하**의 징역 또는 '**그 이익의 2배에 해당하는 금액**' 이하의 '**벌금**'에 처한다.

(4) 1년 이하의 징역 또는 1천만원 이하의 벌금

① 회계감사를 받지 아니하거나 부정한 방법으로 받은 자
② 회계감사를 방해하는 등의 행위를 한 자
③ 회계서류 장부, 증빙서류를 작성 또는 보관하지 아니하거나 거짓으로 작성한 자
④ '허가'받지 않고 **'용도변경'** 및 **'파손 등'**을 한 자
⑤ **하자분쟁조정위원회 및 중앙분쟁조정위원회 위원 등의 누설금지 규정 위반**
⑥ **'영업정지기간에 주택관리업'**을 하거나 **'등록이 말소된 후 주택관리업'**을 한 자
⑦ 주택관리사등의 자격을 취득하지 아니하고 관리사무소장의 업무를 수행한 자 또는 해당 자격이 없는 자에게 이를 수행하게 한 자
⑧ 등록증 또는 자격증의 대여 등을 한 **'주택관리업자'** 및 **'주택관리사등'**
⑨ 법령에 따른 조사 또는 검사나 감사를 거부·방해 또는 기피한 자
⑩ 법 제94조에 따른 공사 중지 등의 명령을 위반한 자

(5) 1천만원 이하의 벌금

① (자치관리의 경우) 기술인력 또는 장비를 갖추지 아니하고 관리행위를 한 자
② 법령을 위반하여 **주택관리사등을 배치하지 아니한 자**

(6) 2천만원 이하의 과태료

'하자보수보증금'을 이 법에 따른 용도 외의 목적으로 사용한 자

(7) 1천만원 이하의 과태료

① 법령을 위반하여 공동주택의 관리업무를 인계하지 아니한 자
② 수립·조정된 **장기수선계획에 따라 주요시설을 교체하거나 보수하지 아니한 자**
③ 법령에 따라 '판정받은 하자'를 보수하지 아니한 자
④ 법 제52조(주택관리업의 등록) 제5항을 위반하여 **유사명칭을** 사용한 자
⑤ 법 제93조(공동주택관리에 관한 감독) 제1항에 따른 명령을 위반한 자
⑥ 법령을 위반하여 관리사무소장을 해임하거나 해임하도록 주택관리업자에게 요구한 자
⑦ **관리비·사용료·장기수선충당금을** 이 법에 따른 용도 외의 목적으로 사용한 자

(8) 5백만원 이하의 과태료

① 6개월 이내에 '자치관리기구를 구성하지 아니한 자'
② 법령을 위반하여 '주택관리업자 또는 사업자를 선정한 자'
③ 의무관리대상 공동주택의 전환 및 제외, 관리방법의 결정 및 변경, 관리규약의 제정 및 개정, 입주자대표회의의 구성 및 변경 등의 신고를 하지 아니한 자

④ 회의록을 작성하여 보관하게 하지 아니한 자
⑤ 회의록의 열람 청구 또는 복사 요구에 응하지 아니한 자
⑥ 법령을 위반하여 관리비 등의 내역을 공개하지 아니하거나 거짓으로 공개한 자
⑦ 회계감사의 결과 보고, 공개의무 위반, 거짓으로 보고하거나 공개한 자
⑧ 회계감사 결과를 제출 또는 공개하지 아니하거나 거짓으로 제출 또는 공개한 자
⑨ 회계장부, 증빙서류 등의 정보에 대한 열람, 복사 요구에 불응하거나 거짓으로 응한 자
⑩ 주택관리업자, 사업자와 계약서를 공개하지 아니하거나 거짓으로 공개한 자
⑪ 장기수선계획을 수립하지 아니하거나 검토하지 아니한 자 또는 장기수선계획에 대한 검토사항을 기록하고 보관하지 아니한 자
⑫ 장기수선충당금을 적립하지 아니한 자
⑬ 설계도서 등을 보관하지 아니하거나 시설의 교체 및 보수 등의 내용을 기록·보관·유지하지 아니한 자
⑭ 안전관리계획을 수립 또는 시행하지 아니하거나 교육을 받지 아니한 자
⑮ 안전점검을 실시하지 아니하거나 입주자대표회의 또는 시장·군수·구청장에게 통보 또는 보고하지 아니하거나 필요한 조치를 하지 아니한 자
⑯ 법 제35조(행위허가 기준 등) 제1항 각 호의 행위를 '신고'하지 아니하고 행한 자
⑰ 하자보수에 대한 시정명령을 이행하지 아니한 자
⑱ 법 제38조(하자보수보증금의 예치 및 사용) 제2항에 따른 신고를 하지 아니하거나 거짓으로 신고한 자
⑲ 하자분쟁조정위원회 출석요구에 응하지 아니한 안전진단기관, 관계 전문가
⑳ 하자분쟁 조정등에 대한 답변서를 하자분쟁조정위원회에 제출하지 아니한 자 또는 분쟁조정 신청에 대한 답변서를 중앙분쟁조정위원회에 제출하지 아니한 자
㉑ 하자분쟁 조정등에 응하지 아니한 자(입주자 및 임차인은 제외) 또는 중앙분쟁조정에 응하지 아니한 자
㉒ 하자분쟁 조사·검사 및 열람을 거부하거나 방해한 자
㉓ 주택관리업의 등록사항 변경신고를 하지 아니하거나 거짓으로 신고한 자
㉔ 법 제63조(관리주체의 업무 등) 제2항을 위반하여 공동주택을 관리한 자
㉕ 법령에 따른 관리사무소장 배치신고 또는 변경신고를 하지 아니한 자
㉖ 보증보험 등에 가입한 사실을 입증하는 서류를 제출하지 아니한 관리사무소장
㉗ 법 제70조(주택관리업자 등의 교육)에 따른 교육을 받지 아니한 자
㉘ 법 제92조(보고·검사 등) 제1항에 따른 보고 또는 검사의 명령을 위반한 자
㉙ 국토교통부장관 또는 지방자치단체의 장으로부터 통보받은 명령, 조사 또는 검사, 감사 결과 등의 내용을 공개하지 아니하거나 거짓으로 공개한 자 또는 열람, 복사 요구에 따르지 아니하거나 거짓으로 따른 자

PART 3

민간임대주택에 관한 특별법

출제경향

최근 5개년
평균 출제문항 수 **2.0개**

최근 5개년
평균 출제비중 **5.0%**

핵심주제

CHAPTER 01 총칙 및 건설	총칙(용어의 정의), 임대사업자, 조합, 토지등의 우선공급, 지구 비교
CHAPTER 02 임대주택의 공급 및 관리	임대주택의 공급, 민간임대주택, 임대보증금에 대한 보증(가산금리), 임대주택의 관리, 임차인대표회의, 임대주택분쟁조정위원회

합격전략

제18회 시험까지 「임대주택법」은 꾸준히 4문제 정도가 출제된 바 있으며, 「임대주택법」이 「민간임대주택에 관한 특별법」 및 「공공주택 특별법」으로 이관되어, 제19회 시험부터 제27회 시험까지 「민간임대주택에 관한 특별법」이 매회 2문제씩 출제되었습니다. 주관식의 경우에는 5개년 평균 1문제가 출제되었습니다. 제28회 시험의 경우에도 객관식 2문제, 주관식 1문제가 출제될 것으로 예상됩니다.

이 법에서는 공공지원민간임대주택을 비롯한 '용어의 정의'가 중요하게 다루어집니다. 특히, 용어의 정의 중 민간임대주택이 될 수 있는 '준주택'에서 신설 및 개정된 부분이 있으므로 더욱 유의 깊게 학습할 필요가 있으며, 민간임대주택의 종류 및 뜻, 주택임대관리업자, 임대사업자의 등록, 임대의무기간, 임대료, 임대차계약의 해지 등 사유, 임대보증금에 대한 보증, 임대차계약의 신고, 임차인대표회의, 장기수선계획 및 특별수선충당금, 가산금리 등이 중요 부분이므로 유의 깊게 학습하시기 바랍니다.

CHAPTER

01 총칙 및 건설

▶ **연계학습** | 에듀윌 기본서 2차 [주택관리관계법규 上] p.292 회독체크 1 2 3

1. 용어의 정의 ★

(1) 민간임대주택

➲ 체계도 핵심 62~63 참고

① '민간건설임대주택'이란 다음의 어느 하나에 해당하는 민간임대주택을 말한다.

㉠ 임대사업자가 임대를 목적으로 건설하여 임대하는 주택

㉡ 「주택법」 제4조에 따라 등록한 주택건설사업자가 같은 법 제15조에 따라 사업계획승인을 받아 건설한 주택 중 사용검사 때까지 분양되지 아니하여 임대하는 주택

② '민간매입임대주택'이란 임대사업자가 매매 등으로 소유권을 취득하여 임대하는 민간임대주택을 말한다.

(2) 공공지원민간임대주택

① 의의	임대사업자가 다음 ②의 민간임대주택을 10년 이상 임대할 목적으로 취득하여 이 법에 따른 임대료 및 임차인의 자격 제한 등을 받아 임대하는 민간임대주택을 말한다.
② 공공지원	㉠ 주택도시기금의 출자를 받아 건설 또는 매입하는 민간임대주택 ㉡ 법령에 따라 용적률을 완화받아 건설하는 민간임대주택 ㉢ 공공지원민간임대주택 공급촉진지구에서 건설하는 민간임대주택 등

(3) 장기일반민간임대주택

임대사업자가 공공지원민간임대주택이 아닌 주택을 10년 이상 임대할 목적으로 취득하여 임대하는 민간임대주택[아파트(도시형 생활주택이 아닌 것을 말한다)를 임대하는 민간매입임대주택은 '제외'한다]을 말한다.

(4) 단기민간임대주택

임대사업자가 6년 이상 임대할 목적으로 취득하여 임대하는 민간임대주택[아파트(주택법 제2조 제20호의 도시형 생활주택이 아닌 것을 말한다)는 제외한다]을 말한다. 〈신설, 시행일: 2025.6.4.〉

(5) 공공지원민간임대주택 공급촉진지구

공공지원민간임대주택의 공급을 촉진하기 위하여 법 제22조에 따라 지정하는 지구

(6) 복합지원시설

의의	공공지원민간임대주택에 거주하는 임차인 등의 경제활동과 일상생활을 지원하는 시설로서 대통령령으로 정하는 '다음의 시설'
'다음의 시설'	제1종 근린생활시설, 제2종 근린생활시설, 문화 및 집회시설, 소매시장 등, 교육연구시설, 노유자시설, 운동시설, 업무시설 등

(7) 역세권등

① 의의	다음의 시설부터 1킬로미터 거리 이내에 위치한 지역을 말한다. ㉠ 철도 관련 법에 따라 건설 및 운영되는 **철도역** ㉡ 「간선급행버스체계의 건설 및 운영에 관한 특별법」에 따른 **환승시설** ㉢ 「산업입지 및 개발에 관한 법률」에 따른 **산업단지** ㉣ 「수도권정비계획법」에 따른 인구집중유발시설로서 다음의 시설 ⓐ 「고등교육법」에 따른 대학, 산업대학, 교육대학 및 전문대학 ⓑ 「건축법 시행령」 [별표 1] 제10호 마목에 따른 **연구소** ㉤ 그 밖에 해당 지방자치단체의 **조례**로 정하는 시설
② 증감	시·도지사는 '조례'로 위 ①의 거리를 50퍼센트 범위에서 증감 가능

(8) 주거지원대상자

① 의의	청년·신혼부부 등 '주거지원이 필요한 사람'으로서 '**국토교통부령**으로 정하는 다음 ②의 요건'을 충족하는 사람을 말한다.
② 국토교통부령으로 정하는 요건	㉠ 공급 비율 ⓐ 일반공급 대상자: 80퍼센트 '미만' ⓑ 특별공급 대상자: 20퍼센트 '이상' ㉡ 임차인 자격(공통: 무주택자, 소득 120퍼센트 이하, 자산요건 충족) ⓐ 청년: 혼인 중이 아닐 것, 19세 이상 39세 이하 ⓑ 신혼부부: 혼인 합산기간 7년 이내 ⓒ 고령자: 65세 이상

(9) 임대사업자

「공공주택 특별법」에 따른 **공공주택사업자**가 '아닌 자'로서 **1호 이상**의 민간임대주택을 취득하여 임대하는 사업을 할 목적으로 법 제5조에 따라 **등록**한 자를 말한다.

「공공주택 특별법」에 따른 '공공주택사업자'

① 국가 또는 지방자치단체
② 「한국토지주택공사법」에 따른 한국토지주택공사
③ 「지방공기업법」 제49조에 따라 주택사업을 목적으로 설립된 지방공사
④ 「공공기관의 운영에 관한 법률」 제5조에 따른 공공기관 중 대통령령으로 정하는 기관
⑤ 위 ①부터 ④까지의 어느 하나에 해당하는 자가 총지분 **100분의 50을 초과**하여 출자·설립한 법인
⑥ 주택도시기금 또는 위 ①부터 ④까지 규정 중 어느 하나에 해당하는 자가 **총지분의 전부**를 출자(공동으로 출자한 경우를 포함)하여 「부동산투자회사법」에 따라 설립한 부동산투자회사

(10) 준주택 정리표

준주택	민간임대주택 ('준주택')	공공임대주택[1] ('공공준주택')
기숙사	○	○ (전용면적이 85제곱미터 이하일 것)
다중생활시설	×	○ (전용면적이 85제곱미터 이하일 것)
노인복지주택	×	○ (전용면적이 85제곱미터 이하일 것)
오피스텔[2]	○ (전용면적이 **120제곱미터 이하**)	○ (전용면적이 **85제곱미터 이하**)

1. '공공준주택의 면적'은 「주거기본법」 제17조에 따라 **국토교통부장관**이 공고한 최저주거기준 중 **1인 가구**의 **최소 주거면적**을 '만족'하여야 한다.
2. **상하수도 시설**이 갖추어진 **전용 입식 부엌**, **전용 수세식 화장실** 및 **목욕시설**(전용 수세식 화장실에 목욕시설을 갖춘 경우를 포함한다)을 갖출 것

➲ 준주택은 '주거용이 아닌 용도'로 사용할 수 없다.

(11) 국가 등의 지원

① **국가, 지방자치단체**는 민간임대주택의 공급 확대 등을 위하여 **주택도시기금** 등의 자금을 우선적으로 지원하고, **조세**를 **감면**할 수 있다.
② 국가 및 지방자치단체는 **'공유형 민간임대주택'**의 활성화를 위하여 **임대사업자** 및 **임차인**에게 필요한 행정지원을 할 수 있다.

2. 임대사업자

(1) 등록신청 등

① 주택을 임대하려는 자는 특별자치시장·특별자치도지사·시장·군수 또는 자치구의 구청장(이하 '**시장·군수·구청장**'이라 한다)에게 **등록**을 **신청할 수 있다**. 다만, 외국인은 국내에 체류하는 자로서 「출입국관리법」 제10조의 체류자격에 따른 활동범위를 고려하여 대통령령으로 정하는 체류자격에 해당하는 경우에 한정하여 등록을 신청할 수 있다. 〈개정〉

② '임대사업자로 등록할 수 있는 자'는 다음 **(2)**와 같다.

③ '2인 이상이 공동으로 건설하거나 소유하는 주택의 경우'에는 **공동명의**로 **등록**해야 한다.

④ **등록신청 거부사유**: 다음의 경우에는 등록신청을 거부할 수 있다.

㉠ 신용도, 부채비율을 고려하여 임대보증금 보증 가입이 현저히 곤란하다고 판단되는 경우

㉡ 해당 주택이 **정비사업** 또는 **소규모주택정비사업**으로 인하여 '임대의무기간 내' **멸실 우려**가 있다고 판단되는 경우

㉢ 해당 신청인의 국세 또는 지방세 체납 기간, 금액 등을 고려할 때 임차인에 대한 보증금반환채무의 이행이 현저히 곤란한 경우로서 '대통령령으로 정하는 경우'

⑤ 위 ④의 ㉢에서 '대통령령으로 정하는 경우'란 임대사업자로 등록하려는 자가 등록신청 당시 체납한 국세 및 지방세의 합계액이 **2억원 이상인 경우**를 말한다. 이 경우 체납한 국세 및 지방세와 관련하여 다음의 불복절차가 진행 중인 체납액은 제외하고 산정한다. 〈신설〉

㉠ 「국세기본법」에 따른 이의신청, 심사 청구, 심판 청구

㉡ 「지방세기본법」에 따른 이의신청, 심판 청구

㉢ 「감사원법」에 따른 심사 청구

㉣ 「행정소송법」에 따른 행정소송

(2) 임대사업자로 등록할 수 있는 자

① 민간임대주택으로 등록할 주택을 '**소유**'한 자['**임차**'한 자(×)]

② **등록할 주택을 '취득하려는 계획이 확정되어 있는 자'로서 다음의 자**

㉠ 등록할 주택을 건설하기 위하여 '**사업계획승인**'을 받은 자

㉡ 등록할 주택을 건설하기 위하여 '**건축허가**'를 받은 자

㉢ 등록할 주택을 매입하기 위하여 '**매매계약**'을 체결한 자

㉣ **등록할 주택을 매입하기 위해 '분양계약을 체결한 자'로서 다음의 자**

ⓐ '**등록신청일**'을 **기준**으로 '**잔금지급일**'이 **3개월 이내**인 자

ⓑ '**등록신청일**'이 분양계약서에 따른 '**잔금지급일**' '**이후**'인 자

③ 등록할 주택을 취득하려는 앞의 ② 외의 자로서 다음의 자

㉠ 「주택법」 제4조에 따라 **등록한 주택건설사업자**

㉡ 「부동산투자회사법」 제2조 제1호에 따른 **부동산투자회사**

㉢ 「조세특례제한법」 제104조의31 제1항에 해당하는 **투자회사**

㉣ 「자본시장과 금융투자업에 관한 법률」 제9조 제18항에 따른 **집합투자기구**

㉤ 소속 근로자에게 임대하기 위해 민간임대주택을 건설하려는 **고용자(법인으로 한정)**

(3) 등록 결격사유

과거 5년 이내에 민간임대주택 또는 공공임대주택사업에서 **부도가 발생한 사실이 있는 자**는 임대사업자로 등록할 수 없다.

(4) 구분등록, 변경신고 등 및 절차

구분등록 의무	① 민간건설임대주택 및 민간매입임대주택 ② 공공지원민간임대주택, 장기일반민간임대주택, 단기민간임대주택
'변경' 신고	① **등록한 사항의 변경:** '시장·군수·구청장'에게 30일 이내 변경 신고 ② 국토교통부령으로 정하는 '**다음 ③의 경미한 사항**'은 신고 불요 ③ **민간임대주택의 면적을 '다음 구분에 따른 해당 민간임대주택의 규모 구간을 벗어나지 아니하는 범위'에서 10퍼센트 이하로 증축하는 것** ㉠ 40제곱미터 이하 ㉡ 40제곱미터 초과 60제곱미터 이하 ㉢ 60제곱미터 초과 85제곱미터 이하 ㉣ 85제곱미터 초과
절차	① 신청서를 '**임대사업자의 주소지**' 관할 시장·군수·구청장 **또는** '**민간임대주택의 소재지**' 관할 시장·군수·구청장에게 제출 ② '**민간임대주택의 소재지**' 관할 시장·군수·구청장이 신청서를 받은 경우, 즉시 '**임대사업자의 주소지**' 관할 시장·군수·구청장에게 **이송** ③ 등록기준에 적합하면 **등록대장**에 올리고 신청인에게 **등록증 발급**

(5) 등록말소사유

① 거짓이나 그 밖의 부정한 방법으로 등록한 경우(필요적 등록말소사유)

② 임대사업자가 '등록'한 후 '**다음 (8)의 기간 안**'에 취득하지 아니하는 경우

③ '등록한 날부터 **3개월**이 지나기 전' 또는 '임대의무기간이 지난 후' **등록말소** 신청

④ 등록기준을 갖추지 못한 경우

⑤ 법 제43조 제2항(신고, **다른 임대사업자**)에 따라 **양도한 경우**

⑥ 법 제43조 제4항(부도 등 사유, 허가, 임대사업자가 아닌 자)에 따라 **양도한 경우**
⑦ 임대조건을 위반한 경우
⑧ 임대차계약을 해제·해지하거나 재계약을 거절한 경우
⑨ 준주택에 대한 용도제한을 위반한 경우
⑩ 법 제48조 제1항 제2호(임대사업자의 설명 의무)를 위반한 경우
⑪ 대통령령으로 정하는 다음의 경우
  ㉠ 임차인이 보증금 반환에 대하여 소송을 제기하여 **승소판결**이 확정되었으나 임대사업자가 **보증금을 반환하지 않는 경우**
  ㉡ 보증금 반환과 관련하여 주택임대차분쟁조정위원회가 작성한 조정안을 각 당사자가 수락하여 **조정이** 성립되었으나 임대사업자가 **보증금을 반환하지 않는 경우**
⑫ '임대차계약 신고 등'을 하지 아니하여 시장·군수·구청장이 '보고'를 하게 하였으나 거짓으로 보고하거나 3회 이상 불응한 경우
⑬ 임대보증금에 대한 보증에 가입하지 아니한 경우로서 대통령령으로 정하는 다음의 경우
  ㉠ 임대사업자가 보증에 가입하지 않아 시장·군수·구청장이 **3회 이상** 보증가입을 요구했으나 임대사업자가 **보증에 가입하지 않은 경우**
  ㉡ 보증대상 금액이 있음에도 불구하고 보증대상 금액이 없음을 이유로 임대사업자가 **보증에 가입하지 않은 경우**
  ㉢ 법 제49조 제7항(임대보증금에 대한 보증에 가입하지 아니할 수 있는 경우)에 '해당하지 않음'에도 불구하고 '해당함을 이유'로 임대사업자가 **보증에 가입하지 않은 경우**

(6) 임대사업자의 결격사유

다음의 어느 하나에 해당하는 자는 임대사업자로 등록할 수 없다.
① **미성년자**
② 일정한 법령 규정에 따라 **등록이 전부 말소된 후 2년이** 지나지 아니한 자
③ 임차인에 대한 보증금반환채무의 이행과 관련하여 「형법」 제347조(사기)의 죄를 범하여 금고 이상의 형을 선고받고 집행이 종료(집행이 종료된 것으로 보는 경우를 포함)되거나 그 집행이 면제된 날부터 2년이 지나지 아니한 자
④ 위 ③에 따른 죄를 범하여 형의 집행유예를 선고받고 그 유예기간 중에 있는 자

(7) 임대사업자의 임대주택 변경·추가 등록 제한 등

임대사업자 등록이 일부 말소된 후 2년이 지나지 아니한 자는 '등록한 임대주택 외'에 등록사항 변경신고를 통하여 '임대주택'을 변경·추가 등록할 수 없다.

(8) 등록이 말소되는 취득기간

① **'사업계획승인'**(등록할 주택을 건설하기 위하여 '사업계획승인'을 받은 자): 임대사업자로 등록한 날부터 **6년**
② **'건축허가'**(등록할 주택을 건설하기 위하여 '건축허가'를 받은 자): 임대사업자로 등록한 날부터 **4년**
③ **'매매계약'**(등록할 주택을 매입하기 위하여 '매매계약'을 체결한 자): 임대사업자로 등록한 날부터 **3개월**
④ **'분양계약'**(등록할 주택을 매입하기 위하여 '분양계약'을 체결한 자): 임대사업자로 등록한 날부터 **1년**
⑤ **등록할 주택을 취득하려는 자**: 임대사업자로 등록한 날부터 **6년**

(9) 등록말소의 절차

① **등록말소**하는 경우: **청문** 의무
② 등록말소를 신청하려는 임대사업자는 신청서를 **임대사업자의 주소지**를 관할하는 시장·군수·구청장 또는 해당 **민간임대주택의 소재지**를 관할하는 시장·군수·구청장에게 제출해야 한다. 이 경우 **민간임대주택의 소재지**를 관할하는 시장·군수·구청장이 신청서를 제출받은 경우에는 즉시 **임대사업자의 주소지**를 관할하는 시장·군수·구청장에게 **이송**해야 한다.

(10) 등록 민간임대주택의 부기등기 [위반자: 5백만원 이하의 과태료]

① **임대사업자**는 등록한 민간임대주택이 **'임대의무기간'**과 **'임대료 증액기준'**을 **준수**하여야 하는 재산임을 소유권등기에 **부기등기**(附記登記)하여야 한다.
② 부기등기는 **'임대사업자의 등록 후' 지체 없이** 하여야 한다. 다만, '임대사업자로 등록한 이후에 소유권보존등기를 하는 경우'에는 **소유권보존등기**와 **동시**에 하여야 한다.
③ 부기등기에는 "이 주택은 임대사업자가 임대의무기간 동안 계속 임대해야 하고, 임대료 증액기준을 준수해야 하는 민간임대주택임"이라고 표기해야 한다.

3. 민간임대협동조합

(1) 조합원 모집신고, 공개모집 [위반자: 2년 이하의 징역, 2천만원 이하의 벌금]

① 원칙	'대통령령으로 정하는 다음 ② 호수 이상'의 주택을 공급할 목적으로 설립된 **협동조합** 또는 **사회적협동조합**(이하 '**민간임대협동조합**'이라 한다)이나 '민간임대협동조합의 **발기인**'이 조합원을 모집하려는 경우 '민간임대주택 건설대지'의 관할 **시장·군수·구청장**에게 '신고'하고, **공개모집의 방법**으로 조합원을 '모집'하여야 한다.
② 대통령령	㉠ 「건축법 시행령」(협의)의 **단독주택, 다중주택, 다가구주택**: 30호 ㉡ '**준주택**' 또는 「건축법 시행령」 **아파트, 연립주택, 다세대주택**: 30세대
③ 예외	'**공개모집 이후**' 조합원의 사망·자격상실 등을 미달된 조합원을 **재모집**하는 경우에는 신고하지 아니하고 **선착순의 방법**으로 조합원을 모집할 수 있다.
④ 수리통보	'신고받은 시장·군수·구청장'은 신고내용이 이 법에 적합한 경우, **신고**를 수리하고 그 사실을 '신고인'에게 **통보**하여야 한다.
⑤ 수리거부 사유	㉠ 건설대지의 80**퍼센트 이상**의 **토지**의 **사용권원**을 확보하지 못한 경우 ㉡ 이미 신고된 사업대지와 전부 또는 일부가 **중복**되는 경우 ㉢ 해당 민간임대주택 건설대지에 민간임대협동조합이 건설하는 주택을 건설할 수 **없는** 경우 ㉣ 해당 민간임대주택을 공급받을 수 **없는** '**조합원을 모집**'하려는 경우 ㉤ 신고한 내용이 사실과 다른 경우

(2) 조합원 모집 시 설명 의무 [위반자: 5백만원 이하의 과태료]

① '**모집주체**'는 민간임대협동조합 **가입 계약 체결 시** 다음 사항을 **조합가입신청자**에게 **설명**하고 이를 **확인**받아야 한다.
 ㉠ 조합원의 권리와 의무에 관한 사항
 ㉡ '해당 민간임대주택 건설대지'의 **위치와 면적** 및 **사용권, 소유권 확보 현황**
 ㉢ 해당 민간임대주택을 공급받을 수 있는 **조합원의 자격**에 관한 사항 등

② 모집주체는 설명한 내용을 조합가입신청자가 이해했음을 서명 또는 기명날인의 방법으로 확인받아 조합가입신청자에게 교부해야 한다.

4. 청약 철회 및 가입비등의 반환 등

(1) 청약 철회 및 가입비등의 반환 등

① 조합가입신청자가 가입 계약을 체결하면 모집주체는 가입비등을 '대통령령으로 정하는 기관(예치기관)'에 예치하게 하여야 한다. [위반자: 2-2]
② 조합가입신청자는 가입 계약체결일부터 30일 이내 청약을 철회할 수 있다.
③ '청약 철회를 서면으로 하는 경우'에는 청약 철회의 의사를 표시한 서면을 발송한 날에 그 효력이 발생한다.
④ 모집주체는 조합가입신청자가 청약 철회를 한 경우 청약 철회 의사가 도달한 날부터 7일 이내에 예치기관의 장에게 가입비등의 반환을 요청해야 한다. [위반자: 2-2]
⑤ 예치기관의 장은 가입비등 반환 요청을 받은 경우 요청일부터 10일 이내 가입비등을 조합가입신청자에게 반환하여야 한다.
⑥ 조합가입신청자가 위 ② 기간 이내에 청약 철회를 하는 경우 모집주체는 조합가입신청자에게 청약 철회를 이유로 위약금 또는 손해배상을 청구할 수 없다.

(2) 가입비등의 예치

① 위 (1)의 ①에서 '대통령령으로 정하는 기관'이란 다음의 기관을 말한다.
㉠ 「은행법」에 따른 은행
㉡ 「우체국예금·보험에 관한 법률」에 따른 체신관서
㉢ 「보험업법」에 따른 보험회사
㉣ 「자본시장과 금융투자업에 관한 법률」에 따른 신탁업자
② 모집주체는 위 ①의 기관과 가입비등의 예치에 관한 계약을 체결해야 한다.
③ 조합가입신청자는 가입 계약을 체결하면 예치기관에 가입비등 예치신청서를 제출해야 한다.
④ 예치기관은 '위 ③의 신청을 받은 경우' 가입비등을 예치기관의 명의로 예치해야 하고, 이를 다른 금융자산과 분리하여 관리해야 한다.
⑤ 예치기관의 장은 위 ④에 따라 '가입비등을 예치한 경우'에는 '모집주체'와 '조합가입신청자'에게 각각 '국토교통부령으로 정하는 증서'를 내주어야 한다.

(3) 가입비등의 지급 및 반환

> ① 모집주체는 앞의 (1)의 ④에 따라 가입비등 반환을 요청하는 경우 '국토교통부령으로 정하는 **요청서**'를 **예치기관의 장**에게 제출해야 한다.
> ② **모집주체**는 민간임대협동조합 **가입 계약 체결일부터** 30일이 지난 경우 **예치기관의 장**에게 가입비등의 지급을 **요청**할 수 있다. 이 경우 **모집주체**는 '국토교통부령으로 정하는 **요청서**'를 **예치기관의 장**에게 제출해야 한다.
> ③ **예치기관의 장**은 위 ②의 요청서를 받은 경우 요청일부터 10일 **이내** '가입비등'을 모집주체에게 지급해야 한다.

PART 3

5. 토지등의 우선 공급

(1) 비교표

구분	주택법	민간임대주택에 관한 특별법
우선 공급 1	국가, 지방자치단체 → 50퍼센트 국민주택규모, 조합에 우선 공급 가능	'국가 등'[1] → '민간임대주택을 건설하려는 임대사업자'에게 우선 공급 가능
우선 공급 2	–	'국가 등' → 조성토지 중 1퍼센트 이상의 범위에서 대통령령으로 정하는 비율(3퍼센트) 이상을 **임대사업자**에게 우선 공급할 의무[2]
공급받은 자의 의무	2년 이내의 건설 등	4년 이하의 범위에서 대통령령으로 정하는 기간(2년 이내)에 건설
위반자	환매 또는 임대계약 취소	환매[3] 또는 임대차계약 해제, 해지

1. '국가 등' = 국가·지방자치단체·공공기관 또는 지방공사
2. 소속 근로자에게 임대하기 위하여 민간임대주택을 건설하려는 고용자(법인에 한정)로서 임대사업자로 등록한 자를 포함하며, 해당 토지는 2개 단지 이상의 '공동주택용지 공급계획이 포함된 경우'로서 15만 제곱미터 이상이어야 한다.
3. ① 토지등을 공급하는 자는 공급한 날부터 2년 이내에 착공하지 아니하면 환매하거나 임대차계약을 해제·해지할 수 있다는 '특약 조건'을 붙여 공급하여야 하며, 환매 특약은 등기 의무가 있다.
   ② '공급한 자'는 토지등을 공급한 날부터 1년 6개월 이내 착공통지가 없는 경우, '공급받은 자'에게 지체 없이 착공할 것을 촉구하여야 한다.

(2) 법 제18조 제6항 관련 내용

① 내용	'사업주체가 주택'을 공급하는 경우, 해당 규정에도 불구하고 '그 주택'을 **'공공지원민간임대주택'** 또는 **'장기일반민간임대주택'**으로 운영하려는 **임대사업자**에게 **주택**(**'분양가상한제 적용주택'**은 **제외**) **전부**를 **우선적**으로 공급할 수 있다.
② 보증가입	**임대사업자**는 다음 주택을 임대하는 경우 **임대보증금**에 대한 **보증**에 **가입**하여야 한다. ㉠ **민간건설임대주택** ㉡ 위 ①에 따라 분양주택 전부를 우선 공급받아 임대하는 **민간매입임대주택** ㉢ 동일 주택단지에서 100호 이상으로서 대통령령으로 정하는 호수(100호) 이상의 주택을 임대하는 **민간매입임대주택**(위 ㉡에 해당하는 민간매입임대주택은 제외한다) ㉣ 위 ㉡과 ㉢ 외의 **민간매입임대주택**

(3) 수용 또는 사용

구분	주택법	민간임대주택에 관한 특별법
수용권자	'국가 등'인 사업주체만 수용 가능	요건을 갖춘 '임대사업자'는 수용 가능
수용 요건	'국민주택건설사업' 또는 '대지조성사업'	① **85제곱미터 이하** 민간임대주택 건설 ② **100호(세대) 이상** 건설 ③ 토지면적 **80퍼센트 이상 매입** ④ 나머지 취득(×) → 현저히 곤란
공익사업지정	–	**시·도지사**에게 공토법에 따른 지정 요청
의제	**'사업인정'**을 **'사업계획승인'**으로 본다.	**'사업계획승인'**을 받으면 공토법상 **사업인정** 의제를 받는다.
재결신청	공토법(1년 이내)에도 불구, **주택건설사업 기간 내**에 가능	공토법(1년 이내에 재결신청)에도 불구하고 **주택건설사업 기간 내**에 가능

(4) 용적률의 완화로 건설되는 주택의 공급 등

30호, 30세대 이상의 공공지원민간임대주택을 건설하는 사업에 대해 '완화용적률'을 적용하는 경우 '승인권자등'은 '임대사업자'에게 다음의 조치를 명할 수 있다.

① 완화용적률에서 기준용적률을 뺀 용적률의 50퍼센트 이하의 범위, 임대주택을 '건설', 시·도지사에게 공급하여야 한다(주택 공급가격은 건축비로 하고, 부속토지는 시·도지사에게 기부채납한 것으로 본다).

② 완화용적률에서 기준용적률을 뺀 용적률의 50퍼센트 이하의 범위, 부속토지에 해당하는 가격을 시·도지사에게 현금으로 납부하여야 한다

③ 완화용적률에서 기준용적률을 뺀 용적률의 100퍼센트 이하의 범위, 주거지원대상자에게 공급하는 임대주택을 건설하거나 복합지원시설을 설치하여야 한다.

④ 완화용적률에서 기준용적률을 뺀 용적률의 50퍼센트 이하의 범위, 임대주택을 건설하여 주거지원대상자에게 20년 이상 민간임대주택으로 공급하여야 한다.

(5) '건폐율, 용적률' 및 '층수'의 완화

① '승인권자등'은 임대사업자가 공공지원민간임대주택을 건설하기 위하여 사업계획승인 등을 신청하는 경우에 다음의 완화된 기준을 적용할 수 있다.

㉠ '건폐율' 및 '용적률'의 상한까지 완화

㉡ 연립주택, 다세대주택에 대하여 건축위원회 심의를 받은 경우 '주택으로 쓰는 층수'를 5층까지 건축할 수 있다.

② '공공지원민간임대주택'과 '아닌 시설'을 같은 건축물로 건축하는 경우, 전체 연면적 대비 '공공지원민간임대주택 연면적의 비율'이 50퍼센트 이상인 경우에 한정한다.

6. '지구' 비교

(1) 비교표

구분	공공지원민간임대주택 공급촉진지구	공공주택지구
법령	「민간임대주택에 관한 특별법」	「공공주택 특별법」
의의	'공공지원민간임대주택'이 50퍼센트 이상 공급될 수 있도록 지정·고시	'공공주택'이 전체 주택 중 50퍼센트 이상 공급[1]
지정권자	시·도지사 또는 국토교통부장관	국토교통부장관
지정지역	① 도시지역: 5천 제곱미터 이상 ② 기타: 2만 제곱미터 등	'공공주택지구조성사업'을 추진하기 위하여 필요한 지역
시행자	① 50퍼센트 이상 토지를 소유한 임대사업자 ② 공공주택사업자	공공주택사업자

1. 공공주택지구의 '공공주택 비율'은 다음의 구분에 따르며, '다음 ① 및 ②의 주택을 합한 주택'이 공공주택지구 전체 주택 호수의 100분의 50 '이상'이 되어야 한다.
   ① '공공임대주택': 전체 주택 호수의 100분의 35 '이상'
   ② '공공분양주택': 전체 주택 호수의 100분의 30 '이하'

(2) '공공지원민간임대주택 공급촉진지구'의 지정 요건

① 촉진지구는 다음의 요건을 '모두' 갖추어야 한다.
- ㉠ 전체 주택 호수의 50퍼센트 이상이 공공지원민간임대주택으로 건설·공급될 것
- ㉡ 촉진지구 면적은 '다음 ②의 면적 이상'일 것. 다만, 역세권등에서 촉진지구를 지정하는 경우 1천 제곱미터 이상의 범위에서 조례로 정하는 면적 이상이어야 한다.
- ㉢ 유상공급 토지면적 중 주택건설 용도가 아닌 토지로 공급하는 면적이 유상공급 토지면적의 50퍼센트를 초과하지 아니할 것

② '위 ①의 ㉡의 면적'이란 다음의 구분에 따른 면적을 말한다.
- ㉠ 도시지역: 5천 제곱미터
- ㉡ 도시지역과 인접한 다음의 지역: 2만 제곱미터
  - ⓐ 도시지역과 경계면이 접한 지역
  - ⓑ 도시지역과 경계면이 도로, 하천 등으로 분리되어 있으나 도시지역의 도로, 상하수도, 학교 등 주변 기반시설의 연결 또는 활용이 적합한 지역
- ㉢ 부지에 도시지역과 위 ㉡의 지역이 함께 포함된 경우: 2만 제곱미터
- ㉣ 그 밖의 지역: 10만 제곱미터

(3) 수용, 지구계획 등

구분	공공지원민간임대주택 공급촉진지구	공공주택지구
수용 요건	'토지면적' 3분의 2 이상 '소유' + '소유자 총수'의 2분의 1 이상 '동의'	공공주택사업자는 주택지구의 조성을 위하여 필요한 경우 수용 등 가능
지구계획	공공지원민간임대주택 공급촉진지구 계획	공공주택지구계획

(4) 공공지원민간임대주택 공급촉진지구

① 시행자는 공공지원민간임대주택 공급촉진지구계획(이하 '지구계획'이라 한다)을 작성, 지정권자의 승인을 받아야 한다.

② 지정권자는 다음의 경우에는 촉진지구의 지정을 해제할 수 있다.
- ㉠ '촉진지구가 지정·고시된 날'부터 2년 이내에 '지구계획 승인' 신청(×)
- ㉡ 공공지원민간임대주택 개발사업이 완료된 경우

③ 시행자가 촉진지구 조성사업의 공사를 완료한 때는 공사완료 보고서를 작성하여 시장·군수·구청장에게 준공검사를 받아야 한다.

(5) 공공주택지구

① 공공주택사업자는 공공주택지구계획(이하 '지구계획'이라 한다)을 수립하여 국토교통부장관의 승인을 받아야 한다.
② 공공주택사업자는 '주택지구가 지정·고시된 날'부터 1년 이내에 '지구계획'을 수립하여 국토교통부장관에게 승인을 '신청'하여야 한다.
③ 국토교통부장관은 공공주택사업자가 1년 이내에 '승인을 신청하지 아니한 때'에는 '다른 공공주택사업자'로 하여금 '지구계획'을 수립·신청하게 할 수 있다.
④ 국토교통부장관은 공공주택사업자가 '지구계획 승인'을 받은 후 2년 이내 '지구조성사업에 착수하지 아니하거나' '지구계획에 정하여진 기간 내에 지구조성사업을 완료하지 못하거나 완료할 가능성이 없다고 판단되는 경우'는 '다른 공공주택사업자'를 지정하여 해당 지구조성사업을 시행하게 할 수 있다.
⑤ 국토교통부장관은 '주택지구 지정을 제안한 자'를 공공주택사업자로 우선 지정할 수 있다.
⑥ 공공주택사업자는 지구조성사업을 완료한 때에는 지체 없이 준공검사를 받아야 한다.

1. 지정권자가 위 ①에 따라 지구계획을 승인하려는 경우에는 관할 지방자치단체의 장의 의견을 들어야 한다.
2. 위 1.의 요청을 받은 지방자치단체의 장은 요청받은 날부터 30일 이내에 의견을 제출하여야 하며, 그 기간 동안 의견을 제출하지 않으면 의견이 없는 것으로 본다.

CHAPTER

02 임대주택의 공급 및 관리

▶ **연계학습** | 에듀윌 기본서 2차 [주택관리관계법규 上] p.333 　　회독체크 1 2 3

1. 임대주택의 공급

(1) 임차인 자격 및 선정방법 ★

민간임대주택에 관한 특별법	공공주택 특별법
① **공공지원민간임대주택**: '국토교통부령'으로 정하는 기준 ② **장기일반민간임대주택 및 단기민간임대주택**: '임대사업자'가 정하는 기준	① **공공주택**: '국토교통부령' ② '주거지원필요계층'과 '다자녀 가구'에 우선 공급 의무

'민간임대주택'의 공급신고

1. 동일한 주택단지에서 30호 이상의 민간임대주택을 건설, 매입한 임대사업자가 최초로 공급하는 경우에는 '임차인을 모집하려는 날'의 10일 전까지 '신고서'를 '민간임대주택의 소재지'를 관할하는 시장·군수·구청장에게 제출하여야 한다. [위반자: 1천만원 이하의 과태료]
2. 시장·군수·구청장은 공공지원민간임대주택 공급신고를 받은 경우 이 법에 적합하면 신고를 수리하여야 한다.

(2) 임대의무기간 ★

민간임대주택에 관한 특별법	공공주택 특별법
① 공공지원민간임대주택: 10년 ② 장기일반민간임대주택: 10년 ③ 단기민간임대주택: 6년	① 50년: 영구임대주택 ② 30년: 국민임대주택, 행복주택, 통합공공임대주택 ③ 20년: 장기전세주택 ④ 10년: 위 ①~③ 외, 임대차계약기간 10년 이상 신고 ⑤ 6년: 위 ①~③ 외, 임대차계약기간 6년 이상 10년 미만 신고 ⑥ 5년: 그 외
임대의무기간이 지난 후 '양도'	임대의무기간이 지난 후 '분양전환'

(3) 임대료 증액 청구 ★

민간임대주택에 관한 특별법	공공주택 특별법
① 5퍼센트의 범위 이내 [위반자: 3천만원 이하의 과태료] ② 1년 이내, 증액 청구 불가	① 100분의 5 이내의 범위 ② 1년 이내에 증액 청구 불가 ③ 임대보증금 증액분 분할납부 → (1년 이내 + 3회), 1년 만기 정기예금의 평균 이자율 '가산'(할 수 있다)

(4) 비교(임대료) ★

민간임대주택에 관한 특별법	공공주택 특별법
① **공공지원민간임대주택**: 주거지원대상자 등의 주거안정을 위하여 국토교통부령으로 정하는 기준[다음의 (5)]에 따라 임대사업자가 정하는 임대료 [위반자: 3천만원 이하의 과태료] ② **장기일반민간임대주택 및 단기민간임대주택**: 임대사업자가 정하는 임대료. 다만, 민간임대주택 등록 당시 존속 중인 임대차계약(이하 '종전임대차계약'이라 한다)이 있는 경우에는 그 종전임대차계약에 따른 임대료	① '대통령령' ② '국토교통부령' [다음의 (6)]

(5) 임대료(민간임대주택에 관한 특별법)

① 공공지원민간임대주택의 '임대사업자'는 최초 임대료(임대보증금과 월 임대료)를 '표준 임대료 이하의 금액'으로 정하여야 한다.
② 임대사업자는 '표준 임대료를 산정하기 위하여' 일정한 구분에 따라 임대시세를 산정하여야 한다.

(6) 임대료(공공주택 특별법)

① 공공임대주택의 임대료(임대보증금 및 월 임대료) 등 임대조건에 관한 기준은 '대통령령'으로 정한다.
② 영구임대주택, 국민임대주택, 행복주택, 통합공공임대주택, 장기전세주택, 분양전환공공임대주택의 최초 임대료는 국토교통부장관이 정하여 고시하는 표준 임대료를 초과할 수 없다.
③ **분납임대주택**: 국토교통부장관이 '따로 정하여 고시'하는 표준 임대료를 초과(×)
④ **장기전세주택**: 유형, 규모, 생활여건 등이 비슷한 2개 또는 3개 단지의 공동주택의 전세계약금액을 평균한 금액의 80퍼센트를 초과할 수 없다.
⑤ **기존주택등매입임대주택**: 주변지역 임대주택의 임대료에 대한 감정평가금액의 50퍼센트(입주자의 소득기준을 달리 정하는 경우에는 100퍼센트) 이내의 금액으로 한다.

(7) 공공임대주택의 임대조건 등(공공주택 특별법)

> ① 공공임대주택의 임대료 등 임대조건을 정하는 경우에는 임차인의 소득수준 및 공공임대주택의 규모 등을 고려하여 '차등적'으로 정할 수 있다.
> ② 공공주택사업자는 임대차계약에 관한 사항을 시장·군수·구청장에게 신고할 의무가 있다.

(8) 공공임대주택 ★

> ① **영구임대주택**: 국가나 지방자치단체의 재정을 지원받아 최저소득 계층의 주거안정을 위하여 50년 이상 또는 영구적인 임대를 목적으로 공급하는 공공임대주택
> ② **국민임대주택**: 국가나 지방자치단체의 재정이나 주택도시기금의 자금을 지원받아 저소득 서민의 주거안정을 위하여 30년 이상 장기간 임대를 목적으로 공급하는 공공임대주택
> ③ **행복주택**: 국가나 지방자치단체의 재정이나 주택도시기금의 자금을 지원받아 대학생, 사회초년생, 신혼부부 등 '젊은 층'의 주거안정을 목적으로 공급하는 공공임대주택
> ④ **통합공공임대주택**: 국가나 지방자치단체의 재정이나 주택도시기금의 자금을 지원받아 최저소득 계층, 저소득 서민, 젊은 층 및 장애인·국가유공자 등 '사회 취약계층 등'의 주거안정을 목적으로 공급하는 공공임대주택
> ⑤ **장기전세주택**: 국가나 지방자치단체의 재정이나 주택도시기금의 자금을 지원받아 전세계약의 방식으로 공급하는 공공임대주택
> ⑥ **분양전환공공임대주택**: 일정기간 임대 후 '분양전환할 목적'으로 공급하는 공공임대주택
> ⑦ **기존주택등매입임대주택**: 국가나 지방자치단체의 재정이나 주택도시기금의 자금을 지원받아 「공공주택 특별법 시행령」 제37조 제1항 각 호의 어느 하나에 해당하는 주택 또는 건축물(이하 '기존주택등'[1]이라 한다)을 매입하여 「국민기초생활 보장법」에 따른 수급자 등 저소득층과 청년 및 신혼부부 등에게 공급하는 공공임대주택
> ⑧ **기존주택전세임대주택**: 국가나 지방자치단체의 재정이나 주택도시기금의 자금을 지원받아 기존주택을 임차하여 「국민기초생활 보장법」에 따른 수급자 등 저소득층과 청년 및 신혼부부 등에게 전대(轉貸)하는 공공임대주택
> ⑨ **분납임대주택**: '분양전환공공임대주택' 중 임대보증금 없이 '분양전환금'을 분할하여 납부하는 공공건설임대주택

1. 위 ⑦의 '기존주택등'이란 다음의 어느 하나에 해당하는 주택 또는 건축물을 말한다.
   ① 「건축법 시행령」의 (협의) 단독주택, 다중주택, 다가구주택 [공관은 제외]
   ② 「건축법 시행령」의 공동주택(국민주택규모 이하인 것만 해당) [기숙사를 포함]
   ③ 제1종 근린생활시설, 제2종 근린생활시설, 노유자시설, 수련시설, 업무시설 또는 숙박시설의 용도로 사용하는 건축물

2. 민간임대주택

(1) 임차인의 자격 확인 등

소득 자료	임대사업자는 임차인의 자격 확인을 위하여 필요한 경우 임차인 및 배우자, 임차인 또는 배우자와 세대를 같이 하는 세대원(이하 '임차인등'이라 한다)으로부터 소득 자료를 제출받아 확인할 수 있다.
요청	① 임대사업자는 **국토교통부장관**에게 임차인의 자격을 확인하여 줄 것을 요청할 수 있다. ② 국토교통부장관은 임차인의 자격을 확인하여 주는 것이 임차인의 주거생활 안정 등을 위하여 필요하다고 인정하는 경우 임차인등에게 금융정보등을 제공받는 데 필요한 **동의서면**을 제출하도록 요청할 수 있다. ③ 국토교통부장관이 '동의서면의 제출을 요청하는 경우' 임차인등은 동의서면을 제출하여야 한다.
금융정보등	① 국토교통부장관은 임차인등이 제출한 **동의서면을 전자적 형태로 바꾼** 문서에 의해 금융기관등의 장에게 금융정보·신용정보·보험정보(이하 '금융정보등'이라 한다)의 제공을 요청할 수 있다. ② 요청받은 금융기관등의 장은 명의인의 금융정보등을 제공하여야 한다. ③ 금융정보등을 제공한 금융기관등의 장은 제공사실을 **명의인**에게 통보해야 한다. 다만, 명의인 동의가 있는 경우에는 통보하지 아니할 수 있다.
수집 등	① 국토교통부장관, 전산관리지정기관, 임대사업자, 업무를 위임·위탁받은 기관의 장은 민간임대주택 공급을 위하여 제공받은 자료 및 정보를 제공받은 목적의 범위에서 수집·관리·보유 또는 활용할 수 있다. ② 위의 업무에 종사하거나 종사하였던 자는 정보를 누설해서는 아니 되며, 위반자는 5년 이하의 징역 또는 5천만원 이하의 벌금에 처한다.

(2) 임대의무기간

임대사업자는 '다음의 시점'부터 '임대의무기간' 동안 민간임대주택을 계속 임대해야 하며, 그 기간이 지나지 아니하면 이를 양도할 수 없다. [위반자: **3천만원 이하의 과태료**]

① **민간건설임대주택**: 입주지정기간 개시일(입주지정기간을 정하지 아니한 경우, 임대사업자 등록 이후 최초로 체결된 임대차계약서상의 실제 임대개시일)

② **민간매입임대주택**: 임대사업자 등록일(임대사업자 등록 이후 임대가 개시되는 주택은 임대차계약서상의 실제 임대개시일)

③ **장기일반민간임대주택을 공공지원민간임대주택으로 변경신고**한 경우: 변경신고의 수리일. 다만, '변경신고 이후 임대가 개시되는 주택'은 임대차계약서상의 실제 임대개시일로 한다.

(3) 임대의무기간 내에 '양도'할 수 있는 경우 ★

신고대상 (α)	① 앞의 **(2)**에도 불구하고 임대사업자는 임대의무기간 동안에도 시장·군수·구청장에게 신고한 후 민간임대주택을 **다른 임대사업자**에게 양도할 수 있다. [위반자: **1백만원 이하의 과태료**] ② 위 ①의 경우 **양도받는** 자는 **양도하는** 자의 임대사업자로서의 지위를 포괄적으로 승계하며, 이러한 뜻을 **양수도계약서**에 명시하여야 한다. ③ 임대사업자가 **'임대의무기간이 지난 후'** '민간임대주택을 양도하려는 경우' 시장·군수·구청장에게 신고하여야 한다. [위반자: **1백만원 이하의 과태료**]
허가대상 (β)	임대사업자는 임대의무기간 중에도 다음의 경우에는 시장·군수·구청장에게 허가를 받아 **'임대사업자가 아닌 자'**에게 민간임대주택을 양도할 수 있다. [위반자: **3천만원 이하의 과태료**] ① 부도, 파산, 대통령령으로 정하는 **'경제적 사정 등'**[1]으로 임대를 계속할 수 없는 경우 ② 공공지원임대주택을 20년 이상 임대하기 위한 경우로서 필요한 운영비용 등을 마련하기 위하여 법령에 따라 **'20년 이상 공급하기로 한 주택'** 중 **'일부'**를 10년 임대 이후에 **'매각'**하는 경우 ③ 법 제6조 제1항 제11호[법 제43조에도 불구하고 종전의 민간임대주택에 관한 특별법(법률 제17482호 민간임대주택에 관한 특별법 일부개정법률에 따라 개정되기 전의 것을 말한다. 이하 같다) 제2조 제5호의 장기일반민간임대주택 중 아파트(주택법 제2조 제20호의 도시형 생활주택이 아닌 것을 말한다)를 임대하는 민간매입임대주택 또는 제2조 제6호의 단기민간임대주택에 대하여 임대사업자가 임대의무기간 내 등록 말소를 신청(신청 당시 체결된 임대차계약이 있는 경우 임차인의 동의가 있는 경우로 한정한다)하는 경우]에 따라 **말소하는** 경우

1. 위 (β)의 ①에서 '대통령령으로 정하는 경제적 사정 등'이란 다음의 어느 하나에 해당하는 경우를 말한다. 다만, 임대의무기간이 8년 이상인 민간임대주택을 300호 또는 300세대 이상 등록한 임대사업자에 대해서는 ③, ④, ⑤의 ㉡, ⑥ 및 ⑦의 경우로 한정한다.
   ① 2년 연속 적자가 발생한 경우
   ② 2년 연속 부(負)의 영업현금흐름이 발생한 경우
   ③ 최근 12개월간 해당 임대사업자의 전체 민간임대주택 중 임대되지 아니한 주택이 20퍼센트 이상이고 같은 기간 동안 특정 민간임대주택이 계속하여 임대되지 아니한 경우
   ④ 관계 법령에 따라 재개발, 재건축 등으로 민간임대주택의 철거가 예정되어 있거나 민간임대주택이 철거된 경우
   ⑤ 임대사업자의 상속인이 다음의 어느 하나에 해당하는 경우
      ㉠ 임대사업자로서의 지위 승계를 거부하는 경우
      ㉡ 법 제5조의6 또는 제5조의7에 해당되어 등록이 제한되는 경우

⑥ 민간임대주택 가격의 하락 등으로 임대보증금을 반환하지 못할 우려가 있는 경우로서 다음의 요건을 모두 갖춘 임대사업자가 민간임대주택을 2024년 4월 1일부터 12월 31일까지 한국토지주택공사 또는 지방공사에 양도하는 경우. 이 경우 임대사업자가 양도할 수 있는 민간임대주택은 1호 또는 1세대로 한정한다.
   ㉠ 양도하려는 민간임대주택을 포함하여 3호 또는 3세대 이상 등록한 임대사업자일 것
   ㉡ 양도하려는 민간임대주택의 전용면적이 60제곱미터 이하일 것
   ㉢ 양도하려는 민간임대주택의 취득가액(임대사업자가 취득할 당시 취득세의 과세표준인 지방세법 제10조에 따른 취득 당시의 가액을 말한다)이 3억원(수도권정비계획법에 따른 수도권이 아닌 지역의 경우에는 2억원) 이하일 것
   ㉣ 양도하려는 민간임대주택이 「건축법 시행령」 [별표 1] 제2호 가목에 따른 아파트(주택법에 따른 도시형 생활주택인 아파트는 제외한다)가 아닐 것

⑦ 「전세사기피해자 지원 및 주거안정에 관한 특별법」에 따른 전세사기피해주택에 해당하는 민간임대주택을 한국토지주택공사 또는 지방공사에 양도하는 경우

(4) 공공지원민간임대주택의 중복 입주 등의 확인

① 국토교통부장관 및 지방자치단체의 장은 '공공지원민간임대주택'과 '공공임대주택'에 중복 입주, 계약하고 있는 임차인(임대차계약 당사자)이 있는지를 확인할 수 있다.
② 임대사업자는 임차인의 성명, 주민등록번호 등의 정보를 국토교통부장관이 지정·고시하는 기관(이하 '전산관리지정기관'이라 한다)에 통보하여야 한다.
③ 전산관리지정기관은 위 ②의 정보를 전산으로 관리하여야 하며, 임차인에 관한 정보가 분실 등이 되지 아니하도록 안정성 확보에 필요한 조치를 마련하여야 한다.

(5) 준주택의 용도제한 [위반자: 1천만원 이하의 과태료]

민간임대주택으로 등록한 준주택은 주거용이 아닌 용도로 사용할 수 없다.

(6) 가정어린이집 운영에 관한 특례

① 민간임대주택의 임대사업자는 보육 수요 충족을 위해 필요한 경우 해당 민간임대주택의 일부 세대를 '가정어린이집을 운영하려는 자'에게 임대할 수 있다.
② 임대사업자는 위 ①에 따라 민간임대주택을 임대하는 경우 법령에도 불구하고 임차인의 자격, 선정방법 및 임대료를 달리 정할 수 있다.

(7) 임대사업자의 해지 등 사유 [위반자: 1천만원 이하의 과태료]

① 거짓이나 그 밖의 부정한 방법으로 민간임대주택을 임대받은 경우
② 임대사업자의 귀책사유 없이 '임대의무기간의 기산일'로부터 3개월 이내에 입주하지 않은 경우
③ '월 임대료'를 3개월 이상 연속하여 연체한 경우
④ 민간임대주택 및 그 부대시설을 '임대사업자의 동의 없이' 개축하는 등의 행위
⑤ 민간임대주택 및 그 부대시설을 고의로 파손 또는 멸실한 경우
⑥ '공공지원민간임대주택'의 임대차계약기간 중 다른 주택을 소유하게 된 경우. 다만, 다음의 경우는 예외로 한다.
  ㉠ '상속·판결·혼인 등의 사유'로 다른 주택을 소유하게 된 경우로서 임대차계약이 해지될 수 있다는 내용을 통보받은 날부터 6개월 이내 해당 주택을 처분
  ㉡ 혼인 등 사유로 주택을 소유하게 된 세대구성원이 소유권을 취득한 날부터 14일 이내에 전출신고를 하여 세대가 분리된 경우
  ㉢ 공공지원민간임대주택의 입주자를 선정하고 남은 공공지원민간임대주택에 대해 선착순의 방법으로 입주자로 선정된 경우
⑦ 임차인의 공공지원민간임대주택, 공공임대주택에 중복 입주 등이 확인된 경우
⑧ '표준임대차계약서상의 의무'를 위반한 경우

(8) 임차인의 해지 등 사유

① 시장·군수·구청장이 거주 곤란할 정도의 중대한 하자가 있다고 인정하는 경우
② 임대사업자가 임차인 의사에 반하여 민간임대주택의 부대시설·복리시설을 파손
③ 임대사업자 귀책사유로 입주지정기간 끝난 날부터 3개월 이내 입주할 수 없는 경우
④ 임대사업자가 '표준임대차계약서상의 의무'를 위반한 경우
⑤ 임대보증금에 대한 보증에 가입해야 하는 임대사업자가 임대보증금에 대한 보증에 가입하지 않은 경우

(9) 표준임대차계약서

사용의무	① 국토교통부령으로 정하는 표준임대차계약서 사용 의무 ② 위반자: 1천만원 이하의 과태료 [공공임대주택: 사용의무(○), 과태료(○) 〈신설〉]
포함사항	① 임대료 및 임대료 증액 제한에 관한 사항 ② 임대차 계약기간 ③ 임대보증금의 보증에 관한 사항 ④ 민간임대주택 선순위 담보권, 국세·지방세 체납사실 등 권리관계에 관한 사항 ⑤ 임대사업자 및 임차인의 권리·의무에 관한 사항

	⑥ 민간임대주택의 수선·유지 및 보수에 관한 사항 ⑦ 임대의무기간 중 남아 있는 기간과 임대차계약 해지 등에 관한 사항 ⑧ 민간임대주택의 양도에 관한 사항

(10) 임대차계약 신고 의무 ★ [위반자: 1천만원 이하의 과태료]

① 임대사업자는 다음의 사항을 '임대차계약을 체결한 날'(종전임대차계약이 있는 경우에는 '민간임대주택으로 등록한 날') 또는 '임대차계약을 변경한 날'부터 3개월 이내 시장·군수·구청장에게 신고 또는 변경신고를 하여야 한다.
   ㉠ 임대차기간
   ㉡ 임대료
   ㉢ 임차인 현황('준주택'으로 한정)
   ㉣ 소유권을 취득하기 위하여 대출받은 금액('민간매입임대주택'으로 한정)

② 위 ①에도 불구하고 100세대 이상의 공동주택을 임대하는 임대사업자가 임대차계약에 관한 사항을 변경 신고하는 경우에는 '변경예정일' 1개월 전까지 신고할 의무가 있다.

③ 시장·군수·구청장은 신고된 임대료가 증액 비율을 초과하여 증액되어 조정할 필요가 있다고 인정하는 경우에는 임대료를 조정하도록 권고할 수 있다.

④ '조정권고를 받은 임대사업자'는 '통지받은 날'부터 10일 이내에 '재신고'해야 한다.

⑤ 시장·군수·구청장은 위 ①에 따른 신고 또는 위 ④에 따른 재신고를 받거나 '위 ②에 따른 신고를 받고' 조정권고하지 아니한 경우 '그 내용을 검토하여' 이 법에 적합하면 신고를 수리하여야 한다.

(11) 신고절차 등

① (변경)신고하려는 임대사업자는 신고서에 표준임대차계약서를 첨부하여 민간임대주택의 소재지 또는 임대사업자의 주소지 시장·군수·구청장에게 제출해야 한다.[1]

② 임대사업자의 주소지 관할 시장·군수·구청장이 신고·변경신고서를 받은 경우에는 즉시 민간임대주택의 소재지 관할 시장·군수·구청장에게 이송해야 한다.

③ 신고서를 받은 민간임대주택의 소재지 관할 시장·군수·구청장은 내용을 확인한 후 '(변경)신고를 받은 날'(위 ②의 경우에는 '이송받은 날')부터 10일 이내에 임대조건 신고대장에 적고, 임대 조건 신고·변경신고 증명서를 신고인에게 발급해야 한다.

④ 시장·군수·구청장은 임대 조건을 매 분기 종료 후 '다음 달 말일'까지 공보에 공고하여야 한다.

1. ① 민간임대주택 등록 당시 '종전임대차계약'이 있는 경우, 장기일반민간임대주택 및 단기민간임대주택의 최초의 임대료는 '그 종전임대차계약에 따른 임대료'이다.
② 위 ①의 '종전임대차계약'을 신고(변경신고는 제외)하는 경우로서 '표준임대차계약서를 사용하지 않은 경우'에는 '다음의 서류'를 모두 첨부해야 한다.
㉠ 임대차계약서
㉡ 임대사업자가 임차인에게 임대사업자로 등록한 사실을 직접 전달했거나 내용증명 우편 등으로 통보한 사실을 객관적으로 증명할 수 있는 자료

3. 임대보증금에 대한 보증 ['가산금리'] ★

(1) 임대보증금에 대한 보증에 가입하여야 할 의무가 있는 경우 [(×) → '가산금리']

① '민간건설임대주택'
② 분양주택 전부를 우선 공급받아 임대하는 '민간매입임대주택'
③ 동일 주택단지에서 100호 이상의 주택을 임대하는 민간매입임대주택(위 ②는 제외)
④ 위 ②와 ③ '외'의 '민간매입임대주택'

(2) 보증대상액

① 보증대상은 임대보증금 전액으로 한다.
② 위 ①에도 불구하고 다음에 모두 해당하는 경우에는 '담보권이 설정된 금액'과 '임대보증금'을 합한 금액에서 '주택가격의 100분의 60에 해당하는 금액'을 뺀 금액 이상의 금액을 보증대상으로 할 수 있다.
㉠ 근저당권이 세대별로 분리된 경우
㉡ 임대사업자가 임대보증금보다 선순위인 제한물권 등을 해소한 경우
㉢ 전세권이 설정된 경우 또는 임차인이 「주택임대차보호법」 제3조의2 제2항에 따른 대항요건과 확정일자를 갖춘 경우 등

(3) 과태료

임대보증금에 대한 보증에 가입하지 아니한 임대사업자에게는 임대보증금의 100분의 10 이하에 상당하는 금액의 과태료를 부과한다(3천만원 초과 시 3천만원).

(4) 보증수수료의 분할납부

① 임대사업자(법 제5조 제1항에 따라 임대사업자로 등록하려는 자를 포함한다)는 보증의 수수료를 1년 단위로 재산정하여 분할납부할 수 있다.
② 임대사업자가 보증 가입 후 1년이 지났으나 재산정한 보증수수료를 보증회사에 납부하지 아니하는 경우에는 보증회사는 그 보증계약을 해지할 수 있다.
③ 다만, '임차인이 보증수수료를 납부하는 경우'에는 그러하지 아니하다.

(5) 절차 등

① 임대사업자는 임대보증금에 대한 보증에 가입하였으면 지체 없이 보증서 사본을 민간임대주택의 소재지를 관할하는 시장·군수·구청장에게 제출하여야 한다.
② 시장·군수·구청장은 '임대보증금에 대한 보증기간이 끝날 때까지' 보증서 사본 보관
③ 임대사업자는 임차인이 입주한 후 지체 없이 보증서 사본 등을 임차인에게 내주어야 하며, 임차인이 잘 볼 수 있는 장소에 공고하여야 한다.

(6) 보증수수료의 납부방법 등

① 보증수수료의 75퍼센트는 임대사업자가 부담하고, 25퍼센트는 임차인이 부담한다.
② 다만, 임대사업자가 사용검사 전에 임차인을 모집하는 경우 '임차인을 모집하는 날부터 사용검사를 받는 날까지'의 보증수수료는 임대사업자가 전액 부담한다.
③ 보증수수료는 임대사업자가 납부할 것. 이 경우 '임차인이 부담하는 보증수수료'는 임대료에 포함하여 징수하되, 임대료 납부고지서에 그 내용을 명시하여야 한다.
④ 보증수수료를 분할납부하는 경우에는 재산정한 보증수수료를 임대보증금 '보증계약일'부터 매 1년이 되는 날까지 납부하여야 한다.

(7) 보증금 미반환 임대사업자 등에 대한 조치 〈개정 및 신설, 시행일: 2025.6.4.〉

① 앞의 (1)에 따라 임대사업자가 보증에 가입한 경우 보증회사는 그 임대사업자의 허위서류 제출을 포함한 '사기, 고의 또는 중대한 과실이 있는 경우에도' 이에 대하여 '임차인에게 책임이 있는 사유가 없으면' 임차인에게 해당 임대보증금에 대한 보증의 해지 또는 취소로써 대항할 수 없다. 〈개정〉
② 보증회사는 앞의 (1)에 따라 보증에 가입한 임대사업자 중 법 제6조 제1항 제12호의2에 따른 말소요건에 해당하는 임대사업자(이하 '보증금 미반환 임대사업자'라 한다)를 '별도 관리'하여야 하고, 보증금 미반환 임대사업자가 추가적으로 앞의 (1)에 따라 보증에 가입되지 아니하도록 하여야 한다. 다만, 법원의 변제계획인가를 얻었거나 '그 인가계획에 따라 채무를 이행하고 있는 경우' 등 대통령령으로 정하는 경우에는 그러하지 아니하다. 〈개정〉
③ 보증회사는 위 ② 본문에 따라 추가적으로 보증에 가입되지 아니하도록 하기 위하여 보증금 미반환 임대사업자의 식별에 필요한 정보 등을 공유할 수 있고, 그 밖에 구체적인 정보 공유의 범위, 절차 등에 필요한 사항은 대통령령으로 정한다. 〈개정〉
④ 앞의 (1)에 따른 보증에 가입하는 경우 보증수수료의 납부방법, 소요 비용의 부담비율, 보증대상 임대보증금의 범위, 보증의 가입·유지·탈퇴 등에 필요한 사항은 대통령령으로 정한다. 〈신설〉

4. 임대사업자의 설명 의무 등

(1) 설명 의무 [위반자: 5백만원 이하의 과태료]

민간임대주택에 대한 임대차계약을 체결하거나 월 임대료를 임대보증금으로 전환하는 등 계약내용을 변경하는 경우, 임대사업자는 다음의 사항을 임차인에게 설명하고 이를 확인받아야 한다.

① 임대보증금에 대한 보증의 보증기간 등 '대통령령으로 정하는 다음의 사항'
 ㉠ 보증대상액
 ㉡ 보증기간
 ㉢ 보증수수료 산정방법, 금액, 분담비율, 납부방법
 ㉣ 임대차계약이 해지 등이 된 경우의 보증수수료 환급, 추가 납부에 관한 사항
 ㉤ 임대차 계약기간 중 보증기간이 만료되는 경우의 재가입에 관한 사항
 ㉥ 보증약관의 내용 중 국토교통부장관이 정하여 고시하는 중요사항에 관한 내용

② 민간임대주택의 선순위 담보권, 국세·지방세의 체납사실 등 권리관계에 관한 사항. 이 경우 등기부등본 및 납세증명서를 제시하여야 한다.

③ 임대의무기간 중 남아 있는 기간과 임대차계약의 해제·해지 등에 관한 사항

④ 임대료 증액 제한에 관한 사항

(2) 설명 의무 및 확인의 방법 등

① 위 (1)의 ②를 설명하고 확인받아야 하는 권리관계는 다음과 같다.
 ㉠ 임대주택에 설정된 제한물권, 압류·가압류·가처분 등에 관한 사항
 ㉡ 임대사업자의 국세·지방세 체납에 관한 사항

② 임대사업자는 임차인과 임대차계약을 체결하거나 계약내용을 변경하는 경우에는 표준임대차계약서를 임차인에게 내주고 임차인이 이해할 수 있도록 설명하여야 하며, 임차인은 서명 또는 기명날인의 방법으로 확인하여야 한다.

(3) 차임 및 보증금 등의 정보 제공 의무 〈신설〉

① '대통령령으로 정하는 사유에 해당하는 경우' 임대사업자는 그 주택에 대한 임대차계약을 체결하려는 자에게 「주택임대차보호법」에 따라 '확정일자부에 기재된 주택'의 차임 및 보증금 등의 정보를 제공해야 한다. [위반자: 5백만원 이하의 과태료]

② 위 ①의 '대통령령으로 정하는 사유에 해당하는 경우'란 민간임대주택으로서 「건축법 시행령」에 따른 주택(협의의 단독주택, 다중주택, 다가구주택)에 '둘 이상의 임대차계약이 존재하는 경우'를 말한다.

③ 위 ①에 따라 임대사업자가 임대차계약을 체결하려는 자에게 제공해야 하는 정보는 다음과 같다.
 ㉠ 임대차목적물 ㉡ 확정일자 부여일 ㉢ 차임·보증금 ㉣ 임대차기간

④ 위 ③에 따른 정보는 확정일자부여기관에 요청하여 받은 서면으로 제공해야 한다.

5. 임대주택의 관리

(1) 비교표(의무관리대상) ★

공동주택관리법	민간임대주택에 관한 특별법	공공주택 특별법
① 300세대 이상의 공동주택 ② 150세대 이상, 승강기가 설치된 공동주택 ③ 150세대 이상, 중앙집중식 난방방식(지역난방방식을 포함)의 공동주택 ④ 건축허가를 받아 150세대 이상 주택과 주택 외 시설이 동일 건축물 ⑤ 의무관리대상 전환 공동주택	① 300세대 이상의 공동주택 ② 150세대 이상, 승강기가 설치된 공동주택 ③ 150세대 이상, 중앙집중식 난방방식 또는 지역난방방식의 공동주택	① 300세대 이상의 공동주택 ② 150세대 이상, 승강기가 설치된 공동주택 ③ 150세대 이상, 중앙집중식 난방방식 또는 지역난방방식의 공동주택
'자치관리'(신고) 또는 위탁관리	'자체관리'(인가 ○) 또는 위탁관리	'자체관리'(인가 ×) 또는 위탁관리

(2) 자체관리

① 임대사업자가 '민간임대주택'을 '자체관리'하려면 기술인력 및 장비를 갖추고 시장·군수·구청장의 인가를 받아야 한다.
② '공공임대주택'은 자체관리가 가능하지만, 인가를 받을 필요는 없다.

(3) 공동관리

① '공동으로 관리할 수 있는 경우'는 '단지별'로 '임차인대표회의' 또는 '임차인 과반수'(임차인대표회의를 구성하지 않은 경우만 해당)의 서면동의를 받은 경우로서 둘 이상의 민간임대주택단지를 공동으로 관리하는 것이 합리적이라고 특별시장, 광역시장, 특별자치시장, 특별자치도지사, 시장 또는 군수가 '인정'하는 경우로 한다.
② 위 ①에 따라 공동관리하는 둘 이상의 민간임대주택단지에 '기술인력 및 장비 기준을 적용할 때'에는 둘 이상의 민간임대주택단지를 '하나'의 '민간임대주택단지'로 본다.
③ 다만, 특별시장, 광역시장, 특별자치시장, 특별자치도지사, 시장 또는 군수가 민간임대주택단지 간의 거리 및 안전성 등을 고려하여 '민간임대주택단지마다 갖출 것을 요구하는 경우'에는 그렇지 않다.

(4) 관리비 및 선수관리비

관리비	① 임대사업자는 임차인으로부터 '민간임대주택을 관리하는 데에 필요한 경비'를 받을 수 있다. ② 세대별 부담액 산정방법은 **사용자 부담**과 **공평한 부담 원칙**에 따른다. ③ 임대사업자는 관리비 외 어떠한 명목으로도 관리비를 징수할 수 없다.
선수관리비	① 임대사업자는 민간임대주택을 관리하는 데 필요한 경비를 임차인이 최초로 납부하기 전까지 해당 민간임대주택의 유지관리 및 운영에 필요한 경비(이하 '**선수관리비**'라 한다)를 대통령령으로 정하는 바에 따라 부담할 수 있다. 〈신설〉 ② 임대사업자가 **선수관리비**를 부담하는 경우에는 해당 임차인의 **입주가능일 전까지** 「공동주택관리법」에 따른 '**관리주체**'에게 선수관리비를 지급해야 한다. 〈신설〉 ③ **관리주체**는 해당 임차인의 임대기간이 종료되는 경우 위 ②에 따라 지급받은 선수관리비를 **임대사업자**에게 **반환**해야 한다. 다만, **다른** 임차인이 해당 주택에 '입주할 예정인 경우' 등 '임대사업자와 관리주체가 협의하여 정하는 경우'에는 선수관리비를 반환하지 않을 수 있다. 〈신설〉 ④ 위 ②에 따라 관리주체에게 지급하는 선수관리비의 금액은 민간임대주택의 유형 및 세대수 등을 고려하여 **임대사업자**와 **관리주체**가 '협의'하여 정한다. 〈신설〉
대행 납부	임대사업자는 임차인이 내야 하는 다음의 사용료 등을 그 사용료 등을 받을 자에게 낼 수 있다. ① 전기료 및 수도료(공동으로 사용하는 시설의 전기료 및 수도료 포함) ② 가스 사용료 ③ 지역난방방식인 공동주택의 난방비와 급탕비 ④ 정화조 오물 수수료 ⑤ 생활 폐기물 수수료 ⑥ **임차인대표회의의 운영비**
장부 작성 및 보관, 열람	임대사업자는 산정·징수한 관리비와 사용료 등의 징수 및 그 사용명세에 관한 **장부**를 따로 **작성**하고 증명자료와 함께 **보관**하여 '임차인 또는 임차인대표회의'가 열람할 수 있게 하여야 한다.

◐ 임대사업자는 인양기 등의 사용료를 해당 시설의 사용자에게 따로 부과할 수 있다.

(5) 회계감사

① 관리비와 사용료 등의 징수 및 그 사용명세에 대하여 임대사업자와 임차인 간의 다툼이 있을 때에는 임차인(임차인 과반수 이상의 결의가 있는 경우만 해당) 또는 임차인대표회의는 임대사업자로 하여금 '공인회계사등'으로부터 회계감사를 받고 감사결과와 감사보고서를 열람할 수 있도록 갖춰 둘 것을 요구할 수 있다.
② 임차인, 임차인대표회의는 시장·군수·구청장에게 '공인회계사등의 선정'을 의뢰할 수 있다.
③ 회계감사 '비용'은 임차인 또는 임차인대표회의가 부담한다.

(6) 준용

'민간건설임대주택' 및 '임대사업자가 「주택법」에 따라 사업주체가 건설·공급하는 주택 전체를 매입하여 임대하는 민간매입임대주택'의 회계서류 작성, 보관 등 관리에 필요한 사항은 「공동주택관리법」을 적용한다.

(7) 수선유지비 비교

민간임대주택에 관한 특별법	공동주택관리법
① 보수용역인 경우: 용역금액 ② 직영인 경우: 자재 및 인건비 ③ 냉난방시설의 청소비, 소화기충약비 등 임차인의 주거생활의 편익을 위하여 제공되는 비용으로서 소모적 지출에 해당하는 비용	① 장기수선계획에서 제외되는 공용부분의 수선·보수에 소요되는 비용으로 보수용역 시에는 용역금액, 직영 시에는 자재 및 인건비 ② 냉난방시설 청소비, 소화기충약비 등 공동으로 이용하는 시설의 보수유지비 및 제반 검사비 ③ 건축물의 안전점검비용 ④ 재난 및 재해 등의 예방에 따른 비용

6. 임차인대표회의 ★

(1) 비교

입주자대표회의	임차인대표회의
의무관리대상 공동주택의 경우, 구성 '의무'	① 원칙: 20세대 이상의 경우 구성 '가능' ② 예외: '구성하여야 하는 경우' [다음 (2) 참고]
회장 1명, 감사 2명 이상, 이사 1명 이상	회장 1명, 부회장 1명 및 감사 1명
입주자대표회의는 회의록을 작성, 관리주체에게 보관하게 하고, 관리주체는 열람 등을 청구하는 때에는 이에 응하여야 한다.	임차인대표회의는 회의록을 작성하여 보관하고, 임차인이 열람 등을 요구할 경우 그에 따라야 한다.
① 입주자대표회의는 회장이 소집한다. ② 예외: 14일 이내, 구성원 3분의 1, '입주자등'의 10분의 1 이상 및 '입주자'의 10분의 1 이상이 요청하는 경우로서 회장이 회의를 소집하지 않으면 이사가 소집한다.	임차인대표회의를 소집하려는 경우 소집일 5일 전까지 회의의 목적·일시 및 장소 등을 임차인에게 알리거나 공고하여야 한다.

(2) 임차인대표회의의 구성 의무 등

① 원칙	임대사업자가 20세대 이상의 민간임대주택을 공급하는 공동주택단지에 입주하는 임차인은 임차인대표회의를 구성할 수 있다.
② 예외	임대사업자가 150세대 이상의 민간임대주택을 공급하는 공동주택단지 중 대통령령으로 정하는 다음의 공동주택단지에 입주하는 임차인은 임차인대표회의를 구성하여야 한다. ㉠ 300세대 이상의 공동주택단지 ㉡ 150세대 이상 승강기가 설치된 공동주택 ㉢ 150세대 이상 중앙집중식 난방방식 또는 지역난방방식의 공동주택

● 위 ②의 ㉠, ㉡, ㉢ 공동주택
1. 자체관리 또는 위탁관리하여야 할 공동주택 [공공임대주택: 동일]
2. 장기수선계획을 수립하여야 할 공동주택 [공공임대주택: 다름]
3. 특별수선충당금을 적립하여야 할 공동주택 [공공임대주택: 다름]
4. 임차인대표회의를 구성하여야 할 공동주택 [공공임대주택: 동일]

(3) 임차인대표회의를 구성하지 아니하는 경우의 조치 등

① 임대사업자는 입주예정자 과반수가 입주한 때, 과반수가 입주한 날부터 30일 이내에 '입주현황과 임차인대표회의를 구성할 수 있다는 사실' 또는 '구성해야 한다는 사실'을 입주한 임차인에게 통지해야 한다. 다만, '임대사업자가 통지를 하지 아니하는 경우' 시장·군수·구청장이 '임차인대표회의를 구성하도록' 임차인에게 '통지'할 수 있다. [위반자: 1백만원 이하의 과태료]

② 구성 의무가 있는 임차인이 임차인대표회의를 구성하지 아니한 경우 임대사업자는 '임차인이 임차인대표회의를 구성할 수 있도록' 지원하여야 한다.
③ 임대사업자는 임차인이 임차인대표회의를 구성하지 않는 경우에 '임차인대표회의를 구성해야 한다는 사실'과 '협의사항' 및 '임차인대표회의의 구성·운영에 관한 사항'을 반기 1회 이상 '임차인'에게 통지해야 한다.

(4) 임대사업자가 임차인대표회의와 협의해야 할 사항 [위반자: 5백만원 이하의 과태료]

① 민간임대주택 관리규약의 제정 및 개정
② 관리비
③ 임대료 증감
④ 민간임대주택의 공용부분·부대시설 및 복리시설의 유지·보수
⑤ 하자 보수
⑥ 공동주택의 관리에 관하여 임대사업자와 임차인대표회의가 '합의'한 사항
⑦ '임차인 외의 자'에게 민간임대주택 주차장을 개방하는 경우 다음의 사항
ㄱ 개방할 수 있는 주차대수 및 위치
ㄴ 주차장의 개방시간
ㄷ 주차료 징수, 사용에 관한 사항
ㄹ 주차장의 적정한 개방을 위해 필요한 사항

(5) 임차인대표회의의 구성

① 임차인대표회의는 동별 세대수에 비례하여 선출한 대표자('동별 대표자')로 구성
② 동별대표자가 될 수 있는 사람은 해당 민간임대주택단지에서 6개월 이상 계속 거주하고 있는 임차인으로 한다. [최초로 임차인대표회의를 구성하는 경우: (×)]
③ 임차인대표회의는 회장 1명, 부회장 1명 및 감사 1명을 동별 대표자 중에서 선출

(6) 임차인대표회의 회의

① 소집하려는 경우에는 소집일 5일 전까지 회의의 목적 등을 공고 등을 해야 한다. (임대주택분쟁조정위원회: 2일 전까지 알릴 의무)
② 임차인대표회의는 그 회의에서 의결한 사항, 임대사업자와의 협의결과 등 주요 업무의 추진 상황을 지체 없이 임차인에게 알리거나 공고하여야 한다.
③ 임차인대표회의는 회의를 개최하였을 때 회의록을 작성·보관하고, 임차인이 회의록 열람을 청구하거나 자기 비용으로 복사를 요구할 경우에는 그에 따라야 한다.

7. 임대주택분쟁조정위원회 ★

(1) 구성 등

① 시장·군수·구청장은 임대주택분쟁조정위원회(이하 '조정위원회'라 한다)를 구성한다.
② '공무원이 아닌 위원의 임기'는 2년으로 하며 두 차례만 '연임'할 수 있다.
③ 위원장은 해당 지방자치단체의 장이 되며, 부위원장은 '위원 중'에서 호선한다.

(2) '임대사업자'와 분쟁 조정

① '임대사업자' 또는 임차인대표회의는 다음의 분쟁에 관하여 조정을 신청할 수 있다.
   ㉠ 임대료 증액
   ㉡ 주택관리
   ㉢ 임대사업자가 임차인대표회의와 협의해야 할 사항
   ㉣ 다음 ②의 대통령령으로 정하는 사항('부도 등' 관련)
② 위 ①의 ㉣의 대통령령으로 정하는 사항이란 '다음 임대사업자'의 민간임대주택에 대한 분양전환, 주택관리, 주택도시기금 융자금의 변제 및 임대보증금 반환 등에 관한 사항을 말한다.
   ㉠ 발행한 어음, 수표를 기한까지 결제하지 못하여 어음교환소로부터 거래정지 처분을 받은 임대사업자
   ㉡ 주택도시기금 융자금에 대한 이자를 6개월을 초과하여 내지 아니한 임대사업자
   ㉢ 임대보증금에 대한 보증에 가입하여야 하는 임대사업자로서 임대보증금에 대한 보증의 가입 또는 재가입이 거절된 이후 6개월이 지난 자
   ㉣ 「상법」에 따른 모회사가 위 ㉠의 처분을 받은 경우로서 '자기자본 전부'가 잠식된 임대사업자

(3) '공공주택사업자'와의 분쟁 조정

① 공공주택사업자 또는 임차인대표회의는 다음의 분쟁에 관해 조정을 신청할 수 있다.
   ㉠ 위 (2)의 ①의 사항
   ㉡ 공공임대주택의 분양전환가격. 다만, '분양전환승인에 관한 사항'은 제외한다.
② 공공주택사업자, 임차인대표회의 또는 임차인은 「공공주택 특별법」에 따른 우선 분양전환 자격에 대한 분쟁에 관하여 조정위원회에 조정을 신청할 수 있다.

(4) 회의

① 조정위원회의 회의는 위원장이 소집한다.
② 위원장은 회의 개최일 2일 전까지 회의와 관련된 사항을 위원에게 알려야 한다.
③ 재적위원 과반수의 출석으로 '개의'하고, 출석위원 과반수의 찬성으로 '의결'한다.
④ 위원장은 조정위원회의 사무를 처리하도록 하기 위하여 관련 업무를 하는 직원 중 1명을 간사로 임명하여야 한다.
⑤ 간사는 조정위원회의 회의록을 작성하여 「공공기록물 관리에 관한 법률」에 따라 보존하되, 그 회의록에는 출석위원의 서명부 등이 포함되어야 한다.
⑥ 조정위원회의 회의에 참석한 위원에게는 예산의 범위에서 수당과 여비 등을 지급할 수 있다. 다만, 공무원인 위원이 소관 업무와 직접적으로 관련되어 조정위원회에 출석하는 경우에는 그러하지 아니하다.
⑦ 조정의 각 당사자가 조정위원회 조정안을 받아들이면 당사자 간에 조정조서와 같은 내용의 합의가 성립된 것으로 본다(공동주택관리법상 '지방 공동주택관리 분쟁조정위원회'의 효력과 동일).

8. 보칙

(1) 임대사업 등의 지원

국토교통부장관 또는 지방자치단체의 장은 민간임대주택의 원활한 공급을 위하여 한국토지주택공사, 지방공사 또는 한국부동산원에 임차인의 모집·선정 및 명도·퇴거 지원 등의 업무를 수행하게 할 수 있다.

(2) 임대주택정보체계의 구축·운영

국토교통부장관은 임대주택에 대한 국민의 정보 접근을 쉽게 하고 관련 통계의 정확성을 제고하며 부동산 정책 등에 활용하기 위해 임대주택정보체계를 구축·운영할 수 있다.

PART 3

PART 4

공공주택 특별법

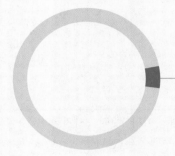

출제경향

최근 5개년
평균 출제문항 수 **2.0개**

최근 5개년
평균 출제비중 **5.0%**

핵심주제

CHAPTER 01 총칙

용어의 정의, 지분적립형 분양주택, 이익공유형 분양주택, 도심 공공주택 복합지구 및 도심 공공주택 복합사업, 공공주택 공급 · 관리계획 등, 공공주택지구, 보안관리 및 부동산투기 방지대책, 공공주택의 공급 등, 공공주택의 운영 · 관리, 임대차계약의 해지 등 사유, 공공주택사업자의 동의를 받아 양도, 전대가 허용되는 경우, 공공임대주택의 입주자 자격 제한 등, 공공임대주택의 관리, 공공임대주택의 매각제한, 공공임대주택의 우선 분양전환

합격전략

제18회 시험까지 「임대주택법」은 꾸준히 4문제 정도가 출제된 바 있으며, 「임대주택법」이 「민간임대주택에 관한 특별법」 및 「공공주택 특별법」으로 이관되어, 제19회 시험부터 제27회 시험까지 「공공주택 특별법」이 매회 2문제씩 출제되었습니다. 주관식의 경우에는 5개년 평균 1문제가 출제되었습니다. 제28회 시험의 경우에도 객관식은 2문제, 주관식은 1문제가 출제될 것으로 예상됩니다.

‘공공임대주택’의 종류, 임차인의 자격과 선정방법, 임대료, 양도, 전대의 제한, 우선 분양전환, 임대차계약 해지, 임대의무기간, 임대보증금에 대한 보증가입 의무, 장기수선계획, 특별수선충당금, 임대주택분쟁조정위원회는 반드시 알고 있어야 하는 부분입니다. 그리고 최근 신설된 지분적립형 분양주택, 이익공유형 분양주택 등도 꼭 정리해야 할 부분입니다.

CHAPTER

01 총칙

▶ **연계학습** | 에듀윌 기본서 2차 [주택관리관계법규 上] p.370

회독체크 1 2 3

핵심 01 용어의 정의 ★

⊃ 체계도 핵심 65~67 참고

구분	내용
(1) 공공주택	공공주택사업자가 '국가 또는 지방자치단체의 재정'이나 '주택도시기금'을 지원받아 건설, 매입, 임차하여 공급하는 다음의 주택을 말한다. ① **공공임대주택**: '임대' 또는 '임대한 후 분양전환'을 할 목적으로 공급하는 주택 ② **공공분양주택**: '분양'을 목적으로 공급하는 주택으로서 국민주택규모 이하의 주택
(2) 지분적립형 분양주택	'공공주택사업자'가 직접 건설하거나 매매 등으로 취득하여 공급하는 공공분양주택으로서 '주택을 공급받은 자'가 20년 이상 30년 이하의 범위에서 '대통령령으로 정하는 기간 동안'[1] 공공주택사업자와 주택의 소유권을 공유하면서 대통령령으로 정하는 바에 따라 소유 지분을 적립하여 취득하는 주택을 말한다.
(3) 이익공유형 분양주택	공공주택사업자가 직접 건설하거나 매매 등으로 취득하여 공급하는 공공분양주택으로서 주택을 공급받은 자가 해당 주택을 '처분'하려는 경우 '공공주택사업자'가 '환매'하되 공공주택사업자와 처분 손익을 공유하는 것을 조건으로 분양하는 주택을 말한다.
(4) 공공임대주택의 종류	① **공공건설임대주택**: 공공주택사업자가 직접 건설하여 공급하는 공공임대주택 ② **공공매입임대주택**: 공공주택사업자가 직접 건설하지 아니하고 매매 등으로 취득하여 공급하는 공공임대주택
(5) 공공주택 사업	① **공공주택지구조성사업**: 공공주택지구를 조성하는 사업 ② **공공주택건설사업**: 공공주택을 건설하는 사업 ③ **공공주택매입사업**: 공공주택을 공급할 목적으로 주택을 매입하거나 인수하는 사업 ④ **공공주택관리사업**: 공공주택을 운영·관리하는 사업 ⑤ **도심 공공주택 복합사업**: 도심 내 역세권, 준공업지역, 저층주거지에서 공공주택과 업무시설, 판매시설, 산업시설 등을 복합하여 건설하는 사업
(6) 분양전환	공공임대주택을 '공공주택사업자가 아닌 자'에게 매각하는 것을 말한다.

(7) 현물보상	공공주택사업자가 「공익사업을 위한 토지 등의 취득 및 보상에 관한 법률」에 따른 협의에 응한 공공주택지구 또는 도심 공공주택 복합지구 내 토지 또는 건축물의 소유자(이하 '토지등소유자'라 한다)에게 사업시행으로 조성되는 토지 또는 건설되는 건축물(건축물에 부속된 토지를 포함한다)로 보상하는 것을 말한다. 〈신설, 시행일: 2025.8.1.〉

1. '지분적립형 분양주택의 소유권 공유기간 등'
   ① 앞의 (2)에서 '대통령령으로 정하는 기간'이란 20년 또는 30년 중에서 '공공주택사업자'가 지분적립형 분양주택의 공급가격을 고려해 정하는 기간을 말한다.
   ② 공공주택사업자는 위 ①에 따라 소유권 공유기간을 정하는 경우 20년 또는 30년 중에서 지분적립형 분양주택을 공급받을 자가 선택하게 하는 방식으로 소유권 공유기간을 정할 수 있다.
   ③ '지분적립형 분양주택을 공급받은 자'는 위 ①, ②에 따른 기간 동안 10퍼센트 이상 25퍼센트 이하의 범위에서 공공주택사업자가 정하는 비율에 따라 정해지는 '회차별'로 '공급받은 주택'의 지분을 적립하여 취득할 수 있다.
   ④ 위 ③에 따라 '회차별로 취득하는 지분의 가격'은 주택공급가격과 이에 대한 이자를 합산한 금액(이하 '취득기준가격'이라 한다)에 '취득하는 지분의 비율'을 곱한 금액으로 한다.

핵심 02 지분적립형 분양주택

체계도 핵심 66 참고

(1) 지분적립형 분양주택의 임대료

① 공공주택사업자는 지분적립형 분양주택을 공급받은 자와 해당 주택의 소유권을 공유하는 동안 '공공주택사업자가 소유한 지분'에 대하여 '임대료'를 받을 수 있다.
② 임대료의 지급은 그 금액을 '공공주택사업자에게 예치하는 방식'으로 한다.
③ 위 ②에도 불구하고 임대료 일부를 '매월 지급하는 방식'으로 전환할 수 있다.

(2) 지분적립형 분양주택의 전매행위 제한 및 거주 의무

① 「주택법」 제64조 제1항에도 불구하고 지분적립형 분양주택의 소유 지분 또는 입주자로 선정된 지위는 10년 이내의 범위에서 '대통령령으로 정하는 기간'이 지나기 전에는 전매하거나 전매를 알선할 수 없다.
② 지분적립형 분양주택을 공급받은 자는 '해당 주택의 최초 입주가능일'부터 5년 동안 계속하여 해당 주택에 거주해야 한다.

(3) 거주 의무기간 이내 거주 이전하는 경우 등

① **거주의무자**가 법령에 따른 정당한 사유 없이 **거주 의무기간 이내**에 **거주를 이전하**려는 경우 거주의무자는 대통령령으로 정하는 바에 따라 공공주택사업자에게 해당 주택의 **매입을 신청**하여야 한다.
② **거주의무자**는 위 ①에 따라 **공공주택사업자**에게 해당 주택의 매입을 신청하려는 경우 매입신청서를 **공공주택사업자**에게 제출해야 한다. 〈신설〉
③ **공공주택사업자**는 위 ①에 따라 매입신청을 받거나 거주의무자가 법령을 위반하였다는 사실을 알게 된 경우 대통령령으로 정하는 절차에 따라 위반사실에 대한 의견청취를 거쳐 공공주택사업자의 부도·파산 등 대통령령으로 정하는 특별한 사유가 없으면 해당 주택을 매입하여야 한다.
④ **공공주택사업자**는 위 ①에 따라 거주의무자가 매입신청을 하거나 법령을 위반하여 해당 주택을 매입하려면 14일 **이상**의 기간을 정하여 **거주의무자**에게 의견을 제출할 수 있는 기회를 줘야 한다. 〈신설〉
⑤ 위 ④에 따라 의견을 제출받은 **공공주택사업자**는 제출 의견의 처리 결과를 거주의무자에게 통보해야 한다. 〈신설〉

(4) 부기등기

① 공공주택사업자는 거주의무자가 거주 의무기간 동안 계속하여 거주하여야 함을 소유권에 관한 등기에 부기등기하여야 한다. 이 경우 부기등기는 소유권보존등기와 동시에 하여야 한다.
② 부기등기에는 "이 주택은 「공공주택 특별법」 제49조의5 제6항에 따른 거주의무자가 거주 의무기간 동안 계속하여 거주해야 하는 주택으로서 거주의무자가 이를 위반할 경우 공공주택사업자에게 매입을 신청해야 하며, 매입신청을 받은 공공주택사업자가 이 주택을 매입함"이라는 내용을 표기해야 한다. 〈신설〉
③ '부기등기 사항을 말소'하려는 **거주의무자**는 국토교통부령으로 정하는 거주사실 확인 신청서에 '거주사실을 확인할 수 있는 서류'(법 제49조의7 제2항에 따라 제공받은 주민등록 전산정보로 거주사실을 확인할 수 없는 경우만 해당한다)를 첨부하여 국토교통부장관 또는 지방자치단체의 장에게 제출해야 한다. 이 경우 거주사실 확인 신청서를 제출받은 국토교통부장관 또는 지방자치단체의 장은 '거주 의무 이행이 확인'되면 신청서를 접수한 날부터 14일 이내에 국토교통부령으로 정하는 거주사실 확인서를 발급해야 한다. 〈신설〉
④ **국토교통부장관**은 '거주의무자의 거주사실 확인에 관한 업무'를 '**공공주택사업자**'에게 위탁한다. 〈신설〉

핵심 03 이익공유형 분양주택

➲ 체계도 핵심 67 참고

① 이익공유형 분양주택을 공급받은 자가 해당 주택을 처분하려는 경우, '환매조건'에 따라 공공주택사업자에게 해당 주택의 매입을 신청하여야 한다.
② '매입신청을 받은 공공주택사업자'가 이익공유형 분양주택을 '환매'하는 경우 '해당 주택을 공급받은 자'는 처분 손익을 '공공주택사업자'와 공유하여야 한다.
③ 전매행위 제한에 관하여는 「주택법」 제64조(전매행위 제한 등)를 적용(×)
④ 이익공유형 분양주택을 공급받은 자는 최초 입주가능일부터 최대 5년 동안 계속하여 해당 주택에 거주하여야 한다.

PART 4

핵심 04 공공주택 공급·관리계획 등

(1) 주거종합계획

국토교통부장관과 시·도지사는 「주거기본법」에 따른 주거종합계획 및 시·도 주거종합계획을 수립하는 때에는 '공공주택의 공급에 관한 사항'을 포함하여야 한다.

(2) 공공주택 공급·관리계획

① 국토교통부장관은 '10년 단위 주거종합계획'과 연계하여 5년마다 '공공주택 공급·관리계획'을 수립하여야 한다.
② 공공주택 공급·관리계획을 수립하는 경우, 공공주택의 유형 및 지역별 입주 수요량을 '조사'하여야 한다.

(3) 특례

세출 예산	국가 및 지방자치단체는 매년 공공주택 건설, 매입 또는 임차에 사용되는 자금을 '세출 예산'에 반영하도록 노력하여야 한다.
세제 혜택	국가 및 지방자치단체는 청년층·장애인·고령자·신혼부부·저소득층 등 주거지원이 필요한 계층(이하 '주거지원필요계층'이라 한다)의 주거안정을 위해 국세 또는 지방세를 감면할 수 있다.
주택도시기금	국토교통부장관은 공공주택의 건설, 매입 또는 임차에 주택도시기금을 우선적으로 배정하여야 한다.

우선 공급 등	다른 법령에 따른 개발사업을 하려는 자가 임대주택을 계획하는 경우 공공임대주택을 우선 고려하여야 하며, 임대주택건설용지를 공급할 때 '임대주택 유형이 결정되지 아니한 경우' 공공임대주택을 공급하려는 공공주택사업자에게 우선적으로 공급하여야 한다.
토지의 우선 공급	국가·지방자치단체·공기업·준정부기관은 소유한 토지를 매각, 임대할 때 「주택법」 및 「민간임대주택에 관한 특별법」에도 불구하고 공공임대주택을 건설하려는 공공주택사업자에게 우선 매각 또는 임대할 수 있다.

(4) 준용 규정

① 「민간임대주택에 관한 특별법」
㉠ 민간임대주택의 건설·공급·관리 등에 관해 이 법에서 정하지 아니한 사항에 대하여는 「주택법」, 「건축법」, 「공동주택관리법」, 「주택임대차보호법」을 적용한다.
㉡ 민간임대주택의 건설은 「주택법」 또는 「건축법」에 따른다.

② 「공공주택 특별법」
㉠ '공공주택'의 건설·공급 및 관리에 관하여 「공공주택 특별법」에서 정하지 아니한 사항은 「주택법」, 「건축법」 및 「주택임대차보호법」을 적용한다.
㉡ 「공공주택 특별법」은 공공주택사업에 관하여 다른 법률에 우선하여 적용한다.

핵심 05 공공주택지구

(1) '특별관리지역'의 지정, 관리, 해제

① 국토교통부장관은 공공주택지구(이하 '주택지구'라 한다)를 해제할 때 330만 제곱미터 이상으로서 '체계적인 관리계획을 수립하여 관리하지 아니할 경우 '난개발'이 우려되는 지역'에 대하여 10년의 범위에서 **특별관리지역**으로 지정할 수 있다.

② 특별관리지역 안에서는 건축물의 건축, 용도변경 등의 행위를 할 수 없다. 다만, 일정한 행위에 한정하여 시장·군수·구청장의 허가를 받아 할 수 있다.

③ 국토교통부장관은 주택지구를 지정하거나 지정된 주택지구를 변경하려면 중앙도시계획위원회의 심의를 거쳐야 한다.

(2) 이행강제금

① 시장·군수·구청장은 특별관리지역 지정 이전부터 적법한 허가나 신고 등의 절차를 거치지 아니하고 설치된 건축물 등에 대해 '시정명령'을 할 수 있다.

② 시장·군수 또는 구청장은 시정명령을 받은 후 그 시정기간 내에 '해당 시정명령의 이행을 하지 아니한 자'에 대하여 '이행강제금'을 부과한다.

③ 앞의 ②의 경우 이행강제금의 부과 기준, 절차 및 징수 등에 관하여는 「개발제한구역의 지정 및 관리에 관한 특별조치법」 제30조의2 제1항부터 제6항까지 및 제9항을 준용한다(금액, 계고, 부과 횟수, 이행한 경우 조치 등).

(3) 중소규모주택지구

① 국토교통부장관은 '주거지역' 안에서 10만 제곱미터 이하의 주택지구를 지정·변경하는 경우에는 '중앙도시계획위원회의 심의'를 생략할 수 있다.
② 국토교통부장관은 대통령령으로 정하는 규모(100만 제곱미터) 이하의 주택지구를 지정·변경하는 경우에는 이와 동시에 '지구계획'을 승인할 수 있다.
③ 도시지역으로서 대통령령으로 정하는 지역(도시지역으로서 '개발제한구역'이 아닌 지역)에서 주택지구 지정 또는 변경[대통령령으로 정하는 규모(10만 제곱미터) 이하의 주택지구를 지정 또는 변경하는 경우로 한정한다]을 위하여 공공주택통합심의위원회 심의를 거친 경우에는 중앙도시계획위원회의 심의를 '생략'할 수 있다.

(4) 국무회의의 심의(비교 규정)

국토교통부장관은 주택지구로 지정하고자 하는 지역이 10제곱킬로미터 이상인 경우로서 국무회의의 심의가 필요하다고 인정되는 경우에는 관계 행정기관과의 협의 후 국무회의의 심의를 거쳐 주택지구의 지정 여부를 결정할 수 있다.

핵심 06 보안관리 및 부동산투기 방지대책 등

(1) 주택지구 지정 관련 정보 누설 금지

① 국토교통부장관, 주택지구 지정 관련 공공주택사업자, 관계기관의 협의 대상이 되는 관계 중앙행정기관의 장 및 관할 시·도지사는 '주민 등의 의견청취를 위한 공고 전까지'는 주택지구 지정 관련 정보가 누설되지 아니하도록 필요한 조치를 해야 한다.
② 위 ①의 업무 종사자는 업무 처리 중 알게 된 주택지구 지정 등과 관련한 미공개정보(자산 또는 재산상 이익의 취득 여부의 판단에 중대한 영향을 미칠 수 있는 정보로서 불특정 다수인이 알 수 있도록 공개되기 전의 것)를 부동산 등의 매매, 그 밖의 거래에 사용하거나 타인에게 제공 또는 누설해서는 아니 된다.
③ 위 ②의 기관 등에 종사하는 자로부터 주택지구의 지정 등과 관련한 미공개정보를 제공받은 자 등은 미공개정보를 부동산 등 매매에 사용하거나 누설해서는 아니 된다.

④ 국토교통부장관은 앞의 ② 또는 ③에 따른 위반행위에 대하여 '매년' 정기조사를 실시하고, 필요한 경우 수시로 실태조사를 실시할 수 있다.
⑤ 국토교통부장관은 위 ④에 따른 정기조사 및 실태조사 결과를 「공직자윤리법」에 따른 공직자윤리위원회에 통보해야 하고, 앞의 ② 또는 ③에 따른 위반행위를 발견한 때에는 이를 수사기관에 고발하거나 보안관리의 개선에 필요한 조치를 할 수 있다.
⑥ 앞의 ② 및 ③을 위반한 자는 5년 이하 징역 또는 위반행위로 얻은 재산상의 이익 또는 회피한 손실액의 3배 이상 5배 이하에 상당하는 벌금에 처한다. 다만, 위반행위로 얻은 재산상의 이익 또는 회피한 손실액의 5배에 해당하는 금액이 10억원 이하인 경우에는 벌금의 상한액을 10억원으로 한다.

(2) 투기방지대책

국토교통부장관은 '주택지구' 또는 '특별관리지역'으로 지정하고자 하는 지역 및 주변지역이 부동산투기가 성행하거나 성행할 우려가 있다고 판단되는 경우에는 **투기방지대책**을 수립하여야 한다.

(3) 토지 등의 수용

공공주택사업자는 주택지구의 조성 또는 공공주택건설을 위하여 필요한 경우에는 토지 등을 수용 또는 사용할 수 있다.

(4) 주택지구 주민에 대한 지원대책의 수립·시행 〈개정〉

시·도지사, 시장·군수·구청장 또는 공공주택사업자는 대통령령으로 정하는 규모 이상의 공공주택사업 또는 「노숙인 등의 복지 및 자립지원에 관한 법률」에 따른 '쪽방 밀집지역'이 포함된 공공주택사업 중 대통령령으로 정하는 사업으로 인하여 생활기반을 상실하게 되는 주택지구 안의 주민에 대하여 직업전환훈련, 소득창출사업지원, 그 밖에 주민의 재정착에 필요한 지원대책을 대통령령으로 정하는 바에 따라 수립·시행할 수 있다.

(5) 준공검사

① 공공주택사업자는 지구조성사업을 완료한 때에는 지체 없이 대통령령으로 정하는 바에 따라 국토교통부장관의 준공검사를 받아야 한다.
② 공공주택사업자가 준공검사를 받은 때에는 법령에 따라 의제되는 인가·허가 등에 따른 해당 사업의 준공검사 또는 준공인가 등을 받은 것으로 본다. 〈신설〉
③ 공공주택사업자는 지구조성사업을 효율적으로 시행하기 위하여 지구계획의 범위에서 주택지구 중 일부지역에 한정하여 준공검사를 '신청'할 수 있다.

(6) 선수금 등

① 공공주택사업자는 토지를 공급받을 자로부터 '선수금'을 미리 받을 수 있다.
② 공공주택사업자는 토지를 공급받을 자에게 **'토지상환채권'**[1]을 발행할 수 있다.
③ 선수금을 받거나 토지상환채권을 발행하려는 공공주택사업자는 **국토교통부장관**의 승인을 받아야 한다.

1. [비교] '주택상환사채': 한국토지주택공사 및 등록사업자 발행, 국토교통부장관의 승인

핵심 07 공공주택의 공급 등

(1) 공공분양주택 분양가심사위원회의 설치 등

① 주택지구 전체 개발면적의 100분의 50 이상을 개발제한구역을 해제하여 조성하는 주택지구에서 공공주택사업자가 건설하여 공급하는 공공주택의 분양가에 관한 사항을 심의하기 위하여 「주택법」 제59조에도 불구하고 '국가 등'이 분양가심사위원회를 설치·운영하여야 한다.
② 시장·군수·구청장은 공공주택의 입주자모집 승인을 할 때에는 '분양가심사위원회의 심사결과'에 '따라' 승인 여부를 결정하여야 한다.

(2) 공공임대주택의 중복 입주 등의 확인

① 국토교통부장관은 공공임대주택에 중복 입주, 계약하고 있는 임차인(임대차계약 당사자)이 있는지 확인하여야 한다.
➲ 국토교통부장관, 지방자치단체의 장: 공공지원민간임대주택, 공공임대주택을 확인할 수 있다.
② 공공주택사업자는 임차인의 성명, 주민등록번호 등의 정보를 **국토교통부장관**이 지정·고시하는 기관(이하 '전산관리지정기관'이라 한다)에 통보하여야 한다.
③ 전산관리지정기관은 정보를 전산관리하고, 분실 등이 되지 않도록 하여야 한다.

(3) 거주실태조사

국토교통부장관 또는 지방자치단체의 장은 다음 사항을 확인하기 위해 입주자 및 임차인의 거주실태조사를 할 수 있다.
① 임차인의 실제 거주 여부 및 임차인이 아닌 사람의 거주 상황
② 임차권의 양도 및 전대 여부
③ 지분적립형 분양주택과 이익공유형 분양주택의 거주의무자의 실제 거주 여부
④ 임대주택이 다른 용도로 사용되고 있는지 여부

핵심 08 공공주택의 운영·관리

(1) 상호전환

① 공공임대주택의 최초의 임대보증금과 월 임대료는 '임차인이 동의한 경우'에 임대차 계약에 따라 상호전환할 수 있다.
② 위 ①의 경우 최초의 임대보증금은 해당 임대주택과 그 부대시설에 대한 건설원가에서 주택도시기금의 융자금을 '뺀' 금액을 초과할 수 없다.

(2) 표준임대료 산정 시 고려사항

국토교통부장관은 '표준임대료를 산정할 때'에는 다음의 사항을 고려하여야 한다.
① 공공임대주택과 그 부대시설에 대한 건설원가
② 재정 및 주택도시기금 지원비율
③ 해당 공공임대주택 주변지역의 임대료 수준
④ 임대보증금의 보증수수료(임차인 부담분만 '해당')
⑤ 감가상각비, 수선유지비 및 화재보험료
⑥ 주택도시기금의 융자금에 대한 지급이자, 대손충당금 및 각종 공과금

(3) 임대차 계약기간의 특례 등

공공주택사업자가 임대차계약을 체결할 때 임대차 계약기간이 끝난 후 임대주택을 그 임차인에게 분양전환할 예정이면 「주택임대차보호법」 제4조 제1항에도 불구하고 임대차 계약기간을 2년 이내로 할 수 있다.

(4) 표준임대차계약서

① 공공임대주택에 대한 임대차계약을 체결하려는 자는 '국토교통부령으로 정하는 표준임대차계약서'[공공건설임대주택(분납임대주택은 제외), 분납임대주택, 그 밖의 공공임대주택]를 사용하여야 한다. [위반자: 1천만원 이하 과태료 〈신설〉]
② 위 ①의 표준임대차계약서에는 다음의 사항이 포함되어야 한다.
　㉠ 임대료 및 그 증액에 관한 사항
　㉡ 임대차 계약기간
　㉢ 공공주택사업자 및 임차인의 권리·의무에 관한 사항
　㉣ 공공임대주택의 수선·유지 및 보수에 관한 사항 등

핵심 09 임대차계약의 해지 등 사유 ★

(1) '공공주택사업자'의 해지사유

① 거짓이나 그 밖의 부정한 방법으로 공공임대주택을 임대받은 경우
② 임차인의 자산 또는 소득이 '국토교통부령으로 정하는 기준'을 초과하는 경우
③ 공공임대주택에 중복하여 입주하거나 계약한 것으로 확인된 경우
④ '표준임대차계약서상의 의무'를 위반한 경우
⑤ 법령을 위반하여 임차권을 다른 사람에게 양도·전대한 경우
⑥ 공공주택사업자의 귀책사유 없이 임대차계약기간이 시작된 날부터 3개월 이내에 입주하지 아니한 경우
⑦ '월 임대료' 3개월 이상 연속 연체 및 분납임대주택의 '분납금' 3개월 이상 연체
⑧ 공공임대주택 및 그 부대시설을 고의로 '파손'하거나 '멸실'한 경우
⑨ 공공주택사업자의 동의를 받지 아니하고 개축·증축·변경·용도변경한 경우
⑩ 임차인이 분양전환 신청기간 이내에 '우선 분양전환'을 신청하지 아니한 경우
⑪ **공공임대주택**(85제곱미터 초과 주택 제외)**의 임대차 계약기간 중 다른 주택 소유** (다만, '다음의 어느 하나에 해당하는 경우'는 제외)
　㉠ 상속·판결·혼인 등의 사유로 소유, 임대차계약이 해지 등이 될 수 있다는 내용을 '통보받은 날'부터 6개월 이내 해당 주택을 처분하는 경우
　㉡ 혼인 등 사유로 세대구성원이 소유권을 취득한 날부터 14일 이내에 '전출신고'를 하여 세대가 분리된 경우
　㉢ 공공임대주택의 입주자를 선정하고 남은 공공임대주택에 대하여 선착순의 방법으로 입주자로 선정된 경우
⑫ 임차인이 퇴거하거나 '다른 공공임대주택'에 당첨되어 입주하는 경우

(2) '임차인'의 해지사유

① 시장·군수·구청장이 거주 곤란할 중대한 하자를 인정한 경우
② 시장·군수·구청장이 지정한 기간에 하자보수명령을 '이행하지 아니한 경우'
③ 임차인 의사에 반하여 공공임대주택의 부대시설·복리시설을 파손, 철거시킨 경우
④ 공공주택사업자 귀책사유로 입주기간 종료일부터 3개월 이내에 입주할 수 없는 경우
⑤ '표준임대차계약서상의 의무'를 위반한 경우

핵심 10 '공공주택사업자의 동의'를 받아 양도·전대가 허용되는 경우

(1) 근무·생업 또는 질병치료 등 사유 [임대의무기간이 10년 이하인 경우로 한정]

➲ 체계도 핵심 68 참고

(2) 지방분권균형발전법 등의 사유

➲ 체계도 핵심 68 참고

(3) 혼인 또는 이혼 등의 사유

➲ 체계도 핵심 68 참고

핵심 11 공공임대주택의 입주자 자격 제한 등 ★

(1) 공공임대주택의 입주자 자격 제한

① 국토교통부장관 또는 지방자치단체의 장은 '전대 제한 규정'을 위반하여 '공공임대주택의 임차권을 양도·전대하는 임차인'에 대하여 4년의 범위에서 다음 ②의 '국토교통부령으로 정하는 바'에 따라 공공임대주택의 입주자격을 제한할 수 있다.

② 국토교통부령

㉠ 입주자격 제한기간은 '위반한 사실이 확인된 날'부터 4년으로 한다.

㉡ 국토교통부장관 또는 지방자치단체의 장은 공공주택사업자로 하여금 임차인 선정 시 전산관리지정기관에 입주대상자 명단을 송부하여 '입주대상자가 법 제49조의8에 따라 입주자격이 제한되는 자에 해당되는지 여부'를 확인하도록 할 수 있다.

㉢ 공공주택사업자는 위 ②에 따라 입주자격 제한이 확인된 입주대상자에게 그 사실을 즉시 '통보'하고 10일 이상의 기간을 정하여 '소명할 기회'를 주어야 한다.

(2) 가정어린이집 운영에 관한 공급 특례

공공주택사업자는 임차인의 보육수요 충족을 위하여 필요하다고 판단하는 경우 해당 공공임대주택의 일부 세대를 6년 이내의 범위에서 「영유아보육법」 제10조 제5호에 따른 '가정어린이집을 설치·운영하려는 자'에게 임대할 수 있다.

핵심 12 공공임대주택의 관리 ★

(1) 준용

① 주택의 관리, 임차인대표회의 및 분쟁조정위원회 등에 관하여는 「민간임대주택에 관한 특별법」 제51조[1], 제52조[2] 및 제55조를 준용한다.
② 다만, '자체관리를 위한 시장·군수 또는 구청장의 인가'나 '관리비와 관련된 회계감사'는 국토교통부령으로 정하는 바에 따라 준용하지 않는다.

1. 위탁관리하거나 자체관리하여야 할 규모
   ① 300세대 이상의 공동주택
   ② 150세대 이상의 공동주택으로서 승강기가 설치된 공동주택
   ③ 150세대 이상의 공동주택으로서 중앙집중식 난방방식 또는 지역난방방식인 공동주택
2. '임차인대표회의' 규정

(2) 선수관리비

① 공공주택사업자는 공공임대주택을 관리하는 데 필요한 경비를 '임차인이 최초로 납부하기 전까지' 해당 공공임대주택의 유지관리 및 운영에 필요한 경비(이하 '선수관리비'라 한다)를 부담할 수 있다.
② 공공주택사업자는 '선수관리비'를 부담하는 경우에는 '해당 임차인의 입주가능일 전까지' 「공동주택관리법」에 따른 '관리주체'에게 선수관리비를 지급해야 한다.
③ 관리주체는 '해당 임차인의 임대기간이 종료되는 경우' 지급받은 선수관리비를 공공주택사업자에게 반환해야 한다.

핵심 13 '공공임대주택'의 매각제한

(1) 매각제한

① 공공주택사업자는 공공임대주택을 5년 이상의 범위에서 '대통령령으로 정한 다음의 임대의무기간'이 지나지 아니하면 매각할 수 없다.
㉠ 영구임대주택: 50년
㉡ 국민임대주택: 30년
㉢ 행복주택: 30년
㉣ 통합공공임대주택: 30년
㉤ 장기전세주택: 20년
㉥ [위 ㉠부터 ㉤ 외] 임대차 계약기간을 10년 이상으로 신고: 10년

ⓢ [앞의 ㉠부터 ㉤ 외] 임대차 계약기간을 6년 이상 10년 미만으로 신고: 6년
ⓞ 앞의 ㉠부터 ㉦까지의 규정에 해당하지 않는 공공임대주택: 5년

② 다음 (2)에 해당하는 경우에는 '임대의무기간이 지나기 전에도' 공공임대주택을 매각할 수 있다.

(2) 임대의무기간이 지나기 전에도 임차인 등에게 분양전환할 수 있는 경우

① 국토교통부령으로 정하는 바에 따라 '다른 공공주택사업자'에게 매각하는 경우. 이 경우 해당 공공임대주택을 매입한 공공주택사업자는 기존 공공주택사업자의 지위를 포괄적으로 승계한다.
② 임대의무기간의 2분의 1이 지나 공공주택사업자가 임차인과 합의한 경우 등 대통령령으로 정하는 경우로서 임차인 등에게 분양전환하는 경우
③ 공공매입임대주택이 복합지구, 「도시 및 주거환경정비법」에 따른 정비구역, 「주택법」에 따른 주택건설사업 등 국토교통부령으로 정하는 지구·구역 및 사업 등에 포함된 경우로서 공공주택사업자가 해당 지역의 공공매입임대주택 재고 유지를 위한 공공매입임대주택 공급계획, 매각 또는 교환 방법, 입주자 이주대책 등 국토교통부령으로 정하는 사항에 대하여 국토교통부장관의 승인을 받은 경우

핵심 14 공공임대주택의 우선 분양전환 ★

(1) 우선 분양전환권이 있는 임차인

➲ 체계도 핵심 69 참고

(2) 우선 분양전환의 절차 등

➲ 체계도 핵심 69 참고

(3) '감정평가' 등

① 감정평가는 '공공주택사업자가 비용을 부담하는 조건'으로 '시장·군수·구청장'이 감정평가법인을 선정하여 시행한다.
② 공공주택사업자 또는 '임차인 과반수 이상의 동의를 받은 임차인'('임차인대표회의가 구성된 경우'는 임차인대표회의)이 이의신청을 하는 경우 시장·군수·구청장은 이의신청을 한 자가 비용을 부담하는 조건으로 '한 차례만' 재평가하게 할 수 있다.
③ 공공주택사업자는 제3자에게 공공건설임대주택을 매각하려는 일정한 경우 그 매각 시점이 감정평가가 완료된 날부터 1년이 지난 때에는 매각가격을 재산정할 수 있다.
④ 시장·군수 또는 구청장은 위 ①에 따라 감정평가를 「부동산 가격공시에 관한 법률 시행령」 제7조 제2항에 따라 국토교통부장관이 고시하는 기준을 충족하는 감정평가법인(이하 '감정평가법인'이라 한다) 두 곳에 의뢰해야 한다.

⑤ 감정평가법인은 앞의 ④에 따라 '감정평가를 의뢰받은 날'부터 20일 이내에 감정평가를 완료하여야 한다. 다만, '시장·군수 또는 구청장이 인정하는 부득이한 사유가 있는 경우'에는 10일의 범위에서 이를 연장할 수 있다.

⑥ 앞의 ②에 따른 이의신청은 다음의 경우에 '시장·군수 또는 구청장으로부터 감정평가결과를 통보받은 날'부터 30일 이내에 해야 한다.

㉠ 관계 법령을 위반하여 감정평가가 이루어진 경우

㉡ 부당하게 평가되었다고 인정하는 경우

PART 4

핵심 15 도심 공공주택 복합사업

(1) 도심 공공주택 복합지구의 지정 등

➲ 체계도 핵심 64 참고(의의 및 지정권자)

① 지정권자는 복합지구의 지정을 검토할 필요성이 있는 지역에 대하여 복합지구 후보지(이하 '후보지'라 한다)로 선정하거나 선정된 후보지를 변경하여 공고할 수 있으며, 시장·군수 또는 구청장은 관할구역 내에서 복합사업을 추진할 필요가 있다고 인정되는 지역을 후보지로 선정하여 줄 것을 **지정권자**에게 요청할 수 있다. 이 경우 시·도지사가 후보지로 선정하려면 **국토교통부장관**과, **국토교통부장관**이 후보지로 선정하려면 시·도지사와 미리 협의하여야 한다. 〈신설 2025.1.31.〉

② 지정권자는 다음 어느 하나에 해당하는 경우에는 선정한 후보지에 대하여 그 선정을 철회할 수 있다. 이 경우 지정권자는 그 사실을 공고하여야 한다. 〈신설〉

㉠ 사정의 변경으로 인하여 복합사업을 추진할 필요성이 없어지거나 추진하는 것이 현저히 곤란한 경우

㉡ 토지등소유자의 2분의 1 이상이 후보지 선정의 철회를 요청하는 경우(다음 ③에 따라 공공주택사업자가 지정권자에게 복합지구의 지정을 제안한 경우는 제외한다)

㉢ 후보지 선정 후 2년이 되는 날까지 복합지구의 지정·변경에 관한 주민 등의 의견청취를 하지 아니하는 경우

③ 공공주택사업자는 지정권자에게 위 ①에 따라 선정된 후보지에 대하여 복합지구의 지정·변경을 제안할 수 있으며, 다음 어느 하나에 해당하는 경우에는 해제를 제안할 수 있다.

㉠ 사정의 변경으로 인하여 복합사업을 계속 추진할 필요성이 없어지거나 추진하는 것이 현저히 곤란한 경우

㉡ 복합지구 지정 후 3년이 경과한 구역으로서 복합지구에 위치한 토지등소유자의 2분의 1 이상이 공공주택사업자에게 해제를 요청하는 경우[다음 (2)에 따른 도심 공공주택 복합사업계획을 신청한 경우는 제외한다]

(2) 도심 공공주택 복합사업계획의 승인 등

> ① '공공주택사업자'는 세입자의 주거 및 이주대책 등의 사항을 포함한 도심 공공주택 복합사업계획(이하 '복합사업계획')을 수립하여 지정권자의 승인을 받아야 한다.
> ② 시·도지사는 위 ①에 따라 복합사업계획을 승인하기 전에 국토교통부장관과 미리 협의하여야 한다.

(3) 토지등의 수용 등

> ① 공공주택사업자는 복합지구에서 복합사업을 시행하기 위하여 필요한 경우에는 토지등을 수용 또는 사용할 수 있다.
> ② 위 ①에 따른 토지등의 수용 또는 사용에 대한 재결의 관할 토지수용위원회는 중앙토지수용위원회로 한다. 〈신설 2025.1.31.〉

핵심 16 신설 내용

(1) 「공공주택 특별법」상 장기수선계획 및 특별수선충당금 〈조정 규정, 신설〉

① 공공주택사업자는 장기수선계획을 수립한 후 이를 조정할 필요가 있는 경우에는 임차인대표회의의 구성원(임차인대표회의가 구성되지 않은 경우에는 전체 임차인) 과반수의 서면동의를 받아 장기수선계획을 조정할 수 있다.

② 공공주택사업자는 법령에 따라 '특별수선충당금을 사용한 경우'에는 그 사유를 '사용일'부터 30일 이내에 관할 시장·군수 또는 구청장에게 통보해야 한다.

(2) 「공공주택 특별법」상 특별수선충당금의 요율 〈단서, 신설〉

① 공공주택사업자는 특별수선충당금을 사용검사일부터 1년이 지난날이 속하는 달부터 매달 적립하되, 적립요율은 다음의 비율에 따른다.

㉠ **영구임대주택, 국민임대주택, 행복주택, 통합공공임대주택 및 장기전세주택**: 국토교통부장관이 고시하는 표준건축비의 1만분의 4

㉡ **위 ㉠에 해당하지 아니하는 공공임대주택**: 「주택법」 제15조 제1항에 따른 사업계획승인 당시 표준건축비의 1만분의 1

② 다만, 위 ①의 주택이 「공동주택관리법」에 따른 혼합주택단지 안에 있는 경우(혼합주택단지의 입주자대표회의와 공공주택사업자가 장기수선충당금 및 특별수선충당금을 사용하는 주요시설의 교체 및 보수에 관한 사항을 각자 결정하는 경우는 제외한다) 해당 주택에 대한 '특별수선충당금'의 '적립요율'에 관하여는 '관리규약'으로 정하는 '장기수선충당금의 요율'을 준용한다.

(3)「공공주택 특별법」상 특별수선충당금의 사용 〈협의 의무 없는 경우, 신설〉

① 공공주택사업자는 특별수선충당금을 사용하려면 미리 해당 공공임대주택의 주소지를 관할하는 시장·군수 또는 구청장과 협의하여야 한다.

② 다만, 다음의 어느 하나에 해당하는 경우에는 그렇지 않다.

㉠ 「주택법 시행령」 제53조의2 제4항 각 호에 따른 중대한 하자가 발생한 경우

㉡ 천재지변이나 그 밖의 재해로 장기수선계획 수립 대상물이 파손되거나 멸실되어 긴급하게 교체·보수가 필요한 경우

(4) '과태료' 부과 〈신설, 시행일: 2025.8.1.〉

다음의 어느 하나에 해당하는 자에게는 1천만원 이하의 과태료를 부과한다.

① 법령을 위반하여 표준임대차계약서를 사용하지 아니한 자

- 민간임대주택, 1천만원 이하의 과태료, 동일

② 법령을 위반하여 특별수선충당금을 적립하지 아니하거나 입주자대표회의에 넘겨주지 아니한 자

- 민간임대주택, 1천만원 이하의 과태료, 동일
- 공동주택관리법, 장기수선계획 수립(×), 장기수선충당금 적립(×): 5백만원 이하 과태료

핵심 17 총정리표

(1) 자치관리(자체관리) **또는 위탁관리하여야 하는 경우** [의무관리]

공동주택관리법[1]	민간임대주택법[2]	공공주택특별법[2]
① 300세대 이상의 공동주택 ② 150세대 이상 승강기가 설치된 공동주택 ③ 150세대 이상으로 중앙집중식 난방방식(지역난방방식을 포함)의 공동주택 ④ 건축허가 받아 주상복합 + 주택 150세대 이상 ⑤ 위 ①부터 ④까지에 해당하지 아니하는 공동주택 중 전체 입주자등의 3분의 2 이상이 서면으로 동의하여 정하는 공동주택	① 300세대 이상 ② 150세대 이상, 승강기 설치 ③ 150세대 이상, 중앙집중식 난방방식 또는 지역난방방식	① 300세대 이상 ② 150세대 이상, 승강기 설치 ③ 150세대 이상, 중앙집중식 난방방식 또는 지역난방방식
입주자대표회의 구성 의무	임차인대표회의 구성 의무	

1. 자치관리
2. 자체관리(공공임대주택의 경우, 원칙적으로 민간임대주택에 관한 특별법 준용)
   ① 자체관리: 인가(○) ⇦ 민간임대주택
   ② 자체관리: 인가(×) ⇦ 공공임대주택

(2) 입주자대표회의 또는 임차인대표회의를 구성하여야 하는 경우

공동주택관리법 (입주자대표회의)	민간임대주택에 관한 특별법 (임차인대표회의)	공공주택 특별법 (임차인대표회의)
[앞의 (1)과 동일]	[앞의 (1)과 동일]	[앞의 (1)과 동일]

(3) 장기수선충당금, 특별수선충당금 적립대상(장기수선계획의 수립대상: 동일)

장기수선충당금 (공동주택관리법)	특별수선충당금 (민간임대주택에 관한 특별법)	특별수선충당금 (공공주택 특별법)
① 300세대 이상 ② 승강기 설치 ③ 중앙집중식 난방방식, 지역난방방식 ④ 건축허가를 받아 주택 외의 시설과 주택을 동일 건축물로 건축한 건축물	① 300세대 이상 ② 150세대 이상, 승강기 설치 ③ 150세대 이상, 중앙집중식 난방방식 또는 지역난방방식	① 300세대 이상 ② 승강기 설치 ③ 중앙집중식 난방방식

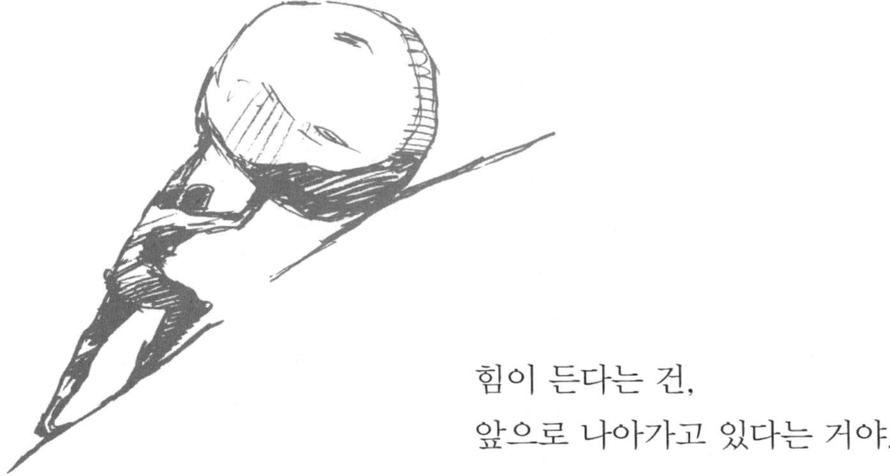

힘이 든다는 건,
앞으로 나아가고 있다는 거야.

– 안정은, 『오늘도 좋아하는 일을 하는 중이야』, 서랍의 날씨

PART 5

건축법

출제경향

최근 5개년
평균 출제문항 수 **7.0개**

최근 5개년
평균 출제비중 **17.5%**

핵심주제

CHAPTER 01 총칙	용어의 정의, 건축선, 「건축법」상 행위, 건축위원회, 건축민원전문위원회, 건축분쟁전문위원회
CHAPTER 02 건축물의 건축	사전결정, 건축복합민원 일괄협의회, 안전관리 예치금, 건축허가, 건축허가의 요건, 건축신고, 건축물 안전영향평가, 용도변경, 가설건축물, 건축물의 사용승인, 공사감리, 건축지도원, 건축물대장 및 등기촉탁
CHAPTER 03 건축의 규제	공개공지 등, 구조내력 등, 내화구조, 방화구조 등, 대지 안의 공지, 특별건축구역 및 특별가로구역, 건축협정

합격전략

제19회 시험까지는 계속 8문제(20%)씩 출제되었으나, 제20회 이후 계속하여 7문제씩 출제되었으며, 주관식은 2~3문제가 출제되었습니다. 주택관리관계법규 과목 중 「주택법」과 「공동주택관리법」 다음으로 출제비중이 높은 법령이 「건축법」인 만큼 전 부분에 걸쳐 골고루 출제되므로 꼼꼼하게 정리하시기 바랍니다. 제28회 시험의 경우에도 객관식 7문제, 주관식 2~3문제가 출제될 것으로 예상합니다.
용어의 정의, 「건축법」상의 행위(건축, 대수선, 용도변경), 건축물의 건축절차(허가, 신고, 착공, 공사감리, 공사시공, 사용승인), 각종 건축 규제(대지와 도로의 관계, 건축선, 내진설계, 공개공지, 건축물대장 등), 건축물의 '용도', 면적의 산정, '이행강제금', 건축물의 높이제한, 특별건축구역 및 특별가로구역 등을 철저히 정리하시기 바랍니다.

CHAPTER

01 총칙

▶ **연계학습** | 에듀윌 기본서 2차 [주택관리관계법규 上] p.456

회독체크 1 2 3

핵심 01 용어의 정의 ★

1. 건축물 등

① '건축물'은 토지에 정착(定着)하는 공작물 중 '지붕'과 '기둥 또는 벽'이 있는 것과 이에 딸린 시설물, 지하나 고가(高架)의 공작물에 설치하는 사무소·공연장·점포·차고·창고, 그 밖에 대통령령으로 정하는 것을 말한다.

② '고층건축물'은 층수가 '30층 이상'이거나 높이가 '120미터 이상'인 건축물을 말한다.

③ '초고층 건축물'은 층수가 '50층 이상'이거나 높이가 '200미터 이상'인 건축물을 말한다.

④ '준초고층 건축물'은 고층건축물 중 초고층 건축물이 아닌 것을 말한다.

⑤ '한옥'은 「한옥 등 건축자산의 진흥에 관한 법률」 제2조 제2호[1]에 따른 한옥을 말한다.

⑥ '부속건축물'은 같은 대지에서 주된 건축물과 분리된 부속용도의 건축물로서 주된 건축물을 이용 또는 관리하는 데에 필요한 건축물을 말한다.

⑦ '특수구조 건축물'은 다음의 어느 하나에 해당하는 건축물을 말한다.

㉠ 3미터 이상 돌출된 건축물

㉡ 기둥과 기둥 사이의 거리가 20미터 이상인 건축물 등

⑧ '부속구조물'은 건축물의 안전·기능·환경 등을 향상시키기 위하여 건축물에 추가적으로 설치하는 환기시설물 등 '대통령령으로 정하는 구조물'[급기(給氣) 및 배기(排氣)를 위한 건축 구조물의 개구부(開口部)인 환기구]을 말한다.

⑨ '건축설비'는 건축물에 설치하는 전기·전화 설비, 초고속 정보통신 설비, 지능형 홈네트워크 설비, 가스·급수·배수(配水)·배수(排水)·환기·난방·냉방·소화(消火)·배연(排煙) 및 오물처리의 설비, 굴뚝, 승강기, 피뢰침, 국기 게양대, 공동시청 안테나, 유선방송 수신시설, 우편함, 저수조(貯水槽), 방범시설, 그 밖에 국토교통부령으로 정하는 설비를 말한다(주택법상 '부대시설').

1. 「한옥 등 건축자산의 진흥에 관한 법률」 제2조 제2호: '한옥'이란 '주요 구조'가 기둥·보 및 한식 지붕틀로 된 '목구조'로서 우리나라 전통양식이 반영된 건축물 및 그 부속건축물을 말한다.

2. 다중이용건축물, 준다중이용건축물 및 공개공지 확보대상 건축물

다중이용 건축물	① 5천 제곱미터 이상인 문화 및 집회시설(동물원·식물원은 제외), 종교시설, 판매시설, 운수시설 중 여객용시설, 의료시설 중 종합병원, 숙박시설 중 관광숙박시설 ② 16층 이상인 건축물
준다중이용 건축물	1천 제곱미터 이상인 문화 및 집회시설(동물원·식물원은 제외), 종교시설, 판매시설, 운수시설 중 여객용시설, 의료시설 중 종합병원, 교육연구시설, 노유자시설, 운동시설, 숙박시설 중 관광숙박시설, 위락시설, 관광휴게시설 및 장례시설
공개공지 확보대상 건축물	문화 및 집회시설, 종교시설, 판매시설(농수산물 유통 및 가격안정에 관한 법률에 따른 농수산물유통시설은 '제외'), 운수시설(여객용시설만 해당), 업무시설 및 숙박시설로서 해당 용도로 쓰는 바닥면적 합계가 5천 제곱미터 이상인 건축물

PART 5

3. 건축관계자 및 건축관계자등

① 건축주, 설계자, 공사시공자 또는 공사감리자를 '건축관계자'라 한다.
② '건축주'는 건축물의 건축·대수선·용도변경, 건축설비의 설치 또는 공작물의 축조(이하 '건축물의 건축등'이라 한다)에 관한 공사를 발주하거나 현장 관리인을 두어 스스로 그 공사를 하는 자를 말한다.
③ '설계자'는 자기의 책임(보조자의 도움을 받는 경우를 포함)으로 설계도서[1]를 작성하고 그 설계도서에서 의도하는 바를 해설하며, 지도하고 자문에 응하는 자를 말한다.
④ '공사감리자'는 자기의 책임(보조자의 도움을 받는 경우를 포함)으로 건축물, 건축설비 또는 공작물이 설계도서의 내용대로 시공되는지를 확인하고, 품질관리·공사관리·안전관리 등에 대하여 지도·감독하는 자를 말한다.
⑤ '공사시공자'는 「건설산업기본법」에 따른 건설공사를 하는 자를 말한다.
⑥ '관계전문기술자'는 건축물의 구조·설비 등 건축물과 관련된 전문기술자격을 보유하고 설계와 공사감리에 참여하여 설계자 및 공사감리자와 협력하는 자를 말한다.
⑦ 설계자, 공사시공자, 공사감리자 및 관계전문기술자를 '건축관계자등'이라 한다.
⑧ '제조업자'는 건축물의 건축·대수선·용도변경, 건축설비의 설치 또는 공작물의 축조 등에 필요한 건축자재를 제조하는 사람을 말한다.
⑨ '유통업자'는 건축물의 건축·대수선·용도변경, 건축설비의 설치 또는 공작물의 축조에 필요한 건축자재를 판매하거나 공사현장에 납품하는 사람을 말한다.

1. '설계도서'는 건축물의 건축 등에 관한 공사용 도면, 구조 계산서, 시방서(示方書), 그 밖에 국토교통부령으로 정하는 공사에 필요한 서류(건축설비계산 관계 서류, 토질 및 지질 관계 서류, 기타 공사에 필요한 서류)를 말한다.

4. 기타 용어의 정의

① '**지하층**': 건축물의 바닥이 지표면 아래에 있는 층으로서 바닥에서 지표면까지 평균높이가 해당 층 높이의 2분의 1 이상인 것

② '**거실**': 건축물 안에서 거주, 집무, 작업, 집회, 오락, 그 밖에 이와 유사한 목적을 위하여 사용되는 방

③ '**주요구조부**': 내력벽(耐力壁), 기둥, 바닥, 보, 지붕틀 및 주계단(主階段). 다만, 사이 기둥, 최하층 바닥, 작은 보, 차양, 옥외 계단, 그 밖에 이와 유사한 것으로 건축물의 구조상 중요하지 아니한 부분은 제외한다.

④ '**리모델링**': 건축물의 노후화를 억제하거나 기능 향상 등을 위하여 대수선하거나 건축물의 '일부'를 증축 또는 개축하는 행위

⑤ '**발코니**': 건축물의 내부와 외부를 연결하는 완충공간으로서 전망이나 휴식 등의 목적으로 건축물 외벽에 접하여 부가적(附加的)으로 설치되는 공간을 말한다. 이 경우 주택에 설치되는 발코니로서 국토교통부장관이 정하는 기준에 적합한 발코니는 필요에 따라 거실·침실·창고 등의 용도로 사용할 수 있다.

⑥ '**내수재료**': 인조석·콘크리트 등 내수성을 가진 재료로서 국토교통부령으로 정하는 재료

⑦ '**내화구조**': 화재에 견딜 수 있는 성능을 가진 구조로서 국토교통부령으로 정하는 기준에 적합한 구조

⑧ '**방화구조**': 화염의 확산을 막을 수 있는 성능을 가진 구조로서 국토교통부령으로 정하는 기준에 적합한 구조

⑨ '**난연재료**': 불에 잘 타지 아니하는 성능을 가진 재료로서 국토교통부령으로 정하는 기준에 적합한 재료

⑩ '**불연재료**': 불에 타지 아니하는 성질을 가진 재료로서 국토교통부령으로 정하는 기준에 적합한 재료

⑪ '**준불연재료**': 불연재료에 준하는 성질을 가진 재료로서 국토교통부령으로 정하는 기준에 적합한 재료

⑫ '**부속용도**': 건축물의 주된 용도의 기능에 필수적인 용도로서 건축물의 설비, 대피, 위생 등에 해당하는 용도

⑬ '**실내건축**': 건축물의 실내를 안전하고 쾌적하며 효율적으로 사용하기 위하여 내부 공간을 칸막이로 구획하거나 '벽지, 천장재, 바닥재, 유리 등 대통령령으로 정하는 재료 또는 장식물'을 설치하는 것

⑭ '**건축선**': 도로와 접한 부분에 건축물을 건축할 수 있는 선

⑮ '**도로**': 건축법령에 따라 '고시' 또는 '지정, 공고'된 도로

㉠ **고시**: 「국토의 계획 및 이용에 관한 법률」, 「도로법」, 「사도법」 등에 따라 고시

㉡ **지정, 공고**: '특별시장·광역시장·특별자치시장·도지사·특별자치도지사·시장·군수·구청장'이 지정, 공고

5. 도로('소요너비')

① 원칙: 보행과 자동차 통행이 가능, 너비 4미터 이상, '고시' 또는 '지정, 공고'
② 지형적 조건, 차량 통행을 위한 도로 설치 곤란, 너비 3미터 이상, '지정, 공고'
③ 막다른 도로: 10미터 미만(2미터 이상), 10미터 이상 35미터 미만(3미터 이상), 35미터 이상[6미터(도시지역이 아닌 읍·면지역은 4미터) 이상], '지정, 공고'

6. 도로의 지정·폐지 또는 변경

① 허가권자는 도로의 위치를 지정·공고하려면 이해관계인의 동의를 받아야 한다. 다만, 다음에 해당하면 이해관계인의 동의를 받지 아니하고 건축위원회의 심의를 거쳐 도로를 지정할 수 있다.
㉠ 허가권자가 이해관계인이 해외에 거주하는 등의 사유로 동의를 받기가 곤란하다고 인정하는 경우
㉡ 주민이 오랫동안 통행로로 이용하고 있는 사실상의 통로로 조례로 정하는 것인 경우
② 허가권자는 도로를 폐지하거나 변경하려면 이해관계인의 동의를 받아야 한다. '그 도로에 편입된 토지의 소유자, 건축주 등'이 '허가권자'에게 위 ①에 따라 지정된 도로의 폐지나 변경을 신청하는 경우에도 또한 같다.
③ 허가권자는 도로를 지정·변경하면 도로관리대장에 이를 적어서 관리하여야 한다.

7. 대지와 도로의 관계

① 건축물의 대지는 2미터 이상이 도로('자동차만의 통행에 사용되는 도로'는 제외)에 접하여야 한다. 다만, 다음에 해당하면 그러하지 아니하다.
㉠ 해당 건축물의 출입에 지장이 없다고 인정되는 경우
㉡ 건축물의 주변에 광장, 공원, 유원지, 그 밖에 관계 법령에 따라 건축이 금지되고 공중의 통행에 지장이 없는 공지로서 허가권자가 인정한 것이 있는 경우
㉢ 「농지법」 제2조 제1호 나목에 따른 농막을 건축하는 경우
② 연면적의 합계가 2천 제곱미터(공장인 경우에는 3천 제곱미터) 이상인 건축물(축사, 작물 재배사, 그 밖에 이와 비슷한 건축물로서 건축조례로 정하는 규모의 건축물은 제외)의 '대지'는 너비 6미터 이상의 '도로'에 4미터 이상 접하여야 한다.

8. 건축선 ★

(1) 의의 등

➲ 체계도 핵심 70 참고

(2) 건축선에 따른 건축제한 ★

① 건축물과 담장은 '건축선'의 수직면을 넘어서는 아니 된다. 다만, 지표 아래 부분은 그러하지 아니하다.
② 도로면으로부터 높이 4.5미터 이하에 있는 출입구, 창문, 그 밖에 이와 유사한 구조물은 열고 닫을 때 '건축선'의 수직면을 넘지 아니하는 구조로 하여야 한다.

9. 대지

(1) 의의

① 「공간정보의 구축 및 관리 등에 관한 법률」에 따라 각 필지(筆地)로 나눈 토지
② 하나의 필지 = 하나의 대지

(2) 둘 이상의 필지를 하나의 대지로 할 수 있는 토지

① 두 필지 이상에 '걸쳐' 건축: 그 건축물이 건축되는 각 필지의 토지를 합한 토지
② 공간정보관리법에 따라 '합병이 불가능한 경우' 중 다음의 경우. 다만, 토지의 소유자가 서로 다르거나 소유권 외의 권리관계가 서로 다른 경우는 제외한다.
　㉠ 지번부여지역이 서로 다른 경우
　㉡ 도면의 축척이 다른 경우
　㉢ 서로 인접하고 있는 필지로서 각 필지의 지반(地盤)이 연속되지 아니한 경우
③ 도시·군계획시설을 건축: 그 도시·군계획시설이 설치되는 일단(一團)의 토지
④ 사업계획승인을 받아 주택, 부대시설, 복리시설을 건축: 주택단지
⑤ 도로의 지표 아래에 건축: 허가권자가 그 건축물이 건축되는 토지로 정하는 토지
⑥ 사용승인 신청을 할 때 하나의 필지로 '합칠 것을 조건'으로 건축허가를 하는 경우: 그 필지가 합쳐지는 토지. 다만, '토지의 소유자가 서로 다른 경우'는 제외한다.

(3) 하나 이상의 필지의 일부를 하나의 대지로 할 수 있는 토지

① 일부에 대하여 도시·군계획시설, 농지전용허가, 산지전용허가, 개발행위허가를 받은 경우: 그 허가받은 부분의 토지
② 사용승인 신청을 할 때 필지를 '나눌 것을 조건'으로 건축허가를 하는 경우: 그 필지가 나누어지는 토지

10. 「건축법」상 행위 ★

(1) 건축

● 체계도 핵심 71 참고

(2) 대수선

● 체계도 핵심 72 참고

(3) 용도변경

건축물의 용도를 다른 용도로 바꾸는 것을 말한다.

11. 적용 제외 등

(1) 「건축법」을 적용하지 아니하는 건축물

① 지정문화유산이나 임시지정문화유산 또는 천연기념물 등이나 임시지정천연기념물, 임시지정명승, 임시지정시·도자연유산, 임시자연유산자료
② 철도나 궤도의 선로 부지에 있는 운전보안시설, 철도 선로의 위나 아래를 가로지르는 보행시설, 플랫폼, 해당 철도 또는 궤도사업용 급수·급탄 및 급유 시설
③ 고속도로 통행료 징수시설
④ 컨테이너를 이용한 간이창고(산업집적활성화 및 공장설립에 관한 법률에 따른 공장의 용도로만 사용되는 건축물의 대지에 설치하는 것으로서 이동이 쉬운 것만 해당)
⑤ 「하천법」에 따른 하천구역 내의 수문조작실

(2) 「건축법」 일부 규정이 적용되지 아니하는 지역

도시지역 및 지구단위계획구역 '외'의 지역으로서 동이나 읍(동이나 읍에 속하는 섬의 경우에는 인구가 500명 이상인 경우만 해당)이 '아닌' 지역

(3) 위 (2)의 지역에서 적용되지 아니하는 규정

법 제44조(대지와 도로의 관계), 법 제45조(도로의 지정·폐지 또는 변경), 법 제46조(건축선의 지정), 법 제47조(건축선에 따른 건축제한), 법 제51조(방화지구 안의 건축물), 법 제57조(대지의 분할 제한)

(4) 도시·군계획시설로 결정된 도로의 예정지에 건축하는 경우

건축물이나 공작물을 도시·군계획시설로 결정된 도로의 예정지에 건축하는 경우에는 법 제45조(도로의 지정·폐지 또는 변경), 법 제46조(건축선의 지정), 법 제47조(건축선에 따른 건축제한)의 규정을 적용하지 아니한다.

12. 건축위원회 ★

➲ 체계도 핵심 73 참고

(1) 건축위원회의 건축 심의 등

① 시·도지사 또는 시장·군수·구청장은 심의 신청 접수일부터 30일 이내에 심의 안건을 상정하여야 한다.
② 심의 결과에 이의가 있는 자는 '심의 결과를 통보받은 날'부터 1개월 이내에 재심의를 신청할 수 있다.
③ 재심 신청을 받은 시·도지사 또는 시장·군수·구청장은 그 신청을 받은 날부터 15일 이내에 '재심의 안건'을 상정하여야 한다.
④ 시·도지사 또는 시장·군수·구청장은 심의 또는 재심의를 완료한 날부터 14일 이내에 그 '심의 또는 재심의 결과'를 신청한 자에게 통보하여야 한다.

(2) 지방건축위원회의 심의등에 관한 기준

① 위원장은 회의 개최 10일 전까지 회의 안건과 심의에 참여할 위원을 확정하고, 회의 개최 7일 전까지 회의에 부치는 안건을 각 위원에게 알릴 것
② '다중이용 건축물 및 특수구조 건축물의 구조안전에 관한 사항'은 법 제21조에 따른 착공신고 전에 심의할 것. 다만, 법 제13조의2에 따라 안전영향평가 결과가 확정된 경우는 제외한다.

(3) 건축위원회 회의록의 공개

시·도지사 또는 시장·군수·구청장은 심의(재심의를 포함)를 신청한 자가 요청하는 경우에는 지방건축위원회의 심의 결과를 통보한 날부터 6개월까지 '공개를 요청한 자'에게 열람 또는 사본을 제공하는 방법으로 공개하여야 한다.

13. 건축민원전문위원회 ★

(1) 전문위원회

① 국토교통부장관, 시·도지사, 시장·군수·구청장은 심의등을 효율적으로 수행하기 위해 필요하면 자신이 설치하는 건축위원회에 다음의 전문위원회를 두어 운영할 수 있다.
㉠ 건축분쟁전문위원회('국토교통부'에 설치하는 건축위원회에 한정)
㉡ 건축민원전문위원회(시·도, 시·군·구에 설치하는 건축위원회에 한정)
㉢ 건축계획·건축구조·건축설비 등 분야별 전문위원회
② 전문위원회의 심의등을 거친 사항은 건축위원회의 심의등을 거친 것으로 본다.

(2) 건축민원전문위원회의 심의

건축물의 건축등과 관련된 다음의 민원('허가권자'의 처분이 완료되기 전의 것으로 한정하며, 이하 '질의민원'이라 한다)을 심의한다.
① 건축법령의 운영 및 집행에 관한 민원
② 건축물의 건축등과 복합된 사항으로서 법률 규정의 운영 및 집행에 관한 민원

(3) 건축민원전문위원회의 종류

① 시·도지사가 설치하는 건축민원전문위원회('광역지방건축민원전문위원회')
② 시·군·구청장이 설치하는 건축민원전문위원회('기초지방건축민원전문위원회')

(4) 관할

① 광역지방건축민원전문위원회: 허가권자나 도지사('허가권자등')의 건축허가나 사전승인에 대한 질의민원을 심의한다.
② 기초지방건축민원전문위원회: 시장(행정시의 시장 포함)·군수·구청장의 건축허가 또는 건축신고와 관련한 질의민원을 심의한다.

(5) 질의민원 심의의 신청 등

① 심의를 신청하고자 하는 자는 신청의 취지·이유 등을 기재하여 문서로 신청하여야 한다. → 문서에 의할 수 없는 특별한 사정이 있는 경우에는 구술로 신청 가능
② 건축민원전문위원회는 신청인의 질의민원을 받으면 15일 이내에 심의절차를 마쳐야 한다. 다만, 사정이 있으면 건축민원전문위원회의 의결로 15일 이내 범위에서 기간의 연장이 가능하다.

(6) 의견의 제시 등

① 건축민원전문위원회는 질의민원에 대하여 관계 법령, 관계 행정기관의 유권해석, 유사판례와 현장여건 등을 충분히 검토하여 심의의견을 제시할 수 있으며, 결정내용을 지체 없이 신청인 및 해당 허가권자등에게 통지하여야 한다.
② 심의 결정내용을 통지받은 허가권자등은 이를 존중하여야 하며, 통지받은 날부터 10일 이내에 그 처리결과를 해당 건축민원전문위원회에 통보하여야 한다.
③ 처리결과를 통보받은 건축민원전문위원회는 신청인에게 지체 없이 '통보'하여야 한다.
④ 심의 결정내용을 시장·군수·구청장이 이행하지 아니하는 경우에는 위 (4)에도 불구하고 해당 민원인은 시장·군수·구청장이 통보한 처리결과를 첨부하여 광역지방건축민원전문위원회에 심의를 신청할 수 있다.

14. 중앙건축위원회

◆ 체계도 핵심 73 참고

15. 지방건축위원회

◆ 체계도 핵심 73 참고

(1) 심의사항 등

① 법 제46조 제2항에 따른 건축선의 지정에 관한 사항(지정건축선)
② 법 또는 이 영에 따른 조례의 제정·개정 및 시행에 관한 중요사항
③ 다중이용 건축물 및 특수구조 건축물의 '구조안전'에 관한 사항 등

(2) 구성 등

위원의 임명 등은 다음의 기준에 따라야 한다.
① 공무원인 위원의 수를 전체 위원 수의 4분의 1 이하로 할 것
② 공무원이 아닌 위원은 건축 관련 학회 및 협회 등 관련 단체나 기관의 추천 또는 공모절차를 거쳐 위촉할 것
③ 다른 법령에 따라 지방건축위원회의 심의를 하는 경우, 관계 전문가가 그 심의에 위원으로 참석하는 심의위원 수의 4분의 1 이상이 되게 할 것. 이 경우 필요하면 '해당 심의에만 위원으로 참석'하는 관계 전문가를 임명하거나 위촉할 수 있다.

16. 건축분쟁전문위원회 ★

◆ 체계도 핵심 73 참고

(1) 설치 및 절차

건축등과 관련된 건축관계자, 인근주민, 관계전문기술자 간의 분쟁(건설산업기본법에 따른 조정의 대상이 되는 분쟁은 제외)의 조정 및 재정을 하기 위하여 국토교통부에 건축분쟁전문위원회(이하 '분쟁위원회'라 한다)를 둔다.

(2) 구성

① 15명 이내의 위원으로 구성한다.
② 위원 중 '판사, 검사, 변호사 직에 6년 이상 재직한 자'가 2명 이상 포함되어야 한다.

(3) 조정과 재정

➲ 체계도 핵심 74 참고

① 분쟁위원회는 조정신청을 받으면 해당 사건의 '모든 당사자'에게 조정신청이 접수된 사실을 알려야 한다.
② 당사자가 재정에 불복하여 소송을 제기한 경우 시효의 중단과 제소기간의 산정에 있어서는 재정신청을 재판상의 청구로 본다.

(4) 조정절차 및 재정절차

➲ 체계도 핵심 74 참고

(5) 대리인

① 당사자는 '당사자의 배우자, 직계존비속, 형제자매', '당사자인 법인의 임직원' 및 '변호사'를 대리인으로 선임할 수 있다.
② 대리인의 권한은 서면으로 소명하여야 한다.
③ 대리인은 신청의 철회, 조정안의 수락 및 복대리인의 선임의 행위를 하기 위하여는 '당사자의 위임'을 받아야 한다.

(6) 절차 등

① 분쟁위원회는 재정신청이 된 사건을 조정에 회부하는 것이 적합하다고 인정하면 직권으로 직접 조정할 수 있다.
② 분쟁위원회는 분쟁의 성질상 분쟁위원회에서 조정등을 하는 것이 맞지 아니하다고 인정하거나 부정한 목적으로 신청하였다고 인정되면 그 조정등을 거부할 수 있다. 이 경우 조정등의 거부사유를 신청인에게 알려야 한다.
③ 분쟁위원회는 신청된 사건의 처리 절차가 진행되는 도중에 한쪽 당사자가 소(訴)를 제기한 경우에는 조정등의 처리를 중지하고 이를 당사자에게 알려야 한다.

(7) 선정대표자

① 여러 사람이 공동으로 조정등의 당사자가 될 때에는 3명 이하의 대표자를 선정할 수 있다.
② 분쟁위원회는 당사자가 대표자를 선정하지 아니한 경우 필요하다고 인정하면 당사자에게 '대표자를 선정할 것'을 권고할 수 있다.
③ '선정대표자'는 다른 신청인 또는 피신청인을 위하여 그 사건의 조정등에 관한 '모든 행위'를 할 수 있다. 다만, 신청을 철회하거나 조정안을 수락하려는 경우에는 서면으로 다른 신청인 또는 피신청인의 동의를 받아야 한다.

④ 대표자가 선정된 경우에는 다른 신청인 또는 피신청인은 '그 선정대표자를 통해서만' 그 사건에 관한 행위를 할 수 있다.
⑤ 선정대표자를 해임하거나 변경한 경우, 분쟁위원회에 통지하여야 한다.

(8) 분쟁위원회의 운영 및 사무처리

① 국토교통부장관은 분쟁위원회의 운영 및 사무처리를 국토안전관리원에 위탁할 수 있다.
② 위탁받은 국토안전관리원은 그 소속으로 분쟁위원회 사무국을 두어야 한다.

17. 완화 적용

(1) 리모델링 활성화 구역 등

다음의 건축물인 경우에는 대지의 조경, 공개공지 등의 확보, 건축선의 지정, 건축물의 건폐율 및 용적률, 대지 안의 공지, 건축물의 높이 제한 등을 완화하여 적용한다.
① 허가권자가 리모델링 활성화가 필요하다고 인정하여 지정·공고한 구역('리모델링 활성화 구역') 안의 건축물
② 사용승인을 받은 후 15년 이상이 되어 리모델링이 필요한 건축물 등

(2) 도시형 생활주택 등

다음의 건축물인 경우에는 법 제60조(건축물의 높이 제한) 및 법 제61조(일조 등의 확보를 위한 건축물의 높이 제한)에 따른 기준을 완화하여 적용한다.
① 조화롭고 창의적인 건축을 통하여 아름다운 도시경관을 창출한다고 '허가권자'가 인정하는 건축물
② '도시형 생활주택'(아파트는 제외)인 경우

(3) 주민공동시설 관련

다음의 공동주택에 주민공동시설(주택소유자가 공유하는 시설로서 영리를 목적으로 하지 아니하고 '주택'의 부속용도로 사용하는 시설만 해당)을 설치하는 경우에는 '건축물의 용적률 기준'을 완화하여 적용한다.
① 「주택법」에 따라 사업계획승인을 받아 건축하는 공동주택
② '상업지역' 또는 '준주거지역'에서 건축허가를 받아 건축하는 200세대 이상 300세대 미만 공동주택
③ 건축허가를 받아 건축하는 「주택법 시행령」에 따른 '도시형 생활주택'

(4) 기타

① 「공공주택 특별법」에 따른 '공공주택'인 경우에는 법 제61조 제2항(일조 등의 확보를 위한 건축물의 높이 제한)에 따른 기준을 완화하여 적용한다.
② '건축협정'을 체결하여 건축물의 건축·대수선 또는 리모델링을 하려는 경우에는 법 제55조(건축물의 건폐율) 및 법 제56조(건축물의 용적률)에 따른 기준을 완화하여 적용한다.
③ 기존 주택단지에 「아동복지법」 제44조의2에 따른 다함께돌봄센터를 설치하는 경우: 법 제56조(건축물의 용적률)에 따른 기준 〈신설〉

18. 기타의 특례

(1) 방재지구, 붕괴위험지역, 자연재해위험개선지구

구분	적용의 완화[1]	허가의 거부[2]	신고대상의 예외[3]	침수 방지시설[4]
방재지구	○	○	○	–
붕괴위험지역	○	–	○	–
자연재해위험개선지구	–	○	–	○ (침수위험지구)

1. 방재지구, 붕괴위험지역의 재해예방 조치가 필요한 경우 '건폐율', '용적률', '건축물의 높이 제한', '일조 등의 확보를 위한 건축물의 높이 제한 규정'이 완화된다.
2. 허가권자는 다음의 경우 '건축위원회 심의'를 거쳐 건축허가를 거부할 수 있다.
   ① 위락시설, 숙박시설이 주거환경이나 교육환경 등 고려할 때 부적합하다고 인정되는 경우
   ② 방재지구 및 자연재해위험개선지구 등 상습적으로 침수되거나 침수가 우려되는 '대통령령으로 정하는 지역'에 건축하려는 건축물에 대하여 일부 공간에 거실을 설치하는 것이 부적합하다고 인정되는 경우
   ※ 위의 '대통령령'[영 제9조의2(상습 침수 우려지역)]의 내용 〈신설〉
   허가권자는 다음의 지역에 건축하려는 건축물에 대하여 일부 공간에 거실을 설치하는 것이 부적합한 경우에는 건축위원회의 심의를 거쳐 건축허가를 하지 않을 수 있다.
   ㉠ 「국토의 계획 및 이용에 관한 법률」 제37조 제1항 제4호에 따른 방재지구
   ㉡ 「자연재해대책법」에 따른 자연재해위험개선지구(같은 법에 따른 상습가뭄재해지구는 '제외'한다)
   ㉢ 위 ㉠ 및 ㉡에 준하는 지역으로서 허가권자가 상습적으로 침수되거나 침수가 우려된다고 인정하여 지정·고시하는 지역
3. 관리지역, 농림지역, 자연환경보전지역에서 연면적이 200제곱미터 미만이고 3층 미만인 건축물의 건축은 '신고대상'이다. 다만, 다음의 구역에서의 건축은 제외한다.
   ① 지구단위계획구역
   ② 방재지구
   ③ 붕괴위험지역

4. 자연재해위험개선지구 중 '침수위험지구'에 국가 등이 건축하는 건축물은 침수 방지 및 방수를 위해 다음의 기준에 따라야 한다.
   ① 건축물의 1층 전체를 필로티 구조로 할 것
   ② 국토교통부령으로 정하는 침수 방지시설을 설치할 것

(2) 부유식 건축물의 특례

「공유수면 관리 및 매립에 관한 법률」에 따른 공유수면 위에 고정된 인공대지를 설치하고 그 위에 설치한 건축물(이하 '부유식 건축물'이라 한다)은 법 제40조(대지의 안전 등)부터 법 제44조(대지와 도로의 관계)까지, 법 제46조(건축선의 지정) 및 법 제47조(건축선에 따른 건축제한)를 적용할 때 '달리 적용'할 수 있다.

(3) 리모델링에 대비한 특례 등

리모델링이 쉬운 구조의 공동주택의 건축을 촉진하기 위하여 공동주택을 '대통령령으로 정하는 구조'로 하여 건축허가를 신청하면 법 제56조(건축물의 용적률), 법 제60조(건축물의 높이 제한) 및 법 제61조(일조 등의 확보를 위한 건축물의 높이 제한)에 따른 기준을 100분의 120의 범위에서 완화하여 적용할 수 있다.

CHAPTER 02 건축물의 건축

▶ **연계학습** | 에듀윌 기본서 2차 [주택관리관계법규 上] p.498

회독체크 1 2 3

1. 사전결정 ★

(1) 사전결정의 신청

① 건축허가대상 건축물을 건축하려는 자는 '건축허가를 신청하기 전'에 허가권자에게 그 건축물의 건축에 관한 다음의 사항에 대한 사전결정을 신청할 수 있다.
  ㉠ 해당 대지에 건축하는 것이 이 법이나 관계 법령에서 허용되는지 여부
  ㉡ 관련 법령 등을 고려하여 해당 대지에 건축 가능한 건축물의 규모
  ㉢ 건축허가를 받기 위하여 신청자가 고려하여야 할 사항

② '사전결정신청자'는 건축위원회 심의와 「도시교통정비 촉진법」에 따른 교통영향평가서의 검토를 '동시'에 신청할 수 있다.

③ 허가권자는 사전결정이 신청된 건축물의 대지면적이 「환경영향평가법」 제43조에 따른 소규모 환경영향평가 대상사업인 경우 환경부장관이나 지방환경관서의 장과 '소규모 환경영향평가에 관한 협의'를 하여야 한다.

④ 허가권자는 사전결정을 한 후 사전결정서를 '사전결정일'부터 7일 이내에 사전결정을 신청한 자에게 송부하여야 한다.

(2) 효력 등

① 사전결정 통지를 받은 경우에는 다음의 허가, 신고, 협의를 한 것으로 본다.
  ㉠ 「국토의 계획 및 이용에 관한 법률」 제56조에 따른 개발행위허가
  ㉡ 「산지관리법」에 따른 산지전용허가와 산지전용신고, 산지일시사용허가·신고. 다만, 보전산지인 경우에는 도시지역만 해당된다.
  ㉢ 「농지법」에 따른 농지전용허가·신고 및 협의
  ㉣ 「하천법」에 따른 하천점용허가

② 허가권자는 위 ①의 내용이 포함된 사전결정을 하려면 미리 관계 행정기관의 장과 협의 의무, 관계 행정기관의 장은 요청받은 날부터 15일 이내에 의견 제출 의무

③ 관계 행정기관의 장이 위 ②의 기간(민원 처리에 관한 법률 제20조 제2항에 따라 회신기간을 연장한 경우에는 그 연장된 기간을 말한다) 내에 의견을 제출하지 아니하면 협의가 이루어진 것으로 본다.

④ 사전결정신청자는 사전결정을 통지받은 날부터 2년 이내 건축허가를 신청해야 하며, 이 기간에 건축허가를 신청하지 아니하면 사전결정의 효력이 상실된다.

2. 건축복합민원 일괄협의회 ★

(1) 개최

① 허가권자는 허가를 하려면 「국토의 계획 및 이용에 관한 법률」 등 관련 규정에 맞는지를 확인(복합민원)하기 위해 건축복합민원 일괄협의회를 개최하여야 한다.
② 위 ①에 따라 확인이 요구되는 법령의 관계 행정기관의 장 등은 소속 공무원을 건축복합민원 일괄협의회에 참석하게 하여야 한다.

(2) 절차 등

① 사전결정 신청일 또는 건축허가 신청일부터 10일 이내에 개최하여야 한다.
② 개최하기 3일 전까지 회의 개최 사실을 관계 행정기관과 관계 부서에 통보하여야 한다.
③ 참석하는 관계 공무원은 회의에서 관계 법령에 관한 의견을 발표하여야 한다.
④ 개최한 날부터 5일 이내에 동의, 부동의 의견을 허가권자에게 제출하여야 한다.

3. 안전관리 예치금 ★

(1) 예치

① '건축허가를 받은 자'는 건축물의 건축공사를 중단하고 장기간 공사현장을 방치할 경우 공사현장의 미관 개선과 안전관리 등 필요한 조치를 하여야 한다.
② 허가권자는 연면적 1천 제곱미터 이상인 건축물로서 조례로 정하는 건축물에 대해 '착공신고를 하는 건축주'에게 미리 현금 또는 다음 (3)의 보증서(이하 '예치금'이라 한다)를 건축공사비의 1퍼센트의 범위에서 예치하게 할 수 있다.

(2) 사용 등

① 허가권자는 공사현장이 방치되어 도시미관을 저해하고 안전을 위해한다고 판단되면 건축허가를 받은 자에게 안전울타리 설치 등 안전조치 및 공사재개 또는 해체 등 '정비 등의 개선'을 명할 수 있다.
② 허가권자는 개선명령을 받은 자가 개선을 하지 아니하면 「행정대집행법」으로 정하는 바에 따라 대집행을 할 수 있다.
③ 위 ②의 경우 위 (1)에 따라 건축주가 예치한 예치금을 행정대집행에 필요한 비용에 사용할 수 있으며, '행정대집행에 필요한 비용'이 '이미 납부한 예치금'보다 많을 때에는 「행정대집행법」 제6조에 따라 '그 차액'을 추가로 징수할 수 있다.

(3) 안전관리 예치금과 하자보수보증금의 비교

구분	안전관리 예치금	하자보수보증금
예치 의무자	건축주(1천 제곱미터 이상 + 조례로 정하는 건축물) + 예치하게 할 수 있다.	'사업주체' + 예치하여야 한다.
예치 시기	'착공신고를 하는 건축주'	사용검사 시, 사용검사권자 명의를 입주자대표회의의 명의로 변경, 사용검사일부터 2년이 경과되면 15퍼센트, 3년이 경과되면 40퍼센트, 5년이 경과되면 25퍼센트, 10년이 경과되면 20퍼센트를 반환
예치 금액	'건축공사비'의 1퍼센트	'일정금액'의 3퍼센트
사용	공사중단기간 2년 경과 시 건축주에게 서면 고지 후 '안전울타리 설치' 등의 조치를 할 수 있다.	15일 이내에 하자보수를 하지 아니하거나 하자보수계획을 통보하지 않을 때 사용 가능하다.
보증서	① 보험회사가 발행한 보증보험증권 ② 은행이 발행한 지급보증서 ③ 「건설산업기본법」상 공제조합이 발행한 보증서 ④ 상장증권 ⑤ 주택도시보증공사가 발행한 보증서	다음의 자가 발행한 보증서 ① 주택도시보증공사 ② 「건설산업기본법」상 공제조합 ③ 보증보험업을 영위하는 자 ④ 은행, 중소기업은행, 상호저축은행, 보험회사 등

4. 건축허가 ★

(1) 건축허가의 법적 성격(판례의 태도)

「건축법」상 건축허가는 원칙적으로 '기속행위'이고, 「주택법」상 사업계획승인은 '재량행위'

(2) 허가를 취소하여야 하는 경우

① 허가를 받은 날부터 2년(산업집적활성화 및 공장설립에 관한 법률에 따라 공장의 신설·증설 또는 업종변경의 승인을 받은 공장은 3년) 이내에 공사에 착수하지 아니한 경우
② 위 ①의 기간 이내에 공사에 착수하였으나 공사 완료가 불가능하다고 인정되는 경우
③ '착공신고 전'에 경·공매 등으로 건축주가 '대지의 소유권을 상실한 때'부터 6개월이 지난 이후 '공사의 착수가 불가능하다고 판단'되는 경우

(3) 원칙적인 건축허가권자

> 건축물을 '건축'하거나 '대수선'하려는 자는 '특별자치시장·특별자치도지사 또는 시장·군수·구청장'의 허가를 받아야 한다.

(4) '특별시장 또는 광역시장'의 허가를 받아야 하는 경우

> ① 층수가 21층 이상이거나 연면적의 합계가 10만 제곱미터 이상인 건축물의 건축
> ② 연면적의 10분의 3 이상을 증축하여 21층 이상으로 되거나 10만 제곱미터 이상인 건축물의 건축
> ③ 다만, 다음의 건축물의 건축은 제외한다.
> ㉠ 공장
> ㉡ 창고
> ㉢ 지방건축위원회 심의를 거친 건축물('초고층 건축물'은 제외)

5. '시장·군수'가 '도지사'의 사전승인을 받아야 하는 경우

> ① 앞의 4.-(4)의 ① 및 ② 규모의 건축물
> ② 자연환경, 수질보호를 위해 3층 이상 또는 1천 제곱미터 이상인 다음의 건축물
> ㉠ 공동주택
> ㉡ 제2종 근린생활시설('일반음식점'만 해당)
> ㉢ 업무시설('일반업무시설'만 해당)
> ㉣ 숙박시설
> ㉤ 위락시설
> ③ 주거환경이나 교육환경 등 주변 환경을 보호하기 위해 건축하는 위락시설 및 숙박시설
> → 50일 이내 '승인 여부 통보', 30일 연장 가능

6. 건축허가의 요건 ★

○ 체계도 핵심 75 참고

(1) 원칙

> 건축허가를 받으려는 자는 해당 대지의 소유권을 확보하여야 한다.

(2) 앞의 (1)의 예외

① 소유권을 확보하지 못하였으나 사용권원을 확보한 경우(다만, 분양 목적의 공동주택은 제외)
② 건축주가 노후화 등 다음 (3)의 사유로 신축 등을 하기 위해 건축물 및 해당 대지의 공유자 수의 100분의 80 이상의 동의를 얻고 동의한 공유자의 지분 합계가 전체 지분의 100분의 80 이상인 경우
③ 건축주가 집합건물의 공용부분을 변경하기 위해 「집합건물의 소유 및 관리에 관한 법률」에 따른 결의(3분의 2 이상 또는 과반수)가 있었음을 증명한 경우
④ 건축주가 집합건물을 재건축하기 위하여 「집합건물의 소유 및 관리에 관한 법률」 제47조에 따른 결의(구분소유자 5분의 4 이상 및 의결권의 5분의 4 이상 결의. 다만, 관광진흥법에 따른 휴양 콘도미니엄업의 재건축 결의는 구분소유자의 3분의 2 이상 및 의결권의 3분의 2 이상의 결의)가 있었음을 증명한 경우 등

(3) 위 (2)의 ②의 사유

① 급수 등 설비, 지붕·벽 등의 노후화나 손상으로 기능 유지가 곤란할 우려가 있는 경우
② 노후화로 내구성에 영향을 주는 기능적 결함이나 구조적 결함이 있는 경우
③ '훼손'되거나 일부가 '멸실'되어 붕괴 등 그 밖의 안전사고가 우려되는 경우
④ '천재지변'이나 '그 밖의 재해'로 붕괴되어 '다시' 신축하거나 재축하려는 경우

(4) 현지조사 및 안전진단

① 허가권자는 건축주가 위 (3)의 ①부터 ③의 사유로 위 (2)의 ②의 동의요건을 갖추어 건축허가를 신청한 경우 '그 사유의 해당 여부를 확인하기 위해' 현지조사를 할 의무가 있다.
② 위 ①의 경우 필요한 경우에는 건축주에게 다음의 자로부터 '안전진단'을 받고 그 결과를 제출하도록 할 수 있다.
  ㉠ 건축사
  ㉡ 「기술사법」에 따라 등록한 건축구조기술사
  ㉢ 「시설물의 안전 및 유지관리에 관한 특별법」에 따라 등록한 건축 분야 안전진단 전문기관

(5) 매도 청구 등

① 위 (2)의 ②에 따라 건축허가를 받은 건축주는 공유자 중 '동의하지 아니한 공유자'에게 그 공유지분을 시가(市價)로 매도할 것을 청구할 수 있다.
② 위 ①의 경우 매도 청구를 하기 전에 3개월 이상 협의를 하여야 한다.

(6) 소유자를 확인하기 곤란한 공유지분 등에 대한 처분

> ① 앞의 (2)의 ②에 따라 건축허가를 받은 건축주는 둘 이상의 일간신문에 두 차례 이상 '공고'하고, '공고한 날'부터 30일 이상이 지났을 때, 매도 청구대상으로 본다.
> ② 건축주는 공유지분의 감정평가액을 법원에 공탁(供託)하고 착공할 수 있다.
> ③ 감정평가액은 허가권자가 추천하는 감정평가법인등 2인 이상이 평가한 금액을 산술평균하여 산정한다.

(7) 소유권 확보의 예외

'건축허가'의 경우(건축법)	'사업계획승인'의 경우(주택법)
① 사용권원 확보(다만, '분양 목적 공동주택'은 제외) ② 노후화 등 사유 + 공유자 수 80퍼센트 이상 동의 + '동의자 공유 지분 합계' 80퍼센트 이상 ③ 건축허가(주상 복합) + 대지 소유 등의 권리 관계 증명 ④ 국유지 또는 공유지, '관리청'의 확인 ⑤ 「집합건물의 소유 및 관리에 관한 법률」에 따른 공용부분의 변경 결의: 3분의 2 이상 또는 통상의 결의 ⑥ 「집합건물의 소유 및 관리에 관한 법률」 제47조에 따른 재건축 결의	① 지구단위계획 + 80퍼센트 이상 사용권원 + 나머지 매도 청구대상 ② '사용권원' 확보 ③ '국가 등'이 주택건설사업을 하는 경우 ④ 리모델링 결의를 한 리모델링주택조합이 「주택법」 제22조 제2항에 따라 매도청구를 하는 경우

7. 건축신고 ★

(1) 허가대상 건축물이라 하더라도 신고를 하면 건축허가를 받은 것으로 보는 경우

> ① 바닥면적의 합계가 85제곱미터 이내인 증축·개축·재축(3층 이상 건축물, 행위를 하려는 부분의 바닥면적의 합계가 연면적 10분의 1 이내인 경우로 한정)
> ② 관리지역, 농림지역, 자연환경보전지역에서 연면적 200제곱미터 미만이고 3층 미만인 건축물 건축(지구단위계획구역, 방재지구, 붕괴위험지역에서의 건축은 '제외')
> ③ 연면적이 200제곱미터 미만이고 3층 미만인 건축물의 대수선
> ④ 주요구조부의 해체가 없는 등 '대통령령으로 정하는 다음의 대수선'
> ㉠ 내력벽의 면적을 30제곱미터 이상 '수선'하는 것
> ㉡ 기둥, 보, 지붕틀을 세 개 이상 '수선'하는 것
> ㉢ '방화벽' 또는 '방화구획을 위한 바닥 또는 벽'을 '수선'하는 것
> ㉣ 주계단·피난계단 또는 특별피난계단을 '수선'하는 것

⑤ '연면적의 합계'가 '100제곱미터 이하인 건축물'의 건축
⑥ 건축물의 높이를 3미터 이하의 범위에서 증축
⑦ '표준설계도서'에 따라 건축하는 건축물로서 주위환경이나 미관에 지장이 없다고 인정하여 건축조례로 정하는 건축물의 건축
⑧ 공업지역, 지구단위계획구역, 산업단지에서 건축하는 2층 이하인 건축물로서 연면적 합계가 500제곱미터 이하인 '공장'
⑨ 읍·면지역에서 건축하는 연면적 200제곱미터 이하의 '창고' 및 연면적 400제곱미터 이하의 '축사, 작물재배사, 종묘배양시설, 화초 및 분재 등의 온실'

(2) 비교표

사전결정	건축위원회
사전결정을 통지받은 날부터 2년 이내에 건축허가 신청의무	심의결과를 통지받은 날부터 2년 이내에 건축허가 신청의무
위반 → '사전결정' 효력 상실	위반 → '심의' 효력 상실
건축허가	**건축신고**
허가받은 날부터 2년(공장: 3년) 이내에 공사 착수 의무(1년 범위에서 연장 가능)	신고한 날부터 1년 이내에 공사 착수 의무(1년 범위에서 연장 가능)
위반 → 허가를 취소하여야 한다.	위반 → '신고' 효력이 상실된다.

8. 건축물 안전영향평가 ★

(1) 안전영향평가 대상

① 초고층 건축물
② 연면적이 10만 제곱미터 이상 + 16층 이상인 건축물

(2) 실시 등

① 안전영향평가기관은 국토교통부장관이 「공공기관의 운영에 관한 법률」에 따른 공공기관으로서 건축 관련 업무를 수행하는 기관 중에서 지정하여 고시한다.
② 안전영향평가 결과는 건축위원회의 심의를 거쳐 확정한다.

(3) 기간 및 비용 등

① 안전영향평가기관은 30일 이내에 '허가권자'에게 결과를 제출하여야 한다. 다만, 부득이한 경우에는 20일의 범위에서 그 기간을 '한 차례만' 연장할 수 있다.
② 안전영향평가에 드는 비용은 안전영향평가를 의뢰한 자가 부담한다.

9. 건축허가 제한

(1) 건축허가 및 착공의 제한

① 국토교통부장관 → '허가권자'의 건축허가나 착공을 제한할 수 있다.
　㉠ 국토관리를 위하여 특히 필요하다고 인정하는 경우
　㉡ 주무부장관이 '국방, 「국가유산기본법」에 따른 국가유산의 보존, 환경보전, 국민경제'를 위하여 요청하는 경우
② 특별시장·광역시장·도지사 → '시장·군수·구청장'의 건축허가나 착공을 제한 가능
　㉠ '지역계획'에 특히 필요하다고 인정하는 경우
　㉡ '도시·군계획'에 특히 필요하다고 인정하는 경우

(2) 제한기간 등

① 건축허가나 건축물의 착공을 제한하는 경우 제한기간은 2년 이내로 한다. 다만, 1회에 한하여 1년 이내의 범위에서 제한기간을 연장할 수 있다.
② 특별시장·광역시장·도지사는 시장·군수·구청장의 건축허가 등을 제한한 경우 즉시 '국토교통부장관'에게 보고하여야 하며, 보고를 받은 국토교통부장관은 제한 내용이 지나치다고 인정하면 해제를 명할 수 있다.

10. 용도변경 ★

○ 체계도 핵심 76 참고

(1) 건축기준

① 건축물의 용도변경은 변경하려는 용도의 '건축기준'에 맞게 하여야 한다.
② 국토교통부장관은 용도변경을 할 때 적용되는 '건축기준'을 고시할 수 있다.

(2) 허가대상 및 신고대상

○ 체계도 핵심 76 참고

(3) 건축물대장 기재내용의 변경신청

○ 체계도 핵심 76 참고

① 건축물대장 기재내용의 변경신청 대상: '같은 시설군 안'에서 용도변경을 하는 경우
② 위 ①의 예외[건축물대장 기재내용의 변경신청(×)]
　㉠ 「건축법 시행령」 [별표 1]의 '같은 호(용도)'에 속하는 건축물 상호간의 용도변경
　㉡ '제1종 근린생활시설'과 '제2종 근린생활시설' 상호간의 용도변경

③ 앞의 ②의 예외[건축물대장 기재내용의 변경신청(○)]: [별표 1] 제3호 다목(목욕장만 해당)·라목(의원 등), 제4호 가목(공연장)·사목(청소년게임제공업소 등)·카목(학원 등)·파목(골프연습장, 놀이형시설만 해당)·더목(단란주점)·러목(안마시술소, 노래연습장), 제7호 다목 2)의 청소년게임제공업의 시설 등, 같은 표 제15호 가목(생활숙박시설만 해당한다) 및 제16호 가목(단란주점)·나목(유흥주점 등)의 용도로 변경하는 경우

(4) 시설군

➲ 체계도 핵심 76 참고

(5) '용도변경된 용도'로의 사용승인을 받아야 하는 경우

➲ 체계도 핵심 76 참고

(6) '건축사'가 설계하여야 하는 경우

➲ 체계도 핵심 76 참고

(7) '복수 용도'의 인정

① 건축주는 건축물의 용도를 복수로 하여 건축허가 등을 신청할 수 있다.
② 허가권자는 법령 등에 모두 적합한 경우에 한정하여 복수 용도를 허용할 수 있다.

11. 가설건축물 ★

(1) 허가대상

① 도시·군계획시설, 도시·군계획시설예정지에서 가설건축물 건축: '허가대상'
② 특별자치시장·특별자치도지사 또는 시장·군수·구청장은 가설건축물의 건축이 '다음에 해당하는 경우가 아니면' 허가를 하여야 한다.
  ㉠ 「국토의 계획 및 이용에 관한 법률」 제64조에 위배되는 경우
  ㉡ 4층 이상인 경우
  ㉢ 다음의 기준의 범위에서 조례로 정하는 바에 따르지 아니한 경우 등
    ⓐ 철근콘크리트조 또는 철골철근콘크리트조가 아닐 것
    ⓑ 존치기간은 3년 이내일 것(도시·군계획사업이 시행될 때까지 연장 가능)
    ⓒ 전기·수도·가스 등 새로운 간선 공급설비의 설치를 필요로 하지 아니할 것
    ⓓ 공동주택·판매시설·운수시설 등으로서 분양 목적 건축물이 아닐 것

(2) 신고대상

> ① 위 (1)에도 불구하고 재해복구, 흥행 등 용도의 가설건축물을 축조하려는 자는 특별자치시장 등에게 신고한 후 착공하여야 한다.
> ② '신고해야 하는 가설건축물의 존치기간'은 3년 이내로 하며, 존치기간의 연장이 필요한 경우에는 횟수별 3년의 범위에서 건축조례로 정하는 횟수만큼 존치기간을 연장할 수 있다. 다만, 공사에 필요한 규모의 공사용 가설건축물 및 공작물의 경우에는 해당 공사의 완료일까지의 기간으로 한다.

(3) 존치기간 및 그 연장

> ① 허가대상: 3년, 연장(존치기간 만료일 14일 전까지 '허가신청')
> ② 신고대상: 3년, 연장(존치기간 만료일 7일 전까지 '신고')
> ③ 특별자치시장 등은 존치기간 만료일 30일 전까지 건축주에게 만료일 등을 알려야 한다.

○ 공장 → '연장 허가신청' 및 '연장 신고'가 없어도 동일한 기간 연장된 것으로 본다.

(4) 가설건축물대장 및 관계 행정기관의 장과 협의

> ① 특별자치시장 등은 허가, 축조 신고를 받은 경우 가설건축물대장에 기재할 의무가 있다.
> ② 관계 행정기관의 장과 미리 협의하여야 하고, 관계 행정기관의 장은 15일 이내에 의견을 제출하여야 하며, 의견을 제출하지 아니하면 협의가 이루어진 것으로 본다.

12. 건축물의 사용승인 ★

(1) 사용승인 신청 등

> ① 건축주가 법 제11조(건축허가)·법 제14조(건축신고) 또는 법 제20조 제1항(가설건축물의 허가)에 따라 완료한 후 공사감리자가 작성한 감리완료보고서와 공사완료도서를 첨부하여 '허가권자'에게 사용승인을 신청하여야 한다.
> ② 허가권자는 7일 이내에 '일정한 검사'를 실시하고, 검사에 합격된 건축물에 대하여는 사용승인서를 내주어야 한다. 다만, 해당 지방자치단체의 조례로 정하는 건축물은 사용승인을 위한 검사를 실시하지 아니하고 사용승인서를 내줄 수 있다.
> ③ 특별시장, 광역시장은 사용승인을 한 경우 군수, 구청장에게 건축물대장에 적게 하고, 건축물대장에는 설계자, 다음의 주요 공사의 시공자, 공사감리자를 적어야 한다.
> ㉠ 건설사업자
> ㉡ 「전기공사업법」 등에 따라 공사를 수행하는 시공자

(2) 임시사용승인

> ① 허가권자는 조경에 필요한 조치를 할 것을 '조건'으로 임시사용승인을 할 수 있다.
> ② 임시사용승인의 기간은 2년 이내로 한다. 대형 건축물 또는 암반공사 등으로 인하여 공사기간이 긴 건축물에 대하여는 그 기간을 '연장'할 수 있다.

13. 건축물의 설계

(1) 건축사가 설계하여야 하는 경우

> 건축허가를 받아야 하거나 건축신고를 하여야 하는 건축물 또는 「주택법」에 따른 리모델링을 하는 건축물의 건축등을 위한 설계는 '건축사'가 아니면 할 수 없다.

(2) 건축사가 설계할 의무가 없는 경우

> ① 바닥면적의 합계가 85제곱미터 미만인 증축·개축 또는 재축
> ② 연면적이 200제곱미터 미만이고 층수가 3층 미만인 건축물의 '대수선'
> ③ 연면적이 200제곱미터 이하인 창고 및 「농지법」에 따른 농막
> ④ 연면적 400제곱미터 이하인 축사, 작물재배사, 종묘배양시설, 화초·분재 등의 온실
> ⑤ 신고대상 가설건축물

14. 공사시공

(1) 상세시공도면

> ① 공사시공자는 '공사를 하는 데에 필요하다고 인정'하거나 '공사감리자로부터 상세시공도면을 작성하도록 요청'을 받으면 상세시공도면을 작성하여 공사감리자의 확인을 받아야 하며, 이에 따라 공사를 하여야 한다.
> ② 연면적의 합계가 5천 제곱미터 이상인 건축공사의 공사감리자는 필요하다고 인정하면 공사시공자에게 상세시공도면을 작성하도록 요청할 수 있다.

(2) 「건설산업기본법」 제41조 제1항에 해당하는 건축물('건설사업자'가 시공)

> ① 연면적이 200제곱미터를 초과하는 건축물
> ② 연면적이 200제곱미터 이하인 건축물로서 다음에 해당하는 경우
> ㉠ 「건축법」에 따른 '공동주택'(아파트, 연립주택, 다세대주택, 기숙사)
> ㉡ 「건축법」에 따른 '단독주택' 중 다중주택, 다가구주택, 공관 등
> ㉢ '주거용 외의 건축물'로서 많은 사람이 이용하는 건축물 중 다음의 건축물: 학교, 병원, 어린이집, 유치원, 다중생활시설 등 대통령령으로 정하는 건축물

(3) '건축주'의 현장관리인의 지정 의무

'앞의 (2)에 해당하지 아니하는 건축물'의 건축주는 공사 현장의 공정 및 안전을 관리하기 위하여 '건설기술인' 1명을 현장관리인으로 지정하여야 한다.

(4) '공사시공자'의 사진 및 동영상 촬영, 보관 의무

공동주택, 종합병원 등 '대통령령으로 정하는 다음의 건축물'의 공사시공자는 건축주, 공사감리자 및 허가권자가 설계도서에 따라 적정하게 공사되었는지를 확인할 수 있도록 공사의 공정이 대통령령으로 정하는 진도에 다다른 때마다 사진 및 동영상을 촬영하고 보관하여야 한다.

① 다중이용 건축물

② 특수구조 건축물

③ 건축물의 하층부가 필로티나 그 밖에 이와 비슷한 구조(벽면적의 2분의 1 이상이 그 층의 바닥면에서 위층 바닥 아래면까지 '공간'으로 된 것만 해당)로서 상층부와 다른 구조형식으로 설계된 건축물(이하 '필로티형식 건축물') 중 3층 이상인 건축물

15. 공사감리 ★

(1) 공사감리자의 지정

① 건축주는 일정한 경우 '건축사'나 '대통령령으로 정하는 자'를 공사감리자(공사시공자 본인 및 독점규제 및 공정거래에 관한 법률 제2조에 따른 계열회사는 제외)로 지정하여 공사감리를 하게 하여야 한다.

② 위 ①의 위반자: 2년 이하의 징역 또는 1억원 이하의 벌금

(2) 공사감리자의 자격

● 체계도 핵심 77 참고

① 다음에 해당하는 경우(일반 건축물): 건축사

㉠ 건축허가대상 건축물('건축신고대상 건축물'은 제외)을 건축하는 경우
['건축신고대상 건축물': '건축지도원' 관련]

㉡ 사용승인을 받은 후 15년 이상이 되어 리모델링하는 경우 등

② '다중이용 건축물'을 건축하는 경우: 건설엔지니어링사업자(공사시공자 본인이거나 독점규제 및 공정거래에 관한 법률 제2조에 따른 계열회사인 건설기술용역사업자는 제외) 또는 건축사(건설사업관리기술인을 '배치하는 경우만' 해당)

(3) '허가권자'가 공사감리자를 지정하는 경우

⊙ 체계도 핵심 77 참고

① 앞의 14.의 (2)에 해당하지 아니하는 소규모 건축물 + '건축주'가 직접 시공하는 건축물
② 주택으로 사용하는 건축물 중 '대통령령으로 정하는 다음의 건축물'
  ㉠ 앞의 14. 의 (2)에 해당하지 아니하는 건축물 중 다음에 해당하지 아니하는 건축물
    ⓐ [별표 1] 제1호 가목의 단독주택(협의) 등
  ㉡ 주택으로 사용하는 다음의 건축물
    ⓐ 아파트 ⓑ 연립주택 ⓒ 다세대주택
    ⓓ 다중주택 ⓔ 다가구주택
③ 위 ① 및 ②의 건축물의 경우에는 '허가권자'가 해당 건축물의 '설계에 참여하지 아니한 자' 중에서 공사감리자를 지정하여야 한다.

(4) 감사보고서 등

① 공사감리자는 감리일지를 기록·유지하여야 한다.
② 공사의 공정이 일정한 진도에 다다른 경우에는 감리중간보고서를, 공사를 완료한 경우에는 감리완료보고서를 각각 작성하여 건축주에게 제출하여야 한다.
③ 건축주는 감리중간보고서는 제출받은 때, 감리완료보고서는 건축물의 사용승인을 신청할 때 허가권자에게 제출하여야 한다.

(5) 공사감리자를 지정하는 경우의 조치

⊙ 체계도 핵심 77 참고

① 허가권자가 공사감리자를 지정하는 경우, 건축주는 '착공신고를 하기 전'에 허가권자에게 공사감리자의 지정을 신청할 의무가 있다.
② 시·도지사는 다음의 자를 대상으로 모집공고를 거쳐 공사감리자의 명부를 작성하고 관리해야 한다. 이 경우 시·도지사는 미리 관할 시장·군수·구청장과 협의해야 한다.
  ㉠ 다중이용 건축물의 경우: 건축사사무소의 개설신고를 한 건축사 및 「건설기술 진흥법」에 따른 건설엔지니어링사업자
  ㉡ 그 밖의 경우: 건축사사무소의 개설신고를 한 건축사
③ 허가권자는 위 ②의 명부에서 공사감리자를 지정하여야 한다.
④ '건축주가 공사감리자를 지정'하거나 '허가권자가 공사감리자를 지정'하는 건축물의 건축주는 '착공신고'를 하는 때, '감리비용이 명시된 감리계약서'를 허가권자에게 제출하여야 한다.
⑤ 위 ④의 건축주는 '사용승인을 신청하는 때'는 감리비용을 지불하여야 한다.
⑥ 허가권자는 감리계약서에 따라 감리비용이 지불되었는지를 확인한 후 사용승인을 하여야 한다.

(6) 공사감리자가 수행하여야 하는 감리업무

① 공사시공자가 설계도서에 따라 적합하게 시공하는지 여부의 확인
② 공사시공자가 사용하는 건축자재가 관계 법령에 따른 기준에 적합한 건축자재인지 여부의 확인 등

(7) 건축사보의 배치현황 제출

① '공사현장에 건축사보를 두는 공사감리자'는 다음의 기간에 '건축사보의 배치현황'을 허가권자에게 '제출'하여야 한다.
  ㉠ 최초로 건축사보를 배치하는 경우에는 착공 예정일부터 7일
  ㉡ 건축사보의 배치가 변경된 경우에는 변경된 날부터 7일
  ㉢ 건축사보가 철수한 경우에는 철수한 날부터 7일
② 허가권자는 공사감리자로부터 건축사보의 배치현황을 받으면 지체 없이 건축사보가 이중으로 배치되어 있는지 여부 등 국토교통부령으로 정하는 내용을 확인한 후 「전자정부법」 제37조에 따른 행정정보 공동이용센터를 통해 그 배치현황을 「건축사법」에 따른 대한건축사협회에 보내야 한다.
③ 건축사보의 배치현황을 받은 대한건축사협회는 이를 관리해야 하며, 건축사보가 이중으로 배치된 사실 등을 확인한 경우에는 지체 없이 그 사실 등을 관계 시·도지사, 허가권자 등에게 알려야 한다.

16. 건축관계자등에 대한 업무제한

(1) 업무정지 명령

① 허가권자는 '건축관계자등'이 다음의 건축물에 대하여 법령 위반이나 중대한 과실로 건축물의 기초 및 주요구조부에 중대한 손괴를 일으켜 사람을 사망하게 한 경우에는 1년 이내의 업무정지를 명할 수 있다.
  ㉠ 다중이용 건축물
  ㉡ 준다중이용 건축물
② 허가권자는 건축관계자등이 법령을 위반하여 중대한 손괴를 일으켜 도급·하도급받은 금액의 100분의 10 이상으로서 그 금액이 1억원 이상인 재산상의 피해가 발생한 경우(위 ①의 위반행위는 제외)에는 다음의 업무정지를 명할 수 있다.
  ㉠ 최초로 위반행위가 발생한 경우: 업무정지일부터 6개월
  ㉡ 2년 이내 동일한 현장에서 다시 발생한 경우: 다시 업무정지를 받는 날부터 1년

(2) 시정명령 및 업무정지

허가권자는 건축관계자등이 '법령을 위반한 경우'[앞의 (1)의 ① 및 ②의 위반행위는 제외]와 '법 제28조(공사현장 위해 방지 등)를 위반하여 가설시설물이 붕괴된 경우'에는 기간을 정하여 시정을 명하거나 필요한 지시를 할 수 있다.

(3) 시정명령 불이행에 따른 업무정지

허가권자는 위 (2)의 시정명령 등에도 불구하고 이를 이행하지 아니한 경우에는 다음의 업무정지를 명할 수 있다.

① 최초의 위반행위, 시정명령 불이행: 업무정지일부터 3개월
② 2년 이내의 위반행위, 동일한 현장에서 2차례 발생: 업무정지일부터 3개월
③ 2년 이내의 위반행위, 동일한 현장에서 3차례 발생: 업무정지일부터 1년

(4) 과징금

허가권자는 위 (3)의 업무정지처분을 갈음하여 다음의 과징금을 부과할 수 있다.

① 위 (3)의 ① 또는 ②에 해당하는 경우: 3억원 이하
② 위 (3)의 ③에 해당하는 경우: 10억원 이하

(5) 청문

건축관계자등에 대한 업무정지처분을 하려는 경우, 청문을 하여야 한다.

17. 공용건축물에 대한 특례 등

(1) 협의 및 통보

① 국가나 지방자치단체는 건축물을 건축·대수선·용도변경하거나 가설건축물을 건축하거나 공작물을 축조하려는 경우에는 미리 건축물의 소재지를 관할하는 허가권자와 협의하여야 한다.
② 국가나 지방자치단체가 위 ①에 따라 건축물의 소재지를 관할하는 허가권자와 협의한 경우에는 허가를 받았거나 신고한 것으로 본다.
③ 위 ①에 따라 협의한 건축물은 법 제22조(건축물의 사용승인) 제1항부터 제3항까지의 규정을 적용하지 아니하며, 공사가 끝난 경우 지체 없이 허가권자에게 통보하여야 한다.

(2) 건축종합민원실의 설치

> 특별자치시장·특별자치도지사 또는 시장·군수·구청장은 건축허가, 건축신고, 사용승인 등 건축과 관련된 민원을 종합적으로 접수하여 처리할 수 있는 민원실을 설치·운영하여야 한다.

18. 건축지도원 ★

(1) 지정 등

체계도 핵심 77 참고

> ① 특별자치시장·특별자치도지사·시장·군수·구청장은 이 법 또는 이 법에 따른 명령이나 처분에 위반되는 건축물의 발생을 예방하고 건축물을 적법하게 유지·관리하도록 지도하기 위하여 건축지도원을 지정할 수 있다.
> ② 건축지도원은 특별자치시·특별자치도 또는 시·군·구에 근무하는 건축직렬의 공무원과 건축에 관한 학식이 풍부한 자로서 자격을 갖춘 자 중에서 지정한다.

(2) 업무

체계도 핵심 77 참고

> ① 건축신고를 하고 건축 중에 있는 건축물의 시공 지도와 '위법 시공 여부'의 확인·지도·단속
> ② 건축물의 대지, 높이 및 형태, 구조안전 및 화재 안전, 건축설비 등이 법령 등에 적합하게 '유지·관리'되고 있는지의 확인·지도·단속
> ③ 허가받지 아니하거나 신고하지 아니하고 건축하거나 용도변경한 건축물의 단속

19. 건축물대장 및 등기촉탁 ★

(1) 건축물대장

> 특별자치시장·특별자치도지사·시장·군수·구청장은 건축물의 소유·이용 및 유지·관리 상태를 확인하거나 건축정책의 기초 자료로 활용하기 위하여 다음에 해당하면 건축물대장에 건축물과 그 대지의 현황 및 국토교통부령으로 정하는 건축물의 구조내력에 관한 정보를 적어서 보관하고 이를 지속적으로 정비하여야 한다.
> ① 사용승인서를 내준 경우
> ② 건축허가대상 건축물(신고대상 건축물을 포함) 외의 건축물의 공사를 끝낸 후 기재를 요청한 경우 등

(2) 등기촉탁

특별자치시장·특별자치도지사·시장·군수·구청장은 다음의 사유로 건축물대장의 기재내용이 변경되는 경우(다음 ②의 경우 신규 등록은 제외) 관할 등기소에 그 등기를 촉탁하여야 한다. 이 경우 다음 ①과 ④의 등기촉탁은 지방자치단체가 '자기를 위하여 하는 등기'로 본다.

① 지번이나 행정구역의 명칭이 '변경'된 경우
② 사용승인 내용 중 건축물의 면적·구조·용도 및 층수가 '변경'된 경우
③ 「건축물관리법」 제30조에 따라 건축물을 해체한 경우
④ 「건축물관리법」 제34조에 따른 건축물의 '멸실' 후 멸실신고를 한 경우

PART 5

CHAPTER

03 건축의 규제

▶ **연계학습** | 에듀윌 기본서 2차 [주택관리관계법규 上] p.541

회독체크 1 2 3

1. 공개공지 등(공개공지 또는 공개공간 = 쉼터) ★

(1) 공개공지

① 일반주거지역, 준주거지역, 상업지역, 준공업지역 등
② **공개공지 등 설치대상:** 바닥면적의 합계가 5천 제곱미터 이상인 문화 및 집회시설 등
③ 공개공지는 필로티의 구조로 설치할 수 있다.
④ **면적:** 대지면적의 100분의 10 이하의 범위에서 건축조례로 정한다.
⑤ '조경면적'과 「매장유산 보호 및 조사에 관한 법률」에 따른 '매장유산의 현지보존 조치 면적'을 공개공지 등의 면적으로 할 수 있다.
⑥ 공개공지 등을 설치할 때에는 모든 사람들이 환경친화적으로 편리하게 이용할 수 있도록 긴 의자 또는 조경시설 등 건축조례로 정하는 시설을 설치해야 한다.
⑦ **건폐율, 용적률**(1.2배 이하) **및 높이 제한**(1.2배 이하): 완화
⑧ 위 ⑦의 범위에서 '건축조례로 정한 기준'이 '완화 비율'보다 큰 경우에는 해당 건축조례로 정하는 바에 따른다.
⑨ 공개공지 등의 설치대상이 아닌 건축물(주택법에 따른 사업계획승인 대상인 공동주택 중 '주택 외의 시설과 주택을 동일 건축물로 건축하는 것' '외'의 공동주택은 제외)의 대지에 법령에 적합한 공개공지를 설치하는 경우에는 위 ⑦ 및 ⑧을 준용한다.
⑩ 연간 60일 이내의 기간 동안 주민들을 위한 문화행사와 판촉활동이 가능하다(울타리를 설치하는 등 공중이 공개공지 등을 이용하는 데 지장을 주는 행위 금지).
⑪ 누구든지 공개공지 등에 물건을 쌓아 놓거나 출입을 차단하는 시설을 설치하는 등 공개공지 등의 활용을 저해하는 행위를 하여서는 아니 된다.

(2) 제한되는 행위

① 공개공지 등의 '일정 공간을 점유'하여 영업을 하는 행위
② **공개공지 등의 이용에 방해가 되는 행위로서 다음의 행위**
　㉠ 공개공지 등에 '위 **(1)**의 ⑥에 따른 시설 외'의 시설물을 설치하는 행위
　㉡ 공개공지 등에 물건을 쌓아 놓는 행위
③ '울타리나 담장 등의 시설을 설치하거나 출입구를 폐쇄하는 등' 공개공지 등의 출입을 차단하는 행위
④ 공개공지 등과 그에 설치된 편의시설을 훼손하는 행위 등

2. 대지의 안전, 옹벽 및 조경

(1) 대지의 안전, 옹벽

대지의 안전	① 대지는 인접한 도로면보다 낮아서는 아니 된다. ② 습한 토지, 매립된 토지 등에 성토 등 필요한 조치를 하여야 한다.
옹벽	① 경사도 1 : 1.5 이상 + 높이 1미터 이상인 부분 → 옹벽 설치 의무 ② 높이 2미터 이상인 경우 → '콘크리트구조' ③ 2미터가 넘는 옹벽 설치 → '신고대상' ④ 지지, 배수를 위한 시설 외의 구조물이 밖으로 튀어 나오지 아니하게 할 것

(2) 조경

① 원칙: 200제곱미터 이상인 '대지'에 건축하는 경우 조경의무가 있다.
② 예외: 녹지지역, 자연환경보전지역, 농림지역, 관리지역(지구단위계획구역은 제외), 공장(5천 제곱미터 미만의 대지, 연면적 합계가 1천500제곱미터 미만, 산업단지), 골프장, 물류시설(연면적 합계가 1천500제곱미터 미만), 염분, 축사, 가설건축물 등
③ 옥상부분 조경면적의 3분의 2에 해당하는 면적 인정, 100분의 50 초과 금지

3. 구조내력 등 ★

(1) 설계자가 건축구조기술사의 협력을 받아야 하는 경우

다음의 건축물의 설계자는 구조의 안전을 확인하는 경우 건축구조기술사의 협력을 받아야 한다.
① 6층 이상인 건축물
② 특수구조 건축물
③ 다중이용 건축물
④ 준다중이용 건축물
⑤ 3층 이상의 필로티형식 건축물
⑥ '지진구역 I'의 지역에 건축하는 건축물로서 중요도가 '특'에 해당하는 건축물

(2) 구조안전의 확인

① 법 제11조(건축허가) 제1항에 따른 건축물을 건축하거나 대수선하는 경우 해당 건축물의 설계자는 그 구조의 안전을 확인하여야 한다.
② 위 ①에 따라 '구조안전을 확인한 건축물' 중 다음 (3)의 건축물의 건축주는 해당 건축물의 설계자로부터 '구조안전의 확인서류'를 받아 착공신고를 하는 때에 그 확인서류를 허가권자에게 제출하여야 한다.

(3) '구조안전확인 대상물' 중 앞의 (2)의 ②에 해당하는 건축물(내진설계 대상 = 내진능력공개 대상)

① 층수가 2층('목구조 건축물'[1]의 경우에는 3층) 이상인 건축물
② 연면적이 200제곱미터('목구조 건축물'의 경우에는 500제곱미터) 이상인 건축물. 다만, 창고, 축사, 작물재배사는 '제외'한다.
③ '높이'가 13미터 이상인 건축물
④ '처마높이'가 9미터 이상인 건축물
⑤ '기둥과 기둥 사이의 거리'가 10미터 이상인 건축물
⑥ 「건축물의 구조기준 등에 관한 규칙」 [별표 11](중요도 및 중요도계수)에 따른 중요도 특 또는 중요도 1에 해당하는 건축물[종합병원(특), 학교(1) 등]
⑦ '국가적 문화유산으로 보존할 가치'가 있는 박물관·기념관 그 밖에 이와 유사한 것으로서 연면적의 합계가 5천 제곱미터 이상인 건축물
⑧ '특수구조 건축물' 중 다음의 건축물
  ㉠ 3미터 이상 돌출된 건축물
  ㉡ 특수한 설계·시공·공법 등이 필요한 건축물로 국토교통부장관이 고시하는 구조로 된 건축물
⑨ [별표 1] 제1호의 단독주택 및 같은 표 제2호의 공동주택

1. 주요구조부인 기둥과 보를 설치하는 건축물로서 그 기둥과 보가 목재인 목구조 건축물(이하 '목구조 건축물'이라 한다)

(4) 건축물의 내진능력 공개

① 위 (3)의 건축물을 건축하고자 하는 자는 사용승인을 받는 즉시 건축물이 지진 발생 시에 견딜 수 있는 능력(이하 '내진능력'이라 한다)을 공개하여야 한다.
② 다만, '구조안전확인 대상 건축물이 아니거나' 창고, 축사, 작물 재배사 및 표준설계도서에 따라 건축하는 건축물로서 위 (3)에 해당하지 아니하는 건축물[위 (3)의 ②는 제외]은 공개하지 아니한다.

(5) 건축물 내진등급의 설정

국토교통부장관은 지진으로부터 건축물의 구조안전을 확보하기 위하여 건축물의 용도, 규모 및 설계구조의 중요도에 따라 내진등급(耐震等級)을 설정하여야 한다.

4. 피난시설 등

(1) 소방관이 진입할 수 있는 '창' 설치 등

① 건축물의 11층 이하의 층에는 '소방관이 진입할 수 있는 창'을 설치하고, '외부에서 주야간에 식별할 수 있는' 표시를 해야 한다.
② 다만, '다음의 아파트'는 제외한다.
   ㉠ 법령에 따라 대피공간 등을 설치한 아파트
   ㉡ '비상용승강기'를 설치한 아파트

(2) 대지 안의 피난 및 소화에 필요한 통로 설치

① **통로의 설치기준**: 건축물의 대지 안에는 통로를 다음의 기준에 따라 설치하여야 한다.
   ㉠ **'통로의 너비'는 다음의 구분에 따른 기준에 따라 확보할 것**
      ⓐ **단독주택**: 유효 너비 0.9미터 이상
      ⓑ **500제곱미터 이상인 문화 및 집회시설, 종교시설, 의료시설, 위락시설 또는 장례시설**: 유효 너비 3미터 이상
      ⓒ **'그 밖의 용도'로 쓰는 건축물**: 유효 너비 1.5미터 이상
   ㉡ 필로티 내 통로의 길이가 2미터 이상인 경우에는 피난 및 소화활동에 장애가 발생하지 아니하도록 자동차 진입억제용 말뚝 등 통로 보호시설을 설치하거나 통로에 단차(段差)를 둘 것
② 위 ①에도 불구하고 다중이용 건축물, 준다중이용 건축물, 층수가 11층 이상인 건축물이 건축되는 대지에는 '소방자동차의 접근이 가능한 통로'를 설치해야 한다.
③ '소방자동차가 도로, 공지에서 직접 소방활동이 가능한 경우'는 위 ②의 예외로 한다.

(3) 요약표 ★

➲ 체계도 핵심 78 참고

[발코니에 대피공간 설치 의무 ➲ 체계도 핵심 79 참고]

피난층	① 직접 지상으로 통하는 출입구가 있는 층 ② 초고층 건축물 및 준초고층 건축물의 '피난안전구역'
직통계단의 설치	① 직통계단에 이르는 보행거리 30미터 이하 ② **주요구조부 내화구조, 불연재료**: 50미터('층수가 16층 이상인 공동주택의 경우' 16층 이상인 층에 대해서는 40미터) 이하 ③ **스프링클러 등 자동식 소화설비 공장**: 75미터 이하('무인화 공장'인 경우는 100미터 이하)

피난 안전구역	① 건축물의 피난·안전을 위해 건축물 중간층에 설치하는 '대피공간' ② **초고층 건축물**: 지상층으로부터 '최대 30개 층마다' 1개소 이상 ③ **준초고층 건축물**: 전체 층수 2분의 1 해당 층으로부터 상하 5개 층 이내 ④ 용적률 산정 시, '연면적'에서 제외
헬리포트	11층 이상인 건축물 + 11층 이상인 층의 바닥면적 합계가 1만 제곱미터 이상, 옥상에 다음의 시설을 설치한다. ① **평지붕**: '헬리포트' 설치, '헬리콥터'를 통해 인명을 구조할 수 있는 공간 ② **경사지붕**: 경사지붕 아래에 설치하는 '대피공간'(②의 경우 용적률을 산정할 때 대피공간의 면적은 '연면적'에서 제외)
피난계단 등	① **5층 이상, 지하 2층 이하인 층의 직통계단**: 직통계단을 '피난계단' 또는 '특별피난계단'으로 설치 ② **11층('공동주택'의 경우에는 '16층') 이상, 지하 3층 이하인 층**: 직통계단을 '특별피난계단'('갓복도식 공동주택'은 '제외')으로 설치
옥외 피난계단	3층 이상인 층(피난층은 제외)으로서 다음의 용도로 쓰는 층을 말한다. ① 공연장, 위락시설 중 주점영업 용도로 쓰는 층 + 300제곱미터 이상 ② 문화 및 집회시설 중 집회장 + 1천 제곱미터 이상
난간	**옥상광장 또는 2층 이상인 층에 있는 노대등 주위**: 높이 '1.2미터 이상'의 '난간'
옥상광장	**피난 용도로 쓸 수 있는 광장을 옥상에 설치하여야 할 대상**: 5층 이상인 층이 제2종 근린생활시설 중 공연장 등의 용도로 쓰는 경우
방화구획	① 주요구조부가 내화구조, 불연재료 + 연면적 1천 제곱미터를 넘는 경우 '다음의 구조물'로 구획('방화구획')을 해야 한다. ㉠ 내화구조로 된 바닥 및 벽 ㉡ 방화문 또는 자동방화셔터(국토교통부령으로 정하는 기준에 적합) ② **예외**: 복층형 공동주택의 세대별 층간 바닥 부분 및 단독주택 등
요양병원	요양병원, 정신병원, 노인요양시설, 장애인 거주시설 및 장애인 의료재활시설의 피난층 외의 층에는 다음의 어느 하나의 시설을 설치하여야 한다. ① 각 층마다 별도로 '방화구획된 대피공간' ② 거실에 접하여 설치된 '노대등' ③ 계단을 이용하지 아니하고 건물 외부의 지상으로 통하는 경사로 또는 인접 건축물로 피난할 수 있도록 설치하는 연결복도 또는 연결통로
거실의 반자	① **원칙**: 2.1미터 이상(주택건설기준 등에 관한 규칙: 2.2미터 이상) ② **예외**: 4미터 이상(문화 및 집회시설 등 + 200제곱미터 이상)
차면시설	인접 대지경계선으로부터 직선거리 2미터 이내에 이웃 주택 내부가 보이는 창문 등을 설치하는 경우에는 차면시설(遮面施設) 설치
추락방지	오피스텔에 거실 바닥으로부터 높이 1.2미터 이하 부분에 여닫을 수 있는 창문을 설치하는 경우 → 추락방지를 위한 안전시설 설치

5. 내화구조, 방화구조 등 ★

방화벽	① 연면적 1천 제곱미터 이상은 '방화벽'으로 구획, 구획된 바닥면적은 1천 제곱미터 미만 ② 연면적 1천 제곱미터 이상 + '목조 건축물' → '방화구조' 또는 '불연재료'
고층 건축물	'고층건축물'에는 '피난안전구역'을 설치하거나 '대피공간'을 확보한 '계단' 설치
방화지구	① 방화지구 안의 건축물의 주요구조부와 지붕·외벽 → '내화구조' ② 방화지구 안의 공작물 중 지붕 위에 설치하는 공작물, 높이 3미터 이상인 공작물의 주요부 → '불연재료'
범죄예방[1]	① 국토교통부장관은 범죄를 예방하고 안전한 생활환경을 조성하기 위해 건축물, 건축설비 및 대지에 관한 '범죄예방 기준'을 정하여 고시할 수 있다. ② '다음의 건축물'은 위 ①의 범죄예방 기준에 따라 건축하여야 한다. ㉠ '다가구주택', '아파트, 연립주택 및 다세대주택'[1] ㉡ 제1종 근린생활시설 중 일용품을 판매하는 소매점 ㉢ 제2종 근린생활시설 중 다중생활시설 등
방화문의 구분	① **60분 + 방화문**: '연기 및 불꽃을 차단할 수 있는 시간'이 60분 이상이고, '열을 차단할 수 있는 시간'이 30분 이상인 방화문 ② **60분 방화문**: '연기 및 불꽃을 차단할 수 있는 시간'이 60분 이상인 방화문 ③ **30분 방화문**: '연기 및 불꽃을 차단할 수 있는 시간'이 30분 이상 60분 미만인 방화문
지하층	① 건축물에 설치하는 지하층의 구조 및 설비는 국토교통부령으로 정하는 기준에 맞게 하여야 한다. ② 단독주택, 공동주택 등 '대통령령으로 정하는 건축물'의 지하층에는 거실을 설치할 수 없다. 다만, 다음의 사항을 고려하여 해당 지방자치단체의 조례로 정하는 경우에는 그러하지 아니하다. 〈신설〉 ㉠ 침수위험 정도를 비롯한 지역적 특성 ㉡ 피난 및 대피 가능성 ㉢ 그 밖에 주거의 안전과 관련된 사항 ③ 위 ②에서 '대통령령으로 정하는 건축물'이란 다음의 어느 하나에 해당하는 건축물을 말한다. 다만, 지하층에 '거실'을 '부속용도로 설치하는 건축물'은 제외한다. ㉠ 단독주택 ㉡ 공동주택

1. ① '건설사업자'가 시공: '다중주택, 다가구주택, 공관', '아파트, 연립주택, 다세대주택, 기숙사'
② '허가권자'가 공사감리자 지정: '다중주택, 다가구주택', '아파트, 연립주택, 다세대주택'

6. 건축자재의 제조 및 유통 관리

(1) 제조업자 및 유통업자의 의무

제조업자 및 유통업자는 건축물의 안전과 기능 등에 지장을 주지 아니하도록 건축자재를 제조·보관 및 유통하여야 한다.

(2) 영업정지 등의 요청 등

국토교통부장관, 시·도지사 및 시장·군수·구청장은 점검을 통하여 위법 사실을 확인한 경우 공사 중단, 사용 중단 등의 조치를 하거나 관계 기관에 대하여 관계 법률에 따른 영업정지 등의 요청을 할 수 있다.

7. 대지 안의 공지 ★

(1) 대지 안의 공지

건축물을 건축하는 경우에는 건축선 및 인접 대지경계선으로부터 6미터 이내의 범위에서 해당 지방자치단체의 조례로 정하는 거리 이상을 띄어야 한다.

(2) '건축선'으로부터 띄어야 하는 경우

① 500제곱미터 이상인 공장 및 창고, 1천 제곱미터 이상인 판매시설, 숙박시설(일반숙박시설은 제외), 문화 및 집회시설(전시장 및 동·식물원은 제외) 및 종교시설 등

② 아파트(2미터 이상 6미터 이하), 연립주택(2미터 이상 5미터 이하), 다세대주택(1미터 이상 4미터 이하)

(3) '인접 대지경계선'으로부터 띄어야 하는 경우

① 전용주거지역, 500제곱미터 이상인 공장, 1천 제곱미터 이상인 판매시설, 숙박시설(일반숙박시설은 제외), 문화 및 집회시설(전시장 및 동·식물원은 제외) 및 종교시설 등

② 아파트(2미터 이상 6미터 이하), 연립주택(1.5미터 이상 5미터 이하), 다세대주택(0.5미터 이상 4미터 이하)

8. 대지의 분할 제한

> ① '건축물이 있는 대지'는 '다음 ②의 규모 이상'의 범위에서 조례로 정하는 면적에 못 미치게 분할할 수 없다.
> ② 주거지역: 60제곱미터, 상업지역: 150제곱미터, 공업지역: 150제곱미터, 녹지지역: 200제곱미터, 기타: 60제곱미터

9. 건폐율 및 용적률 등

(1) 건축물의 건폐율

> ① '건폐율'이란 대지면적에 대한 건축면적(대지에 건축물이 둘 이상 있는 경우에는 이들 건축면적의 합계로 한다)의 비율을 말한다.
> ② '건폐율'의 최대한도는 「국토의 계획 및 이용에 관한 법률」에 따른 건폐율의 기준에 따른다.
> ③ 「건축법」에서 기준을 완화하거나 강화하여 적용하도록 규정한 경우, 그에 따른다.

PART 5

(2) 건축물의 용적률

> ① '용적률'이란 대지면적에 대한 연면적(대지에 건축물이 둘 이상 있는 경우에는 이들 연면적의 합계로 한다)의 비율을 말한다.
> ② '용적률'의 최대한도는 「국토의 계획 및 이용에 관한 법률」에 따른 용적률의 기준에 따른다.
> ③ 「건축법」에서 기준을 완화하거나 강화하여 적용하도록 규정한 경우, 그에 따른다.

(3) 건축물의 대지가 지역·지구 또는 구역에 걸치는 경우의 조치

▶ 체계도 핵심 80 참고

> ① 대지가 다른 지역·지구·구역에 걸치는 경우에는 그 건축물과 대지의 전부에 대하여 대지의 과반(過半)이 속하는 지역·지구 또는 구역 안의 건축물 및 대지 등에 관한 이 법의 규정을 적용한다.
> ② 하나의 건축물이 방화지구와 그 밖의 구역에 걸치는 경우에는 그 전부에 대하여 방화지구 안의 건축물에 관한 이 법의 규정을 적용한다. 다만, 건축물의 방화지구에 속한 부분과 그 밖의 구역에 속한 부분의 경계가 '방화벽'으로 구획되는 경우 그 밖의 구역에 있는 부분에 대하여는 그러하지 아니하다.
> ③ 대지가 녹지지역과 그 밖의 지역·지구 또는 구역에 걸치는 경우에는 '각' 지역·지구 또는 구역 안의 건축물과 대지에 관한 이 법의 규정을 적용한다. 다만, 녹지지역 안의 건축물이 방화지구에 걸치는 경우에는 위 ②에 따른다.

10. 건축물의 높이 제한 및 일조 등의 확보를 위한 건축물의 높이 제한

(1) 정리표 ['가로구역' = '도로로 둘러싸인 일단의 지역']

높이 제한	① 가로구역별 높이 제한: '허가권자' ② 가로구역별 높이 제한: 특별시나 광역시의 조례
일조 확보 높이 제한	① 전용주거지역, 일반주거지역: '정북방향'의 인접 대지경계선으로부터 이격 ② 공동주택(중심상업지역, 일반상업지역을 제외한 지역에서 건축되는 경우) ㉠ 인동거리 제한 ㉡ 인접 대지경계선으로부터 이격

(2) 전용주거지역과 일반주거지역 안의 일조 등의 확보를 위한 건축물의 높이 제한

① **원칙**

➲ 체계도 핵심 81 참고

② **예외**: '정남방향의 인접 대지경계선으로부터 띄울 수 있는 경우'

> 택지개발지구, 대지조성사업지구, 지역개발사업구역, 국가산업단지, 일반산업단지, 도시첨단산업단지 및 농공단지, 도시개발구역, 정비구역, '정북방향으로 도로, 공원, 하천 등 건축이 금지된 공지에 접하는 대지인 경우' 및 '정북방향으로 접하고 있는 대지의 소유자와 합의한 경우'

(3) '공동주택'의 일조 등의 확보를 위한 건축물의 높이 제한

> ① 공동주택은 채광 등의 확보를 위하여 다음 (4) 및 (5)의 '일조 등의 확보를 위한 건축물의 높이 제한'을 받는다.
> ② 일반상업지역과 중심상업지역에 건축하는 공동주택은 위 ①의 '일조 등의 확보를 위한 건축물의 높이 제한'을 받지 아니한다.

(4) '공동주택'의 인접 대지경계선까지의 거리에 따른 높이 제한

➲ 체계도 핵심 82 참고

> ① 건축물(기숙사는 제외)의 각 부분의 높이는 그 부분으로부터 채광을 위한 창문 등이 있는 벽면에서 직각방향으로 인접 대지경계선까지의 수평거리의 2배(근린상업지역 또는 준주거지역의 건축물은 4배) 이하로 하여야 한다.
> ② 다만, 1미터 이상으로서 건축조례로 정하는 거리 이상인 '다세대주택'은 위 ①을 적용하지 아니한다.

(5) '공동주택'의 인동거리 제한

➲ 체계도 핵심 82 참고

① 공동주택 사이의 거리는 다음의 거리 이상을 띄어 건축하여야 한다.
 ㉠ 인동거리 0.5배(도시형 생활주택의 경우에는 0.25배) 이상
 ㉡ 위 ㉠에도 불구하고 서로 마주보는 건축물 중 높은 건축물(높은 건축물을 중심으로 마주보는 두 동의 축이 시계방향으로 정동에서 정서 방향인 경우만 해당한다)의 '주된 개구부(거실과 주된 침실이 있는 부분의 개구부를 말한다)의 방향'이 낮은 건축물을 향하는 경우에는 10미터 이상으로서 낮은 건축물 각 부분의 높이의 0.5배(도시형 생활주택의 경우에는 0.25배) 이상의 범위에서 건축조례로 정하는 거리 이상
 ㉢ 위 ㉠에도 불구하고 건축물과 부대시설 또는 복리시설이 서로 마주보고 있는 경우에는 부대시설 또는 복리시설 각 부분 높이의 1배 이상
 ㉣ '채광창이 없는 벽면'과 '측벽'이 마주보는 경우에는 8미터 이상
 ㉤ '측벽'과 '측벽'이 마주보는 경우에는 4미터 이상
② 위 ①에도 불구하고 그 대지의 모든 세대가 동지를 기준으로 9시에서 15시 사이에 2시간 이상을 계속하여 일조를 확보할 수 있는 거리 이상으로 할 수 있다.

(6) 2층 이하로서 높이가 8미터 이하인 건축물의 특례

'2층 이하로서 높이가 8미터 이하'인 건축물에는 조례로 정하는 바에 따라 앞의 (2)부터 (5)의 '일조 등의 확보를 위한 건축물의 높이 제한 규정'을 적용하지 아니할 수 있다.

11. 건축설비 설치의 원칙

(1) 안전·방화, 위생, 에너지 및 정보통신

건축설비는 건축물의 안전·방화, 위생, 에너지 및 정보통신의 합리적 이용에 지장이 없도록 설치하여야 하고, 배관피트 및 닥트의 단면적과 수선구의 크기를 해당 설비의 수선에 지장이 없도록 하는 등 설비의 유지·관리가 쉽게 설치하여야 한다.

(2) 방송 수신

① 건축물에는 방송수신에 지장이 없도록 공동시청 안테나, 유선방송 수신시설, 위성방송 수신설비, 에프엠(FM)라디오방송 수신설비, '방송 공동수신설비'를 설치할 수 있다.
② 다만, 다음의 건축물에는 '방송 공동수신설비'를 설치하여야 한다.
 ㉠ 공동주택
 ㉡ 바닥면적 합계가 5천 제곱미터 이상 + 업무시설, 숙박시설의 용도로 쓰는 건축물

12. 특별건축구역 및 특별가로구역 ★

(1) 비교표

구분	특별건축구역	특별가로구역
지정권자	'국토교통부장관' 또는 '시·도지사'	'국토교통부장관' 또는 '허가권자'
지정구역	지정할 수 없는 지역[1]	[지정할 수 있는 지역] 경관지구 및 지구단위계획구역 중 미관 유지
특례	배제[2], 완화, 통합 적용	배제[2], 완화
기타	특례 적용대상 건축물[3]	해당 도로[4]

1. 특별건축구역: 조화롭고 창의적인 건축물의 건축을 통하여 도시경관의 창출, 건설기술 수준향상 및 건축 관련 제도개선을 도모하기 위하여 일부 규정을 적용하지 아니하거나 완화 또는 통합하여 적용할 수 있도록 특별히 지정하는 구역
2. 모니터링: 특례를 적용한 건축물에 대하여 해당 건축물의 건축시공, 공사감리, 유지·관리 등의 과정을 검토하고 실제로 건축물에 구현된 기능·미관·환경을 분석하여 평가하는 것

1. 특별건축구역으로 지정할 수 없는 지역
   ① 개발제한구역, 자연공원, 접도구역, 보전산지
   ② 군사기지 및 군사시설 보호구역은 '국방부장관'과 '사전'에 '협의'하여야 한다.
2. 특별건축구역 및 특별가로구역에서 적용하지 아니할 수 있는 규정
   ① 대지의 조경, 건폐율, 용적률, 대지 안의 공지, 건축물의 높이 제한 및 일조 등의 확보를 위한 건축물의 높이 제한
   ② 「주택건설기준 등에 관한 규정」의 공동주택의 배치, 기준척도, 비상급수시설, 난방설비 등, 근린생활시설 등, 유치원
3. 특례 적용대상 건축물
   ① 국가, 지방자치단체가 건축하는 건축물
   ② '공공기관'이 건축하는 건축물
   ③ 다음 (2) 특례 적용대상물의 건축물
4. 해당 도로
   ① '건축선을 후퇴한 대지에 접한 도로'로서 허가권자가 건축조례로 정하는 도로
   ② 허가권자가 '리모델링 활성화가 필요하다고 인정, 지정·공고한 지역 안'의 도로
   ③ 보행자전용도로로서 '도시미관 개선'을 위해 허가권자가 건축조례로 정하는 도로
   ④ 「지역문화진흥법」 제18조에 따른 '문화지구 안의 도로' 등

(2) 특례 적용대상물

용도		규모(연면적, 세대 또는 동)
문화 및 집회시설, 판매시설, 운수시설, 의료시설, 교육연구시설, 수련시설		2천 제곱미터 이상
운동시설, 업무시설, 숙박시설, 관광휴게시설, 방송통신시설		3천 제곱미터 이상
종교시설		–
노유자시설		5백 제곱미터 이상
공동주택(주거용 외의 용도와 복합된 건축물을 포함)		100세대 이상
단독주택	①「한옥 등 건축자산의 진흥에 관한 법률」상 '한옥' 또는 '한옥건축양식의 단독주택'	10동 이상
	② 그 밖의 단독주택	30동 이상
그 밖의 용도		1천 제곱미터 이상

PART 5

(3) 특별건축구역의 지정 등

① 중앙행정기관의 장, 시·도지사 또는 시장·군수·구청장은 일정한 자료를 갖추어 '중앙행정기관의 장 또는 시·도지사'는 국토교통부장관에게, '시장·군수·구청장'은 특별시장·광역시장·도지사에게 각각 특별건축구역의 지정을 신청할 수 있다.

② 지정신청이 접수된 경우에는 30일 이내에 '국토교통부장관이 지정신청을 받은 경우'에는 중앙건축위원회, '특별시장·광역시장·도지사가 지정신청을 받은 경우'에는 지방건축위원회의 심의를 각각 거쳐야 한다.

13. 건축협정 ★

(1) 건축협정의 체결

① 토지·건축물의 소유자, 지상권자 등(이하 '소유자등'이라 한다)은 '전원의 합의'로 다음의 지역에서 건축물의 건축·대수선 또는 리모델링에 관한 협정(이하 '건축협정'이라 한다)을 체결할 수 있다.

ⓐ 「국토의 계획 및 이용에 관한 법률」에 따라 지정된 지구단위계획구역

ⓑ 「도시 및 주거환경정비법」에 따른 주거환경개선사업을 시행하기 위하여 지정·고시된 정비구역

ⓒ 「도시재정비 촉진을 위한 특별법」에 따른 존치지역

ⓓ 「도시재생 활성화 및 지원에 관한 특별법」에 따른 도시재생활성화지역

ⓔ 시·도지사 및 시장·군수·구청장(이하 '건축협정인가권자'라 한다)이 도시 및 주거환경개선이 필요하다고 인정하여 해당 지방자치단체의 조례로 정하는 구역

② 소유자등이 건축협정을 체결하는 경우에는 '건축협정서'를 작성하여야 한다.

(2) 건축협정운영회의 설립

① 협정체결자는 건축협정서 작성 및 건축협정 관리 등을 위해 필요한 경우 협정체결자 간의 '자율적 기구'로서 운영회(이하 '건축협정운영회'라 한다)를 설립할 수 있다.
② 건축협정운영회를 설립하려면 '협정체결자 과반수'의 동의를 받아 건축협정운영회의 대표자를 선임하고, 건축협정인가권자에게 '신고'하여야 한다.

(3) 건축협정의 인가

'협정체결자' 또는 '건축협정운영회의 대표자'는 건축협정서를 작성하여 건축협정인가권자의 '인가'를 받아야 하며, 건축협정인가권자는 인가를 하기 전에 건축위원회의 심의를 거쳐야 한다.

(4) 건축협정의 변경 및 폐지

① 인가받은 사항을 변경하려면 '변경인가'를 받아야 한다.
② 건축협정을 '폐지하려는 경우'에는 '협정체결자 과반수'의 동의를 받아 건축협정인가권자의 '인가'를 받아야 한다. 다만, 「건축법」 제77조의13에 따른 특례를 적용하여 착공신고를 한 경우에는 '착공신고를 한 날'부터 20년이 경과한 후에 건축협정의 폐지 인가를 신청할 수 있다.
③ 건축협정인가권자는 건축협정을 인가하거나 변경인가하였을 때에는 '건축협정관리대장'을 작성하여 관리해야 한다.

(5) 건축협정에 따른 특례

대지 안의 공지, 조경(100분의 20), 건폐율(100분의 20), 용적률(100분의 20), 건축물의 높이 제한(100분의 20) 및 일조 확보 높이 제한(100분의 20)과 「주택법」 제35조(주택건설기준 등)를 '완화'하여 '적용'할 수 있다.

▶ **완화 규정**('건축협정' 외)

구분	'장수명주택' 우수등급 이상	공개공지 확보	지능형건축물 인증	리모델링이 쉬운 구조의 공동주택
건폐율	완화 ○ (100분의 115)	완화 ○ (–)	–	–
용적률	완화 ○ (100분의 115)	완화 ○ (1.2배)	완화 ○ (100분의 115)	완화 ○ (100분의 120)

높이 제한	완화 ○ (-)	완화 ○ (1.2배)	완화 ○ (100분의 115)	완화 ○ (100분의 120)
일조 높이 제한	–	–	–	완화 ○ (100분의 120)
조경 의무 면적	–	–	완화 ○ (100분의 85)	–

(6) 둘 이상의 특별자치시 또는 시·군·구에 걸치는 경우

① 건축협정 체결대상 토지가 둘 이상의 특별자치시 또는 시·군·구에 걸치는 경우 건축협정 체결대상 '토지면적의 과반'이 속하는 건축협정인가권자에게 인가를 신청

② '인가신청을 받은 건축협정인가권자'는 인가하기 '전'에 '다른' 인가권자와 협의

(7) 건축협정 집중구역 지정 등

① 건축협정인가권자는 앞의 **(1)**의 ①의 지역 및 구역의 전체 또는 일부를 건축협정 집중구역으로 지정할 수 있다.

② 건축협정인가권자는 건축협정 집중구역을 지정하는 경우에는 미리 다음의 사항에 대하여 건축협정인가권자가 두는 건축위원회의 심의를 거쳐야 한다.

㉠ 건축협정 집중구역의 위치, 범위 및 면적 등에 관한 사항

㉡ 건축협정 집중구역의 지정 목적 및 필요성

14. 결합건축

(1) 의의

➲ 체계도 핵심 83 참고

(2) 결합건축 대상지

➲ 체계도 핵심 83 참고

(3) 결합건축의 관리

① 결합건축협정서에 따른 협정체결 유지기간은 최소 30년으로 한다. 다만, '용적률 기준을 종전대로 환원하여 신축·개축·재축하는 경우'에는 그러하지 아니한다.

② 결합건축협정서를 폐지하려는 경우에는 결합건축협정체결자 전원이 동의하여 허가권자에게 '신고'해야 하며, 허가권자는 '용적률을 이전받은 건축물'이 '멸실된 것을 확인한 후' 결합건축의 폐지를 수리해야 한다.

(4) 비교(폐지)

건축협정의 폐지	결합건축의 폐지
① 과반수 동의 + '인가' ② 특례를 적용하여 착공신고를 한 경우, '착공신고를 한 날'부터 20년이 경과한 후에 건축협정의 폐지 인가 신청 가능	① 전원 동의 + '신고' ② 협정체결 유지기간은 최소 30년. 다만, '용적률 기준'을 '종전대로 환원하여 신축·개축·재축하는 경우'는 예외

15. 위반 건축물 등에 대한 조치 등

(1) 시정명령 등

허가권자는 법령에 위반되는 대지나 건축물에 대하여 '허가 또는 승인을 취소'하거나 '건축주·공사시공자·현장관리인·소유자·관리자 또는 점유자(이하 '건축주등'이라 한다)에게 공사의 중지를 명'하거나 '상당한 기간을 정하여 그 건축물의 해체·개축·증축·수선·용도변경·사용금지·사용제한, 그 밖에 필요한 조치를 명'할 수 있다(시정명령).

(2) 「행정대집행법」 적용의 특례

① 허가권자는 법령상의 필요한 조치를 할 때 '재해가 발생할 위험'이 절박한 경우 등으로서 「행정대집행법」 제3조 제1항(계고)과 제2항(대집행 통지)에 따른 절차에 의하면 그 목적을 달성하기 곤란한 때에는 해당 절차를 거치지 아니하고 대집행할 수 있다.

② 위 ①에 따른 대집행은 건축물의 관리를 위하여 필요한 최소한도에 그쳐야 한다.

16. 이행강제금

(1) 이행강제금의 부과

① 허가권자는 위반 건축물의 시정명령을 이행하지 아니하면 이행강제금을 부과한다.

② 허가권자는 이행강제금을 부과·징수한다는 뜻을 미리 문서로써 계고하여야 한다.

③ 허가권자는 이행강제금을 부과하는 경우 금액, 부과 사유, 납부기한, 수납기관, 이의제기 방법 및 이의제기 기관 등을 구체적으로 밝힌 문서로 하여야 한다.

④ 허가권자는 시정명령을 받은 자가 이를 이행하면 새로운 이행강제금의 부과를 즉시 중지하되, 이미 부과된 이행강제금은 징수하여야 한다.

⑤ 허가권자는 이행강제금 부과처분을 받은 자가 이행강제금을 납부기한까지 내지 아니하면 「지방행정제재·부과금의 징수 등에 관한 법률」에 따라 징수한다.

(2) 이행강제금 부과금액

① 건폐율, 용적률 초과 및 허가 및 신고(×)	'1제곱미터의 시가표준액'의 100분의 50에 해당하는 금액에 위반면적을 곱한 금액 이하의 범위에서 위반 내용에 따라 '대통령령으로 정하는 비율'을 곱한 금액
② 사용승인(×), 대지의 조경, (일조)높이 제한 위반	시가표준액에 해당하는 금액의 100분의 10의 범위에서 위반 내용에 따라 대통령령으로 정하는 금액
③ 위 ① 및 ② 외의 위반	

(3) 2분의 1 감면되는 경우

① 연면적('공동주택'은 '세대 면적'을 기준)이 60제곱미터 이하인 '주거용 건축물'인 경우
② '주거용 건축물'로서 위 (2)의 ②를 위반한 경우

(4) 이행강제금의 탄력적 운영

위 (2)의 ①의 '대통령령으로 정하는 비율'이란 다음의 구분에 따른 비율을 말한다. 다만, 건축조례로 다음의 비율을 낮추어 정할 수 있되, 낮추는 경우에도 그 비율은 100분의 60 이상이어야 한다.
① 건폐율을 초과하여 건축한 경우: 100분의 80
② 용적률을 초과하여 건축한 경우: 100분의 90
③ 허가를 받지 아니하고 건축한 경우: 100분의 100
④ 신고를 하지 아니하고 건축한 경우: 100분의 70

(5) 100분의 100 가중하여야 하는 경우(영리 목적 위반 또는 상습적 위반)

허가권자는 다음의 경우에 위 (2)에 따른 금액을 100분의 100의 범위에서 해당 지방자치단체의 조례로 정하는 바에 따라 가중하여야 한다. [의무 규정]
① 임대 등 영리 목적, 용도변경을 한 경우(위반면적이 50제곱미터를 초과하는 경우로 한정)
② 임대 등 영리 목적, 허가나 신고 없이 신축 또는 증축한 경우(위반면적이 50제곱미터를 초과하는 경우로 한정)
③ 임대 등 영리 목적, '허가나 신고 없이' 다세대주택의 세대수 또는 다가구주택 가구수를 증가시킨 경우(5세대 또는 5가구 이상 증가시킨 경우로 한정)
④ 동일인이 최근 3년 내에 2회 이상 건축법령 등을 위반한 경우

(6) 부과횟수

허가권자는 최초의 시정명령이 있었던 날을 기준으로 하여 1년에 2회 이내의 범위에서 '해당 지방자치단체의 조례로 정하는 횟수만큼' 그 시정명령이 이행될 때까지 반복하여 이행강제금을 부과·징수할 수 있다.

(7) 이행강제금 부과에 관한 특례

① 허가권자는 이행강제금을 다음에 따라 감경할 수 있다. 다만, 지방자치단체의 조례로 정하는 기간까지 위반내용을 시정하지 아니한 경우는 제외한다.
  ㉠ 축사 등 농업용·어업용 시설로서 500제곱미터(수도권정비계획법 제2조 제1호에 따른 수도권 외의 지역에서는 1천 제곱미터) 이하인 경우는 5분의 1을 감경
  ㉡ 그 밖에 위반 동기, 위반 범위 및 위반 시기 등을 고려하여 대통령령으로 정하는 경우는 100분의 75의 범위에서 '대통령령으로 정하는 비율'[1]을 감경

② 허가권자는 법률 제4381호 건축법개정법률의 시행일(1992년 6월 1일을 말한다) 이전에 이 법 또는 이 법에 따른 명령이나 처분을 위반한 주거용 건축물에 관하여는 대통령령으로 정하는 바에 따라 이행강제금을 감경할 수 있다.

1. 위 ①의 ㉡에서 '대통령령으로 정하는 비율'이란 다음의 구분에 따른 비율을 말한다. 다만, 법 제80조 제1항 각 호 외의 부분 단서에 해당하는 경우에는 같은 항 각 호 외의 부분 단서에 따른 금액의 100분의 50을 말한다. 〈개정〉
   ① 영 제115조의4 제1항 제1호부터 제6호까지 및 제6호의2의 경우(위반행위 '후' 소유권이 변경된 경우 등): 100분의 75
   ② 영 제115조의4 제1항 제7호의 경우(그 밖에 위반행위의 정도와 위반 동기 및 공중에 미치는 영향 등을 고려하여 감경이 필요한 경우로서 건축조례로 정하는 경우): 건축조례로 정하는 비율

(8) 타 법률상의 이행강제금의 개요

①「공공주택 특별법」
  ㉠ 시장·군수 또는 구청장은 특별관리지역 지정 이전부터 이 법 또는「개발제한구역의 지정 및 관리에 관한 특별조치법」에 따른 적법한 허가나 신고 등의 절차를 거치지 아니하고 설치하거나 용도변경한 건축물 등에 대하여 기간을 정하여 해당 법률에 따른 철거·원상복구 등 '시정명령'을 할 수 있다.
  ㉡ 시장·군수 또는 구청장은 시정명령을 받은 후 그 시정기간 내에 해당 시정명령의 이행을 하지 아니한 자에 대하여 이행강제금을 부과한다.

② 「시설물의 안전 및 유지관리에 관한 특별법」

㉠ 국토교통부장관은 관리주체가 대통령령으로 정하는 중요한 보수·보강을 실시한 후 설계도서 등 서류를 제출하지 아니하여 제출명령을 받은 후 이행기간 이내에 그 명령을 이행하지 아니한 자 등에게는 해당 명령이 이행될 때까지 매달 100만원 이하의 범위에서 이행강제금을 부과할 수 있다.

㉡ 국토교통부장관은 이행강제금을 부과하기 전에 이행강제금을 부과·징수한다는 것을 미리 문서로 알려 주어야 한다.

17. 지역건축안전센터 및 건축안전특별회계 등

(1) 지역건축안전센터의 설치

지방자치단체의 장은 다음 (2)의 업무를 수행하기 위하여 관할 구역에 지역건축안전센터를 설치할 수 있다.

(2) 지역건축안전센터의 업무

① 법 제21조, 제22조, 제27조 및 제87조에 따른 기술적인 사항에 대한 보고·확인·검토·심사 및 점검

② 법 제11조, 제14조 및 제16조에 따른 허가 또는 신고에 관한 업무

③ 공사감리에 대한 관리·감독 등

(3) 건축안전특별회계의 설치

시·도지사 또는 시장·군수·구청장은 관할 구역의 지역건축안전센터 설치·운영 등을 지원하기 위하여 건축안전특별회계(이하 '특별회계'라 한다)를 설치할 수 있다.

(4) 건축안전특별회계의 재원

① 일반회계로부터의 전입금

② 법 제17조에 따라 납부되는 건축허가 등의 수수료 중 해당 지방자치단체의 조례로 정하는 비율의 금액

③ 법 제80조에 따라 부과·징수되는 이행강제금 중 해당 지방자치단체의 조례로 정하는 비율의 금액

④ 법 제113조에 따라 부과·징수되는 '과태료' 중 해당 지방자치단체의 조례로 정하는 비율의 금액 등

(5) 건축안전특별회계의 사용 용도

① 지역건축안전센터의 설치·운영에 필요한 경비
② 지역건축안전센터의 전문인력 배치에 필요한 인건비
③ 앞의 (2)의 업무 수행을 위한 조사·연구비
④ 특별회계의 조성·운용 및 관리를 위하여 필요한 경비
⑤ 그 밖에 건축물 안전에 관한 기술지원 및 정보제공을 위하여 '해당 지방자치단체의 조례로 정하는 사업의 수행'에 필요한 비용

18. 축조 신고대상 공작물

① 높이 2미터를 넘는 옹벽 또는 담장
② 높이 4미터를 넘는 장식탑, 기념탑, 첨탑, 광고탑, 광고판, 그 밖에 이와 비슷한 것
③ 높이 6미터를 넘는 굴뚝, 골프연습장 등의 운동시설을 위한 철탑, 주거지역·상업지역에 설치하는 통신용 철탑, 그 밖에 이와 비슷한 것
④ 높이 8미터를 넘는 고가수조나 그 밖에 이와 비슷한 것
⑤ 높이 8미터(위험을 방지하기 위한 난간의 높이는 '제외') '이하'의 기계식 주차장 및 철골 조립식 주차장(바닥면이 조립식이 아닌 것을 '포함')으로서 외벽이 없는 것
⑥ 바닥면적 30제곱미터를 넘는 지하대피호
⑦ 높이 5미터를 넘는 「신에너지 및 재생에너지 개발·이용·보급 촉진법」에 따른 태양에너지를 이용하는 발전설비와 그 밖에 이와 비슷한 것
⑧ 건축조례로 정하는 제조시설, 저장시설(시멘트사일로를 포함), 유희시설
⑨ 건축물의 구조에 심대한 영향을 줄 수 있는 중량물로서 건축조례로 정하는 것

19. 면적의 산정

(1) 건축물의 건폐율 및 용적률

건폐율	용적률
대지면적에 대한 '건축면적'의 비율	대지면적에 대한 '연면적'의 비율
'건축면적'	'바닥면적'

① 최대한도는 「국토의 계획 및 이용에 관한 법률」에 따른 '건폐율' 및 '용적률'의 기준에 따른다.
② 「건축법」에서 기준을 완화하거나 강화하여 적용하도록 규정한 경우는 그에 따른다.

◐ '연면적'은 하나의 건축물 각 층(지하층을 포함)의 바닥면적의 합계로 한다.

(2) 대지면적의 산정

> ① 대지의 수평투영면적으로 한다.
> ② 다음의 어느 하나에 해당하는 면적은 제외한다.
> ㉠ 소요너비 미달 및 도로모퉁이 규정에 따라 대지에 건축선이 정하여진 경우: 그 건축선과 도로 사이의 대지면적
> ㉡ 대지에 도시·군계획시설인 도로·공원이 있는 경우: 도시·군계획시설이 포함되는 대지면적

(3) 건축면적 및 바닥면적

체계도 핵심 84 참고

건축면적	바닥면적
건축물의 외벽(외벽이 없는 경우 외곽 부분의 기둥)의 '중심선'으로 둘러싸인 부분의 수평투영면적으로 한다.	건축물의 각 층 또는 일부로서 벽, 기둥, 그 밖에 이와 비슷한 구획의 '중심선'으로 둘러싸인 부분의 수평투영면적으로 한다.

(4) 건축면적의 산정

체계도 핵심 84 참고

> ① 처마 등 1미터 이상 돌출된 부분에서 일정거리 후퇴
> ㉠ 전통사찰(4미터), 축사(3미터), 한옥(2미터)
> ㉡ 환경친화적자동차 충전시설 설치 목적, 처마, 차양 등이 설치된 공동주택(2미터)
> ㉢ 「신에너지 및 재생에너지 개발·이용·보급 촉진법」에 따른 신·재생에너지 설비(신·재생에너지를 생산하거나 이용하기 위한 것만 해당)를 설치하기 위하여 처마, 차양, 등이 설치된 건축물로서 「녹색건축물 조성 지원법」에 따른 제로에너지 건축물 인증을 받은 건축물: 2미터 이하의 범위에서 외벽의 중심선까지의 거리
> ㉣ 「환경친화적 자동차의 개발 및 보급 촉진에 관한 법률」의 '수소연료공급시설'을 설치하기 위하여 처마, 차양, 부연 그 밖에 이와 비슷한 것이 설치된 [별표 1] 제19호 가목의 주유소, 같은 호 나목의 액화석유가스 충전소 또는 같은 호 바목의 고압가스 충전소: 2미터 이하의 범위에서 외벽의 중심선까지의 거리
> ㉤ 그 밖의 건축물(1미터)
> ② '국토교통부령으로 정하는 바'에 따라 산정하는 경우
> ㉠ 태양열을 주된 에너지원으로 이용하는 주택
> ㉡ 창고 또는 공장 중 물품입출고하는 부위의 상부에 한쪽 끝 고정되고 다른 쪽 끝 지지(×) → 돌출차양
> ㉢ 단열재를 '구조체의 외기측에 설치'하는 단열공법으로 건축된 건축물

(5) 건축면적에 산정하지 아니하는 경우

> ① 지표면으로부터 1미터 이하에 있는 부분(창고 중 물품을 입출고하기 위해 차량을 접안시키는 부분의 경우에는 지표면으로부터 1.5미터 이하에 있는 부분)
> ② 지상층에 일반인, 차량이 통행할 수 있도록 설치한 보행통로나 차량통로
> ③ 지하주차장의 경사로
> ④ 건축물 지하층의 출입구 상부(출입구 너비에 상당하는 규모의 부분을 말한다)
> ⑤ 생활폐기물보관시설(음식물쓰레기, 의류 등의 수거시설을 말한다) 등

(6) 바닥면적

✪ 체계도 핵심 84 참고

> ① 바닥면적의 산정
> ㉠ '벽·기둥의 구획이 없는 건축물', 지붕 끝부분으로부터 1미터 후퇴한 선
> ㉡ 주택의 발코니('노대')의 바닥은 '노대등 면적'에서 '노대등이 접한 가장 긴 외벽에 접한 길이'에 1.5미터를 곱한 값을 뺀 면적을 바닥면적에 산입한다.
> ㉢ 단열재를 구조체 외기 측에 설치하는 단열공법으로 건축된 건축물의 경우 단열재가 설치된 외벽 중 내측 내력벽의 중심선을 기준으로 산정한 면적 → 바닥면적
> ② 바닥면적에 산입하지 아니하는 경우
> ㉠ 필로티: '공중 통행이나 차량 통행 또는 주차 전용'과 '공동주택'의 경우
> ㉡ 공동주택으로서 지상층에 설치한 기계실, 전기실, 어린이놀이터, 조경시설 및 생활폐기물보관시설의 면적
> ㉢ 사용승인을 받은 후 15년 이상이 되어 리모델링하는 경우로서 미관 향상, 열의 손실 방지 등을 위하여 외벽에 부가하여 마감재 등을 설치하는 부분
> ㉣ 지하주차장 경사로(지상층에서 지하 1층으로 내려가는 부분으로 한정)는 바닥면적에 산입하지 않는다.
> ③ 영 제46조(발코니에 대피공간 설치)에 따른 '대피공간'의 바닥면적은 건축물의 각 층 또는 그 일부로서 '벽'의 내부선으로 둘러싸인 부분의 수평투영면적으로 한다.
> ④ 영 제46조에 따른 '하향식 피난구' 또는 '대체시설'을 대피공간에 설치하는 경우 또는 '대체시설'을 발코니(발코니의 외부에 접하는 경우를 포함)에 설치하는 경우에는 해당 구조 또는 시설이 설치되는 대피공간 또는 발코니의 면적 중 다음 면적까지를 바닥면적에 산입하지 않는다.
> ㉠ 인접세대와 공동으로 설치하는 경우: 4제곱미터
> ㉡ 각 세대별로 설치하는 경우: 3제곱미터

(7) '건축면적' 및 '바닥면적'에서 제외되는 경우

내용	건축면적	바닥면적
'기존'의 다중이용업소의 '비상구'에 연결하여 설치하는 옥외피난계단	폭 2미터 이하	폭 1.5미터 이하
비상구에 연결하여 설치하는 영유아용 대피용 미끄럼대 또는 비상계단	폭 2미터 이하	폭 2미터 이하
장애인용 승강기, 장애인용 에스컬레이터, 휠체어리프트 또는 경사로	제외	제외
소독설비를 갖추기 위한 가축사육시설	제외	제외
현지보존 및 이전보존을 위하여 매장유산 보호 및 전시에 전용되는 부분	제외	제외
「가축분뇨의 관리 및 이용에 관한 법률」에 따른 처리시설	제외	–
「영유아보육법」 제15조에 따른 설치기준에 따라 직통계단 1개소를 갈음하여 건축물의 외부에 설치하는 비상계단	제외	제외

(8) 층수, 층고, 높이

층수	① 층수에서 제외되는 경우: '지하층' 및 '승강기탑'[다음 (10)의 주석 2.의 경우] ② 층 구분이 명확하지 아니한 건축물은 4미터마다 하나의 층으로 본다. ③ 부분에 따라 그 층수가 다른 경우에는 그중 '가장 많은 층수'를 층수로 본다.
층고	방의 바닥구조체 '윗면'으로부터 위층 바닥구조체의 '윗면'까지의 높이로 한다. 다만, 한 방에서 층의 높이가 다른 부분이 있는 경우는 그 각 부분 높이에 따른 면적에 따라 '가중평균한 높이'로 한다.
높이	지표면으로부터 그 건축물의 '상단'까지의 높이(건축물의 1층 전체에 필로티가 설치되어 있는 경우에는 필로티의 층고를 제외한 높이)로 한다.
처마 높이	지표면으로부터 건축물의 지붕틀 또는 이와 비슷한 수평재를 지지하는 벽·깔도리 또는 기둥의 '상단'까지의 높이로 한다.
반자 높이	방의 바닥면으로부터 반자까지의 높이로 한다. 다만, 한 방에서 반자높이가 다른 부분이 있는 경우에는 그 각 부분의 반자면적에 따라 '가중평균한 높이'로 한다.

지하층 지표면	지하층의 지표면은 각 층의 주위가 접하는 각 지표면 부분의 높이를 그 지표면 부분의 수평거리에 따라 '가중평균'한 높이의 수평면을 지표면으로 산정한다.
지표면 산정	지표면에 고저차가 있는 경우에는 건축물의 주위가 접하는 각 지표면 부분의 높이를 그 지표면 부분 수평거리에 따라 '가중평균한 높이'의 수평면을 지표면으로 본다. 이 경우 그 고저차가 3미터를 넘는 경우 그 고저차 3미터 이내의 부분마다 그 지표면을 정한다.

(9) 연면적

① '연면적'은 하나의 건축물 각 층의 바닥면적의 합계로 한다(지하층을 포함).
② '용적률'을 산정할 때에는 다음의 면적은 제외한다.
  ㉠ 지하층의 면적
  ㉡ 지상층의 주차용(해당 건축물의 부속용도인 경우만 해당)으로 쓰는 면적
  ㉢ 초고층 건축물과 준초고층 건축물에 설치하는 '피난안전구역'의 면적
  ㉣ 11층 이상으로서 11층 이상인 층의 바닥면적의 합계가 1만 제곱미터 이상인 건축물의 '경사지붕 아래'에 설치하는 '대피공간'의 면적

(10) 승강기탑

바닥면적	층수	건축물의 높이
산입(×)[1]	8분의 1(6분의 1) 이하 산입(×)[2]	8분의 1(6분의 1) 이하 + 12미터 넘는 부분은 높이에 산입(○)[3]

1. 승강기탑(옥상 출입용 승강장을 포함), 계단탑, 장식탑, 다락[층고(層高)가 1.5미터(경사진 형태의 지붕인 경우에는 1.8미터) 이하인 것만 해당], 굴뚝, 더스트슈트 등의 구조물은 바닥면적에 산입하지 아니한다.
2. 승강기탑(옥상 출입용 승강장을 포함), 계단탑, 망루, 장식탑, 옥탑 등 건축물의 옥상 부분으로서 그 수평투영면적의 합계가 해당 건축물 건축면적의 8분의 1(사업계획승인 대상인 공동주택 중 세대별 전용면적이 85제곱미터 이하인 경우는 6분의 1) 이하인 것은 건축물의 층수에 산입하지 아니한다.
3. 건축물의 '옥상'에 설치되는 '승강기탑'(옥상 출입용 승강장을 포함) · 계단탑 · 망루 · 장식탑 · 옥탑 등으로서 그 수평투영면적의 합계가 해당 건축물 건축면적의 8분의 1(사업계획승인 대상인 공동주택 중 세대별 전용면적이 85제곱미터 이하인 경우에는 6분의 1) 이하인 경우로서 그 부분의 높이가 12미터를 넘는 경우에는 '그 넘는 부분만' 해당 건축물의 높이에 산입한다.

(11) 행정기관

특별자치시장·특별자치도지사·시장·군수·구청장	허가권자
① 원칙적인 허가권자 ② 건축물대장 작성 및 기재내용 변경신청 ③ 건축지도원의 지정 ④ 지정 건축선의 지정	① 사용승인권자 ② 가로구역별 높이 제한 ③ '위반 건축물'에 대한 조치(시정명령) ④ 이행강제금의 부과 ⑤ 건축복합민원 일괄협의회 개최 ⑥ 사전결정권자

별표 1 **용도별 건축물의 종류**(영 제3조의5 관련) 〈개정 2025.1.21.〉

1. **단독주택**[단독주택의 형태를 갖춘 가정어린이집·공동생활가정·지역아동센터·공동육아나눔터(아이돌봄 지원법 제19조에 따른 공동육아나눔터를 말한다. 이하 같다)·작은도서관(도서관법 제4조 제2항 제1호 가목에 따른 작은도서관을 말하며, 해당 주택의 1층에 설치한 경우만 해당한다. 이하 같다) 및 노인복지시설(노인복지주택은 제외한다)을 포함한다]
   가. 단독주택
   나. **다중주택**: 다음의 요건을 모두 갖춘 주택을 말한다.
      1) 학생 또는 직장인 등 여러 사람이 장기간 거주할 수 있는 구조로 되어 있는 것
      2) 독립된 주거의 형태를 갖추지 않은 것(각 실별로 욕실은 설치할 수 있으나, 취사시설은 설치하지 않은 것을 말한다)
      3) 1개 동의 주택으로 쓰이는 바닥면적(부설 주차장 면적은 제외한다. 이하 같다)의 합계가 660제곱미터 이하이고 주택으로 쓰는 층수(지하층은 제외한다)가 3개 층 이하일 것. 다만, 1층의 전부 또는 일부를 필로티 구조로 하여 주차장으로 사용하고 나머지 부분을 주택(주거 목적으로 한정한다) 외의 용도로 쓰는 경우에는 해당 층을 주택의 층수에서 제외한다.
      4) 적정한 주거환경을 조성하기 위하여 건축조례로 정하는 실별 최소 면적, 창문의 설치 및 크기 등의 기준에 적합할 것
   다. **다가구주택**: 다음의 요건을 모두 갖춘 주택으로서 공동주택에 해당하지 아니하는 것을 말한다.
      1) 주택으로 쓰는 층수(지하층은 제외한다)가 3개 층 이하일 것. 다만, 1층의 전부 또는 일부를 필로티 구조로 하여 주차장으로 사용하고 나머지 부분을 주택(주거 목적으로 한정한다) 외의 용도로 쓰는 경우에는 해당 층을 주택의 층수에서 제외한다.
      2) 1개 동의 주택으로 쓰이는 바닥면적의 합계가 660제곱미터 이하일 것
      3) 19세대(대지 내 동별 세대수를 합한 세대를 말한다) 이하가 거주할 수 있을 것
   라. 공관(公館)

2. **공동주택**[공동주택의 형태를 갖춘 가정어린이집·공동생활가정·지역아동센터·공동육아나눔터·작은도서관·노인복지시설(노인복지주택은 제외한다) 및 「주택법 시행령」 제10조 제1항 제1호에 따른 아파트형 주택을 포함한다]

다만, 가목이나 나목에서 층수를 산정할 때 1층 전부를 필로티 구조로 하여 주차장으로 사용하는 경우에는 필로티 부분을 층수에서 제외하고, 다목에서 층수를 산정할 때 1층의 전부 또는 일부를 필로티 구조로 하여 주차장으로 사용하고 나머지 부분을 주택(주거 목적으로 한정한다) 외의 용도로 쓰는 경우에는 해당 층을 주택의 층수에서 제외하며, 가목부터 라목까지의 규정에서 층수를 산정할 때 지하층을 주택의 층수에서 제외한다.

가. **아파트**: 주택으로 쓰는 층수가 5개 층 이상인 주택

나. **연립주택**: 주택으로 쓰는 1개 동의 바닥면적(2개 이상의 동을 지하주차장으로 연결하는 경우에는 각각의 동으로 본다) 합계가 660제곱미터를 초과하고, 층수가 4개 층 이하인 주택

다. **다세대주택**: 주택으로 쓰는 1개 동의 바닥면적 합계가 660제곱미터 이하이고, 층수가 4개 층 이하인 주택(2개 이상의 동을 지하주차장으로 연결하는 경우에는 각각의 동으로 본다)

라. **기숙사**: 다음의 어느 하나에 해당하는 건축물로서 공간의 구성과 규모 등에 관하여 국토교통부장관이 정하여 고시하는 기준에 적합한 것. 다만, 구분 소유된 개별 실(室)은 제외한다.

1) **일반기숙사**: 학교 또는 공장 등의 학생 또는 종업원 등을 위하여 사용하는 것으로서 해당 기숙사의 공동취사시설 이용 세대수가 전체 세대수(건축물의 일부를 기숙사로 사용하는 경우에는 기숙사로 사용하는 세대수로 한다. 이하 같다)의 50퍼센트 이상인 것(교육기본법 제27조 제2항에 따른 학생복지주택을 포함한다)

2) **임대형기숙사**: 「공공주택 특별법」 제4조에 따른 공공주택사업자 또는 「민간임대주택에 관한 특별법」 제2조 제7호에 따른 임대사업자가 임대사업에 사용하는 것으로서 임대 목적으로 제공하는 실이 20실 이상이고 해당 기숙사의 공동취사시설 이용 세대수가 전체 세대수의 50퍼센트 이상인 것

3. **제1종 근린생활시설**

가. 식품·잡화·의류·완구·서적·건축자재·의약품·의료기기 등 일용품을 판매하는 소매점으로서 같은 건축물(하나의 대지에 두 동 이상의 건축물이 있는 경우에는 이를 같은 건축물로 본다. 이하 같다)에 해당 용도로 쓰는 바닥면적의 합계가 1천 제곱미터 미만인 것

나. 휴게음식점, 제과점 등 음료·차(茶)·음식·빵·떡·과자 등을 조리하거나 제조하여 판매하는 시설(제4호 너목 또는 제17호에 해당하는 것은 제외한다)로서 같은 건축물에 해당 용도로 쓰는 바닥면적의 합계가 300제곱미터 미만인 것

다. 이용원, 미용원, 목욕장, 세탁소 등 사람의 위생관리나 의류 등을 세탁·수선하는 시설(세탁소의 경우 공장에 부설되는 것과 대기환경보전법, 물환경보전법 또는 소음·진동관리법에 따른 배출시설의 설치 허가 또는 신고의 대상인 것은 제외한다)

라. 의원, 치과의원, 한의원, 침술원, 접골원(接骨院), 조산원, 안마원, 산후조리원 등 주민의 진료·치료 등을 위한 시설

마. 탁구장, 체육도장으로서 같은 건축물에 해당 용도로 쓰는 바닥면적의 합계가 500제곱미터 미만인 것

바. 지역자치센터, 파출소, 지구대, 소방서, 우체국, 방송국, 보건소, 공공도서관, 건강보험공단 사무소 등 주민의 편의를 위하여 공공업무를 수행하는 시설로서 같은 건축물에 해당 용도로 쓰는 바닥면적의 합계가 1천 제곱미터 미만인 것

사. 마을회관, 마을공동작업소, 마을공동구판장, 공중화장실, 대피소, 지역아동센터(단독주택과 공동주택에 해당하는 것은 제외한다) 등 주민이 공동으로 이용하는 시설

아. 변전소, 도시가스배관시설, 통신용 시설(해당 용도로 쓰는 바닥면적의 합계가 1천 제곱미터 미만인 것에 한정한다), 정수장, 양수장 등 주민의 생활에 필요한 에너지공급·통신서비스제공이나 급수·배수와 관련된 시설

자. 금융업소, 사무소, 부동산중개사무소, 결혼상담소 등 소개업소, 출판사 등 일반업무시설로서 같은 건축물에 해당 용도로 쓰는 바닥면적의 합계가 30제곱미터 미만인 것

차. 전기자동차 충전소(해당 용도로 쓰는 바닥면적의 합계가 1천 제곱미터 미만인 것으로 한정한다)

카. 동물병원, 동물미용실 및 「동물보호법」 제73조 제1항 제2호에 따른 동물위탁관리업을 위한 시설로서 같은 건축물에 해당 용도로 쓰는 바닥면적의 합계가 300제곱미터 미만인 것

4. 제2종 근린생활시설

가. 공연장(극장, 영화관, 연예장, 음악당, 서커스장, 비디오물감상실, 비디오물소극장, 그 밖에 이와 비슷한 것을 말한다. 이하 같다)으로서 같은 건축물에 해당 용도로 쓰는 바닥면적의 합계가 500제곱미터 미만인 것

나. 종교집회장[교회, 성당, 사찰, 기도원, 수도원, 수녀원, 제실(祭室), 사당, 그 밖에 이와 비슷한 것을 말한다. 이하 같다]으로서 같은 건축물에 해당 용도로 쓰는 바닥면적의 합계가 500제곱미터 미만인 것

다. 자동차영업소로서 같은 건축물에 해당 용도로 쓰는 바닥면적의 합계가 1천 제곱미터 미만인 것

라. 서점(제1종 근린생활시설에 해당하지 않는 것)

마. 총포판매소

바. 사진관, 표구점

사. 청소년게임제공업소, 복합유통게임제공업소, 인터넷컴퓨터게임시설제공업소, 가상현실체험 제공업소, 그 밖에 이와 비슷한 게임 및 체험 관련 시설로서 같은 건축물에 해당 용도로 쓰는 바닥면적의 합계가 500제곱미터 미만인 것

아. 휴게음식점, 제과점 등 음료·차(茶)·음식·빵·떡·과자 등을 조리하거나 제조하여 판매하는 시설(너목 또는 제17호에 해당하는 것은 제외한다)로서 같은 건축물에 해당 용도로 쓰는 바닥면적의 합계가 300제곱미터 이상인 것

자. 일반음식점

차. 장의사, 동물병원, 동물미용실, 「동물보호법」 제73조 제1항 제2호에 따른 동물위탁관리업을 위한 시설, 그 밖에 이와 유사한 것(제1종 근린생활시설에 해당하는 것은 제외한다)

카. 학원(자동차학원·무도학원 및 정보통신기술을 활용하여 원격으로 교습하는 것은 제외한다), 교습소(자동차교습·무도교습 및 정보통신기술을 활용하여 원격으로 교습하는 것은 제외한다), 직업훈련소(운전·정비 관련 직업훈련소는 제외한다)로서 같은 건축물에 해당 용도로 쓰는 바닥면적의 합계가 500제곱미터 미만인 것

타. 독서실, 기원

파. 테니스장, 체력단련장, 에어로빅장, 볼링장, 당구장, 실내낚시터, 골프연습장, 놀이형시설(관광진흥법에 따른 기타유원시설업의 시설을 말한다. 이하 같다) 등 주민의 체육 활동을 위한 시설(제3호 마목의 시설은 제외한다)로서 같은 건축물에 해당 용도로 쓰는 바닥면적의 합계가 500제곱미터 미만인 것

하. 금융업소, 사무소, 부동산중개사무소, 결혼상담소 등 소개업소, 출판사 등 일반업무시설로서 같은 건축물에 해당 용도로 쓰는 바닥면적의 합계가 500제곱미터 미만인 것(제1종 근린생활시설에 해당하는 것은 제외한다)

거. 다중생활시설(다중이용업소의 안전관리에 관한 특별법에 따른 다중이용업 중 고시원업의 시설로서 국토교통부장관이 고시하는 기준과 그 기준에 위배되지 않는 범위에서 적정한 주거환경을 조성하기 위하여 건축조례로 정하는 실별 최소 면적, 창문의 설치 및 크기 등의 기준에 적합한 것을 말한다. 이하 같다)로서 같은 건축물에 해당 용도로 쓰는 바닥면적의 합계가 500제곱미터 미만인 것

너. 제조업소, 수리점 등 물품의 제조·가공·수리 등을 위한 시설로서 같은 건축물에 해당 용도로 쓰는 바닥면적의 합계가 500제곱미터 미만이고, 다음 요건 중 어느 하나에 해당하는 것

1) 「대기환경보전법」, 「물환경보전법」 또는 「소음·진동관리법」에 따른 배출시설의 설치 허가 또는 신고의 대상이 아닌 것

2) 「물환경보전법」 제33조 제1항 본문에 따라 폐수배출시설의 설치 허가를 받거나 신고해야 하는 시설로서 발생되는 폐수를 전량 위탁처리하는 것

더. 단란주점으로서 같은 건축물에 해당 용도로 쓰는 바닥면적의 합계가 150제곱미터 미만인 것

러. 안마시술소, 노래연습장

머. 「물류시설의 개발 및 운영에 관한 법률」 제2조 제5호의2에 따른 주문배송시설로서 같은 건축물에 해당 용도로 쓰는 바닥면적의 합계가 500제곱미터 미만인 것(같은 법 제21조의2 제1항에 따라 물류창고업 등록을 해야 하는 시설을 말한다)

5. 문화 및 집회시설

가. 공연장으로서 제2종 근린생활시설에 해당하지 아니하는 것

나. 집회장[예식장, 공회당, 회의장, 마권(馬券) 장외 발매소, 마권 전화투표소, 그 밖에 이와 비슷한 것을 말한다]으로서 제2종 근린생활시설에 해당하지 아니하는 것

다. 관람장(경마장, 경륜장, 경정장, 자동차 경기장, 그 밖에 이와 비슷한 것과 체육관 및 운동장으로서 관람석의 바닥면적의 합계가 1천 제곱미터 이상인 것을 말한다)

라. 전시장(박물관, 미술관, 과학관, 문화관, 체험관, 기념관, 산업전시장, 박람회장, 그 밖에 이와 비슷한 것을 말한다)

마. 동·식물원(동물원, 식물원, 수족관, 그 밖에 이와 비슷한 것을 말한다)

6. 종교시설

가. 종교집회장으로서 제2종 근린생활시설에 해당하지 아니하는 것

나. 종교집회장(제2종 근린생활시설에 해당하지 아니하는 것을 말한다)에 설치하는 봉안당(奉安堂)

7. 판매시설

가. 도매시장(농수산물유통 및 가격안정에 관한 법률에 따른 농수산물도매시장, 농수산물공판장, 그 밖에 이와 비슷한 것을 말하며, 그 안에 있는 근린생활시설을 포함한다)

나. 소매시장(유통산업발전법 제2조 제3호에 따른 대규모 점포, 그 밖에 이와 비슷한 것을 말하며, 그 안에 있는 근린생활시설을 포함한다)

다. 상점(그 안에 있는 근린생활시설을 포함한다)으로서 다음의 요건 중 어느 하나에 해당하는 것

1) 제3호 가목에 해당하는 용도(서점은 제외한다)로서 제1종 근린생활시설에 해당하지 아니하는 것

2) 「게임산업진흥에 관한 법률」 제2조 제6호의2 가목에 따른 청소년게임제공업의 시설, 같은 호 나목에 따른 일반게임제공업의 시설, 같은 조 제7호에 따른 인터넷컴퓨터게임시설제공업의 시설 및 같은 조 제8호에 따른 복합유통게임제공업의 시설로서 제2종 근린생활시설에 해당하지 아니하는 것

8. 운수시설

가. 여객자동차터미널

나. 철도시설

다. 공항시설

라. 항만시설

마. 그 밖에 가목부터 라목까지의 규정에 따른 시설과 비슷한 시설

9. 의료시설

가. 병원(종합병원, 병원, 치과병원, 한방병원, 정신병원 및 요양병원을 말한다)

나. 격리병원(전염병원, 마약진료소, 그 밖에 이와 비슷한 것을 말한다)

10. 교육연구시설(제2종 근린생활시설에 해당하는 것은 제외한다)

가. 학교(유치원, 초등학교, 중학교, 고등학교, 전문대학, 대학, 대학교, 그 밖에 이에 준하는 각종 학교를 말한다)

나. 교육원(연수원, 그 밖에 이와 비슷한 것을 포함한다)

다. 직업훈련소(운전 및 정비 관련 직업훈련소는 제외한다)

라. 학원(자동차학원·무도학원 및 정보통신기술을 활용하여 원격으로 교습하는 것은 제외한다), 교습소(자동차교습무도교습 및 정보통신기술을 활용하여 원격으로 교습하는 것은 제외한다)

마. 연구소(연구소에 준하는 시험소와 계측계량소를 포함한다)

바. 도서관

11. 노유자시설

가. 아동 관련 시설(어린이집, 아동복지시설, 그 밖에 이와 비슷한 것으로서 단독주택, 공동주택 및 제1종 근린생활시설에 해당하지 아니하는 것을 말한다)

나. 노인복지시설(단독주택과 공동주택에 해당하지 아니하는 것을 말한다)

다. 그 밖에 다른 용도로 분류되지 아니한 사회복지시설 및 근로복지시설

12. 수련시설

가. 생활권 수련시설(청소년활동진흥법에 따른 청소년수련관, 청소년문화의집, 청소년특화시설, 그 밖에 이와 비슷한 것을 말한다)

나. 자연권 수련시설(청소년활동 진흥법에 따른 청소년수련원, 청소년야영장, 그 밖에 이와 비슷한 것을 말한다)

다. 「청소년활동 진흥법」에 따른 유스호스텔

라. 「관광진흥법」에 따른 야영장 시설로서 제29호에 해당하지 아니하는 시설

13. 운동시설

가. 탁구장, 체육도장, 테니스장, 체력단련장, 에어로빅장, 볼링장, 당구장, 실내낚시터, 골프연습장, 놀이형시설, 그 밖에 이와 비슷한 것으로서 제1종 근린생활시설 및 제2종 근린생활시설에 해당하지 아니하는 것

나. 체육관으로서 관람석이 없거나 관람석의 바닥면적이 1천 제곱미터 미만인 것

다. 운동장(육상장, 구기장, 볼링장, 수영장, 스케이트장, 롤러스케이트장, 승마장, 사격장, 궁도장, 골프장 등과 이에 딸린 건축물을 말한다)으로서 관람석이 없거나 관람석의 바닥면적이 1천 제곱미터 미만인 것

14. 업무시설

가. 공공업무시설: 국가 또는 지방자치단체의 청사와 외국공관의 건축물로서 제1종 근린생활시설에 해당하지 아니하는 것

나. 일반업무시설: 다음 요건을 갖춘 업무시설을 말한다.

1) 금융업소, 사무소, 결혼상담소 등 소개업소, 출판사, 신문사, 그 밖에 이와 비슷한 것으로서 제1종 근린생활시설 및 제2종 근린생활시설에 해당하지 않는 것

2) 오피스텔(업무를 주로 하며, 분양하거나 임대하는 구획 중 일부 구획에서 숙식을 할 수 있도록 한 건축물로서 국토교통부장관이 고시하는 기준에 적합한 것을 말한다)

15. 숙박시설

가. 일반숙박시설 및 생활숙박시설(공중위생관리법 제3조 제1항 전단에 따라 숙박업 신고를 해야 하는 시설로서 국토교통부장관이 정하여 고시하는 요건을 갖춘 시설을 말한다)

나. 관광숙박시설(관광호텔, 수상관광호텔, 한국전통호텔, 가족호텔, 호스텔, 소형호텔, 의료관광호텔 및 휴양 콘도미니엄)

다. 다중생활시설(제2종 근린생활시설에 해당하지 아니하는 것을 말한다)

라. 그 밖에 가목부터 다목까지의 시설과 비슷한 것

16. 위락시설

가. 단란주점으로서 제2종 근린생활시설에 해당하지 아니하는 것

나. 유흥주점이나 그 밖에 이와 비슷한 것

다. 「관광진흥법」에 따른 유원시설업의 시설, 그 밖에 이와 비슷한 시설(제2종 근린생활시설과 운동시설에 해당하는 것은 제외한다)

라. 삭제 〈2010.2.18.〉

마. 무도장, 무도학원

바. 카지노영업소

17. 공장

물품의 제조·가공[염색·도장(塗裝)·표백·재봉·건조·인쇄 등을 포함한다] 또는 수리에 계속적으로 이용되는 건축물로서 제1종 근린생활시설, 제2종 근린생활시설, 위험물저장 및 처리시설, 자동차 관련 시설, 자원순환 관련 시설 등으로 따로 분류되지 아니한 것

18. 창고시설(제2종 근린생활시설에 해당하는 것과 위험물 저장 및 처리 시설 또는 그 부속용도에 해당하는 것은 제외한다)

가. 창고(물품저장시설로서 물류정책기본법에 따른 일반창고와 냉장 및 냉동 창고를 포함한다)

나. 하역장

다. 「물류시설의 개발 및 운영에 관한 법률」에 따른 물류터미널

라. 집배송 시설

19. 위험물 저장 및 처리 시설

「위험물안전관리법」, 「석유 및 석유대체연료 사업법」, 「도시가스사업법」, 「고압가스 안전관리법」, 「액화석유가스의 안전관리 및 사업법」, 「총포·도검·화약류 등 단속법」, 「화학물질 관리법」 등에 따라 설치 또는 영업의 허가를 받아야 하는 건축물로서 다음 각 목의 어느 하나에 해당하는 것. 다만, 자가난방, 자가발전, 그 밖에 이와 비슷한 목적으로 쓰는 저장시설은 제외한다.

가. 주유소(기계식 세차설비를 포함한다) 및 석유 판매소

나. 액화석유가스 충전소·판매소·저장소(기계식 세차설비를 포함한다)

다. 위험물 제조소·저장소·취급소

라. 액화가스 취급소·판매소

마. 유독물 보관·저장·판매시설

바. 고압가스 충전소·판매소·저장소

사. 도료류 판매소

아. 도시가스 제조시설

자. 화약류 저장소

차. 그 밖에 가목부터 자목까지의 시설과 비슷한 것

20. 자동차 관련 시설(건설기계 관련 시설을 포함한다)

가. 주차장

나. 세차장

다. 폐차장

라. 검사장

마. 매매장

바. 정비공장

사. 운전학원 및 정비학원(운전 및 정비 관련 직업훈련시설을 포함한다)

아. 「여객자동차 운수사업법」, 「화물자동차 운수사업법」 및 「건설기계관리법」에 따른 차고 및 주기장(駐機場)

자. 전기자동차 충전소로서 제1종 근린생활시설에 해당하지 않는 것

21. 동물 및 식물 관련 시설
   가. 축사(양잠·양봉·양어·양돈·양계·곤충사육 시설 및 부화장 등을 포함한다)
   나. 가축시설[가축용 운동시설, 인공수정센터, 관리사(管理舍), 가축용 창고, 가축시장, 동물 검역소, 실험동물 사육시설, 그 밖에 이와 비슷한 것을 말한다]
   다. 도축장
   라. 도계장
   마. 작물 재배사
   바. 종묘배양시설
   사. 화초 및 분재 등의 온실
   아. 동물 또는 식물과 관련된 가목부터 사목까지의 시설과 비슷한 것(동·식물원은 제외한다)
22. 자원순환 관련 시설
   가. 하수 등 처리시설
   나. 고물상
   다. 폐기물재활용시설
   라. 폐기물처분시설
   마. 폐기물감량화시설
23. 교정시설(제1종 근린생활시설에 해당하는 것은 제외한다)
   가. 교정시설(보호감호소, 구치소 및 교도소를 말한다)
   나. 갱생보호시설, 그 밖에 범죄자의 갱생·보육·교육·보건 등의 용도로 쓰는 시설
   다. 소년원 및 소년분류심사원
   라. 삭제 〈2023.5.15.〉
23의2. 국방군사시설(제1종 근린생활시설에 해당하는 것은 제외한다)
   「국방군사시설 사업에 관한 법률」에 따른 국방군사시설
24. 방송통신시설(제1종 근린생활시설에 해당하는 것은 제외한다)
   가. 방송국(방송프로그램 제작시설 및 송신·수신·중계시설을 포함한다)
   나. 전신전화국
   다. 촬영소
   라. 통신용 시설
   마. 데이터센터
   바. 그 밖에 가목부터 마목까지의 시설과 비슷한 것
25. 발전시설
   발전소(집단에너지 공급시설을 포함한다)로 사용되는 건축물로서 제1종 근린생활시설에 해당하지 아니하는 것
26. 묘지 관련 시설
   가. 화장시설
   나. 봉안당(종교시설에 해당하는 것은 제외한다)
   다. 묘지와 자연장지에 부수되는 건축물
   라. 동물화장시설, 동물건조장(乾燥葬)시설 및 동물 전용의 납골시설

27. 관광 휴게시설

가. 야외음악당

나. 야외극장

다. 어린이회관

라. 관망탑

마. 휴게소

바. 공원·유원지 또는 관광지에 부수되는 시설

28. 장례시설

가. 장례식장[의료시설의 부수시설(의료법 제36조 제1호에 따른 의료기관의 종류에 따른 시설을 말한다)에 해당하는 것은 제외한다]

나. 동물 전용의 장례식장

29. 야영장 시설

「관광진흥법」에 따른 야영장 시설로서 관리동, 화장실, 샤워실, 대피소, 취사시설 등의 용도로 쓰는 바닥면적의 합계가 300제곱미터 미만인 것

[비고]

1. 제3호 및 제4호에서 '해당 용도로 쓰는 바닥면적'이란 부설 주차장 면적을 제외한 실(實) 사용면적에 공용부분 면적(복도, 계단, 화장실 등의 면적을 말한다)을 비례 배분한 면적을 합한 면적을 말한다.
2. 비고 제1호에 따라 '해당 용도로 쓰는 바닥면적'을 산정할 때 건축물의 내부를 여러 개의 부분으로 구분하여 독립한 건축물로 사용하는 경우에는 그 구분된 면적 단위로 바닥면적을 산정한다. 다만, 다음 각 목에 해당하는 경우에는 각 목에서 정한 기준에 따른다.
   가. 제4호 더목에 해당하는 건축물의 경우에는 내부가 여러 개의 부분으로 구분되어 있더라도 해당 용도로 쓰는 바닥면적을 모두 합산하여 산정한다.
   나. 동일인이 둘 이상의 구분된 건축물을 같은 세부 용도로 사용하는 경우에는 연접되어 있지 않더라도 이를 모두 합산하여 산정한다.
   다. 구분 소유자(임차인을 포함한다)가 다른 경우에도 구분된 건축물을 같은 세부 용도로 연계하여 함께 사용하는 경우(통로, 창고 등을 공동으로 활용하는 경우 또는 명칭의 일부를 동일하게 사용하여 홍보하거나 관리하는 경우 등을 말한다)에는 연접되어 있지 않더라도 연계하여 함께 사용하는 바닥면적을 모두 합산하여 산정한다.
3. 「청소년 보호법」 제2조 제5호 가목 8) 및 9)에 따라 여성가족부장관이 고시하는 청소년 출입·고용금지업의 영업을 위한 시설은 제1종 근린생활시설 및 제2종 근린생활시설에서 제외하되, 위 표에 따른 다른 용도의 시설로 분류되지 않는 경우에는 제16호에 따른 위락시설로 분류한다.
4. 국토교통부장관은 [별표 1] 각 호의 용도별 건축물의 종류에 관한 구체적인 범위를 정하여 고시할 수 있다.

PART 6~14

기타 법령

출제경향

최근 5개년
평균 출제문항 수 **13.0개**

최근 5개년
평균 출제비중 **32.5%**

핵심주제

PART 6 도시 및 주거환경정비법 평균 2문항(5%)	정비사업, 용어의 정의, 정비구역등의 해제 사유, 지정개발자 등, 조합설립추진위원회 및 조합의 설립 등, 조합의 임원, 총회, 대의원회, 주민대표회의(주민대표기구), 토지등소유자 전체회의, 관리처분계획
PART 8 시설물의 안전 및 유지관리에 관한 특별법 평균 2문항(5%)	용어의 정의, 시설물, 기본계획 및 시설물관리계획, 설계도서, 안전점검등, 정밀안전진단 및 긴급안전점검 등, 재난예방을 위한 안전조치 등, 안전점검등의 대행 등, 시설물의 유지관리 등, 보칙, 사고조사 등, 이행강제금 등
PART 12 전기사업법 평균 2문항(5%)	공개공지 등, 구조내력 등, 내화구조, 방화구조 등, 대지 안의 공지, 특별건축구역 및 특별가로구역, 건축협정
PART 13 승강기 안전관리법 평균 2문항(5%)	승강기, 기타 용어의 정의, 승강기사업자 등, 승강기의 설치 및 안전관리 등, 자체점검, 안전검사, 연기 및 면제

합격전략

PART 6~14 기타 법령은 총 9개의 법령에서 5개년 평균 13개의 문제가 출제되었습니다. PART 6 「도시 및 주거환경정비법」, PART 8 「시설물의 안전 및 유지관리에 관한 특별법」, PART 10·11 「화재예방, 소방시설 설치·유지 및 안전관리에 관한 법률」(분법 이전), PART 12 「전기사업법」, PART 13 「승강기 안전관리법」은 제27회 시험까지 2문제(5%)씩 꾸준히 출제되었습니다. PART 6, PART 8, PART 12, PART 13은 제28회 시험의 경우에도 2문제 정도가 출제될 것으로 예상됩니다. PART 10·11 「화재예방, 소방시설 설치·유지 및 안전관리에 관한 법률」(분법 이전)은 2022년 12월 1일부로 「화재의 예방 및 안전관리에 관한 법률」과 「소방시설 설치 및 관리에 관한 법률」로 분법되어 시행되고 있습니다. 제27회 시험에 각각 1문제가 출제되었고, 제28회 시험에서도 각각 1문제가 출제될 것으로 예상됩니다.
각 PART의 핵심주제와 최근 신설된 규정 등에 대하여 주의 깊게 학습하시길 바랍니다.

PART

6 도시 및 주거환경정비법

▶ **연계학습** | 에듀윌 기본서 2차 [주택관리관계법규 下] p.8 회독체크 1 2 3

핵심 01 정비사업 ★

1. 정비사업의 '정의'

정비사업	종류	정비기반시설	노후·불량건축물	개선 등
주거환경개선사업	A	극히 열악	과도하게 밀집	주거환경개선
	B	① **단독주택** 및 **다세대주택** 밀집 지역 ② 정비기반시설과 공동이용시설 확충		주거환경보전· 정비·개량
재개발사업[1]	A	열악	밀집	주거환경개선
	B	① 상업지역 및 공업지역 ② 도시기능 회복, 상권 활성화를 위함		**도시환경개선**
재건축사업[2]	–	양호	'노후·불량건축물에 해당하는 **공동주택**'이 밀집	주거환경개선

1. 다음의 요건을 모두 갖추어 시장·군수등이 시행하는 재개발사업을 **'공공재개발사업'**이라 한다. [100분의 20 이상 100분의 50 이하의 범위에서 '대통령령으로 정하는 다음의 기준에 따라 특별시·광역시·특별자치시·도·특별자치도 또는 '대도시'의 조례(이하 '시·도조례'라 한다)로 정하는 비율 이상을 지분형주택, 공공임대주택, 공공지원민간임대주택으로 건설·공급할 것]
   ① '과밀억제권역'에서 시행하는 경우: 100분의 30 이상 100분의 40 이하
   ② '과밀억제권역 외의 지역'에서 시행하는 경우: 100분의 20 이상 100분의 30 이하
2. 다음의 요건을 모두 갖추어 시장·군수등이 시행하는 재건축사업을 **'공공재건축사업'**이라 한다. [대통령령으로 정하는 세대수(종전 세대수의 100분의 160) 이상을 건설·공급할 것]

2. 정비사업의 '시공자 선정' [위반자: 3-3]

사업시행자	시공자 선정시기	시공자 선정방법
조합[1]	조합설립인가를 받은 후	① 조합 총회에서 경쟁입찰 또는 수의계약의 방법으로 건설사업자, 등록사업자 선정 ② 다만, 100인 이하의 경우 조합 총회에서 **'정관'**으로 정하는 바에 따라 선정 가능

토지등소유자	사업시행계획인가를 받은 후	'20인 미만이 재개발사업을 시행하는 경우'에는 '규약'에 따라 건설사업자, 등록사업자 선정
시장·군수등[2]	사업시행자 지정, 고시 후	경쟁입찰 또는 수의계약의 방법으로 건설사업자, 등록사업자 선정

1. 조합은 시공자 선정을 위한 입찰에 참가하는 건설업자 또는 등록사업자가 토지등소유자에게 '시공에 관한 정보'를 '제공'할 수 있도록 합동설명회를 2회 이상 '개최'하여야 한다. 〈신설〉
2. 특별자치시장, 특별자치도지사, 시장, 군수, 자치구의 구청장을 '시장·군수등'이라 한다.

3. 정비사업의 '시행방법'

정비사업	환지	관리처분계획	기타
주거환경개선사업	○	○ (주택, 부대·복리시설)	–
	기타 방법		① '사업시행자'가 정비기반시설 및 공동이용시설을 새로 설치·확대하고 '토지등소유자'가 스스로 주택을 보전·정비하거나 개량하는 방법 ② '사업시행자'가 수용 ㉠ 주택 건설 토지등소유자에 우선 공급 ㉡ 대지, 토지등소유자 또는 '토지등소유자 외의 자'에게 공급
재개발사업	○	○ (건축물)	–
재건축사업	×	○ (건축물)	※ '공동주택 외 건축물'(주택, 부대시설, 복리시설을 제외한 건축물) ① 준주거지역 및 상업지역에서만 건설 ② '공동주택 외 건축물'의 연면적은 전체 건축물 연면적의 100분의 30 이하

4. 정비사업의 '사업시행자'

정비사업	사업시행자
주거환경개선사업	[원칙]: '시장·군수등'이 직접 시행, '토지주택공사등'을 사업시행자로 지정
재개발사업	① [원칙]: 조합 ② [예외]: 토지등소유자가 20인 미만인 경우에는 '토지등소유자'가 시행 가능
재건축사업	[원칙]: 조합

5. '정비사업'과 '도시개발사업'의 비교

정비사업	도시개발사업
「도시 및 주거환경정비법」	「도시개발법」
'도시지역' 중 (주로) 주거지역, 상업지역, 공업지역	'도시지역이 아닌 지역' (관리지역, 농림지역, 자연환경보전지역)
이미 개발된 구도시를 '정비'하는 사업	개발되지 않은 지역을 '신도시'로 개발하는 사업
'정비구역'	'도시개발구역'

6. 정비사업의 '시행 절차'

기본방침	국토교통부장관이 10년마다(5년 타당성 검토) 수립한다.
기본계획	① '특별시장·광역시장·특별자치시장·특별자치도지사', '시장'은 10년 단위(5년 타당성 검토)로 수립하여야 한다. ② 도지사가 대도시가 아닌 시로서 '기본계획을 수립할 필요가 없다고 인정하는 시'에 대하여는 기본계획을 수립하지 아니할 수 있다.
정비계획 및 정비구역	① '특별시장·광역시장·특별자치시장·특별자치도지사'·'시장 또는 군수'(광역시의 군수는 제외한다. 이하 '정비구역의 지정권자'라 한다)는 기본계획에 적합한 범위에서 정비계획을 결정하여 정비구역을 지정할 수 있다. ② 자치구의 구청장 또는 광역시의 군수(이하 '구청장등')는 정비계획을 입안하여 특별시장·광역시장에게 정비구역 지정을 신청하여야 한다.
사업시행계획서, 사업시행계획인가	사업시행자 → 사업시행계획서에 정관 등을 시장·군수등에게 제출하고 '사업시행계획인가'를 받아야 한다(60일 이내에 인가 여부 결정 통보).
관리처분계획인가	사업시행자는 '관리처분계획'을 수립, 시장·군수등의 '인가'를 받아야 한다.
준공인가	시장·군수등이 아닌 사업시행자는 시장·군수등의 '준공인가'를 받아야 한다.
소유권이전고시	① 사업시행자는 '공보'에 소유권이전고시를 한 후, '시장·군수등'에게 보고하여야 한다. ② 분양받을 자는 '소유권이전고시가 있은 날'의 다음 날에 소유권을 취득한다.

(1) 사업시행계획인가(정비구역의 범죄 예방)

① 시장·군수등은 사업시행계획인가를 한 경우, 경찰서장 및 소방서장에게 통보하여야 한다.
② 시장·군수등은 '순찰 강화, 순찰초소의 설치 등' 범죄 예방을 위하여 필요한 시설의 설치 및 관리 등을 관할 시·도경찰청장 또는 경찰서장에게 요청할 수 있다.
③ 시장·군수등은 소방본부장 또는 소방서장에게 화재예방 순찰 강화를 요청할 수 있다.

(2) 관리처분계획의 인가

① 소유자·지상권자·전세권자·임차권자 등 권리자는 관리처분계획인가의 고시가 있은 때는 소유권이전고시가 있는 날까지 종전 토지 등을 사용하거나 수익할 수 없다.
② 사업시행자는 관리처분계획인가를 받은 후 기존의 건축물을 철거하여야 한다.
③ 사업시행자는 다음의 경우에 기존 건축물 소유자의 동의 및 시장·군수등의 허가를 받아 해당 건축물을 철거할 수 있다.
   ㉠ 「재난 및 안전관리 기본법」 등 기존 건축물의 붕괴 등 안전사고 우려가 있는 경우
   ㉡ 폐공가(廢空家)의 밀집으로 범죄발생의 우려가 있는 경우

PART 6

핵심 02 용어의 정의

1. 노후·불량건축물 ★

① 주변 토지의 이용 상황 등에 비추어 주거환경이 불량한 곳에 위치하고 '건축물을 철거하고 새로운 건축물을 건설하는 경우 건설에 드는 비용'과 비교하여 '효용'의 현저한 증가가 예상되는 건축물로서 '시·도조례'로 정하는 건축물
② '40년까지 사용하기 위하여 보수·보강하는 데 드는 비용'이 '철거 후 새로운 건축물을 건설하는 데 드는 비용'보다 클 것으로 예상되는 건축물
③ 준공 후 20년 이상 이상 30년 이하의 범위에서 조례로 정한 기간이 지난 건축물

2. 토지등소유자 ★

① **주거환경개선사업, 재개발사업:** 정비구역에 위치한 '토지' 또는 '건축물' 소유자 또는 '그 지상권자'
② **재건축사업:** 정비구역에 위치한 건축물 '및' 그 부속토지의 소유자

3. 정관 등

① 「도시 및 주거환경정비법」 제40조의 규정에 의한 **정관**(정비사업조합)
② 토지등소유자가 자치적으로 정하여 운영하는 **규약**
③ '시장·군수등' 또는 토지주택공사등 또는 신탁업자가 작성한 **시행규정**

4. 기타 용어의 정의

정비기반시설	도로·상하수도·구거(溝渠: 도랑)·공원·공용주차장·공동구 및 녹지, 하천, 공공공지, 광장, 소방용수시설, 비상대피시설, 가스공급시설 등
공동이용시설	놀이터·마을회관·공동작업장 및 공동으로 사용하는 구판장·세탁장·화장실 및 수도, 탁아소·어린이집·경로당 등 노유자시설 등
대지	정비사업으로 조성된 토지
토지주택공사등	한국토지주택공사 또는 지방공사

핵심 03 정비구역등의 해제사유

1. '정비예정구역'의 해제사유

정비예정구역에 대하여 '기본계획'에서 정한 정비구역 지정 **예정일부터 3년이 되는 날까지** 특별자치시장, 특별자치도지사, 시장 또는 군수가 정비구역을 지정하지 아니하거나 '구청장등'이 정비구역 지정을 신청하지 아니하는 경우

2. '정비구역'의 해제사유 [예외[1]]

① **'조합'이 시행하는 재개발사업·재건축사업**
　㉠ '정비구역 지정·고시된 날'부터 2년이 되는 날까지 조합설립추진위원회(이하 '추진위원회'라 한다)의 승인 신청(×). 단, **추진위원회를 구성하는 경우로 한정**한다.
　㉡ '정비구역 지정·고시된 날'부터 3년이 되는 날까지 **조합설립인가** 신청(×). 단, '추진위원회를 구성하지 아니하는 경우'로 '한정'한다.
　㉢ '추진위원회 승인일'(법 제31조 제2항 제2호에 따라 추진위원회를 구성하는 경우는 정비구역 지정·고시일로 본다)부터 2년이 되는 날까지 조합설립인가 신청(×)
　㉣ '조합설립인가를 받은 날'부터 3년이 되는 날까지 **사업시행계획인가** 신청(×)
② **토지등소유자가 시행하는 재개발사업**: '정비구역 지정·고시된 날'부터 5년이 되는 날까지 사업시행계획인가 신청(×)

1. [예외]

앞의 2.에도 불구하고 정비구역의 지정권자는 다음의 어느 하나에 해당하는 경우에는 해당 기간을 2년의 범위에서 연장하여 정비구역등을 해제하지 아니할 수 있다.

① 정비구역등의 토지등소유자(조합을 설립한 경우에는 조합원을 말한다)가 100분의 30 이상의 동의로 해당기간이 도래하기 전까지 연장을 요청하는 경우

② 정비사업의 추진 상황으로 보아 주거환경의 계획적 정비를 위해 정비구역등의 존치가 필요하다고 인정하는 경우

3. 정비구역등의 '직권해제사유'

① '토지등소유자'의 100분의 30 이상이 정비구역등(추진위원회가 구성되지 아니한 구역으로 한정)의 해제를 요청하는 경우

② 일정한 방법으로 시행 중인 주거환경개선사업의 '정비구역이 지정·고시된 날'부터 10년 이상 지나고, 추진 상황으로 보아 지정 목적을 달성할 수 없다고 인정되는 경우로서 토지등소유자의 과반수가 정비구역의 해제에 동의하는 경우

4. '도시재생선도지역' 지정 요청

정비구역등이 해제된 경우 정비구역의 지정권자는 '해제된 정비구역등'을 「도시재생 활성화 및 지원에 관한 특별법」에 따른 도시재생선도지역으로 지정하도록 국토교통부장관에게 요청할 수 있다.

핵심 04 지정개발자 등

1. '지정개발자'의 요건

① 토지면적의 50퍼센트 이상 '소유' + 토지등소유자의 2분의 1 이상 '추천'을 받은 자

② 민관합동법인으로서 토지등소유자의 2분의 1 이상의 '추천'을 받은 자

③ 신탁업자로서 토지등소유자의 2분의 1 이상의 추천을 받거나 법 제27조 제1항 제3호(재개발사업 및 재건축사업의 조합설립을 위한 동의요건 이상에 해당하는 자가 신탁업자를 사업시행자로 지정하는 것에 동의) 또는 법 제28조 제1항 제2호에 따른 동의[토지등소유자(조합을 설립한 경우에는 조합원)의 과반수 동의로 요청하는 경우] 또는 법 제101조의8(정비구역 지정의 특례) 제1항 각 호 외의 부분 전단에 따른 동의를 받은 자

2. 지정개발자의 정비사업비의 예치 등

① 시장·군수등은 재개발사업의 사업시행계획인가를 하는 경우 해당 정비사업의 사업시행자가 지정개발자(지정개발자가 '토지등소유자인 경우'로 한정)인 때에는 정비사업비의 100분의 20의 범위에서 시·도조례로 정하는 금액을 예치하게 할 수 있다.
② 위 ①의 예치금은 '청산금의 지급이 완료된 때'에 반환한다.

3. 재개발사업·재건축사업의 '공공시행자'

① 시장·군수등은 다음의 경우에는 직접 정비사업을 시행하거나 토지주택공사등을 사업시행자로 지정하여 시행하게 할 수 있다.
   ㉠ 천재지변 등
   ㉡ 추진위원회가 시장·군수등의 구성승인을 받은 날부터 3년 이내에 조합설립인가를 신청하지 아니하거나 조합이 조합설립인가를 받은 날부터 3년 이내에 사업시행계획인가를 신청하지 아니한 때
② 시장·군수등이 직접 정비사업을 시행하거나 토지주택공사등을 사업시행자로 지정·고시한 때에는 그 고시일 다음 날에 추진위원회의 구성승인 또는 조합설립인가가 '취소'된 것으로 본다.

4. 재개발사업·재건축사업의 '지정개발자'

① 시장·군수등은 재개발사업 및 재건축사업이 '천재지변 등'에 해당하는 때는 '지정개발자'를 사업시행자로 지정하여 정비사업을 시행하게 할 수 있다.
② 시장·군수등이 지정개발자를 사업시행자로 지정·고시한 때에는 그 고시일 다음 날에 추진위원회의 구성승인 또는 조합설립인가가 '취소'된 것으로 본다.

5. 재개발사업·재건축사업의 '사업대행자'

시장·군수등은 '장기간 정비사업이 지연되는 등의 경우'에는 조합 등을 대신하여 직접 정비사업을 시행하거나 토지주택공사등 또는 지정개발자('사업대행자')에게 '해당 조합 또는 토지등소유자'를 '대신'하여 정비사업을 시행하게 할 수 있다.

6. 사업대행개시결정 및 효과 등

① 시장·군수등은 '정비사업을 직접 시행'하거나 '지정개발자 또는 토지주택공사등에게 정비사업을 대행하도록 결정(이하 '사업대행개시결정'이라 한다)'한 경우에는 정비사업의 종류 및 명칭, 사업시행자의 성명 및 주소, 사업대행개시결정을 한 날 및 사업대행자 등을 해당 지방자치단체의 공보등에 고시하여야 한다.
② 사업대행자는 정비사업을 대행하는 경우 '위 ①의 고시를 한 날의 다음 날'부터 '사업대행 완료를 고시하는 날까지' 자기의 이름 및 사업시행자의 계산으로 '사업시행자의 업무'를 집행하고 재산을 관리한다.

핵심 05 조합설립추진위원회 및 조합의 설립 등

1. 조합의 설립 및 조합설립추진위원회의 구성 ★ 〈신설〉[1]

① '시장·군수등, 토지주택공사등, 지정개발자' 아닌 자가 시행 → 조합설립의무(○)
② 위 ①에도 불구, 토지등소유자가 20인 미만 + 재개발사업 → 조합설립의무(×)
③ 추진위원회 구성은 다음과 같은 요건 구비, '시장·군수등'의 승인
[추진위원장을 포함한 5명 이상 추진위원 + 운영규정 → 토지등소유자 과반수 동의]
④ '추진위원회를 구성하지 아니할 수 있는 경우': '공공지원'을 하려는 경우

1. ① 추진위원회는 다음의 어느 하나에 해당하는 지역을 대상으로 구성한다. 〈신설〉
   ㉠ 정비구역으로 지정·고시된 지역
   ㉡ 정비구역으로 지정·고시되지 아니한 지역으로서 다음 어느 하나에 해당하는 지역
      ⓐ 법 제4조 제1항 단서에 따라 기본계획을 수립하지 아니한 지역 또는 법 제5조 제2항에 따라 기본계획에 같은 조 제1항 제9호 및 제10호의 사항을 생략한 지역으로서 대통령령으로 정하는 지역
      ⓑ 기본계획에 법 제5조 제1항 제9호에 따른 정비예정구역이 설정된 지역
      ⓒ 법 제13조의2에 따른 입안 요청 및 제14조에 따른 입안 제안에 따라 정비계획의 입안을 결정한 지역
      ⓓ 법 제15조에 따라 정비계획의 입안을 위하여 주민에게 공람한 지역
   ② 위 ①의 ㉡에 따라 추진위원회를 구성하여 승인받은 경우로서 승인 당시의 구역과 법 제16조에 따라 지정·고시된 정비구역의 면적 차이가 대통령령으로 정하는 기준 이상인 경우 추진위원회는 토지등소유자 과반수의 동의를 받아 시장·군수등에게 '다시' 승인을 받아야 한다. 이 경우 추진위원회 구성에 동의한 자는 '정비구역 지정·고시 이후' 1개월 이내에 '동의를 철회하지 아니하는 경우' 동의한 것으로 본다. 〈신설〉
   ③ 위 ②에 따른 승인이 있는 경우 '기존의 추진위원회의 업무와 관련'된 권리·의무는 승인받은 추진위원회가 포괄승계한 것으로 본다. 〈신설〉

PART 6

2. 공공지원

① 시장·군수등은 정비사업의 투명성 강화 및 효율성 제고를 위하여 '시·도조례로 정하는 정비사업'에 대해 사업시행 과정을 지원(이하 '공공지원'이라 한다)하거나 토지주택공사 등, 신탁업자, 주택도시보증공사 등에 공공지원을 위탁할 수 있다.
② 위 ①에 따라 '정비사업을 공공지원하는 시장·군수등' 및 '공공지원을 위탁받은 자'(이하 '위탁지원자'라 한다)는 추진위원회 또는 주민대표회의 구성 등의 업무를 수행한다.
③ 시장·군수등은 위탁지원자의 공정한 업무수행을 위하여 관련 자료의 제출 및 조사, 현장점검 등 필요한 조치를 할 수 있다. 이 경우 위탁지원자의 행위에 대한 대외적인 책임은 시장·군수등에게 있다.
④ '공공지원에 필요한 비용'은 시장·군수등이 부담하되, 특별시장, 광역시장 또는 도지사는 관할 구역의 시장, 군수 또는 구청장에게 특별시·광역시 또는 도의 조례로 정하는 바에 따라 그 비용의 일부를 지원할 수 있다.

3. 조합의 법인격 등 ★

① 조합은 법인으로 한다.
② 조합은 '조합설립의 인가를 받은 날'부터 30일 이내에 주된 사무소의 소재지에서 등기함으로써 성립한다.
③ 조합은 그 명칭 중에 '정비사업조합'이라는 문자를 사용하여야 한다.
④ 위 ①부터 ③까지는 「주택법」상 '리모델링주택조합'에 대해서도 준용된다(다만, 위 ③의 경우, '정비사업조합' = '리모델링주택조합').
⑤ 조합에 관하여는 「민법」 중 사단법인에 관한 규정을 준용한다.

4. 추진위원회의 기능

① 정비사업전문관리업자의 선정 및 변경
② 설계자의 선정 및 변경
③ 개략적인 정비사업 시행계획서의 작성
④ 조합설립인가를 받기 위한 준비업무
⑤ 추진위원회 운영규정의 작성
⑥ 토지등소유자의 동의서 접수
⑦ 조합설립을 위한 창립총회의 개최
⑧ 조합 정관의 초안 작성
⑨ 그 밖에 추진위원회 운영규정으로 정하는 업무

5. 추진위원회의 의무

① 수행한 업무를 총회에 보고해야 하며, 추진위원회가 행한 업무와 관련된 권리와 의무는 조합이 포괄승계한다.
② 사용경비를 기재한 회계장부 및 관련 서류를 '조합설립인가일'부터 30일 이내에 조합에 인계하여야 한다.

6. 추진위원회의 조직 및 운영

① 추진위원회는 추진위원회를 대표하는 추진위원장 1명과 감사를 두어야 한다.
② 국토교통부장관은 추진위원회의 공정한 운영을 위하여 추진위원의 선임방법 및 변경, 권리·의무, 업무범위, 운영방법, 운영자금의 차입, 토지등소유자의 운영경비 납부 등의 사항을 포함한 추진위원회의 운영규정을 정하여 고시하여야 한다.

7. 조합 비교표 ★

구분	'주택법령상'의 조합	'도시 및 주거환경정비법령상'의 정비사업조합
종류	지역주택조합, 직장주택조합, 리모델링주택조합	재개발사업, 재건축사업
인가 등	① 시장·군수·구청장의 인가 ② 국민주택을 공급받기 위한 직장: 신고	'시장·군수등'의 인가
등기	① 등기(×), 법인 아닌 사단, 총유 ② 다만, 리모델링주택조합: 등기(○)	① 등기(○), 사단법인 ② '인가 + 30일 이내 등기 의무'
동의요건	① 리모델링주택조합의 설립 인가 ㉠ 전체: 전체(3분의 2) + 각 동(과반수) ㉡ 동: 그 동(3분의 2) ② 리모델링 행위의 허가 ㉠ 전체: 전체(75퍼센트) + 각 동(50퍼센트) ㉡ 동: 그 동(75퍼센트)	① 재개발사업: 토지등소유자 4분의 3 이상 + 토지면적의 2분의 1 이상 ② 재건축사업 ㉠ 각 동별: 구분소유자의 과반수 ㉡ 전체: 구분소유자 100분의 70 이상 + 토지면적 100분의 70 이상 ➲ 주택단지 아닌 지역: 토지 또는 건축물 소유자 4분의 3 이상 + 토지면적의 3분의 2 이상

8. '정비사업별' 토지등소유자의 동의자 수 산정방법

① 주거환경개선사업 및 재개발사업
  ㉠ '공유': 토지등소유자의 4분의 3 이상의 동의를 받아 이를 대표하는 1인을 토지등소유자로 산정 〈개정〉
  ㉡ '토지에 지상권이 설정': '토지의 소유자'와 '지상권자'를 대표하는 1인으로 산정
  ㉢ '다수 소유': 필지나 건축물의 수에 관계없이 토지등소유자를 1인으로 산정
  ㉣ 둘 이상 토지, 건축물을 소유한 공유자가 동일: 공유자 여럿을 대표하는 1인으로 산정

② 재건축사업
  ㉠ '공유': 그 여럿을 대표하는 1인을 토지등소유자로 산정
  ㉡ '다수 소유': 소유권, 구분소유권의 수에 관계없이 토지등소유자를 1인으로 산정
  ㉢ 둘 이상 소유권, 구분소유권을 소유한 공유자가 동일: 여럿을 대표하는 1인으로 산정

③ 국·공유지에 대해서는 그 '재산관리청' 각각을 토지등소유자로 산정할 것. 이 경우 재산관리청은 '동의 요청을 받은 날'부터 30일 이내에 동의 여부를 표시하지 않으면 동의한 것으로 본다. 〈후문, 신설 2024.12.17.〉

9. 조합의 해산

① 조합장은 소유권이전 고시가 있은 날부터 1년 이내 '조합 해산을 위한 총회'를 소집해야 한다.

② 조합장이 위 ①의 기간 내에 총회를 소집하지 아니한 경우 법령에도 불구하고 조합원 5분의 1 이상의 요구로 소집된 총회에서 조합원 과반수의 출석과 출석 조합원 과반수의 동의를 받아 해산을 의결할 수 있다. 이 경우 요구자 대표로 선출된 자가 조합 해산을 위한 총회의 소집 및 진행을 할 때에는 조합장의 권한을 대행한다.

③ 시장·군수등은 조합이 정당한 사유 없이 위 ① 또는 ②에 따라 해산을 의결하지 아니하는 경우에는 조합설립인가를 취소할 수 있다.

④ 해산하는 조합에 '청산인이 될 자가 없는 경우'에는 「민법」 제83조에도 불구하고 시장·군수등은 법원에 청산인의 선임을 청구할 수 있다.

⑤ 위 ① 또는 ②에 따라 조합이 해산을 의결하거나 위 ③에 따라 조합설립인가가 취소된 경우 청산인은 지체 없이 청산의 목적범위에서 성실하게 청산인의 직무를 수행하여야 한다. 〈신설〉

핵심 06 조합의 임원

1. 조합의 임원

① 조합은 조합원으로서 정비구역에 위치한 건축물 또는 토지(재건축사업의 경우에는 건축물과 그 부속토지)를 소유한 자[하나의 건축물 또는 토지의 소유권을 다른 사람과 공유한 경우에는 가장 많은 지분을 소유(2인 이상의 공유자가 가장 많은 지분을 소유한 경우를 포함한다)한 경우로 한정한다] '중' 다음의 요건을 갖춘 조합장 1명과 이사, 감사를 임원으로 둔다.
- ㉠ 정비구역에 거주 + '선임일 직전 3년 동안' 정비구역에서 1년 이상 거주할 것
- ㉡ 정비구역 내 건축물 또는 토지를 5년 이상 소유할 것

② 조합장은 '선임일'부터 '관리처분계획인가를 받을 때'까지는 해당 정비구역에서 거주(영업을 하는 자의 경우 영업)하여야 한다.

③ 이사의 수는 3명 이상, 감사의 수는 1명 이상 3명 이하로 한다. 다만, 토지등소유자의 수가 100인을 초과하는 경우에는 이사의 수를 5명 이상으로 한다.

④ '조합임원의 선출방법 등'은 정관으로 정한다.

⑤ 다만, 시장·군수등은 다음의 경우 변호사·회계사·기술사 등의 요건을 갖춘 자를 전문조합관리인으로 선정하여 조합임원의 업무를 대행하게 할 수 있다.
- ㉠ 조합임원이 사임 등으로 '직무수행을 할 수 없는 때'부터 6개월 이상 '선임'(×)
- ㉡ 총회에서 조합원 과반수의 출석과 '출석 조합원' 과반수의 동의로 선정을 요청

⑥ '전문조합관리인의 요건을 갖춘 자'란 다음에 해당하는 사람을 말한다.
- ㉠ 변호사, 공인회계사, 법무사, 세무사, 건축사 등의 자격을 취득한 후 정비사업 관련 업무에 5년 이상 '종사한 경력'이 있는 사람
- ㉡ 조합임원으로 5년 이상 '종사' 등

PART 6

2. 조합임원의 해임 등

① 조합임원은 조합원 10분의 1 이상의 요구로 소집된 총회에서 조합원 과반수의 출석과 '출석 조합원' 과반수의 동의를 받아 해임할 수 있다. 이 경우 '요구자 대표로 선출된 자'가 해임 총회의 소집 및 진행을 할 때에는 조합장의 권한을 대행한다.

② 위 **1.**의 ⑤의 ㉡에 따라 시장·군수등이 전문조합관리인을 선정한 경우 전문조합관리인이 업무를 대행할 임원은 당연 퇴임한다.

핵심 07 총회

1. 총회의 소집 ★

① 조합에는 조합원으로 구성되는 총회를 둔다.
② 총회는 조합장이 직권으로 소집하거나 '조합원' 5분의 1 이상(정관의 기재사항 중 조합임원의 권리·의무·보수·선임방법·변경 및 해임에 관한 사항을 변경하기 위한 총회의 경우는 10분의 1 이상으로 한다) 또는 '대의원' 3분의 2 이상의 '요구'로 조합장이 소집한다.
③ 위 ②에도 불구하고 조합임원의 사임, 해임 또는 임기만료 후 6개월 이상 조합임원이 선임되지 아니한 경우, 시장·군수등이 조합임원 선출을 위한 총회를 소집할 수 있다.
④ 총회를 소집하려는 자는 개최되기 7일 전까지 회의 목적 등을 조합원에게 통지할 의무가 있다.

2. 총회의 의결

① 다음의 사항은 총회의 의결을 거쳐야 한다.
  ㉠ 정관의 변경, 조합임원의 선임 및 해임, 정비사업비의 조합원별 분담내역 등
  ㉡ 사업시행계획서의 작성 및 변경, 관리처분계획의 수립 및 변경
② 총회의 의결은 이 법 또는 정관에 다른 규정이 없으면 조합원 과반수의 출석과 '출석 조합원' 과반수의 찬성으로 한다.
③ 위 ①의 ㉡의 경우에는 '조합원' 과반수의 찬성으로 의결한다.
④ 다만, 정비사업비가 100분의 10 이상 늘어나는 경우에는 '조합원' 3분의 2 이상의 찬성으로 의결하여야 한다.
⑤ 총회의 의결은 조합원의 100분의 10 이상이 '직접' 출석하여야 한다.
⑥ 다음의 총회의 경우는 조합원의 100분의 20 이상이 '직접' 출석하여야 한다.
  ㉠ 창립총회 및 시공사 선정 취소를 위한 총회
  ㉡ 사업시행계획서의 작성 및 변경을 위하여 개최하는 총회
  ㉢ 관리처분계획의 수립 및 변경을 위하여 개최하는 총회
  ㉣ 정비사업비의 '사용' 및 '변경'을 위하여 개최하는 총회
⑦ **집합금지 명령 등:** 전자적 방법으로 할 수 있다.

핵심 08 대의원회, 주민대표회의(주민대표기구), 토지등소유자 전체회의

1. 대의원회 및 주민대표회의

대의원회	주민대표회의
① 조합원의 수가 '100명 이상'인 조합은 대의원회를 두어야 한다. ② 대의원회는 조합원의 10분의 1 이상으로 하되, 조합원의 10분의 1이 100명을 넘는 경우에는 조합원의 10분의 1의 범위 안에서 100명 이상으로 구성할 수 있다. ③ 총회의 의결사항 중 '대통령령으로 정하는 사항'을 제외하고는 총회의 권한을 대행할 수 있다. ④ 조합장이 아닌 조합임원은 대의원이 될 수 없다.	① 토지등소유자가 시장·군수등이나 토지주택공사등의 사업시행을 원하는 경우 '정비구역 지정·고시 후'에 주민대표기구('주민대표회의')를 구성해야 한다. [예외[1]] ② 5명 이상 25명 이하로 구성한다. ③ 토지등소유자의 과반수의 동의를 받아 구성하고 '시장·군수등'의 승인을 받아야 한다. ④ '시장·군수등' → 운영경비의 일부를 지원할 수 있다.

1. 다만, 법 제26조(재개발사업·재건축사업의 공공시행자) 제4항(협약 등 체결)에 따라 협약등이 체결된 경우에는 '정비구역 지정·고시 이전'에 주민대표회의를 구성할 수 있다. 〈단서, 신설〉

2. 대의원회에서 총회의 권한을 대행할 수 없는 경우

① 정관의 변경, 정비사업전문관리업자의 선정 및 변경
② 조합임원의 선임 및 해임과 대의원의 선임 및 해임
③ 사업시행계획서의 작성 및 변경, 관리처분계획의 수립 및 변경에 관한 사항
④ 조합의 합병 또는 해산, 정비사업비의 변경에 관한 사항 등

3. 토지등소유자 전체회의

① '신탁업자를 사업시행자로 지정하는 것에 동의'하여 사업시행자로 지정된 '신탁업자'는 다음의 사항에 관하여 해당 정비사업의 토지등소유자(재건축사업의 경우에는 신탁업자를 사업시행자로 지정하는 것에 동의한 토지등소유자) 전원으로 구성되는 회의(이하 '토지등소유자 전체회의'라 한다)의 의결을 거쳐야 한다.
㉠ 시행규정의 확정 및 변경
㉡ 정비사업비의 사용 및 변경
㉢ 사업시행계획서의 작성 및 변경
㉣ 관리처분계획의 수립 및 변경 등

② 토지등소유자 전체회의는 사업시행자가 직권으로 '소집'하거나 '토지등소유자' 5분의 1 이상의 '요구'로 사업시행자가 소집한다.

4. 재건축사업에서의 매도 청구

① 재건축사업의 사업시행자는 사업시행계획인가고시일부터 30일 이내에 다음의 자에게 조합설립 또는 사업시행자의 지정에 관한 동의 여부를 회답할 것을 서면으로 촉구하여야 한다.
  ㉠ 조합설립에 동의하지 아니한 자
  ㉡ 시장·군수등, 토지주택공사등, 신탁업자의 사업시행자 지정에 동의하지 아니한 자
② 촉구를 받은 토지등소유자는 촉구를 받은 날부터 2개월 이내에 회답할 의무가 있다.
③ 위 ② 기간 내 회답(×) → 조합설립 등에 동의하지 아니하겠다는 뜻을 회답한 것으로 본다.
④ 위 ②의 기간이 지나면 사업시행자는 2개월 이내에 조합설립 또는 사업시행자 지정에 동의하지 아니하겠다는 뜻을 회답한 토지등소유자에게 매도할 것을 청구할 수 있다.
⑤ 위 ②의 기간이 지나면 사업시행자는 '건축물 또는 토지만 소유한 자'에게도 매도 청구를 할 수 있다.

5. 토지 등의 수용 또는 사용

사업시행자는 정비구역에서 정비사업(재건축사업의 경우에는 천재지변 등의 사유로 인한 사업으로 한정)을 시행하기 위하여 「공익사업을 위한 토지 등의 취득 및 보상에 관한 법률」에 따라 토지 등을 취득하거나 사용할 수 있다.

6. 지상권 등 계약의 해지

① 정비사업의 시행으로 지상권·전세권 또는 임차권의 '설정 목적을 달성할 수 없는 때'에는 그 권리자는 계약을 해지할 수 있다.
② 계약을 해지할 수 있는 자가 가지는 전세금·보증금, 그 밖의 계약상의 금전의 반환 청구권은 사업시행자에게 행사할 수 있다.
③ 금전의 반환청구권의 행사로 해당 금전을 지급한 사업시행자는 토지등소유자에게 구상할 수 있다.
④ 사업시행자는 '구상(×)' → 귀속 대지 등을 압류할 수 있으며, 압류한 권리는 저당권과 동일한 효력을 가진다.

⑤ 관리처분계획의 인가를 받은 경우 지상권·전세권설정계약 또는 임대차계약의 계약기간은 「민법」, 「주택임대차보호법」, 「상가건물 임대차보호법」의 해당 규정을 적용하지 아니한다.

7. 소유자의 확인이 곤란한 건축물 등에 대한 처분

사업시행자는 전국적으로 배포되는 둘 이상의 일간신문에 2회 이상 공고하고, 공고한 날부터 30일 이상이 지난 때에는 그 소유자의 해당 건축물 또는 토지의 감정평가액에 해당하는 금액을 법원에 공탁하고 정비사업을 시행할 수 있다.

핵심 09 관리처분계획 ★

1. 분양통지 및 분양공고

① 사업시행자는 사업시행계획인가의 고시가 있은 날(사업시행계획인가 이후 시공자를 선정한 경우에는 '시공자와 계약을 체결한 날')부터 90일('대통령령으로 정하는 경우'에는 1회에 한정하여 30일의 범위에서 연장할 수 있다) 이내에 분양대상자별 분담금의 추산액, 분양신청기간 등의 사항을 토지등소유자에게 통지하고, 분양의 대상이 되는 대지 또는 건축물의 내역 등을 해당 지역에서 발간되는 일간신문에 공고하여야 한다. 다만, 토지등소유자 1인이 시행하는 재개발사업의 경우에는 그러하지 아니하다. 〈개정 2025.5.1.〉

② 이 경우 분양신청기간은 그 통지한 날부터 30일 이상 60일 이내로 하여야 한다. 다만, 사업시행자는 분양신청기간을 20일의 범위에서 한 차례만 연장할 수 있다.

2. 분양신청을 하지 아니한 자 등에 대한 조치

① 사업시행자는 '관리처분계획이 인가·고시된 다음 날'부터 90일 이내에 다음의 자와 손실보상에 관한 협의를 하여야 한다. 다만, 사업시행자는 '분양신청기간 종료일의 다음 날'부터 협의를 시작할 수 있다.

㉠ 분양신청을 하지 아니한 자

㉡ 분양신청기간 종료 이전에 분양신청을 철회한 자

㉢ 분양신청을 할 수 없는 자

㉣ 인가된 관리처분계획에 따라 분양대상에서 제외된 자

② 사업시행자는 위 ①에 따른 협의가 성립되지 아니하면 '그 기간의 만료일 다음 날'부터 60일 이내에 수용재결을 신청하거나 매도청구소송을 제기하여야 한다.

3. 관리처분계획의 수립기준

① 대지, 건축물이 균형 있게 분양신청자에게 배분되고 합리적으로 이용되도록 한다.
② 너무 좁은 토지 또는 건축물을 취득한 자나 정비구역 지정 후 분할된 토지 또는 집합건물의 구분소유권을 취득한 자에게는 현금으로 청산할 수 있다.
③ '분양설계에 관한 계획'은 '분양신청기간이 만료하는 날'을 기준으로 수립한다.
④ 1세대나 1명이 하나 이상의 주택, 토지를 소유한 경우 1주택을 공급하고, 같은 세대에 속하지 아니하는 2명 이상이 1주택 또는 1토지를 공유한 경우는 1주택만 공급한다.
⑤ 위 ④에도 불구하고 다음의 토지등소유자에게는 소유한 주택 수만큼 공급할 수 있다.
  ㉠ '과밀억제권역에 위치하지 아니한' 재건축사업의 토지등소유자. 다만, 투기과열지구 또는 조정대상지역에서 최초 사업시행계획인가를 신청하는 토지등소유자는 제외한다.
  ㉡ 과밀억제권역에 위치한 재건축사업의 경우에는 토지등소유자가 '소유한 주택 수의 범위'에서 3주택까지 공급할 수 있다. 다만, 투기과열지구 또는 조정대상지역에서 최초 사업시행계획인가를 신청하는 재건축사업의 경우에는 그러하지 아니하다.

4. 주택 등 건축물을 분양받을 권리의 산정 기준일

① 정비사업을 통하여 분양받을 건축물이 다음에 해당하는 경우에는 '정비구역지정고시가 있은 날' 또는 '시·도지사가 투기 억제를 위하여 따로 정하는 날'(이하 '기준일'이라 한다)의 다음 날을 기준으로 건축물을 분양받을 권리를 산정한다.
  ㉠ 1필지의 토지가 '여러 개의 필지'로 분할되는 경우
  ㉡ 「집합건물의 소유 및 관리에 관한 법률」에 따른 집합건물이 아닌 건축물이 집합건물로 전환되는 경우
  ㉢ 동일인 소유의 토지와 건축물을 각각 분리하여 소유하는 경우
  ㉣ 나대지에 '건축물을 새로 건축'하거나 '기존 건축물을 철거하고 다세대주택, 그 밖의 공동주택을 건축'하여 토지등소유자의 수가 증가하는 경우
  ㉤ 「집합건물의 소유 및 관리에 관한 법률」 제2조 제3호에 따른 전유부분의 분할로 토지등소유자의 수가 증가하는 경우
② 시·도지사는 위 ①에 따라 기준일을 따로 정하는 경우에는 기준일 등을 공보에 고시하여야 한다.

5. 기준일

도시 및 주거환경정비법	도시재정비 촉진을 위한 특별법
① '정비구역' 지정 고시일 ② 시·도지사가 따로 정하는 날	① '재정비촉진지구' 지정 고시일 ② 시·도지사, 대도시 시장이 투기 억제를 위해 따로 정하는 날

6. 지분형주택 ★

➲ 체계도 핵심 85 참고

① 정비사업의 사업시행자(토지주택공사등이 사업시행자인 경우로 한정)는 분양대상자와 사업시행자가 공동소유하는 방식으로 주택(이하 '지분형주택'이라 한다)을 공급할 수 있다.
② '지분형주택'의 규모, 공동 소유기간 및 분양대상자는 다음과 같다.
  ㉠ 지분형주택의 규모는 주거전용면적 60제곱미터 이하인 주택으로 한정한다.
  ㉡ 지분형주택의 공동 소유기간은 '소유권을 취득한 날'부터 10년의 범위에서 사업시행자가 정하는 기간으로 한다.
  ㉢ 지분형주택의 분양대상자는 다음의 요건을 모두 충족하는 자로 한다.
    ⓐ '종전에 소유하였던 토지 또는 건축물의 가격'이 '주택의 분양가격' 이하에 해당하는 사람
    ⓑ 세대주로서 해당 정비구역에 2년 이상 실제로 거주한 사람
    ⓒ 정비사업 시행으로 철거되는 주택 외에 '다른 주택을 소유하지 아니한 사람'

7. 청산금 등

① '종전 가격'과 '분양받은 가격' 사이에 차이가 있는 경우, 사업시행자는 '소유권이전고시가 있은 후'에 '청산금'을 분양받은 자로부터 징수하거나 지급하여야 한다.
② 청산금은 소유권이전의 고시일 다음 날부터 5년간 행사하지 아니하면 소멸한다.

8. 저당권의 물상대위

정비사업을 시행하는 지역 안에 있는 토지나 건축물에 저당권을 설정한 권리자는 저당권이 설정된 토지 또는 건축물의 소유자가 지급받을 청산금에 대해 청산금을 지급하기 전에 압류절차를 거쳐 저당권을 행사할 수 있다.

9. 정비사업전문관리업의 등록

> ① 정비사업 시행을 위해 필요한 추진위원회 또는 사업시행자로부터 위탁받거나 이와 관련한 자문을 하고자 하는 자는 시·도지사에게 등록 또는 변경등록하여야 한다.
> ② 한국토지주택공사 또는 한국부동산원은 등록 의무가 없다.

10. 비용부담의 원칙

> 정비사업비는 이 법 또는 다른 법령에 특별한 규정이 있는 경우를 제외하고는 사업시행자가 부담한다.

11. 임대주택 및 주택규모별 건설비율

> 정비계획의 입안권자는 주택수급의 안정과 저소득 주민의 입주기회 확대를 위하여 다음의 범위에서 임대주택 및 주택규모별 건설비율 등을 정비계획에 반영하여야 한다.
> ① 국민주택규모 주택이 전체 세대수의 100분의 90 이하에서 대통령령으로 정하는 범위
> ② 임대주택이 전체 세대수 등의 100분의 30 이하에서 대통령령으로 정하는 범위

핵심 10 재건축사업을 위한 재건축진단

1. 재건축사업을 위한 재건축진단 〈개정, 시행일: 2025.6.4.〉

> ① 시장·군수등은 정비예정구역별 정비계획의 수립시기가 도래한 때부터 사업시행계획인가 전까지 '재건축진단'을 실시하여야 한다. 〈개정〉
> ② 시장·군수등은 위 ①에도 불구하고 다음 어느 하나에 해당하는 경우에는 재건축진단을 실시하여야 한다. 이 경우 시장·군수등은 재건축진단에 드는 비용을 해당 재건축진단의 실시를 요청하는 자에게 부담하게 할 수 있다. 〈개정〉
> ㉠ 정비계획 입안을 요청하려는 자가 입안을 요청하기 전에 해당 정비예정구역 또는 사업예정구역에 위치한 건축물 및 그 부속토지의 소유자 10분의 1 이상의 '동의'를 받아 재건축진단의 실시를 요청하는 경우
> ㉡ 정비계획 입안을 제안하려는 자가 입안을 제안하기 전에 해당 정비예정구역에 위치한 건축물 및 그 부속토지의 소유자 10분의 1 이상의 '동의'를 받아 재건축진단의 실시를 요청하는 경우

㉢ '정비예정구역을 지정하지 아니한 지역'에서 재건축사업을 하려는 자가 사업예정구역에 있는 건축물 및 그 부속토지의 소유자 10분의 1 이상의 동의를 받아 재건축진단의 실시를 요청하는 경우
㉣ '법 제2조 제3호(노후·불량건축물) 나목에 해당하는 건축물'의 소유자로서 재건축사업을 시행하려는 자가 '해당 사업예정구역'에 위치한 건축물 및 그 부속토지의 소유자 10분의 1 이상의 동의를 받아 재건축진단의 실시를 요청하는 경우
㉤ 정비계획을 입안하여 주민에게 공람한 지역 또는 정비구역으로 지정된 지역에서 재건축사업을 시행하려는 자가 해당 구역에 위치한 건축물 및 그 부속토지의 소유자 10분의 1 이상의 동의를 받아 재건축진단의 실시를 요청하는 경우
㉥ 시장·군수등의 승인을 받은 조합설립추진위원회(이하 '추진위원회'라 한다) 또는 사업시행자가 재건축진단의 실시를 요청하는 경우

③ 위 ①에 따른 재건축사업의 재건축진단은 주택단지(연접한 단지를 포함한다)의 건축물을 대상으로 한다. 다만, 대통령령으로 정하는 주택단지의 건축물인 경우에는 재건축진단 대상에서 제외할 수 있다. 〈개정〉
④ 시장·군수등은 대통령령으로 정하는 재건축진단기관에 의뢰하여 주거환경 적합성, 해당 건축물의 구조안전성, 건축마감, 설비노후도 등에 관한 재건축진단을 실시하여야 한다. 〈개정〉
⑤ 재건축진단을 의뢰받은 재건축진단기관은 국토교통부장관이 정하여 고시하는 기준(건축물의 내진성능 확보를 위한 비용을 포함한다)에 따라 재건축진단을 실시하여야 하며, '국토교통부령으로 정하는 방법 및 절차'에 따라 재건축진단 결과보고서를 작성하여 시장·군수등 및 위 ②에 따라 재건축진단의 실시를 요청한 자에게 제출하여야 한다. 〈개정〉
⑥ 시장·군수등은 재건축진단 결과와 도시계획 및 지역여건 등을 종합적으로 검토하여 사업시행계획인가 여부(시기 조정을 포함한다)를 결정해야 한다. 〈개정〉

2. 재건축진단 결과의 적정성 검토 〈개정, 시행일: 2025.6.4.〉

① 시장·군수등(특별자치시장 및 특별자치도지사는 제외한다)은 재건축진단 결과보고서를 제출받은 경우에는 지체 없이 특별시장·광역시장·도지사에게 결정내용과 해당 재건축진단 결과보고서를 '제출'하여야 한다.
② '시·도지사'는 필요한 경우 국토안전관리원 또는 한국건설기술연구원에 재건축진단 결과의 적정성에 대한 검토를 의뢰할 수 있다.
③ 국토교통부장관은 시·도지사에게 재건축진단 결과보고서의 제출을 요청할 수 있으며, 필요한 경우 시·도지사에게 재건축진단 결과의 적정성에 대한 검토를 요청할 수 있다.
④ 특별시장·광역시장·도지사는 위 ② 및 ③에 따른 검토결과에 따라 필요한 경우 시장·군수등에게 재건축진단에 대한 시정요구 등 대통령령으로 정하는 조치를 요청할 수 있으며, 시장·군수등은 특별한 사유가 없으면 그 요청에 따라야 한다.

PART 7

도시재정비 촉진을 위한 특별법

▶ **연계학습** | 에듀윌 기본서 2차 [주택관리관계법규 下] p.132

회독체크 1 2 3

핵심 01 용어의 정의

1. 재정비촉진지구의 유형 ★

① **주거지형**: 노후·불량 주택과 건축물이 밀집한 지역으로서 주로 주거환경의 개선과 기반시설의 정비가 필요한 지구
② **중심지형**: 상업지역, 공업지역 등으로서 토지의 효율적 이용과 도심 또는 부도심 등의 도시기능의 회복이 필요한 지구
③ **고밀복합형**: 주요 역세권, 간선도로 교차지 등 양호한 기반시설을 갖추고 있어 대중교통 이용이 용이한 지역으로서 도심 내 소형 주택의 공급확대, 토지의 고도이용과 건축물의 복합개발이 필요한 지구

2. 재정비촉진사업 ★

[절차 ➔ 체계도 핵심 86 참고]

① 「도시 및 주거환경정비법」에 따른 주거환경개선사업, 재개발사업 및 재건축사업, 「빈집 및 소규모주택 정비에 관한 특례법」에 따른 가로주택정비사업, 소규모재건축사업 및 소규모재개발사업
② 「도시개발법」에 따른 도시개발사업
③ 「도시재생 활성화 및 지원에 관한 특별법」에 따른 주거재생혁신지구의 혁신지구재생사업
④ 「공공주택 특별법」에 따른 도심 공공주택 복합사업
⑤ 「전통시장 및 상점가 육성을 위한 특별법」에 따른 시장정비사업
⑥ 「국토의 계획 및 이용에 관한 법률」에 따른 도시·군계획시설사업

3. 존치지역 및 우선사업구역 ★

① 존치지역
  ㉠ **존치정비구역**: 재정비촉진구역의 지정 요건에는 해당하지 아니하나 시간의 경과 등 여건의 변화에 따라 재정비촉진사업 요건에 해당할 수 있거나 재정비촉진사업의 필요성이 높아질 수 있는 구역
  ㉡ **존치관리구역**: 재정비촉진구역의 지정 요건에 해당하지 아니하거나 기존의 시가지로 유지·관리할 필요가 있는 구역
② 우선사업구역: 재정비촉진구역 중 재정비촉진사업 활성화, 소형 주택 공급 확대, 주민 이주대책 지원 등을 위해 다른 구역에 우선하여 개발하는 구역으로서 재정비촉진계획으로 결정되는 구역

핵심 02 재정비촉진지구의 지정

1. '특별시장·광역시장·도지사'의 재정비촉진지구 지정

① 시장·군수·자치구의 구청장은 특별시장·광역시장·도지사에게 재정비촉진지구의 지정을 '신청'할 수 있다.
② '대도시'와 '다른 시·군·구'에 걸쳐서 재정비촉진지구를 지정하는 경우에는 그 '대도시 시장'은 도지사에게 재정비촉진지구의 지정을 '신청'할 수 있다.
③ 특별시장·광역시장·도지사는 신청이 없더라도 해당 시장·군수·구청장과의 협의를 거쳐 '직접' 재정비촉진지구를 지정할 수 있다.

2. '직접' 재정비촉진지구 지정을 하는 경우

① 특별자치시장
② 특별자치도지사
③ 대도시 시장. 다만, 재정비촉진사업이 필요하다고 인정되는 지역이 그 관할 지역에 있고 다른 시·군·구에 걸쳐 있지 아니하는 경우에 한정한다.

PART 7

핵심 03 재정비촉진지구

1. 재정비촉진지구 지정의 요건

① 시·도지사 또는 대도시 시장은 재정비촉진지구를 지정·변경하려는 경우, '도시·군기본계획'과 '도시·주거환경정비기본계획'을 고려하여야 한다.
② 재정비촉진지구의 면적은 10만 제곱미터 이상으로 한다. 다만, 고밀복합형 재정비촉진지구를 지정하는 경우에는 주요 역세권 또는 간선도로 교차지 등으로부터 일정 반경 이내 등 대통령령으로 정하는 지정범위에서 지정하여야 한다. 〈개정〉
③ 재정비촉진지구는 2개 이상의 재정비촉진사업을 포함하여 지정하여야 한다. 〈개정〉

2. 재정비촉진지구의 범죄 예방

① 특별자치시장, 특별자치도지사, 시장·군수·구청장은 '재정비촉진계획이 결정·고시된 때'에는 그 사실을 관할 경찰서장에게 통보하여야 한다.
② 주민 안전 등을 위해 다음 사항을 시·도경찰청장 또는 경찰서장에게 요청할 수 있다.
㉠ 순찰 강화
㉡ 순찰초소의 설치 등 범죄예방을 위하여 필요한 시설의 설치 및 관리 등

핵심 04 재정비촉진계획

1. 재정비촉진계획의 '수립' ★

① 시장·군수·구청장은 재정비촉진계획을 수립하여 특별시장·광역시장·도지사에게 결정을 신청하여야 한다.
② 재정비촉진지구가 둘 이상의 시·군·구의 관할 지역에 걸쳐 있는 경우에는 관할 시장·군수·구청장이 공동으로 이를 수립한다.
③ 한국토지주택공사 또는 지방공사는 재정비촉진사업을 효율적으로 추진하기 위하여 재정비촉진계획을 '마련'한 후 토지등소유자 과반수의 동의를 받아 재정비촉진계획 수립권자에게 재정비촉진계획의 수립(변경하는 경우를 포함한다)을 제안할 수 있다. 〈신설〉

2. 특별시장·광역시장·도지사가 '직접' 재정비촉진계획을 수립하는 경우

① 위 1.의 ②에도 불구하고 시·군·구 간의 협의가 어려운 경우
② 특별시장·광역시장·도지사가 '직접' 재정비촉진지구를 지정한 경우

3. 특별자치시장, 특별자치도지사, 대도시 시장이 '직접' 수립하는 경우

특별자치시장, 특별자치도지사 또는 대도시 시장이 '직접' 재정비촉진지구를 지정한 경우

4. '재정비촉진계획 결정'의 효력

재정비촉진계획이 결정·고시되었을 때에는 그 고시일에 다음의 승인·결정 등이 있은 것으로 본다.

① 도시·주거환경정비기본계획의 수립 또는 변경, 정비구역의 지정 또는 변경 및 정비계획의 수립 또는 변경
② 도시개발구역의 지정 및 개발계획의 수립 또는 변경
③ 도시·군관리계획의 결정 또는 변경 및 도시·군계획시설사업의 시행자 지정
④ 「도시재생 활성화 및 지원에 관한 특별법」에 따른 주거재생혁신지구의 지정 또는 변경 및 주거혁신지구계획의 확정·승인 또는 변경
⑤ 「공공주택 특별법」에 따른 도심 공공주택 복합지구의 지정 또는 변경

5. 총괄계획가 및 총괄사업관리자

① 시·도지사, 대도시 시장은 재정비촉진계획 수립의 모든 과정을 총괄 진행·조정하게 하기 위하여 도시계획·도시설계·건축 등 분야의 전문가를 총괄계획가로 위촉할 수 있다.
② '재정비촉진계획 수립권자'는 사업을 효율적으로 추진하기 위하여 재정비촉진계획 수립단계에서부터 '한국토지주택공사' 또는 '지방공사'를 '총괄사업관리자'로 지정할 수 있다.
③ 다만, 특별시장·광역시장 또는 도지사가 총괄사업관리자를 지정하는 경우에는 관할 시장·군수·구청장과 협의하여야 한다.

6. 사업시행자

① 재정비촉진사업은 법 제2조 제2호 각 목의 관계 법령에 따른 사업시행자가 시행한다. 다만, 법 제2조 제2호 가목에 따른 사업(정비사업)은 「도시 및 주거환경정비법」에도 불구하고 토지등소유자의 과반수가 동의한 경우에는 특별자치시장, 특별자치도지사, 시장·군수·구청장이 재정비촉진사업을 직접 시행하거나 한국토지주택공사 또는 지방공사를 사업시행자로 지정할 수 있다.
② 우선사업구역의 재정비촉진사업은 관계 법령에도 불구하고 토지등소유자의 과반수의 동의를 받아 특별자치시장, 특별자치도지사, 시장·군수·구청장이 직접 시행하거나 총괄사업관리자를 사업시행자로 지정하여 시행하도록 하여야 한다.
③ 위 ① 및 ②에 따라 사업시행자를 지정한 경우 국가는 주택도시기금에서 사업시행에 필요한 자금을 융자할 수 있다. 〈신설〉

핵심 05 재정비촉진사업의 시행

1. 사업시행의 촉진

재정비촉진계획 결정·고시일부터 2년 이내에 '조합설립인가'를 신청하지 아니하거나, 3년 이내에 '사업시행(계획)인가'를 신청하지 아니한 경우에는 특별자치시장, 특별자치도지사, 시장·군수·구청장이 그 사업을 직접 시행하거나 총괄사업관리자를 사업시행자로 우선하여 지정할 수 있다.

[비교]
재정비촉진지구 지정을 고시한 날부터 2년이 되는 날까지 재정비촉진계획이 결정되지 아니하면 그 2년이 되는 날의 다음 날에 재정비촉진지구 지정의 효력이 상실된다. 다만, 시·도지사 또는 대도시 시장은 해당 기간을 1년의 범위에서 연장할 수 있다.

2. 사업협의회의 구성

① '특별시장·광역시장·도지사가 직접 재정비촉진계획을 수립하는 경우'는 재정비촉진계획이 결정될 때까지 특별시장·광역시장·도지사가 사업협의회를 구성·운영할 수 있다.
② 사업협의회는 20인 이내(재정비촉진구역이 10곳 이상인 경우에는 30인 이내)의 위원으로 구성하되, 총괄계획가와 총괄사업관리자는 사업협의회의 위원이 되며, 그 외의 위원은 재정비촉진계획 수립권자가 자격자 중에서 임명하거나 위촉한다.
③ 재정비촉진계획 수립권자는 다음의 경우에 사업협의회를 개최한다.
　㉠ 사업협의회 위원의 2분의 1 이상이 요청하는 경우
　㉡ 재정비촉진계획 수립권자가 필요하다고 판단하는 경우

3. 주택의 규모별 건설비율

① 주거전용면적 '85제곱미터 이하인 주택'의 건설비율은 다음과 같다.
　㉠ '주거환경개선사업'의 경우: 전체 세대수 중 80퍼센트 이상
　㉡ '재개발사업'의 경우: 전체 세대수 중 60퍼센트 이상. 다만, '국토교통부장관이 고시하는 비율'이 이보다 낮은 경우에는 그 고시하는 비율에 따른다.
② 주택수급의 안정과 저소득 주민의 입주기회를 확대하기 위하여 필요한 경우에는 위 ①에서 정한 범위 안에서 '85제곱미터보다 작은 규모 이하의 주택의 건설비율'을 시·도 또는 대도시의 조례로 따로 정할 수 있다.

4. 임대주택의 건설

① 사업시행자는 세입자의 주거안정과 개발이익의 조정을 위하여 해당 재정비촉진사업으로 증가되는 용적률의 75퍼센트 범위에서 '다음의 비율'을 임대주택 및 분양주택(이하 '임대주택등'이라 한다)으로 공급하여야 한다.

㉠ **재개발사업**: 증가되는 용적률의 20퍼센트 이상 50퍼센트 이하의 범위, 시·도 또는 대도시의 조례(다만, '과밀억제권역 외'의 지역은 50퍼센트 이하의 범위, 시·도 또는 대도시의 조례)

㉡ **재건축사업**: 증가되는 용적률의 10퍼센트 이상 30퍼센트 이하의 범위, 시·도 또는 대도시의 조례(다만, '과밀억제권역 외'의 지역은 30퍼센트 이하의 범위, 시·도 또는 대도시의 조례)

② 위 ①을 적용할 때 재정비촉진계획에 따른 용적률이 「국토의 계획 및 이용에 관한 법률」 제78조에 따른 용적률의 최대한도의 100퍼센트 초과 120퍼센트 이하인 경우에는 '분양주택'을 '임대주택등'의 50퍼센트 이상의 범위에서 공급하되, 시·도 또는 대도시의 조례로 30퍼센트포인트 범위에서 증감할 수 있다. 〈신설〉

③ 위 ①에 따라 건설되는 임대주택등 중 주거전용면적이 '85제곱미터를 초과하는 주택의 비율'은 50퍼센트 이하의 범위에서 '대통령령'(50퍼센트 이하의 범위 안에서 시·도 또는 대도시의 조례로 정하는 비율)으로 정한다.

④ 해당 주택의 공급가격은 다음의 구분에 따른다. 〈신설〉

㉠ **임대주택**: 임대주택의 '건설에 투입되는 건축비'를 기준으로 국토교통부장관이 고시하는 금액으로 하고, 그 부속토지는 인수자에게 기부채납한 것으로 본다.

㉡ **분양주택**: 분양주택의 '건설에 투입되는 건축비'를 기준으로 국토교통부장관이 고시하는 금액으로 하고, 그 부속토지의 가격은 감정평가액의 100분의 50 이상의 범위에서 대통령령으로 정한다.

5. 분양주택의 유형 및 분양 방법 등 〈신설〉

① 법령에 따라 분양주택을 우선 인수받거나 공급받은 자는 그 분양주택을 「공공주택 특별법」 제48조에 따라 다음의 어느 하나에 해당하는 주택으로 분양할 수 있다.

㉠ 「공공주택 특별법」에 따른 지분적립형 분양주택

㉡ 「공공주택 특별법」에 따른 이익공유형 분양주택

㉢ 「주택법」에 따른 토지임대부 분양주택(사업주체가 공공주택 특별법 제4조에 따른 '공공주택사업자'에 해당하는 경우로 한정한다)

② 법령에 따른 부속토지의 가격은 감정평가액의 100분의 50에 해당하는 가격으로 한다.

PART 7

6. 기반시설 설치비용의 지원 및 「국유재산법」 등에 관한 특례

① 국가 또는 시·도지사는 다음에 해당하는 경우에는 시·도지사 또는 시장·군수·구청장에게 기반시설의 설치에 드는 비용의 전부 또는 일부를 지원할 수 있다. 다만, ㉡ 또는 ㉢에 해당하는 경우 국가는 대통령령으로 정하는 기반시설의 설치에 드는 비용의 100분의 10 이상 100분의 70 이하의 범위에서 '대통령령으로 정하는 금액의 한도'에서 지원하여야 한다. 〈개정〉

- ㉠ 국가 또는 시·도의 계획과 관련이 있는 경우
- ㉡ 국가 또는 지방자치단체가 도시영세민을 집단 이주시켜 형성된 낙후지역 등 대통령령으로 정하는 지역으로서 기반시설이 열악하여 사업시행자의 부담만으로는 기반시설을 확보하기 어려운 경우
- ㉢ 재정비촉진지구를 관할하는 기초자치단체의 재정자립도 등을 고려하여 대통령령으로 정하는 경우
- ㉣ 그 밖에 대통령령으로 정하는 경우

② 국가와 지방자치단체는 「국유재산법」 등의 법률에도 불구하고 수의계약을 통하여 사업시행자에게 '국유재산' 또는 '공유재산'을 임대하거나 매각할 수 있다. 이 경우 임대기간은 50년 이내로 할 수 있다. 〈신설〉

③ 국가와 지방자치단체는 위 ②에 따라 임대한 국유재산 또는 공유재산에 영구시설물을 축조하게 할 수 있다. 이 경우 해당 영구시설물의 소유권은 국가, 지방자치단체 등과 사업시행자 간에 '별도의 합의'가 없으면 그 국유재산 또는 공유재산을 반환할 때까지 사업시행자에게 귀속된다. 〈신설〉

PART

8 시설물의 안전 및 유지관리에 관한 특별법

▶ **연계학습** | 에듀윌 기본서 2차 [주택관리관계법규 下] p.168

회독체크 1 2 3

핵심 01 용어의 정의 ★

① **'시설물'**이란 건설공사를 통하여 만들어진 교량·터널·항만·댐·건축물 등 구조물과 그 부대시설로서 제1종 시설물, 제2종 시설물 및 제3종 시설물을 말한다.

② **'관리주체'**란 '관계 법령에 따라 해당 시설물의 관리자로 규정된 자'나 '해당 시설물의 소유자'를 말한다. 이 경우 '해당 시설물의 소유자와의 관리계약 등에 따라 시설물의 관리책임을 진 자'는 관리주체로 보며, 관리주체는 공공관리주체와 민간관리주체로 구분한다.

③ **'안전점검'**이란 경험과 기술을 갖춘 자가 육안이나 점검기구 등으로 검사하여 시설물에 내재(內在)되어 있는 **위험요인을 조사하는 행위**를 말하며, **정기안전점검** 및 **정밀안전점검**으로 구분한다.

㉠ **정기안전점검**: 시설물의 상태를 판단하고 '시설물이 점검 당시의 사용요건을 만족시키고 있는지 확인할 수 있는 수준'의 **외관조사**를 실시하는 안전점검

㉡ **정밀안전점검**: 시설물의 상태를 판단하고 시설물이 점검 당시의 사용요건을 만족시키고 있는지 확인하며 '시설물 주요부재의 상태를 확인할 수 있는 수준'의 **외관조사** 및 측정·시험장비를 이용한 조사를 실시하는 안전점검

④ **'정밀안전진단'**이란 시설물의 물리적·기능적 결함을 발견하고 그에 대한 신속하고 적절한 조치를 하기 위하여 구조적 안전성과 결함의 원인 등을 조사·측정·평가하여 **보수·보강 등의 방법을 제시하는 행위**를 말한다.

⑤ **'긴급안전점검'**이란 시설물의 **붕괴·전도 등으로 인한 재난 또는 재해가 발생할 우려가 있는 경우**에 시설물의 **물리적·기능적 결함을 신속하게 발견**하기 위하여 실시하는 점검을 말한다.

⑥ **'내진성능평가'**란 지진으로부터 시설물의 안전성을 확보하고 기능을 유지하기 위하여 「지진·화산재해대책법」 제14조 제1항에 따라 시설물별로 정하는 **내진설계기준**에 따라 '시설물이 지진에 견딜 수 있는 능력을 평가하는 것'을 말한다.

⑦ **'유지관리'**란 완공된 시설물의 기능을 보전하고 시설물 이용자의 편의와 안전을 높이기 위하여 시설물을 일상적으로 점검·정비하고 손상된 부분을 원상복구하며, 경과시간에 따라 요구되는 시설물의 **개량·보수·보강에 필요한 활동**을 하는 것을 말한다.

⑧ **'성능평가'**란 시설물의 기능을 유지하기 위하여 요구되는 시설물의 구조적 안전성, 내구성, 사용성 등의 성능을 **종합적으로 평가**하는 것을 말한다.

⑨ '하자담보책임기간'이란 「건설산업기본법」과 「공동주택관리법」 등 관계 법령에 따른 하자담보책임기간 또는 하자보수기간 등을 말한다.

핵심 02 시설물 ★

1. 제1종 시설물

① 21층 이상 또는 연면적 5만 제곱미터 이상의 건축물
② 고속철도 교량, 연장 500미터 이상의 도로 및 철도 교량 등

2. 제2종 시설물

① 16층 이상 또는 연면적 3만 제곱미터 이상의 건축물
② 연장 100미터 이상의 도로 및 철도 교량 등

3. 제3종 시설물

① '제1종 시설물 및 제2종 시설물 외'에 안전관리가 필요한 소규모 시설물로서 법 제8조에 따라 지정·고시된 시설물
② 제3종 시설물이 될 수 있는 공동주택은 준공 후 15년이 경과된 공동주택으로서 다음의 공동주택을 말한다.
　㉠ 5층 이상 15층 이하인 아파트
　㉡ 연면적이 660제곱미터를 초과하고 4층 이하인 연립주택
　㉢ 연면적 660제곱미터 초과인 기숙사

4. 제1종 시설물 및 제2종 시설물의 범위(건축물)

구분	제1종 시설물	제2종 시설물
공동주택	–	16층 이상의 공동주택
공동주택 외의 건축물	① 21층 이상 또는 연면적 5만 제곱미터 이상의 건축물 ② 연면적 3만 제곱미터 이상의 '철도역시설' 및 '관람장'	① 제1종 아닌 16층 이상 또는 연면적 3만 제곱미터 이상의 건축물 ② 제1종 아닌 철도역시설로서 고속철도, 도시철도 및 광역철도역시설

	③ 연면적 1만 제곱미터 이상의 지하도상가	③ 연면적 5천 제곱미터 이상의 문화 및 집회시설, 종교시설, 판매시설, 운수시설 중 여객용시설, 의료시설, 노유자시설, 수련시설, 운동시설, 숙박시설 중 관광숙박시설 및 관광 휴게시설 ④ 제1종 아닌 연면적 5천 제곱미터 이상의 지하도상가

5. 제3종 시설물의 지정·해제 등

① 중앙행정기관의 장 또는 지방자치단체의 장은 다중이용시설 등 재난이 발생할 위험이 높거나 재난을 예방하기 위하여 계속적으로 관리할 필요가 있다고 인정되는 제1종 시설물 및 제2종 시설물 외의 시설물을 제3종 시설물로 지정·고시하여야 한다.

② 제1종 시설물 및 제2종 시설물 외의 시설물의 관리주체는 다음의 자에게 해당 시설물을 제3종 시설물로 지정해 줄 것을 요청할 수 있다.

- ㉠ 시설물의 관리주체가 '공공관리주체'인 경우: 다음의 구분에 따른 자
  - ⓐ 중앙행정기관의 소속 기관이거나 감독을 받는 기관인 공공관리주체: 소속 중앙행정기관의 장
  - ⓑ 위 ⓐ 외의 공공관리주체: 시·도지사
- ㉡ 시설물의 관리주체가 '민간관리주체'인 경우: 관할 시장·군수·구청장

PART 8

핵심 03 '기본계획' 및 '시설물관리계획'

1. 시설물의 안전 및 유지관리 기본계획의 수립·시행

국토교통부장관, 5년마다 시설물의 안전 및 유지관리에 관한 기본계획(기본계획) 수립·시행 의무

2. 시설물의 안전 및 유지관리계획의 수립·시행

① 관리주체는 시설물 안전 및 유지관리계획('시설물관리계획')을 매년 수립·시행 의무

② 다만, '제3종 시설물' 중 '다음의 시설물의 경우'에는 특별자치시장·특별자치도지사·시장·군수 또는 자치구의 구청장(이하 '시장·군수·구청장'이라 한다)이 수립하여야 한다.

- ㉠ '의무관리대상 공동주택이 아닌 공동주택'
- ㉡ 「건축법」 제2조 제2항 제11호에 따른 노유자시설 등

③ 앞의 ①에도 불구하고 「공동주택관리법」에 따른 공동주택의 경우에 '시설물의 적정한 안전과 유지관리를 위한 조직·인원 및 장비의 확보에 관한 사항' 및 '긴급상황 발생 시 조치체계에 관한 사항'에 대해서는 공동주택단지에 소재하는 공동주택 전체를 대상으로 수립할 수 있다.

④ 앞의 ②에 따라 시장·군수·구청장이 시설물관리계획을 수립하는 경우에는 이를 해당 관리주체에게 통보하여야 한다.

3. 보고, 제출 및 보완

① 보고 의무: 공공관리주체는 시설물관리계획을 수립한 경우 다음에 해당하는 관계 행정기관의 장에게 보고하여야 한다.
   ㉠ 공공관리주체가 중앙행정기관의 소속 기관이거나 감독을 받는 기관: 소속 중앙행정기관의 장
   ㉡ 위 ㉠ 외의 공공관리주체: 시·도지사

② 민간관리주체는 시설물관리계획을 수립한 경우 시장·군수·구청장에게 제출하여야 한다.

③ 시장·군수·구청장 → 시·도지사에게 보고 → 국토교통부장관에게 자료 제출 의무

4. '기본계획' 정리표 ★

도시정비법	'특별시장·광역시장·특별자치시장·특별자치도지사' 또는 '시장'은 10년 단위로 '도시·주거환경정비기본계획'을 수립하여야 한다(5년마다 타당성 검토).
시설물안전법	국토교통부장관은 5년마다 '시설물의 안전 및 유지관리에 관한 기본계획'을 수립·시행하여야 한다.
전기사업법	① 산업통상자원부장관은 2년 단위로 전력수급기본계획을 수립하여야 한다. ② 산업통상자원부장관은 3년 단위로 전력산업기반조성계획을 수립하여야 한다.
화재예방법	① 소방청장은 화재의 예방 및 안전관리에 관한 기본계획(이하 '기본계획'이라 한다)을 5년마다 수립·시행하여야 한다. ② 소방청장은 소방안전 특별관리기본계획(이하 '특별관리기본계획'이라 한다)을 5년마다 수립하여 시·도에 통보해야 한다.
승강기법 〈신설〉	① 행정안전부장관은 '5년마다' 승강기 안전관리의 기본목표 및 추진방향 등의 사항이 포함된 승강기 안전관리 기본계획(이하 '기본계획'이라 한다)을 수립·시행하여야 한다. ② 행정안전부장관은 5년마다 승강기안전위원회의 심의를 거쳐 '기본계획'을 '그 5년이 시작되는 해'의 전년도 6월 30일까지 수립해야 하고, '기본계획을 수립한 날'부터 10일 이내에 '시·도지사'에게 통보해야 한다.

③ 시·도지사는 '기본계획'을 반영하여 관할구역의 실정에 맞게 '지역 승강기 안전관리 시행계획'(이하 '시행계획')을 수립하고 시행하여야 한다.
④ 시·도지사는 '매년' 11월 30일까지 위 ③의 '시행계획'을 수립해야 하고, 시행계획을 수립한 날부터 10일 이내 행정안전부장관에게 제출해야 한다.

핵심 04 설계도서 ★

1. 설계도서 등의 제출 등

① 제1종 시설물 및 제2종 시설물을 건설·공급하는 '사업주체'는 설계도서, 시설물관리대장 등 대통령령으로 정하는 서류를 관리주체와 국토교통부장관에게 제출하여야 한다.
② 제3종 시설물의 '관리주체'는 '제3종 시설물로 지정·고시된 경우'에는 위 ①의 서류를 1개월 이내에 국토교통부장관에게 제출하여야 한다.
③ 국토교통부장관은 사업주체 또는 관리주체가 위 서류를 제출하지 아니하는 경우, 10일 이상 60일 이내의 범위에서 '기간'을 정하여 그 제출을 명할 수 있다. [위반자: 매월 100만원 이행강제금]
④ 준공, 사용승인을 하는 관계 행정기관의 장은 해당 시설물을 건설·공급하는 '사업주체가 위 ①의 서류를 제출한 것을 확인한 후' 준공 또는 사용승인을 하여야 한다.
⑤ 위 ④에 따라 시설물의 준공 등을 한 관계 행정기관의 장은 '준공 등을 한 날'부터 1개월 이내에 '준공 또는 사용승인 사실'을 국토교통부장관에게 통보하여야 한다.

PART 8

2. 설계도서 등의 열람

① 안전진단전문기관, 안전점검전문기관, 건설사업자 또는 국토안전관리원은 안전점검·정밀안전진단 또는 긴급안전점검(이하 '안전점검등'이라 한다)이나 유지관리 업무를 수행하기 위하여 필요한 경우 관리주체에게 해당 시설물의 설계·시공 및 감리와 관련된 '서류의 열람'이나 '그 사본의 교부'를 요청할 수 있다.
② 다음의 자는 시설물의 안전 및 유지관리를 위하여 필요한 경우 국토교통부장관에게 설계도서 및 시설물관리대장 등 관련 서류의 열람을 요청할 수 있다.
㉠ 관계 행정기관의 장
㉡ 안전진단전문기관·안전점검전문기관·국토안전관리원 또는 건설사업자
㉢ 중앙시설물사고조사위원회 또는 시설물사고조사위원회

핵심 05 안전점검등

[전체 비교 ➲ 체계도 핵심 87~89 참고]

1. 안전점검의 실시 ★

① 관리주체는 소관 시설물의 안전과 기능을 유지하기 위하여 정기적으로 안전점검을 실시하여야 한다.

② 다만, '제3종 시설물' 중 '다음의 시설물의 경우'에는 시장·군수·구청장이 안전점검을 실시하여야 한다.

㉠ 「공동주택관리법」에 따른 '의무관리대상 공동주택이 아닌 공동주택'

㉡ 「건축법」 제2조 제2항 제11호에 따른 노유자시설 등

2. 특수한 경우의 안전점검의 실시 시기 ★

① 관리주체는 시설물의 하자담보책임기간이 끝나기 전에 마지막으로 실시하는 '정밀안전점검'의 경우에는 안전진단전문기관이나 국토안전관리원에 의뢰하여 실시하여야 한다.

② 민간관리주체가 어음·수표의 지급불능으로 인한 부도(不渡) 등 부득이한 사유로 인하여 안전점검을 실시하지 못하게 될 때에는 관할 시장·군수·구청장이 '민간관리주체'를 대신하여 안전점검을 실시할 수 있다. 이 경우 안전점검에 드는 비용은 그 민간관리주체에게 부담하게 할 수 있다.

3. 안전점검, 정밀안전진단 및 성능평가의 실시시기 ★

안전등급	정기안전점검	정밀안전점검		정밀안전진단 (제1종 시설물)	성능평가
		건축물	건축물 외 시설물		
A등급	반기에 1회 이상	4년에 1회 이상	3년에 1회 이상	6년에 1회 이상	5년에 1회 이상
B·C등급		3년에 1회 이상	2년에 1회 이상	5년에 1회 이상	
D·E등급	1년에 3회 이상	2년에 1회 이상	1년에 1회 이상	4년에 1회 이상	

➲ [비고]

1. 제1종 및 제2종 시설물 중 D·E등급 시설물의 정기안전점검은 해빙기·우기·동절기 전 각각 1회 이상 실시한다. 이 경우 해빙기 전 점검시기는 2월·3월로, 우기 전 점검시기는 5월·6월로, 동절기 전 점검시기는 11월·12월로 한다(공동주택관리법상 '점검횟수'와 비교).
2. 공동주택의 정기안전점검은 「공동주택관리법」 제33조에 따른 안전점검(지방자치단체의 장이 의무관리대상이 아닌 공동주택에 대하여 안전점검을 실시한 경우에는 이를 포함)으로 갈음한다.

4. '정기안전점검' 및 '정밀안전점검'의 실시

① '관리주체' 또는 '시장·군수·구청장'은 소관 시설물의 안전과 기능을 유지하기 위하여 정기안전점검 및 정밀안전점검을 실시해야 한다.
② 다만, 제3종 시설물에 대한 정밀안전점검은 정기안전점검 결과 해당 시설물의 안전등급이 D등급(미흡) 또는 E등급(불량)인 경우에 '한정'하여 실시한다.

5. '최초'의 안전점검등의 실시 시기 ★

① 준공 또는 사용승인 후부터 최초 안전등급이 지정되기 전까지의 기간에 실시하는 정기안전점검은 반기에 1회 이상 실시한다.
② 최초로 실시하는 정밀안전점검은 준공일 또는 사용승인일을 기준으로 3년 이내('건축물'은 4년 이내)에 실시한다. 다만, 임시사용승인을 받은 경우는 임시사용승인일을 기준으로 한다.
③ 위 ②에도 불구하고 정기안전점검 결과 안전등급이 D등급(미흡) 또는 E등급(불량)으로 지정된 제3종 시설물의 '최초' 정밀안전점검은 '해당 정기안전점검을 완료한 날'부터 1년 이내에 실시한다. 다만, 이 기간 내 정밀안전진단을 실시한 경우는 해당 정밀안전점검을 생략할 수 있다.
④ 최초로 실시하는 정밀안전진단은 준공일 또는 사용승인일 후 10년이 지난 때부터 1년 이내에 실시한다. 다만, 준공 및 사용승인 후 10년이 지난 후에 구조형태의 변경으로 '제1종 시설물로 된 경우'에는 '구조형태의 변경에 따른 준공일 또는 사용승인일부터' 1년 이내에 실시한다.
⑤ **최초로 실시하는 성능평가**
  ㉠ **제1종 시설물:** 최초로 정밀안전진단을 실시하는 때에 실시
  ㉡ **제2종 시설물:** 하자담보책임기간이 끝나기 전에 마지막으로 실시하는 정밀안전점검을 실시하는 때에 실시(다만, 준공 및 사용승인 후 구조형태의 변경으로 인하여 '성능평가대상시설물로 된 경우'에는 위 ② 및 ④에 따라 최초로 정밀안전점검 또는 정밀안전진단을 실시하는 때에 실시)

6. 생략 가능한 경우

① 정밀안전점검, 긴급안전점검 및 정밀안전진단의 실시 완료일이 속한 '반기에 실시하여야 하는 정기안전점검'은 생략할 수 있다.
② 정밀안전진단의 실시 완료일부터 '6개월 전 이내에 그 실시 주기의 마지막 날이 속하는 정밀안전점검'은 생략할 수 있다.

핵심 06 정밀안전진단 및 긴급안전점검 등

1. 정밀안전진단의 실시 ★

① 관리주체는 제1종 시설물에 대하여 정기적으로 정밀안전진단을 실시하여야 한다.
② 관리주체는 안전점검 또는 긴급안전점검을 실시한 결과 재해 및 재난을 예방하기 위하여 필요하다고 인정되는 경우에는 정밀안전진단을 실시하여야 한다.
③ 위 ②의 경우 '해당 결과보고서 제출일'부터 1년 이내에 정밀안전진단을 착수해야 한다.

2. 내진성능평가 ★

① 관리주체는 「지진·화산재해대책법」에 따른 내진설계 대상 시설물 중 '내진성능평가를 받지 않은 시설물'에 대하여 정밀안전진단을 실시하는 경우에는 해당 시설물에 대한 내진성능평가를 포함하여 실시하여야 한다.
② 국토교통부장관은 내진성능평가가 포함된 정밀안전진단의 실시결과를 평가한 결과 '내진성능의 보강이 필요하다고 인정'되면 내진성능을 보강하도록 권고할 수 있다.

3. 긴급안전점검의 실시 ★

① 관리주체는 시설물의 붕괴·전도 등이 발생할 위험이 있다고 판단하는 경우 긴급안전점검을 실시하여야 한다.
② 국토교통부장관 및 관계 행정기관의 장은 시설물의 구조상 공중의 안전한 이용에 중대한 영향을 미칠 우려가 있다고 판단되는 경우에는 소속 공무원으로 하여금 긴급안전점검을 하게 하거나 해당 관리주체 또는 시장·군수·구청장(법 제6조 제1항 단서에 해당하는 시설물의 경우에 한정)에게 긴급안전점검을 실시할 것을 요구할 수 있다.
③ 국토교통부장관 또는 관계 행정기관의 장은 '관계 기관' 또는 '전문가'와 합동으로 긴급안전점검을 실시할 수 있다.

4. 사전 통지 및 결과 보고 등

① 국토교통부장관 및 관계 행정기관의 장은 긴급안전점검을 실시할 때는 미리 긴급안전점검 대상 시설물의 관리주체에게 긴급안전점검의 목적·날짜 및 대상 등을 서면으로 통지하여야 한다. 다만, 서면 통지로는 긴급안전점검의 목적을 달성할 수 없는 경우에는 구두(口頭) 또는 전화 등으로 통지할 수 있다.

② 국토교통부장관 또는 관계 행정기관의 장은 긴급안전점검을 실시한 경우 그 결과를 해당 관리주체에게 통보하여야 하며, 시설물의 안전 확보를 위하여 필요하다고 인정하는 경우에는 정밀안전진단의 실시, 보수·보강 등 '필요한 조치를 취할 것'을 명할 수 있다.
③ 국토교통부장관 또는 관계 행정기관의 장은 위 ②에 따라 '긴급안전점검을 종료한 날'부터 15일 이내에 그 결과를 해당 관리주체에게 서면으로 통보하여야 한다.
④ 관리주체 또는 관계 행정기관의 장이 긴급안전점검을 실시한 경우 그 결과보고서를 국토교통부장관에게 제출하여야 한다.

5. 책임기술자의 자격 등 ★

① 안전점검등 또는 성능평가를 자신의 책임하에 실시할 수 있는 사람(이하 '책임기술자'라 한다)은 [별표 5]에 따른 자격요건을 갖추고 '시설물통합정보관리체계'에 '책임기술자로 등록한 사람'으로 한다.
② 책임기술자는 안전점검등 또는 성능평가를 실시할 때 필요한 경우에는 다음의 요건을 모두 갖춘 사람(이하 '참여기술자'라 한다)으로 하여금 '자신의 감독하'에 안전점검등 또는 성능평가를 하게 할 수 있다. 다만, 안전점검 및 긴급안전점검을 실시하는 참여기술자의 경우 다음 ㉡의 요건은 제외한다.
㉠ 「건설기술 진흥법 시행령」에 따른 토목·건축·안전관리(건설안전 기술자격자 분야만 해당) 분야의 초급기술인 이상 또는 「건축사법」에 따른 건축사의 자격요건을 갖춘 사람일 것
㉡ 국토교통부장관이 인정하는 해당 분야(교량 및 터널, 수리, 항만, 건축 분야로 구분)의 정밀안전진단교육 또는 성능평가교육을 이수하였을 것
㉢ 시설물통합정보관리체계에 '참여기술자'로 등록하였을 것

6. 지방자치단체에 대한 지원

국가는 제3종 시설물의 지정과 안전점검등에 필요한 지원을 할 수 있다.

7. 사법경찰권

'긴급안전점검을 하는 공무원'은 정당한 사유 없이 긴급안전점검을 거부·기피하거나 방해하는 경우 등 긴급안전점검과 관련된 범죄에 관하여는 「사법경찰관리의 직무를 수행할 자와 그 직무범위에 관한 법률」에 따라 '사법경찰관리'의 직무를 수행한다.

8. 시설물의 안전등급 지정 등

① 안전점검등을 실시하는 자는 안전점검등의 실시결과에 따라 대통령령으로 정하는 기준에 적합하게 해당 시설물의 안전등급을 지정하여야 한다.
② 위 ①에도 불구하고 국토교통부장관은 안전등급 변경이 필요하다고 인정되는 경우에는 안전등급을 변경할 수 있다. 이 경우 관리주체에게 그 변경 사실을 통보하여야 한다.

9. 안전점검 및 정밀안전진단 결과보고 등 ★

① 안전점검 및 정밀안전진단을 실시한 자는 서면 또는 전자문서로 결과보고서를 작성하고, 이를 관리주체 및 시장·군수·구청장에게 통보하여야 한다.
② 위 ①의 결과보고서를 작성할 때에는 다음의 사항을 지켜야 한다.
  ㉠ 다른 안전점검 및 정밀안전진단 결과보고서의 내용을 복제하여 안전점검 및 정밀안전진단 결과보고서를 작성하지 아니할 것
  ㉡ 안전점검 및 정밀안전진단 결과보고서와 그 작성의 기초가 되는 자료를 거짓으로 또는 부실하게 작성하지 아니할 것
  ㉢ 안전점검 및 정밀안전진단 결과보고서와 그 작성의 기초가 되는 자료를 국토교통부령으로 정하는 기간 동안 보존할 것
③ 관리주체는 결과보고서를 안전점검 및 정밀안전진단을 완료한 날부터 30일 이내에 '공공관리주체의 경우'에는 소속 중앙행정기관 또는 시·도지사에게, '민간관리주체의 경우'에는 관할 시장·군수·구청장에게 각각 제출하여야 한다.
④ 국토교통부장관은 결과보고서와 그 작성의 기초가 되는 자료를 부실하게 작성한 것으로 판단하는 때에는 부실의 정도 등을 고려하여 매우 불량, 불량 및 미흡으로 구분하여 판단한다.
⑤ 관리주체 및 시장·군수·구청장은 안전점검 및 정밀안전진단 결과보고서를 국토교통부장관에게 제출하여야 한다.
⑥ 국토교통부장관은 '관리주체 및 시장·군수·구청장이 결과보고서를 제출하지 아니하는 경우'에는 기한을 정하여 '제출'을 명할 수 있다. [위반자: 매월 50만원 이행강제금]

10. 결과보고서 작성 준수사항 위반자에 대한 명단 공표

① 국토교통부장관은 직전 연도부터 과거 2년간 앞의 **9.**의 ②의 ㉠ 및 ㉡을 위반한 자(부실하게 작성한 경우는 3회 이상 작성한 자를 말한다)의 명단을 공표할 수 있다. 다만, '이의신청 등 불복절차가 진행 중인 조치'는 '명단 공표 대상'에서 제외한다.

② '명단 공표'에는 다음의 내용이 포함되어야 한다.

㉠ 앞의 **9.**의 ②의 ㉠ 및 ㉡을 위반한 자의 성명, 상호 및 주소(위반자가 법인인 경우에는 그 대표자의 성명 및 법인의 명칭·주소를 말한다)

㉡ 명단 공표 직전연도부터 과거 2년간 '위반사항 내용'

③ 명단 공표는 '시설물통합정보관리체계'에 1년간 '게시하는 방법'으로 한다.

④ '명단 공표 여부를 심의'하기 위하여 국토교통부에 결과보고서 작성 준수사항 위반자 명단 공표심의위원회(이하 '심의위원회'라 한다)를 둔다.

⑤ '심의위원회'는 위원장 1명을 포함한 10명 이내의 위원으로 성별을 고려하여 구성하며, 위원장은 '심의위원회의 위원 중'에서 국토교통부장관이 임명한다.

⑥ 국토교통부장관은 심의위원회의 심의를 거친 공표대상자에게 '명단 공표대상자임'을 통지하고 1개월 이상의 기간을 정하여 소명기회를 주어야 한다.

11. 정밀안전점검 또는 정밀안전진단 실시결과에 대한 평가

① 국토교통부장관은 정밀안전점검이나 정밀안전진단의 실시결과를 평가할 수 있다.

② 국토교통부장관은 '관리주체, 시장·군수·구청장, 국토안전관리원, 안전진단전문기관 또는 안전점검전문기관'에게 위 ①의 평가에 필요한 자료를 제출하도록 요구할 수 있다.

③ 국토교통부장관은 정밀안전점검이나 정밀안전진단의 실시결과를 평가한 결과 부실 등 부적정한 것으로 밝혀진 경우 '관리주체 또는 시장·군수·구청장'에게 이를 통보하고, 관리주체 또는 시장·군수·구청장은 해당 결과보고서를 수정 또는 보완하여 국토교통부장관에게 제출하여야 한다.

④ 국토교통부장관은 관리주체, 시장·군수·구청장 또는 정밀안전점검이나 정밀안전진단을 대행한 자가 결과보고서를 수정 또는 보완하여 제출하지 아니하는 경우는 기한을 정하여 제출을 명할 수 있다. [위반자: 매월 50만원 이행강제금]

⑤ 국토교통부장관은 정밀안전점검이나 정밀안전진단의 실시결과를 평가한 결과 필요하다고 인정(부실 등 부적정한 것으로 밝혀진 경우는 제외)하면 '관리주체 또는 시장·군수·구청장'에게 해당 결과보고서의 수정이나 보완을 요구할 수 있다.

⑥ 국토교통부장관은 위 ①의 평가 결과 정밀안전점검 또는 정밀안전진단 실시결과가 부실하다고 평가하는 때에는 부실의 정도 등을 고려하여 매우 불량, 불량 및 미흡으로 구분하여 평가한다.

12. 소규모 취약시설의 안전점검 등

① 국토교통부장관은 '사회복지시설, 전통시장, 교량 등' 중에서 안전에 취약하거나 재난의 위험이 있다고 판단되는 사회복지시설, 전통시장, 교량, 지하도, 육교, 옹벽 및 절토사면 등의 '소규모 취약시설'에 대하여 해당 시설의 관리자, 소유자 또는 관계 행정기관의 장이 요청하는 경우 안전점검등을 실시할 수 있다.

② 국토교통부장관은 위 ①의 요청을 받은 경우 해당 소규모 취약시설에 대한 안전점검등을 실시하고, 그 결과와 안전조치에 필요한 사항을 '소규모 취약시설'의 관리자, 소유자 또는 관계 행정기관의 장에게 통보하여야 한다.

핵심 07 재난예방을 위한 안전조치 등

1. 시설물의 중대한 결함 등의 통보

① 안전점검등을 실시하는 자는 해당 시설물에서 시설물기초의 세굴(洗掘), 부등침하(不等沈下) 등 중대한 결함을 발견하는 경우에는 지체 없이 그 사실을 관리주체 및 관할 시장·군수·구청장에게 통보하여야 한다.

② 안전점검등을 실시하는 자는 위 ①의 중대한 결함 '외'에 해당 시설물에서 교량 난간의 파손 등 공중이 이용하는 부위에 결함을 발견한 경우에는 지체 없이 그 사실을 관리주체 및 관할 시장·군수·구청장에게 통보하여야 한다.

③ 관리주체는 위 ①의 중대한 결함 또는 위 ②의 공중이 이용하는 부위에 결함(이하 '중대한 결함 등'이라 한다)에 대하여 통보받은 내용을 해당 시설물을 '관리하거나 감독하는' 관계 행정기관의 장 및 국토교통부장관에게 즉시 통보하여야 한다.

2. 긴급안전조치 ★

① 관리주체는 시설물 구조상 공중의 안전한 이용에 미치는 영향이 중대하여 긴급한 조치가 필요하다고 인정되는 경우, 시설물의 사용제한·사용금지·철거, 주민대피 등의 안전조치를 하여야 한다.

② 시장·군수·구청장은 시설물의 구조상 공중의 안전한 이용에 미치는 영향이 중대하여 긴급한 조치가 필요하다고 인정되는 경우, 관리주체에게 시설물의 사용제한, 주민대피 등의 안전조치를 명할 수 있다. 이 경우 관리주체는 신속하게 안전조치명령을 이행해야 한다.

③ 시장·군수·구청장은 위 ②의 안전조치명령을 받은 자가 그 명령을 이행하지 아니하는 경우에는 그에 대신하여 필요한 안전조치를 할 수 있다. 이 경우 「행정대집행법」을 준용한다.

3. 시설물의 보수·보강 등

① 관리주체는 법 제13조 제6항에 따른 조치명령을 받거나 앞의 **2.**의 ①에 따라 시설물의 중대한 결함 등에 대한 통보를 받은 경우 시설물의 보수·보강 등 필요한 조치를 해야 한다.
② 관리주체는 위 ①에 따라 법 제13조 제6항에 따른 조치명령 또는 앞의 **1.**의 ① 및 ②의 통보를 받은 날부터 2년 이내에 시설물의 보수·보강 등 필요한 조치에 착수해야 하며, 특별한 사유가 없으면 '착수한 날부터' 3년 이내에 이를 완료해야 한다.
③ 국토교통부장관 및 관계 행정기관의 장은 관리주체가 위 ①에 따른 시설물의 보수·보강 등 필요한 조치를 하지 아니한 경우 이에 대하여 이행 및 시정을 명할 수 있다.
④ 위 ①에 따라 시설물의 보수·보강 등 필요한 조치를 끝낸 관리주체는 그 결과를 국토교통부장관 및 관계 행정기관의 장에게 통보하여야 한다.

4. 위험표지의 설치 등

관리주체는 '안전점검등을 실시한 결과' 해당 시설물에 중대한 결함 등이 있거나 '안전등급을 지정한 결과' 해당 시설물이 긴급한 보수·보강이 필요하다고 판단되는 경우에는 해당 시설물에 위험을 알리는 표지를 '설치'하고, 방송·인터넷 등의 매체를 통하여 주민에게 알려야 한다.

5. 안전점검등에 관한 지침

국토교통부장관은 안전점검·정밀안전진단 및 긴급안전점검의 실시 시기·방법·절차 등의 안전점검등에 관한 지침을 작성하여 관보에 고시하여야 한다.

핵심 08 안전점검등의 대행 등

1. 안전점검등의 대행 ★

① 관리주체는 안전점검 및 긴급안전점검을 국토안전관리원, 안전진단전문기관 또는 안전점검전문기관에게 대행하게 할 수 있다.
② 관리주체는 정밀안전진단을 실시하려는 경우 이를 '직접 수행할 수 없고' 국토안전관리원 또는 안전진단전문기관에 대행하게 하여야 한다.
③ 다만, '다음 **2.**의 시설물'의 경우에는 국토안전관리원에만 '대행'하게 하여야 한다.

④ 관리주체는 안전점검, 긴급안전점검 및 정밀안전진단을 국토안전관리원, 안전진단전문기관 또는 안전점검전문기관에게 대행하게 하는 경우에는 안전상태를 사실과 다르게 진단하게 하거나, 결과보고서를 거짓으로 또는 부실하게 작성하도록 요구해서는 아니 된다.

⑤ 앞의 ②에 따라 국토안전관리원이나 안전진단전문기관이 정밀안전진단을 실시할 때에는 '관리주체'의 승인을 받아 '다른 안전진단전문기관'과 공동으로 정밀안전진단을 실시할 수 있다.

2. 국토안전관리원에만 '대행'하게 하여야 하는 시설물

① 다음의 교량
  ㉠ 도로교량 중 상부구조형식이 현수교(懸垂橋)·사장교(斜張橋)·아치교(arch橋)·트러스교(truss橋)인 교량 및 최대 경간장(徑間長) 50미터 이상인 교량(한 경간 교량은 제외)
  ㉡ 철도교량 중 상부구조형식이 아치교·트러스교인 교량, 고속철도 교량

② 연장 1천 미터 이상인 터널, 갑문시설, 10만 톤급 이상의 말뚝구조의 계류시설

③ 다목적댐·발전용댐·홍수전용댐 및 저수용량 2천만 톤 이상인 용수전용댐 등

3. 하도급 제한 등

① 안전진단전문기관, 안전점검전문기관 또는 국토안전관리원은 관리주체로부터 안전점검등의 실시에 관한 도급을 받은 경우에는 이를 하도급할 수 없다.

② 다만, 총도급금액의 100분의 50 이하의 범위에서 전문기술이 필요한 경우 등 대통령령으로 정하는 경우에는 분야별로 한 차례만 하도급할 수 있다.

③ 위 ②에 따라 하도급을 한 자는 하도급계약을 체결한 날부터 10일 이내에 관리주체에게 통보하여야 한다.

4. '안전진단전문기관'의 등록 등

① '시설물의 안전점검등 또는 성능평가를 대행하려는 자'는 기술인력 및 장비 등 대통령령으로 정하는 분야별 등록기준을 갖추어 '시·도지사'에게 안전진단전문기관으로 등록을 하여야 한다.

② 시·도지사는 안전진단전문기관으로 등록을 한 때에는 등록증을 발급하여야 한다.

③ 안전진단전문기관은 등록사항 중 '상호, 대표자, 사무소 소재지, 기술인력, 장비'가 변경된 때에는 그날부터 30일 이내에 시·도지사에게 신고하여야 하며, 시·도지사는 신고를 받은 경우 그 내용을 검토하여 이 법에 적합하면 신고를 수리하여야 한다.

④ 안전진단전문기관은 계속하여 1년 이상 휴업하거나 재개업 또는 폐업하려는 경우에는 시·도지사에게 신고하여야 하며, 시·도지사는 폐업신고를 받은 때에는 그 등록을 말소하여야 한다.
⑤ 시·도지사는 안전진단전문기관 또는 안전점검전문기관의 등록을 취소하거나 '영업정지'를 하려는 경우에는 청문을 하여야 한다.

5. '안전점검전문기관'의 등록 등 〈신설〉

시설물의 안전점검 또는 긴급안전점검을 대행하려는 자는 기술인력 및 장비 등 대통령령으로 정하는 분야별 등록기준을 갖추어 시·도지사에게 등록하여야 한다.

핵심 09 시설물의 유지관리 등

1. 유지관리 ★

① 관리주체는 시설물의 기능을 보전하고 편의와 안전을 높이기 위하여 소관 시설물을 유지관리하여야 한다.
② 다만, 대통령령으로 정하는 시설물(공동주택)로서 다른 법령에 따라 유지관리하는 경우에는 그러하지 아니하다.
③ 관리주체는 건설사업자 또는 시공한 자로 하여금 유지관리를 대행하게 할 수 있다.
④ 시설물의 유지관리에 드는 비용은 관리주체가 부담한다.

2. 시설물의 성능평가 ★

① 도로, 철도, 항만, 댐 등 대통령령으로 정하는 시설물(제1종 시설물 및 제2종 시설물에 해당하는 공항 청사)의 관리주체는 성능평가를 실시하여야 한다.
② 관리주체는 '성능평가'를 국토안전관리원과 안전진단전문기관에게 대행하게 할 수 있다.
③ 성능평가를 실시한 자는 실시결과에 따라 시설물의 '성능등급'을 지정하여야 한다.
④ 국토교통부장관은 성능평가 결과보고서와 그 작성의 기초가 되는 자료를 부실하게 작성한 것으로 판단하는 때에는 부실의 정도 등을 고려하여 매우 불량, 불량 및 미흡으로 구분하여 판단한다.

PART 8

3. 유지관리의 결과보고 등

① 관리주체는 대통령령으로 정하는 유지관리(영 제7조의 어느 하나에 해당하는 부분에 대한 구조안전과 관련된 보수·보강 등)를 시행한 경우에는 대통령령으로 정하는 바에 따라 그 결과보고서를 작성하고 이를 국토교통부장관에게 제출하여야 한다.
② 관리주체는 유지관리를 완료한 날부터 30일 이내에 '공공관리주체의 경우'에는 소속 중앙행정기관 또는 시·도지사에게, '민간관리주체의 경우'에는 관할 시장·군수·구청장에게 각각 유지관리 결과보고서를 작성하고 제출하여야 한다.
③ 국토교통부장관은 유지관리 결과보고서와 그 작성의 기초가 되는 자료를 부실하게 작성한 것으로 판단하는 때에는 부실의 정도 등을 고려하여 매우 불량, 불량 및 미흡으로 구분하여 판단한다.

4. 유지관리·성능평가지침

① 국토교통부장관은 유지관리 및 성능평가의 실시 방법·절차 등에 관한 '유지관리·성능평가지침'을 작성하여 관보에 고시하여야 한다.
② 국토교통부장관이 위 ①의 지침을 작성하는 경우에는 미리 관계 행정기관의 장과 협의하여야 하며, 이 경우 필요하다고 인정되면 관계 중앙행정기관의 장 및 지방자치단체의 장에게 관련 자료를 제출하도록 요구할 수 있다.

5. 성능평가 비용의 산정기준

국토교통부장관은 성능평가의 대행에 필요한 비용의 산정기준을 정하여 고시하여야 한다.

6. 국토안전관리원

① 시설물의 안전 및 유지관리, 그와 관련된 기술의 연구·개발·보급 등의 업무를 담당하게 하기 위하여 국토안전관리원을 설립한다.
② 국토안전관리원은 법인으로 하고, 그 주된 사무소의 소재지에서 설립등기를 함으로써 성립하며, 「국토안전관리원법」과 「공공기관의 운영에 관한 법률」에 규정한 것 외에는 「민법」 중 재단법인에 관한 규정을 준용한다.

핵심 10 보칙

1. 시설물통합정보관리체계의 구축·운영 등

① 국토교통부장관은 시설물의 안전 및 유지관리에 관한 정보를 체계적으로 관리하기 위하여 안전점검 및 정밀안전진단 결과보고서 등의 사항이 포함된 시설물통합정보관리체계를 구축·운영하여야 한다.
② 관리주체는 소관 시설물의 안전 및 유지관리에 관한 정보를 체계적으로 관리하기 위하여 정보화시스템을 구축·운영할 수 있다. 이 경우 시설물통합정보관리체계와 연계하여 운영할 수 있다.
③ 국토교통부장관은 '소규모 취약시설의 안전관리에 관한 정보'를 체계적으로 관리하기 위하여 정보화시스템을 구축·운영할 수 있다. 이 경우 시설물통합정보관리체계와 연계하여 운영할 수 있다.

2. 비용의 부담

① 안전점검등과 성능평가에 드는 비용은 관리주체가 부담한다.
② 다만, '하자담보책임기간 내'에 '시공자가 책임져야 할 사유'로 정밀안전진단을 실시하여야 하는 경우 그에 드는 비용은 시공자가 부담한다.

3. 시설물의 안전 및 유지관리 예산의 확보

공공관리주체는 '매년' 소관 시설물의 안전 및 유지관리에 필요한 예산을 확보하여야 한다.

4. 실태점검

① 국토교통부장관, 주무부처의 장 또는 지방자치단체의 장은 '시설물 및 소규모 취약시설의 안전 및 유지관리' 실태를 점검할 수 있다.
② 시장·군수·구청장은 '민간관리주체 소관 시설물'에 대하여 '시설물관리계획의 이행 여부 확인 등 안전 및 유지관리' 실태를 연 1회 이상 '점검'하여야 한다.
③ 국토교통부장관, 주무부처의 장 또는 지방자치단체의 장은 위 ①의 실태점검의 효율성을 높이기 위하여 필요한 경우 관계 기관 및 전문가와 합동하여 현장조사를 실시할 수 있다.
④ 국토교통부장관, 주무부처의 장 또는 지방자치단체의 장은 필요한 경우 실태점검 결과를 공표할 수 있으며, 공표는 국토교통부, 주무부처 또는 지방자치단체의 인터넷 홈페이지나 신문·방송 등에 공개하는 방법으로 한다.

5. 정밀안전점검·정밀안전진단평가위원회

① 정밀안전점검 또는 정밀안전진단 실시결과의 평가에 관한 권한을 위탁받은 기관은 평가의 공정성과 전문성을 확보하기 위하여 정밀안전점검·정밀안전진단평가위원회를 설치하고 그 심의를 거쳐야 한다.
② 정밀안전점검·정밀안전진단평가위원회(이하 '평가위원회'라 한다)는 위원장 및 부위원장 각 1명을 포함한 300명 이내의 위원으로 구성한다.

핵심 11 사고조사 등

1. 사고조사

① 관리주체는 소관 시설물에 사고가 발생한 경우에는 지체 없이 응급 안전조치를 하여야 하며, 다음 규모 이상의 사고가 발생한 경우에는 '공공관리주체'는 주무부처의 장 또는 관할 시·도지사 및 시장·군수·구청장에게, '민간관리주체'는 관할 시장·군수·구청장에게 사고 발생 사실을 알려야 한다.
㉠ 시설물이 붕괴되거나 쓰러지는 등 재시공이 필요한 시설물피해
㉡ 사망자 또는 실종자가 3명 이상이거나 사상자가 10명 이상인 인명피해 등
② 위 ①의 사고 발생 사실을 통보받은 주무부처의 장, 관할 시·도지사 또는 시장·군수·구청장은 사고 발생 사실을 국토교통부장관에게 알려야 한다.
③ 국토교통부장관, 중앙행정기관의 장 또는 지방자치단체의 장은 사고 발생 사실을 통보받은 경우 그 사고 원인 등에 대한 조사를 할 수 있다.

2. 중앙시설물사고조사위원회 및 시설물사고조사위원회

① 국토교통부장관은 위 1.의 ① 규모 이상의 피해가 발생한 시설물의 사고조사 등을 위하여 필요하다고 인정되는 때에는 '중앙시설물사고조사위원회'를 구성·운영할 수 있다.
② 중앙행정기관의 장이나 지방자치단체의 장은 해당 기관이 지도·감독하는 관리주체의 시설물에 대한 붕괴·파손 등의 사고조사 등을 위하여 필요하다고 인정되는 때에는 '시설물사고조사위원회'를 구성·운영할 수 있다.
③ 관리주체는 중앙시설물사고조사위원회 및 시설물사고조사위원회의 '사고조사'에 필요한 현장보존, 자료 제출, 관련 장비의 제공 및 관련자 의견청취 등에 적극 협조하여야 한다.

④ 중앙행정기관의 장이나 지방자치단체의 장은 앞의 ②에 따라 사고조사를 실시한 경우 '그 결과'를 지체 없이 국토교통부장관에게 통보하여야 한다.
⑤ 국토교통부장관, 중앙행정기관의 장 또는 지방자치단체의 장은 '중앙시설물사고조사위원회' 또는 '시설물사고조사위원회'의 '사고조사 결과'를 공표하여야 한다.

3. 중앙시설물사고조사위원회의 구성·운영 등

① 위원장 1명을 포함한 12명 이내의 위원으로 구성하며, 위원장은 위원 중에서 국토교통부장관이 임명한다.
② 위원의 임기는 사고조사 결과보고서를 제출하는 날까지로 한다.

4. 사고조사 결과의 공표

① 중앙시설물사고조사위원회는 사고조사를 완료한 날부터 30일 이내에 국토교통부장관에게 사고조사 결과보고서를 제출하여야 한다.
② 국토교통부장관은 사고조사 결과를 국토교통부의 인터넷 홈페이지에 공표하여야 한다.

5. 비밀 유지의 의무

① 안전점검·정밀안전진단·긴급안전점검·유지관리 및 성능평가 업무를 수행하는 자는 업무상 알게 된 비밀을 누설하거나 도용하여서는 아니 된다. 다만, 시설물의 안전과 유지관리를 위하여 국토교통부장관이 필요하다고 인정할 때에는 그러하지 아니하다.
② 위 ①의 위반자: 2년 이하의 징역 또는 2천만원 이하의 벌금

핵심 12 이행강제금 등 ★

1. 이행강제금

① 국토교통부장관은 다음의 자에게 '매달' 100만원 이하 범위에서 이행강제금 부과 가능
㉠ 설계도서 등의 제출 명령을 받은 후 이행기간 이내에 그 명령을 이행하지 아니한 자
㉡ 안전점검 및 정밀안전진단 결과보고서 제출 명령을 받은 후 이행기간 이내에 그 명령을 이행하지 아니한 자
㉢ 정밀안전점검 및 정밀안전진단 '대행자'의 결과보고서 제출 명령을 받은 후 이행기간 이내에 그 명령을 이행하지 아니한 자
[㉠의 경우: 100만원, ㉡ 및 ㉢의 경우: 50만원]
② 국토교통부장관은 이행강제금을 부과하기 전에 이행강제금을 부과·징수한다는 것을 미리 문서로 알려 주어야 한다. → 10일 이상의 기간을 정하여 구술 또는 서면(전자문서 포함)으로 의견을 진술할 수 있는 기회를 주어야 한다.
③ 국토교통부장관은 이행강제금을 부과할 때에는 이행강제금의 금액, 부과 사유 등을 구체적으로 밝힌 문서로 하여야 한다.
④ 국토교통부장관은 이행명령을 받은 자가 명령을 이행하면 '새로운 이행강제금의 부과'를 즉시 중지하되, '이미 부과된 이행강제금'은 징수하여야 한다.
⑤ 국토교통부장관은 납부하지 아니하면 국세 체납처분의 예에 따라 징수한다.

2. 안전진단전문협회

(1) 협회의 설립 등

① 안전진단전문기관은 시설물 안전 산업의 건전한 발전과 시설물의 안전 및 유지관리에 관한 기술개발 등을 위하여 안전진단전문협회(이하 '협회'라 한다)를 설립할 수 있다.
② 협회는 법인으로 하며, 「민법」 중 사단법인에 관한 규정을 준용한다.
③ 협회는 주된 사무소의 소재지에서 설립등기를 함으로써 성립한다.

(2) 협회 설립의 인가 절차 등

① 협회를 설립하려면 '회원 자격이 있는 안전진단전문기관' 50인 이상이 발기하고 '회원 자격이 있는 안전진단전문기관 수'의 10분의 1 이상의 동의를 받아 창립 총회에서 정관을 작성한 후 국토교통부장관에게 인가를 신청하여야 한다.
② 국토교통부장관은 위 ①에 따른 신청을 인가하면 그 사실을 공고하여야 한다.
③ 협회가 성립되고 임원이 선임될 때까지 필요한 사무는 발기인이 처리한다.

PART 9

소방기본법

▶ **연계학습** | 에듀윌 기본서 2차 [주택관리관계법규 下] p.224 회독체크 1 2 3

1. 총칙

(1) 용어의 정의 ★

① '**소방대상물**'이란 건축물, 차량, 선박(선박법에 따른 선박으로서 항구에 매어둔 선박만 '해당'), 선박 건조 구조물, 산림, 그 밖의 인공 구조물 또는 물건을 말한다.
② '**관계지역**'이란 소방대상물이 있는 장소 및 그 이웃 지역으로서 화재의 예방·경계·진압, 구조·구급 등의 활동에 필요한 지역을 말한다.
③ '**관계인**'이란 소방대상물의 소유자·관리자 또는 점유자를 말한다.
④ '**소방본부장**'이란 '시·도'에서 화재의 예방·경계·진압·조사 및 구조·구급 등의 업무를 담당하는 부서의 장을 말한다.
⑤ '**소방대**(消防隊)'란 화재를 진압하고 화재, 재난·재해, 그 밖의 위급한 상황에서 구조·구급 활동 등을 하기 위하여 다음의 사람으로 구성된 조직체를 말한다.
㉠ 「소방공무원법」에 따른 소방공무원
㉡ 「의무소방대설치법」 제3조에 따라 임용된 의무소방원(義務消防員)
㉢ 「의용소방대 설치 및 운영에 관한 법률」에 따른 의용소방대원(義勇消防隊員)
⑥ '**소방대장**(消防隊長)'이란 소방본부장 또는 소방서장 등 화재, 재난·재해, 그 밖의 위급한 상황이 발생한 현장에서 소방대를 지휘하는 사람을 말한다.

(2) 소방박물관 등

① 소방청장 → '소방박물관', 시·도지사 → '소방체험관' 설립·운영
② '소방의 날': 매년 11월 9일에 기념행사
③ 소방청장 또는 소방본부장 → '소방기술민원센터'를 소방청 또는 소방본부에 설치·운영

(3) 소방업무에 관한 종합계획의 수립·시행 등

① 소방청장은 '종합계획'을 5년마다 전년도 10월 31일까지 수립·시행하여야 한다.
② 소방청장은 '종합계획'을 관계 중앙행정기관의 장, 시·도지사에게 통보해야 한다.
③ 시·도지사는 '세부계획'을 매년(전년도 12월 31일까지) 수립하여 소방청장에게 제출하여야 한다.

(4) 소방력의 기준 등

① 소방기관이 소방업무를 수행하는 데에 필요한 인력과 장비 등[이하 '소방력(消防力)'이라 한다]에 관한 기준은 행정안전부령으로 정한다.
② 시·도지사는 '소방력을 확충하기 위하여 필요한 계획'을 수립하여 시행하여야 한다.
③ 국가는 소방장비의 구입 등 시·도의 소방업무에 필요한 경비의 일부를 보조한다.

(5) 소방용수시설 ★

① 시·도지사는 소방활동에 필요한 소화전·급수탑·저수조(이하 '소방용수시설'이라 한다)를 설치하고 유지·관리하여야 한다.
② 다만, 「수도법」에 따라 소화전을 설치하는 일반수도사업자는 관할 소방서장과 사전협의를 거친 후 소화전을 '설치'하여야 하며, 설치 사실을 관할 소방서장에게 '통지'하고, 그 소화전을 '유지·관리'하여야 한다.

(6) 비상소화장치 ★

시·도지사는 소방자동차의 진입이 곤란한 지역 등 화재발생 시에 초기 대응이 필요한 지역으로서 '다음의 지역'에 소방호스 또는 호스 릴 등을 '소방용수시설'에 연결하여 화재를 진압하는 시설이나 장치(이하 '비상소화장치'라 한다)를 설치하고 유지·관리할 수 있다.

① 「화재의 예방 및 안전관리에 관한 법률」 제18조 제1항에 따라 지정된 화재예방강화지구
   ➲ 개정이 되었으나 아직 '시행령'에는 '화재경계지구'로 규정되어 있다.
② 시·도지사가 비상소화장치의 설치가 필요하다고 인정하는 지역

(7) 소방력의 동원

① 소방청장은 해당 시·도의 소방력만으로는 소방활동을 효율적으로 수행하기 어려운 상황이 발생, 국가적 차원의 소방활동 필요가 있을 때 각 시·도지사에게 소방력 동원을 요청할 수 있다.
② 소방청장은 시·도지사에게 동원된 소방력을 화재 등이 발생한 지역에 지원·파견하여 줄 것을 요청하거나 필요한 경우 '직접' 소방대를 편성하여 화재진압 등 활동하게 할 수 있다.
③ 동원된 소방대원이 다른 시·도에 파견·지원되어 소방활동을 수행할 때에는 화재 등이 발생한 지역을 관할하는 소방본부장 또는 소방서장의 지휘에 따라야 한다. 다만, 소방청장이 직접 소방대를 편성하여 소방활동을 하게 하는 경우, 소방청장의 지휘에 따라야 한다.

④ 동원된 소방력의 소방활동 수행 과정에서 발생하는 경비는 화재 등이 발생한 '시·도'에서 부담하는 것을 원칙으로 하되, '구체적인 내용'은 해당 시·도가 서로 협의하여 정한다.
⑤ 동원된 민간 소방 인력이 소방활동을 수행하다가 사망하거나 부상을 입은 경우 화재 등이 발생한 시·도가 해당 시·도의 조례로 정하는 바에 따라 보상한다.

(8) 소방업무의 응원

① 소방본부장이나 소방서장은 소방활동을 할 때에 긴급한 경우에는 이웃한 소방본부장 또는 소방서장에게 소방업무의 응원(應援)을 요청할 수 있다.
② 파견된 소방대원은 응원을 요청한 소방본부장 또는 소방서장의 지휘에 따라야 한다.
③ 시·도지사는 소방업무의 응원을 요청하는 경우를 대비하여 출동 대상지역 및 규모 등의 사항을 이웃하는 시·도지사와 협의하여 미리 '규약(規約)'으로 정하여야 한다.

(9) 소방기술민원센터의 설치·운영

소방청장 또는 소방본부장은 소방시설, 소방공사 및 위험물 안전관리 등과 관련된 법령 해석 등의 민원을 종합적으로 접수하여 처리할 수 있는 기구(이하 '소방기술민원센터'라 한다)를 설치·운영할 수 있다.

2. 119종합상황실

(1) 119종합상황실의 설치와 운영

① 소방청장, 소방본부장 및 소방서장은 화재 등 구조·구급이 필요한 상황이 발생하였을 때에 신속한 소방활동(소방업무를 위한 모든 활동을 말한다)을 위한 정보의 수집·분석과 판단·전파, 상황관리, 현장 지휘 및 조정·통제 등의 업무를 수행하기 위하여 '119종합상황실'을 설치·운영하여야 한다.
② 소방본부에 설치하는 119종합상황실에는 「지방자치단체에 두는 국가공무원의 정원에 관한 법률」에도 불구하고 경찰공무원을 둘 수 있다. 〈신설〉
③ 종합상황실은 '소방청'과 '시·도'의 소방본부 및 소방서에 각각 설치·운영하여야 한다.
④ 소방청장, 소방본부장 또는 소방서장은 종합상황실에 「소방력 기준에 관한 규칙」에 의한 전산·통신요원을 배치하고, '소방청장'이 정하는 유·무선통신시설을 갖추어야 한다.
⑤ 종합상황실은 24시간 운영체제를 유지하여야 한다.

(2) 소방정보통신망 구축·운영 〈신설〉

① 소방청장 및 시·도지사는 '119종합상황실 등의 효율적 운영'을 위하여 **소방정보통신망**을 구축·운영할 수 있다.
② 소방청장 및 시·도지사는 '소방정보통신망의 안정적 운영'을 위하여 **소방정보통신망의 회선을 이중화**할 수 있다. 이 경우 이중화된 각 회선은 서로 다른 사업자로부터 제공받아야 한다.

(3) 종합상황실의 실장의 업무

종합상황실의 실장은 다음의 업무를 행하고, 그에 관한 내용을 기록·관리하여야 한다.
① 화재 등 구조·구급이 필요한 상황(이하 '재난상황'이라 한다)의 발생의 신고접수
② 접수된 재난상황을 검토하여 가까운 소방서에 인력, 장비 동원 요청 등의 사고수습
③ 하급소방기관에 대한 출동지령 또는 동급 이상의 소방기관 및 유관기관에 대한 지원요청
④ 재난상황의 전파 및 보고
⑤ 재난상황이 발생한 현장에 대한 지휘 및 피해현황의 파악
⑥ 재난상황의 수습에 필요한 정보수집 및 제공

➲ 종합상황실의 실장은 종합상황실에 근무하는 자 중 최고직위에 있는 자(최고직위에 있는 자가 2인 이상인 경우에는 선임자)를 말한다.

(4) 종합상황실의 실장이 보고해야 하는 경우

① 사망자 5인 이상, 사상자 10인 이상 발생한 화재
② 이재민이 100인 이상 발생한 화재
③ 재산피해액이 50억원 이상 발생한 화재
④ 층수가 11층 이상인 건축물 등에서 발생한 화재 등

(5) 실장의 보고 의무 등

종합상황실의 실장은 위 **(4)**의 상황이 발생하는 때에는 그 사실을 **지체 없이** 별지 제1호 서식에 따라 서면·팩스 또는 컴퓨터통신 등으로 '소방서'의 종합상황실의 경우는 소방본부의 종합상황실에, '소방본부'의 종합상황실의 경우는 소방청의 종합상황실에 각각 보고해야 한다.

(6) 사망자 등 발생 정리표 [다른 법령]

시설물의 안전 및 유지관리에 관한 특별법	관리주체가 사고 발생 사실을 알려야 하는 경우는 다음과 같다. ① 시설물이 붕괴되거나 쓰러져 재시공이 필요한 정도의 시설물피해 ② 사망자, 실종자가 3명 이상, 사상자가 10명 이상인 인명피해 ③ 위 ① 및 ②에서 규정한 피해 외에 국토교통부장관이 조사가 필요하다고 인정하는 시설물피해 또는 인명피해
승강기 안전관리법	승강기 관리주체가 공단의 장에게 통보하여야 하는 중대한 사고는 다음과 같다. ① 사망자가 발생한 사고 ② 사고 발생일부터 7일 이내에 실시된 의사의 최초 진단 결과 1주 이상의 입원 치료가 필요한 부상자가 발생한 사고 ③ 사고 발생일부터 7일 이내에 실시된 의사의 최초 진단 결과 3주 이상의 치료가 필요한 부상자가 발생한 사고

3. 소방활동 등

(1) 비교표 ★

소방활동	소방청장, 소방본부장, 소방서장은 화재 등 위급한 상황이 발생하였을 때는 소방대를 현장에 신속하게 출동시켜 화재진압과 인명구조·구급 등 소방활동을 하게 하여야 한다.
소방지원활동	① 산불에 대한 예방·진압 등 지원활동 ② 자연재해에 따른 급수·배수 및 제설 등 지원활동 ③ 집회 등 각종 행사 시 사고에 대비한 근접대기 등 지원활동 ④ 화재, 재난·재해로 인한 피해복구 지원활동
생활안전활동	① 붕괴 등이 우려되는 고드름, 나무, 위험 구조물의 제거활동 ② 위해동물, 벌 등의 포획 및 퇴치활동 ③ 끼임, 고립 등에 따른 위험제거 및 구출활동 ④ 단전사고 시 비상전원 또는 조명의 공급 ⑤ 그 밖에 방치하면 급박해질 우려가 있는 위험 예방활동

➲ 소방대원은 소방활동 또는 생활안전활동을 방해하는 행위를 하는 사람에게 필요한 경고를 하고, 그 행위로 인하여 사람의 생명·신체에 위해를 끼치거나 재산에 중대한 손해를 끼칠 우려가 있는 긴급한 경우에는 그 행위를 제지할 수 있다.

(2) 소방지원활동

① 소방청장, 소방본부장, 소방서장은 공공의 안녕질서 유지 또는 복리 증진을 위해 필요한 경우 소방활동 외에 '소방지원활동'을 하게 할 수 있다.
② 소방지원활동은 '소방활동 수행에 지장을 주지 아니하는 범위'에서 할 수 있다.
③ 유관기관·단체 등의 요청에 따른 소방지원활동에 드는 비용은 '지원요청을 한' 유관기관·단체 등에게 부담하게 할 수 있다.

(3) 생활안전활동

① 소방청장, 소방본부장, 소방서장은 신고가 접수된 생활안전 및 위험제거 활동(화재, 재난·재해 등 위급한 상황에 해당하는 것은 제외)에 대응하기 위하여 소방대를 출동시켜 '생활안전활동'을 하게 하여야 한다.
② 누구든지 정당한 사유 없이 위 ①에 따라 출동하는 소방대의 생활안전활동을 방해하여서는 아니 된다.
③ 위 ②를 위반하여 정당한 사유 없이 소방대의 생활안전활동을 방해한 자는 100만원 이하의 벌금에 처한다.

(4) 관계인의 소방활동

① 관계인은 소방대상물에 화재, 재난·재해, 그 밖의 위급한 상황이 발생한 경우에는 소방대가 현장에 도착할 때까지 경보를 울리거나 대피를 유도하는 등의 방법으로 사람을 구출하는 조치 또는 불을 끄거나 불이 번지지 아니하도록 필요한 조치를 하여야 한다. [위반자: 1백만원 이하의 벌금]
② 관계인은 소방대상물에 화재, 재난·재해, 그 밖의 위급한 상황이 발생한 경우에는 이를 소방본부, 소방서 또는 관계 행정기관에 지체 없이 알려야 한다. [위반자: 5백만원 이하의 과태료]

(5) 자체소방대의 설치·운영 등

① 관계인은 화재를 진압하거나 구조·구급 활동을 하기 위하여 상설 조직체(위험물안전관리법 등에 따라 설치된 자체소방대를 포함, 이하 '자체소방대'라 한다)를 설치·운영할 수 있다.
② 자체소방대는 '소방대가 현장에 도착한 경우' 소방대장의 지휘·통제에 따라야 한다.
③ 소방청장, 소방본부장 또는 소방서장은 자체소방대의 역량 향상을 위하여 필요한 교육·훈련 등을 지원할 수 있다.

4. 소송지원 등

(1) 소방자동차의 보험 가입 등

① 시·도지사는 소방자동차의 '공무상 운행' 중 교통사고가 발생한 경우 '그 운전자의 법률상 분쟁에 소요되는 비용'을 지원할 수 있는 보험에 가입하여야 한다.
② 국가는 위 ①에 따른 보험 가입비용의 일부를 지원할 수 있다.

(2) 소방활동에 대한 면책

소방공무원이 소방활동으로 인하여 타인을 사상(死傷)에 이르게 한 경우 '그 소방활동'이 불가피하고 소방공무원에게 고의 또는 중대한 과실이 없는 때에는 그 정상을 참작하여 사상에 대한 형사책임을 감경하거나 면제할 수 있다.

(3) 소송지원

소방청장, 소방본부장 또는 소방서장은 소방공무원이 소방활동, 소방지원활동, 생활안전활동으로 인하여 '민·형사상 책임과 관련된 소송을 수행할 경우' 변호인 선임 등 소송 수행에 필요한 지원을 할 수 있다.

(4) 소방교육·훈련

① 소방청장, 소방본부장 또는 소방서장은 소방업무를 전문적이고 효과적으로 수행하기 위하여 소방대원에게 필요한 교육·훈련을 실시하여야 한다.
② 소방청장, 소방본부장 또는 소방서장은 화재를 예방하고 화재발생 시 인명과 재산피해를 최소화하기 위하여 다음의 사람(어린이집의 영유아, 유치원의 유아, 학교의 학생 및 장애인복지시설에 거주하거나 해당 시설을 이용하는 장애인)을 대상으로 소방안전에 관한 교육과 훈련을 실시할 수 있다. 이 경우 소방청장, 소방본부장 또는 소방서장은 '해당 어린이집·유치원·학교의 장과 교육일정 등'에 관하여 협의하여야 한다.

(5) 소방신호의 종류

① 경계신호: 화재예방상 필요하다고 인정되거나 화재위험경보 시 발령
② 발화신호: 화재가 발생한 때 발령
③ 해제신호: 소화활동이 필요없다고 인정되는 때 발령
④ 훈련신호: 훈련상 필요하다고 인정되는 때 발령

(6) 화재 등의 통지

① 화재 현장 또는 구조·구급이 필요한 사고 현장을 발견한 사람은 그 현장의 상황을 소방본부, 소방서 또는 관계 행정기관에 지체 없이 알려야 한다.

② '다음의 지역'에서 화재로 오인할 만한 우려가 있는 불을 피우거나 연막 소독을 하려는 자는 소방본부장 또는 소방서장에게 신고해야 한다. [아래 ⭘ '화재예방강화지구 지역'과 비교]

㉠ 시장지역

㉡ 공장·창고가 밀집한 지역

㉢ 목조건물이 밀집한 지역

㉣ 위험물의 저장 및 처리시설이 밀집한 지역

㉤ 석유화학제품을 생산하는 공장이 있는 지역 등

③ 위 ②의 신고를 하지 아니하여 소방자동차를 출동하게 한 경우: 20만원 이하의 과태료

⭘ '화재예방강화지구' 지정대상지역 [비교]

1. 시장지역
2. 공장·창고가 밀집한 지역
3. 목조건물이 밀집한 지역
4. 노후·불량건축물이 밀집한 지역
5. 위험물의 저장 및 처리시설이 밀집한 지역
6. 석유화학제품을 생산하는 공장이 있는 지역
7. 「산업입지 및 개발에 관한 법률」에 따른 산업단지
8. 소방시설·소방용수시설 또는 소방출동로가 없는 지역
9. 「물류시설의 개발 및 운영에 관한 법률」 제2조 제6호에 따른 물류단지 등

(7) 소방자동차의 우선 통행 등

① 모든 차와 사람은 소방자동차(지휘를 위한 자동차와 구조·구급차를 포함)가 화재진압 및 구조·구급 활동을 위하여 출동을 할 때에는 이를 방해하여서는 아니 된다.

② 소방자동차가 화재진압 및 구조·구급 활동을 위하여 출동하거나 훈련을 위하여 필요할 때에는 사이렌을 사용할 수 있다.

③ 모든 차와 사람은 소방자동차가 화재진압 및 구조·구급 활동을 위하여 '사이렌을 사용하여 출동하는 경우'에는 다음의 행위를 하여서는 아니 된다.

㉠ 소방자동차에 진로를 양보하지 아니하는 행위

㉡ 소방자동차 앞에 끼어들거나 소방자동차를 가로막는 행위

㉢ 그 밖에 소방자동차의 출동에 지장을 주는 행위

④ 위 ③의 경우를 제외하고 '소방자동차의 우선 통행'에 관하여는 「도로교통법」에서 정하는 바에 따른다.

(8) 소방자동차 전용구역 등 ★

① 「건축법」 제2조 제2항 제2호에 따른 공동주택 중 다음의 공동주택의 건축주는 소방활동의 원활한 수행을 위하여 공동주택에 소방자동차 전용구역(이하 '전용구역'이라 한다)을 설치하여야 한다. 다만, 하나의 대지에 하나의 동(棟)으로 구성되고 「도로교통법」 제32조 또는 제33조에 따라 정차 또는 주차가 금지된 편도 2차선 이상의 도로에 직접 접하여 소방자동차가 도로에서 직접 소방활동이 가능한 공동주택은 제외한다.
　㉠ 100세대 이상인 아파트
　㉡ 3층 이상의 기숙사

② 누구든지 전용구역에 차를 '주차'하거나 전용구역에의 진입을 가로막는 등의 방해행위를 하여서는 아니 되며, 위반자에게는 1백만원 이하의 과태료를 부과한다.

(9) '소방자동차 교통안전 분석 시스템' 구축·운영

① 소방청장 또는 소방본부장은 소방펌프차, 소방물탱크차, 소방화학차, 소방고가차(消防高架車), 무인방수차, 구조차 등 대통령령으로 정하는 소방자동차에 행정안전부령으로 정하는 기준에 적합한 운행기록장치(이하 '운행기록장치'라 한다)를 장착하고 운용하여야 한다.

② 소방청장은 소방자동차의 안전한 운행 및 교통사고 예방을 위하여 운행기록장치 데이터의 수집·저장·통합·분석 등의 업무를 전자적으로 처리하기 위한 시스템(이하 '소방자동차 교통안전 분석 시스템'이라 한다)을 구축·운영할 수 있다.

(10) 소방활동구역의 설정

① 소방대장은 화재 등 위급한 상황이 발생한 현장에 소방활동구역을 정하여 소방활동에 필요한 사람으로서 '일정한 사람 외'에는 그 구역에 출입하는 것을 제한할 수 있다.

② 경찰공무원은 '소방대가 소방활동구역에 있지 아니하거나' '소방대장의 요청이 있을 때'에는 위 ①에 따른 조치를 할 수 있다.

소방활동구역에 출입할 수 있는 사람

1. 소방활동구역 안에 있는 소방대상물의 소유자·관리자 또는 점유자
2. 전기·가스·수도·통신·교통 업무에 종사하는 사람으로서 원활한 소방활동을 위해 필요한 사람
3. 의사·간호사, 그 밖의 구조·구급업무에 종사하는 사람
4. 취재인력 등 보도업무에 종사하는 사람
5. 수사업무에 종사하는 사람 등

(11) 소방활동 종사 명령

① 소방본부장, 소방서장, 소방대장은 화재 등 위급한 상황이 발생한 현장에서 소방활동을 위하여 필요할 때에는 그 관할 구역에 사는 사람 또는 그 현장에 있는 사람으로 하여금 사람을 구출하는 일 또는 불을 끄거나 불이 번지지 아니하도록 하는 일을 하게 할 수 있다. 이 경우 소방활동에 필요한 보호장구를 지급하는 등 안전을 위한 조치를 하여야 한다.

② 소방활동에 종사한 사람은 시·도지사로부터 소방활동의 비용을 지급받을 수 있다. 다만, 다음의 사람의 경우에는 그러하지 아니하다.

㉠ 소방대상물에 화재, 재난·재해, 그 밖의 위급한 상황이 발생한 경우 그 관계인

㉡ 고의 또는 과실로 화재 또는 구조·구급 활동이 필요한 상황을 발생시킨 사람

㉢ 화재 또는 구조·구급 현장에서 물건을 가져간 사람

(12) 강제처분 등

① 소방본부장, 소방서장 또는 소방대장은 사람을 구출하거나 불이 번지는 것을 막기 위하여 필요할 때에는 화재가 발생하거나 불이 번질 우려가 있는 소방대상물 및 토지를 일시적으로 사용하거나 그 사용의 제한 또는 소방활동에 필요한 처분을 할 수 있다.

② 소방본부장, 소방서장 또는 소방대장은 사람을 구출하거나 불이 번지는 것을 막기 위하여 긴급하다고 인정할 때에는 위 ①에 따른 소방대상물 또는 토지 '외'의 소방대상물과 토지에 대하여 위 ①의 처분을 할 수 있다.

③ 소방본부장, 소방서장, 소방대장은 소방활동을 위하여 긴급하게 출동할 때, 소방자동차의 통행과 소방활동에 방해가 되는 주차 또는 정차된 차량 및 물건 등을 제거, 이동시킬 수 있다.

(13) 피난 명령

① 소방본부장, 소방서장 또는 소방대장은 화재, 재난·재해, 그 밖의 위급한 상황이 발생하여 사람의 생명을 위험하게 할 것으로 인정할 때에는 일정한 구역을 지정하여 그 구역에 있는 사람에게 그 구역 밖으로 피난할 것을 명할 수 있다.

② 소방본부장, 소방서장 또는 소방대장은 위 ①의 명령을 할 때 필요하면 관할 경찰서장 또는 자치경찰단장에게 협조를 요청할 수 있다.

(14) 위험시설 등에 대한 긴급조치

① 소방본부장, 소방서장 또는 소방대장은 화재 진압 등 소방활동을 위하여 필요할 때에는 소방용수 외에 댐·저수지 또는 수영장 등의 물을 사용하거나 수도(水道)의 개폐장치 등을 조작할 수 있다.
② 소방본부장, 소방서장 또는 소방대장은 화재발생을 막거나 폭발 등으로 화재가 확대되는 것을 막기 위하여 가스·전기 또는 유류 등의 시설에 대하여 위험물질의 공급을 차단하는 등 필요한 조치를 할 수 있다.

(15) 한국119청소년단

① 청소년에게 소방안전에 관한 올바른 이해와 안전의식을 함양시키기 위하여 한국119청소년단을 설립한다.
② '사단법인', 설립등기
③ 국가나 지방자치단체는 한국119청소년단에 그 조직 및 활동에 필요한 시설·장비를 지원할 수 있으며, 운영경비와 시설비 및 국내외 행사에 필요한 경비를 보조할 수 있다.
④ 이 법에 따른 한국119청소년단이 아닌 자는 한국119청소년단 또는 이와 유사한 명칭을 사용할 수 없다. [위반자: 2백만원 이하의 과태료]

5. 한국소방안전원

(1) 한국소방안전원의 설립 등 ★

① 소방기술과 안전관리기술의 향상 및 홍보, 그 밖의 교육·훈련 등 행정기관이 위탁하는 업무의 수행과 소방 관계 종사자의 기술 향상을 위하여 한국소방안전원(이하 '안전원'이라 한다)을 '소방청장'의 '인가'를 받아 설립한다.
② 법인으로 하며, 재단법인, 정관 변경하려면 소방청장의 '인가'를 받아야 한다.
③ 소방청장은 안전원의 업무를 감독한다.

(2) 교육계획의 수립 및 평가 등

① 소방안전원의 장(이하 '안전원장'이라 한다)은 소방기술과 안전관리의 기술향상을 위하여 매년 '교육 수요조사'를 실시하여 교육계획을 수립하고 소방청장의 '승인'을 받아야 한다.
② 안전원장은 소방청장에게 해당 연도 교육결과를 '평가·분석하여 보고'하여야 하며, 소방청장은 교육평가 결과를 위 ①의 교육계획에 반영하게 할 수 있다.
③ 안전원장은 교육결과를 객관적이고 정밀 분석하기 위해 필요 시 '위원회'를 운영할 수 있다.

6. 손실보상

(1) 정당한 보상

① 소방청장 또는 시·도지사(이하 '소방청장등'이라 한다)는 다음의 자에게 **손실보상심의위원회의 심사·의결에 따라 정당한 보상**을 하여야 한다.
   ㉠ 법 제16조의3(생활안전활동) 제1항에 따른 조치로 인하여 손실을 입은 자
   ㉡ 소방활동 종사 명령에 따른 소방활동 종사로 인하여 사망, 부상을 입은 자
   ㉢ 법령에 따른 강제처분으로 인하여 손실을 입은 자. 다만, '법령을 위반하여 소방자동차의 통행과 소방활동에 방해가 된 경우'는 제외한다.
   ㉣ 법령에 따른 위험시설 등의 긴급조치로 인하여 손실을 입은 자 등
② **'시효 소멸'**: '손실이 있음을 안 날'부터 3년, '손실이 발생한 날'부터 5년간 행사(×)

(2) 손실보상의 기준 및 보상금액

① 위 **(1)**의 ①(㉡은 제외)에 해당하는 자에게 물건의 멸실·훼손으로 인한 손실보상을 하는 때에는 다음의 기준에 따른 금액으로 보상한다.
   ㉠ **손실입은 물건을 수리할 수 있는 때**: 수리비에 상당하는 금액
   ㉡ **손실입은 물건을 수리할 수 없는 때**: 손실을 입은 당시의 **해당 물건의 교환가액**
② 물건의 멸실·훼손으로 인한 손실 외의 재산상 손실에 대해서는 **직무집행과 상당한 인과관계**가 있는 범위에서 보상한다.

(3) 손실보상의 지급절차 및 방법

① 소방청장등은 손실보상심의위원회의 심사·의결을 거쳐 특별한 사유가 없으면 보상금 지급 청구서를 받은 날부터 **60일 이내**에 '**보상금 지급 여부 및 보상금액**'을 결정하여야 한다.
② 소방청장등은 위 ①의 결정일부터 **10일 이내**에 결정 내용을 청구인에게 통지하고, 보상금을 지급하기로 결정한 경우에는 통지한 날부터 **30일 이내**에 보상금을 지급해야 한다.
③ 보상금은 일시불로 지급하되, 예산 부족 등의 사유로 일시불로 지급할 수 없는 특별한 사정이 있는 경우에는 청구인의 동의를 받아 분할하여 지급할 수 있다.

(4) 손실보상심의위원회의 설치 및 구성

① 소방청장 또는 시·도지사는 앞의 (1)에 따른 손실보상청구사건을 심사·의결하기 위하여 필요한 경우 손실보상심의위원회를 구성·운영할 수 있다. 〈개정〉
② 소방청장 또는 시·도지사는 손실보상심의위원회의 구성 목적을 달성하였다고 인정하는 경우에는 손실보상심의위원회를 해산할 수 있다. 〈신설〉
③ 보상위원회는 위원장 1명을 포함하여 5명 이상 7명 이하의 위원으로 구성한다(다만, 청구금액이 100만원 이하인 사건에 대해서는 소속 소방공무원인 위원 3명으로만 구성할 수 있다). 〈단서 신설〉

PART 10

화재의 예방 및 안전관리에 관한 법률

▶ **연계학습** | 에듀윌 기본서 2차 [주택관리관계법규 下] p.256

회독체크 1 2 3

1. 용어의 정의

① '예방'이란 화재의 위험으로부터 사람의 생명·신체 및 재산을 보호하기 위하여 화재발생을 사전에 제거하거나 방지하기 위한 모든 활동을 말한다.
② '안전관리'란 화재로 인한 피해를 최소화하기 위한 예방, 대비, 대응 등의 활동을 말한다.
③ '화재안전조사'란 소방청장, 소방본부장 또는 소방서장(이하 '소방관서장'이라 한다)이 소방대상물, 관계지역 또는 관계인에 대하여 '소방시설등이 소방 관계 법령에 적합하게 설치·관리'되고 있는지, '소방대상물에 화재의 발생 위험이 있는지' 등을 확인하기 위하여 '실시'하는 현장조사·문서열람·보고요구 등을 하는 활동을 말한다.
④ '화재예방강화지구'란 '시·도지사'가 화재발생 우려가 크거나 화재가 발생할 경우 피해가 클 것으로 예상되는 지역에 대하여 화재의 예방 및 안전관리를 강화하기 위해 지정·관리하는 지역을 말한다.
⑤ '화재예방안전진단'이란 화재가 발생할 경우 사회·경제적으로 피해 규모가 클 것으로 예상되는 소방대상물에 대하여 '화재위험요인을 조사'하고 그 위험성을 평가하여 '개선대책을 수립하는 것'을 말한다.

2. 화재의 예방 및 안전관리 기본계획 등

(1) 기본계획, 시행계획, 세부시행계획

① 소방청장은 화재예방정책을 체계적·효율적으로 추진하고 이에 필요한 기반 확충을 위하여 화재의 예방 및 안전관리에 관한 기본계획(이하 '기본계획'이라 한다)을 5년마다 수립·시행하여야 한다.
② 기본계획은 소방청장이 관계 중앙행정기관의 장과 협의하여 수립한다.
③ 소방청장은 '기본계획을 시행'하기 위하여 매년 '시행계획'을 수립·시행하여야 한다.
④ 소방청장은 '기본계획'과 '시행계획'을 관계 중앙행정기관의 장과 시·도지사에게 '통보'하여야 한다.
⑤ 위 ④에 따라 기본계획과 시행계획을 통보받은 관계 중앙행정기관의 장과 시·도지사는 소관 사무의 특성을 반영한 '세부시행계획'을 수립·시행하고 '그 결과'를 소방청장에게 '통보'하여야 한다.

⑥ 소방청장은 기본계획 및 시행계획을 수립하기 위하여 필요한 경우에는 관계 중앙행정기관의 장 또는 시·도지사에게 관련 자료의 제출을 요청할 수 있다. 이 경우 자료 제출을 요청받은 관계 중앙행정기관의 장 또는 시·도지사는 특별한 사유가 없으면 이에 따라야 한다.

(2) 실태조사

① 소방청장은 기본계획 및 시행계획의 수립·시행에 필요한 '기초자료를 확보'하기 위하여 다음의 사항에 대하여 실태조사를 할 수 있다. 이 경우 '관계 중앙행정기관의 장의 요청이 있는 때'에는 합동으로 실태조사를 할 수 있다.
  ㉠ 소방대상물의 용도별·규모별 현황
  ㉡ 소방대상물의 화재의 예방 및 안전관리 현황
  ㉢ 소방대상물의 소방시설등 설치·관리 현황 등

② 소방청장은 소방대상물의 현황 등 관련 정보를 보유·운용하고 있는 관계 중앙행정기관의 장, 지방자치단체의 장, 「공공기관의 운영에 관한 법률」 제4조에 따른 공공기관의 장 또는 관계인 등에게 위 ①에 따른 실태조사에 필요한 자료의 제출을 요청할 수 있다. 이 경우 자료 제출을 요청받은 자는 특별한 사유가 없으면 이에 따라야 한다.

3. 화재안전조사

(1) 의의 등

① 소방관서장은 다음의 어느 하나에 해당하는 경우 화재안전조사를 실시할 수 있다. 다만, 개인의 주거(실제 주거용도로 사용되는 경우에 한정)에 대한 화재안전조사는 '관계인의 승낙'이 있거나 '화재발생의 우려가 뚜렷하여 긴급한 필요가 있는 때'에 한정한다.
  ㉠ 「소방시설 설치 및 관리에 관한 법률」에 따른 자체점검이 불성실하거나 불완전하다고 인정되는 경우
  ㉡ 화재예방강화지구 등 법령에서 화재안전조사를 하도록 규정되어 있는 경우
  ㉢ 화재예방안전진단이 불성실하거나 불완전하다고 인정되는 경우
  ㉣ 국가적 행사 등 주요 행사가 개최되는 장소 및 그 주변의 관계 지역에 대하여 소방안전관리 실태를 조사할 필요가 있는 경우
  ㉤ 화재가 자주 발생하였거나 발생할 우려가 뚜렷한 곳에 대한 조사가 필요한 경우
  ㉥ 재난예측정보, 기상예보 등을 분석한 결과 소방대상물에 화재의 발생 위험이 크다고 판단되는 경우
  ㉦ 위 ㉠부터 ㉥까지에서 규정한 경우 외에 화재, 그 밖의 긴급한 상황이 발생할 경우 인명 또는 재산 피해의 우려가 현저하다고 판단되는 경우

② 화재안전조사의 항목은 '대통령령'으로 정한다. 이 경우 화재안전조사의 항목에는 화재의 예방조치 상황, 소방시설등의 관리 상황 및 소방대상물의 화재 등의 발생 위험과 관련된 사항이 포함되어야 한다.

(2) 화재안전조사의 방법·절차 등

① 소방관서장은 화재안전조사를 조사의 목적에 따라 '화재안전조사의 항목 전체'에 대하여 종합적으로 실시하거나 특정 항목에 한정하여 실시할 수 있다.

② 소방관서장은 화재안전조사를 실시하려는 경우 '사전에' 관계인에게 조사대상, 조사기간 및 조사사유 등을 우편, 전화, 전자메일 또는 문자전송 등을 통하여 통지하고 이를 대통령령으로 정하는 바에 따라 인터넷 홈페이지나 전산시스템 등을 통하여 공개하여야 한다. 다만, 다음의 어느 하나에 해당하는 경우에는 그러하지 아니하다.

㉠ 화재가 발생할 우려가 뚜렷하여 긴급하게 조사할 필요가 있는 경우

㉡ 위 ㉠ 외에 화재안전조사의 실시를 사전에 통지하거나 공개하면 조사목적을 달성할 수 없다고 인정되는 경우

③ 화재안전조사는 '관계인의 승낙 없이' 소방대상물의 공개시간 또는 근무시간 '이외'에는 할 수 없다. 다만, 위 ②의 ㉠에 해당하는 경우에는 그러하지 아니하다.

④ 위 ②에 따른 통지를 받은 관계인은 '천재지변이나 그 밖에 대통령령으로 정하는 사유로 화재안전조사를 받기 곤란한 경우'에는 화재안전조사를 통지한 소방관서장에게 화재안전조사를 연기하여 줄 것을 신청할 수 있다. 이 경우 소방관서장은 연기신청 승인 여부를 결정하고 그 결과를 '조사 시작 전까지' 관계인에게 알려 주어야 한다.

(3) 화재안전조사의 방법·절차 등

① 소방관서장은 화재안전조사의 목적에 따라 '다음의 어느 하나에 해당하는 방법'으로 화재안전조사를 실시할 수 있다.

㉠ **종합조사**: 화재안전조사 항목 전부를 확인하는 조사

㉡ **부분조사**: 화재안전조사 항목 중 일부를 확인하는 조사

② 소방관서장은 화재안전조사를 실시하려는 경우 사전에 조사대상, 조사기간, 조사사유 등 조사계획을 소방청, 소방본부, 소방서(이하 '소방관서'라 한다)의 인터넷 홈페이지나 전산시스템을 통해 7일 이상 '공개'해야 한다.

③ 소방관서장은 위 (2)의 ② 단서에 따라 사전 통지 없이 화재안전조사를 실시하는 경우에는 '화재안전조사를 실시하기 전'에 관계인에게 조사사유 및 조사범위 등을 현장에서 설명해야 한다.

④ 소방관서장은 화재안전조사를 효율적으로 실시하기 위하여 필요한 경우 관계 중앙행정기관 또는 지방자치단체 등과 합동으로 조사반을 편성하여 화재안전조사를 할 수 있다.

(4) 화재안전조사단 편성·운영

① 소방관서장은 화재안전조사를 효율적으로 수행하기 위하여 대통령령으로 정하는 바에 따라 '소방청'에는 중앙화재안전조사단을, '소방본부 및 소방서'에는 지방화재안전조사단을 편성하여 운영할 수 있다.
② 소방관서장은 중앙화재안전조사단 및 지방화재안전조사단의 업무 수행을 위하여 필요한 경우에는 관계 기관의 장에게 그 소속 공무원 또는 직원의 파견을 요청할 수 있다. 이 경우 공무원 또는 직원의 파견 요청을 받은 관계 기관의 장은 특별한 사유가 없으면 이에 협조하여야 한다.
③ 중앙화재안전조사단 및 지방화재안전조사단(이하 '조사단'이라 한다)은 각각 단장을 포함하여 50명 이내의 단원으로 성별을 고려하여 구성한다.

(5) 화재안전조사위원회 구성·운영

① 소방관서장은 화재안전조사의 대상을 객관적이고 공정하게 선정하기 위하여 필요한 경우 '화재안전조사위원회'를 구성하여 '화재안전조사의 대상을 선정'할 수 있다.
② 화재안전조사위원회(이하 '위원회'라 한다)는 위원장 1명을 포함하여 7명 이내의 위원으로 성별을 고려하여 구성한다.
③ 위원회의 위원장은 소방관서장이 된다.
④ 위원회에 출석한 위원에게는 예산의 범위에서 수당, 여비, 그 밖에 필요한 경비를 지급할 수 있다. 다만, 공무원인 위원이 소관 업무와 직접 관련하여 위원회에 출석하는 경우에는 그렇지 않다.

(6) 화재안전조사 결과에 따른 조치명령

① 소방관서장은 화재안전조사 결과에 따른 소방대상물의 위치·구조·설비 또는 관리의 상황이 화재예방을 위하여 보완될 필요가 있거나 화재가 발생하면 인명 또는 재산의 피해가 클 것으로 예상되는 때에는 관계인에게 그 소방대상물의 개수(改修)·이전·제거, 사용의 금지 또는 제한, 사용폐쇄, 공사의 정지 또는 중지, 그 밖에 필요한 조치를 명할 수 있다.
② 소방관서장은 화재안전조사 결과 소방대상물이 법령을 위반하여 건축 또는 설비되었거나 소방시설등, 피난시설·방화구획, 방화시설 등이 법령에 적합하게 설치 또는 관리되고 있지 아니한 경우에는 관계인에게 '위 ①에 따른 조치를 명'하거나 관계 행정기관의 장에게 '필요한 조치를 하여 줄 것을 요청'할 수 있다.

(7) 손실보상

① 소방청장 또는 시·도지사는 앞의 (6)의 ①에 따른 명령으로 인하여 손실을 입은 자가 있는 경우에는 대통령령으로 정하는 바에 따라 보상하여야 한다.
② 소방청장 또는 시·도지사가 손실을 보상하는 경우에는 시가(時價)로 보상해야 한다.
③ 손실보상에 관하여는 '소방청장 또는 시·도지사'와 '손실을 입은 자'가 협의해야 한다.
④ 소방청장 또는 시·도지사는 '보상금액에 관한 협의가 성립되지 않은 경우'에는 그 보상금액을 지급하거나 공탁하고 이를 상대방에게 알려야 한다.
⑤ 위 ④에 따른 보상금의 지급 또는 공탁의 통지에 불복하는 자는 '지급 또는 공탁의 통지를 받은 날'부터 30일 이내에 「공익사업을 위한 토지 등의 취득 및 보상에 관한 법률」에 따른 중앙토지수용위원회 또는 관할 지방토지수용위원회에 재결을 신청할 수 있다.

4. 화재의 예방조치 등

(1) 화재의 예방조치

① 누구든지 '화재예방강화지구' 및 '이에 준하는 대통령령으로 정하는 장소'에서는 다음의 어느 하나에 해당하는 행위를 하여서는 아니 된다. 다만, 행정안전부령으로 정하는 바에 따라 안전조치를 한 경우에는 그러하지 아니한다.
㉠ 모닥불, 흡연 등 화기의 취급
㉡ '풍등' 등 소형열기구 날리기
㉢ '용접·용단' 등 불꽃을 발생시키는 행위
㉣ 「위험물안전관리법」에 따른 위험물을 방치하는 행위
② 소방관서장은 화재 발생 위험이 크거나 소화 활동에 지장을 줄 수 있다고 인정되는 행위나 물건에 대하여 행위 당사자나 그 물건의 소유자, 관리자 또는 점유자에게 다음의 명령을 할 수 있다. 다만, 다음 ㉡ 및 ㉢에 해당하는 물건의 소유자, 관리자 또는 점유자를 알 수 없는 경우 소속 공무원으로 하여금 그 물건을 옮기거나 보관하는 등 필요한 조치를 하게 할 수 있다.
㉠ 위 ①의 어느 하나에 해당하는 행위의 금지 또는 제한
㉡ 목재, 플라스틱 등 가연성이 큰 물건의 제거, 이격, 적재 금지 등
㉢ 소방차량의 통행이나 소화 활동에 지장을 줄 수 있는 물건의 이동
③ 위 ①에서 '대통령령으로 정하는 장소'란 다음의 장소를 말한다.
㉠ 제조소 등
㉡ 「고압가스 안전관리법」에 따른 저장소
㉢ 「액화석유가스의 안전관리 및 사업법」에 따른 액화석유가스의 저장소·판매소 등

(2) 옮긴 물건 등의 보관기간 및 보관기간 경과 후 처리

① 소방관서장은 앞의 (1)의 ②에 따라 '옮긴 물건 등'을 보관하는 경우에는 그날부터 14일 동안 해당 소방관서의 인터넷 홈페이지에 그 사실을 공고해야 한다.
② 옮긴 물건 등의 보관기간은 '위 ①에 따른 공고기간의 종료일 다음 날'부터 7일까지로 한다.
③ 소방관서장은 위 ②에 따른 보관기간이 종료된 때에는 보관하고 있는 옮긴 물건 등을 매각해야 한다. 다만, 보관하고 있는 옮긴 물건 등이 '부패·파손 또는 이와 유사한 사유로 정해진 용도로 계속 사용할 수 없는 경우'에는 폐기할 수 있다.
④ 소방관서장은 보관하던 옮긴 물건 등을 '위 ③ 본문에 따라 매각한 경우'에는 지체 없이 「국가재정법」에 따라 세입조치를 해야 한다.
⑤ 소방관서장은 위 ③에 따라 '매각'되거나 '폐기된 옮긴 물건 등의 소유자가 보상을 요구하는 경우'에는 보상금액에 대하여 소유자와의 협의를 거쳐 이를 보상해야 한다.

5. 화재예방강화지구 등

(1) 화재예방강화지구의 지정 등

① 시·도지사는 다음의 어느 하나에 해당하는 지역을 화재예방강화지구로 지정하여 관리할 수 있다.
   ㉠ 시장지역
   ㉡ 공장·창고가 밀집한 지역
   ㉢ 목조건물이 밀집한 지역
   ㉣ 노후·불량건축물이 밀집한 지역
   ㉤ 위험물의 저장 및 처리시설이 밀집한 지역
   ㉥ 석유화학제품을 생산하는 공장이 있는 지역
   ㉦ 「산업입지 및 개발에 관한 법률」 제2조 제8호에 따른 산업단지
   ㉧ 소방시설·소방용수시설 또는 소방출동로가 '없는' 지역
   ㉨ 「물류시설의 개발 및 운영에 관한 법률」에 따른 물류단지 등
② 위 ①에도 불구하고 시·도지사가 화재예방강화지구로 지정할 필요가 있는 지역을 화재예방강화지구로 지정하지 아니하는 경우 소방청장은 해당 시·도지사에게 해당 지역의 화재예방강화지구 지정을 요청할 수 있다.
③ 소방관서장은 대통령령으로 정하는 바에 따라 화재예방강화지구 안의 소방대상물의 위치·구조 및 설비 등에 대하여 화재안전조사를 '하여야 한다'.
④ 소방관서장은 위 ③에 따른 화재안전조사를 한 결과 화재의 예방강화를 위하여 필요하다고 인정할 때에는 관계인에게 소화기구, 소방용수시설 또는 그 밖에 소방에 필요한 설비('소방설비등')의 설치(보수, 보강을 포함)를 명할 수 있다.

⑤ 소방관서장은 화재예방강화지구 안의 관계인에 대하여 대통령령으로 정하는 바에 따라 소방에 필요한 훈련 및 교육을 '실시할 수 있다'.
⑥ 시·도지사는 대통령령으로 정하는 바에 따라 화재예방강화지구의 지정 현황, 화재안전조사의 결과, 소방설비등의 설치 명령 현황, 소방훈련 및 교육 현황 등이 포함된 '화재예방강화지구에서의 화재예방에 필요한 자료'를 매년 작성·관리하여야 한다.

(2) 화재예방강화지구의 관리

① 소방관서장은 화재예방강화지구 안의 소방대상물의 위치·구조 및 설비 등에 대한 화재안전조사를 연 1회 이상 '실시해야 한다'.
② 소방관서장은 화재예방강화지구 안의 관계인에 대하여 소방에 필요한 훈련 및 교육을 연 1회 이상 '실시할 수 있다'.
③ 소방관서장은 위 ②에 따라 훈련 및 교육을 실시하려는 경우에는 화재예방강화지구 안의 관계인에게 훈련 또는 교육 10일 전까지 그 사실을 '통보'해야 한다.

6. 화재안전영향평가 등

(1) 화재안전영향평가의 실시 등

① 소방청장은 화재발생 원인 및 연소과정을 조사·분석하는 등의 과정에서 법령이나 정책의 개선이 필요하다고 인정되는 경우 그 법령이나 정책에 대한 '화재 위험성의 유발요인 및 완화 방안에 대한 평가'(이하 '화재안전영향평가'라 한다)를 실시할 수 있다.
② 소방청장은 위 ①에 따라 화재안전영향평가를 실시한 경우 그 결과를 '해당 법령이나 정책의 소관 기관의 장'에게 통보하여야 한다.
③ 위 ②에 따라 결과를 통보받은 소관 기관의 장은 특별한 사정이 없는 한 이를 해당 법령이나 정책에 반영하도록 노력하여야 한다.

(2) 화재안전영향평가의 방법·절차·기준 등

① 소방청장은 화재안전영향평가를 하는 경우 화재현장 및 자료 조사 등을 기초로 화재·피난 모의실험 등 '과학적인 예측·분석 방법'으로 실시할 수 있다.
② 소방청장은 화재안전영향평가를 위하여 필요한 경우 해당 법령이나 정책의 소관 기관의 장에게 관련 자료의 제출을 요청할 수 있다. 이 경우 자료 제출을 요청받은 소관 기관의 장은 특별한 사유가 없으면 이에 따라야 한다.
③ 소방청장은 화재안전영향평가의 기준을 화재안전영향평가심의회(이하 '심의회'라 한다)의 심의를 거쳐 정한다.

(3) 화재안전영향평가심의회

① 소방청장은 화재안전영향평가에 관한 업무를 수행하기 위하여 화재안전영향평가심의회(이하 '심의회'라 한다)를 구성·운영할 수 있다.
② 심의회는 위원장 1명을 포함한 12명 이내의 위원으로 구성한다.

(4) 화재안전취약자에 대한 지원

① 소방관서장은 어린이, 노인, 장애인 등 화재의 예방 및 안전관리에 취약한 자(이하 '화재안전취약자'라 한다)의 안전한 생활환경을 조성하기 위하여 '소방용품의 제공' 및 '소방시설의 개선' 등 필요한 사항을 지원하기 위하여 노력하여야 한다.
② 소방관서장은 관계 행정기관의 장에게 위 ①에 따른 지원이 원활히 수행되는 데 필요한 협력을 요청할 수 있다. 이 경우 요청받은 관계 행정기관의 장은 특별한 사정이 없으면 요청에 따라야 한다.

7. 특정소방대상물의 소방안전관리

(1) 특정소방대상물의 소방안전관리자 등의 선임 등

① 특정소방대상물 중 '전문적인 안전관리가 요구되는 대통령령으로 정하는 특정소방대상물'('소방안전관리대상물') [별표 4]의 관계인은 소방안전관리업무를 수행하기 위하여 '소방안전관리자 자격증을 발급받은 사람'을 소방안전관리자로 선임하여야 한다. 이 경우 소방안전관리자의 업무에 대하여 보조가 필요한 '대통령령으로 정하는 소방안전관리대상물[별표 5]의 경우'에는 소방안전관리자 외에 소방안전관리보조자를 '추가'로 선임하여야 한다.
② 다른 안전관리자(다른 법령에 따라 전기·가스·위험물 등의 안전관리 업무에 종사하는 자)는 소방안전관리대상물 중 소방안전관리업무의 전담이 필요한 대통령령으로 정하는 소방안전관리대상물('특급 소방안전관리대상물' 및 '1급 소방안전관리대상물')의 소방안전관리자를 겸할 수 없다. 다만, 다른 법령에 특별한 규정이 있는 경우에는 그러하지 아니하다.
③ 위 ①에도 불구하고 소방안전관리대상물의 관계인은 '소방안전관리업무를 대행하는 관리업자(소방시설 설치 및 관리에 관한 법률에 따른 소방시설관리업의 등록을 한 자를 말한다. 이하 '관리업자'라 한다)를 감독할 수 있는 사람'을 지정하여 소방안전관리자로 선임할 수 있다. 이 경우 '소방안전관리자로 선임된 자'는 선임된 날부터 3개월 이내에 법 제34조에 따른 교육을 받아야 한다.

PART 10

(2) 소방안전관리업무의 대행

① 소방안전관리대상물 중 연면적 등이 일정규모 미만인 '대통령령으로 정하는 다음의 소방안전관리대상물'의 '관계인'은 앞의 (1)의 ①에도 불구하고 '관리업자'로 하여금 '다음 (9)에 따른 소방안전관리업무' 중 대통령령으로 정하는 업무[다음 (9)의 ③ 및 ④]를 대행하게 할 수 있다. 이 경우 '앞의 (1)의 ③에 따라 선임된 소방안전관리자'는 관리업자의 대행업무 수행을 감독하고 '대행업무 외의 소방안전관리업무'는 직접 수행하여야 한다.

㉠ '지상층의 층수가 11층 이상'인 1급 소방안전관리대상물('연면적 1만 5천 제곱미터 이상인 특정소방대상물'과 '아파트'는 '제외'한다)

㉡ 2급 소방안전관리대상물

㉢ 3급 소방안전관리대상물

② 위 ①에 따라 소방안전관리업무를 관리업자에게 대행하게 하는 경우의 대가(代價)는 「엔지니어링산업 진흥법」 제31조에 따른 엔지니어링사업의 대가 기준 가운데 행정안전부령으로 정하는 방식에 따라 산정한다.

(3) 소방안전관리자 등에 대한 교육

① 소방안전관리자가 되려고 하는 사람 또는 소방안전관리자(소방안전관리보조자를 포함)로 선임된 사람은 소방안전관리업무에 관한 능력의 습득 또는 향상을 위하여 소방청장이 실시하는 강습교육 또는 실무교육을 받아야 한다.

② 소방안전관리자는 '소방안전관리자로 선임된 날'부터 6개월 이내에 실무교육을 받아야 하며, 그 이후에는 2년마다(최초 실무교육을 받은 날을 기준일로 하여 매 2년이 되는 해의 기준일과 같은 날 전까지를 말한다) 1회 이상 '실무교육'을 받아야 한다. 다만, '소방안전관리 강습교육 또는 실무교육을 받은 후' 1년 이내에 소방안전관리자로 선임된 사람은 해당 강습교육을 수료하거나 실무교육을 이수한 날에 실무교육을 이수한 것으로 본다(규칙 제29조 제3항).

③ 소방안전관리보조자는 '그 선임된 날'부터 6개월['영 [별표 5] 제2호 마목에 따라 소방안전관리보조자로 지정된 사람(소방안전관리대상물에서 소방안전 관련 업무에 2년 이상 근무한 경력이 있는 사람)의 경우 3개월을 말한다] 이내에 실무교육을 받아야 하며, 그 이후에는 2년마다(최초 실무교육을 받은 날을 기준일로 하여 매 2년이 되는 해의 기준일과 같은 날 전까지를 말한다) 1회 이상 '실무교육'을 받아야 한다. 다만, '소방안전관리자 강습교육 또는 실무교육이나 소방안전관리보조자 실무교육을 받은 후' 1년 이내에 소방안전관리보조자로 선임된 사람은 해당 강습교육을 수료하거나 실무교육을 이수한 날에 실무교육을 이수한 것으로 본다(규칙 제29조 제4항).

④ 교육실시방법은 다음과 같다. 다만, 「감염병의 예방 및 관리에 관한 법률」 제2조에 따른 감염병 등 불가피한 사유가 있는 경우에는 ㉠ 또는 ㉢의 교육을 ㉡의 교육으로 실시할 수 있다.

㉠ 집합교육

㉡ 정보통신매체를 이용한 원격교육

㉢ 위 ㉠ 및 ㉡을 혼용한 교육

(4) 소방안전관리자 및 소방안전관리보조자를 선임해야 하는 특정소방대상물

건축물대장의 건축물현황도에 표시된 대지경계선 안의 지역 또는 인접한 '2개 이상의 대지'에 위 ①에 따라 '소방안전관리자를 두어야 하는 특정소방대상물'이 둘 이상 있고, '그 관리에 관한 권원(權原)을 가진 자'가 동일인인 경우에는 이를 **하나의 특정소방대상물**로 본다. 이 경우 해당 특정소방대상물이 [별표 4]에 따른 등급 중 '둘 이상'에 해당하면 그중에서 등급이 높은 특정소방대상물로 본다.

(5) 소방안전관리자를 선임해야 하는 소방안전관리대상물(공동주택) ★

등급	대상
특급	50층 이상(지하층은 제외)이거나 높이가 200미터 이상인 아파트
1급	30층 이상(지하층은 제외)이거나 높이가 120미터 이상인 아파트
2급	'의무관리대상 공동주택'(옥내소화전설비 또는 스프링클러설비가 설치된 공동주택으로 한정한다)
3급	① 간이스프링클러설비(주택전용간이스프링클러설비는 제외) 설치대상 특정소방대상물[1] ② 자동화재탐지설비를 설치해야 하는 특정소방대상물[2]

1. 공동주택 중 아파트등·기숙사 및 숙박시설의 경우에는 모든 층
2. 층수가 6층 이상인 건축물의 경우에는 모든 층 등

(6) 소방안전관리자를 선임해야 하는 소방안전관리대상물(공동주택 '제외') ★

등급	대상
특급	① 30층 이상(지하층을 포함)이거나 높이 120미터 이상인 특정소방대상물(아파트는 제외) ② 연면적 10만 제곱미터 이상인 특정소방대상물(아파트는 제외)
1급	① 연면적 1만 5천 제곱미터 이상인 특정소방대상물(아파트 및 연립주택은 제외) ② 층수가 11층 이상인 특정소방대상물(아파트는 제외) ③ 가연성 가스를 1천 톤 이상 저장·취급하는 시설

2급	① 옥내소화전설비, 스프링클러설비, 물분무등소화설비 설치대상 특정소방대상물[호스릴(hose reel) 방식의 물분무등소화설비만을 설치한 경우는 제외] ② 가스 제조설비를 갖추고 도시가스사업의 허가를 받아야 하는 시설 또는 가연성 가스를 100톤 이상 1천 톤 미만 저장·취급하는 시설 ③ 지하구 ④ 「문화유산의 보존 및 활용에 관한 법률」 제23조에 따라 보물 또는 국보로 지정된 목조건축물
3급	① 간이스프링클러설비(주택전용 간이스프링클러설비는 제외한다)를 설치해야 하는 특정소방대상물 ② '자동화재탐지설비를 설치하여야 하는 특정소방대상물'

(7) 소방안전관리자의 자격

특급	소방공무원으로 20년 이상 근무한 경력이 있는 사람
1급	소방공무원으로 7년 이상 근무한 경력이 있는 사람
2급	소방공무원으로 3년 이상 근무한 경력이 있는 사람
3급	소방공무원으로 1년 이상 근무한 경력이 있는 사람

(8) 소방안전관리보조자를 선임해야 하는 소방안전관리대상물

① 소방안전관리보조자를 선임하여야 하는 특정소방대상물은 소방안전관리자를 두어야 하는 특정소방대상물 중 다음의 '보조자선임대상 특정소방대상물'로 한다.
   ㉠ 아파트 중 300세대 이상인 아파트
   ㉡ 연면적이 1만 5천 제곱미터 이상인 특정소방대상물(아파트 및 연립주택 제외)
   ㉢ 위 ㉠ 및 ㉡을 제외한 특정소방대상물 중 다음에 해당하는 특정소방대상물
      ⓐ 공동주택 중 기숙사
      ⓑ 의료시설 등 〈이하 생략〉

② 선임인원
   ㉠ 위 ①의 ㉠의 경우: 1명. 다만, 초과되는 300세대마다 1명 이상을 추가로 선임하여야 한다.
   ㉡ 〈이하 생략〉

(9) '특정소방대상물의 관계인'과 '소방안전관리대상물의 소방안전관리자'의 업무

'특정소방대상물(소방안전관리대상물은 제외한다)의 관계인'과 '소방안전관리대상물의 소방안전관리자'는 다음의 업무를 수행한다. 다만, ①, ②, ⑤, ⑦의 업무는 소방안전관리대상물의 경우에만 해당한다.

① 법 제36조에 따른 피난계획에 관한 사항과 대통령령으로 정하는 사항이 포함된 소방계획서의 작성 및 시행
② 자위소방대(自衛消防隊) 및 초기대응체계의 구성, 운영 및 교육
③ 「소방시설 설치 및 관리에 관한 법률」 제16조에 따른 피난시설, 방화구획 및 방화시설의 관리
④ 소방시설이나 그 밖의 소방 관련 시설의 관리
⑤ 법 제37조에 따른 소방훈련 및 교육
⑥ 화기(火氣) 취급의 감독
⑦ 행정안전부령으로 정하는 바에 따른 소방안전관리에 관한 업무수행에 관한 기록·유지(③·④ 및 ⑥의 업무를 말한다)
⑧ 화재발생 시 초기대응
⑨ 그 밖에 소방안전관리에 필요한 업무

(10) 소방안전관리자 선임신고 등

① 소방안전관리대상물의 관계인이 소방안전관리자 또는 소방안전관리보조자를 선임한 경우에는 '선임한 날'부터 14일 이내에 소방본부장 또는 소방서장에게 신고하고, 소방안전관리대상물의 출입자가 쉽게 알 수 있도록 소방안전관리자의 성명과 그 밖에 행정안전부령으로 정하는 사항을 게시하여야 한다.
② 소방안전관리대상물의 관계인이 소방안전관리자 또는 소방안전관리보조자를 해임한 경우에는 '그 관계인' 또는 '해임된 소방안전관리자 또는 소방안전관리보조자'는 소방본부장이나 소방서장에게 그 사실을 알려 '해임한 사실의 확인'을 받을 수 있다.

(11) 관계인 등의 의무

① 특정소방대상물의 관계인은 그 특정소방대상물에 대하여 앞의 (8)에 따른 소방안전관리업무를 수행하여야 한다.
② 소방안전관리대상물의 관계인은 소방안전관리자가 소방안전관리업무를 성실하게 수행할 수 있도록 지도·감독하여야 한다.

③ **소방안전관리자**는 인명과 재산을 보호하기 위하여 소방시설·피난시설·방화시설 및 방화구획 등이 법령에 위반된 것을 발견한 때에는 지체 없이 소방안전관리대상물의 **관계인**에게 소방대상물의 개수·이전·제거·수리 등 필요한 조치를 할 것을 요구하여야 하며, 관계인이 시정하지 아니하는 경우 **소방본부장 또는 소방서장**에게 그 사실을 알려야 한다. 이 경우 **소방안전관리자**는 공정하고 객관적으로 그 업무를 수행하여야 한다.

④ **소방안전관리자**로부터 위 ③에 따른 조치요구 등을 받은 소방안전관리대상물의 **관계인**은 지체 없이 이에 따라야 하며, 이를 이유로 소방안전관리자를 해임하거나 보수(報酬)의 지급을 거부하는 등 불이익한 처우를 하여서는 아니 된다.

(12) 소방안전관리자 선임명령 등

① **소방본부장 또는 소방서장**은 소방안전관리자 또는 소방안전관리보조자를 선임하지 아니한 소방안전관리대상물의 **관계인**에게 소방안전관리자 또는 소방안전관리보조자를 선임하도록 명할 수 있다.

② **소방본부장 또는 소방서장**은 앞의 (9)에 따른 업무를 다하지 아니하는 특정소방대상물의 관계인 또는 소방안전관리자에게 그 '업무의 이행을 명'할 수 있다.

(13) 자위소방대 및 초기대응체계의 구성·운영 및 교육 등

① 소방안전관리대상물의 **소방안전관리자**는 **자위소방대**를 다음의 기능을 효율적으로 수행할 수 있도록 편성·운영하되, 응급구조 및 방호안전기능 등을 추가하여 수행할 수 있도록 편성할 수 있다.

㉠ 화재 발생 시 비상연락, 초기소화 및 피난유도

㉡ 화재 발생 시 인명·재산피해 최소화를 위한 조치

② 자위소방대에는 대장과 부대장 1명을 각각 두며, 편성 조직의 인원은 해당 소방안전관리대상물의 수용인원 등을 고려하여 구성한다.

③ 소방안전관리대상물의 **소방안전관리자**는 **초기대응체계**를 **자위소방대**에 포함하여 편성하되, 화재 발생 시 초기에 신속하게 대처할 수 있도록 해당 소방안전관리대상물에 근무하는 사람의 근무위치, 근무인원 등을 고려한다.

④ 소방안전관리대상물의 소방안전관리자는 해당 소방안전관리대상물이 이용되고 있는 동안 **초기대응체계**를 '상시적으로 운영'해야 한다.

⑤ 소방안전관리대상물의 소방안전관리자는 연 1회 이상 '자위소방대를 소집'하여 그 편성 상태 및 초기대응체계를 점검하고, 편성된 근무자에 대한 **소방교육**을 실시해야 한다. 이 경우 초기대응체계에 편성된 근무자 등에 대해서는 화재 발생 초기대응에 필요한 기본 요령을 숙지할 수 있도록 소방교육을 실시해야 한다.

⑥ 소방안전관리대상물의 소방안전관리자는 소방교육을 실시하였을 때는 그 실시 결과를 별지 제13호 서식의 자위소방대 및 초기대응체계 교육·훈련 실시 결과 기록부에 기록하고, 교육을 실시한 날부터 2년간 보관해야 한다.

(14) 건설현장 소방안전관리

공사시공자가 화재발생 및 화재피해의 우려가 큰 다음의 특정소방대상물(이하 '**건설현장 소방안전관리대상물**'이라 한다)을 신축·증축 등을 하는 경우에는 '소방안전관리자로서 법 제34조에 따른 교육을 받은 사람'을 '소방시설공사 착공 신고일부터 건축물 사용승인일까지' 소방안전관리자로 선임하고 소방본부장 또는 소방서장에게 선임한 날부터 14일 이내에 신고하여야 한다.

① 신축·증축 등을 하려는 부분의 연면적의 합계가 1만 5천 **제곱미터 이상**인 것

② 신축·증축 등을 하려는 부분의 연면적이 5천 제곱미터 이상인 것으로서 다음의 것

㉠ 지하층의 층수가 2개 층 이상인 것

㉡ 지상층의 층수가 11층 이상인 것

㉢ 냉동창고, 냉장창고 또는 냉동·냉장창고

(15) 소방안전관리자 등 종합정보망의 구축·운영

소방청장은 소방안전관리자 및 소방안전관리보조자에 대한 소방안전관리자 및 소방안전관리보조자의 선임신고 현황 등의 정보를 효율적으로 관리하기 위하여 **종합정보망**을 구축·운영할 수 있다.

(16) 관리의 권원이 분리된 특정소방대상물의 소방안전관리

① 다음의 특정소방대상물로서 그 **관리의 권원**이 **분리**되어 있는 특정소방대상물의 경우 '그 관리의 **권원별 관계인**'은 '대통령령으로 정하는 바'에 따라 **소방안전관리자**를 선임하여야 한다.

㉠ **복합건축물**('지하층'을 '제외'한 층수가 11층 **이상** 또는 연면적 3만 **제곱미터 이상**인 건축물)

㉡ **지하가**(지하의 인공구조물 안에 설치된 상점 및 사무실, 그 밖에 이와 비슷한 시설이 연속하여 지하도에 접하여 설치된 것과 그 지하도를 합한 것을 말한다)

㉢ 「소방시설 설치 및 관리에 관한 법률 시행령」 [별표 2]에 따른 '**판매시설**' 중 **도매시장, 소매시장 및 전통시장**

② 위 ①에 따른 '관리의 **권원별 관계인**'은 상호 협의하여 특정소방대상물의 **전체**에 걸쳐 소방안전관리상 필요한 업무를 총괄하는 소방안전관리자(이하 '**총괄소방안전관리자**'라 한다)를 위 ①에 따라 선임된 소방안전관리자 '중'에서 **선임하거나 별도로 선임**하여야 한다.

③ '총괄소방안전관리자'는 [별표 4]에 따른 소방안전관리대상물의 **등급별 선임자격**을 갖춰야 한다. 이 경우 '관리의 권원이 분리되어 있는 특정소방대상물'에 대하여 '소방안전관리대상물의 등급을 결정할 때'에는 해당 특정소방대상물 **전체**를 기준으로 한다.
④ 법령에 따라 선임된 '소방안전관리자' 및 '총괄소방안전관리자'는 해당 특정소방대상물의 소방안전관리를 효율적으로 수행하기 위하여 **공동소방안전관리협의회**를 구성하고, 해당 특정소방대상물에 대한 소방안전관리를 공동으로 수행하여야 한다.

(17) 관리의 권원별 소방안전관리자 선임 및 조정 기준

① 앞의 (16)의 ① 본문에 따라 '관리의 권원이 분리되어 있는 특정소방대상물의 관계인'은 소유권, 관리권 및 점유권에 따라 '각각' 소방안전관리자를 선임해야 한다. 다만, '둘 이상의 소유권, 관리권 또는 점유권이 동일인에게 귀속된 경우'에는 **하나의 관리 권원**으로 보아 소방안전관리자를 선임할 수 있다.
② 위 ①에도 불구하고 소방본부장 또는 소방서장은 '관리의 권원이 많아 효율적인 소방안전관리가 이루어지지 않는다고 판단되는 경우' 앞의 (16)의 ①의 기준 및 해당 특정소방대상물의 화재위험성 등을 고려하여 관리의 '권원이 분리되어 있는 특정소방대상물의 관리의 권원'을 조정하여 소방안전관리자를 선임하도록 할 수 있다.

(18) 공동소방안전관리협의회의 구성·운영 등

① 공동소방안전관리협의회(이하 '협의회'라 한다)는 소방안전관리자 및 총괄소방안전관리자(이하 '총괄소방안전관리자등'이라 한다)로 구성한다.
② 총괄소방안전관리자등은 공동소방안전관리 업무를 '**협의회**'의 **협의**를 거쳐 공동으로 수행한다.

(19) 피난계획의 수립 및 시행

① 소방안전관리대상물의 **관계인**은 그 장소에 '근무'하거나 '거주' 또는 '출입'하는 사람들이 화재가 발생한 경우에 안전하게 피난할 수 있도록 **피난계획**을 수립·시행하여야 한다.
② **피난계획**에는 그 소방안전관리대상물의 구조, 피난시설 등을 고려하여 설정한 **피난경로**가 포함되어야 한다.
③ 소방안전관리대상물의 **관계인**은 피난시설의 위치, 피난경로 또는 대피요령이 포함된 피난유도 안내정보를 근무자 또는 거주자에게 '정기적으로 제공'하여야 한다.

(20) 소방안전관리대상물 근무자 및 거주자 등에 대한 소방훈련 등

① 소방안전관리대상물의 관계인은 그 장소에 근무하거나 거주하는 사람 등(이하 '근무자등'이라 한다)에게 소화·통보·피난 등의 훈련(이하 '소방훈련'이라 한다)과 '소방안전관리에 필요한 교육'을 하여야 하고, '피난훈련'은 '그 소방대상물에 출입하는 사람'을 안전한 장소로 '대피시키고 유도하는 훈련'을 포함하여야 한다. 이 경우 소방훈련과 교육의 횟수 및 방법 등에 관하여 필요한 사항은 행정안전부령으로 정한다.

② 소방안전관리대상물 중 소방안전관리업무의 전담이 필요한 '다음 소방안전관리대상물'의 관계인은 위 ①에 따른 소방훈련 및 교육을 한 날부터 30일 이내에 '소방훈련 및 교육 결과'를 소방본부장 또는 소방서장에게 제출하여야 한다.

㉠ 특급 소방안전관리대상물

㉡ 1급 소방안전관리대상물

③ 소방본부장 또는 소방서장은 위 ①에 따라 소방안전관리대상물의 관계인이 실시하는 소방훈련과 교육을 지도·감독할 수 있다.

④ 소방본부장 또는 소방서장은 소방안전관리대상물 중 '불특정 다수인이 이용하는 다음 특정소방대상물'의 근무자등에게 불시에 소방훈련과 교육을 실시할 수 있다. 이 경우 소방본부장 또는 소방서장은 그 특정소방대상물 근무자등의 불편을 최소화하고 안전 등을 확보하는 대책을 마련하여야 하며, 소방훈련과 교육의 내용, 방법 및 절차 등은 관계인에게 사전에 통지하여야 한다. → 10일 전까지 '불시 소방훈련·교육 계획서' 통지 의무

㉠ 의료시설

㉡ 교육연구시설

㉢ 노유자 시설

㉣ 그 밖에 화재 발생 시 불특정 다수의 인명피해가 예상되어 소방본부장 또는 소방서장이 소방훈련·교육이 필요하다고 인정하는 특정소방대상물

⑤ 소방본부장 또는 소방서장은 위 ④에 따라 소방훈련과 교육을 실시한 경우에는 그 결과를 평가할 수 있다.

⑥ 위 ⑤의 평가는 현장평가를 원칙으로 하되, 필요에 따라 서면평가 등을 병행할 수 있다. 이 경우 불시 소방훈련·교육 참가자에 대한 설문조사 또는 면접조사 등을 함께 실시할 수 있다.

⑦ 소방본부장 또는 소방서장은 소방안전관리대상물의 관계인에게 불시 소방훈련·교육 종료일부터 10일 이내에 '불시 소방훈련·교육 평가 결과서'를 통지해야 한다.

(21) 특정소방대상물의 관계인에 대한 소방안전교육

① 소방본부장이나 소방서장은 '앞의 (20)을 적용받지 아니하는 특정소방대상물'의 관계인에 대하여 특정소방대상물의 화재예방과 소방안전을 위하여 행정안전부령으로 정하는 바에 따라 소방안전교육을 할 수 있다.

② 위 ①에 따른 소방안전교육의 교육대상자는 앞의 (20)을 적용받지 않는 특정소방대상물 중 다음의 어느 하나에 해당하는 특정소방대상물의 관계인으로서 '관할 소방서장이 소방안전교육이 필요하다고 인정하는 사람'으로 한다.

㉠ 소화기 또는 비상경보설비가 설치된 공장·창고 등의 특정소방대상물

㉡ 그 밖에 관할 소방본부장 또는 소방서장이 화재에 대한 취약성이 높다고 인정하는 특정소방대상물

③ 소방본부장 또는 소방서장은 위 ①에 따른 소방안전교육을 실시하려는 경우에는 교육일 10일 전까지 '소방안전교육 계획서'를 작성하여 통보해야 한다.

8. 특별관리시설물의 소방안전관리

(1) '소방안전 특별관리시설물'의 안전관리

① 소방청장은 화재 등 재난이 발생할 경우 사회·경제적으로 피해가 큰 '다음'의 소방안전 특별관리시설물에 대해 소방안전 특별관리를 하여야 한다.

㉠ 「공항시설법」 제2조 제7호의 공항시설

㉡ 「철도산업발전기본법」 제3조 제2호의 철도시설

㉢ 「도시철도법」 제2조 제3호의 도시철도시설

㉣ 「항만법」 제2조 제5호의 항만시설 등

② 소방청장은 위 ①에 따른 특별관리를 체계적이고 효율적으로 하기 위하여 시·도지사와 협의하여 소방안전 특별관리기본계획을 '기본계획'에 포함하여 수립 및 시행하여야 한다.

③ 시·도지사는 소방안전 특별관리기본계획에 저촉되지 아니하는 범위에서 관할 구역에 있는 소방안전 특별관리시설물의 안전관리에 적합한 소방안전 특별관리시행계획을 '세부시행계획'에 포함하여 수립 및 시행하여야 한다.

(2) 소방안전 특별관리기본계획 · 시행계획의 수립 · 시행

① 소방청장은 소방안전 특별관리기본계획(이하 '특별관리기본계획'이라 한다)을 5년마다 수립하여 시 · 도에 통보해야 한다.
② 시 · 도지사는 특별관리기본계획을 시행하기 위하여 매년 '소방안전 특별관리시행계획'(이하 '특별관리시행계획'이라 한다)을 수립 · 시행하고, 그 결과를 '다음 연도 1월 31일까지' 소방청장에게 통보해야 한다.
③ 소방청장 및 시 · 도지사는 '특별관리기본계획 또는 특별관리시행계획을 수립하는 경우' 성별, 연령별, 화재안전취약자별 화재 피해현황 및 실태 등을 '고려'해야 한다.

9. 화재예방안전진단

(1) 화재예방안전진단의 의무 등

① '대통령령으로 정하는 다음 (2)의 소방안전 특별관리시설물'의 관계인은 화재의 예방 및 안전관리를 체계적 · 효율적으로 수행하기 위하여 한국소방안전원(이하 '안전원'이라 한다) 또는 소방청장이 지정하는 화재예방안전진단기관(이하 '진단기관'이라 한다)으로부터 정기적으로 '화재예방안전진단'을 받아야 한다.
② 위 ①에 따라 '안전원 또는 진단기관의 화재예방안전진단을 받은 연도'에는 소방훈련과 교육 및 「소방시설 설치 및 관리에 관한 법률」에 따른 자체점검을 받은 것으로 본다.
③ 안전원 또는 진단기관은 위 ①에 따른 화재예방안전진단 결과를 행정안전부령으로 정하는 바에 따라 소방본부장 또는 소방서장, 관계인에게 제출하여야 한다.
④ 소방본부장 또는 소방서장은 위 ③에 따라 제출받은 화재예방안전진단 결과에 따라 '보수 · 보강 등의 조치가 필요하다고 인정하는 경우'에는 해당 소방안전 특별관리시설물의 관계인에게 보수 · 보강 등의 조치를 취할 것을 명할 수 있다.
⑤ 화재예방안전진단 업무에 종사하고 있거나 종사하였던 사람은 업무를 수행하면서 알게 된 비밀을 이 법에서 정한 목적 외의 용도로 사용하거나 다른 사람 또는 기관에 제공하거나 누설하여서는 아니 된다. [위반자: 300만원 이하의 벌금]

(2) 화재예방안전진단의 대상

① 공항시설 중 여객터미널의 연면적이 1천 제곱미터 이상인 공항시설
② 철도시설 중 역 시설의 연면적이 5천 제곱미터 이상인 철도시설
③ 도시철도시설 중 역사 및 역 시설의 연면적이 5천 제곱미터 이상인 도시철도시설
④ 항만시설 중 여객이용시설 및 지원시설의 연면적이 5천 제곱미터 이상인 항만시설
⑤ 〈이하 생략〉

(3) 화재예방안전진단의 실시 절차 등

① '소방안전관리대상물이 건축되어 위 (2)의 소방안전 특별관리시설물에 해당하게 된 경우' 해당 소방안전 특별관리시설물의 관계인은 「건축법」 제22조에 따른 사용승인 또는 「소방시설공사업법」 제14조에 따른 완공검사를 받은 날부터 '5년이 경과한 날이 속하는 해'에 '최초'의 화재예방안전진단을 받아야 한다.
② 화재예방안전진단을 받은 소방안전 특별관리시설물의 관계인은 '안전등급'에 따라 정기적으로 다음의 기간에 화재예방안전진단을 받아야 한다.
  ㉠ 안전등급이 '우수'인 경우: 안전등급을 통보받은 날부터 6년이 경과한 날이 속하는 해
  ㉡ 안전등급이 '양호'·'보통'인 경우: 안전등급을 통보받은 날부터 5년이 경과한 날이 속하는 해
  ㉢ 안전등급이 '미흡'·'불량'인 경우: 안전등급을 통보받은 날부터 4년이 경과한 날이 속하는 해

10. 보칙

(1) 우수 소방대상물 관계인에 대한 포상 등

소방청장은 소방대상물의 자율적인 안전관리를 유도하기 위하여 안전관리 상태가 우수한 소방대상물을 선정하여 우수 소방대상물 표지를 발급하고, '소방대상물의 관계인'을 포상할 수 있다.

(2) 조치명령 등의 기간연장

① 다음의 조치명령·선임명령 또는 이행명령(이하 '조치명령등'이라 한다)을 받은 관계인 등은 천재지변이나 그 밖에 대통령령으로 정하는 사유로 조치명령등을 그 기간 내에 이행할 수 없는 경우에는 조치명령등을 명령한 소방관서장에게 조치명령등의 이행 시기를 연장하여 줄 것을 신청할 수 있다.
   ㉠ 소방대상물의 개수·이전·제거, 사용의 금지 또는 제한, 사용폐쇄, 공사의 정지 또는 중지, 그 밖의 필요한 조치명령
   ㉡ 소방안전관리자 또는 소방안전관리보조자 선임명령
   ㉢ 소방안전관리업무 이행명령
② 위 ①에 따라 연장신청을 받은 소방관서장은 '연장신청 승인 여부'를 결정하고 '그 결과'를 조치명령등의 이행 기간 내에 관계인 등에게 알려 주어야 한다.

(3) 청문

소방청장 또는 시·도지사는 다음의 처분을 하려면 청문을 하여야 한다.
① 소방안전관리자의 자격취소
② 진단기관의 지정 취소

PART 11

소방시설 설치 및 관리에 관한 법률

▶ **연계학습** | 에듀윌 기본서 2차 [주택관리관계법규 下] p.304

회독체크 1 2 3

1. 용어의 정의 (1)

① **'소방시설'**이란 소화설비, 경보설비, 피난구조설비, 소화용수설비, 그 밖에 소화활동설비로서 대통령령으로 정하는 것을 말한다.
② **'소방시설등'**이란 소방시설과 **비상구**(非常口), 그 밖에 소방 관련 시설로서 대통령령으로 정하는 것(**방화문 및 자동방화셔터**)을 말한다.
③ **'특정소방대상물'**이란 건축물 등의 규모·용도 및 수용인원 등을 고려하여 **소방시설을 설치**하여야 하는 소방대상물로서 대통령령으로 정하는 것을 말한다.
④ **'화재안전성능'**이란 '화재를 예방'하고 '화재발생 시 피해를 최소화'하기 위하여 '소방대상물의 재료, 공간 및 설비 등에 요구되는 안전성능'을 말한다.
⑤ **'성능위주설계'**란 건축물 등의 재료, 공간, 이용자, 화재 특성 등을 종합적으로 고려하여 '공학적 방법'으로 화재 위험성을 평가하고 그 결과에 따라 **화재안전성능**이 확보될 수 있도록 특정소방대상물을 '설계'하는 것을 말한다.
⑥ **'화재안전기준'**이란 소방시설 설치 및 관리를 위한 다음의 기준을 말한다.
　㉠ **성능기준**: '화재안전 확보'를 위하여 재료, 공간 및 설비 등에 요구되는 안전성능으로서 소방청장이 고시로 정하는 기준
　㉡ **기술기준**: '위 ㉠에 따른 성능기준을 충족'하는 상세한 규격, 특정한 수치 및 시험방법 등에 관한 기준으로서 행정안전부령으로 정하는 절차에 따라 소방청장의 승인을 받은 기준
⑦ **'소방용품'**이란 소방시설등을 구성하거나 소방용으로 사용되는 제품 또는 기기로서 대통령령으로 정하는 것을 말한다.

2. 용어의 정의 (2)

① **'무창층'**(無窓層)이란 지상층 중 다음의 요건을 모두 갖춘 **개구부**[1]의 면적의 합계가 해당 층의 바닥면적의 30분의 1 이하가 되는 층을 말한다.
　㉠ 크기는 지름 50센티미터 이상의 원이 통과할 수 있을 것
　㉡ 해당 층의 바닥면으로부터 개구부 밑부분까지의 높이가 1.2미터 이내일 것
　㉢ 도로 또는 차량이 진입할 수 있는 빈터를 향할 것
　㉣ 화재 시 건축물로부터 쉽게 피난할 수 있도록 창살이나 그 밖의 장애물이 설치되지 않을 것

㉤ 내부 또는 외부에서 쉽게 부수거나 열 수 있을 것
② '**피난층**'이란 곧바로 지상으로 갈 수 있는 출입구가 있는 층을 말한다.

1. 개구부: 건축물에서 채광·환기·통풍 또는 출입 등을 위하여 만든 창·출입구, 그 밖에 이와 비슷한 것을 말한다.

3. 소방시설

(1) 소화설비

[물 또는 그 밖의 소화약제를 사용하여 소화하는 기계·기구 또는 설비]

① 소화기구
   ㉠ 소화기(주택용 소방시설)
   ㉡ 간이소화용구: 에어로졸식 소화용구, 투척용 소화용구, 소공간용 소화용구 및 소화약제 외의 것을 이용한 간이소화용구
   ㉢ 자동확산소화기
② 자동소화장치
   ㉠ 주거용 주방자동소화장치
   ㉡ 상업용 주방자동소화장치
   ㉢ 캐비닛형 자동소화장치
   ㉣ 가스자동소화장치
   ㉤ 분말자동소화장치
   ㉥ 고체에어로졸자동소화장치
③ 옥내소화전설비[호스릴(hose reel) 옥내소화전설비를 포함한다]
④ 스프링클러설비등
   ㉠ 스프링클러설비
   ㉡ 간이스프링클러설비(캐비닛형 간이스프링클러설비를 포함한다)
   ㉢ 화재조기진압용 스프링클러설비
⑤ 물분무등소화설비
   ㉠ 물분무소화설비
   ㉡ 미분무소화설비
   ㉢ 포소화설비
   ㉣ 이산화탄소소화설비
   ㉤ 할론소화설비
   ㉥ 할로겐화합물 및 불활성기체(다른 원소와 화학반응을 일으키기 어려운 기체) 소화설비
   ㉦ 분말소화설비

ⓞ 강화액소화설비
ⓩ 고체에어로졸소화설비
⑥ 옥외소화전설비

(2) 경보설비

[화재발생 사실을 통보하는 기계·기구 또는 설비]
① 단독경보형 감지기(주택용 소방시설)
② 비상경보설비
ⓐ 비상벨설비
ⓑ 자동식사이렌설비
③ 자동화재탐지설비[3급 소방안전관리대상물]
④ 시각경보기
⑤ 화재알림설비
⑥ 비상방송설비
⑦ 자동화재속보설비
⑧ 통합감시시설
⑨ 누전경보기
⑩ 가스누설경보기

(3) 피난구조설비

[화재가 발생할 경우 피난하기 위하여 사용하는 기구 또는 설비]
① 피난기구
㉠ 피난사다리
㉡ 구조대
㉢ 완강기
㉣ 간이완강기
㉤ 그 밖에 화재안전기준으로 정하는 것
② 인명구조기구
㉠ 방열복, 방화복(안전모, 보호장갑 및 안전화를 포함한다)
㉡ 공기호흡기
㉢ 인공소생기
③ 유도등
㉠ 피난유도선
㉡ 피난구유도등
㉢ 통로유도등

㉣ 객석유도등
㉤ 유도표지
④ 비상조명등 및 휴대용비상조명등

(4) 소화용수설비

[화재를 진압하는 데 필요한 물을 공급하거나 저장하는 설비]
① 상수도소화용수설비
② 소화수조·저수조, 그 밖의 소화용수설비

➲ 비교: [소방기본법상 '소방용수시설': 소화전, 급수탑, 저수조]

(5) 소화활동설비

[화재를 진압하거나 인명구조활동을 위하여 사용하는 설비]
① 제연설비
② 연결송수관설비
③ 연결살수설비
④ 비상콘센트설비
⑤ 무선통신보조설비
⑥ 연소방지설비

4. 특정소방대상물

① 공동주택
㉠ 아파트등: 주택으로 쓰는 층수가 5층 이상인 주택
㉡ 연립주택
㉢ 다세대주택
㉣ 기숙사: 학교 또는 공장 등의 학생 또는 종업원 등을 위하여 쓰는 것으로서 1개 동의 공동취사시설 이용 세대수가 전체의 50퍼센트 이상인 것(교육기본법 제27조 제2항에 따른 학생복지주택 및 공공주택 특별법 제2조 제1호의3에 따른 공공매입임대주택 중 독립된 주거의 형태를 갖추지 않은 것을 포함한다)
② 근린생활시설
〈이하 생략〉

5. 주택에 설치하는 소방시설

① 다음 주택의 소유자는 '소화기 등 대통령령으로 정하는 소방시설'(이하 **'주택용 소방시설'** 이라 한다)을 설치하여야 한다.
　㉠ 「건축법」 제2조 제2항 제1호의 **단독주택**
　㉡ 「건축법」 제2조 제2항 제2호의 **공동주택**('아파트' 및 기숙사는 '제외'한다)
② **'주택용 소방시설'**은 **소화기** 및 **단독경보형 감지기**를 말한다.
③ 국가 및 지방자치단체는 주택용 소방시설의 설치 및 국민의 자율적인 안전관리를 촉진하기 위하여 필요한 시책을 마련하여야 한다.

6. 소방용품

① **소화설비를 구성하는 제품 또는 기기**
　㉠ 소화기구(소화약제 외의 것을 이용한 간이소화용구는 '제외'한다)
　㉡ 자동소화장치
　㉢ 소화설비를 구성하는 소화전, 관창, 소방호스, 스프링클러헤드, 기동용 수압 개폐장치, 유수제어밸브 및 가스관선택밸브
② **경보설비를 구성하는 제품 또는 기기**
　㉠ 누전경보기 및 가스누설경보기
　㉡ 경보설비를 구성하는 발신기, 수신기, 중계기, 감지기 및 음향장치(경종만 해당한다)
③ **피난구조설비를 구성하는 제품 또는 기기**
　㉠ 피난사다리, 구조대, 완강기(지지대를 포함한다) 및 간이완강기(지지대를 포함한다)
　㉡ 공기호흡기(충전기를 포함한다)
　㉢ 피난구유도등, 통로유도등, 객석유도등 및 예비전원이 내장된 비상조명등
④ **소화용으로 사용하는 제품 또는 기기**
　㉠ 소화약제([별표 1] 제1호 나목 2) 및 3)의 자동소화장치와 같은 호 마목 3)부터 9)까지의 소화설비용만 해당한다)
　㉡ 방염제(방염액·방염도료 및 방염성물질을 말한다)
⑤ 그 밖에 행정안전부령으로 정하는 소방 관련 제품 또는 기기

7. 건축허가등의 동의

(1) '동의' 또는 '알릴 의무'

① 건축물 등의 '건축허가등'의 권한이 있는 행정기관은 건축허가등을 할 때 미리 그 건축물 등의 시공지 또는 소재지를 관할하는 소방본부장이나 소방서장의 동의를 받아야 한다.

② 건축물 등의 증축·개축·재축·용도변경 또는 대수선의 신고를 수리(受理)할 권한이 있는 행정기관은 그 신고를 수리하면 그 건축물 등의 시공지 또는 소재지를 관할하는 소방본부장이나 소방서장에게 지체 없이 그 사실을 알려야 한다.

③ 소방본부장 또는 소방서장은 위 ①에 따른 동의를 요구받은 경우 다음의 사항을 따르고 있는지를 검토하여 '건축허가등의 동의 요구서류를 접수한 날'부터 5일('특급 소방안전관리대상물'인 경우에는 10일) 이내에 건축허가등의 '동의 여부를 회신'해야 한다.

㉠ 이 법 또는 이 법에 따른 명령

㉡ 「소방기본법」 제21조의2에 따른 소방자동차 전용구역의 설치

④ 다른 법령에 따른 인가·허가 또는 신고 등의 시설기준에 소방시설등의 설치·관리 등에 관한 사항이 포함되어 있는 경우 '해당 인허가등의 권한이 있는 행정기관'은 인허가등을 할 때 미리 그 시설의 소재지를 관할하는 소방본부장이나 소방서장에게 그 시설이 이 법 또는 이 법에 따른 명령을 따르고 있는지를 확인하여 줄 것을 요청할 수 있다. 이 경우 요청을 받은 소방본부장 또는 소방서장은 행정안전부령으로 정하는 기간(7일) 내에 확인 결과를 알려야 한다.

(2) 소방본부장이나 소방서장의 동의를 받아야 하는 건축물 등의 범위

① 연면적이 400제곱미터 이상인 건축물이나 시설. 다만, 다음 어느 하나에 해당하는 건축물이나 시설은 해당 목에서 정한 기준 이상인 건축물이나 시설로 한다.

㉠ 「학교시설사업 촉진법」에 따라 건축등을 하려는 '학교시설': 100제곱미터

㉡ [별표 2]의 특정소방대상물 중 '노유자 시설' 및 '수련시설': 200제곱미터

㉢ 「정신건강증진 및 정신질환자 복지서비스 지원에 관한 법률」에 따른 정신의료기관(입원실이 없는 정신건강의학과 의원은 제외하며, 이하 '정신의료기관'이라 한다): 300제곱미터

㉣ 「장애인복지법」에 따른 '장애인 의료재활시설': 300제곱미터

② '지하층' 또는 '무창층'이 있는 건축물로서 바닥면적이 150제곱미터(공연장의 경우에는 100제곱미터) 이상인 층이 있는 것

③ 차고·주차장 또는 주차 용도로 사용되는 시설로서 다음의 어느 하나에 해당하는 것
㉠ 차고·주차장으로 사용되는 바닥면적이 200제곱미터 이상인 층이 있는 건축물이나 주차시설
㉡ 승강기 등 기계장치에 의한 주차시설로서 자동차 20대 이상을 주차할 수 있는 시설
④ 층수가 6층 이상인 건축물
⑤ [별표 2]의 특정소방대상물 중 공동주택, 의원(입원실 또는 인공신장실이 있는 것으로 한정한다)·조산원·산후조리원, 숙박시설, 위험물 저장 및 처리 시설, 발전시설 중 풍력발전소·전기저장시설, 지하구(地下溝) 등 〈공동주택, 신설〉

8. 내진설계기준

(1) 의의 등

① 「지진·화산재해대책법」 제14조 제1항 각 호의 시설 중 '대통령령으로 정하는 특정소방대상물'에 '대통령령으로 정하는 소방시설'을 설치하려는 자는 지진이 발생할 경우 소방시설이 정상적으로 작동될 수 있도록 소방청장이 정하는 내진설계기준에 맞게 소방시설을 설치하여야 한다.
② 위 ①에서 '대통령령으로 정하는 특정소방대상물'이란 「건축법」 제2조 제1항 제2호에 따른 '건축물'로서 「지진·화산재해대책법 시행령」 제10조 제1항 각 호에 해당하는 시설을 말한다.
③ 위 ①에서 '대통령령으로 정하는 소방시설'이란 '소방시설' 중 옥내소화전설비, 스프링클러설비 및 물분무등소화설비를 말한다.

(2) 「지진·화산재해대책법 시행령」 제10조 제1항 각 호에 해당하는 시설

① 「건축법 시행령」 제32조 제2항 각 호에 해당하는 건축물
② 「공유수면 관리 및 매립에 관한 법률」과 「방조제관리법」 등 관계 법령에 따라 국가에서 설치·관리하고 있는 배수갑문 및 방조제
③ 「공항시설법」 제2조 제7호에 따른 공항시설
④ 〈이하 생략〉

(3) 「건축법 시행령」 제32조 제2항 각 호에 해당하는 건축물

① 층수가 2층[주요구조부인 기둥과 보를 설치하는 건축물로서 그 기둥과 보가 목재인 목구조 건축물(이하 '목구조 건축물'이라 한다)의 경우에는 3층] 이상인 건축물
② 연면적이 200제곱미터(목구조 건축물의 경우에는 500제곱미터) 이상인 건축물. 다만, 창고, 축사, 작물 재배사는 제외한다.
③ 높이가 13미터 이상인 건축물
④ 처마높이가 9미터 이상인 건축물
⑤ 기둥과 기둥 사이의 거리가 10미터 이상인 건축물
⑥ 건축물의 용도 및 규모를 고려한 중요도가 높은 건축물로서 국토교통부령으로 정하는 건축물([별표 11]에 따른 중요도 특 또는 중요도 1에 해당하는 건축물)
⑦ 국가적 문화유산으로 보존할 가치가 있는 박물관·기념관 그 밖에 이와 유사한 것으로서 연면적의 합계가 5천 제곱미터 이상인 건축물
⑧ 영 제2조 제18호(특수구조 건축물) 가목 및 다목의 건축물
⑨ [별표 1] 제1호의 단독주택 및 같은 표 제2호의 공동주택

9. 성능위주설계

(1) 의의 등

① '대통령령으로 정하는 특정소방대상물'(신축하는 것만 해당한다)에 소방시설을 설치하려는 자는 성능위주설계를 하여야 한다.
② 위 ①에 따라 소방시설을 설치하려는 자가 성능위주설계를 한 경우에는 '건축허가를 신청하기 전'에 해당 특정소방대상물의 시공지 또는 소재지를 관할하는 소방서장에게 신고하여야 한다.
③ 위 ②에 따라 성능위주설계의 신고 또는 변경신고를 하려는 자는 해당 특정소방대상물이 「건축법」에 따른 건축위원회의 심의를 받아야 하는 건축물인 경우에는 '그 심의를 신청하기 전'에 성능위주설계의 기본설계도서 등에 대해서 해당 특정소방대상물의 시공지 또는 소재지를 관할하는 소방서장의 사전검토를 받아야 한다.
④ 소방서장은 위 ② 또는 ③에 따라 성능위주설계의 신고, 변경신고 또는 사전검토 신청을 받은 경우에는 소방청 또는 관할 소방본부에 설치된 '성능위주설계평가단'의 검토·평가를 거쳐야 한다. 다만, 소방서장은 신기술·신공법 등 검토·평가에 고도의 기술이 필요한 경우에는 '중앙소방기술심의위원회'에 심의를 요청할 수 있다.

(2) 성능위주설계를 해야 하는 특정소방대상물의 범위

① 연면적 20만 제곱미터 이상인 특정소방대상물. 다만, '아파트등'은 제외한다.
② 50층 이상(지하층은 제외한다)이거나 지상으로부터 높이가 200미터 이상인 아파트등
③ 30층 이상(지하층을 포함한다)이거나 지상으로부터 높이가 120미터 이상인 특정소방대상물('아파트등'은 제외한다)
④ 연면적 3만 제곱미터 이상인 특정소방대상물로서 다음의 특정소방대상물
　㉠ [별표 2] 제6호 나목의 철도 및 도시철도 시설
　㉡ [별표 2] 제6호 다목의 공항시설
⑤ 〈이하 생략〉

➲ [위의 ①부터 ③] '특급 소방안전관리대상물'(화재의 예방 및 안전관리에 관한 법률)과 비교
[위의 ④] '제1종 시설물'(시설물의 안전 및 유지관리에 관한 특별법)과 비교

(3) 성능위주설계평가단

① 성능위주설계에 대한 전문적·기술적인 검토 및 평가를 위하여 소방청 또는 소방본부에 성능위주설계 평가단(이하 '평가단'이라 한다)을 둔다.
② 평가단에 소속되거나 소속되었던 사람은 평가단의 업무를 수행하면서 알게 된 비밀을 이 법에서 정한 목적 외의 용도로 사용하거나 다른 사람 또는 기관에 제공하거나 누설하여서는 아니 된다.

10. 화재안전기준 등

(1) 의의 등

① 특정소방대상물의 관계인은 '대통령령으로 정하는 소방시설'을 화재안전기준에 따라 설치·관리하여야 한다. 이 경우 '장애인등이 사용하는 소방시설'(경보설비 및 피난구조설비)은 대통령령으로 정하는 바에 따라 장애인등에 적합하게 설치·관리하여야 한다.
② 특정소방대상물의 관계인은 위 ①에 따라 소방시설을 설치·관리하는 경우 화재 시 소방시설의 기능과 성능에 지장을 줄 수 있는 폐쇄(잠금을 포함)·차단 등의 행위를 하여서는 아니 된다. 다만, 소방시설의 점검·정비를 위하여 필요한 경우 폐쇄·차단은 할 수 있다.
③ 소방청장은 위 ② 단서에 따라 특정소방대상물의 관계인이 소방시설의 점검·정비를 위하여 폐쇄·차단을 하는 경우 안전을 확보하기 위하여 필요한 '행동요령에 관한 지침'을 마련하여 고시하여야 한다.

④ 소방청장, 소방본부장, 소방서장은 앞의 ①에 따른 소방시설의 작동정보 등을 실시간으로 수집·분석할 수 있는 시스템(이하 '소방시설정보관리시스템'이라 한다)을 구축·운영할 수 있다.
⑤ 소방청장, 소방본부장 또는 소방서장은 위 ④에 따른 작동정보를 해당 특정소방대상물의 관계인에게 통보하여야 한다.

(2) 특정소방대상물의 관계인이 특정소방대상물에 설치·관리해야 하는 소방시설의 종류

① 소화설비
  ㉠ 스프링클러설비를 설치해야 하는 특정소방대상물
    ⓐ 층수가 6층 이상인 특정소방대상물의 경우에는 모든 층. 다만, 다음의 어느 하나에 해당하는 경우는 '제외'한다.
      i) 주택 관련 법령에 따라 기존의 아파트등을 리모델링하는 경우로서 건축물의 연면적 및 층의 높이가 변경되지 않는 경우. 이 경우 해당 아파트등의 사용검사 당시의 소방시설의 설치에 관한 대통령령 또는 화재안전기준을 적용한다.
      ii) 〈이하 생략〉
    ⓑ 기숙사(교육연구시설·수련시설 내에 있는 학생 수용을 위한 것을 말한다) 또는 복합건축물로서 연면적 5천 제곱미터 이상인 경우에는 모든 층
  ㉡ 간이스프링클러설비를 설치해야 하는 특정소방대상물
    ⓐ 공동주택 중 연립주택 및 다세대주택(연립주택 및 다세대주택에 설치하는 간이스프링클러설비는 화재안전기준에 따른 '주택전용 간이스프링클러설비'를 설치한다)
    ⓑ 〈이하 생략〉
② 경보설비
  ㉠ '단독경보형 감지기'를 설치해야 하는 특정소방대상물: ⓑ의 연립주택 및 다세대주택에 설치하는 단독경보형 감지기는 연동형으로 설치 의무
    ⓐ 〈이하 생략〉
    ⓑ 공동주택 중 연립주택 및 다세대주택
  ㉡ '자동화재탐지설비'를 설치해야 하는 특정소방대상물 [3급 소방안전관리대상물]
    ⓐ 공동주택 중 '아파트등·기숙사' 및 '숙박시설'의 경우에는 모든 층
    ⓑ 층수가 6층 이상인 건축물의 경우에는 모든 층
    ⓒ 〈이하 생략〉

PART 11

11. 건설현장의 임시소방시설 설치 및 관리

(1) 화재위험작업 및 임시소방시설 등

① 「건설산업기본법」 제2조 제4호에 따른 건설공사를 하는 자(이하 '공사시공자'라 한다)는 특정소방대상물의 신축 등을 위한 공사 현장에서 '다음의 대통령령으로 정하는 작업'(이하 '화재위험작업'이라 한다)을 하기 전에 설치 및 철거가 쉬운 화재대비시설(이하 '임시소방시설'이라 한다)을 설치하고 관리하여야 한다.

㉠ 인화성·가연성·폭발성 물질을 취급하거나 가연성 가스를 발생시키는 작업

㉡ 용접·용단(금속·유리·플라스틱 따위를 녹여서 절단하는 일을 말한다) 등 불꽃을 발생시키거나 화기(火氣)를 취급하는 작업

㉢ 전열기구, 가열전선 등 열을 발생시키는 기구를 취급하는 작업

㉣ 알루미늄, 마그네슘 등을 취급하여 폭발성 부유분진(공기 중에 떠다니는 미세한 입자를 말한다)을 발생시킬 수 있는 작업 등

② 위 ①에도 불구하고 소방시설공사업자가 화재위험작업 현장에 소방시설 중 임시소방시설과 기능 및 성능이 유사한 것으로서 '대통령령으로 정하는 [별표 8]의 소방시설'을 화재안전기준에 맞게 설치 및 관리하고 있는 경우에는 공사시공자가 임시소방시설을 설치하고 관리한 것으로 본다.

(2) 임시소방시설의 종류와 설치기준 등

① '임시소방시설'의 종류

㉠ 소화기

㉡ **간이소화장치**: 물을 방사(放射)하여 화재를 진화할 수 있는 장치로서 소방청장이 정하는 성능을 갖추고 있을 것

㉢ **비상경보장치**: 화재가 발생한 경우 주변에 있는 작업자에게 화재사실을 알릴 수 있는 장치로서 소방청장이 정하는 성능을 갖추고 있을 것

㉣ **가스누설경보기**: 가연성 가스가 누설되거나 발생된 경우 이를 탐지하여 경보하는 장치로서 법 제37조에 따른 형식승인 및 제품검사를 받은 것 〈신설〉

㉤ **간이피난유도선**: 화재가 발생한 경우 피난구 방향을 안내할 수 있는 장치로서 소방청장이 정하는 성능을 갖추고 있을 것

㉥ **비상조명등**: 화재가 발생한 경우 안전하고 원활한 피난활동을 할 수 있도록 자동 점등되는 조명장치로서 소방청장이 정하는 성능을 갖추고 있을 것 〈신설〉

㉦ **방화포**: 용접·용단 등의 작업 시 발생하는 '불티'로부터 가연물이 점화되는 것을 방지해주는 천 또는 불연성 물품으로서 소방청장이 정하는 성능을 갖추고 있을 것 〈신설〉

② 임시소방시설과 기능 및 성능이 유사한 소방시설로서 임시소방시설을 설치한 것으로 보는 소방시설

㉠ 간이소화장치를 설치한 것으로 보는 소방시설: 소방청장이 정해 고시하는 기준에 맞는 소화기(연결송수관설비의 방수구 인근에 설치한 경우로 한정한다) 또는 옥내소화전설비

㉡ 비상경보장치를 설치한 것으로 보는 소방시설: 비상방송설비 또는 자동화재탐지설비

㉢ 간이피난유도선을 설치한 것으로 보는 소방시설: 피난유도선, 피난구유도등, 통로유도등 또는 비상조명등

12. 소방용품의 내용연수 등

① 특정소방대상물의 관계인은 '내용연수가 경과한 소방용품'을 교체하여야 한다.
② '내용연수를 설정해야 하는 소방용품'은 '분말형태의 소화약제를 사용하는 소화기'로 한다.
③ '위 ②에 따른 소방용품의 내용연수'는 10년으로 한다.

13. 방염

(1) 특정소방대상물의 방염 등

① '대통령령으로 정하는 특정소방대상물'에 실내장식 등의 목적으로 설치 또는 부착하는 물품으로서 대통령령으로 정하는 물품(이하 '방염대상물품'이라 한다)은 '방염성능기준 이상의 것'으로 설치하여야 한다.

② 소방본부장 또는 소방서장은 방염대상물품이 방염성능기준에 미치지 못하거나 방염성능검사를 받지 아니한 것이면 특정소방대상물의 관계인에게 방염대상물품을 제거하도록 하거나 방염성능검사를 받도록 하는 등 필요한 조치를 명할 수 있다.

③ '위 ①에 따른 특정소방대상물에 사용하는 방염대상물품'은 '소방청장'이 실시하는 방염성능검사를 받은 것이어야 한다. 다만, '다음의 방염대상물품의 경우'에는 '시·도지사'가 실시하는 방염성능검사를 받은 것이어야 한다.

㉠ 전시용 합판·목재 또는 무대용 합판·목재 중 설치 현장에서 방염처리를 하는 합판·목재류

㉡ 방염대상물품 중 설치 현장에서 방염처리를 하는 합판·목재류

(2) 방염성능기준 이상의 실내장식물 등을 설치해야 하는 특정소방대상물

앞의 (1)의 ① '대통령령으로 정하는 특정소방대상물'이란 다음의 것을 말한다.

① 근린생활시설 중 의원, 치과의원, 한의원, 조산원, 산후조리원, 체력단련장, 공연장 및 종교집회장

②~⑨ 〈생략〉

⑩ '위 ①부터 ⑨까지의 시설에 해당하지 않는 것'으로서 층수가 11층 이상인 것(아파트 등은 제외한다)

14. 자체점검

(1) 소방시설등의 자체점검

① 특정소방대상물의 관계인은 그 대상물에 설치되어 있는 소방시설등이 법령에 적합하게 설치·관리되고 있는지에 대하여 '다음의 기간 내'에 스스로 점검하거나 '관리업자등'으로 하여금 정기적으로 점검(이하 '자체점검'이라 한다)하게 하여야 한다. 이 경우 관리업자등이 점검한 경우에는 '그 점검 결과'를 관계인에게 제출하여야 한다.

㉠ 해당 특정소방대상물의 소방시설등이 신설된 경우: 「건축법」에 따라 '건축물을 사용할 수 있게 된 날'부터 60일

㉡ '위 ㉠ 외'의 경우: 행정안전부령으로 정하는 기간

② 위 ①에 따라 관리업자등으로 하여금 자체점검하게 하는 경우의 점검 대가는 「엔지니어링산업 진흥법」 제31조에 따른 엔지니어링사업의 대가 기준 가운데 행정안전부령으로 정하는 방식에 따라 산정한다.

③ 위 ②에도 불구하고 소방청장은 소방시설등 자체점검에 대한 품질확보를 위하여 필요하다고 인정하는 경우에는 특정소방대상물의 규모, 소방시설등의 종류 및 점검인력 등에 따라 관계인이 부담하여야 할 자체점검 비용의 표준이 될 금액(이하 '표준자체점검비'라 한다)을 정하여 공표하거나 관리업자등에게 이를 소방시설등 자체점검에 관한 표준가격으로 활용하도록 권고할 수 있다.

④ 관계인은 천재지변이나 그 밖에 대통령령으로 정하는 사유로 자체점검을 실시하기 곤란한 경우에는 대통령령으로 정하는 바에 따라 소방본부장 또는 소방서장에게 면제 또는 연기 신청을 할 수 있다. 이 경우 소방본부장 또는 소방서장은 그 면제 또는 연기 신청 승인 여부를 결정하고 그 결과를 관계인에게 알려주어야 한다.

(2) 소방시설등의 자체점검 결과의 조치 등

① 특정소방대상물의 관계인은 자체점검 결과 소화펌프 고장 등 대통령령으로 정하는 중대위반사항(이하 '중대위반사항'이라 한다)이 발견된 경우에는 지체 없이 수리 등 필요한 조치를 하여야 한다.
② 관리업자등은 자체점검 결과 중대위반사항을 발견한 경우 즉시 관계인에게 알려야 한다. 이 경우 관계인은 지체 없이 수리 등 필요한 조치를 하여야 한다.
③ 특정소방대상물의 관계인은 자체점검을 한 경우에는 그 점검 결과를 소방시설등에 대한 수리·교체·정비에 관한 이행계획(중대위반사항에 대한 조치사항을 포함)을 첨부하여 소방본부장 또는 소방서장에게 보고하여야 한다. 이 경우 소방본부장 또는 소방서장은 점검 결과 및 이행계획이 적합하지 아니하다고 인정되는 경우에는 관계인에게 보완을 요구할 수 있다.
④ 특정소방대상물의 관계인은 위 ③에 따른 이행계획을 '행정안전부령으로 정하는 바'에 따라 기간 내에 완료하고, 소방본부장 또는 소방서장에게 이행계획 완료 결과를 보고하여야 한다. 이 경우 소방본부장 또는 소방서장은 이행계획 완료 결과가 거짓 또는 허위로 작성되었다고 판단되는 경우에는 해당 특정소방대상물을 방문하여 그 이행계획 완료 여부를 확인할 수 있다.
⑤ 위 ④에도 불구하고 특정소방대상물의 관계인은 '천재지변이나 그 밖에 대통령령으로 정하는 사유로 이행계획을 완료하기 곤란한 경우'에는 소방본부장 또는 소방서장에게 이행계획 완료를 연기하여 줄 것을 신청할 수 있다. 이 경우 소방본부장 또는 소방서장은 연기 신청 승인 여부를 결정하고 그 결과를 관계인에게 알려주어야 한다.

(3) 소방시설등의 자체점검 결과의 조치 등 [위 (2)의 ④ '행정안전부령']

① 관리업자 또는 소방안전관리자로 선임된 소방시설관리사 및 소방기술사(이하 '관리업자등'이라 한다)는 자체점검을 실시한 경우에는 '그 점검이 끝난 날'부터 10일 이내에 '소방시설등 자체점검 실시결과 보고서'에 '소방청장이 정하여 고시하는 소방시설등점검표'를 첨부하여 관계인에게 제출해야 한다.
② 위 ①에 따른 자체점검 실시결과 보고서를 제출받거나 스스로 자체점검을 실시한 관계인은 '자체점검이 끝난 날'부터 15일 이내에 '소방시설등 자체점검 실시결과 보고서'에 일정 서류를 첨부하여 소방본부장 또는 소방서장에게 '서면'이나 '소방청장이 지정하는 전산망'을 통하여 보고해야 한다.
③ 위 ②에 따라 소방본부장 또는 소방서장에게 자체점검 실시결과 보고를 마친 관계인은 소방시설등 자체점검 실시결과 보고서를 점검이 끝난 날부터 2년간 자체 보관해야 한다.

PART 11

④ 앞의 ②에 따라 소방시설등의 자체점검 결과 이행계획서를 보고받은 소방본부장 또는 소방서장은 다음의 구분에 따라 '이행계획의 완료 기간'을 정하여 관계인에게 통보해야 한다.
   ㉠ 소방시설등을 구성하고 있는 기계·기구를 수리하거나 정비하는 경우: 보고일부터 10일 이내
   ㉡ 소방시설등의 전부 또는 일부를 철거하고 새로 교체하는 경우: 보고일부터 20일 이내
⑤ 위 ④에 따른 완료기간 내에 이행계획을 완료한 관계인은 '이행을 완료한 날'부터 10일 이내에 '소방시설등의 자체점검 결과 이행완료 보고서'에 일정 서류를 첨부하여 소방본부장 또는 소방서장에게 보고해야 한다.

(4) 점검기록표 게시 등

① 앞의 (2)의 ③에 따라 자체점검 결과 보고를 마친 관계인은 관리업자등, 점검일시, 점검자 등 자체점검과 관련된 사항을 점검기록표에 '기록'하여 특정소방대상물의 출입자가 쉽게 볼 수 있는 장소에 '게시'하여야 한다.
② 소방본부장 또는 소방서장은 자체점검 기간 및 점검자 등의 사항을 '전산시스템' 또는 '인터넷 홈페이지' 등을 통하여 국민에게 공개할 수 있다.

15. 소방용품의 형식승인 등

① '대통령령으로 정하는 소방용품'[[별표 3]의 소방용품(같은 표 제1호 나목의 자동소화장치 중 '상업용 주방자동소화장치'는 '제외'한다)]을 제조하거나 수입하려는 자는 소방청장의 형식승인을 받아야 한다. 다만, '연구개발 목적으로 제조하거나 수입하는 소방용품'은 그러하지 아니하다.
② 위 ①에 따른 형식승인을 받으려는 자는 '형식승인을 위한 시험시설'을 갖추고 소방청장의 심사를 받아야 한다. 다만, 소방용품을 수입하는 자가 판매를 목적으로 하지 아니하고 자신의 건축물에 직접 설치하거나 사용하려는 경우 등 행정안전부령으로 정하는 경우에는 시험시설을 갖추지 아니할 수 있다.
③ '위 ①과 ②에 따라 형식승인을 받은 자'는 그 소방용품에 대하여 소방청장이 실시하는 제품검사를 받아야 한다.
④ 하나의 소방용품에 '두 가지 이상의 형식승인 사항 또는 형식승인과 성능인증 사항이 결합된 경우'에는 '두 가지 이상의 형식승인 또는 형식승인과 성능인증 시험'을 함께 실시하고 '하나의 형식승인'을 할 수 있다.
⑤ 위 ① 및 ④에 따른 형식승인을 받은 자가 해당 소방용품에 대하여 형상 등의 일부를 변경하려면 소방청장의 변경승인을 받아야 한다.

⑥ 소방용품의 형식승인이 취소된 자는 그 취소된 날부터 2년 이내에는 형식승인이 취소된 소방용품과 동일한 품목에 대하여 형식승인을 받을 수 없다.

16. 소방용품의 성능인증 등

① 소방청장은 '제조자 또는 수입자 등의 요청이 있는 경우' 소방용품에 대하여 성능인증을 할 수 있다.
② '위 ①에 따라 성능인증을 받은 자'는 그 소방용품에 대하여 소방청장의 제품검사를 받아야 한다.
③ 위 ①에 따른 성능인증 및 위 ②에 따른 제품검사의 기술기준 등에 필요한 사항은 소방청장이 정하여 고시한다.
④ 하나의 소방용품에 성능인증 사항이 '두 가지 이상 결합된 경우'에는 해당 성능인증 시험을 모두 실시하고 '하나의 성능인증'을 할 수 있다.
⑤ 위 ① 및 ④에 따른 성능인증을 받은 자가 해당 소방용품에 대하여 형상 등의 일부를 변경하려면 소방청장의 변경인증을 받아야 한다.
⑥ 소방용품의 성능인증이 취소된 자는 그 취소된 날부터 2년 이내에는 성능인증이 취소된 소방용품과 동일한 품목에 대하여는 성능인증을 받을 수 없다.

17. 우수품질 제품에 대한 인증 등

① 소방청장은 형식승인의 대상이 되는 소방용품 중 품질이 우수하다고 인정하는 소방용품에 대하여 인증(이하 '우수품질인증'이라 한다)을 할 수 있다.
② 우수품질인증을 받으려는 자는 소방청장에게 신청하여야 한다.
③ '우수품질인증을 받은 소방용품'에는 우수품질인증 표시를 할 수 있다.
④ 우수품질인증의 유효기간은 5년의 범위에서 행정안전부령(우수품질인증서의 유효기간은 발급한 날부터 3년으로 한다)으로 정한다.

18. 소방용품의 제품검사 후 수집검사 등

① 소방청장은 소방용품의 품질관리를 위하여 필요하다고 인정할 때에는 '유통 중인 소방용품'을 수집하여 검사할 수 있다.
② 소방청장은 위 ①에 따른 수집검사 결과 '행정안전부령으로 정하는 중대한 결함'이 있다고 인정되는 소방용품에 대하여는 그 제조자 및 수입자에게 '회수·교환·폐기 또는 판매중지를 명'하고, '형식승인 또는 성능인증을 취소'할 수 있다.

PART

12 전기사업법

▶ **연계학습** | 에듀윌 기본서 2차 [주택관리관계법규 下] p.360 회독체크 1 2 3

1. 용어의 정의

(1) 전기사업 ★

① '**발전사업**'이란 전기를 생산하여 이를 전력시장을 통하여 전기판매사업자에게 공급하는 것을 주된 목적으로 하는 사업을 말한다.
② '**송전사업**'이란 발전소에서 생산된 전기를 배전사업자에게 '송전'하는 데 필요한 전기설비를 설치·관리하는 것을 주된 목적으로 하는 사업을 말한다.
③ '**배전사업**'이란 발전소로부터 송전된 전기를 전기사용자에게 '배전'하는 데 필요한 전기설비를 설치·운용하는 것을 주된 목적으로 하는 사업을 말한다.
④ '**전기판매사업**'이란 전기사용자에게 전기를 공급하는 것을 주된 목적으로 하는 사업(전기자동차충전사업, 재생에너지전기공급사업 및 재생에너지전기저장판매사업은 제외한다)을 말한다.
⑤ '**구역전기사업**'이란 3만 5천 킬로와트 이하의 발전설비를 갖추고 특정한 공급구역의 수요에 맞추어 전기를 생산하여 전력시장을 통하지 아니하고 그 공급구역의 전기사용자에게 공급하는 것을 주된 목적으로 하는 사업을 말한다.

(2) 전기신사업 ★

① **전기신사업**: 전기자동차충전사업, 소규모전력중개사업, 재생에너지전기공급사업, 통합발전소사업, 재생에너지전기저장판매사업 및 송전제약발생지역전기공급사업을 말한다.
② '**전기자동차충전사업**': 전기자동차에 전기를 유상으로 공급하는 것을 주된 목적으로 하는 사업을 말한다.
③ '**소규모전력중개사업**': 다음의 설비('소규모전력자원')에서 '생산' 또는 '저장'된 전력을 모아서 '전력시장을 통하여' 거래하는 것을 주된 목적으로 하는 사업을 말한다.
   ㉠ 신에너지 및 재생에너지의 발전설비로서 발전설비용량 2만 킬로와트 이하의 신에너지 및 재생에너지 설비
   ㉡ 충전·방전설비용량 2만 킬로와트 이하의 전기저장장치
   ㉢ 「환경친화적 자동차의 개발 및 보급 촉진에 관한 법률」에 따른 전기자동차

④ '**재생에너지전기공급사업**': 「신에너지 및 재생에너지 개발·이용·보급 촉진법」 제2조 제2호에 따른 재생에너지를 이용하여 생산한 전기를 전기사용자에게 공급하는 것을 주된 목적으로 하는 사업을 말한다.

⑤ '통합발전소사업'이란 '정보통신 및 자동제어 기술을 이용'해 '대통령령으로 정하는 에너지자원'을 연결·제어하여 하나의 발전소처럼 운영하는 시스템을 활용하는 사업을 말한다.

⑥ '재생에너지전기저장판매사업'이란 '재생에너지'를 이용하여 생산한 전기를 '전기저장장치'에 저장하여 전기사용자에게 판매하는 것을 주된 목적으로 하는 사업으로서 '산업통상자원부령으로 정하는 것'(신에너지 및 재생에너지 개발·이용·보급 촉진법 제2조 제2호 가목부터 바목까지의 어느 하나에 해당하는 재생에너지를 이용하는 사업)을 말한다.

⑦ '송전제약발생지역전기공급사업'이란 발전용량과 송전용량의 불일치(이하 '송전제약'이라 한다)로 인하여 '전력시장을 통하여 전기판매사업자에게 공급하지 못하게 된 전기'를 '발전설비의 인접한 지역에 위치'한 전기사용자의 신규 시설에 '공급'하는 것을 주된 목적으로 하는 사업을 말한다.

통합발전소사업의 에너지자원

위 ⑤에서 '대통령령으로 정하는 에너지자원'이란 다음의 어느 하나에 해당하는 발전설비 등에서 생산 또는 저장된 전력 및 「분산에너지 활성화 특별법」에 따른 수요관리사업에 이용되는 수요반응자원을 말한다. 〈신설〉

1. 「신에너지 및 재생에너지 개발·이용·보급 촉진법」에 따른 신·재생에너지 발전에 이용되는 발전설비
2. 구역전기사업에 이용되는 발전설비
3. 「분산에너지 활성화 특별법」에 따른 중소형 원자력 발전사업에 이용되는 발전설비
4. 「집단에너지사업법」에 따른 사업에 이용되는 발전설비
5. 전기저장장치

(3) 기타 용어의 정의

① '**전력시장**'이란 전력거래를 위하여 한국전력거래소가 개설하는 시장을 말한다.

② '**소규모전력중개시장**'이란 '소규모전력중개사업자'가 소규모전력자원을 '모집·관리'할 수 있도록 한국전력거래소가 개설하는 시장을 말한다.

③ '**전력계통**'이란 전기의 원활한 흐름과 품질유지를 위하여 전기의 흐름을 통제·관리하는 체제를 말한다.

④ '**보편적 공급**'이란 전기사용자가 언제 어디서나 적정한 요금으로 전기를 사용할 수 있도록 전기를 공급하는 것을 말한다.

⑤ '안전관리'란 국민의 생명과 재산을 보호하기 위하여 이 법 및 「전기안전관리법」에서 정하는 바에 따라 전기설비의 공사·유지 및 운용에 필요한 조치를 하는 것을 말한다.

⑥ '전기설비'란 발전·송전·변전·배전·전기공급 또는 전기사용을 위하여 설치하는 기계·기구·댐·수로·저수지·전선로·보안통신선로 및 그 밖의 설비로서 다음의 것을 말한다.

㉠ 전기사업용전기설비

㉡ 일반용전기설비

㉢ 자가용전기설비

⑦ '전기사업용전기설비'란 전기설비 중 전기사업자가 전기사업에 사용하는 전기설비를 말한다.

⑧ '일반용전기설비'란 산업통상자원부령으로 정하는 '아래 ➲의 소규모의 전기설비'로서 한정된 구역에서 전기를 사용하기 위하여 설치하는 전기설비를 말한다.

⑨ '자가용전기설비'란 전기사업용전기설비 및 일반용전기설비 '외'의 전기설비를 말한다.

➲ '일반용전기설비'의 범위

1. 일반용전기설비는 다음에 해당하는 전기설비로 한다.
   ① 저압에 해당하는 용량 75킬로와트(제조업 또는 심야전력을 이용하는 전기설비는 용량 100킬로와트) 미만의 '전력을 타인으로부터 수전하여' 그 수전장소에서 그 전기를 사용하기 위한 전기설비
   ② 저압에 해당하는 용량 10킬로와트 이하인 발전설비
2. 위 1.에도 불구하고 '다음의 전기설비'는 일반용전기설비로 보지 아니한다.
   ① 자가용전기설비의 설치장소와 동일한 수전장소에 설치하는 전기설비
   ② 화약류 등의 위험시설에 설치하는 용량 20킬로와트 이상의 전기설비
   ③ 공연장 등의 시설에 설치하는 용량 20킬로와트 이상의 전기설비

(4) 분산형전원 ★

① '분산형전원'이란 전력수요 지역 인근에 설치하여 송전선로[발전소 상호간, 변전소 상호간 및 발전소와 변전소 간을 연결하는 전선로(통신용으로 전용하는 것은 제외)를 말한다]의 건설을 최소화할 수 있는 일정 규모 이하의 발전설비로서 '산업통상자원부령으로 정하는 것'을 말한다.

② 위 ①에서 '산업통상자원부령으로 정하는 것'이란 다음의 발전설비를 말한다.

㉠ 발전설비용량 4만 킬로와트 이하의 발전설비(다음 ㉡의 자가 설치한 발전설비는 제외)

㉡ 다음의 자가 설치한 발전설비용량 50만 킬로와트 이하의 발전설비

ⓐ 「집단에너지사업법」에 따라 발전사업의 허가를 받은 것으로 보는 집단에너지사업자

ⓑ 구역전기사업자

ⓒ 자가용전기설비를 설치한 자

(5) 전선로 등

① '전선로'란 발전소·변전소·개폐소 및 이에 준하는 장소와 전기를 사용하는 장소 상호간의 전선 및 이를 지지하거나 수용하는 시설물을 말한다.

② '변전소'란 변전소의 밖으로부터 전압 5만 볼트 이상의 전기를 전송받아 이를 변성(전압을 올리거나 내리는 것 또는 전기의 성질을 변경시키는 것을 말한다)하여 변전소 밖의 장소로 전송할 목적으로 설치하는 변압기와 그 밖의 전기설비 전체를 말한다.

③ '개폐소'란 다음의 곳의 전압 5만 볼트 이상의 송전선로를 연결하거나 차단하기 위한 전기설비를 말한다.

㉠ 발전소 상호간

㉡ 변전소 상호간

㉢ 발전소와 변전소 간

④ '송전선로'란 다음의 곳을 연결하는 전선로(통신용으로 전용하는 것은 제외)와 이에 속하는 전기설비를 말한다.

㉠ 발전소 상호간

㉡ 변전소 상호간

㉢ 발전소와 변전소 간

⑤ '배전선로'란 다음의 곳을 연결하는 전선로와 이에 속하는 전기설비를 말한다.

㉠ 발전소와 전기수용설비

㉡ 변전소와 전기수용설비

㉢ 송전선로와 전기수용설비

㉣ 전기수용설비 상호간

(6) 저압, 고압, 특고압

① '저압'이란 '직류'에서는 1,500볼트 이하의 전압을 말하고, '교류'에서는 1,000볼트 이하의 전압을 말한다.

② '고압'이란 '직류'에서는 1,500볼트를 초과하고 7천 볼트 이하인 전압을 말하고, '교류'에서는 1,000볼트를 초과하고 7천 볼트 이하인 전압을 말한다.

③ '특고압'이란 7천 볼트를 초과하는 전압을 말한다.

(7) 전기수용설비

① '전기수용설비'란 수전설비와 구내배전설비를 말한다.
② '수전설비'란 '타인의 전기설비' 또는 '구내발전설비'로부터 전기를 공급받아 구내배전설비로 전기를 공급하기 위한 전기설비로서 수전지점으로부터 배전반(구내배전설비로 전기를 배전하는 전기설비를 말한다)까지의 설비를 말한다.
③ '구내배전설비'란 수전설비의 배전반에서부터 전기사용기기에 이르는 전선로·개폐기·차단기·분전함·콘센트·제어반·스위치 및 그 밖의 부속설비를 말한다.

2. 허가, 등록, 인가, 신고, 승인

(1) 정리표(산업통상자원부장관, 허가권자에는 '시, 도지사' 포함) ★

구분	대상	내용
허가	전기사업	① **허가권자**: 산업통상자원부장관 또는 시·도지사 ② 배전사업 및 전기판매사업 겸업 허용
등록	전기신사업	① 전기자동차충전사업, 소규모전력중개사업, 재생에너지전기공급사업, 통합발전소사업, 재생에너지전기저장판매사업 및 송전제약발생지역 전기공급사업 ② '지능형전력망 협회' 또는 '한국전력거래소'에 제출(변경등록: 30일 이내)
인가	전기공급약관	'전기판매사업자' 작성(기본공급약관, 보완공급약관) [선택공급약관: 인가(×) 및 전기위원회 심의(×)]
	전기설비	'송전사업자' 또는 '배전사업자'
신고	전기신사업의 약관	'한국전력거래소'에 신고서 제출
승인	전력시장운영규칙	'한국전력거래소'가 정함
	중개시장운영규칙	'한국전력거래소'가 정함
	원자력발전연료 제조, 공급계획	–

⊙ 산업통상자원부장관, 허가·인가·승인하려는 경우, 미리 전기위원회의 심의를 거쳐야 한다.

(2) 전기사업의 허가 등

① '전기사업을 하려는 자'는 '전기사업의 종류별 또는 규모별'로 산업통상자원부장관 또는 시·도지사(허가권자)의 허가를 받아야 한다.
② 동일인에게는 두 종류 이상 전기사업을 허가할 수 없다. 단, 다음은 예외로 인정한다.
㉠ 배전사업과 전기판매사업을 겸업하는 경우
㉡ 도서지역에서 전기사업을 하는 경우
㉢ 집단에너지 사업자가 전기판매사업을 겸업하는 경우

(3) 전기신사업의 등록

① 전기신사업을 하려는 자는 산업통상자원부장관에게 등록하여야 한다. → 등록신청서는 지능형전력망 협회에 제출

② 산업통상자원부장관은 전기신사업의 등록 또는 변경등록을 한 경우, '해당 신청인'에게 전기신사업 등록증을 발급하여야 한다.

3. 업무 등

(1) 전기공급의 의무

발전사업자, 전기판매사업자, 전기자동차충전사업자, 재생에너지전기공급사업자, 통합발전소사업자, 재생에너지전기저장판매사업자 및 송전제약발생지역공급사업자는 대통령령으로 정하는 다음 (2)의 정당한 사유 없이 전기의 공급을 거부하여서는 아니 된다.

(2) 전기의 공급을 거부할 수 있는 사유

① 전기사용자가 공급약관에서 정하는 기한까지 해당 요금을 납부하지 아니하는 경우

② 전기사용자가 '전기신사업의 약관 등에서 정한 기한까지' 전기요금을 지급하지 않은 경우

③ 불합리한 조건을 제시하거나 다른 방법으로 전기의 공급을 요청하는 경우

④ 발전사업자(한국전력거래소가 전력계통의 운영을 위하여 전기공급을 지시한 발전사업자는 제외한다)가 환경을 적정하게 관리·보존하는 데 필요한 조치로서 전기공급을 정지하는 경우

⑤ 전기사용자가 전기의 품질에 적합하지 아니한 전기의 공급을 요청하는 경우

⑥ 발전용 전기설비의 정기적인 보수기간 중 전기공급을 요청하는 경우(발전사업자만 해당)

⑦ 전기설비의 정기적인 점검 및 보수 등 위 ②의 약관이나 계약에서 정한 정당한 전기공급 중단 또는 정지사유가 발생하는 경우

⑧ 전기를 대량으로 사용하려는 자가 다음 시기까지 미리 전기의 공급을 요청하지 아니하는 경우

㉠ 사용량이 5천 킬로와트(일반업무시설은 2천 킬로와트) 이상 1만 킬로와트 미만인 경우: 사용 예정일 1년 전

㉡ 사용량이 1만 킬로와트 이상 10만 킬로와트 미만인 경우: 사용 예정일 2년 전

㉢ 사용량이 10만 킬로와트 이상 30만 킬로와트 미만인 경우: 사용 예정일 3년 전

㉣ 사용량이 30만 킬로와트 이상인 경우: 사용 예정일 4년 전

⑨ 앞의 ⑧에 따라 전기를 대량으로 사용하려는 자에 대한 전기의 공급으로 전기판매사업자가 다음의 기준을 유지하기 어려운 경우
   ㉠ 전기의 품질 유지 기준
   ㉡ 전력계통의 신뢰도 유지 기준
⑩ **일반용전기설비**의 **사용전점검**을 받지 아니하고 전기공급을 요청하는 경우
⑪ 「전기안전관리법」 제12조 제9항 또는 다른 법률에 따라 **시장·군수·구청장**(자치구의 구청장을 말한다) 또는 그 밖의 **행정기관의 장**이 **전기공급의 정지**를 요청하는 경우
⑫ 재난이나 그 밖의 비상사태로 인하여 전기공급이 불가능한 경우

(3) 송전·배전용 전기설비의 이용요금 등

① 송전사업자 또는 배전사업자는 전기설비의 이용요금과 그 밖의 이용조건에 관한 사항을 정하여 **산업통상자원부장관**의 인가를 받아야 한다. 이를 변경하려는 경우에도 또한 같다.
② **산업통상자원부장관**은 위 ①의 인가를 하려는 경우에는 **전기위원회**의 심의를 거쳐야 한다.

(4) 전기공급약관

① **기본공급약관**: 전기판매사업자 작성 + 산업통상자원부장관 인가 + **전기위원회**의 심의
② **선택공급약관**: 전기판매사업자 작성 + [‘인가’(×) 및 ‘**전기위원회**의 심의’(×)]
③ **보완공급약관**: 전기판매사업자 작성 + 산업통상자원부장관 **인가** + **전기위원회**의 심의

(5) 구역전기사업자와 전기판매사업자의 전력거래 등

① **구역전기사업자**는 사고 등의 사유로 전력이 부족하거나 남는 경우에는 **부족한 전력** 또는 남는 전력을 ‘**전기판매사업자**’와 거래할 수 있다.
② **전기판매사업자**는 정당한 사유 없이 위 ①의 거래를 거부하여서는 아니 된다.
③ **전기판매사업자**는 **보완공급약관**을 작성, **산업통상자원부장관**의 인가를 받아야 한다.

(6) 전기판매사업자 등의 전기자동차충전사업자와의 전력거래 거부 금지

전기판매사업자 또는 구역전기사업자는 정당한 사유 없이 전기자동차충전사업자와의 전력거래를 거부해서는 아니 된다.

(7) 재생에너지전기공급사업자 등의 전기공급

① 재생에너지전기공급사업자 및 재생에너지전기저장판매사업자는 '재생에너지를 이용하여 생산한 전기'를 전력시장을 거치지 아니하고 전기사용자에게 공급할 수 있다. 〈개정〉

② 송전제약발생지역전기공급사업자는 다음의 요건을 갖춘 경우에 생산한 전기를 전력시장을 거치지 아니하고 '전기사용자'에게 공급할 수 있다. 〈신설〉

㉠ '송전제약'으로 '발전설비의 최적 활용이 곤란한 지역'에 위치한 발전설비를 이용하여 생산한 전기를 공급할 것

㉡ '전기사용자의 수전설비'가 '발전설비 인접지역에 위치'하고 신규 시설일 것

③ 전기자동차충전사업자는 '재생에너지를 이용하여 생산한 전기' 중 '다음의 요건을 모두 갖춘 전기'를 전력시장을 거치지 아니하고 전기자동차에 공급할 수 있다.

㉠ 산업통상자원부장관이 정하여 고시하는 요건을 갖춘 재생에너지를 이용하여 생산한 전기일 것

㉡ 송전용 또는 배전용 전기설비 '없이' 공급할 수 있는 전기일 것

④ 위 ① 및 ②에 따라 재생에너지전기공급사업자 및 재생에너지전기저장판매사업자 및 송전제약발생지역전기공급사업자가 전기사용자에게 전기를 공급하는 경우 요금과 그 밖의 공급조건 등을 개별적으로 협의하여 계약할 수 있다. 〈개정〉

⑤ 위 ①에서 ③까지에 따라 공급되는 전기는 「신에너지 및 재생에너지 개발·이용·보급 촉진법」 제12조의7 제1항에 따른 신·재생에너지 공급인증서의 발급대상이 되지 아니한다. 〈개정〉

(8) '전기신사업 약관'의 신고 등

① 전기신사업자는 요금 등 이용조건에 관한 약관을 작성하여 산업통상자원부장관에게 신고할 수 있으며, 변경한 경우에도 또한 같다. → '한국전력거래소'에 신고서 제출

② 전기신사업자는 약관의 신고 또는 변경신고를 한 경우에는 '신고 또는 변경신고한' 약관을 사용하여야 한다.

③ 산업통상자원부장관은 전기신사업의 공정한 거래질서를 확립하기 위하여 공정거래위원회 위원장과 협의를 거쳐 표준약관을 제정 또는 개정할 수 있다.

④ '위 ①에 따라 약관의 신고 또는 변경신고를 하지 아니한 전기신사업자'는 '위 ③의 표준약관'을 사용하여야 한다.

(9) 전력량계의 설치 · 관리

다음의 자는 시간대별로 전력거래량을 측정할 수 있는 전력량계를 설치 · 관리하여야 한다.
① 발전사업자
② 자가용전기설비를 설치한 자
③ 구역전기사업자
④ 배전사업자
⑤ 전력시장에서 전력을 직접 구매할 수 있는 규모의 전력을 직접 구매하는 전기사용자

(10) 전기품질의 유지

① 전기사업자등은 그가 공급하는 전기의 품질을 유지하여야 한다.
② 전기사업자 및 한국전력거래소는 전기품질을 측정하고 그 결과를 기록 · 보존하여야 한다.

(11) 전기설비의 정보 공개

송전사업자 또는 배전사업자는 그 전기설비를 다른 전기사업자가 이용할 수 있도록 전기설비 용량 및 전기사업자의 이용 현황 등 전기설비의 정보를 공개하여야 한다.

4. 전력시장

(1) 전력거래 ★

① **원칙**: '발전사업자' 및 '전기판매사업자'는 전력시장운영규칙으로 정하는 바에 따라 전력시장에서 전력거래를 하여야 한다.
② **예외**: 다만, 다음의 경우에는 그러하지 아니하다.
㉠ 한국전력거래소가 운영하는 전력계통에 연결되어 있지 아니한 도서지역에서 전력을 거래하는 경우
㉡ 「신재생에너지법」에 따른 신 · 재생에너지발전사업자가 발전설비용량이 1천 킬로와트 이하인 발전설비를 이용하여 생산한 전력을 거래하는 경우 등
㉢ 산업통상자원부장관이 정하여 고시하는 요건을 갖춘 신 · 재생에너지발전사업자(자가용전기설비를 설치한 자는 제외한다)가 발전설비용량이 1천 킬로와트를 초과하는 발전설비를 이용하여 생산한 전력을 전기판매사업자에게 공급하고, 전기판매사업자가 그 전력을 산업통상자원부장관이 정하여 고시하는 요건을 갖춘 전기사용자에게 공급하는 방법으로 전력을 거래하는 경우

㉣ 산업통상자원부장관이 정하여 고시하는 요건을 갖춘 신·재생에너지발전사업자가 발전설비용량이 1천 킬로와트를 초과하는 발전설비를 이용하여 생산한 전력을 재생에너지전기공급사업자에게 공급하는 경우
㉤ 「수소경제 육성 및 수소 안전관리에 관한 법률」에 따른 수소발전사업자가 생산한 전력을 수소발전 입찰시장에서 거래하는 경우
㉥ 산업통상자원부장관이 정하여 고시하는 요건을 갖춘 재생에너지발전사업자(신·재생에너지발전사업자 중 재생에너지를 이용하여 발전사업을 하는 자를 말한다)가 발전설비용량이 1천 킬로와트(송전용 또는 배전용 전기설비 없이 공급하는 경우에는 5백 킬로와트)를 초과하는 발전설비를 이용하여 생산한 전력을 재생에너지전기저장판매사업자에게 공급하는 경우 〈신설〉
㉦ 산업통상자원부장관이 정하여 고시하는 요건을 갖춘 재생에너지발전사업자가 발전설비를 이용하여 생산한 전력을 전기자동차충전사업자에게 공급하는 경우 〈신설〉

③ 자가용전기설비를 설치한 자는 그가 생산한 전력을 전력시장에서 거래할 수 없다.
④ 다만, 대통령령으로 정하는 경우에는 그러하지 아니하다.
㉠ 태양광 설비를 설치한 자가 해당 설비를 통하여 생산한 전력 중 '자기가 사용하고' 남은 전력을 거래하는 경우
㉡ 태양광 설비 외의 설비를 설치한 자가 해당 설비를 통하여 생산한 전력의 '연간 총생산량'의 30퍼센트 미만의 범위에서 전력을 거래하는 경우
⑤ 소규모전력중개사업자는 모집한 소규모전력자원에서 생산 또는 저장한 전력을 전력시장운영규칙으로 정하는 바에 따라 전력시장에서 거래하여야 한다.
⑥ 통합발전소사업자는 전력시장운영규칙에서 정하는 바에 따라 '통합발전소에서 생산 또는 저장한 전력'을 전력시장에서 거래할 수 있다. 〈신설〉

(2) 전력의 직접 구매

① 전기사용자는 전력시장에서 전력을 직접 구매할 수 없다.
② 다만, 수전설비 용량(재생에너지전기공급사업자로부터 전기를 공급받는 경우에는 각 수전설비를 합산한 용량)이 3만 킬로볼트암페어 이상인 전기사용자는 그러하지 아니하다.

5. 한국전력거래소 등

(1) 한국전력거래소의 설립

① 전력시장 및 전력계통의 운영을 위하여 한국전력거래소를 설립한다.
② 사단법인, 설립등기, 한국전력거래소의 주된 사무소는 정관으로 정한다.

(2) 전력시장운영규칙 ★

① 한국전력거래소는 전력시장 및 전력계통의 운영에 관한 규칙(이하 '전력시장운영규칙'이라 한다)을 정하여야 한다.
② 전력시장운영규칙을 제정 등을 하려는 경우, **산업통상자원부장관의 승인**을 받아야 한다.
③ 산업통상자원부장관은 위 ②의 승인을 하려면 **전기위원회의 심의**를 거쳐야 한다.

(3) 중개시장운영규칙 ★

① 한국전력거래소는 소규모전력중개시장의 운영에 관한 규칙(이하 '중개시장운영규칙'이라 한다)을 정하여야 한다.
② 중개시장운영규칙 제정·변경·폐지하려는 경우, **산업통상자원부장관의 승인**을 받아야 한다.
③ 산업통상자원부장관은 위 ②의 승인을 하려면 **전기위원회의 심의**를 거쳐야 한다.

(4) '한국전력거래소' 회원의 자격 [회원이 아닌 자는 전력시장에서 전력거래 불가]

① 전력시장에서 전력거래를 하는 발전사업자
② 전기판매사업자
③ '전력시장에서 전력을 직접 구매'하는 전기사용자
④ 전력시장에서 전력거래를 하는 자가용전기설비를 설치한 자
⑤ 전력시장에서 전력거래를 하는 구역전기사업자
⑥ 전력시장에서 전력거래를 하지 아니하는 자 중 '정관'으로 정하는 요건을 갖춘 자
⑦ 전력시장에서 전력거래를 하는 수요관리사업자
⑧ 전력시장에서 전력거래를 하는 소규모전력중개사업자
⑨ 전력시장에서 전력거래를 하는 통합발전소사업자

(5) 전력계통 운영시스템의 구축·운영

한국전력거래소는 전력계통의 운영에 관한 업무를 수행하기 위하여 **전력계통 운영시스템**을 구축·운영할 수 있다.

(6) 전력정책심의회, 전기위원회 및 전력산업기반기금

전력정책 심의회	전력수급 및 전력산업기반조성에 관한 중요사항을 심의하기 위하여 산업통상자원부에 **전력정책심의회**를 둔다. [30명 이내]
전기위원회	전기사업의 공정한 경쟁환경 조성 및 전기사용자의 권익 보호에 관한 사항의 심의와 전기사업과 관련된 **분쟁의 재정**을 위해 산업통상자원부에 **전기위원회**를 둔다. [9명 이내]
전력산업 기반기금	① 정부는 전력산업의 지속적인 발전과 전력산업의 기반조성에 필요한 재원을 확보하기 위해 **전력산업기반기금**을 설치한다. ② 전력산업기반기금은 **산업통상자원부장관**이 운용·관리한다.

6. 전기설비의 안전관리 등

(1) '전기사업용전기설비'의 공사계획의 인가 또는 신고

① **전기사업자**는 전기사업용전기설비의 설치공사 또는 변경공사로서 일정한 공사를 하려는 경우, 그 공사계획에 대하여 **산업통상자원부장관의 인가**를 받아야 한다.

② **전기사업자는 위 ①에 따라 인가를 받아야 하는 공사 '외'**의 전기사업용전기설비의 설치공사 또는 변경공사로서 일정한 공사를 하려는 경우에는 **공사를 시작하기 전에 허가권자**에게 **신고**하여야 한다. 신고한 사항을 변경하려는 경우에도 또한 같다.

③ **전기사업자**는 전기설비가 사고·재해 등의 사유로 멸실·파손되거나 전시·사변 등 비상사태가 발생하여 부득이하게 공사를 하여야 하는 경우에는 위 ①부터 ②까지의 규정에도 불구하고 **공사를 시작한 후** 지체 없이 그 사실을 **허가권자**에게 **신고**하여야 한다.

④ **산업통상자원부장관**은 위 ①에 따라 전기설비의 설치공사 또는 변경공사에 관한 계획을 **인가**할 때에는 해당 계획이 '**기술기준**에 적합한 경우'에만 **인가**하여야 한다.

(2) 사용전검사

① 위 (1)에 따라 전기설비의 설치공사 또는 변경공사를 한 자는 산업통상자원부령으로 정하는 바에 따라 **허가권자**가 실시하는 검사에 **합격한 후**에 이를 사용하여야 한다.

② 사용전검사를 받으려는 자는 별지 제28호 서식의 사용전검사 신청서에 일정한 서류를 첨부하여 검사를 받으려는 날의 **7일 전까지** 한국전기안전공사(이하 '안전공사'라 한다)에 제출해야 한다.

③ 안전공사는 검사를 한 경우에는 검사완료일부터 **5일 이내**에 '검사확인증'을 검사신청인에게 내주어야 한다. 다만, 검사 결과 불합격인 경우에는 그 내용·사유 및 재검사 기한을 통지하여야 한다.

(3) 전기설비의 임시사용

① 허가권자는 앞의 (2)의 사용전검사에 불합격한 경우에도 안전상 지장이 없고 전기설비의 임시사용이 필요하다고 인정되는 경우에는 사용기간 및 방법을 정하여 그 설비를 임시로 사용하게 할 수 있다. 이 경우 허가권자는 '그 사용기간 및 방법을 정하여' 통지를 하여야 한다.

② 전기설비의 임시사용기간은 3개월 이내로 한다. 다만, 임시사용기간에 임시사용의 사유를 해소할 수 없는 특별한 사유가 있다고 인정되는 경우에는 전체 임시사용기간이 1년을 초과하지 아니하는 범위에서 임시사용기간을 연장할 수 있다.

7. 토지 등의 사용

(1) 다른 자의 토지 등의 사용

① 전기사업자는 전기사업용전기설비의 설치나 이를 위한 실지조사·측량 및 시공 또는 전기사업용전기설비의 유지·보수를 위하여 필요한 경우에는 다른 자의 '토지등'을 사용하거나 다른 자의 식물 또는 그 밖의 장애물을 변경 또는 제거할 수 있다.

② 전기사업자는 다음의 경우에는 다른 자의 토지등을 일시사용하거나 다른 자의 식물을 변경 또는 제거할 수 있다. 다만, 다른 자의 토지등이 주거용으로 사용되고 있는 경우에는 그 사용 일시 및 기간에 관하여 미리 '거주자'와 협의하여야 한다.

㉠ 천재지변 등 사태로 전기사업용전기설비 등이 파손되거나 파손 우려가 있는 경우 15일 이내에서의 다른 자의 토지등의 일시사용

㉡ 전기사업용 전선로에 '장애가 되는 식물'을 방치하여 전선로를 현저하게 파손 등을 일으키게 할 우려가 있다고 인정되는 경우 식물의 변경 또는 제거

③ 전기사업자는 위 ②에 따라 다른 자의 토지등을 일시사용, 식물의 변경 또는 제거를 한 경우에는 즉시 그 점유자나 소유자에게 그 사실을 통지하여야 한다.

④ 토지등의 점유자 또는 소유자는 정당한 사유 없이 위 ②에 따른 전기사업자의 토지등의 일시사용 및 식물의 변경·제거 행위를 거부·방해 또는 기피하여서는 아니 된다.

(2) 다른 자의 토지등에의 출입

① 전기사업자는 전기설비의 설치·유지 및 안전관리를 위하여 필요한 경우에는 다른 자의 토지등에 출입할 수 있다. 이 경우 전기사업자는 출입방법 및 출입기간 등에 대하여 미리 토지등의 소유자 또는 점유자와 협의하여야 한다.

② 전기사업자는 위 ①에 따른 협의가 성립되지 아니하거나 협의를 할 수 없는 경우에는 시장·군수 또는 구청장의 허가를 받아 토지등에 출입할 수 있다.

③ 시장·군수 또는 구청장은 위 ②의 허가신청이 있는 경우에는 그 사실을 '토지등의 소유자 또는 점유자'에게 알리고 '의견을 진술할 기회'를 주어야 한다.

(3) 공공용 토지의 사용

① 전기사업자는 국가·지방자치단체·공공기관이 관리하는 공공용 토지에 전기사업용 전선로를 설치할 필요가 있는 경우에는 그 '토지 관리자'의 허가를 받아 토지를 사용할 수 있다.

② 위 ①의 경우에 토지 관리자가 정당한 사유 없이 허가를 거절하거나 허가조건이 적절하지 아니한 경우에는 '전기사업자의 신청'을 받아 그 토지를 관할하는 주무부장관이 사용을 허가하거나 허가조건을 변경할 수 있다.

PART
13 승강기 안전관리법

▶ **연계학습** I 에듀윌 기본서 2차 [주택관리관계법규 下] p.426 회독체크 1 2 3

1. 승강기 ★

건축물이나 고정된 시설물에 설치되어 일정한 경로에 따라 사람이나 **화물**을 **승강장**으로 옮기는 데에 사용되는 설비('대통령령으로 정하는 **다음 2.의 것**'은 **제외**)로서 구조나 용도 등의 구분에 따라 '대통령령으로 정하는 다음의 설비'를 말한다.

① **엘리베이터**: 일정한 수직로 또는 **경사로**를 따라 위·아래로 움직이는 **운반구**(運搬具)를 통해 사람이나 화물을 승강장으로 운송시키는 설비

② **에스컬레이터**: 일정한 경사로 또는 **수평로**를 따라 위·아래 또는 옆으로 움직이는 **디딤판**을 통해 사람이나 화물을 승강장으로 운송시키는 설비

③ **휠체어리프트**: 일정한 수직로 또는 **경사로**를 따라 위·아래로 움직이는 **운반구**를 통해 휠체어에 탑승한 장애인 또는 그 밖의 장애인·노인·임산부 등 거동이 불편한 사람을 승강장으로 운송시키는 설비

2. 승강기에서 제외되는 것

① 「궤도운송법」 제2조 제1호에 따른 궤도

② 「선박안전법」 제2조 제2호에 따른 선박시설 중 승강설비

③ 「주차장법」 제2조 제2호에 따른 **기계식주차장치**

④ 「광산안전법 시행령」 제10조 제1항 제3호에 따른 사람을 운반하거나 **150킬로와트 이상**의 동력을 사용하는 **권양(捲揚)장치**(중량물을 높은 곳으로 들어 올리거나 끌어당기는 장치를 말한다)

⑤ 「산업안전보건법 시행령」 제74조 제1항 제1호 라목에 따른 **리프트**

⑥ 주한외국공관 또는 이에 준하는 기관에 설치된 승강기 등 **국제협약** 또는 **국가 간 협정**을 준수하기 위해 행정안전부장관이 필요하다고 인정하는 승강기

3. 기타 용어의 정의 ★

① '승강기부품'이란 승강기를 구성하는 제품이나 그 부분품 또는 부속품을 말한다.
② '제조'란 승강기나 승강기부품을 판매 · 대여하거나 '설치할 목적'으로 생산 · 조립하거나 가공하는 것을 말한다.
③ '설치'란 승강기의 설계도면 등 기술도서에 따라 승강기를 건축물이나 고정된 시설물에 '장착'(행정안전부령으로 정하는 범위에서의 승강기 교체를 포함)하는 것을 말한다.
④ '유지관리'란 설치검사를 받은 승강기가 그 설계에 따른 '기능 및 안전성을 유지할 수 있도록 하는' 다음의 안전관리 활동을 말한다.
  ㉠ 주기적인 점검
  ㉡ 승강기 또는 승강기부품의 수리
  ㉢ 승강기부품의 교체
  ㉣ 그 밖에 행정안전부장관이 승강기의 기능 및 안전성의 유지를 위하여 필요하다고 인정하여 고시하는 안전관리 활동
⑤ '승강기사업자'란 다음의 어느 하나에 해당하는 자를 말한다.
  ㉠ 승강기나 승강기부품의 제조업 또는 수입업을 하기 위하여 등록을 한 자
  ㉡ 승강기의 유지관리를 업(業)으로 하기 위하여 등록을 한 자
  ㉢ 「건설산업기본법」에 따라 건설업의 등록을 한 자로서 '대통령령으로 정하는 승강기 설치공사업'[1]에 종사하는 자(이하 '설치공사업자'라 한다)
⑥ '관리주체'란 다음의 어느 하나에 해당하는 자를 말한다.
  ㉠ 승강기 소유자
  ㉡ 다른 법령에 따라 '승강기 관리자'로 규정된 자
  ㉢ 위 ㉠ 또는 ㉡에 해당하는 자와의 계약에 따라 '승강기를 안전하게 관리할 책임과 권한을 부여받은 자'

1. '대통령령으로 정하는 승강기설치공사업'이란 「건설산업기본법 시행령」 [별표 1]에 따른 승강기 · 삭도공사업(승강기설치공사를 주력분야로 등록한 경우로 한정한다)을 말한다.
   ※ 삭도공사업: 케이블카 · 리프트의 설치 공사

4. 승강기 종류

(1) 구조별 승강기의 세부종류

구분	승강기의 세부종류	분류기준
에스컬레이터	에스컬레이터	계단형의 발판이 구동기에 의해 경사로를 따라 운행되는 구조의 에스컬레이터
	무빙워크	평면형의 발판이 구동기에 의해 경사로 또는 수평로를 따라 운행되는 구조의 에스컬레이터

PART 13

(2) 용도별 승강기의 세부종류

구분	승강기의 세부종류	분류기준
엘리베이터	피난용 엘리베이터	화재 등 재난 발생 시 거주자의 피난활동에 적합하게 제조·설치된 엘리베이터로서 평상시에는 승객용으로 사용하는 엘리베이터
	주택용 엘리베이터	「건축법 시행령」 [별표 1] 제1호 가목에 따른 단독주택 거주자의 운송에 적합하게 제조·설치된 엘리베이터로서 편도 운행거리가 12미터 이하인 엘리베이터
	승객화물용 엘리베이터	사람의 운송과 화물 운반을 겸용하기에 적합하게 제조·설치된 엘리베이터
	화물용 엘리베이터	화물 운반에 적합하게 제조·설치된 엘리베이터로서 조작자 또는 화물취급자가 탑승할 수 있는 엘리베이터(적재용량이 300킬로그램 미만인 것은 제외)
	자동차용 엘리베이터	운전자가 탑승한 자동차의 운반에 적합하게 제조·설치된 엘리베이터
	소형화물용 엘리베이터 (Dumbwaiter)	음식물이나 서적 등 소형 화물의 운반에 적합하게 제조·설치된 엘리베이터로서 사람의 탑승을 금지하는 엘리베이터(바닥면적이 0.5제곱미터 이하이고, 높이가 0.6미터 이하인 것은 제외)

5. 승강기사업자 등

(1) 비교표

구분	제조업자, 수입업자	유지관리업자	설치공사업자[1]
등록(신고)	등록 (시·도지사)	등록 (시·도지사)	설치신고[2] 의무 (시·도지사에게 신고)
자본금	2억원	1억원	–
변경	30일 이내 '변경등록'[3]	30일 이내 '변경등록'[4]	–
휴업 등	30일 이내 '신고'	30일 이내 '신고'	–
주요 논점	'사후관리' [다음 (2)]	–	–

1. 설치공사업자: 「건설산업기본법」에 따라 건설업의 등록을 한 자로서 대통령령으로 정하는 승강기설치공사업에 종사하는 자
2. 한국승강기안전공단(공단)에 10일 이내에 설치신고 의무
3. '변경등록'하여야 할 사항
   ① 상호(법인인 경우, 법인의 명칭)
   ② 주된 사무소의 소재지
   ③ 공장의 수 및 소재지
   ④ 대표자
   ⑤ 제조업 또는 수입업의 종류

4. '변경등록'하여야 할 사항
① 상호
② 주된 사무소의 소재지
③ 사업장의 수 및 소재지
④ 대표자
⑤ 유지관리 대상 승강기의 종류
⑥ 기술인력

(2) 제조·수입업자의 사후관리 ★

① 제조·수입업자는 승강기 등을 판매하거나 양도하였을 때는 다음의 조치를 하여야 한다.
㉠ 행정안전부령으로 정하는 승강기 유지관리용 부품의 유상 또는 무상 제공
㉡ 승강기의 결함 여부 등에 대한 점검·정비 및 검사에 필요한 장비 또는 소프트웨어(비밀번호 등 정보에 접근할 수 있는 권한을 포함)의 유상 또는 무상 제공 등
② 제조·수입업자는 '관리주체 등'으로부터 '위 ①의 부품 등'의 제공을 요청받은 경우에는 특별한 이유가 없으면 2일 이내에 그 요청에 따라야 한다.
③ 시·도지사는 위 의무를 이행하지 아니한 제조·수입업자에게 의무이행을 명할 수 있다.

(3) 승강기 유지관리용 부품 등의 제공기간 등

① '제조·수입업자'는 승강기 유지관리용 부품 및 관련 장비 또는 소프트웨어(이하 '장비등'이라 한다)의 원활한 제공을 위해 동일한 형식의 유지관리용 부품 및 장비등을 최종 판매하거나 양도한 날부터 10년 이상 제공할 수 있도록 해야 한다.
② 제조·수입업자는 구매인 또는 양수인(관리주체를 포함)에게 사용설명서 및 품질보증서를 제공해야 한다.
③ 품질보증기간은 3년 이상으로 하며, 그 기간에 구매인 또는 양수인이 사용설명서에 따라 정상적으로 사용·관리했음에도 불구하고 고장이나 결함이 발생한 경우에는 제조·수입업자가 무상으로 유지관리용 부품 및 장비등을 제공(정비를 포함)해야 한다.

(4) 승강기부품의 권장 교체주기 및 가격 자료의 공개

① 제조·수입업자는 승강기부품(유지관리용 부품으로 한정)의 권장 교체주기 및 가격 자료를 10년 이상 해당 제조·수입업자의 인터넷 홈페이지에 공개해야 한다. 다만, 인터넷 홈페이지를 갖추고 있지 않은 제조·수입업자는 그가 가입한 협회나 단체의 인터넷 홈페이지 등에 공개할 수 있다.
② 제조·수입업자는 승강기부품의 권장 교체주기 및 가격 자료를 매년 갱신해야 한다.

(5) 승강기 안전관리 기본계획 등의 수립 · 시행 〈신설 2024.1.30.〉

① 행정안전부장관은 '5년마다' 승강기 안전관리의 기본목표 및 추진방향 등의 사항이 포함된 승강기 안전관리 기본계획(이하 '기본계획'이라 한다)을 수립 · 시행하여야 한다.
② 행정안전부장관은 승강기 안전관리와 관련한 사회적 · 경제적 여건 변화 등으로 기본계획의 변경이 필요할 때에는 이를 변경할 수 있다.
③ 행정안전부장관은 기본계획을 수립 또는 변경하려는 경우 관계 중앙행정기관의 장과 미리 협의하여야 한다.
④ 행정안전부장관은 기본계획을 수립 또는 변경하기 위하여 필요하다고 인정하는 경우 관계 중앙행정기관의 장 또는 지방자치단체의 장에게 관련 자료를 제출할 것을 요청할 수 있다. 이 경우 요청을 받은 관계 중앙행정기관의 장 또는 지방자치단체의 장은 특별한 사유가 없으면 이에 따라야 한다.
⑤ 행정안전부장관은 기본계획을 수립 또는 변경한 경우 '시 · 도지사'에게 '통보'하고 관보나 인터넷 홈페이지에 '게시'하여야 한다.
⑥ 시 · 도지사는 위 ⑤에 따라 통보받은 기본계획을 반영하여 관할구역의 실정에 맞게 지역 승강기 안전관리 시행계획(이하 '시행계획'이라 한다)을 수립하고 시행하여야 한다.

(6) 승강기 안전관리 기본계획 및 시행계획의 수립 〈신설 2025.1.21.〉

① 행정안전부장관은 5년마다 승강기안전위원회의 심의를 거쳐 승강기 안전관리 기본계획(이하 '기본계획'이라 한다)을 '그 5년이 시작되는 해'의 전년도 6월 30일까지 수립해야 하고, '기본계획을 수립한 날'부터 10일 이내에 '시 · 도지사'에게 통보해야 한다.
② 행정안전부장관은 기본계획의 변경이 필요한 경우에는 승강기안전위원회의 심의를 거쳐 기본계획을 변경하고, 기본계획을 변경한 날부터 10일 이내에 시 · 도지사에게 통보해야 한다.
③ 시 · 도지사는 '매년' 11월 30일까지 위 (5)의 ⑥에 따른 '지역 승강기 안전관리 시행계획'(이하 '시행계획'이라 한다)을 수립해야 하고, 시행계획을 수립한 날부터 10일 이내에 행정안전부장관에게 제출해야 한다.
④ 시 · 도지사는 위 ③에 따라 제출한 시행계획을 변경한 경우에는 시행계획을 변경한 날부터 10일 이내에 행정안전부장관에게 제출해야 한다.
⑤ 시 · 도지사는 시행계획을 '수립'하거나 '변경'한 경우에는 공보나 인터넷 홈페이지에 게시해야 한다.

(7) 승강기안전위원회

① 행정안전부장관은 승강기 안전에 관한 종합적인 시책 등의 사항을 심의하기 위해 승강기안전위원회(이하 '위원회'라 한다)를 구성·운영한다.
② 위원회는 위원장 1명을 포함하여 **15명 이내**의 위원으로 구성한다.
③ 위원회 위원(공무원인 위원은 제외)의 임기는 3년으로 하며, **한 번만 연임**할 수 있다.
④ 회의에 출석하는 위원에게는 **예산의 범위**에서 수당과 여비 등을 지급할 수 있다. 다만, 공무원인 위원이 그 소관 업무와 직접적으로 관련되어 출석하는 경우에는 그렇지 않다.

6. 안전인증 등

(1) 승강기부품과 승강기 안전인증의 공통점

① 제조·수입업자는 모델별로 **행정안전부장관**이 실시하는 (부품)안전인증을 받아야 한다.
② **(부품)안전인증의 면제**
㉠ '연구·개발 등 목적'(행정안전부장관의 확인)
㉡ '수출 목적'으로 수입(시·도지사의 확인)
㉢ '수출 목적'으로 제조
㉣ '일회성'으로 수입하거나 제조 등
③ 승강기(안전부품)의 **정기심사와 자체심사**
㉠ 제조·수입업자는 (부품안전)인증을 받은 승강기(안전부품)가 안전기준에 맞는지를 확인하기 위하여 **행정안전부장관**이 실시하는 승강기(안전부품)에 대한 심사를 정기적으로 받아야 한다(**정기심사: 3년마다**).
㉡ (부품)안전인증을 받은 승강기(안전부품)의 제조·수입업자는 (부품)안전인증을 받은 후 제조하거나 수입하는 같은 모델의 승강기(안전부품)에 대하여 안전성에 대한 **자체심사**를 하고, 그 기록을 작성·보관하여야 한다. → 5년 보관
④ (부품)안전인증이 취소된 승강기(안전부품)의 제조·수입업자는 취소된 날부터 1년 이내에는 같은 모델의 승강기(안전부품)에 대한 (부품)안전인증을 신청할 수 없다.
⑤ 승강기(안전부품)의 제조·수입업자가 (부품)안전인증을 받으려는 경우에는 다음의 심사 및 시험을 거쳐야 한다.
㉠ **설계심사**: 승강기(안전부품)의 기계도면, 전기도면 등 행정안전부장관이 정하여 고시하는 기술도서가 '승강기(안전부품) 안전기준'에 맞는지를 심사하는 것
㉡ **안전성시험**: 승강기(안전부품)가 승강기(안전부품) 안전기준에 맞는지를 확인하기 위해 시험하는 것
㉢ **공장심사**: 승강기(안전부품)를 제조하는 공장의 설비 및 기술능력 등 제조 체계가 승강기(부품)공장심사기준에 맞는지를 심사하는 것

(2) '지정인증기관'의 지정 등

① 행정안전부장관은 지정기준을 갖춘 법인·단체·기관을 부품안전인증 업무의 대행기관(이하 '지정인증기관'이라 한다)으로 지정할 수 있다.
② 행정안전부장관은 지정인증기관이 법령을 위반한 경우에는 지정을 취소하거나 1년 이내의 기간을 정해 업무정지를 명할 수 있다. → 업무정지 갈음 3억원 이하 과징금
③ 지정이 취소된 법인·단체 또는 기관은 지정이 취소된 날부터 1년 이내에는 지정인증기관의 지정신청을 할 수 없다.

7. 승강기의 설치 및 안전관리 등

(1) 승강기의 설치신고 ★

① 설치공사업자는 승강기의 설치를 끝냈을 때에는 관할 시·도지사에게 신고하여야 한다.
② 승강기의 설치를 끝낸 날부터 10일 이내 공단에 설치신고를 해야 한다.

(2) 승강기의 설치검사 ★

① 승강기의 제조·수입업자는 설치를 끝낸 승강기[법 제18조 제1호(연구·개발, 전시 등 목적 + 행정안전부장관의 확인)에 따라 승강기안전인증을 면제받은 승강기는 '제외'한다]에 대하여 '행정안전부장관'이 실시하는 설치검사를 받아야 한다.
['설치검사 신청서'를 '공단'에 제출]
② 승강기의 제조·수입업자 또는 관리주체는 설치검사를 받지 아니하거나 설치검사에 불합격한 승강기를 운행하게 하거나 운행하여서는 아니 된다.

(3) 책임보험 ★

① 관리주체는 승강기의 사고로 승강기 이용자 등 다른 사람의 생명·신체 등 손해에 대한 배상을 보장하기 위한 보험(이하 '책임보험'이라 한다)에 가입하여야 한다.
② 책임보험의 보상한도액은 '다음의 금액 이상'으로 한다. 다만, 지급보험금액은 다음 ㉠의 단서의 경우를 제외하고는 실손해액을 초과할 수 없다.
㉠ 사망: 1인당 8천만원(사망에 따른 실손해액이 2천만원 미만인 경우는 2천만원)
㉡ 재산피해: 사고당 1천만원 등
③ 책임보험에 가입(재가입을 포함)한 '관리주체'는 '책임보험판매자'로 하여금 책임보험의 가입 사실을 가입한 날부터 14일 이내에 '승강기안전종합정보망'에 입력하게 해야 한다.

(4) 승강기 안전관리자

① 관리주체는 승강기 운행에 대한 지식이 풍부한 사람을 승강기 안전관리자로 선임하여 승강기를 관리하게 하여야 한다. ['관리주체가 직접 승강기를 관리하는 경우'는 예외]
② 관리주체는 승강기 안전관리자('관리주체가 직접 승강기를 관리하는 경우'에는 그 관리주체)를 선임하였을 때에는 30일 이내에 행정안전부장관에게 그 사실을 통보해야 한다.
③ 관리주체('관리주체가 승강기 안전관리자를 선임하는 경우에만' 해당)는 승강기 안전관리자가 안전하게 승강기를 관리하도록 지도·감독하여야 한다.
④ 관리주체는 승강기 안전관리자로 하여금 행정안전부령으로 정하는 기관이 실시하는 승강기 관리에 관한 교육(이하 '승강기관리교육'이라 한다)을 받게 하여야 한다. 다만, '관리주체가 직접 승강기를 관리하는 경우'에는 그 관리주체(법인인 경우에는 그 대표자)가 승강기관리교육을 받아야 한다.

승강기 안전관리자의 선임 또는 변경 통보(규칙 제50조)

관리주체는 승강기 안전관리자(관리주체가 직접 승강기를 관리하는 경우에는 그 관리주체를 말한다)를 선임하거나 변경한 경우는 다음 구분에 따른 날부터 30일 이내에 승강기 안전관리자의 자격요건을 갖추었음을 증명하는 서류('관리주체가 직접 승강기를 관리하는 경우'는 제외하며, 전자문서를 포함한다)를 첨부하여 '공단'에 제출해야 한다.

1. 승강기를 신규로 설치(규칙 제3조에 따른 승강기 교체는 제외한다)하여 관리주체가 직접 승강기를 관리하는 경우: 설치검사에 합격한 날
2. 승강기를 신규로 설치(규칙 제3조에 따른 승강기 교체는 제외한다)하여 승강기 안전관리자를 새롭게 선임한 경우: 승강기 안전관리자를 선임한 날
3. 승강기 안전관리자 또는 관리주체가 변경된 경우: 승강기 안전관리자 또는 관리주체가 변경된 날

승강기관리교육의 내용 등(규칙 제52조)

1. '승강기관리교육'은 다음의 구분에 따른다. 〈개정〉
   ① 신규교육: 승강기관리교육을 받지 않은 승강기 안전관리자 또는 관리주체(법인인 경우에는 그 대표자를 말한다)가 받아야 하는 다음의 교육
      ㉠ 승강기를 신규로 설치(규칙 제3조에 따른 승강기 교체는 제외한다)하여 해당 승강기에 대한 관리를 시작하는 경우의 교육
      ㉡ 승강기를 관리하던 승강기 안전관리자 또는 관리주체가 변경된 경우(관리주체가 법인인 경우에는 그 대표자가 변경된 경우를 포함한다)의 교육
   ② 정기교육: 승강기 안전관리자 또는 관리주체(법인인 경우에는 그 대표자를 말한다)가 직전 승강기관리교육을 수료한 날부터 3년마다 받아야 하는 교육
2. 위 1. ①의 ㉠에 따른 신규교육은 승강기 안전관리자를 새롭게 선임한 날(관리주체가 직접 승강기를 관리하는 경우에는 설치검사에 합격한 날)부터 3개월 이내에 받아야 하고, ㉡에 따른 신규교육은 승강기 안전관리자 또는 관리주체가 변경된 날(관리주체가 법인인 경우로서 그 대표자가 변경된 경우에는 대표자가 변경된 날을 말한다)부터 3개월 이내에 받아야 한다. 〈개정〉

PART 13

3. 직전 승강기관리교육을 수료한 날부터 3년이 경과한 경우에는 앞의 1.의 ②에도 불구하고 앞의 ①에 따른 신규교육을 받아야 한다. 〈신설〉
4. 승강기관리교육은 집합교육, 현장교육 또는 인터넷 원격교육 등의 방법으로 할 수 있다.

8. 자체점검

(1) 승강기의 자체점검 ★

① 관리주체는 승강기의 안전에 관한 자체점검(이하 '자체점검'이라 한다)을 월 1회 이상 하고, 그 결과를 '대통령령으로 정하는 기간 이내'에 승강기안전종합정보망에 입력하여야 한다.
② 자체점검을 담당하는 사람은 자체점검을 마치면 지체 없이 '자체점검 결과'를 양호, 주의관찰 또는 긴급수리로 구분하여 관리주체에 통보해야 한다. 〈개정〉
③ 위의 ①에서 '대통령령으로 정하는 기간'이란 자체점검 실시일부터 10일을 말한다. 〈신설 2025.1.21.〉
④ 관리주체는 자체점검 결과 승강기에 결함이 있다는 사실을 알았을 경우에는 즉시 보수하여야 하며, 보수가 끝날 때까지 해당 승강기의 운행을 중지하여야 한다.
⑤ 위 ①에도 불구하고 다음의 승강기에 대해서는 자체점검의 전부 또는 일부를 면제할 수 있다.
   ㉠ 승강기안전인증을 면제받은 승강기
   ㉡ 안전검사에 불합격한 승강기
   ㉢ 안전검사가 연기된 승강기
   ㉣ 다음 (2)에 해당하여 자체점검의 주기 조정이 필요한 승강기
⑥ 관리주체는 자체점검을 스스로 할 수 없다고 판단하는 경우에는 '승강기의 유지관리를 업으로 하기 위하여 등록을 한 자'로 하여금 이를 대행하게 할 수 있다.
⑦ **자체점검을 담당할 수 있는 사람**: 관리주체는 다음의 사람으로서 직무교육을 이수한 사람으로 하여금 담당하게 하여야 한다.
   ㉠ **일반 승강기**: 학사학위(6개월 이상), 전문학사학위(1년 이상), 고등학교 등(1년 6개월 이상), 승강기 실무경력(3년 이상) 등
   ㉡ **고속승강기**(정격속도가 초당 4미터 초과): 학사학위(5년 이상), 전문학사학위(7년 이상), 고등학교 등(9년 이상), 승강기 실무경력(12년 이상) 등

(2) 자체점검의 주기 조정이 필요한 승강기 [앞의 (1) - ⑤의 ㉣]

① '자체점검의 주기 조정이 필요한 사유'란 다음의 경우를 말한다.
  ㉠ 원격점검 및 실시간 고장 감시 등 원격관리기능이 있는 승강기를 관리하는 경우
  ㉡ '유지관리업자'가 포괄적인 유지관리 도급계약을 체결하여 승강기를 관리하는 경우
  ㉢ '유지관리업자가 관리주체가 되는 계약'을 체결하여 승강기를 관리하는 경우
  ㉣ 안전관리우수기업으로 선정된 유지관리업자가 최근 2년 동안 안전검사에 합격한 승강기를 관리하는 경우 등

② 위 ①에 해당하는 경우의 관리주체는 관리하는 승강기에 대해 3개월의 범위에서 자체점검의 주기를 조정할 수 있다. 다만, 다음의 승강기의 경우에는 그렇지 않다.
  ㉠ 설치검사를 받은 날부터 15년이 지난 승강기
  ㉡ 최근 3년 이내에 중대한 사고가 발생한 승강기
  ㉢ 최근 1년 이내에 중대한 고장이 3회 이상 발생한 승강기

9. 안전검사

(1) 승강기의 안전검사

① 관리주체는 승강기에 대하여 행정안전부장관이 실시하는 안전검사(정기검사, 수시검사, 정밀안전검사)를 받아야 한다.

② 관리주체는 안전검사를 받지 아니하거나 안전검사에 불합격한 승강기를 운행할 수 없으며, 운행을 하려면 안전검사에 합격하여야 한다.

③ 위 ②의 경우 관리주체는 안전검사에 불합격한 승강기에 대하여 안전검사에 불합격한 날부터 4개월 이내에 안전검사를 다시 받아야 한다.

(2) 정기검사 ★

설치검사 후 정기적으로 하는 검사로서, 검사주기는 2년 이하로 하되, 다음의 사항을 고려하여 행정안전부령으로 정하는 바에 따라 승강기별로 검사주기를 다르게 할 수 있다.

① 승강기의 종류 및 사용 연수
② 중대한 사고 또는 중대한 고장의 발생 여부
③ 승강기가 설치되는 건축물 또는 고정된 시설물의 용도

(3) 정기검사의 검사주기 ★

① 정기검사의 검사주기는 1년(설치검사 또는 직전 정기검사를 받은 날부터 매 1년)으로 한다.
② 위 ①에도 불구하고 다음의 승강기의 경우에는 다음의 구분에 따른 기간으로 한다.
   ㉠ 설치검사를 받은 날부터 25년이 지난 승강기: 6개월. 다만, 정기검사의 검사주기 도래일 전에 수시검사 또는 법 제32조 제1항 제3호[나목('중대한 사고' 또는 '중대한 고장')은 '제외'한다]에 따른 정밀안전검사를 받은 경우에는 '해당 검사 직후'의 정기검사에 한정하여 1년으로 한다. 〈개정 2025.1.24.〉
   ㉡ 중대한 사고 또는 중대한 고장이 발생한 후 2년이 지나지 않은 승강기: 6개월
   ㉢ 다음의 엘리베이터: 2년
      ⓐ 화물용 엘리베이터
      ⓑ 자동차용 엘리베이터
      ⓒ 소형화물용엘리베이터(Dumbwaiter)
   ㉣ 「건축법 시행령」에 따른 단독주택에 설치된 승강기: 2년
③ 검사기간은 정기검사의 검사주기 도래일 전후 각각 30일 이내로 한다.
④ 위 ③에 따른 정기검사의 검사기간 이내에 검사에 합격한 경우에는 정기검사의 검사주기 도래일에 정기검사를 받은 것으로 본다. 다만, 관리주체가 정기검사의 검사주기 도래일 전에 정기검사의 신청을 하였으나 관리주체의 귀책이 아닌 사유로 위 ③에 따른 정기검사의 검사기간을 '초과'하여 검사에 '합격'한 경우에는 정기검사의 검사주기 도래일에 정기검사를 받은 것으로 본다. 〈신설 2025.1.24.〉
⑤ 정기검사의 검사주기 도래일 전에 수시검사 또는 법 제32조 제1항 제3호 가목·나목·라목에 따른 정밀안전검사를 받은 경우 해당 정기검사의 검사주기는 수시검사 또는 '법 제32조 제1항 제3호 가목·나목·라목에 따른 정밀안전검사'를 받은 날부터 계산한다. 〈개정 2025.1.24.〉
⑥ 안전검사가 연기된 경우 해당 정기검사의 검사주기는 연기된 안전검사를 받은 날부터 계산한다.

(4) 수시검사 ★

① 승강기의 종류, 제어방식, 정격속도, 정격용량 또는 왕복운행거리를 변경한 경우(변경된 승강기에 대한 검사의 기준이 완화되는 경우 등 행정안전부령으로 정하는 경우는 제외한다)
② 승강기의 제어반(制御盤) 또는 구동기(驅動機)를 교체한 경우
③ 승강기에 사고가 발생하여 수리한 경우(중대한 사고 또는 중대한 고장이 발생한 경우는 제외)
④ 관리주체가 요청하는 경우

➲ 수시검사의 제외대상: 다음의 엘리베이터를 승객용 엘리베이터로 변경한 경우

1. 장애인용 엘리베이터
2. 소방구조용 엘리베이터
3. 피난용 엘리베이터

(5) 정밀안전검사 ★

> ① 정기검사 또는 수시검사 결과 결함의 원인이 불명확하여 사고 예방과 안전성 확보를 위하여 행정안전부장관이 정밀안전검사가 필요하다고 인정하는 경우
> ② 승강기의 결함으로 중대한 사고 또는 중대한 고장이 발생한 경우
> ③ 설치검사를 받은 날부터 15년이 지난 경우(이 경우 정밀안전검사를 받고, 그 후 3년마다 정기적으로 정밀안전검사를 받을 의무 발생) 등

10. 연기 및 면제

(1) 승강기 안전검사의 연기

> ① 행정안전부장관은 행정안전부령으로 정하는 바에 따라 안전검사를 받을 수 없다고 인정하면 그 사유가 없어질 때까지 안전검사를 연기할 수 있다.
> ② 안전검사를 연기할 수 있는 사유는 다음과 같다.
> ㉠ 승강기가 설치된 건축물이나 고정된 시설물에 중대한 결함이 있어 승강기를 정상적으로 운행하는 것이 불가능한 경우
> ㉡ 관리주체가 승강기의 운행을 중단한 경우(다른 법령에서 정하는 바에 따라 설치가 의무화된 승강기는 제외) 등

(2) 안전검사의 면제

> 행정안전부장관은 다음의 구분에 따른 승강기에 대해서는 해당 안전검사를 면제할 수 있다.
> ① 연구, 개발 등 목적으로 설치되어 승강기안전인증을 면제받은 승강기: 안전검사
> ② 정밀안전검사를 받았거나 정밀안전검사를 받아야 하는 승강기: 해당 연도의 정기검사

PART 13

(3) 검사합격증명서 등의 발급 및 관리

① 행정안전부장관은 설치검사에 '합격'한 승강기의 제조·수입업자와 안전검사에 '합격'한 승강기의 관리주체에 대하여 각각 검사합격증명서를 발급하여야 한다.
② 행정안전부장관은 설치검사에 '불합격'한 승강기의 제조·수입업자와 안전검사에 '불합격'한 승강기의 관리주체에 대하여 각각 운행금지 표지를 발급하여야 한다.
③ '검사합격증명서' 또는 '운행금지 표지'를 발급받은 자는 그 증명서 또는 표지를 승강기 이용자가 잘 볼 수 있는 곳에 즉시 '붙이고' '훼손되지 아니하게 관리'하여야 한다.

(4) 운행금지 표지 및 운행정지 표지 ★

운행금지 표지	행정안전부장관은 설치검사에 불합격한 승강기의 제조·수입업자와 안전검사에 불합격한 승강기의 관리주체에 대해 각각 '운행금지 표지'를 발급하여야 한다.
운행정지 표지	① 행정안전부장관은 승강기가 다음에 해당하는 경우에는 그 사실을 특별자치시장·특별자치도지사 또는 시장·군수·구청장에게 통보하여야 한다. ㉠ 설치검사를 받지 아니하거나 설치검사에 불합격한 경우 ㉡ 안전검사를 받지 아니하거나 안전검사에 불합격한 경우 ② 특별자치시장·특별자치도지사 또는 시장·군수·구청장은 승강기가 다음에 해당하는 경우, 그 사유가 없어질 때까지 운행정지를 명할 수 있다. → 관리주체에게 '운행정지 표지'를 발급 ㉠ 설치검사를 받지 아니한 경우 ㉡ 자체점검을 하지 아니한 경우 ㉢ 법령을 위반하여 승강기의 운행을 중지하지 아니하는 경우(자체점검 결과 결함이 있는 경우, 보수가 끝날 때까지 운행중지 의무) ㉣ 안전검사를 받지 아니한 경우 ㉤ 법 제32조 제3항에 따라 안전검사가 연기된 경우 ㉥ 승강기로 인해 중대한 위해가 발생하거나 발생할 우려가 있다고 인정 ③ 관리주체는 발급받은 표지를 이용자가 잘 볼 수 있는 곳에 즉시 붙이고 훼손되지 아니하게 관리하여야 한다.

(5) 지정검사기관의 지정 등

① 행정안전부장관은 지정기준을 갖춘 법인·단체 또는 기관을 정기검사 업무의 대행기관(이하 '지정검사기관'이라 한다)으로 지정할 수 있다.
② 행정안전부장관은 지정검사기관이 법령을 위반한 경우에는 지정을 취소하거나 1년 이내의 기간을 정해 업무정지를 명할 수 있다. → 업무정지 갈음 3억원 이하 과징금
③ 지정이 취소된 법인 등은 지정이 취소된 날부터 1년 이내에는 지정신청을 할 수 없다.

(6) 「건축물관리법」에 따른 유지·관리에 관한 특례

관리주체가 안전검사를 받고 자체점검을 한 경우에는 「건축물관리법」 제12조에 따른 건축설비(승강기에 한정)의 유지·관리를 한 것으로 본다.

11. 승강기의 유지관리업 등

(1) 유지관리업 등록의 결격사유 [제조·수입업자, 유사]

① 피성년후견인
② 파산선고를 받고 복권되지 아니한 자
③ 이 법을 위반하여 징역 이상의 실형을 선고받고 그 집행이 끝나거나(집행이 끝난 것으로 보는 경우를 포함) 집행이 면제된 날부터 2년이 지나지 아니한 자
④ 이 법을 위반하여 형의 집행유예를 선고받고 그 유예기간 중에 있는 자
⑤ 등록이 취소(위 ① 또는 ②에 해당하여 등록이 취소된 경우는 제외)된 후 2년이 지나지 아니한 자
⑥ 대표자가 위 ①부터 ⑤까지의 어느 하나에 해당하는 법인

(2) 표준유지관리비

행정안전부장관은 승강기의 안전관리와 유지관리에 관한 도급계약 당사자(이하 '계약당사자'라 한다)의 이익을 보호하기 위하여 필요하다고 인정하는 경우에는 승강기에 관한 전문기관을 지정하여 관리주체가 부담하여야 할 유지관리비의 표준이 될 금액(이하 '표준유지관리비'라 한다)을 정하여 공표하도록 하고, 계약당사자가 이를 활용할 것을 권고할 수 있다.

(3) 유지관리 업무의 하도급 제한

① 유지관리업자는 다른 유지관리업자 등에게 하도급하여서는 아니 된다.
② 다만, 다음 (4)의 비율 이하의 유지관리 업무를 다른 유지관리업자에게 하도급하는 경우로서 관리주체(유지관리업자가 관리주체인 경우에는 승강기 소유자나 다른 법령에 따라 승강기 관리자로 규정된 자)가 서면으로 동의한 경우에는 그러하지 아니하다.

(4) 유지관리 업무의 하도급 비율 등

① 유지관리 업무를 하도급하는 경우: 유지관리 업무의 2분의 1
② 유지관리 업무 중 승강기부품 교체 업무만을 하도급하는 경우: 승강기부품 교체 업무의 2분의 1
③ 유지관리 업무 중 자체점검 업무만을 하도급하는 경우: 자체점검 업무의 3분의 2

12. 중대한 사고 및 중대한 고장 등

(1) 중대한 사고

① 사망자가 발생한 사고
② 사고 발생일부터 7일 이내에 실시된 의사의 최초 진단 결과 1주 이상의 입원 치료가 필요한 부상자가 발생한 사고
③ 사고 발생일부터 7일 이내에 실시된 의사의 최초 진단 결과 3주 이상의 치료가 필요한 부상자가 발생한 사고

(2) 중대한 고장

① **엘리베이터 및 휠체어리프트**: 다음의 경우에 해당하는 고장일 것
ㄱ 출입문이 열린 상태로 움직인 경우
ㄴ 출입문이 이탈되거나 파손되어 운행되지 않는 경우
ㄷ 최상층 또는 최하층을 지나 계속 움직인 경우
ㄹ 운행하려는 층으로 운행되지 않은 고장으로서 이용자가 운반구에 갇히게 된 경우(정전 또는 천재지변으로 인해 발생한 경우는 '제외')
ㅁ 운행 중 정지된 고장으로서 이용자가 운반구에 갇히게 된 경우(정전 또는 천재지변으로 인해 발생한 경우는 '제외')
ㅂ 운반구 또는 균형추(均衡錘)에 부착된 매다는 장치 또는 보상수단(각각 그 부속품을 포함한다) 등이 이탈되거나 추락된 경우

② **에스컬레이터**: 다음의 경우에 해당하는 고장일 것
ㄱ 손잡이 속도와 디딤판 속도의 차이가 행정안전부장관이 고시하는 기준을 초과하는 경우
ㄴ 하강 운행 과정에서 행정안전부장관이 고시하는 기준을 초과하는 과속이 발생한 경우
ㄷ 상승 운행 과정에서 디딤판이 하강 방향으로 역행하는 경우
ㄹ 과속 또는 역행을 방지하는 장치가 정상적으로 작동하지 않은 경우
ㅁ 디딤판이 이탈되거나 파손되어 운행되지 않은 경우

(3) 장애인용 승강기의 운행

관리주체 또는 승강기 안전관리자는 장애인용 승강기를 이용하려는 사람으로부터 운행 요청을 받은 경우에는 소속 직원 등으로 하여금 승강기를 조작하게 하여 안전하게 이동할 수 있도록 조치하여야 한다.

(4) 사고 보고 및 사고 조사

① 관리주체(자체점검을 대행하는 유지관리업자를 포함)는 그가 관리하는 승강기로 인해 중대한 사고 또는 중대한 고장이 발생한 경우에는 한국승강기안전공단에 통보하여야 한다.
② 한국승강기안전공단은 위 ①에 따라 통보받은 내용을 행정안전부장관, 시·도지사, 승강기사고조사위원회에 보고하여야 한다.
③ 행정안전부장관은 위 ②에 따라 보고받은 승강기 사고의 재발 방지 및 예방을 위하여 필요하다고 인정할 경우에는 '승강기 사고의 원인 및 경위 등에 관한 조사'를 할 수 있다.

(5) 사고 보고 및 사고 조사 절차

① 관리주체(자체점검을 대행하는 유지관리업자를 포함)는 중대한 사고 또는 중대한 고장이 발생한 경우에는 지체 없이 일정한 사항을 공단에 알려야 한다.
② 공단은 위 ①의 통보를 받은 경우에는 지체 없이 중대한 사고 또는 중대한 고장 보고서(전자문서를 포함)를 작성하여 행정안전부장관, 관할 시·도지사 및 승강기사고조사위원회에 보고해야 한다.
③ 공단은 위 ②에 따라 보고한 승강기에 대해 그 원인 및 경위 등에 관한 조사를 해야 한다.
④ 위 ③에 따른 조사업무를 수행하는 사람은 다음의 구분에 따른 자료를 관리주체 및 중대한 사고 또는 중대한 고장으로 피해를 입은 사람(이하 '사고피해자'라 한다)에게 요청할 수 있다. 〈신설 2025.1.24.〉
   ㉠ **관리주체에게 요청할 수 있는 자료:** 중대한 사고 또는 중대한 고장 발생 전후 상황을 확인할 수 있는 폐쇄회로 텔레비전(CCTV) 영상정보
   ㉡ **사고피해자에게 요청할 수 있는 자료:** 중대한 사고 또는 중대한 고장으로 인한 피해 사실을 알 수 있는 의사의 진단서(중대한 사고 발생일 또는 중대한 고장 발생일부터 7일 이내에 실시된 의사의 최초 진단 결과가 기재된 것을 말한다)
⑤ '위 ③에 따른 조사업무를 수행하는 사람'은 '위 ④에 따라 자료를 요청하는 경우' 그 권한을 표시하는 증표를 지니고 이를 관리주체 또는 사고피해자에게 보여주어야 한다. 〈신설 2025.1.24.〉

(6) 승강기사고조사위원회

> ① 행정안전부장관은 승강기 사고 조사의 결과 다음 사고의 원인 및 경위에 대한 추가적인 조사가 필요하다고 인정하는 경우에는 승강기사고조사위원회를 구성하여 그 승강기사고조사위원회로 하여금 사고 조사를 하게 할 수 있다.
> ㉠ 중대한 사고(이용자의 고의 또는 과실로 인한 사고는 제외)
> ㉡ 중대한 고장으로 인해 이용자가 다친 사고로서 고장 발생일부터 7일 이내에 실시된 의사의 최초 진단 결과 그 이용자에게 1주 이상의 치료가 필요한 피해가 발생한 사고(승강기사고 조사의 결과 이용자의 고의 또는 과실로 인한 사고는 제외)
> ② 행정안전부장관은 위 ①에 따른 승강기사고조사위원회의 사고 조사 결과 등을 토대로 승강기 사고의 '재발 방지를 위한 대책을 마련'하여 시·도지사, 한국승강기안전공단, 지정인증기관 또는 지정검사기관에 권고할 수 있다.

(7) 승강기사고조사위원회의 구성, 운영 등

> ① 위원장 1명을 포함한 9명 이내의 위원으로 구성한다.
> ② 사고조사위원회 위원(공무원인 위원은 제외)의 임기는 3년으로 하며, 한 번만 연임할 수 있다.
> ③ 출석한 위원, 관계인 및 관계 전문가에게는 예산의 범위에서 수당과 여비를 지급할 수 있다. 다만, 공무원인 위원이 그 소관 업무와 직접 관련되어 사고조사위원회에 출석하는 경우에는 그렇지 않다.

(8) 한국승강기안전공단

> ① 행정안전부장관의 업무를 위탁받거나 대행하여 승강기 안전관리에 관한 사업의 추진과 승강기 안전에 관한 기술의 연구·개발 등을 위해 한국승강기안전공단(이하 '공단'이라 한다)을 설립한다.
> ② 재단법인, 설립등기
> ③ 공단은 매 사업연도의 사업계획서 및 예산안을 작성, 행정안전부장관의 승인을 받아야 한다.

(9) 안전관리우수기업의 선정 등

> 행정안전부장관은 승강기 안전관리 업무의 질적 향상을 위하여 안전관리우수기업을 선정하고, 그 기업에 대하여 필요한 지원을 할 수 있다.

(10) 승강기안전종합정보망에 입력하여야 하는 경우

① 다음의 인증 또는 검사를 한 자는 그 결과를 인증 또는 검사 후 '5일 이내'에 '승강기 안전 종합정보망'에 입력해야 한다.
  ㉠ 부품안전인증
  ㉡ 승강기안전인증
  ㉢ 설치검사
  ㉣ 안전검사
② 비교: 자체점검 결과 입력(10일 이내), 책임보험 가입사실 입력(14일 이내)

(11) 승강기안전종합정보망의 구축·운영

행정안전부장관은 승강기의 안전과 관련된 정보를 종합적으로 관리하기 위하여 승강기 안전종합정보망을 구축·운영할 수 있다.

(12) 실태조사

① 행정안전부장관은 다음의 승강기에 대하여 운행 상황 파악 등을 위한 실태조사를 매년 실시하여야 한다.
  ㉠ 설치검사를 받지 아니하거나 설치검사에 불합격한 승강기
  ㉡ 안전검사를 받지 아니하거나 안전검사에 불합격한 승강기
  ㉢ 승강기 안전관리를 위하여 행정안전부장관이 실태조사가 필요하다고 인정하는 승강기
② 시·도지사는 다음의 자에 대하여 '등록기준 유지에 관한 사항의 파악'을 위한 실태조사를 매년 실시하여야 한다.
  ㉠ 제조·수입업자
  ㉡ 유지관리업자

PART 13

PART 14 집합건물의 소유 및 관리에 관한 법률

▶ **연계학습** | 에듀윌 기본서 2차 [주택관리관계법규 下] p.490

회독체크 1 2 3

1. 용어의 정의 등

(1) 용어의 정의

① '구분소유권'이란 건물부분(공용부분은 제외)을 목적으로 하는 소유권을 말한다.
② '전유부분'이란 '구분소유권의 목적인 건물부분'을 말한다.
③ '공용부분'이란 전유부분 외의 건물부분, 전유부분에 속하지 아니하는 건물의 부속물 및 공용부분으로 된 부속의 건물을 말한다.

(2) 구분소유

1동의 건물 중 구조상 구분된 여러 개의 부분이 독립한 건물로서 사용될 수 있을 때에는 그 각 부분은 이 법에서 정하는 바에 따라 각각 소유권의 목적으로 할 수 있다.

(3) '상가건물'의 구분소유

① 1동의 건물이 다음의 방식으로 여러 개의 건물부분으로 이용상 구분된 경우에 그 건물부분(이하 '구분점포'라 한다)은 이 법에서 정하는 바에 따라 각각 소유권의 목적으로 할 수 있다.
　㉠ 구분점포의 용도가 「건축법」의 판매시설 및 운수시설일 것
　㉡ 경계를 명확하게 알아볼 수 있는 표지를 바닥에 견고하게 설치할 것
　㉢ 구분점포별로 부여된 '건물번호표지'를 견고하게 붙일 것
② 경계표지는 바닥에 너비 3센티미터 이상의 동판, 스테인리스강판, 석재 또는 그 밖에 쉽게 부식·손상 또는 마모되지 아니하는 재료로서 구분점포의 '바닥재료'와는 다른 재료로 설치하여야 한다.
③ 경계표지 '재료의 색'은 '건물바닥의 색'과 명확히 구분되어야 한다.
④ 건물번호표지는 '구분점포 내' 바닥의 잘 보이는 곳에 설치하여야 한다.

(4) 「주택법」 등과의 관계

집합주택의 관리 방법과 기준, 하자담보책임에 관한 「주택법」 및 「공동주택관리법」의 특별한 규정은 「집합건물의 소유 및 관리에 관한 법률」에 저촉되어 구분소유자의 기본적인 권리를 해치지 아니하는 범위에서 효력이 있다.

2. 공용부분 등

(1) 공용부분

① 여러 개의 전유부분으로 통하는 복도, 계단, 그 밖에 구조상 구분소유자 전원 또는 일부의 공용(共用)에 제공되는 건물부분은 구분소유권의 목적으로 할 수 없다.
② 앞의 1.의 (2) 또는 (3)에 규정된 건물부분과 부속의 건물은 규약으로써 공용부분으로 정할 수 있다.
③ 앞의 1.의 (2) 또는 (3)에 규정된 건물부분 전부 또는 부속건물을 소유하는 자는 공정증서(公正證書)로써 위 ②의 규약에 상응하는 것을 정할 수 있다.
④ 위 ②와 ③의 경우에는 '공용부분이라는 취지'를 등기하여야 한다.

(2) 규약에 따른 건물의 대지

① 통로, 주차장, 정원, 부속건물의 대지, 그 밖에 전유부분이 속하는 1동의 건물 및 그 건물이 있는 토지와 하나로 관리되거나 사용되는 토지는 규약으로써 건물의 대지로 할 수 있다.
② 건물이 있는 토지가 건물이 일부 멸실함에 따라 건물이 있는 토지가 아닌 토지로 된 경우에는 그 토지는 위 ①에 따라 규약으로써 건물의 대지로 정한 것으로 본다.

(3) 담보책임

① 집합건물을 건축하여 분양한 자(이하 '분양자'라 한다)와 '시공자'는 '구분소유자'에 대해 담보책임을 진다.
② 위 ①에도 불구하고 시공자가 분양자에게 부담하는 담보책임에 관하여 다른 법률에 특별한 규정이 있으면 시공자는 그 법률에서 정하는 담보책임의 범위에서 구분소유자에게 위 ①의 담보책임을 진다.
③ 시공자의 담보책임 중 「민법」에 따른 손해배상책임은 분양자에게 회생절차개시 신청, 파산 신청 등의 사유가 있는 경우에만 지며, '시공자가 이미 분양자에게 손해배상을 한 경우'는 '그 범위에서' 구분소유자에 대한 책임을 면(免)한다.
④ 분양자와 시공자 담보책임에 관해 「집합건물의 소유 및 관리에 관한 법률」과 「민법」에 규정된 것보다 '매수인에게 불리한 특약'은 효력이 없다.

(4) 구분소유자의 권리·의무 등

① 구분소유자는 건물의 보존에 해로운 행위나 그 밖에 건물의 관리 및 사용에 관하여 구분소유자 공동의 이익에 어긋나는 행위를 하여서는 아니 된다.
② 전유부분이 주거의 용도로 분양된 것인 경우에는 구분소유자는 정당한 사유 없이 그 부분을 주거 외의 용도로 사용하거나 그 내부 벽을 철거하거나 파손하여 증축·개축하는 행위를 하여서는 아니 된다.
③ 전유부분을 점유하는 자로서 구분소유자가 아닌 자(이하 '점유자'라 한다)에 대하여는 위의 규정을 준용한다.

(5) 건물의 설치·보존상의 흠 추정, 매도 청구, 대지공유자의 분할 청구 금지

① 전유부분이 속하는 1동의 건물의 설치 또는 보존의 흠으로 인하여 다른 자에게 손해를 입힌 경우에는 그 흠은 공용부분에 존재하는 것으로 추정한다.
② 대지사용권을 가지지 아니한 구분소유자가 있을 때에는 그 전유부분의 철거를 청구할 권리를 가진 자는 구분소유권을 시가로 매도할 것을 청구할 수 있다.
③ 대지 위에 구분소유권의 목적인 건물이 속하는 1동의 건물이 있을 때에는 그 대지의 공유자는 '그 건물 사용에 필요한 범위의 대지'에 대하여는 분할을 청구하지 못한다.

(6) 담보책임의 존속기간 ★

공동주택 관리법	① 2년: 마감공사 ② 3년: 옥외급수·위생 관련 공사 등 ③ 5년: 대지조성공사, 철근콘크리트공사, 철골공사, 조적공사, 지붕공사, 방수공사 ➲ 암기: 대, 철, 철, 조, 지, 방 ④ 10년: 내력구조부별 하자(주요구조부 및 지반공사)
집합건물의 소유 및 관리에 관한 법률	① '주요구조부' 및 '지반공사'의 하자: 10년 ② 기산일 '전'에 발생한 하자: 5년 ③ 기산일 '이후'에 발생한 하자 ㉠ 대지조성공사, 철근콘크리트공사, 철골공사, 조적공사, 지붕공사, 방수공사 등 구조상 또는 안전상의 하자: 5년 ㉡ '건축설비' 공사, 목공사 등 기능상 또는 미관상의 하자: 3년 ㉢ 마감공사 하자 등 하자의 발견·교체 및 보수가 용이한 하자: 2년

(7) 분양자의 관리 의무 등

① 분양자는 법 제24조 제3항에 따라 선임된 관리인이 사무를 개시할 때까지 선량한 관리자의 주의로 건물과 대지 및 부속시설을 관리하여야 한다.
② 분양자는 표준규약을 참고하여 '공정증서'로써 규약에 상응하는 것을 정하여 '분양계약을 체결하기 전'에 분양을 받을 자에게 주어야 한다.
③ 분양자는 예정된 매수인의 2분의 1 이상이 이전등기를 한 때에는 규약 설정 및 관리인 선임을 위한 관리단집회를 소집할 것을 대통령령으로 정하는 바에 따라 구분소유자에게 통지하여야 한다. 이 경우 통지받은 날부터 3개월 이내에 관리단집회를 소집할 것을 명시하여야 한다.
④ 분양자는 구분소유자가 위 ③의 통지를 받은 날부터 3개월 이내에 관리단집회를 소집하지 아니하는 경우에는 지체 없이 관리단집회를 소집하여야 한다.

(8) 공유자의 사용권 및 지분권 등

① 각 공유자는 공용부분을 그 용도에 따라 사용할 수 있다.
② 각 공유자의 지분은 그가 가지는 '전유부분의 면적 비율'에 따른다.
③ 공용부분의 변경이 다른 구분소유자의 권리에 특별한 영향을 미칠 때에는 그 구분소유자의 승낙을 받아야 한다.
④ 각 공유자는 규약에 달리 정한 바가 없으면 '지분의 비율'에 따라 공용부분의 관리비용과 그 밖의 의무를 부담하며 공용부분에서 생기는 이익을 취득한다.
⑤ 공유자가 공용부분에 관하여 다른 공유자에 대하여 가지는 채권은 그 특별승계인에 대하여도 행사할 수 있다.

➲ 판례: 아파트의 특별승계인은 전 입주자의 체납관리비 중 '공용부분'에 관하여는 이를 승계하여야 한다고 봄이 타당하다.

(9) 전유부분과 공용부분에 대한 지분의 일체성

① 공용부분에 대한 공유자의 지분은 그가 가지는 '전유부분의 처분'에 따른다.
② 공유자는 그가 가지는 전유부분과 분리하여 공용부분에 대한 지분을 처분할 수 없다.
③ 공용부분에 관한 물권의 득실변경은 등기가 필요하지 아니하다.

(10) 전유부분과 대지사용권의 일체성

① 구분소유자의 '대지사용권'은 그가 가지는 '전유부분의 처분'에 따른다.
② 구분소유자는 그가 가지는 전유부분과 분리하여 대지사용권을 처분할 수 없다. 다만, 규약으로써 달리 정한 경우에는 그러하지 아니하다.

(11) 정리표(결의요건) ★

각 공유자	① '공용부분'의 보존행위 ② 관리인의 해임 청구 ③ 건물가격의 2분의 1 '이하 부분'의 멸실 복구
5분의 1	① '임시 관리단' 및 '관리위원회'의 임시집회의 소집 청구 ② '회계감사를 받아야 하는 경우' [전유부분 50개 이상 150개 미만의 경우] ㉠ 3년 이상 회계감사를 받지 않은 경우 ㉡ '관리비' 또는 '수선적립금' 1억원 이상 ㉢ 구분소유자 5분의 1 이상 요구
통상(과반수)	① 공용부분 변경 중 '개량, 과다 비용(×)' 및 '「관광진흥법」 휴양콘도' ② 공용부분의 관리 ③ 행위정지 청구(소 제기) ④ 위 ① '중' 휴양콘도 공용부분 변경의 '서면' 또는 '전자적 방법' 합의 → 관리단집회 '소집' 결의 의제 ⑤ 의결 방법: 구분소유자 '과반수' 및 의결권 '과반수' [원칙]
3분의 2	① 공용부분 변경(원칙: 예외 있음) ② 휴양콘도의 '권리변동 있는 공용부분의 변경' [다음 (12)의 ① 단서] ③ 휴양 콘도미니엄의 재건축 결의 ④ '위 ② 및 ③'의 '서면' 또는 '전자적 방법' 합의 → 관리단집회 '소집' 결의 의제
4분의 3	① 규약의 설정, 변경 및 폐지 ② 사용금지 청구 ③ 경매 명령 청구 ④ 점유자 계약해제 및 전유부분 인도 청구 ⑤ '서면' 또는 '전자적 방법' 합의 → 관리단집회 '소집' 결의 의제
5분의 4	① 재건축 ② 건물가격의 2분의 1 '초과 부분'의 멸실 복구 ③ '권리변동 있는 공용부분의 변경' [다음 (12)의 ① 본문] ④ '위 ①, ②, ③'의 '서면' 또는 '전자적 방법' 합의 → 관리단집회 '소집' 결의 의제
전원 동의	소집절차를 거치지 않고 '관리단집회' 및 '관리위원회' 소집

(12) 권리변동 있는 공용부분의 변경

① 법 제15조에도 불구하고 건물의 노후화 억제 또는 기능 향상 등을 위한 것으로 구분소유권 및 대지사용권의 범위나 내용에 변동을 일으키는 공용부분의 변경에 관한 사항은 관리단집회에서 구분소유자의 5분의 4 이상 및 의결권의 5분의 4 이상의 결의로써 결정한다. 다만, 「관광진흥법」 제3조 제1항 제2호 나목에 따른 휴양 콘도미니엄업의 운영을 위한 휴양 콘도미니엄의 권리변동 있는 공용부분 변경에 관한 사항은 구분소유자의 3분의 2 이상 및 의결권의 3분의 2 이상의 결의로써 결정한다. 〈개정〉

② 위 ①의 결의를 위한 관리단집회의 의사록에는 결의에 대한 각 구분소유자의 찬반 의사를 적어야 한다.

3. 수선계획 및 수선적립금

(1) 비교표

구분	수선적립금(수선계획)	장기수선충당금(장기수선계획)
계획의 수립	관리단	사업주체, 건축주, 리모델링하는 자
적립	관리단은 '구분소유자'로부터 징수하며, 관리단에 귀속된다.	관리주체는 '소유자'로부터 징수·적립
구분 징수	관리비와 구분 징수	관리비와 구분 징수
요율 등	'규약, 관리단집회결의'(×) → 구분소유자의 '지분 비율'	'관리규약'으로 정한다.
적립시기	관리단이 존속하는 동안 '매달' 적립한다.	사용검사일부터 1년이 지난 날이 속하는 달부터 매달 적립한다.
미분양	'분양자'가 부담	'사업주체'가 부담
예치방법	'규약, 관리단집회결의'(×) → 은행 또는 우체국	입주자대표회의 지정 금융기관
명의 등	'관리단'의 명의	소장 직인 '외' 회장 인감 복수 등록 가능
대신 납부	① '점유자'가 대신 납부 ② '구분소유자'는 '점유자'에게 지급	① '사용자'가 대신 납부 ② '소유자'는 '사용자'에게 지급

PART 14

수립 및 적립 대상	'장기수선계획 수립대상' 및 '장기수선충당금 적립대상'이 '아닌' 공동주택	① 300세대 이상의 공동주택 ② 승강기가 설치된 공동주택 ③ 중앙집중식 난방방식 또는 지역난방방식의 공동주택 ④ 건축허가를 받아 주택 외의 시설과 주택을 동일 건축물로 건축한 건축물
법령	「집합건물의 소유 및 관리에 관한 법률」	「공동주택관리법」

(2) 수선계획의 수립 등

① 관리단은 규약에 달리 정한 바가 없으면 '관리단집회 결의'에 따라 건물이나 대지 또는 부속시설의 교체 및 보수에 관한 '수선계획'을 수립할 수 있다.
② 관리단은 규약에 달리 정한 바가 없으면 관리단집회의 결의에 따라 '수선적립금'을 징수하여 적립할 수 있다. 다만, 다른 법률에 따라 장기수선을 위한 계획이 수립되어 충당금 또는 적립금이 징수·적립된 경우에는 그러하지 아니하다.
③ 위 ②에 따른 '수선적립금'은 구분소유자로부터 징수하며 관리단에 귀속된다.

(3) 수선적립금의 징수·적립

① 관리단은 수선적립금을 징수하려는 경우 관리비와 구분하여 징수해야 한다.
② 수선적립금은 '규약'이나 관리단집회의 결의로 달리 정한 바가 없으면 구분소유자의 지분 비율에 따라 산출하여 징수하고, 관리단이 존속하는 동안 매달 적립한다. 이 경우 '분양되지 않은 전유부분의 면적 비율에 따라 산출한 수선적립금 부담분'은 '분양자'가 부담한다.
③ 수선적립금의 예치방법에 관하여 규약이나 관리단집회의 결의로 달리 정한 바가 없으면 「은행법」 제2조 제1항 제2호에 따른 은행 또는 우체국에 '관리단의 명의'로 계좌를 개설하여 예치해야 한다.
④ 구분소유자는 수선적립금을 점유자가 대신하여 납부한 경우에는 그 금액을 점유자에게 지급해야 한다.

4. 관리단 및 관리단의 기관

(1) 관리단 ★

건물에 대해 '구분소유 관계'가 성립되면 '구분소유자 전원'을 '구성원'으로 하여 건물과 대지 및 부속시설 관리에 관한 사업 시행을 목적으로 하는 관리단이 설립된다.

(2) 관리인 ★

➲ 체계도 핵심 96 참고

(3) 관리인(기타 규정)

① 관리인[1]은 **관리단집회의** 결의로 선임되거나 해임된다. 다만, 규약으로 **관리위원회**의 결의로 선임되거나 해임되도록 정한 경우에는 그에 따른다.
② 관리인은 **매년 1회 이상** 구분소유자 및 그의 승낙을 받아 전유부분을 점유하는 자에게 그 사무에 관한 보고를 하여야 한다.
③ 관리인은 규약에 달리 정한 바가 없으면 **월 1회** 구분소유자 및 그의 승낙을 받아 전유부분을 점유한 자에게 관리단의 사무 집행을 위한 **분담금액과 비용의 산정방법**을 서면으로 보고하여야 한다.
④ 전유부분이 50개 이상인 건물의 **관리인**은 '관리단 사무 집행을 위한 비용과 분담금' 등 금원의 징수·보관·사용·관리 등 **모든 거래행위**에 관하여 **장부**를 **월별**로 **작성**하여 그 증빙서류와 함께 해당 회계연도 종료일부터 **5년간** 보관하여야 한다.

1. 관리인은 구분소유자일 필요가 없으며, 임기는 2년의 범위에서 규약으로 정한다.

(4) 임시관리인의 선임 등

① 구분소유자, 그의 승낙을 받아 전유부분을 점유하는 자, 분양자 등 **이해관계인**은 법령에 따라 선임된 관리인이 없는 경우에는 **법원**에 **임시관리인의 선임**을 청구할 수 있다.
② **임시관리인**은 선임된 날부터 **6개월 이내**에 법령에 따른 관리인 선임을 위하여 관리단집회 또는 관리위원회를 소집하여야 한다.
③ 임시관리인의 임기는 선임된 날부터 '**관리인이 선임될 때까지**'로 하되, 규약으로 정한 임기를 초과할 수 없다.

(5) 관리인의 권한과 의무

① 관리인은 다음의 행위를 할 권한과 의무를 가진다.
   ㉠ 공용부분의 보존행위
   ㉡ 공용부분의 관리 및 변경에 관한 관리단집회 결의를 집행하는 행위
   ㉢ **비용과 분담금** 등을 청구·수령하는 행위 및 그 금원을 관리하는 행위
   ㉣ 관리단의 사업 시행과 관련하여 관리단을 대표하여 하는 **재판상 또는 재판 외의** 행위
   ㉤ **소음·진동·악취** 등을 유발하여 공동생활의 평온을 해치는 행위의 중지 요청 또는 분쟁 조정절차 권고 등 필요한 조치를 하는 행위 등
② 관리인의 대표권은 제한할 수 있다. 다만, 이로써 선의의 제3자에게 대항할 수 없다.

5. 관리위원회 등

(1) 관리위원회의 구성 및 운영

① 관리단에는 규약으로 정하는 바에 따라 '관리위원회'를 둘 수 있다.
② 관리위원회는 「집합건물의 소유 및 관리에 관한 법률」 또는 규약으로 정한 '관리인'의 사무 집행을 감독한다.
③ 관리위원회의 위원은 구분소유자 중에서 관리단집회의 결의에 의하여 선출하며, 임기는 2년의 범위에서 규약으로 정으로 정한다. 위원은 선거구별로 선출할 수 있으며, '선거구' 및 '선거구별 관리위원회 위원의 수'는 규약으로 정한다.
④ 관리인은 규약에 달리 정한 바가 없으면 '관리위원회의 위원'이 될 수 없다.
⑤ 구분소유자의 승낙을 받아 전유부분을 점유하는 자는 그 구분소유자의 의결권을 행사할 수 있다. 다만, '구분소유자와 점유자가 달리 정하여 관리단에 통지'하거나 '구분소유자가 집회 이전에 직접 의결권을 행사할 것을 관리단에 통지한 경우'에는 그러하지 아니하다.

(2) 관리위원회 위원의 결격사유

① 미성년자, 피성년후견인
② 파산선고를 받은 자로서 복권되지 아니한 사람
③ 금고 이상 형을 선고받고 집행이 끝나거나 그 집행을 받지 아니하기로 확정된 후 5년이 지나지 아니한 사람(과실범은 제외)
④ 금고 이상 형을 선고받고 집행유예 기간이 끝난 날부터 2년이 지나지 아니한 사람(과실범 제외)
⑤ 집합건물 관리와 관련, 벌금 100만원 이상 형을 선고받은 후 5년이 지나지 아니한 사람
⑥ 관리위탁계약 등 관리단의 사무와 관련하여 관리단과 계약을 체결한 자 또는 그 임직원
⑦ 관리단에 매달 납부하여야 할 분담금을 3개월 연속하여 체납한 사람

(3) 집합건물의 관리에 관한 감독

특별시장·광역시장·특별자치시장·도지사·특별자치도지사(이하 '시·도지사'라 한다) 또는 시장·군수·구청장(자치구의 구청장을 말하며, 이하 '시장·군수·구청장'이라 한다)은 집합건물의 효율적인 관리와 주민의 복리증진을 위하여 필요하다고 인정하는 경우에는 전유부분이 50개 이상인 건물의 관리인에게 '다음의 사항'을 보고하게 하거나 관련 자료의 제출을 명할 수 있다.

① 수선적립금의 징수·적립·사용 등에 관한 사항
② 관리인의 선임·해임에 관한 사항
③ 법 제26조(관리인의 보고 의무 등) 제1항에 따른 보고와 같은 조 제2항에 따른 장부의 작성·보관 및 증빙서류의 보관에 관한 사항
④ 회계감사에 관한 사항
⑤ 정기 관리단집회의 소집에 관한 사항 등

6. 회계감사

(1) 정리표

<table>
<tr><th colspan="2">집합건물의 소유 및 관리에 관한 법률</th><th colspan="2">공동주택관리법</th></tr>
<tr><td rowspan="2">전유부분 150개 이상
+관리비, 수선적립금
3억원 이상</td><td>원칙: 의무 ○</td><td rowspan="2">300세대 이상+
의무관리대상</td><td>원칙: 의무 ○</td></tr>
<tr><td>예외: 의무 ×
(구분소유자 및
의결권 3분의 2)</td><td>예외: 의무 ×
(입주자등 3분의 2)</td></tr>
<tr><td rowspan="2">전유부분 50개 이상
150개 미만+
(3년 이상 회계감사를
받지 않은 건물)
관리비, 수선적립금
1억원 이상</td><td>원칙: 의무 ×</td><td rowspan="2">300세대 미만+
의무관리대상</td><td>원칙: 의무 ○</td></tr>
<tr><td>예외: 의무 ○
(구분소유자 5분의 1)</td><td>예외: 의무 ×
(입주자등 과반수)</td></tr>
</table>

(2) 회계감사의 결과 보고

① 회계감사를 받은 관리인은 '회계감사의 결과를 제출받은 날'부터 1개월 이내에 결과를 구분소유자 및 그의 승낙을 받아 전유부분을 점유하는 자에게 서면으로 보고해야 한다.
② 위 ①의 보고는 구분소유자 등이 관리인에게 따로 '보고장소를 알린 경우'에는 그 장소로 발송하고, '알리지 않은 경우'에는 구분소유자가 소유하는 전유부분이 있는 장소로 발송한다. 이 경우 위 ①의 보고는 통상적으로 도달할 시기에 도달한 것으로 본다.
③ 위 ②에도 불구하고 관리인의 보고의무는 '건물 내의 적당한 장소에 회계감사의 결과를 게시하거나 인터넷 홈페이지에 해당 결과를 공개함으로써 이행할 수 있음'을 규약으로 정할 수 있다. 이 경우 위 ①의 보고는 게시한 때에 도달한 것으로 본다.

(3) 감사인의 선정방법 및 회계감사의 기준 등

① 관리인은 매 회계연도 종료 후 3개월 이내 감사인을 선임해야 하며, '관리위원회'가 구성되어 있는 경우에는 관리위원회의 결의를 거쳐 감사인을 선임해야 한다.
② 관리인은 소관청 또는 한국공인회계사회에 감사인의 추천을 의뢰할 수 있으며, 관리위원회가 구성되어 있는 경우는 관리위원회의 결의를 거쳐 감사인 추천을 의뢰해야 한다.
③ 관리인은 매 회계연도 종료 후 9개월 이내 다음의 '재무제표'와 '관리비 운영의 적정성'에 대하여 회계감사를 받아야 한다.
  ㉠ 재무상태표
  ㉡ 운영성과표
  ㉢ 이익잉여금처분계산서 또는 결손금처리계산서
  ㉣ 주석(註釋)
④ 회계처리기준은 법무부장관이 정해 고시하고, 회계감사는 회계감사기준에 따라 실시한다.

7. 입주자대표회의 및 관리단 ★

➲ 체계도 핵심 96 참고

(1) 관리단의 채무에 대한 구분소유자의 책임

① 관리단이 그의 재산으로 채무를 전부 변제할 수 없는 경우, 구분소유자는 '지분비율'에 따라 관리단의 채무를 변제할 책임을 진다. 다만, 규약으로써 달리 정할 수 있다.
② 구분소유자의 특별승계인은 승계 전에 발생한 관리단의 채무에 관하여도 책임을 진다.

(2) 소집절차 및 의결방법 ★

관리위원회	관리단
① 위원장 → 소집할 수 있다. ② 위원장이 소집하여야 하는 경우 ㉠ '위원' 5분의 1 이상의 청구 ㉡ 관리인이 청구하는 경우 ㉢ 규약에서 정하는 경우	① 관리인 → 소집할 수 있다. ② 구분소유자의 5분의 1 이상이 소집을 청구하면 관리인은 소집 의무가 있다. 이 정수는 규약으로 감경할 수 있다.

③ 청구가 있은 후 위원장이 청구일부터 2주일 이내의 날을 회의일로 하는 소집통지 절차를 1주일 이내에 밟지 아니하면 소집 청구한 사람이 소집할 수 있다. ④ 소집하려면 회의 1주일 전에 통지할 의무가 있다. 다만, 이 기간은 규약으로 달리 정할 수 있다. ⑤ 관리위원회는 관리위원회의 위원 전원이 동의하면 소집절차를 거치지 아니하고 소집할 수 있다.	③ 청구가 있은 후 1주일 이내에 관리인이 청구일부터 2주일 이내의 날을 관리단집회일로 하는 소집통지 절차를 밟지 아니하면 소집 청구한 구분소유자는 법원의 허가를 받아 관리단집회를 소집할 수 있다. ④ 소집하려면 집회일 1주일 전에 통지할 의무가 있다. ⑤ '관리인이 없는 경우'에는 구분소유자의 5분의 1 이상이 소집할 수 있다. 이 정수는 규약으로 감경할 수 있다. ⑥ 구분소유자 전원이 동의하면 소집 절차를 거치지 아니하고 소집할 수 있다.

(3) 주재자 및 의장

관리위원회	관리단
규약에 달리 정한 바가 없으면, 다음의 순서에 따른 사람이 회의를 주재한다. ① 관리위원회의 위원장 ② 관리위원회의 '위원장이 지정'한 위원 ③ 관리위원회의 위원 중 연장자	관리단집회의 의장은 관리인 또는 집회를 소집한 구분소유자 중에 연장자가 된다. 다만, 규약에 특별한 규정이 있거나 관리단집회에서 다른 결의를 한 경우는 그러하지 아니하다.

8. 규약 및 집회 등

(1) 표준규약 및 규약

① 건물과 대지 또는 부속시설의 관리 또는 사용에 관한 구분소유자들 사이의 사항 중 「집합건물의 소유 및 관리에 관한 법률」에서 규정하지 아니한 사항은 규약으로써 정할 수 있다.

② '법무부장관'은 「집합건물의 소유 및 관리에 관한 법률」을 적용받는 건물과 대지 및 부속시설의 효율적이고 공정한 관리를 위하여 '표준규약'을 마련하여야 한다.

③ '시·도지사'는 위 ②의 표준규약을 참고하여 '지역별 표준규약'을 마련하여 보급하여야 한다.

(2) 정기 관리단집회

관리인은 매년 회계연도 종료 후 3개월 이내에 정기 관리단집회를 소집하여야 한다.

(3) 의결권 및 의결방법 등

① 각 구분소유자의 의결권은 규약에 특별한 규정이 없으면 지분비율에 따른다.
② 전유부분을 여럿이 공유하는 경우 공유자는 '의결권을 행사할 1인'을 정한다.
③ 관리단집회의 의사는 「집합건물의 소유 및 관리에 관한 법률」 또는 규약에 특별한 규정이 없으면 '구분소유자'의 과반수 및 '의결권'의 과반수로써 의결한다(통상의 결의).
④ 의결권은 서면이나 전자적 방법으로 또는 대리인을 통하여 행사할 수 있다.
⑤ 전자투표는 규약 또는 관리단집회의 결의로 달리 정한 바가 없으면 '관리단집회일 전날'까지 하여야 한다.
⑥ 서면에 의한 의결권 행사는 규약 또는 관리단집회의 결의로 달리 정한 바가 없으면 '관리단집회의 결의 전'까지 할 수 있다.
⑦ 대리인 1인이 수인의 구분소유자를 대리하는 경우 구분소유자의 과반수 또는 의결권의 과반수 이상을 대리할 수 없다.
⑧ '구분소유자의 승낙'을 받아 전유부분을 점유하는 자는 집회의 목적사항에 관하여 이해관계가 있는 경우에는 집회에 출석하여 의견을 진술할 수 있다.
⑨ 관리단집회는 '통지한 사항에 관하여만' 결의할 수 있다.
⑩ 규약 및 관리단집회의 결의는 구분소유자의 특별승계인에 대하여도 효력이 있다.

(4) 결의취소의 소

구분소유자는 다음의 경우는 집회 결의 사실을 '안 날'부터 6개월 이내에, '결의한 날'부터 1년 이내에 결의취소의 소를 제기할 수 있다.
① 집회 소집 절차나 결의 방법이 법령 또는 규약에 위반되거나 현저하게 불공정한 경우
② 결의내용이 법령 또는 규약에 위배되는 경우

(5) 의무위반자에 대한 조치

행위정지 청구	① 구분소유자가 위반 행위를 한 경우, 관리인 또는 관리단집회의 결의로 지정된 구분소유자는 행위 정지, 결과 제거, 행위의 예방조치를 청구할 수 있다. ② '소송의 제기'는 관리단집회의 결의가 있어야 한다[통상(과반수) 결의]. ③ '점유자의 경우'에도 이를 준용한다.
사용금지 청구	① 구분소유자의 위반행위로 장해가 현저하여 행위정지 청구로는 공동생활유지를 도모함이 매우 곤란할 때 관리인, 관리단집회의 결의로 지정된 구분소유자는 소(訴)로써 전유부분 사용금지를 청구할 수 있다. ② 구분소유자 및 의결권의 각 4분의 3 이상의 관리단집회 결의가 있어야 한다. ③ 위 ②의 결의를 할 때는 미리 구분소유자에게 변명 기회를 주어야 한다.

경매명령 청구	① 구분소유자의 위반 행위로 공동생활을 유지하기가 매우 곤란하게 된 경우는 관리인 또는 관리단집회의 결의로 지정된 구분소유자는 해당 구분소유자의 전유부분 및 대지사용권의 경매를 명할 것을 법원에 청구할 수 있다. ② 구분소유자 및 의결권의 각 4분의 3 이상의 결의가 있어야 한다. ③ 위 ②의 결의를 할 때에 미리 구분소유자에게 변명 기회를 주어야 한다. ④ 경매를 명한 재판이 확정되었을 때, 청구를 한 자는 경매를 신청할 수 있다. 다만, 재판 확정일부터 6개월이 지나면 그러하지 아니하다. ⑤ 해당 구분소유자는 경매에서 경락인이 되지 못한다.
계약의 해제 및 전유부분 인도 청구	① 점유자가 의무위반을 한 결과 공동생활을 유지하기 매우 곤란하게 된 경우 관리인 또는 관리단집회 결의로 지정된 구분소유자는 전유부분을 목적으로 하는 '계약의 해제' 및 '전유부분의 인도'를 청구할 수 있다. ② 위의 결의는 구분소유자 및 의결권의 각 4분의 3 이상으로 결정한다. ③ 위 ②의 결의를 할 때는 미리 구분소유자에게 변명 기회를 주어야 한다.

(6) 집합건물분쟁조정위원회 심의사항 등

① '시·도'에 '집합건물분쟁조정위원회'를 둔다.
② 조정위원회는 분쟁 당사자의 신청에 따라 다음의 분쟁(이하 '집합건물분쟁'이라 한다)을 심의·조정한다.
  ㉠ 집합건물의 하자에 관한 분쟁. 다만, 「공동주택관리법」에 따른 공동주택의 담보책임 및 하자보수 등과 관련된 분쟁은 제외한다.
  ㉡ 관리인·관리위원의 선임·해임 또는 관리단·관리위원회의 구성·운영에 관한 분쟁
  ㉢ 공용부분의 보존·관리 또는 변경에 관한 분쟁
  ㉣ 관리비의 징수·관리 및 사용에 관한 분쟁
  ㉤ 규약의 제정·개정에 관한 분쟁
  ㉥ 재건축과 관련된 철거, 비용분담 및 구분소유권 귀속에 관한 분쟁
  ㉦ 소음·진동·악취 등 공동생활과 관련된 분쟁

(7) 하자 등의 감정

① 조정위원회는 당사자의 신청으로 또는 당사자와 협의하여 '대통령령으로 정하는 안전진단기관, 하자감정전문기관 등'에 하자진단 또는 하자감정 등을 요청할 수 있다.
② 조정위원회는 당사자의 신청으로 또는 당사자와 협의하여 「공동주택관리법」에 따른 하자심사·분쟁조정위원회에 하자판정을 요청할 수 있다.

③ 앞의 ①, ②의 비용은 대통령령으로 정하는 바에 따라 **당사자**가 부담한다.
④ 비용은 '**당사자 간의 합의로 정하는 비율**'에 따라 **당사자가 미리 내야 한다**. 다만, 당사자 간에 비용 부담에 대하여 합의가 되지 아니하면 **조정위원회**에서 **부담 비율**을 정한다.

9. 건축물대장

(1) 건축물대장의 편성

'소관청'은 집합건물에 대하여는 집합건물법에서 정하는 건축물대장과 건물의 **도면** 및 각 층의 **평면도**를 갖추어 두어야 한다.

(2) 건축물대장의 등록절차 등

① 건축물대장의 등록은 소유자 등의 **신청**이나 **소관청의 조사결정**에 의한다.
② 집합건물을 신축한 자는 **1개월 이내** 1동의 건물에 속하는 전유부분 **전부**에 대하여 동시에 '**건축물대장 등록신청**'을 하여야 한다.
③ 등록한 사항이 '변경'된 경우 **소유자**는 **1개월 이내**에 '**변경등록신청**'을 하여야 한다.
④ 소유자가 변경된 경우, 전 소유자가 해야 할 등록신청은 소유자가 변경된 날부터 1개월 이내에 새로운 소유자가 하여야 한다.

(3) 소관청의 직권조사

소관청은 '신청을 받아' 또는 '직권'으로 건축물대장에 등록할 때에는 **소속 공무원**에게 건물의 표시에 관한 사항을 조사하게 할 수 있다.

(4) 조사 후 처리

① 신규 등록의 경우 소관청은 관계 공무원의 조사 결과 그 신고내용이 부당하다고 인정할 때에는 그 취지를 적어 정정할 것을 명하고, 그 신고내용을 정정하여도 그 건물의 상황이 규정에 맞지 아니하다고 인정할 때에는 그 등록을 거부하고 그 건물 전체를 하나의 건물로 하여 **일반건축물대장**에 등록하여야 한다.
② 위 ①의 경우 일반건축물대장에 등록한 날부터 **7일 이내** 신고인에게 '등록거부사유'를 서면으로 통지하여야 한다.

PLUS

별첨 핵심 총정리

1. '위원회' 총정리 ★

(1) 분쟁조정(전문)위원회의 분쟁사항

위원회	분쟁사항
(중앙건축위원회 下) 건축분쟁전문위원회	건축등과 관련된 건축관계자, 인근주민, 관계 전문기술자 간의 분쟁의 조정 및 재정
하자심사·분쟁 조정위원회	① 하자 여부의 판정 ② 하자담보책임 및 하자보수에 대한 사업주체·하자보수보증금의 보증서 발급기관(이하 '사업주체등'이라 한다)과 입주자대표회의등·임차인등 간의 분쟁의 조정 및 재정 ③ 하자의 책임범위 등에 대해 사업주체등·설계자 및 감리자 간에 발생하는 분쟁의 조정 및 재정 등
공동주택관리분쟁 조정위원회	공동주택의 '관리'에 관한 제반 분쟁('하자분쟁'은 제외)
임대주택분쟁 조정위원회	① '임대사업자' 또는 임차인대표회의 간의 분쟁 ② '공공주택사업자' 또는 임차인대표회의 간의 분쟁
집합건물분쟁 조정위원회	'집합건물'(공동주택 제외)의 하자분쟁, 관리비, 재건축 분쟁 및 소음·진동·악취 등 공동생활과 관련된 분쟁

(2) 분쟁조정(전문)위원회의 조정시기

위원회	조정시기
(중앙건축위원회 下) 건축분쟁전문위원회	① 조정(60일 이내), 재정(120일 이내) ② 각각 부득이한 사정이 있으면 연장 가능
하자심사·분쟁 조정위원회	① '하자심사' 및 '분쟁조정': 60일(공용부분: 90일) ② '분쟁재정': 150일(공용부분: 180일) ③ 1회 30일 연장 가능
공동주택관리분쟁 조정위원회	① 중앙: 30일 이내 '조정안 작성 및 제시', 기간 연장 가능 ② 지방: 규정 없음
임대주택분쟁조정(위)	규정 없음
집합건물분쟁 조정위원회	① 조정 60일 ② 한 차례만 30일 연장 가능

(3) 분쟁조정(전문)위원회의 구성

구분	설치	인원수	주택관리사	법률전문가
(중앙건축위원회 下) 건축분쟁전문위원회	국토교통부	15명 이내	×	판사 등 6년 (2명 이상)
하자심사·분쟁 조정위원회	국토교통부	60명 이내[1]	10년 이상	판사 등 6년 (9명 이상)
공동주택관리분쟁 ① 중앙 / ② 지방	① 국토교통부 ② 시·군·자치구	① 15명 ② 10명	① 10년 이상 ② 5년 이상	① 판사 등 6년 (3명 이상)
임대주택분쟁	시장·군수·구청장	10명 이내[2]	3년 이상	
집합건물분쟁	시·도	10명 이내	×	변호사 3년 (2명 이상)

1. 하자심사·분쟁조정위원회
   ① '하자 여부 판정' 또는 '분쟁조정'을 다루는 '분과위원회': 9명 이상 15명 이하
   ② '분쟁재정'을 다루는 '분과위원회': 위원장이 지명하는 5명의 위원으로 구성하되, '판사·검사 또는 변호사의 직에 6년 이상 재직한 사람이 1명 이상 포함되어야 한다.
   ③ '소위원회': 분과위원별로 전문분야 등을 고려하여 3명 이상 5명 이하
2. 임대주택분쟁조정위원회: 공무원이 아닌 위원이 6명 이상 되어야 한다.

(4) 분쟁조정 등의 효력

'조정서'와 동일한 내용의 합의	'재판상 화해'와 동일한 효력	'조정조서'와 같은 내용의 합의
집합건물분쟁조정위원회	① 하자심사분쟁조정위원회의 '분쟁조정' 및 '분쟁재정' ② 중앙분쟁조정위원회 ③ 건축분쟁전문위원회의 건축분쟁의 '조정' 및 '재정'	① 임대주택분쟁조정위원회 ② 지방분쟁조정위원회

(5) 기명날인, 서명날인 등

건축분쟁	조정위원과 각 당사자, 기명날인
하자심사 분쟁조정	① 조정안을 제시받은 각 당사자, 대리인은 서명 또는 날인한 서면을 위원회에 제출하여야 한다. ② 위원회는 각 당사자가 수락한 때, 위원장이 기명날인한 조정서 정본을 지체 없이 각 당사자, 그 대리인에게 송달해야 한다.
중앙 분쟁조정	당사자 수락 시, 위원회는 '조정서' 작성, 위원장 및 각 당사자가 '서명·날인'한 후 '조정서 정본'을 지체 없이 송달하여야 한다.

집합건물 분쟁조정	당사자 수락 시, 위원회는 지체 없이 조정서 '3부'를 작성하여 '위원장' 및 '각 당사자'로 하여금 조정서에 서명날인하게 하여야 한다.

(6) 분쟁조정(전문)위원회의 조정절차

(중앙건축 위원회 下) 건축 분쟁전문 위원회	① 조정위원회는 조정안 작성, 지체 없이 각 당사자에게 조정안 제시 ② 당사자는 제시받은 날부터 15일 이내 수락 여부를 조정위원회에 알려야 한다. ③ 조정위원회는 당사자가 조정안을 수락하면 즉시 조정서를 작성, 조정위원(3명)과 각 당사자는 이에 기명날인 ④ 기명날인하면 조정서의 내용은 재판상 화해와 동일한 효력(예외 있음)
하자심사·분쟁조정 위원회	① 위원회는 조정안을 결정, 각 당사자 또는 그 대리인에게 제시 ② 당사자는 30일 이내에 '수락 여부'를 통보 → '답변(×)' 수락한 것으로 본다. ③ 수락하거나 거부할 때, 서명 또는 날인한 서면을 위원회에 제출 ④ 위원회는 각 당사자 또는 대리인이 수락한 때, 위원장이 기명날인한 조정서 정본을 지체 없이 각 당사자, 그 대리인에게 송달해야 한다. ⑤ 조정서 내용은 재판상 화해와 동일한 효력이 있다(예외 있음).
(중앙) 공동주택관리 분쟁조정 위원회	① 조정절차 개시한 날부터 30일 이내에 절차를 완료한 후 조정안을 작성하여 지체 없이 각 당사자에게 제시(180일 이내 기간 연장 가능) ② 당사자는 30일 이내에 수락 여부 통보 → '답변(×)' 수락한 것으로 본다. ③ 수락 시 위원회는 '조정서' 작성, 위원장 및 각 당사자가 '서명·날인'한 후 조정서 정본을 지체 없이 각 당사자 또는 대리인에게 송달 ④ 조정서의 내용은 재판상 화해와 동일한 효력(예외 있음)
임대주택 분쟁조정 위원회	① 위원장이 소집, 회의 개최일 2일 전까지 위원에게 알려야 한다. ② 조정안을 받아들이면 조정조서와 같은 내용의 합의가 성립된 것으로 본다.
집합건물 분쟁조정 위원회	① 위원회 조정안을 작성, 지체 없이 각 당사자에게 제시 ② 당사자는 14일 이내 수락 여부를 조정위원회에 통보 → '답변(×)' 수락 의제 ③ 수락, 위원회 조정서 3부를 작성, 위원장 및 각 당사자로 하여금 조정서에 서명날인하게 하여야 한다. → 조정서와 같은 내용의 합의 성립 의제

(7) 기타 위원회

구분	분양가심사위원회 (주택법)	도시분쟁조정위원회 (도시정비법)	도시재정비위원회 (도시재정비법)
목적	분양가 적정 여부 등 심의 (설치·운영하여야 한다)	정비사업으로 인한 분쟁의 조정(둔다)	재정비촉진지구의 지정 자문 등(둘 수 있다)
설치	시장·군수·구청장	특, 특, 시·군·자치구	시·도지사, 대도시 시장 소속
위원 수	① 10인 이내 ② 민간위원 6명 ③ 주택관리사 5년 이상	① 10인 이내 ② 5급 공무원, 판사 등 5년 2인 이상	20인 이상 25인 이하

(8) 하자관리정보시스템 및 중앙분쟁조정시스템

하자관리 정보시스템	국토교통부장관은 다음의 사항을 인터넷을 이용하여 처리하기 위하여 '하자관리정보시스템'을 구축·운영할 수 있다. ① 조정등 사건의 접수·통지와 송달 ② 공동주택의 하자와 관련된 민원상담과 홍보 ③ 하자보수보증금 사용내역과 지급내역의 관리 ④ 하자보수 결과의 통보 등
중앙분쟁 조정시스템	국토교통부장관은 '분쟁조정 사건'을 전자적 방법으로 접수·통지 및 송달하거나, 민원상담 및 홍보 등을 인터넷을 이용하여 처리하기 위하여 중앙분쟁조정시스템을 구축·운영할 수 있다.

2. 안전진단

(1) 「주택법」

① '증축형 리모델링'의 안전진단

㉠ '증축형 리모델링'을 하려는 자는 시장·군수·구청장에게 안전진단을 요청하여야 하며, 시장·군수·구청장은 증축 가능 여부의 확인을 위해 안전진단을 실시해야 한다.

㉡ 시장·군수·구청장은 '안전진단전문기관, 국토안전관리원, 한국건설기술연구원'에 안전진단을 의뢰해야 하며, '의뢰받은 기관'은 '리모델링을 하려는 자가 추천'한 건축구조기술사(구조설계를 담당할 자)와 함께 안전진단을 실시해야 한다.

㉢ 시장·군수·구청장이 안전진단으로 건축물 구조의 안전에 위험이 있다고 평가하여 도시정비법에 따른 재건축사업 및 소규모주택정비법에 따른 소규모재건축사업의 시행이 필요하다고 결정한 건축물은 증축형 리모델링을 하여서는 아니 된다.

② 증축형 리모델링 중 '수직증축형 리모델링'의 안전진단

> ㉠ 시장·군수·구청장은 '수직증축형 리모델링을 허가한 후'에 구조안전성 등에 대한 상세 확인을 위하여 안전진단을 실시하여야 한다.
> ㉡ 의뢰받은 기관은 앞의 ①의 ㉡의 건축구조기술사와 함께 안전진단을 실시해야 하며, 리모델링을 하려는 자는 안전진단 후 '구조설계의 변경 등이 필요'한 경우는 건축구조기술사로 하여금 이를 보완하도록 하여야 한다.

(2) 「공동주택관리법」

① 시장·군수·구청장이 실시하는 안전진단

> ㉠ 시장·군수·구청장은 담보책임기간에 공동주택의 구조안전에 중대한 하자가 있다고 인정하는 경우에는 안전진단기관에 의뢰하여 안전진단을 할 수 있다.
> ㉡ 안전진단에 드는 비용은 사업주체가 부담한다. 다만, 하자의 원인이 사업주체 외의 자에게 있는 경우에는 그 자가 부담한다(관리비와 구분징수).
> ㉢ 위 ㉠의 안전진단기관: 한국건설기술연구원, 국토안전관리원, 「건축사법」에 따라 설립한 대한건축사협회, 「고등교육법」의 대학 및 산업대학의 부설연구기관(상설기관으로 한정), 「시설물의 안전 및 유지관리에 관한 법률」에 따른 건축분야 안전진단전문기관

② '안전관리계획' 관련

▶ **시설의 안전관리에 관한 기준 및 진단사항**

구분	대상시설	점검횟수
해빙기진단	석축, 옹벽, 법면, 교량, 우물 및 비상저수시설	연 1회(2월 또는 3월)
우기진단	석축, 옹벽, 법면, 담장, 하수도 및 주차장	연 1회(6월)
월동기진단	연탄가스배출기, 중앙집중식 난방시설, 노출배관의 동파방지 및 수목보온	연 1회(9월 또는 10월)
안전진단	변전실, 고압가스시설, 도시가스시설, 액화석유가스시설, 소방시설, 맨홀(정화조의 뚜껑을 포함), 유류저장시설, 펌프실, 인양기, 전기실, 기계실, 어린이놀이터, '주민운동시설' 및 '주민휴게시설'	매분기 1회 이상
	승강기	「승강기 안전관리법」에서 정하는 바에 따른다. [월 1회 이상 자체점검]
	지능형 홈네트워크 설비	매월 1회 이상
위생진단	저수시설, 우물 및 어린이놀이터	연 2회 이상

(3) 「도시 및 주거환경정비법」

◆ 재건축사업을 위한 '재건축진단' [개정 전: 안전진단]

① 시장·군수등은 '정비예정구역별 정비계획의 수립시기가 도래한 때'부터 '사업시행계획인가 전'까지 재건축진단을 실시하여야 한다.
② 시장·군수등은 위의 ①에도 불구, '정비계획의 입안을 요청하려는 자가 입안을 요청하기 전에 해당 정비예정구역 또는 사업예정구역에 위치한 건축물 및 그 부속토지의 소유자 10분의 1 이상의 동의를 받아 재건축진단의 실시를 요청하는 경우 등'에 해당하는 경우에는 재건축진단을 실시해야 하며, '재건축진단에 드는 비용'을 '재건축진단 실시를 요청하는 자'에게 부담하게 할 수 있다.

(4) 「건축법」

① 건축허가를 받으려는 자는 해당 대지의 소유권을 확보해야 한다.
② 위 ①에도 불구하고 건축주가 건축물이 일부 멸실되어 붕괴 등 안전사고가 우려되어 신축을 하기 위해 건축물 및 해당 대지의 공유자 수의 100분의 80 이상의 동의를 얻고 동의한 공유자의 지분 합계가 전체 지분의 100분의 80 이상인 경우에는 그러하지 아니하다.
③ 허가권자는 건축주가 위 ②의 사유로 동의요건을 갖추어 건축허가를 신청한 경우에는 그 사유 해당 여부를 확인하기 위해 현지조사를 해야 한다.
④ 위 ③의 경우, 필요한 경우에는 건축주에게 건축사, 건축구조기술사, 건축분야 안전진단전문기관 등으로부터 '안전진단'을 받고 그 결과를 제출하도록 할 수 있다.
⑤ 위 ②에 따라 건축허가를 받은 건축주는 동의하지 아니한 공유자에게 공유지분을 시가로 매도할 것을 청구할 수 있으며, 매도 청구를 하기 전에 3개월 이상 협의를 하여야 한다.
⑥ 위 ②에 따라 건축허가를 받은 건축주는 해당 건축물 또는 대지의 공유자가 거주하는 곳을 확인하기가 현저히 곤란한 경우에는 전국적으로 배포되는 둘 이상의 일간신문에 두 차례 이상 공고하고, 공고한 날부터 30일 이상이 지났을 때에는 법 제17조의2에 따른 매도 청구대상이 되는 건축물 또는 대지로 본다.

3. 과징금

(1) 비교표

공동주택관리법	민간임대주택법	소방시설법	전기사업법
[주택관리업자] 등록 (○)	[주택임대관리업자] 등록 (○)	[소방시설관리업자] 등록 (○)	[전기사업자] 허가 (○)
시장·군수·구청장	시장·군수·구청장	시·도지사	산업통상자원부장관 또는 시·도지사
등록말소 (1년) 영업정지	등록말소 (1년) 영업정지	등록 취소 (6개월) 영업정지	허가 취소 (6개월) 사업정지
'영업정지' 갈음 2천만원 이하	'영업정지' 갈음 1천만원 이하	'영업정지' 갈음 3천만원 이하	① '사업정지' 갈음 5천만원 이하[1] ② '금지행위'한 경우 매출액의 5퍼센트, 10억원 이하[2]

1. [전기사업법] '허가권자'는 전기사업자가 사업정지사유에 해당하는 경우로서 그 사업정지가 전기사용자 등에게 심한 불편을 주거나 공공의 이익을 해칠 우려가 있는 경우는 '사업정지명령'을 갈음하여 5천만원 이하의 과징금을 부과할 수 있다.
2. [전기사업법] '허가권자'는 전기사업자가 '전기요금 부당 산정 등의 금지행위를 한 경우'에는 전기위원회의 심의를 거쳐 그 전기사업자의 매출액의 100분의 5의 범위에서 과징금을 부과·징수할 수 있다. 다만, 매출액이 없거나 매출액의 산정이 곤란한 경우로서 대통령령으로 정하는 경우에는 10억원 이하의 과징금을 부과·징수할 수 있다.

(2) 「승강기 안전관리법」상 과징금

① 시·도지사 → 제조·수입업자, 유지관리업자에게 사업정지 갈음, 1억원 이하
② 행정안전부장관 → 지정인증기관, 지정검사기관에게 업무정지 갈음, 3억원 이하
③ 위 ①의 경우, 과징금은 1일당 과징금의 금액에 사업의 정지 일수를 곱하여 산정한다. 이 경우 1개월은 30일을 기준으로 한다.
④ 위 ②의 경우, 과징금은 업무정지 일수에 200만원을 곱한 금액으로 한다.
⑤ 위 ① 및 ②의 경우, 20일 이내에 납부의무 [천재지변 등 사유(×) 7일 이내 납부]
⑥ 위 ①의 경우, 과징금 받은 수납기관은 그 사실을 시·도지사에게 통보 의무
⑦ 위 ②의 경우, 과징금 받은 수납기관은 그 사실을 행정안전부장관에게 통보 의무

➲ [비교] '주택관리업자'에 대한 과징금의 부과 및 납부
1. 영업정지기간 1일당 3만원, 2천만원 초과 금지
2. 30일 이내 납부, 시장·군수·구청장에게 통보

(3) 「도시 및 주거환경정비법」상 과징금 [입찰참가 제한¹]

① 시·도지사는 건설업자 또는 등록사업자가 다음에 해당하는 경우 사업시행자에게 [건설업자 또는 등록사업자의 해당 정비사업에 대한 시공자 선정을 취소할 것을 명]하거나 [그 건설업자 또는 등록사업자에게 '사업시행자와 시공자 사이의 계약서상 공사비의 100분의 20 이하에 해당하는 금액의 범위'에서 과징금을 부과]할 수 있다. 이 경우 시공자 선정 취소의 명을 받은 사업시행자는 시공자의 선정을 취소해야 한다. ㉠ 건설업자 또는 등록사업자가 법 제132조(조합임원 등의 선임·선정 시 금품제공 등 행위제한)를 위반한 경우 등 ㉡ 〈이하 생략〉 ② 과징금 부과 통지를 받은 자는 통지가 있은 날부터 20일 또는 시·도지사가 20일 이상의 범위에서 따로 정한 기간 이내에 시·도지사가 정하는 수납기관에 과징금을 납부해야 한다.

1. 건설업자 및 등록사업자의 입찰참가 제한

① 시·도지사는 위 (3)에 해당하는 건설업자 또는 등록사업자에 대해서는 2년 이내의 범위에서 대통령령으로 정하는 기간 동안 정비사업의 입찰참가를 제한하여야 한다. 〈개정〉

② 시·도지사는 위 ①에 따라 건설업자 또는 등록사업자에 대한 정비사업의 입찰참가를 제한하려는 경우에는 입찰참가 제한과 관련된 내용을 공개하고, 관할 구역의 시장, 군수 또는 구청장 및 사업시행자에게 통보하여야 한다. 다만, 정비사업의 입찰참가를 제한하려는 해당 건설업자 또는 등록사업자가 '입찰 참가자격을 제한받은 사실이 있는 경우'에는 시·도지사가 입찰참가 제한과 관련된 내용을 전국의 시장, 군수 또는 구청장에게 통보하여야 하고, '통보를 받은 시장, 군수 또는 구청장'은 '관할 구역의 사업시행자에게 관련된 내용'을 '다시' 통보하여야 한다. 〈개정〉

③ 위 ②에 따라 '입찰자격 제한과 관련된 내용을 통보받은 사업시행자'는 해당 건설업자 또는 등록사업자의 입찰 참가자격을 제한하여야 한다. 이 경우 사업시행자는 전단에 따라 '입찰참가를 제한받은 건설업자 또는 등록사업자'와 계약(수의계약을 포함한다)을 체결하여서는 아니 된다. 〈개정 2024.1.30.〉

④ 시·도지사는 위 ①에 따라 정비사업의 입찰참가를 제한하는 경우에는 대통령령으로 정하는 바에 따라 '입찰참가 제한과 관련된 내용'을 정비사업관리시스템에 등록하여야 한다. 〈신설〉

⑤ 시·도지사는 대통령령으로 정하는 위반행위에 대하여는 ①부터 ③까지에도 불구하고 1회에 한하여 '과징금'으로 위 ①의 입찰참가 제한을 갈음할 수 있다. 〈신설〉

(4) 「건축법」상 과징금

① 허가권자는 건축관계자등이 법 제28조(공사현장 위해 방지) 등을 위반하여 가설시설물이 붕괴된 경우에는 기간을 정하여 시정을 명하거나 필요한 지시를 할 수 있다.
② '허가권자'는 위 ①에 따른 시정명령 등에도 불구하고 '이를 이행하지 아니한 경우'에는 다음 기간 이내 범위에서 업무정지를 명할 수 있다.
   ㉠ 최초 위반행위가 발생, 시정하지 아니하는 경우: 업무정지일부터 3개월
   ㉡ 2년 이내에 위반행위가 동일한 현장에서 2차례 발생한 경우: 업무정지일부터 3개월
   ㉢ 2년 이내에 위반행위가 동일한 현장에서 3차례 발생한 경우: 업무정지일부터 1년
③ 허가권자는 위 ②의 업무정지처분을 갈음하여 건축관계자등에게 과징금을 부과할 수 있다.
   ㉠ 위 ②의 ㉠ 또는 ㉡에 해당하는 경우: 3억원 이하
   ㉡ 위 ②의 ㉢에 해당하는 경우: 10억원 이하
④ 건축관계자등, 소속 법인 또는 단체에 대한 업무정지처분을 하려는 경우에는 청문을 하여야 한다.

4. 등록, 인가, 신고, 승인 ★

(1) 등록

등록	등록할 곳	자본금	비고
등록사업자 (주택법)	국토교통부장관	자본금 3억원 (개인: 자산평가액 6억원)	'국가 등'(등록 예외) 연간 20호, 20세대
주택관리업자 (공동주택관리법)	특별자치시장, 특별자치도지사, 시장·군수·구청장[1]	자본금 2억원 (개인: 자산평가액 2억원)	–
주택임대관리업자 (민간임대주택법)	특별자치시장, 특별자치도지사, 시장·군수·구청장[1]	① 자기관리형: 1.5억원 ② 위탁관리형: 1억원 ㉠ 법인: 자본금 ㉡ 개인: 자산평가액	–
임대사업자 (민간임대주택법)	특별자치시장, 특별자치도지사, 시장·군수·구청장[1]	–	① '임차'하여 임대목적 등록 → 불가 ② '공공주택사업자'는 등록 → 불요

정비사업 전문관리업자 (도시정비법)	시·도지사	자본금 10억원 (법인은 5억원)	['등록'의 예외] 한국토지주택공사, 한국부동산원
안전진단전문기관 (시설물안전법)	시·도지사	① 각 분야: 1억원 ② 종합 분야: 4억원	'안전점검전문기관' 시·도지사에 등록
소방시설관리업 (소방시설법)	시·도지사	–	–
제조업자, 수입업자 (승강기법)	시·도지사	납입자본금(개인: 자산평가액) 2억원	[설치공사업자] 시·도지사(공단), 10일 이내 '설치신고'
유지관리업자 (승강기법)	시·도지사	납입자본금(개인: 자산평가액) 1억원	–
전기신사업 (전기사업법)	산업통상자원부장관	–	'지능형전력망 협회'에 등록신청서 제출
유지관리업자 (건설산업기본법)	국토교통부장관	–	[안전점검] 16층 이상 등(공동주택관리법)

1. '시장·군수·구청장' = 특별자치시장, 특별자치도지사, 시장, 군수, 자치구의 구청장

(2) 인가

① [주택법] 주택조합(지역주택조합, 직장주택조합, 리모델링주택조합): 인가(예외: 신고)

② [주택법] 리모델링주택조합: 인가 + 30일 이내 설립등기(○) [도시정비법 준용]

③ [도시정비법] 정비사업조합: 인가 + 30일 이내 설립등기(○) + 사단법인[재개발, 재건축]

④ [민간임대주택법] 민간임대주택의 '자체관리': '인가'(○)

- 1. 공공임대주택의 '자체관리': 인가(×)
  2. 「공동주택관리법」상 '자치관리': 신고

⑤ [전기사업법] 전기공급약관(기본, 보완): 인가, 전기위원회 심의 [선택: 인가(×), 전기위원회의 심의(×)]

⑥ [전기사업법] 전기신사업 약관: 신고(산업통상자원부장관 → 한국전력거래소에 제출)

- 전기사업: '산업통상자원부장관' 또는 '시·도지사'의 허가, 전기위원회 심의

⑦ [도시정비법] 관리처분계획의 인가: 시장·군수등

- 1. 관리처분계획 인가 후 철거
  2. 인가 고시 후 사용수익 금지

⑧ [도시정비법] 사업시행계획인가: 시장·군수등

➲ 시장·군수등 → 경찰서장 및 소방서장에게 통보 의무, 순찰강화, 순찰초소 설치 등 범죄예방 조치

⑨ [도시정비법] 준공인가: 시장·군수등

⑩ [소방기본법] 한국소방안전원: '소방청장'의 인가(재단법인)

⑪ 협회: 정관, 창립총회, 설립등기(사단법인), '국토교통부장관'의 인가

➲ [시설물안전법] 안전진단전문협회(신설): '국토교통부장관'의 인가

(3) 신고

① [주택법] 국민주택을 공급받기 위한 직장주택조합: 시장·군수·구청장, '신고'

② [공동주택관리법] 자치관리: 시장·군수·구청장, '신고'

③ [건축법] 건축 및 대수선: 특별자치시장, 특별자치도지사, 시장, 군수, 구청장

➲ 예외적 '신고' (반드시 암기, 다수 출제)

④ [민간임대주택법]

㉠ 주택임대관리업자 현황 신고: 시장·군수·구청장, 분기, 다음 달 말일

㉡ 임대차계약 신고: 시장·군수·구청장

⑤ [공공주택 특별법] 공공주택사업자 임대조건 신고: 시장·군수·구청장

⑥ [전기사업법] 전기신사업의 약관: 신고(산업통상자원부장관, 한국전력거래소에 제출)

⑦ [공동주택관리법] 관리사무소장 배치 신고: 시장·군수·구청장(주택관리사단체에 제출, 주택관리사단체는 분기별로 시장·군수·구청장에 보고)

(4) 승인

① [도시정비법] 조합설립추진위원회(5명 이상): 시장·군수등의 승인

② [건축법] '사전승인': 시장·군수 → 도지사(50일 이내, 30일 연장)

③ [전기사업법] '전력시장운영규칙' 및 '중개시장운영규칙': '한국전력거래소' 작성 → '산업통상자원부장관'의 승인

④ [전기사업법] 원자력발전연료 제조, 공급계획: '산업통상자원부장관'의 승인

⑤ [도시정비법] 주민대표회의('토지소유자등' 과반수 동의): 시장·군수등의 승인

⑥ [주택법] '주택상환사채' 발행계획서: '국토교통부장관'의 승인

⑦ [공동주택관리법] 회계감사기준: 한국공인회계사회가 정함 + 국토교통부장관의 승인

⑧ [공동주택관리법] 공제사업 관련 '공제규정': 국토교통부장관의 승인

⑨ [공동주택관리법] 공제사업 관련 책임준비금 다른 용도로 사용: 국토교통부장관의 승인

⑩ [공공주택 특별법] '토지상환채권' 발행 및 '선수금': 국토교통부장관의 승인

⑪ [승강기법] 한국승강기안전공단의 매 사업연도의 사업계획서 및 예산안: 행정안전부장관의 승인

(5) 정보 누설자에 대한 벌칙

주택법	① 주민등록번호 등 정보 누설: 5-5 ② 금융정보 등 정보 누설: 5-5 ③ 입주자저축 업무 정보 누설: 5-5 ④ 분양가상한제 적용주택 등의 거주실태 조사 정보 누설: 5-5
공동주택관리법	① 하자심사분쟁조정위원회 정보 누설: 1-1 ② (중앙) 공동주택관리 분쟁조정위원회 정보 누설: 1-1
민간임대주택법	① 주민등록번호 등 정보 누설: 5-5 (한국토지주택공사, 지방공사, 부동산원의 소속 임직원) ② 금융정보 등 정보 누설: 5-5 ③ 임대주택정보체계 관련 정보 누설: 5-5
공공주택 특별법	① 공공주택지구 지정 정보 누설: 5년 이하의 징역 또는 그 위반행위로 얻은 재산상의 이익 또는 회피한 손실액의 3배 이상 5배 이하에 상당하는 벌금에 처한다. 다만, 그 위반행위로 얻은 이익 또는 회피한 손실액이 없거나 산정하기 곤란한 경우 또는 그 위반행위로 얻은 재산상의 이익 또는 회피한 손실액의 5배에 해당하는 금액이 10억원 이하인 경우에는 벌금의 상한액을 10억원으로 한다. ② 주민등록번호 등 정보 누설: 3-2 ③ 금융정보 등 정보 누설: 5-3

(6) 시스템 정리표

인터넷 홈페이지[1] + 동별 게시판 + 공동주택관리 정보시스템 ('공개')	① 관리비 등 공개 ㉠ 의무관리(○), 관리주체: 다음 달 말일, [인], [동], [공] ㉡ 의무관리(×), 50세대 이상, 관리인: 다음 달 말일, [공] 생략 가능 ② 회계감사 결과 공개 ㉠ 관리주체: 1개월 이내 입주자대표회의 보고, [인], [동]에 공개 ㉡ 감사인: 1개월 이내 시장·군수·구청장에게 '제출', [공]에 공개

공동주택관리 정보시스템 ['공개' 또는 '등록']	① '전유부분 인도일'의 공개 ㉠ 사업주체(건축주), 전유부분 인도, 주택인도증서 작성 → 관리주체(관리인)에게 인계(미분양, 추후 인도일부터 15일 이내 '인계') ㉡ '관리주체', 30일 이내 [공]에 '공개' ② 의무관리대상 공동주택의 관리주체는 공용부분에 관한 시설의 교체, 유지보수, 하자보수를 한 경우, 실적을 시설별로 이력관리해야 하며, [공]에도 '등록'해야 한다.
인터넷 홈페이지 + 개별통지	① **관리규약 제정, 개정**: [인]에 공고 + 입주예정자에게 개별통지 ② **관리현황의 공개**: 관리주체는 입주자대표회의 소집 등을 [인]에 '공개하거나' 입주자등에게 개별통지하여야 한다.
인터넷 홈페이지 + 동별 게시판	**주택관리업자 또는 사업자 선정 시 '계약서'의 공개**: '의무관리대상 공동주택'의 관리주체, 입주자대표회의는 계약을 체결하는 경우, 계약 체결일부터 1개월 이내 '계약서'를 [인] + [동]에 공개
정보처리시스템	① **장부 및 증빙서류 작성 및 보관**: '의무관리대상 공동주택' 관리주체는 월별로 작성, 증빙서류와 함께 5년간 보관의무, 정보처리시스템 가능 ② **하자보수계획**: 사업주체, 15일 이내 하자보수하거나 하자보수계획을 입주자대표회의등에 '서면'('정보처리시스템을 사용한 전자문서'를 포함)으로 통보하고 계획에 따라 하자보수 의무
중앙분쟁조정 시스템 (중앙분쟁조정위)	국토교통부장관은 분쟁조정 사건을 전자적 방법으로 접수·통지 및 송달하거나, 민원상담 및 홍보 등을 인터넷을 이용하여 처리하기 위하여 중앙분쟁조정시스템을 구축·운영할 수 있다.
하자관리정보 시스템[2] (하자심사·분쟁조정)	국토교통부장관은 조정등의 사건을 전자적 방법으로 접수·통지 및 송달하거나, 민원상담 및 홍보 등을 인터넷을 이용하여 처리하기 위하여 하자관리정보시스템을 구축·운영할 수 있다.
임대주택정보체계	국토교통부장관, '임대주택정보체계'(민간임대주택법)
정보체계	국토교통부장관, '정보체계' 구축·운영 가능(공공주택 특별법)

1. 인터넷 홈페이지가 없는 경우에는 인터넷 포털을 통하여 관리주체가 운영·통제하는 유사한 기능의 웹사이트 또는 관리사무소의 게시판을 말한다.
2. 하자심사, 분쟁조정 및 분쟁재정
   ① 사업주체는 하자 여부 판정서에 따라 하자를 보수하고 그 결과를 지체 없이 '하자관리정보시스템'에 등록하여야 한다(하자심사).
   ② 사업주체는 조정서에 따라 하자를 보수하고 그 결과를 지체 없이 '하자관리정보시스템'에 등록하여야 한다(분쟁조정).

③ 사업주체는 재정에 따라 하자를 보수하고 그 결과를 지체 없이 '하자관리정보시스템'에 등록하여야 한다(분쟁재정).

➲ 기타 '하자관리정보시스템'에 등록(입력)하여야 하는 경우

1. 관리주체는 하자보수 청구 서류 등을 '하자관리정보시스템'에 등록하고 '사업주체에게 하자보수를 청구한 날'부터 10년간 보관해야 한다(공동주택관리법).
2. 시장·군수·구청장은 해당 연도에 제출받은 하자보수보증금 사용내역 신고서(첨부서류는 제외한다)와 지급내역서(첨부서류를 포함한다)의 내용을 다음 해 1월 31일까지 국토교통부장관에게 제공해야 한다. 이 경우 '제공 방법'은 하자관리정보시스템에 '입력'하는 방법으로 한다(공동주택관리법 시행규칙 제18조의3).
3. 사용검사권자는 공동주택의 시공품질 관리를 위하여 사업주체에게 통보받은 사전방문 후 조치결과 등에 관한 사항을 '대통령령으로 정하는 정보시스템'(하자관리정보시스템)에 등록하여야 한다(주택법).

5. 신고 및 신고 수리 여부의 통보 등

(1) 「주택법」

① 착공신고: 사업계획승인권자, 20일 이내 '신고 수리 여부'를 신고인에게 통지
② 지역주택조합, 직장주택조합 조합원 모집 신고: 시장·군수·구청장, 15일 이내

(2) 「건축법」

① 신고대상 건축물의 신고: 5일 이내
[다른 심의 등이 필요한 경우: 20일 이내 통지, 신고인에게 그 내용을 5일 이내 통지]
② 착공 신고: 허가권자, 3일 이내, [(×) → 다음 날, 수리 의제]

(3) 「민간임대주택에 관한 특별법」

① 임대사업자, 등록사항의 변경 신고: 7일 이내, [(×) → 다음 날, 수리 의제]
② 주택임대관리업자, 등록사항의 변경·말소 신고: 5일 이내, [(×) → 다음 날, 수리 의제]
③ 민간임대협동조합의 조합원 모집 신고: 15일 이내, [(×) → 다음 날, 수리 의제]
④ 장기일반민간임대주택의 공급 신고: 7일 이내, [(×) → 다음 날, 수리 의제]

(4) 「전기사업법」

전기신사업 약관 신고: 7일 이내 [기간 내 통지(×) 다음 날에 신고 수리 의제]

INDEX 필수용어 찾아보기

※ 용어의 의미를 정확히 알고 있는지 확인하고 □에 체크해 보세요. 헷갈리는 용어는 해당 페이지로 돌아가 다시 학습합니다.

ㅊ

ㅌ

ㅍ

ㅎ

기타

삶의 순간순간이
아름다운 마무리이며
새로운 시작이어야 한다.

– 법정 스님

memo

memo

2025 에듀윌 주택관리사 2차 핵심요약집 주택관리관계법규

발 행 일 2025년 4월 14일 초판
편 저 자 윤동섭
펴 낸 이 양형남
펴 낸 곳 ㈜에듀윌
I S B N 979-11-360-3715-2(14320)
등록번호 제25100-2002-000052호
주 소 08378 서울특별시 구로구 디지털로34길 55
코오롱싸이언스밸리 2차 3층

www.eduwill.net
대표전화 1600-6700

여러분의 작은 소리
에듀윌은 크게 듣겠습니다.

본 교재에 대한 여러분의 목소리를 들려주세요.
공부하시면서 어려웠던 점, 궁금한 점,
칭찬하고 싶은 점, 개선할 점, 어떤 것이라도 좋습니다.

에듀윌은 여러분께서 나누어 주신 의견을
통해 끊임없이 발전하고 있습니다.

에듀윌 도서몰 book.eduwill.net

- 부가학습자료 및 정오표: 에듀윌 도서몰 → 도서자료실
- 교재 문의: 에듀윌 도서몰 → 문의하기 → 교재(내용, 출간) / 주문 및 배송

11,800여 건의 생생한 후기

한○수 합격생

에듀윌로 합격과 취업 모두 성공

저는 1년 정도 에듀윌에서 공부하여 합격하였습니다. 수많은 주택관리사 합격생을 배출해 낸 1위 기업이라는 점 때문에 에듀윌을 선택하였고, 선택은 틀리지 않았습니다. 에듀윌에서 제시하는 커리큘럼은 상대평가에 최적화되어 있으며, 나에게 맞는 교수님을 선택할 수 있었기 때문에 만족하며 공부를 할 수 있었습니다. 또한 합격 후에는 에듀윌 취업지원센터의 도움을 통해 취업까지 성공할 수 있었습니다. 에듀윌만 믿고 따라간다면 합격과 취업 모두 문제가 없을 것입니다.

박○현 합격생

20년 군복무 끝내고 주택관리사로 새 출발

육군 소령 전역을 앞두고 70세까지 전문직으로 할 수 있는 제2의 직업이 뭘까 고민하다가 주택관리사 시험에 도전하게 됐습니다. 주택관리사를 검색하면 에듀윌이 가장 먼저 올라오고, 취업까지 연결해 주는 프로그램이 잘 되어 있어서 에듀윌을 선택하였습니다. 특히, 언제 어디서나 지원되는 동영상 강의와 시험을 앞두고 진행되는 특강, 모의고사가 많은 도움이 되었습니다. 거기에 오답노트를 만들어서 틈틈이 공부했던 것까지가 제 합격의 비법인 것 같습니다.

이○준 합격생

에듀윌에서 공인중개사, 주택관리사 준비해 모두 합격

에듀윌에서 준비해 제27회 공인중개사 시험에 합격한 후, 취업 전망을 기대하고 주택관리사에도 도전하게 됐습니다. 높은 합격률, 차별화된 학습 커리큘럼, 훌륭한 교수진, 취업지원센터를 통한 취업 연계 등 여러 가지 이유로 다시 에듀윌을 선택했습니다. 에듀윌 학원은 체계적으로 학습 관리를 해 주고, 공부할 수 있는 공간이 많아서 좋았습니다. 교수님과 자기 자신을 믿고, 에듀윌에서 시작하면 반드시 합격할 수 있습니다.

다음 합격의 주인공은 당신입니다!

더 많은
합격 비법

* 에듀윌 홈페이지 게시 건수 기준 (2025년 2월 기준)

2025

에듀윌 주택관리사 핵심요약집

2차 | 주택관리관계법규

체계도

eduwill

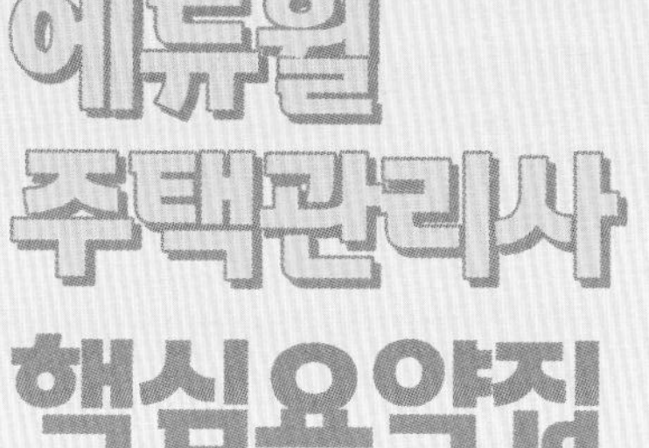

2025

에듀윌 주택관리사 핵심요약집

2차 | 주택관리관계법규

체계도

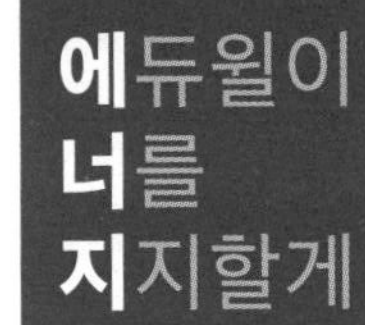

세상을 움직이려면

먼저 나 자신을 움직여야 한다.

– 소크라테스(Socrates)

2025

에듀윌 주택관리사

핵심요약집 2차

주택관리 관계법규

체계도

eduwill

차례

핵심 01 주요 법규 개관

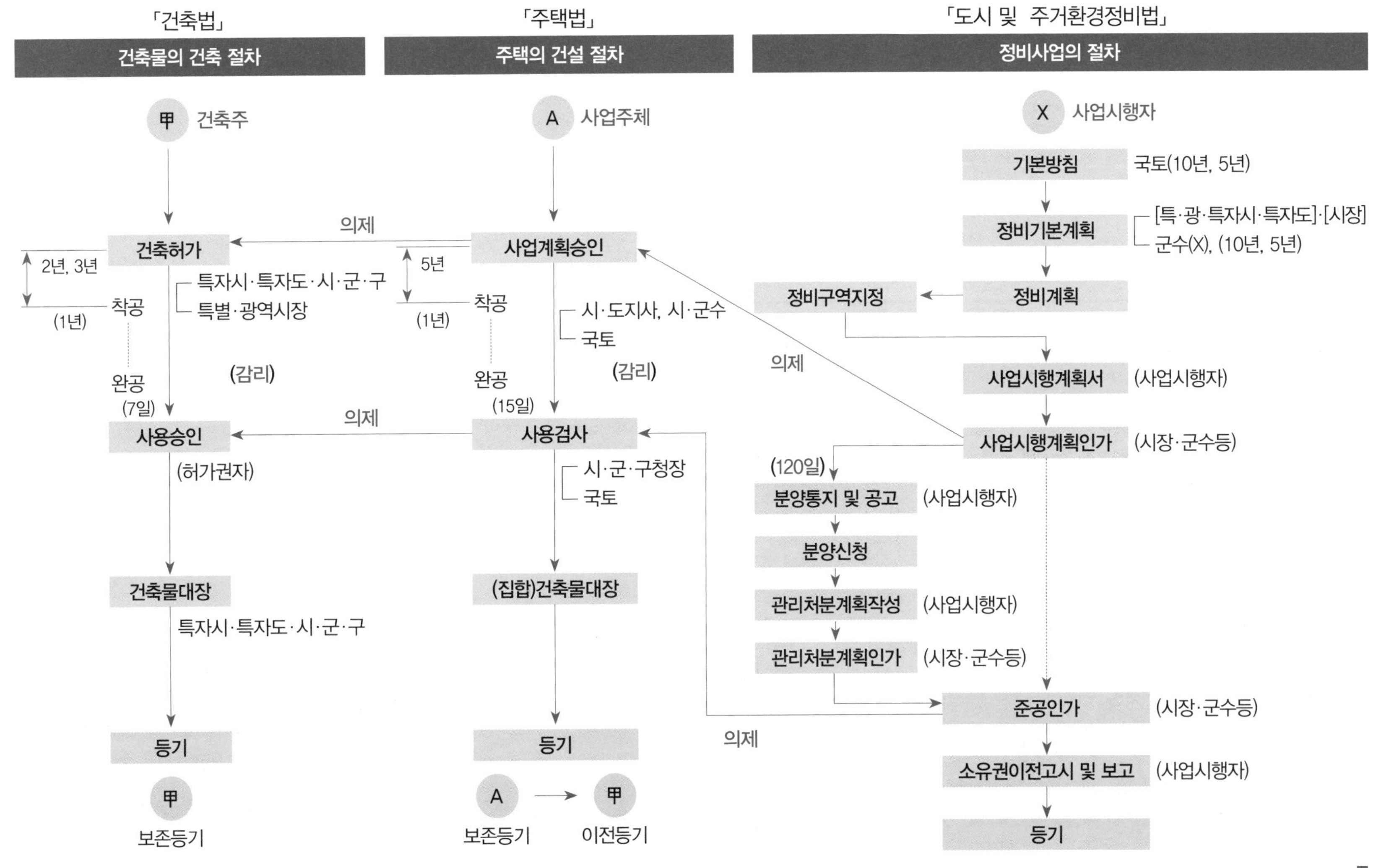

「건축법」
건축물의 건축 절차
甲 건축주
건축허가
특자시·특자도·시·군·구
특별·광역시장
2년, 3년
착공
(1년)
완공
(7일)
(감리)
사용승인
(허가권자)
건축물대장
특자시·특자도·시·군·구
등기
甲
보존등기
「주택법」
주택의 건설 절차
A 사업주체
의제
사업계획승인
5년
착공
(1년)
시·도지사, 시·군수
국토
완공
(15일)
(감리)
의제
사용검사
시·군·구청장
국토
(집합)건축물대장
등기
A
甲
보존등기
이전등기
「도시 및 주거환경정비법」
정비사업의 절차
X 사업시행자
기본방침
국토(10년, 5년)
정비기본계획
[특·광·특자시·특자도]·[시장]
군수(X), (10년, 5년)
정비계획
정비구역지정
사업시행계획서
(사업시행자)
의제
사업시행계획인가
(시장·군수등)
(120일)
분양통지 및 공고
(사업시행자)
분양신청
관리처분계획작성
(사업시행자)
관리처분계획인가
(시장·군수등)
준공인가
(시장·군수등)
의제
소유권이전고시 및 보고
(사업시행자)
등기

핵심 02 건축물 및 주택

「건축법」상 건축물

주택법상 주택	(건축법)
① 단독주택 ㉠ (협의) 단독주택 ㉡ **다중주택**: 660제곱미터 이하, (주택) 3개 층 이하 ㉢ **다가구주택**: 660제곱미터 이하, (주택) 3개 층 이하	㉣ 공관
② 공동주택 ㉠ **아파트**: (주택) 5개 층 이상 ㉡ **연립주택**: 660제곱미터 초과, (주택) 4개 층 이하 ㉢ **다세대주택**: 660제곱미터 이하, (주택) 4개 층 이하	㉣ 기숙사 ⓐ 일반기숙사 ⓑ 임대형기숙사

주택법상 준주택
① 기숙사 ② 다중생활시설 ③ 노인복지주택 ④ 오피스텔

핵심 03 「주택법」상 공동주택

도시형 생활주택

① **300세대** 미만,
국민주택규모(85제곱미터 이하)
'도시지역'에 건설
② 종류
㉠ 아파트형 주택
㉡ 단지형 연립주택
㉢ 단지형 다세대주택

세대구분형 공동주택

① 세대별로 구분하여 '**생활**'이 가능
② 구분된 공간 일부 → '**구분 소유**'할 수 없는 주택

에너지절약형 친환경주택

① 에너지 사용량 절감,
이산화탄소 배출량 저감
② 대상: **사업계획승인**을 받은 공동주택

건강친화형 주택

① 실내공기의 오염물질 등을 최소화
② 대상: **500세대 이상** 공동주택

토지임대부 분양주택

① '토지' **소유권**: 시행하는 자
② '건축물' **소유권**: 주택을 분양받은 자
㉠ 전유부분 **구분소유권**: 분양받은 자
㉡ 공용부분: 분양받은 자들이 공유

장수명 주택

① **내구성**을 갖추고 **가변성**, **수리용이성**이 우수한 주택
② 등급: 최우수, 우수, 양호, 일반
③ 1천 세대 이상: 일반등급 이상
④ 우수등급 이상
㉠ 건폐율(100분의 115) 완화
㉡ 용적률(100분의 115) 완화
㉢ 높이제한 완화

핵심 04 도시형 생활주택의 복합건축의 허용 여부

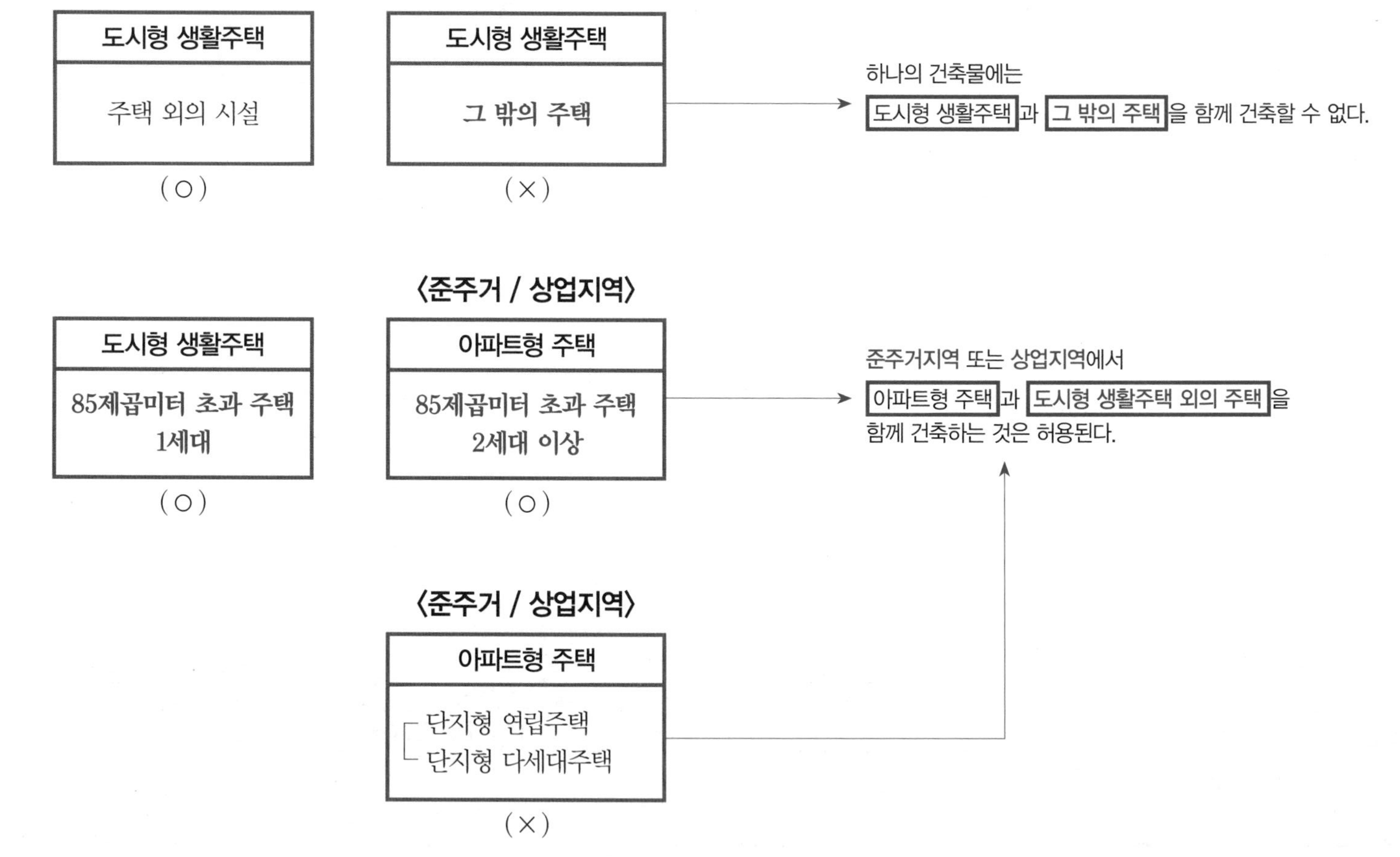

핵심 05 공동주택단지

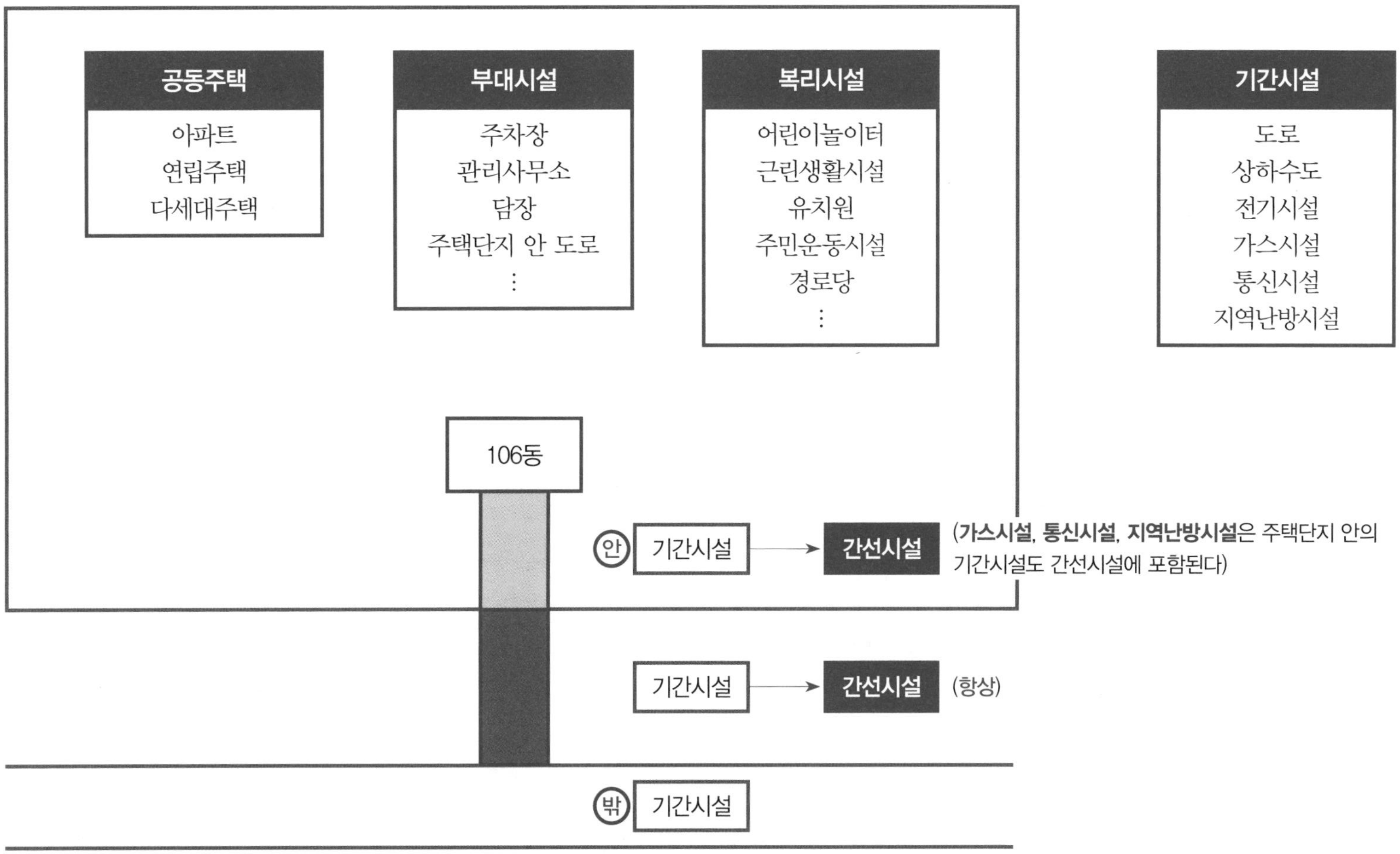

공동주택
- 아파트
- 연립주택
- 다세대주택

부대시설
- 주차장
- 관리사무소
- 담장
- 주택단지 안 도로
- ⋮

복리시설
- 어린이놀이터
- 근린생활시설
- 유치원
- 주민운동시설
- 경로당
- ⋮

기간시설
- 도로
- 상하수도
- 전기시설
- 가스시설
- 통신시설
- 지역난방시설

106동

안 기간시설 → **간선시설** (**가스시설**, **통신시설**, **지역난방시설**은 주택단지 안의 기간시설도 간선시설에 포함된다)

기간시설 → **간선시설** (항상)

밖 기간시설

핵심 06 착공신고 및 사용검사

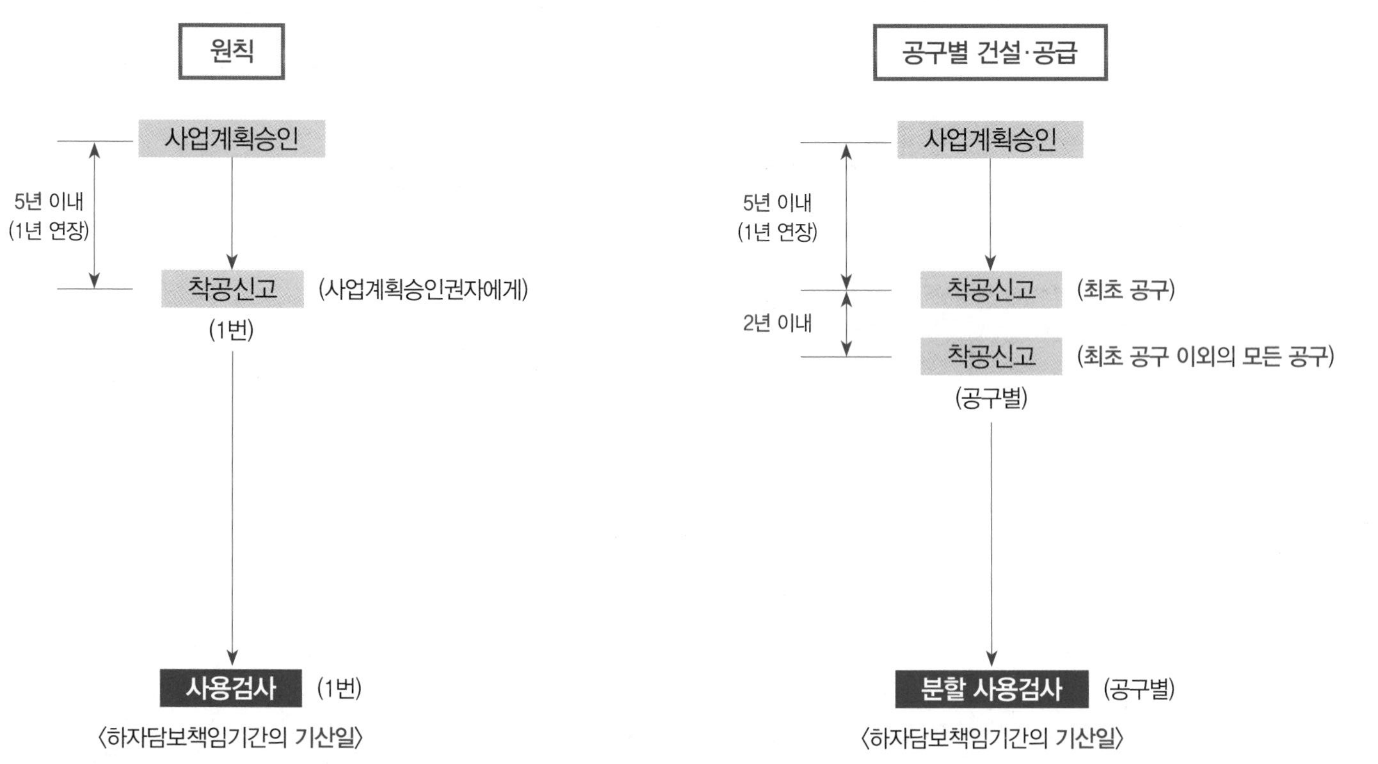

핵심 07 주택조합의 설립

구분	조합원에게 우선 공급	인가 / 신고	인가받기 위한 첨부서류
지역주택조합	○	인가	① **80퍼센트** 이상 사용권원 ② **15퍼센트** 이상 소유권
직장주택조합	○	인가	① **80퍼센트** 이상 사용권원 ② **15퍼센트** 이상 소유권
국민주택을 공급받기 위한 직장주택조합	(다른) 사업주체가 우선 공급	신고	×
리모델링주택조합	×	인가	① 대수선: **10년** 경과 ② 증축형: **15년**(15년 이상 20년 미만 + 시·도조례로 정하는 기간) 경과 ⊕ ① 전체를 리모델링하는 경우 - 전체 구분소유자와 의결권 각 **3분의 2 이상** 결의 - 각 동 구분소유자와 의결권 각 **과반수** 결의 ② **동을 리모델링하는 경우** 그 동 구분소유자와 의결권 각 **3분의 2 이상** 결의

핵심 08 주택조합원 자격, 조합원 수 제한 등

구분	조합원 자격	조합원 수 제한	조합원 모집 신고
지역주택조합 직장주택조합	**무주택 세대주** 또는 **85제곱미터 이하 주택 1채** 소유	주택건설 예정 세대수의 **50퍼센트 이상** + **20명 이상**	**50퍼센트 이상**의 **사용권원**을 확보하여 신고
국민주택을 공급받기 위한 직장주택조합	**무주택 세대주**	×	×
리모델링주택조합	① 사업계획승인을 받아 건설된 공동주택의 소유자 ② 복리시설을 함께 리모델링하는 경우에는 해당 복리시설의 소유자 ③ 건축허가를 받아 분양 목적으로 건설한 공동주택의 소유자(주상복합의 경우에는 해당 시설의 소유자)	×	×

핵심 09 조합원 모집 및 발기인

지역주택조합 및 직장주택조합

① 조합원 모집

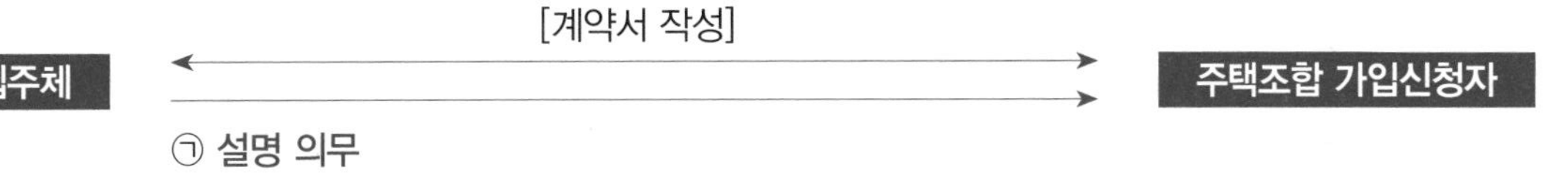

㉠ 설명 의무
㉡ 가입신청자가 이해하였음을 서면으로 확인
㉢ 위 ㉡의 서면을 가입신청자에게 교부 및 5년간 보관 의무

② 발기인

㉠ **조합원 모집 신고를 하는 날** 가입한 것으로 본다.

㉡ '가입신청자'와 동일한 권리와 의무가 있다.

㉢ 발기인 자격 기준

ⓐ **지역주택조합**
- i) '**조합원 모집 신고를 하는 날**'부터 '**조합설립인가일**'까지 **무주택자** 또는 85**제곱미터 이하의 주택** 1**채를 소유한 자**
- ii) '**조합원 모집 신고를 하는 날**'의 **1년 전**부터 조합설립인가일까지 **계속**하여 **거주**

ⓑ **직장주택조합**
- i) 위 ⓐ의 i)에 해당할 것
- ii) '**조합원 모집 신고를 하는 날**' 현재 **동일**한 국가기관, 지방자치단체, 법인에 **근무**할 것

핵심 10 조합 가입 철회 및 가입비등의 반환

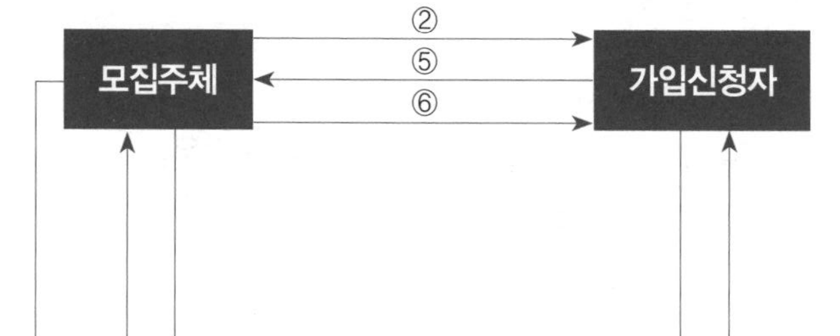

① '가입비등 예치계약' 체결
② 가입비등을 예치기관에 예치하도록 할 의무(위반자: 2-2)
③ 예치신청서 제출 및 가입비등 예치
④ 가입비등을 **'예치기관의 명의'**로 예치, 다른 금융자산과 분리·관리할 의무
⑤ '가입비등을 예치한 날'부터 **30일** 이내에 청약철회 가능, **청약철회 요청서 제출**
⑥ 요청서 즉시 접수, 접수일자가 적힌 접수증을 가입신청자에게 발급
⑦ 청약철회의 '의사가 도달한 날'부터 **7일** 이내에 '예치기관의 장'에게 **반환 요청**(위반자: 2-2)
⑧ '위 ⑦의 요청일'부터 **10일** 이내에 가입비를 예치한 자에게 반환

⑨ '가입비등을 예치한 날'부터 **30일**이 지난 경우, 예치기관의 장에게 **가입비등의 지급**을 **요청**할 수 있다.
⑩ 위 ⑨의 요청서를 받은 경우, '요청일'부터 **10일** 이내에 가입비등을 **신탁업자에게 지급**
⑪ 가입비등을 '신탁업자의 명의'로 예치하여야 하고, 다른 금융자산과 분리·관리할 의무

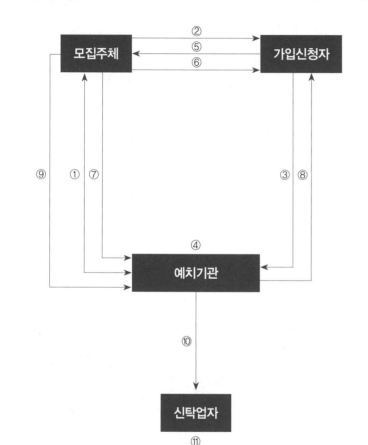

핵심 11 주택조합의 회계감사

① 회계감사

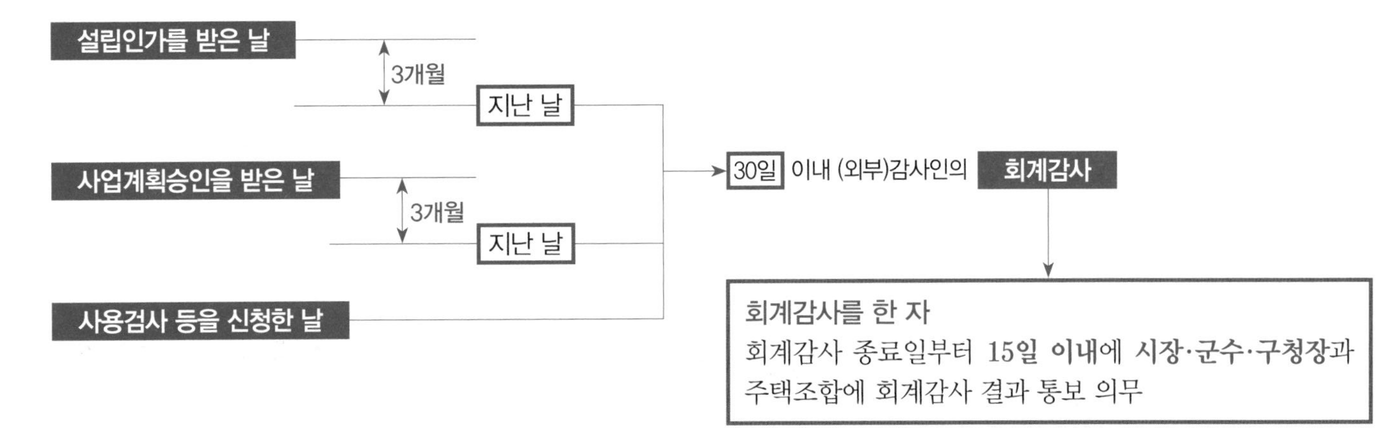

② 장부 작성 및 보관

임원 또는 발기인
계약금등 징수·보관·예치·집행 등 모든 거래행위에 관하여 장부를 **월별**로 작성하여 그 증빙서류와 함께 '**주택조합 해산 인가를 받는 날**'까지 보관 의무

핵심 12 사업종결 여부 및 해산 여부 결정 등

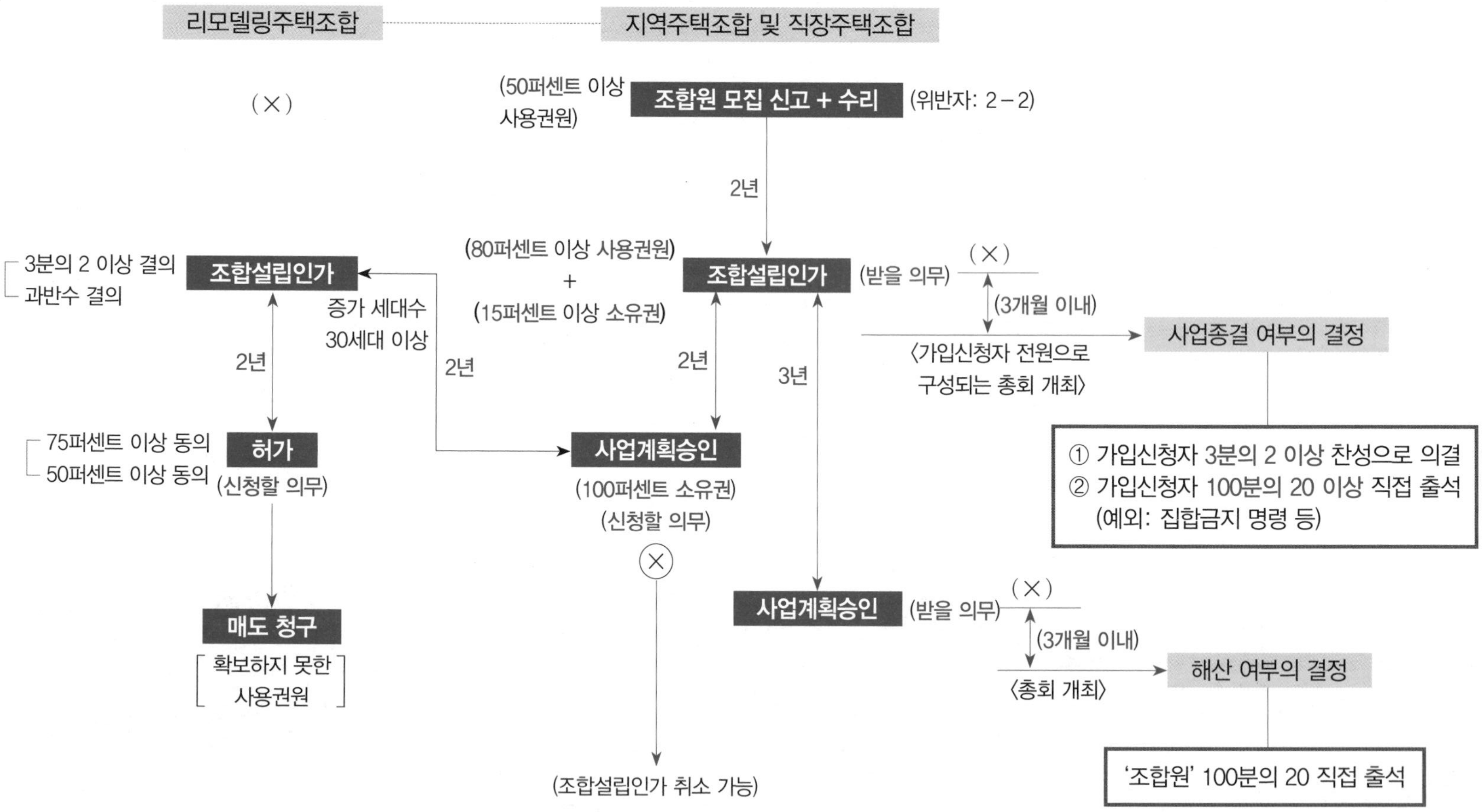

리모델링주택조합

(×)

3분의 2 이상 결의
과반수 결의

조합설립인가

증가 세대수
30세대 이상

2년

75퍼센트 이상 동의
50퍼센트 이상 동의

허가
(신청할 의무)

매도 청구
[확보하지 못한 사용권원]

지역주택조합 및 직장주택조합

(50퍼센트 이상 사용권원)
조합원 모집 신고 + 수리
(위반자: 2 – 2)

2년

(80퍼센트 이상 사용권원)
+
(15퍼센트 이상 소유권)

조합설립인가
(받을 의무)

2년

사업계획승인
(100퍼센트 소유권)
(신청할 의무)

(×)

(조합설립인가 취소 가능)

3년

사업계획승인
(받을 의무)

(×)
(3개월 이내)
〈가입신청자 전원으로 구성되는 총회 개최〉

사업종결 여부의 결정

① 가입신청자 3분의 2 이상 찬성으로 의결
② 가입신청자 100분의 20 이상 직접 출석
(예외: 집합금지 명령 등)

(×)
(3개월 이내)
〈총회 개최〉

해산 여부의 결정

'조합원' 100분의 20 직접 출석

핵심 13 사업계획승인권자 및 사용검사권자

① 10만 제곱미터 이상: [시·도지사] 또는 [**대도시의 시장**]

② 10만 제곱미터 미만: [**특별시장, 광역시장, 특별자치시장, 특별자치도지사**] 또는 [시장·군수]

국토교통부장관 → 국토교통부장관

① **국가, 한국토지공사**가 시행하는 경우

② '**330만** 제곱미터 이상 규모 + 택지개발사업 또는 도시개발사업 추진'

→ 국토교통부장관이 지정·고시하는 지역

③ '수도권, 광역시 지역의 긴급한 주택난 해소가 필요' 또는 '광역적 차원의 조정이 필요'

→ 국토교통부장관이 지정·고시하는 지역

④ **국가 등**이 단독 또는 공동으로 총지분 **50퍼센트를 초과 출자한 위탁관리 부동산투자회사**가 공공주택건설사업을 시행하는 경우

(해당 부동산투자회사의 자산관리회사가 한국토지주택공사인 경우에만 해당)

핵심 14 건축허가대상 주상복합 건축물

① 건축허가를 받아 주택 외의 시설과 주택을 동일 건축물에 건축할 수 있는 요건[사업계획승인대상(×)]

준주거지역 또는 상업지역(유통상업 제외)	+	(30세대 이상) 300세대 미만	+	연면적에서 주택의 연면적이 차지하는 비율이 90퍼센트 미만

※ 추가: 생활환경정비사업 중 농협중앙회가 조달하는 자금으로 시행하는 사업

② 활용 사례

㉠ **입주자모집승인을 받고 건설·공급하여야 하는 경우**

ⓐ 사업주체

ⓑ **위 ①의 건축물을 건설·공급하는 건축주**

ⓒ 사용검사를 받은 주택을 사업주체로부터 일괄 양수받은 자

㉡ **의무관리대상 공동주택**

ⓐ 300세대 이상의 공동주택

ⓑ 150세대 이상으로서 승강기가 설치된 공동주택

ⓒ 150세대 이상으로서 중앙집중식 난방방식(지역난방방식을 포함)의 공동주택

ⓓ **위 ①의 건축물**로서 주택이 150세대 이상인 건축물

ⓔ 위 ⓐ부터 ⓓ까지에 해당하지 아니하는 공동주택 중 입주자등의 3분의 2 이상이 동의하여 정하는 주택

핵심 15 도시개발사업 [신도시 사업]

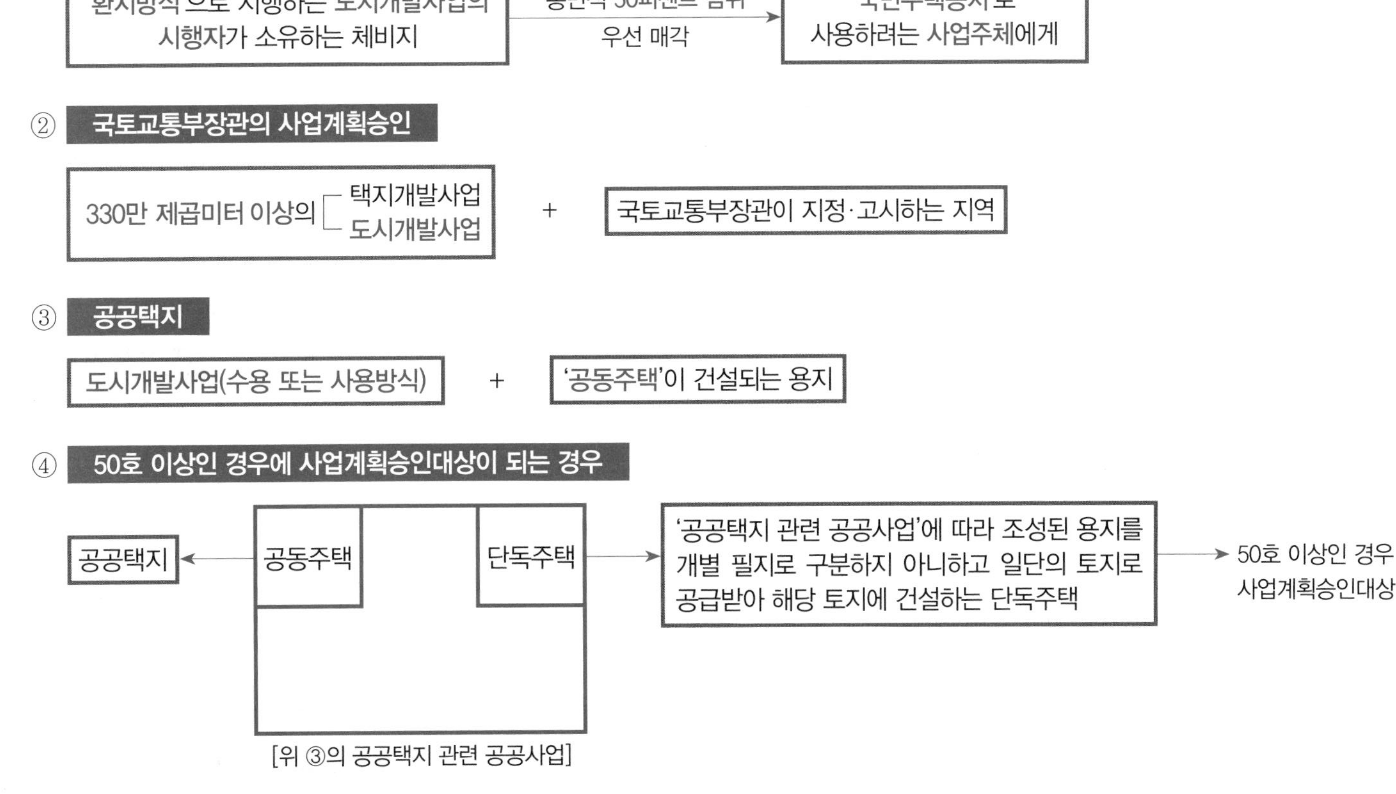

① 체비지
'환지방식'으로 시행하는 도시개발사업의 시행자가 소유하는 체비지
총면적 50퍼센트 범위 우선 매각
'국민주택용지'로 사용하려는 사업주체에게
② 국토교통부장관의 사업계획승인
330만 제곱미터 이상의 택지개발사업 도시개발사업
+
국토교통부장관이 지정·고시하는 지역
③ 공공택지
도시개발사업(수용 또는 사용방식)
+
'공동주택'이 건설되는 용지
④ 50호 이상인 경우에 사업계획승인대상이 되는 경우
공공택지
공동주택
단독주택
'공공택지 관련 공공사업'에 따라 조성된 용지를 개별 필지로 구분하지 아니하고 일단의 토지로 공급받아 해당 토지에 건설하는 단독주택
50호 이상인 경우 사업계획승인대상
[위 ③의 공공택지 관련 공공사업]

핵심 16 사업계획승인 요건 및 매도 청구

① **사업계획승인의 요건(원칙)**

해당 주택건설대지의 100퍼센트 소유권을 확보하여야 한다.

② **예외**

지구단위계획 결정이 필요한 곳	+	사업주체가 80퍼센트 이상 사용권원 확보	+	확보하지 못한 대지가 매도 청구대상이 되는 대지일 것

[등록사업자와 공동으로 사업을 시행하는 주택조합의 경우 → 95퍼센트 이상 소유권]

③ **매도 청구**

위 ②에 의해 사업계획승인을 받은 사업주체는

㉠ 확보하지 못한 대지(건축물)의 소유자에게 그 대지를 **시가**로 매도 청구할 수 있다.

㉡ 이 경우 사업주체는 매도 청구를 하기 전에 **3개월 이상** 협의를 하여야 한다.

핵심 17 매도 청구의 상대방

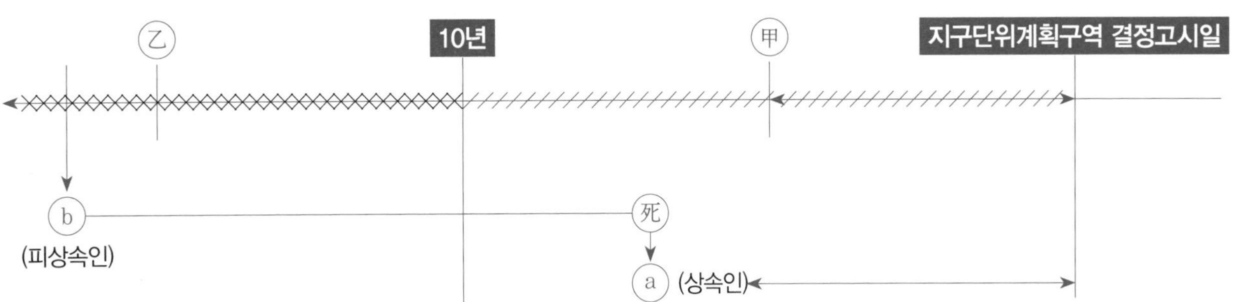

① 사업주체가 **95퍼센트 이상**의 사용권원을 확보한 경우 → 모두에게 매도 청구 가능(甲, 乙 모두 매도 청구 상대방)

② 위 ① 이외의 경우

㉠ 甲에 대해서는 매도 청구 가능(시가)

㉡ 乙에 대해서는 매도 청구 불가(요구가)

③ 소유기간을 합산해 주는 경우(위 ②의 경우)

ⓐ가 **직계존속, 직계비속 및 배우자**인 ⓑ로부터 **'상속'**받아 소유권을 취득한 경우

즉, ⓐ에 대해서는 매도 청구 불가

핵심 18 간선시설

(1) '설치의무자'의 간선시설 설치

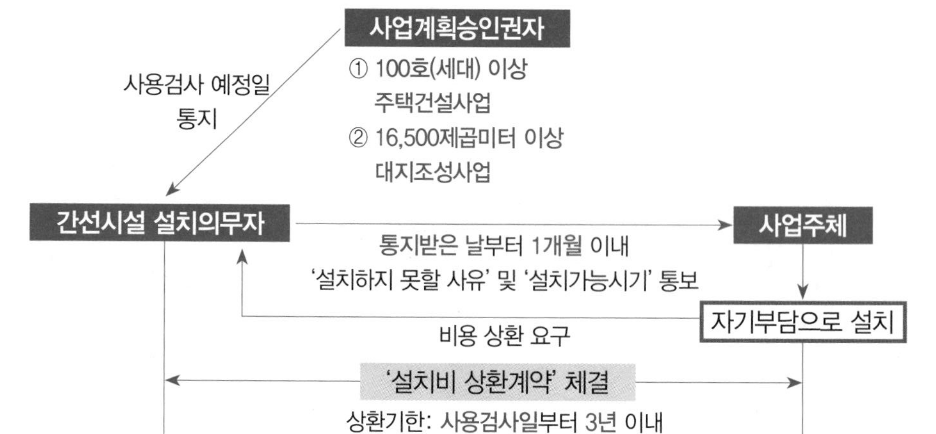

(2) 공동주택단지 시설 등의 설치

① **원칙**: 공동주택, 부대시설, 복리시설, **간선시설** → **사업주체**가 **사용검사 시**까지 설치

② **예외**: **간선시설** → 해당 **간선시설 설치의무자**가 **사용검사 시**까지 설치

㉠ 100호(세대) 이상 주택건설사업

㉡ 16,500제곱미터 이상 대지조성사업

※ 간선시설 설치의무자

① **도로, 상하수도**: 지방자치단체(50퍼센트 범위에서 국가가 보조할 수 있다)

② **전기시설, 통신시설, 가스시설, 지역난방시설**: 해당 공급자

③ **우체통**: 국가

핵심 19 사전방문

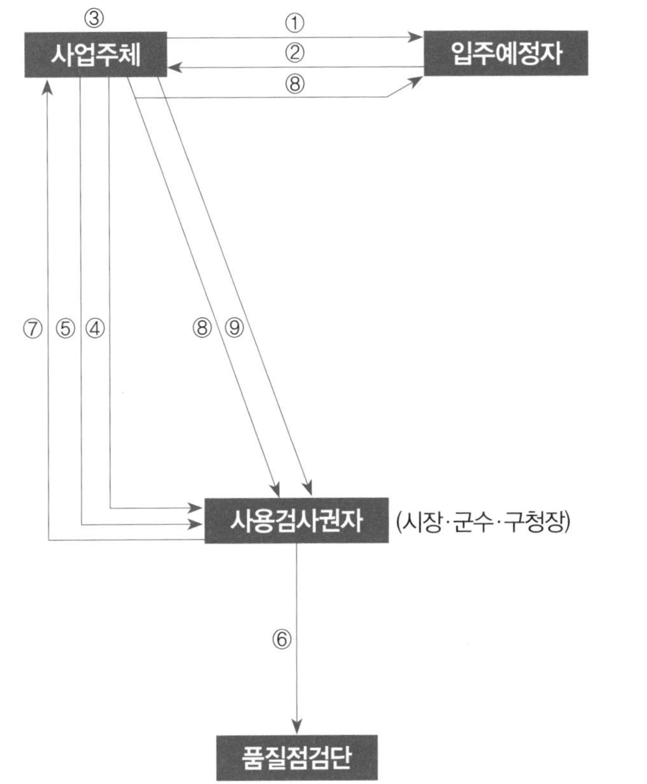

① **사업주체**는 '사용검사를 받기 전'에 **입주예정자**가 **사전방문**을 할 수 있게 하여야 한다.
② **입주예정자**는 사전방문 결과 하자가 있다고 판단 → **사업주체**에게 '보수공사 등 적절한 조치'를 요청할 수 있다.
③ 사업주체는 다음 시기까지 조치를 완료하기 위한 **조치계획**을 **수립**하고 조치를 **완료**하여야 한다.
   ㉠ 중대한 하자: 사용검사를 받기 전 + 사용검사를 받은 날부터 90**일 이내** 조치 완료 노력[천재지변 등 사유 → '**입주예정자와 협의**(공용부분의 경우 **입주예정자** 3분의 2 **이상**의 동의)**하여 정하는 날**']
   ㉡ 그 밖의 하자
      ⓐ **전유부분**: 입주예정자에게 인도하기 전 + 인도한 날부터 180**일 이내** 조치 완료 노력
      ⓑ **공용부분**: 사용검사를 받기 전 + 사용검사를 받은 날부터 180**일 이내** 조치 완료 노력
④ 조치계획을 수립한 사업주체는 '사전방문 기간의 종료일'부터 **7일 이내**에 사용검사권자에게 조치계획을 제출해야 한다.
⑤ 입주예정자가 요청한 사항이 하자가 아니라고 판단하는 **사업주체**는 **사용검사권자**에게 **하자 여부 확인**을 요청할 수 있다.
⑥ 사용검사권자는 하자 여부 판단을 위하여 필요한 경우 **품질점검단**에 자문할 수 있다.
⑦ **사용검사권자**는 위 ⑤의 요청을 받은 날부터 **7일 이내**에 하자 여부를 확인하여 **사업주체**에게 통보해야 한다.
⑧ 사업주체는 위 ③에 따라 조치한 내용 및 위 ⑤에 따라 하자가 아니라고 확인받은 사실 등을 **입주예정자** 및 **사용검사권자**에게 알려야 한다.
⑨ 사업주체는 조치계획에 따라 조치를 모두 완료한 때에는 **사용검사권자**에게 그 결과를 제출해야 한다.

핵심 20 품질점검단

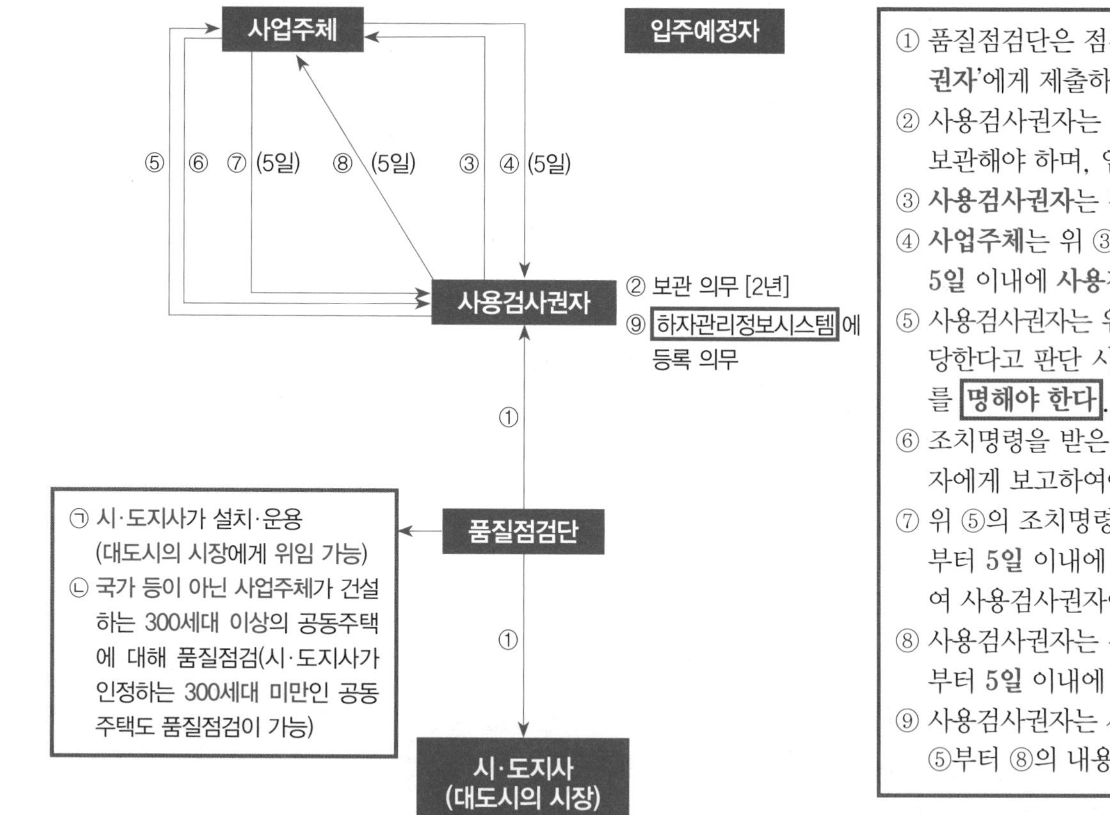

① 품질점검단은 점검결과를 '**시·도지사(대도시의 시장)**'와 '**사용검사권자**'에게 제출하여야 한다.
② 사용검사권자는 점검결과를 '사용검사가 있은 날'부터 **2년** 이상 보관해야 하며, 입주자 요구 시 공개하여야 한다.
③ **사용검사권자**는 점검결과를 **사업주체**에게 즉시 통보해야 한다.
④ **사업주체**는 위 ③의 통보받은 점검결과에 대해 이견이 있는 경우, **5일** 이내에 **사용검사권자**에게 의견을 제출할 수 있다.
⑤ 사용검사권자는 위 ④에 따라 제출된 의견을 검토한 결과 하자에 해당한다고 판단 시 의견제출일부터 5일 이내에 **보수·보강 등 조치**를 **명해야 한다**.
⑥ 조치명령을 받은 사업주체는 조치를 하고, 그 결과를 사용검사권자에게 보고하여야 한다.
⑦ 위 ⑤의 조치명령에 이의가 있는 사업주체는 '조치명령을 받은 날'부터 **5일** 이내에 이의신청 내용을 '증명할 수 있는 서류'를 첨부하여 사용검사권자에게 제출하여야 한다.
⑧ 사용검사권자는 위 ⑦의 이의신청을 받은 때에는 '신청을 받은 날'부터 **5일** 이내에 사업주체에게 검토 결과를 통보해야 한다.
⑨ 사용검사권자는 사업주체에게 통보받은 사전방문 후 조치결과, 위 ⑤부터 ⑧의 내용을 **하자관리정보시스템**에 **등록**하여야 한다.

핵심 21 사용검사 절차

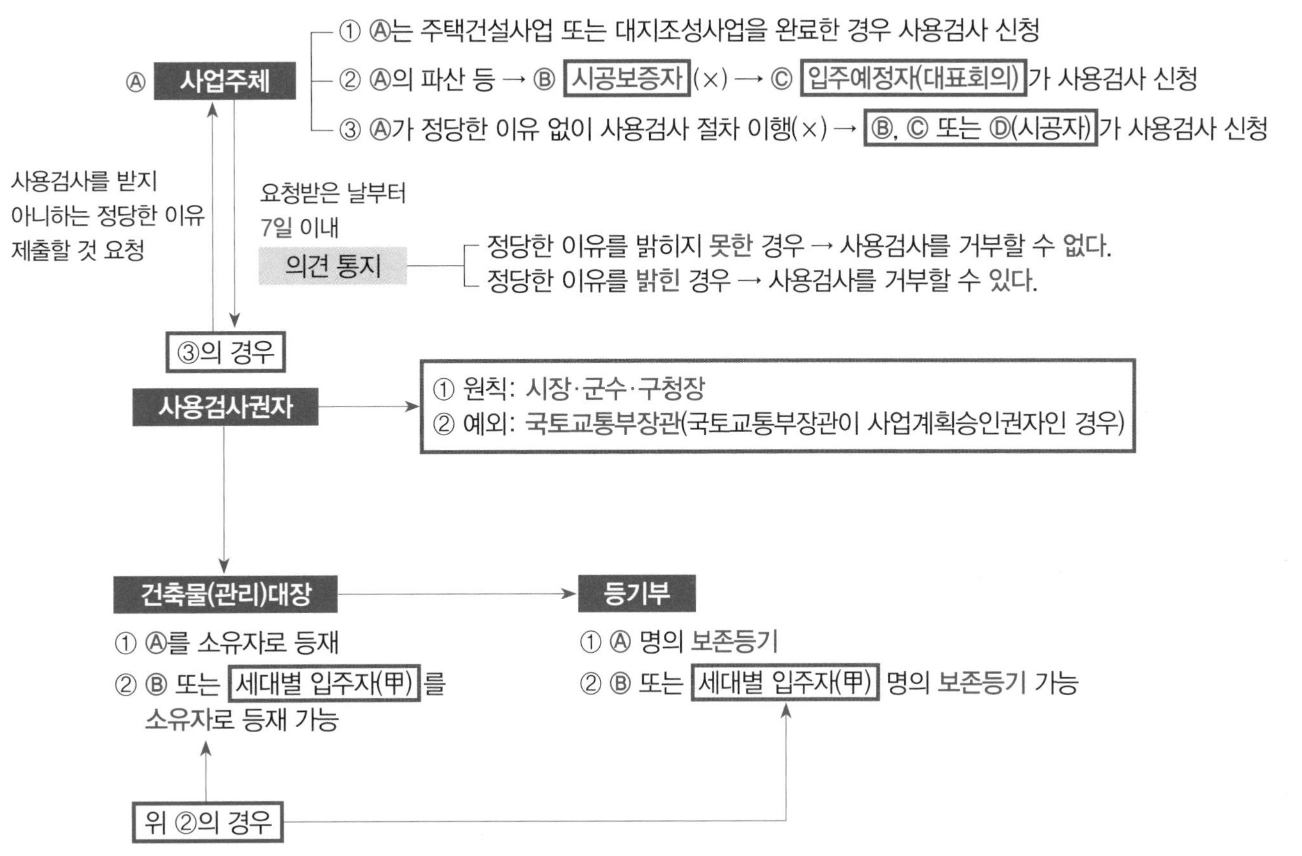
Ⓐ 사업주체
① Ⓐ는 주택건설사업 또는 대지조성사업을 완료한 경우 사용검사 신청
② Ⓐ의 파산 등 → Ⓑ 시공보증자(×) → Ⓒ 입주예정자(대표회의)가 사용검사 신청
③ Ⓐ가 정당한 이유 없이 사용검사 절차 이행(×) → Ⓑ, Ⓒ 또는 Ⓓ(시공자)가 사용검사 신청
사용검사를 받지
아니하는 정당한 이유
제출할 것 요청
요청받은 날부터
7일 이내
의견 통지
정당한 이유를 밝히지 못한 경우 → 사용검사를 거부할 수 없다.
정당한 이유를 밝힌 경우 → 사용검사를 거부할 수 있다.
③의 경우
사용검사권자
① 원칙: 시장·군수·구청장
② 예외: 국토교통부장관(국토교통부장관이 사업계획승인권자인 경우)
건축물(관리)대장
① Ⓐ를 소유자로 등재
② Ⓑ 또는 세대별 입주자(甲)를
소유자로 등재 가능
등기부
① Ⓐ 명의 보존등기
② Ⓑ 또는 세대별 입주자(甲) 명의 보존등기 가능
위 ②의 경우

핵심 22 입주자모집승인 및 견본주택

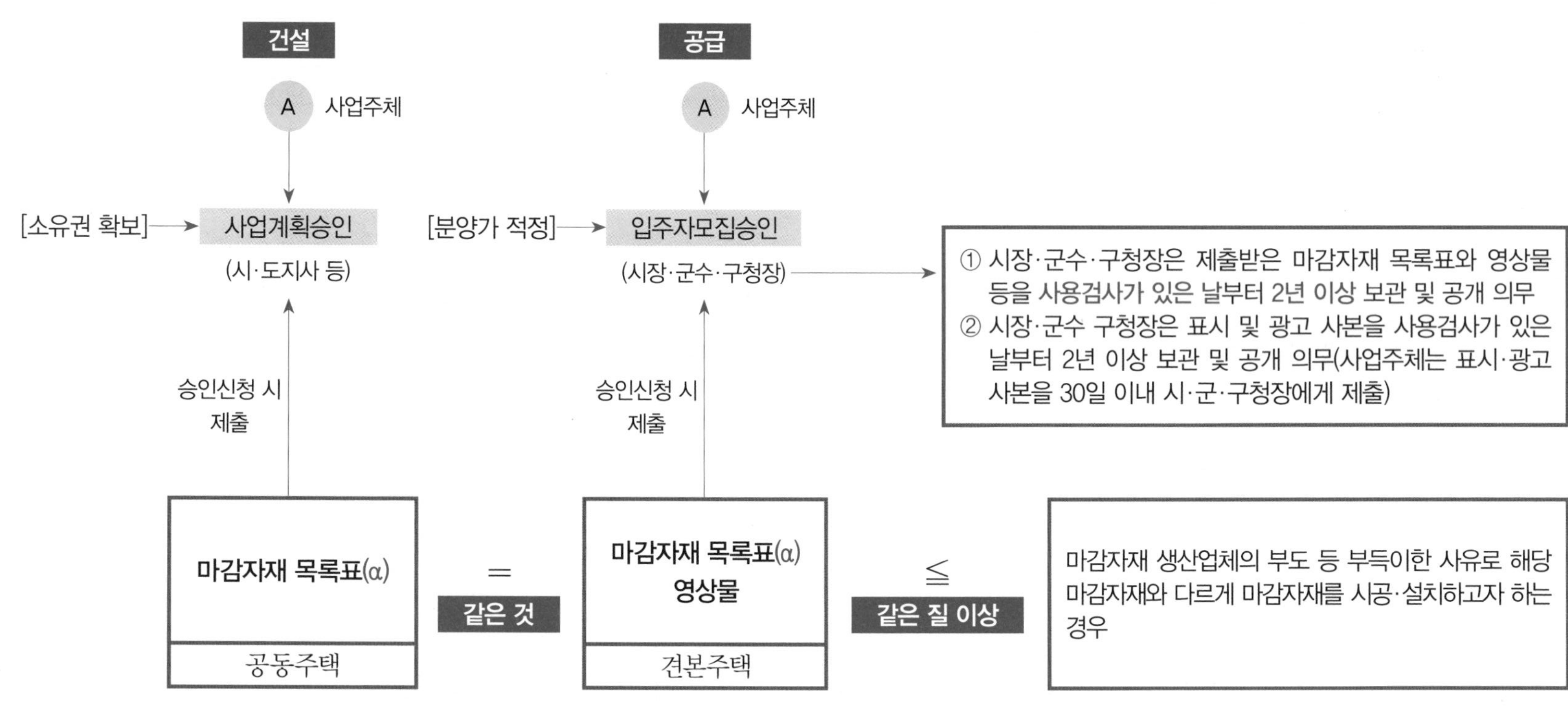

① 시장·군수·구청장은 제출받은 마감자재 목록표와 영상물 등을 사용검사가 있은 날부터 2년 이상 보관 및 공개 의무
② 시장·군수 구청장은 표시 및 광고 사본을 사용검사가 있은 날부터 2년 이상 보관 및 공개 의무(사업주체는 표시·광고 사본을 30일 이내 시·군·구청장에게 제출)

핵심 23 분양가상한제 적용주택의 분양가격 구성요소 및 분양가 공시

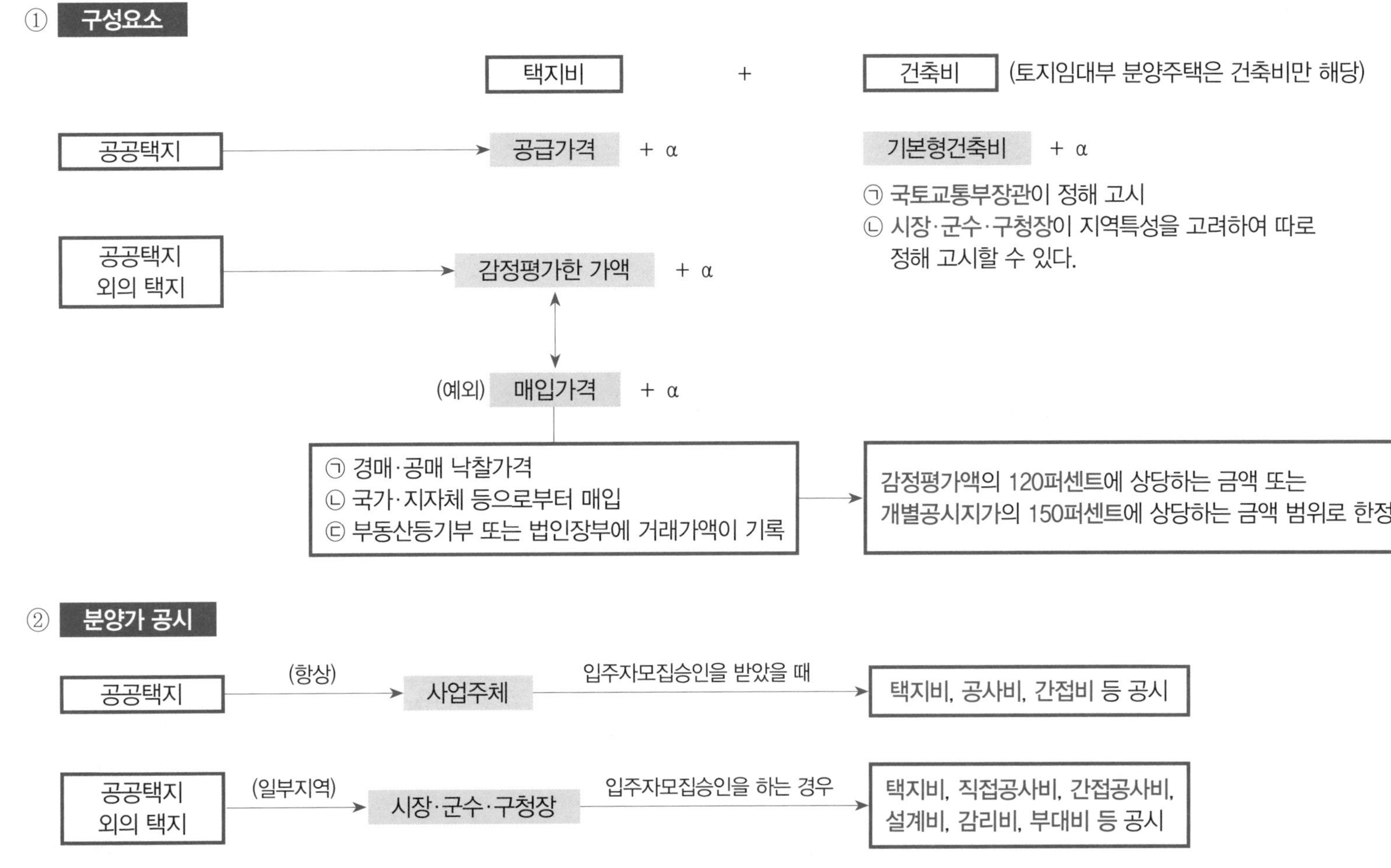

① 구성요소
택지비
+
건축비
(토지임대부 분양주택은 건축비만 해당)
공공택지
공급가격
+ α
기본형건축비
+ α
㉠ 국토교통부장관이 정해 고시
㉡ 시장·군수·구청장이 지역특성을 고려하여 따로 정해 고시할 수 있다.
공공택지 외의 택지
감정평가한 가액
+ α
(예외)
매입가격
+ α
㉠ 경매·공매 낙찰가격
㉡ 국가·지자체 등으로부터 매입
㉢ 부동산등기부 또는 법인장부에 거래가액이 기록
감정평가액의 120퍼센트에 상당하는 금액 또는 개별공시지가의 150퍼센트에 상당하는 금액 범위로 한정
② 분양가 공시
공공택지
(항상)
사업주체
입주자모집승인을 받았을 때
택지비, 공사비, 간접비 등 공시
공공택지 외의 택지
(일부지역)
시장·군수·구청장
입주자모집승인을 하는 경우
택지비, 직접공사비, 간접공사비, 설계비, 감리비, 부대비 등 공시

핵심 24 저당권설정 등의 제한

① **제한되는 기간**

입주자모집공고 승인 신청일

소유권이전등기를 신청할 수 있는 날 = 사업주체가 입주예정자에게 통보한 '입주가능일'

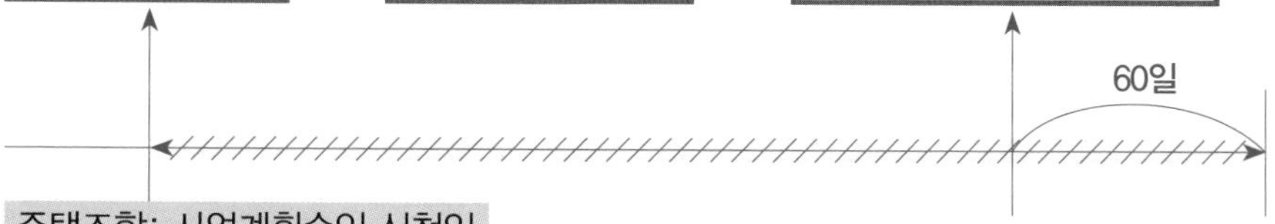

60일

주택조합: 사업계획승인 신청일

② **제한되는 행위**

㉠ 저당권 또는 가등기담보권 설정(담보물권 설정)
㉡ 전세권, 지상권, 등기되는 부동산 임차권 설정
㉢ 매매 또는 증여 등의 처분

③ **사업주체의 부기등기 의무** (국가 등인 사업주체 제외)

㉠ 시기

ⓐ 주택건설대지: **입주자모집공고 승인 신청**(주택건설대지 중 주택조합이 사업계획승인 신청일까지 소유권을 확보하지 못한 부분이 있는 경우에는 그 부분에 대한 **소유권이전등기**를 말한다)과 동시

ⓑ 건설된 주택: **소유권보존등기**와 동시

㉡ 효력

부기등기일 후에 위 ②의 위반행위를 한 경우에는 그 효력을 **무효**로 한다.

㉢ 부기등기 말소사유

ⓐ **사업계획승인이 취소**되는 경우

ⓑ **입주예정자가 소유권이전등기를 신청**한 경우

ⓒ 위 ①의 소유권이전등기를 신청할 수 있는 날부터 **60일**이 경과한 경우

핵심 25 공급질서 교란 금지

① **금지행위**

②의 증서 또는 지위를 **양도, 양수, 알선, 광고**를 하여서는 아니 된다.

② **금지되는 증서 또는 지위**

> ㉠ 주택조합원의 지위
> ㉡ 입주자저축 증서
> ㉢ 주택상환사채
> ㉣ 시장·군수·구청장이 발행한 무허가건물 확인서, 건물철거예정 증명서, 건물철거 확인서
> ㉤ 공공사업의 시행으로 인한 이주대책에 따라 주택을 공급받을 수 있는 지위 또는 이주대책대상자 확인서

③ **위반 시 조치**

㉠ 무효 또는 취소

> ⓐ 甲 또는 Ⓑ의 주택공급을 받을 수 있는 지위를 무효로 하거나 이미 체결된 주택공급계약을 취소하여야 한다.
> ⓑ 위 ⓐ에도 불구하고 위반행위임을 알지 못하고 취득한 매수인(Ⓑ)이 위반행위와 관련이 없음을 소명한 경우 → 취소하여서는 아니 된다.

㉡ 사업주체의 취득 의제

사업주체가 위반자에게 일정금액을 지급한 경우 → 그 지급한 날에 그 주택을 취득한 것으로 본다.

㉢ 입주자자격 제한

국토교통부장관은 위반한 자에게 **10년**의 범위에서 입주자자격을 제한할 수 있다.

㉣ 위반한 甲 또는 Ⓑ에 대한 벌칙 등

3년 이하의 징역 또는 3천만원 이하의 벌금에 처한다.

핵심 26 사용검사 후 매도 청구

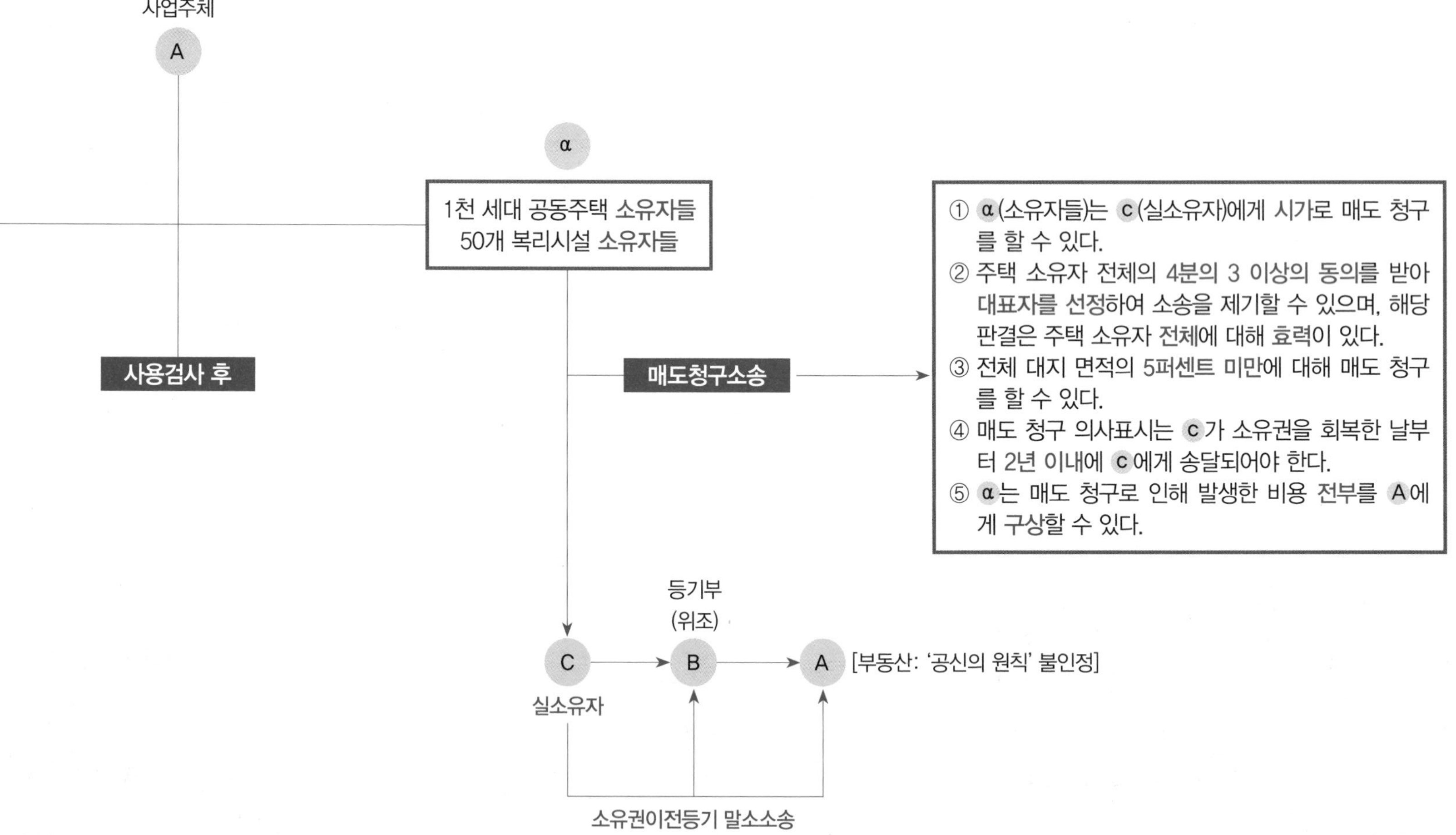

사업주체
A
사용검사 후
α
1천 세대 공동주택 소유자들
50개 복리시설 소유자들
매도청구소송
① α(소유자들)는 c(실소유자)에게 시가로 매도 청구를 할 수 있다.
② 주택 소유자 전체의 4분의 3 이상의 동의를 받아 대표자를 선정하여 소송을 제기할 수 있으며, 해당 판결은 주택 소유자 전체에 대해 효력이 있다.
③ 전체 대지 면적의 5퍼센트 미만에 대해 매도 청구를 할 수 있다.
④ 매도 청구 의사표시는 c가 소유권을 회복한 날부터 2년 이내에 c에게 송달되어야 한다.
⑤ α는 매도 청구로 인해 발생한 비용 전부를 A에게 구상할 수 있다.
등기부
(위조)
C
B
A
[부동산: '공신의 원칙' 불인정]
실소유자
소유권이전등기 말소소송

핵심 27 「주택법」상 리모델링(대수선 또는 일부 증축)

① **대수선** → 리모델링주택조합 설립인가 요건: 10년 경과

② **증축형 리모델링** → 리모델링주택조합 설립인가 요건: 15년 경과
[15년 이상 20년 미만의 연수 중 시·도조례로 정하는 경우: 그 연수 경과]
→ 주거전용면적의 30퍼센트 이내(85제곱미터 미만인 경우: 40퍼센트 이내)

→ ③ **세대수 증가형 리모델링** → '각 세대의 증축 가능 면적을 합산한 면적 범위'에서
⊕
→ 기존 세대수의 15퍼센트 이내

→ ④ **수직증축형 리모델링** [신축 당시 구조도를 보유하고 있을 것]

㉠ 기존 층수 15층 이상: 3개 층 이내
㉡ 기존 층수 14층 이하: 2개 층 이내

비교 「건축법」상 리모델링

건축물의 노후화를 억제하거나 기능향상 등을 위하여
대수선하거나 건축물의 일부를 증축 또는 개축하는 행위를 말한다.

핵심 28 리모델링 유형별 논점

① **증축형 리모델링**

안전진단(α)

② **수직증축형 리모델링**

㉠ 안전진단(α) + 안전진단(β)

㉡ 설계자: **구조설계도서** 작성

㉢ 감리자: **건축구조기술사**의 협력(구조도와 다르게 리모델링하는 경우)

③ **세대수 증가형 리모델링**

㉠ 권리변동계획 '권리변동계획'을 수립하여 [사업계획승인](30세대 이상 세대수 증가) 또는 [행위허가](30세대 미만 세대수 증가)를 받아야 한다.

㉡ 리모델링 기본계획 = 세대수 증가형 리모델링으로 인한 도시과밀, 이주수요 집중 등을 체계적으로 관리하기 위하여 수립하는 계획

ⓐ **특별시장, 광역시장, 대도시의 시장** → **10년** 단위 수립, **5년**마다 타당성 검토 [특별자치시장(×)]

ⓑ **대도시가 아닌 시의 시장** → **도지사**가 수립이 필요하다고 인정하는 경우 수립하여야 한다.

㉢ 시·군·구도시계획위원회의 심의

50세대 이상 세대수가 증가하는 리모델링의 경우, 시·군·구도시계획위원회의 심의를 거쳐야 한다.

핵심 29 리모델링 허가 기준

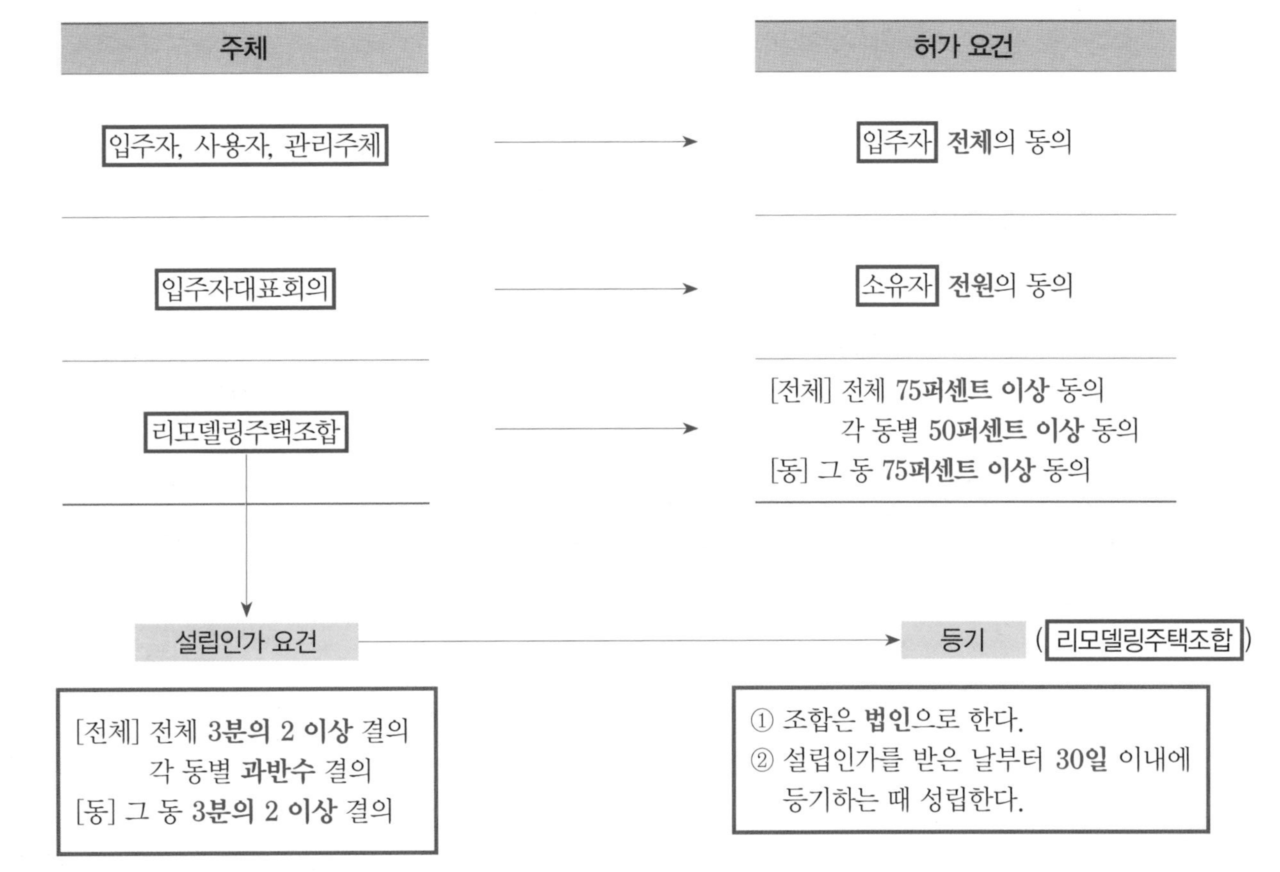

주체
허가 요건
입주자, 사용자, 관리주체
입주자 **전체**의 동의
입주자대표회의
소유자 **전원**의 동의
리모델링주택조합
[전체] 전체 **75퍼센트 이상** 동의
각 동별 **50퍼센트 이상** 동의
[동] 그 동 **75퍼센트 이상** 동의
설립인가 요건
등기 (리모델링주택조합)
[전체] 전체 **3분의 2 이상** 결의
각 동별 **과반수** 결의
[동] 그 동 **3분의 2 이상** 결의
① 조합은 **법인**으로 한다.
② 설립인가를 받은 날부터 **30일** 이내에 등기하는 때 성립한다.

핵심 30 대지사용권

① **집합건물법**

㉠ 지분: **전유부분의 면적비율**에 따른다.

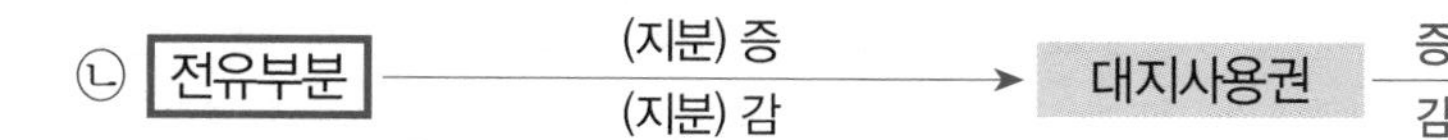

② **리모델링 특례(주택법)**

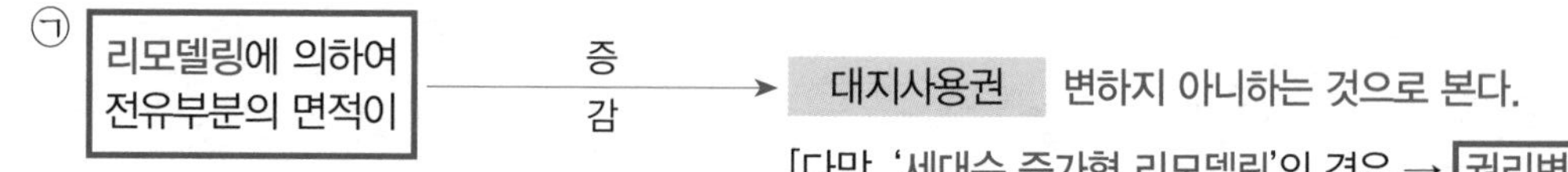

[다만, '세대수 증가형 리모델링'의 경우 → 권리변동계획에 따른다]

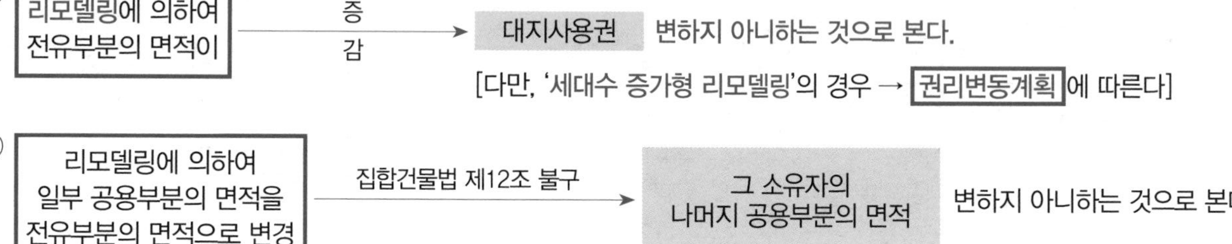

핵심 31 **안전진단**(리모델링)

① **안전진단(α)** (증축형 리모델링)

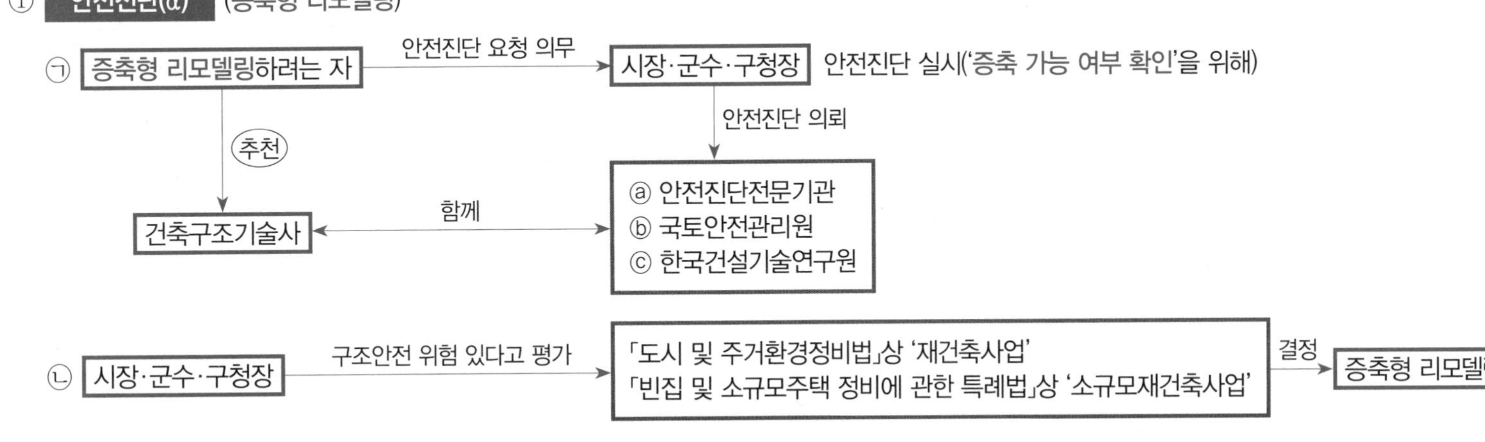

② **안전진단(β)** (수직증축형 리모델링)

㉠ 시장·군수·구청장 → 수직증축형 리모델링 허가한 후 → 안전진단 실시('구조안전성 등에 대한 상세 확인'을 위해)

㉡ 안전진단(α)을 실시한 기관에 안전진단(β)을 의뢰하여서는 아니 된다.
[다만, 안전진단(α)을 실시한 기관이 **국토안전관리원**이나 **한국건설기술연구원**인 경우는 가능]

핵심 32 혼합주택단지의 관리

입주자대표회의와 **임대사업자**가 관리에 관하여 '공동으로 결정하여야 하는 사항'

[임차인대표회의와 사전협의]

→

① **관리방법의 결정 및 변경**
② **주택관리업자**의 선정
③ **장기수선계획**의 조정
④ **장기수선충당금** 및 **특별수선충당금**을 사용하는 주요시설의 교체 및 보수에 관한 사항
⑤ **관리비 등**을 사용하여 시행하는 공사 및 용역에 관한 사항

㉠ 각자 결정할 수 있는 경우 [위 ④ 및 ⑤의 경우에 한함]
  ⓐ '분양 목적 공동주택'과 '임대주택'이 **별개의 동**으로 배치되는 등의 사유로 '**구분 관리**'**가 가능**할 것
  ⓑ 입주자대표회의와 임대사업자가 **각자 결정**하기로 **합의**하였을 것
㉡ 공동 결정하여야 하는 경우: 위 ㉠ 외의 경우
㉢ 위 ㉡의 합의가 이뤄지지 않는 경우
  ⓐ 위 ① 및 ②의 사항: 공급면적의 2분의 1 초과 면적을 관리하는 입주자대표회의 또는 임대사업자가 결정
  ⓑ 위 ③~⑤의 사항: 공급면적의 3분의 2 이상 면적을 관리하는 입주자대표회의 또는 임대사업자가 결정
㉣ 위 ㉢의 ⓑ에도 불구하고 위 ㉢의 ⓐ에 따라 결정할 수 있는 요건
  ⓐ 공급면적의 3분의 2 이상을 관리하는 입주자대표회의 또는 임대사업자가 없을 것
  ⓑ 영 제33조에 따른 시설물의 안전관리계획 수립 등 **안전관리**에 관한 사항일 것
  ⓒ 입주자대표회의와 임대사업자 간 2회의 협의에도 불구하고 합의가 이뤄지지 않을 것
㉤ 위 ㉢ 및 ㉣에도 불구하고 결정이 이루어지지 아니하는 경우 **공동주택관리 분쟁조정위원회**에 분쟁의 조정을 신청할 수 있다.

핵심 33 관리규약의 제정 및 개정

A 관리규약의 제정

① 의무관리대상 공동주택

㉠ **사업주체**가 입주예정자와 관리계약 체결 시 제정안 제안
입주예정자 과반수 서면동의

㉡ 제정 신고: **사업주체**가 제정된 날부터 30일 **이내**에 **시장·군수·구청장**에게 신고

② 의무관리대상 전환 공동주택

㉠ **관리인**이 제정안 제안
입주자등 과반수 서면동의

㉡ 제정 신고

ⓐ **관리인**이 제정된 날부터 30일 **이내**에 **시장·군수·구청장**에게 신고

ⓑ 관리인이 제정 신고를 하지 아니하는 경우: **입주자등**의 10분의 1 **이상**이 연서하여 신고할 수 있다.

B 관리규약의 개정 [관리방법의 결정·변경 방법과 동일]

① **입주자대표회의**의 **의결**로 제안
전체 **입주자등**의 **과반수** 찬성

② 전체 **입주자등**의 **10분의 1 이상**이 **서면**으로 제안
전체 **입주자등**의 **과반수** 찬성

핵심 34 자치관리 및 위탁관리

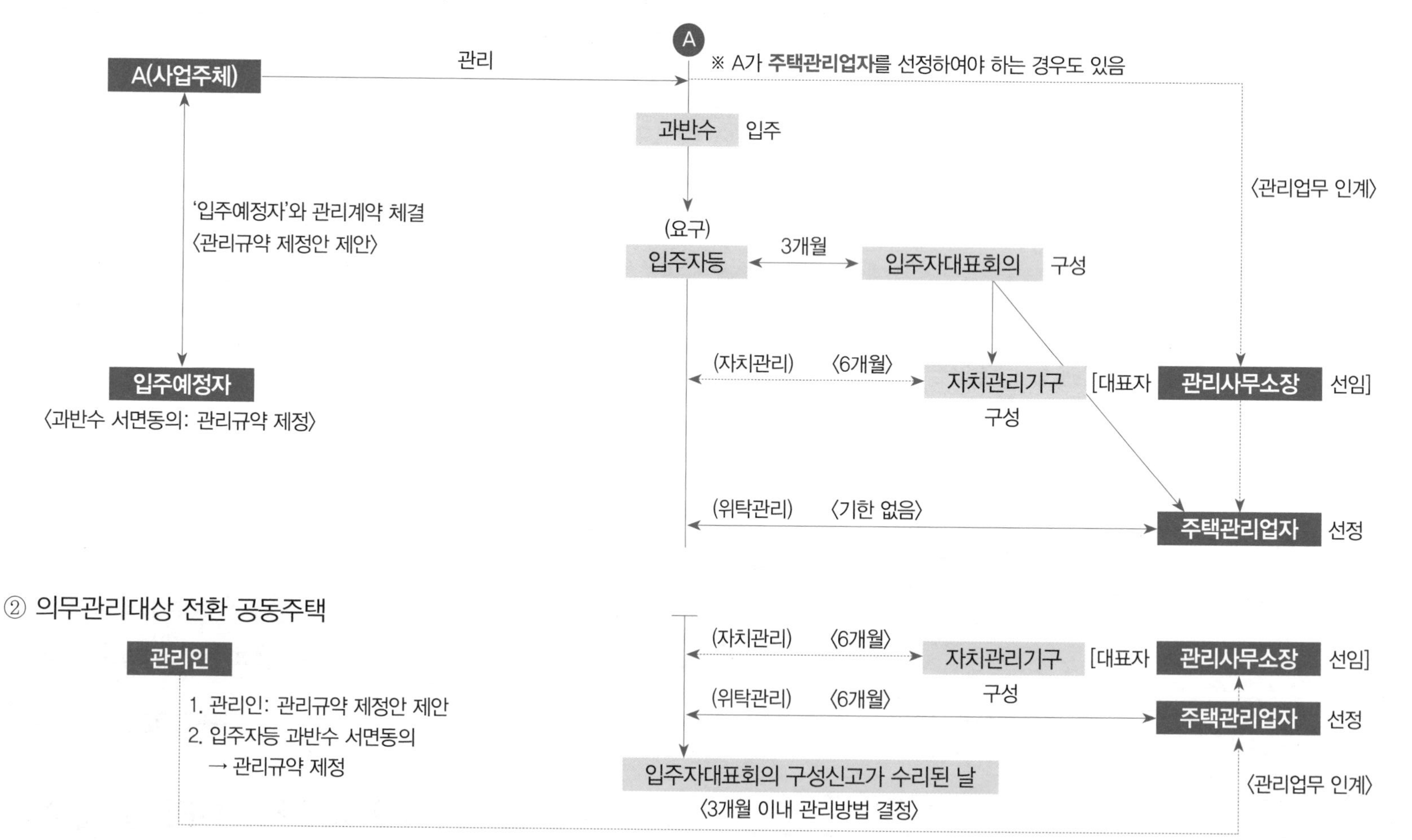

핵심 35 주택관리업자 및 사업자 선정

주택관리업자 선정 [**입주자대표회의**가 선정]

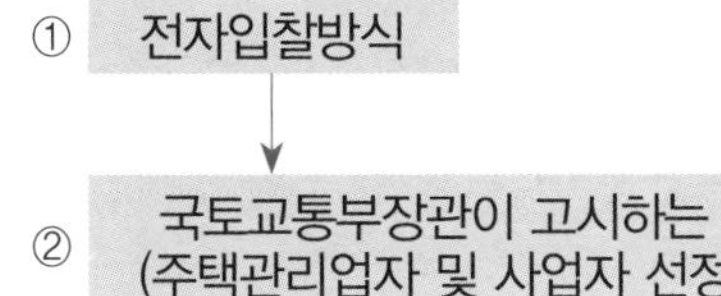

① 전자입찰방식

↓

② 국토교통부장관이 고시하는 방식
(주택관리업자 및 사업자 선정지침)

↓

③ 경쟁입찰

↓

④ 재선정

입주자대표회의 의결로 제안 + 전체 입주자등 과반수 동의

⑤ 입찰참가의 제한 (관리서비스에 불만족한 경우)

전체 입주자등 과반수 서면동의로 입주자대표회의에 요구
→ 입주자대표회의는 그 요구에 따라야 한다.

사업자 선정 [**입주자대표회의** 또는 **관리주체**가 선정]

① 전자입찰방식

↓

② 국토교통부장관이 고시하는 방식
(주택관리업자 및 사업자 선정지침)

↓

③ 경쟁입찰

④ 입찰참가의 제한 (관리서비스에 불만족한 경우)

전체 입주자등 과반수 서면동의로 관리주체 또는 입주자대표회의에 요구 → 관리주체 또는 입주자대표회의는 그 요구에 따라야 한다.

핵심 36 공동관리 및 구분관리

입주자대표회의는 **공동관리** 및 **구분관리하게 할 수 있다.**

A단지	B단지
700세대	600세대

C단지(1,300세대)	
㉠ 800세대	㉡ 500세대

〈공동관리의 요건〉

① **1,500세대** 이하
(다만, **의무관리대상 공동주택단지**와 인접한 **300세대 미만**의 공동주택단지를 공동으로 관리하는 경우에는 제외)

② 공동주택 단지 사이에 철도 등 시설이 **없을 것**
(다만, 지하도, 육교 등을 통하여 단지 간 보행자 통행의 편리성 및 안정성이 확보되었다고 시장·군수·구청장이 인정하는 경우에는 공동관리 가능)

③ 단지별(A단지 및 B단지)로 **입주자등의 과반수 서면동의**
(다만, 위 ②의 단서의 경우에는 **3분의 2 이상의 서면동의**)

④ **임대주택 단지**: 임대사업자 및 임차인대표회의 서면동의

※ A+B **합하여** 1개의 공동주택관리기구 구성
즉, 공동관리 단위별로 공동주택관리기구를 구성하여야 한다.

〈구분관리의 요건〉

① **500세대 이상**의 단위로 나누어 관리

② 구분관리 단위별(㉠ 및 ㉡) **입주자등 과반수 서면동의**

※ ㉠, ㉡ 각각 공동주택관리기구 구성
즉, 구분관리 단위별로 공동주택관리기구를 구성하여야 한다.

핵심 37 관리업무의 인계 I

[인계자]

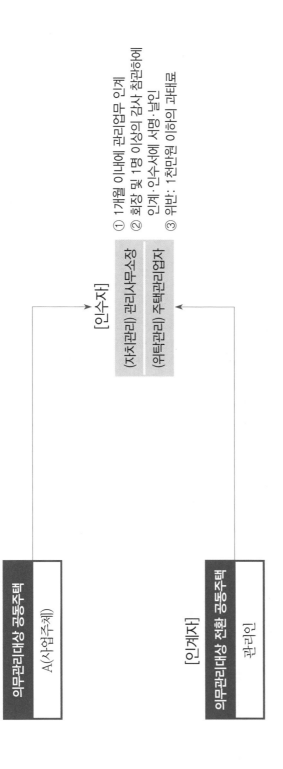

의무관리대상 공동주택

A(사업주체)

[인계자]

의무관리대상 전환 공동주택

관리인

[인수자]

(자치관리) 관리사무소장

(위탁관리) 주택관리업자

① 1개월 이내에 관리업무 인계
② 회장 및 1명 이상의 감사 참관하에 인계·인수서에 서명·날인
③ 위반: 1천만원 이하의 과태료

핵심 38 관리업무의 인계 II

① 원칙

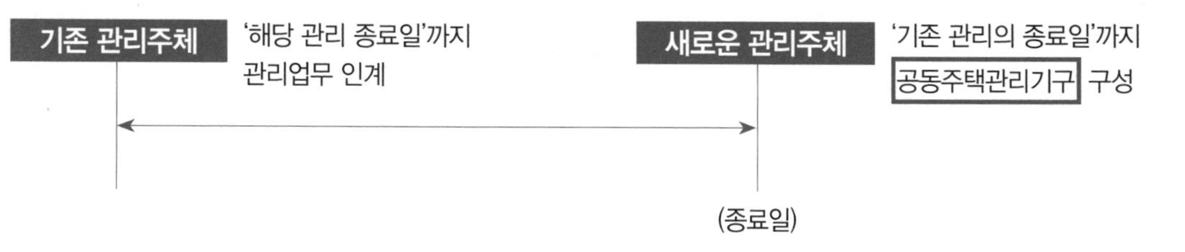

② 기존 관리 종료일까지 인계·인수가 이루어지지 아니한 경우

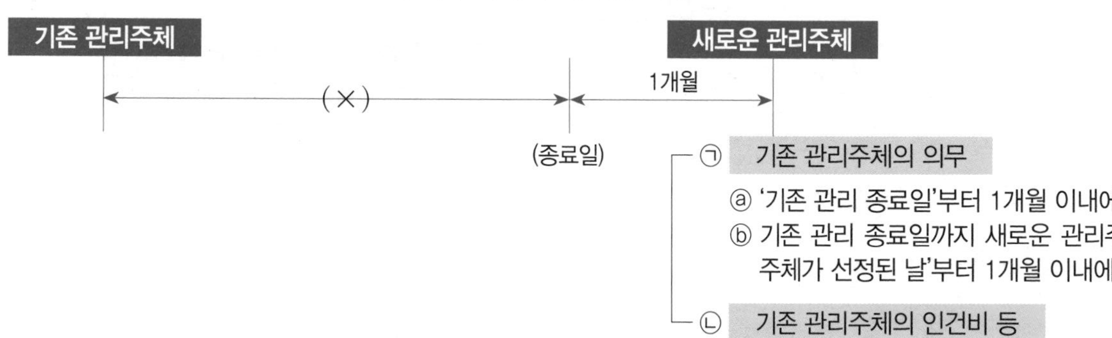

㉠ 기존 관리주체의 의무

ⓐ '기존 관리 종료일'부터 1개월 이내에 인계 의무

ⓑ 기존 관리 종료일까지 새로운 관리주체가 선정되지 못한 경우: '새로운 관리주체가 선정된 날'부터 1개월 이내에 인계 의무

㉡ 기존 관리주체의 인건비 등

인계기간에 소요되는 기존 관리주체의 인건비 등은 관리비로 지급할 수 있다.

핵심 39 선출 및 해임

(1) '동별 대표자'의 선출 및 해임

① 선출

㉠ 결격자가 아닌 자격을 갖춘

입주자(또는 사용자) 中 선거구 입주자등의 보통·평등·직접·비밀선거

㉡ 선거구별로 1명씩 선출(예외 없음)

- 후보자 2명 이상 → 선거구 전체 입주자등 ㉮㉯ + 후보자 중 최다득표자
- 후보자 1명 → 선거구 전체 입주자등 ㉮㉯ + ㉯㉮

② 해임

해당 선거구 전체 입주자등 ㉮㉯ + ㉯㉮

※ ㉮: 과반수, ㉯: 투표 및 투표자

(2) '임원'의 선출 및 해임

① 선출

회장 및 감사	이사
〈원칙〉 전체 **입주자등**의 보통·평등·직접·비밀선거 (입후보자 수에 따라 선출방법 다름)	입주자대표회의 **구성원 과반수**의 찬성
〈예외〉 입주자대표회의 **구성원 과반수**의 찬성 ㉠ 후보자 없거나, 선출이 되지 않은 경우 ㉡ **500세대 미만** + **관리규약**으로 정하는 경우	–

② 해임 → 반드시 **관리규약**으로 정한 사유가 있을 것

회장 및 감사	이사
〈원칙〉 전체 입주자등 10분의 1 이상 투표 + ㉯㉮ 찬성	**관리규약으로 정하는 절차**
〈예외〉 (위 ①의 〈예외〉의 ㉡의 경우) **관리규약으로 정하는 절차**	

핵심 40 '사용자인 동별 대표자가 과반수인 경우'의 특례

① 입주자대표회의의 의결 방법

㉠ 원칙: 입주자대표회의 **구성원 과반수** **찬성**으로 의결

㉡ 예외: 사용자인 동별 대표자가 과반수인 경우

ⓐ 공동주택 공용부분 담보책임 종료 확인: **입주자대표회의 의결사항**에서 **제외**

ⓑ 장기수선계획의 수립 및 조정에 관한 사항: 입주자 과반수 **서면동의를 받아 그 동의 내용대로 의결**

② 입주자대표회의의 소집

㉠ 원칙: **관리규약으로 정하는 바**에 따라 **회장**이 그 명의로 **소집**

㉡ 예외: 다음의 어느 하나에 해당하는 때 회장은 해당일부터 14일 이내에 소집해야 하며, 회장이 소집하지 않는 경우에는 관리규약으로 정하는 이사가 그 회의를 소집하고 회장의 직무를 대행한다.

ⓐ 입주자대표회의 구성원 **3분의 1 이상**이 청구하는 때

ⓑ 입주자등의 **10분의 1 이상**이 요청하는 때

ⓒ 전체 입주자의 **10분의 1 이상**이 요청하는 때(**장기수선계획의 수립 또는 조정에 관한 사항만 해당**한다)

핵심 41 입주자대표회의 구성원

① 원칙

② 예외

※ 구성원 과반수 찬성(사례)

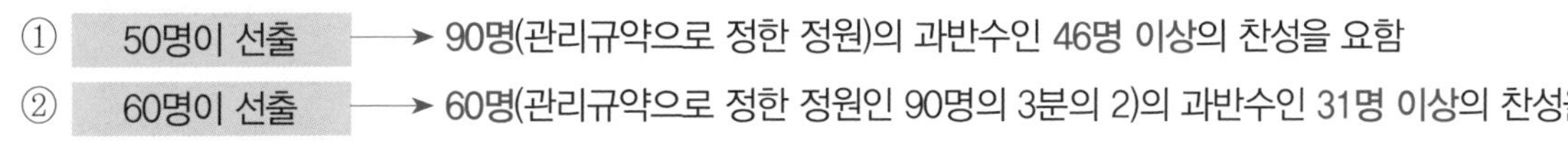

① 50명이 선출 → 90명(관리규약으로 정한 정원)의 과반수인 46명 이상의 찬성을 요함
② 60명이 선출 → 60명(관리규약으로 정한 정원인 90명의 3분의 2)의 과반수인 31명 이상의 찬성을 요함
③ 66명이 선출 → 66명의 과반수인 34명 이상의 찬성을 요함

핵심 42 관리비 등 공개 등

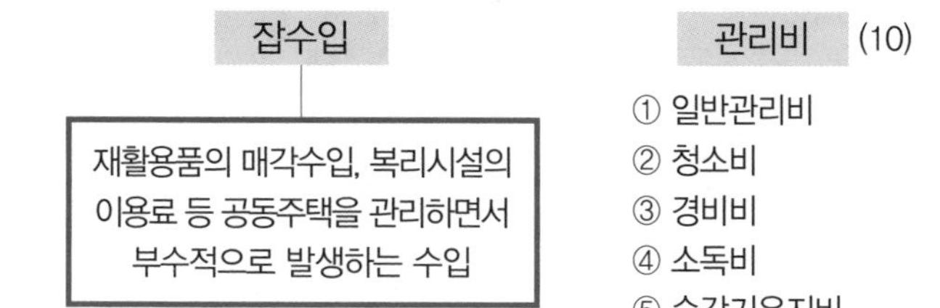

잡수입

재활용품의 매각수입, 복리시설의 이용료 등 공동주택을 관리하면서 부수적으로 발생하는 수입

관리비 (10)

① 일반관리비
② 청소비
③ 경비비
④ 소독비
⑤ 승강기유지비
⑥ 지능형 홈네트워크 설비 유지비
⑦ 난방비
⑧ 급탕비
⑨ 수선유지비
⑩ 위탁관리수수료

사용료등 (10)

① 전기료
② 수도료
③ 가스사용료
④ (지역난방방식) 난방비, 급탕비
⑤ 정화조오물수수료
⑥ 생활폐기물수수료
⑦ 건물 전체를 대상으로 하는 보험료
⑧ 입주자대표회의 운영경비
⑨ 선거관리위원회 운영경비
⑩ 「방송법」 제64조에 따른 텔레비전 방송수신료

장기수선충당금

'주요시설'의 교체 및 보수를 위하여 **관리주체**가 **소유자**로부터 징수하여 적립하는 금전

① 관리주체는 관리비 등을 입주자대표회의가 지정하는 금융기관에 예치하여 관리한다.
② 장기수선충당금은 별도의 계좌로 예치·관리하여야 한다.
③ 계좌는 관리사무소장의 직인 외에 입주자대표회의 회장 인감을 복수로 등록할 수 있다.

관리비 등 공개

① 의무관리대상 공동주택: 관리주체, 다음 달 말일, ㉠인 + ㉠동 + ㉠공

② 의무관리대상이 아닌 공동주택 중 50세대(주택 외 시설과 주택을 동일 건물로 건축한 건축물의 경우에는 주택을 기준으로 한다) 이상: 관리인, 다음 달 말일, ㉠인 + ㉠동 + ㉠공 (다만, **100세대 미만**의 경우, 생략할 수 있다)

③ 위 ②의 경우, 각각의 사용료 등(**50세대 이상 100세대 미만**의 경우에는 각각의 사용료의 **합계액**을 말한다)을 공개하여야 한다.

※ ㉠인: 인터넷 홈페이지, ㉠동: 동별 게시판, ㉠공: 공동주택관리정보시스템

세부 공개 항목

① 사용량 공개

㉠ 관리비 중 난방비 및 급탕비　㉡ 사용료 중 전기료, 수도료, 가스사용료, (지역난방방식) 난방비 및 급탕비

② 장기수선충당금

㉠ 장기수선충당금과 그 적립금액　㉡ 적립요율 및 사용한 금액

핵심 43 관리주체의 의무

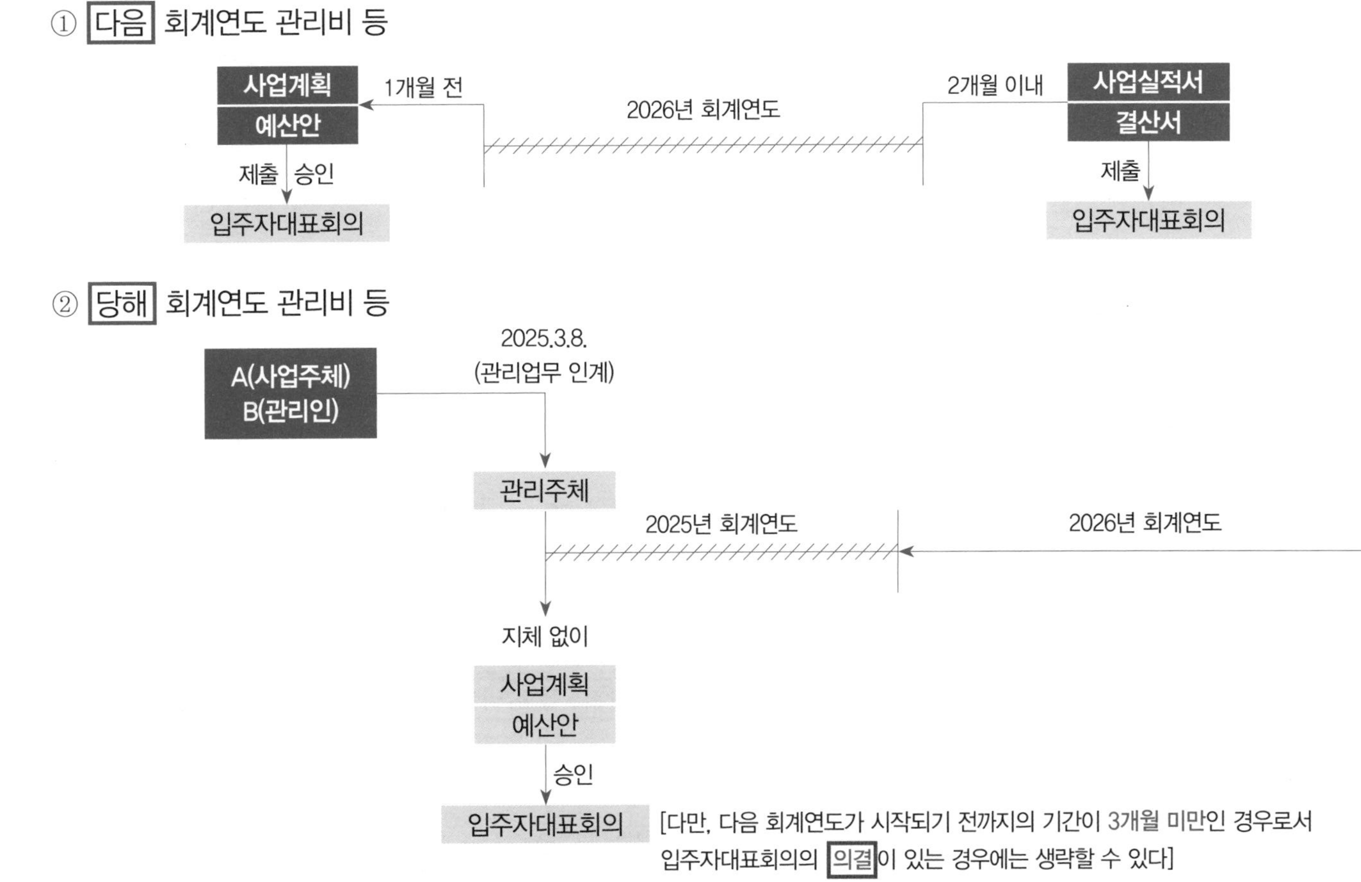

① 다음 회계연도 관리비 등
사업계획
예산안
1개월 전
2026년 회계연도
2개월 이내
사업실적서
결산서
제출
승인
입주자대표회의
제출
입주자대표회의
② 당해 회계연도 관리비 등
A(사업주체)
B(관리인)
2025.3.8.
(관리업무 인계)
관리주체
2025년 회계연도
2026년 회계연도
지체 없이
사업계획
예산안
승인
입주자대표회의
[다만, 다음 회계연도가 시작되기 전까지의 기간이 3개월 미만인 경우로서
입주자대표회의의 의결이 있는 경우에는 생략할 수 있다]

핵심 44 회계감사

① 의무관리대상 공동주택: 「공동주택관리법」 적용

㉠ 원칙: ○(받아야 할 의무)

㉡ 예외: ×(받아야 할 의무가 없는 경우)

ⓐ 300세대 이상: 입주자등 3분의 2 이상 서면동의를 받은 연도

ⓑ 300세대 미만: 입주자등 과반수 서면동의를 받은 연도

② 의무관리대상 공동주택이 아닌 공동주택: 「집합건물의 소유 및 관리에 관한 법률」 적용

전유부분 150개 이상 + 관리비, 수선적립금 3억원 이상		전유부분 50개 이상 150개 미만 + 관리비, 수선적립금 1억원 이상	
○		×	
×	구분소유자 3분의 2 이상 및 의결권 3분의 2 이상이 회계감사를 받지 않기로 결의한 연도	○	구분소유자 5분의 1 이상이 연서하여 요구하는 경우
		※ 3년 이상 회계감사를 받지 않은 건축물	

③ 위 ①의 경우

㉠ 관리주체는 서면동의를 받으려는 경우에는 회계감사를 받지 아니할 **사유**를 입주자등이 명확히 알 수 있도록 동의서에 기재하여야 한다.

㉡ 관리주체는 위 ㉠의 동의서를 관리규약이 정하는 바에 따라 보관하여야 한다.

핵심 45 관리비예치금

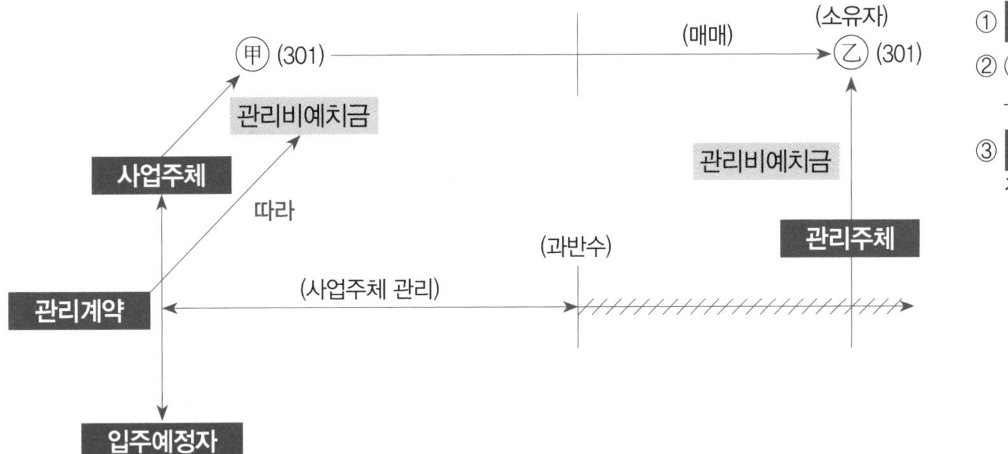

① 관리주체는 ㊎에게 관리비예치금 반환
② ㊎이 관리비, 사용료, 장기수선충당금을 미납한 경우
→ 관리비예치금에서 정산한 후 잔액 반환
③ 관리주체는 소유자 ㊁로부터 관리비예치금을 징수할 수 있다.

① 사업주체는 과반수가 입주할 때까지 직접 관리하는 경우 입주예정자와 관리계약을 체결하여야 한다.
② 사업주체는 관리계약에 따라 ㊎에게 관리비예치금을 징수할 수 있다.

핵심 46 장기수선계획 및 안전관리계획

장기수선계획

① 수립 → ㉠ 사업주체
㉡ 건축주
* 「건축법」 제11조에 따른 건축허가를 받아 주택 외의 시설과 주택을 동일 건축물로 건축하는 건축주
㉢ 리모델링을 하는 자

② 검토, 조정 → 입주자대표회의와 관리주체

㉠ **입주자대표회의, 관리주체** 3년마다 검토 → 조정

㉡ **입주자대표회의, 관리주체** 3년이 지나기 전 조정 가능
[전체 **입주자 과반수**의 서면동의를 받은 경우]

안전관리계획

① 수립 → 의무관리대상 공동주택의 관리주체

② 조정 → 관리사무소장

㉠ **관리사무소장** 3년마다 조정

㉡ **관리사무소장** 3년이 지나기 전 조정 가능
[입주자대표회의 **구성원 과반수**의 서면동의를 받은 경우]

핵심 47 장기수선계획 수립 및 장기수선충당금 적립

① 수립 및 적립 대상

㉠ 300세대 이상의 공동주택

㉡ 승강기가 설치된 공동주택

㉢ 중앙집중식 난방방식 또는 지역난방방식의 공동주택

㉣ 건축허가를 받아 주택 외의 시설과 주택을 동일 건축물로 건축한 건축물

② 절차

장기수선계획 수립 —제출→ 사용검사권자 —인계→ 관리주체 (장기수선계획)

〈수립권자〉

㉠ 사업주체

㉡ 위 ①의 ㉣을 건설한 건축주

㉢ 리모델링을 하는 자

장기수선충당금 적립

㉠ **관리주체 → 소유자**로부터 징수·적립

㉡ **요율**: 관리규약으로 정한다.

㉢ **사용**: 장기수선계획에 따라 사용한다.

㉣ **사용절차**: 관리주체는 사용계획서를 장기수선계획에 따라 작성하고 입주자대표회의의 의결을 거쳐 사용한다.

㉤ **적립금액**: 장기수선계획으로 정한다.

㉥ **적립시기**: 사용검사일로부터 1년이 경과한 날이 속하는 달부터 매달 적립한다.

핵심 48 장기수선충당금의 적립시기 및 요율

① **원칙**

㉠ 적립시기: 사용검사일로부터 **1년**이 경과한 날이 속하는 달부터 매달 적립한다.

㉡ 요율: **관리규약**으로 정한다.

② **예외** [건설임대주택에서 분양전환된 공동주택]

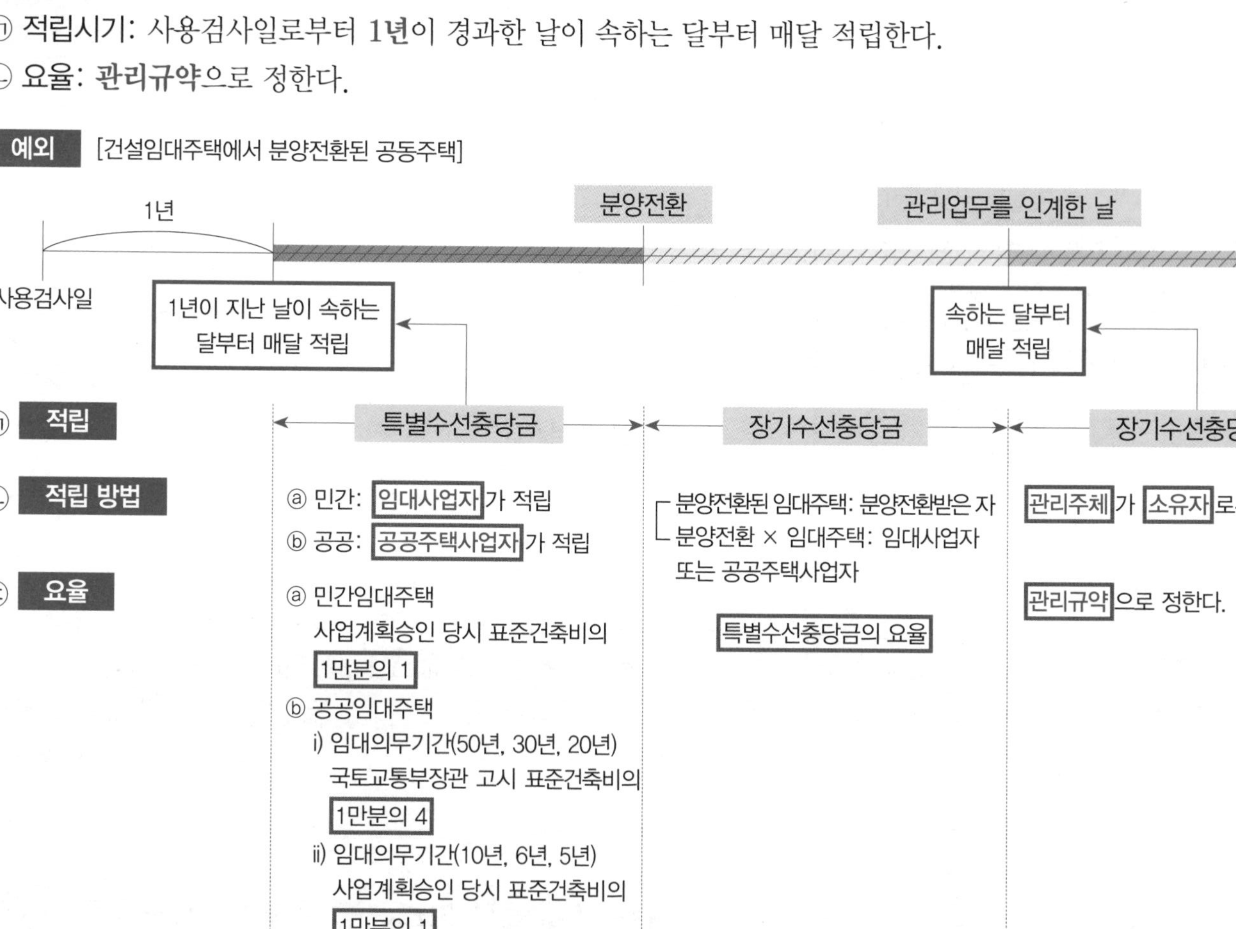

	특별수선충당금	장기수선충당금	장기수선충당금
㉠ 적립	특별수선충당금	장기수선충당금	장기수선충당금
㉡ 적립 방법	ⓐ 민간: 임대사업자가 적립 ⓑ 공공: 공공주택사업자가 적립	분양전환된 임대주택: 분양전환받은 자 분양전환 × 임대주택: 임대사업자 또는 공공주택사업자	관리주체가 소유자로부터 징수·적립
㉢ 요율	ⓐ 민간임대주택 사업계획승인 당시 표준건축비의 1만분의 1 ⓑ 공공임대주택 i) 임대의무기간(50년, 30년, 20년) 국토교통부장관 고시 표준건축비의 1만분의 4 ii) 임대의무기간(10년, 6년, 5년) 사업계획승인 당시 표준건축비의 1만분의 1	특별수선충당금의 요율	관리규약으로 정한다.

핵심 49 안전점검 및 안전진단

안전점검

누가

① 의무관리대상 공동주택의 관리주체

② 책임기술자 등이 하여야 하는 경우

㉠ 16층 이상

㉡ 15층 이하

ⓐ 사용검사일부터 **30년**이 경과한 공동주택

ⓑ 「재난 및 안전관리 기본법」상 안전등급이 C, D, E **등급**

언제 반기

후속조치 안전점검 결과 재해 등 우려가 있는 경우

① 입주자대표회의(임대주택: 임대사업자)에 통보

② 시장·군수·구청장에게 보고

③ 시장·군수·구청장은 보고받은 공동주택에 대하여 매월 1회 이상 점검 의무

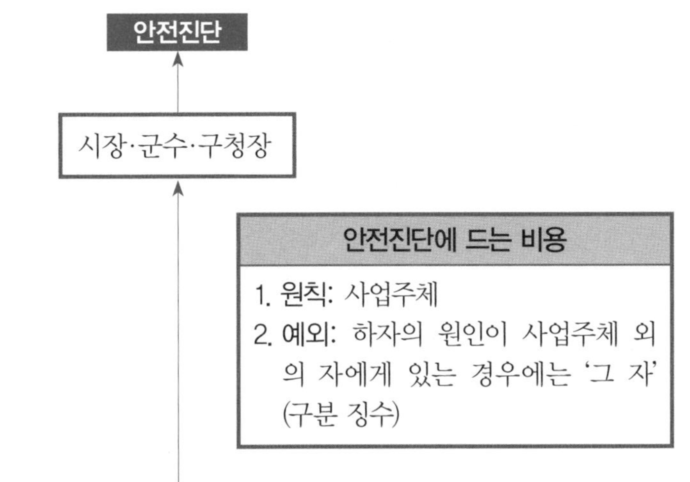

안전진단

시장·군수·구청장

담보책임기간에 공동주택의 구조안전에 중대한 하자가 있다고 인정하는 경우

안전진단에 드는 비용

1. **원칙**: 사업주체
2. **예외**: 하자의 원인이 사업주체 외의 자에게 있는 경우에는 '그 자'(구분 징수)

핵심 50 안전점검 및 안전관리계획

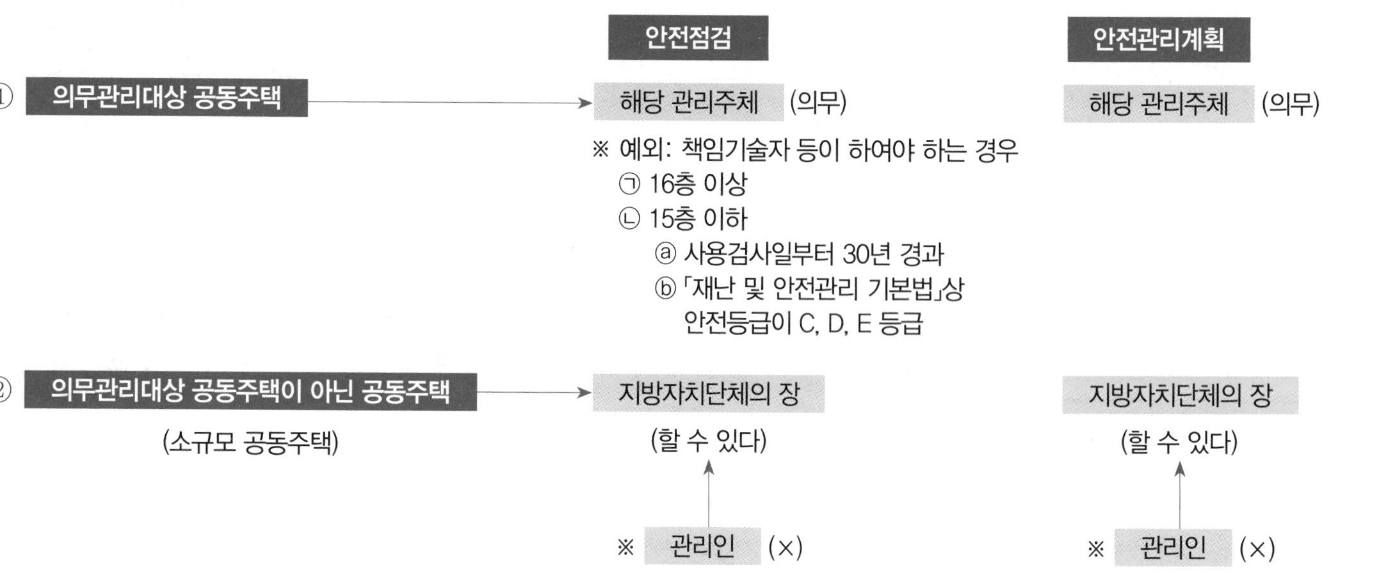

※ 소규모 공동주택의 층간소음 상담 등 〈신설〉

① 지방자치단체의 장은 소규모 공동주택에서 발생하는 층간소음 분쟁의 예방 및 자율적인 조정을 위하여 조례로 정하는 바에 따라 소규모 공동주택 입주자등을 대상으로 층간소음 상담·진단 및 교육 등의 지원을 할 수 있다.

② 지방자치단체의 장은 위 ①에 따른 층간소음 상담·진단 및 교육 등의 지원을 위하여 필요한 경우 관계 중앙행정기관의 장 또는 지방자치단체의 장이 인정하는 기관 또는 단체에 협조를 요청할 수 있다.

핵심 51 하자담보책임

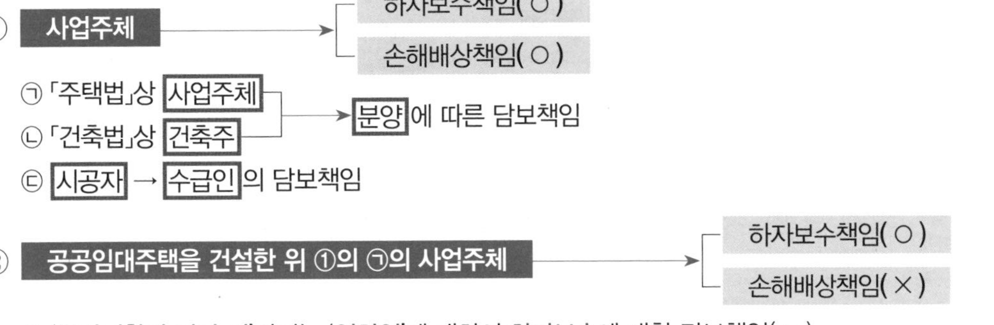

※ '분양전환이 되기 전'까지는 '임차인'에 대하여 하자보수에 대한 담보책임(○)

핵심 52 하자담보책임기간 및 주택인도증서

(1) 하자담보책임기간

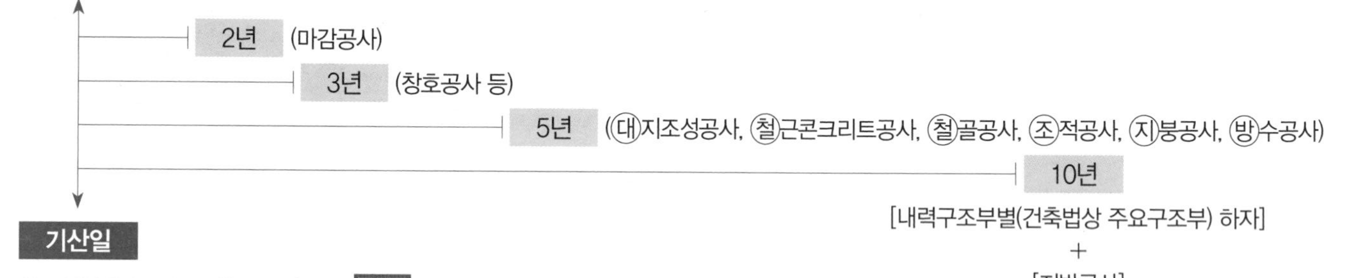

① 전유부분: 입주자(임차인)에게 인도한 날

② 공용부분

㉠ 사용검사일

㉡ 공동주택 전부에 대하여 임시사용승인을 받은 경우는 그 임시사용승인일

㉢ 분할 사용검사일

㉣ 동별 사용검사일

㉤ 사용승인일

(2) 전유부분의 인도에 따른 주택인도증서의 작성

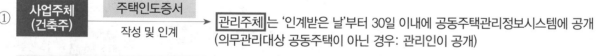

① 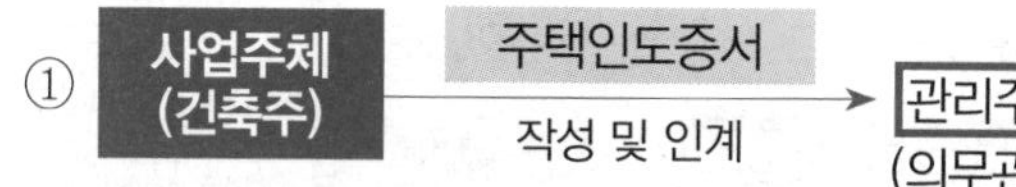

관리주체는 '인계받은 날'부터 30일 이내에 공동주택관리정보시스템에 공개
(의무관리대상 공동주택이 아닌 경우: 관리인이 공개)

② **공공임대주택을 건설한 사업주체**

㉠ 주택인도증서 작성(임차인에게 전유부분을 인도한 때)

㉡ 분양전환하기 전까지 주택인도증서 보관

㉢ '작성한 날'부터 30일 이내에 공동주택관리정보시스템에 전유부분의 인도일 공개

핵심 53 하자보수 및 담보책임 종료확인서

(1) 하자보수

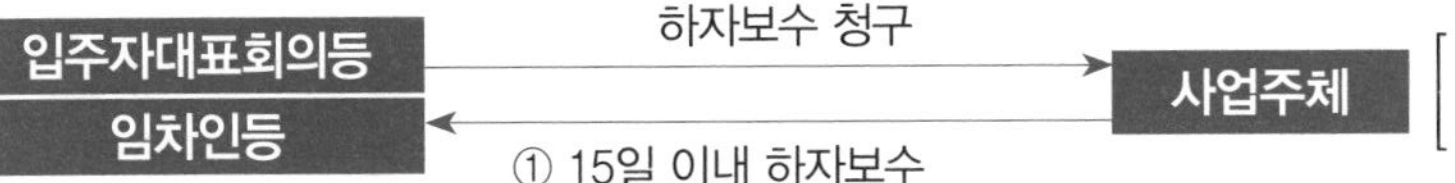

[사업주체로부터 건설공사를 일괄 도급받아 건설공사를 수행하는 자가 따로 있는 경우에는 그 자]

① 입주자대표회의등
- ㉠ 입주자
- ㉡ 입주자대표회의
- ㉢ 관리주체(하자보수 청구 등에 관해 대행하는 관리주체)
- ㉣ 관리단

② 임차인등
- ㉠ 공공임대주택의 임차인
- ㉡ 공공임대주택의 임차인대표회의

(2) 담보책임 종료확인서

담보책임 종료확인서 작성 (공동 작성)

① 전유부분 : 사업주체 + 입주자 [공동 작성]

② 공용부분
- ㉠ 원칙: 사업주체 + 입주자대표회의 회장(의무관리대상 공동주택이 아닌 경우: 관리인) [공동 작성]
- ㉡ 예외(사용자인 동별 대표자가 과반수인 경우): 사업주체 + **5분의 4 이상의 입주자**

핵심 54 하자보수보증금의 예치·관리 및 반환

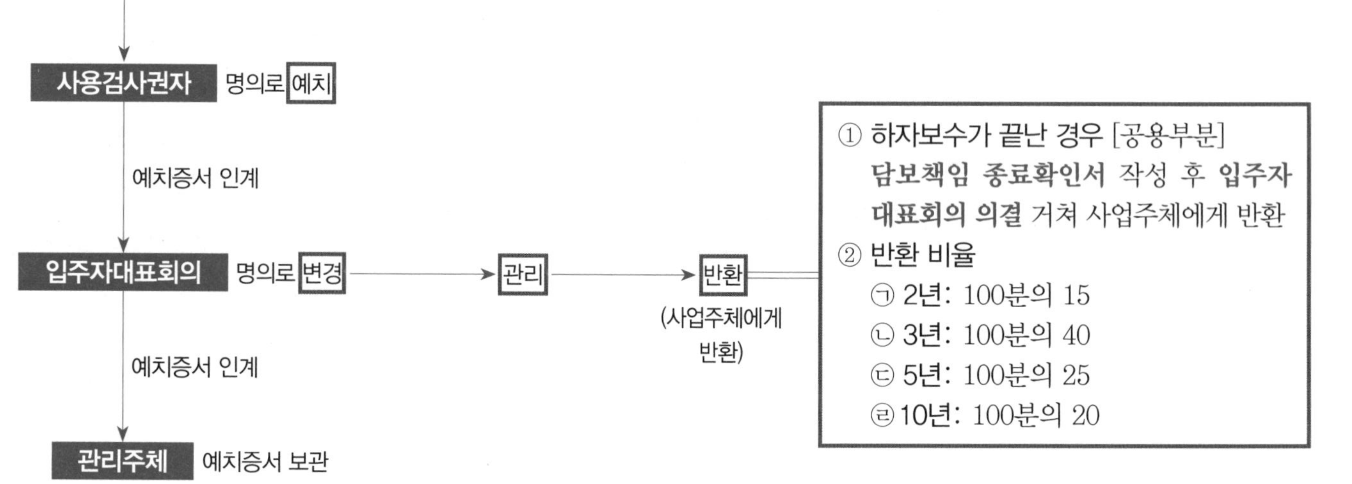

사업주체
예치
사용검사권자 명의로 예치
예치증서 인계
입주자대표회의 명의로 변경
관리
반환
(사업주체에게 반환)
예치증서 인계
관리주체 예치증서 보관
(의무관리대상 공동주택이 아닌 경우: 관리인이 보관)
① 하자보수가 끝난 경우 [공용부분] 담보책임 종료확인서 작성 후 입주자대표회의 의결 거쳐 사업주체에게 반환
② 반환 비율
㉠ 2년: 100분의 15
㉡ 3년: 100분의 40
㉢ 5년: 100분의 25
㉣ 10년: 100분의 20

핵심 55 하자심사·분쟁조정위원회

60명 이내의 위원

〈판사 등 6년 이상 재직자 9명 이상〉

전체위원회

① 의장: 위원장

② 의결

- 재적위원 과반수 출석(개의)
- 출석위원 **과반수** 찬성(의결)

분과위원회

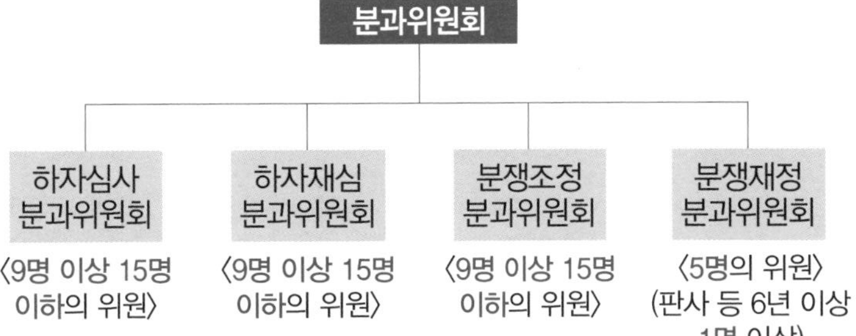

① 의장: 분과위원장

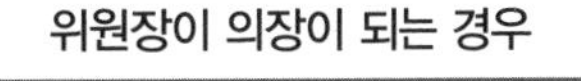

위원장이 의장이 되는 경우
㉠ 재심의 사건 ㉡ 청구금액이 10억원 이상인 분쟁조정사건 ㉢ 분과위원회의 안건으로서 하자분쟁조정위원회의 의사 및 운영에 관한 사항

② 의결

- 구성원 과반수의 출석(개의)
  [분쟁재정: 구성원 **전원**의 출석(개의)]
- 출석위원 **과반수**의 찬성(의결)

소위원회

〈3명 이상 5명 이하의 위원〉

① 의장: 소위원장

② 소위원회 사건

㉠ 1천만원 미만의 소액사건 ㉡ 분과위원회에서 소위원회가 의결하도록 결정한 사건 ㉢ 조정등 신청에 대한 각하 ㉣ 쌍방이 소위원회의 조정안을 수락하기로 합의한 사건 ㉤ '하자의 발견 또는 보수가 쉬운 전유부분에 관한 하자 중 마감공사' 또는 '하나의 시설공사에서 발생한 하자와 관련된 사건'

③ 의결

- 구성원 과반수 출석(개의)
- 출석위원 **전원**의 찬성(의결)

핵심 56 하자심사, 분쟁조정, 분쟁재정 절차

하자심사(하자재심)	분쟁조정	분쟁재정
① 하자심사 ㉠ 위원장이 기명날인한 **하자 여부 판정서 정본** 당사자 또는 그 대리인에게 송달 ㉡ 당사자 또는 그 대리인 이의신청 가능 → ② 하자재심 ② 하자재심 ㉠ 당초 판정 변경 재적위원 **과반수** 출석(개의) 출석위원 **3분의 2 이상 찬성**(의결) ㉡ 출석위원 3분의 2 이상 찬성(×) 당초의 판정 = 최종 판정	① 위원회 조정안 작성 →(제시) 당사자 (대리인) ② 당사자(대리인)는 **30일** 이내에 **수락 여부**를 위원회에 통보(**서명** 또는 **날인**한 서면을 제출) ③ 위원장이 **기명날인**한 조정서 정본 →(송달) 당사자(대리인) ④ 위 ③의 조정서의 내용 → 재판상 화해와 동일한 효력	① 위원 및 직원 심문조서 작성 및 **기명날인** ② 재정에 참여한 위원이 **기명날인**한 재정문서의 정본 →(송달) 당사자(대리인) ③ 위 ②의 정본이 송달된 날부터 **60일** 이내에 소송을 제기하지 아니하거나 소송을 취하한 경우 → 재판상 화해와 동일한 효력

※ 하자보수기한: 송달일부터 **60일** 이내의 범위

공통점: **사업주체**가 하자심사, 분쟁조정, 분쟁재정 결과에 따라 하자보수를 하고 그 결과를 **하자관리정보시스템**에 **등록**

핵심 57 하자진단 및 감정

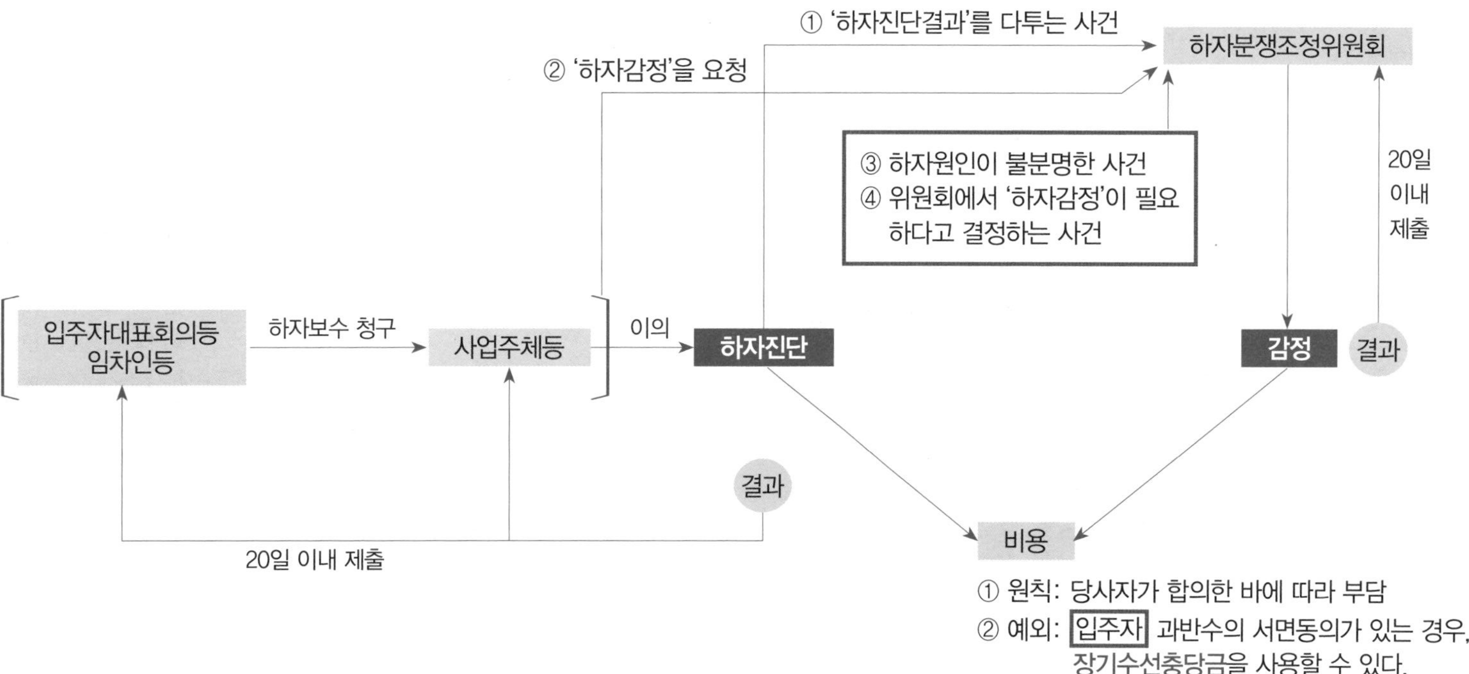

입주자대표회의등
임차인등
하자보수 청구
사업주체등
이의
하자진단
결과
20일 이내 제출
① '하자진단결과'를 다투는 사건
② '하자감정'을 요청
③ 하자원인이 불분명한 사건
④ 위원회에서 '하자감정'이 필요하다고 결정하는 사건
하자분쟁조정위원회
감정
결과
20일 이내 제출
비용
① 원칙: 당사자가 합의한 바에 따라 부담
② 예외: 입주자 과반수의 서면동의가 있는 경우, 장기수선충당금을 사용할 수 있다.

핵심 58 주택관리업자

① 의의

입주자등으로부터 **'의무관리대상 공동주택'**의 **'관리'**를 **위탁**받아 관리하는 자로서 「공동주택관리법」 제52조 제1항에 따라 **등록**한 자

② 등록요건 등

㉠ 주택관리사(임원 또는 사원의 **3분의 1 이상**이 주택관리사인 상사법인)가 등록 신청

㉡ 자본금(법인이 아닌 경우는 자산평가액)이 **2억원 이상**

③ 행정처분 **〈처분 1개월 전 '입주자대표회의'에 통보〉**

㉠

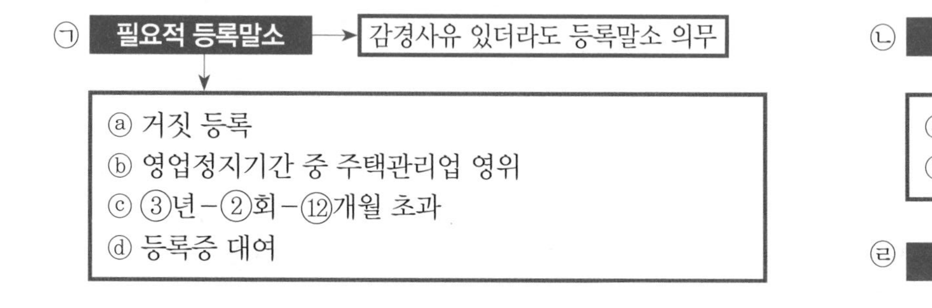

필요적 등록말소
감경사유 있더라도 등록말소 의무
ⓐ 거짓 등록
ⓑ 영업정지기간 중 주택관리업 영위
ⓒ ③년－②회－⑫개월 초과
ⓓ 등록증 대여

㉢

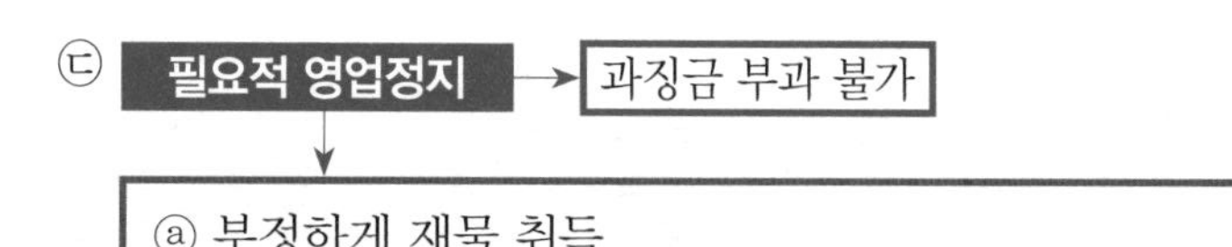

필요적 영업정지
과징금 부과 불가
ⓐ 부정하게 재물 취득
ⓑ 관리비, 사용료, 장기수선충당금 용도 외의 목적 사용

㉡ ㉣

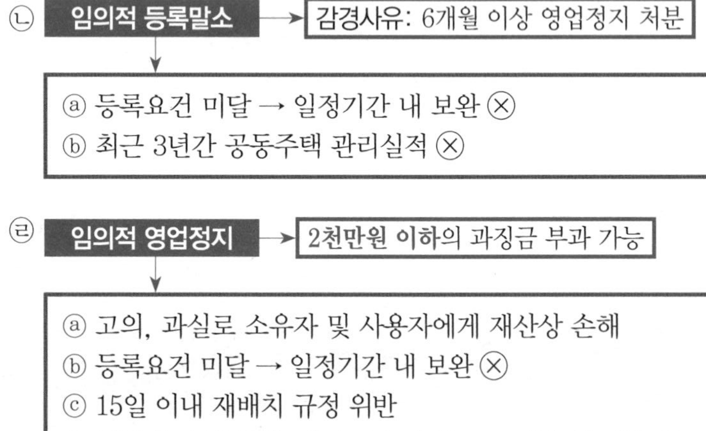

임의적 등록말소
감경사유: 6개월 이상 영업정지 처분
ⓐ 등록요건 미달 → 일정기간 내 보완 ⊗
ⓑ 최근 3년간 공동주택 관리실적 ⊗
임의적 영업정지
2천만원 이하의 과징금 부과 가능
ⓐ 고의, 과실로 소유자 및 사용자에게 재산상 손해
ⓑ 등록요건 미달 → 일정기간 내 보완 ⊗
ⓒ 15일 이내 재배치 규정 위반
ⓓ 법령에 따른 인력, 장비 갖추지 않고 관리를 한 경우 등

핵심 59 주택임대관리업

① **의의**

주택의 소유자로부터 임대관리를 위탁받아 관리하는 업을 말하며,
자기관리형 주택임대관리업과 위탁관리형 주택임대관리업으로 구분한다.

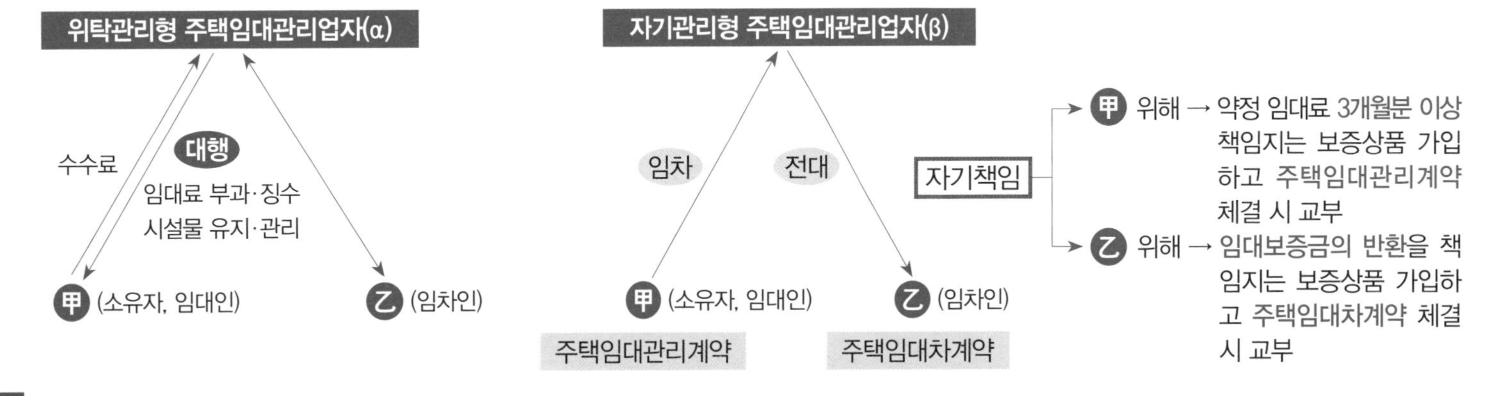

② **등록**

㉠ 원칙: 주택임대관리업을 하려는 자는 시장·군수·구청장에게 등록할 수 있다.

㉡ 예외: 등록하여야 하는 경우

ⓐ 자기관리형 → 100호(세대) 이상

ⓑ 위탁관리형 → 300호(세대) 이상

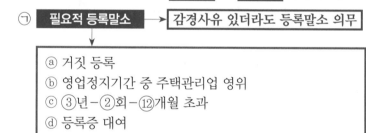

핵심 60 주택임대관리업자

① 의의

주택의 소유자로부터 **임대관리**를 위탁받아 관리하는 업을 말하며, 다음으로 구분한다.

㉠ 자기관리형 주택임대관리업: 주택의 **소유자**로부터 주택을 **임차**하여 **자기책임**으로 **전대**하는 형태의 업

㉡ 위탁관리형 주택임대관리업: 주택의 **소유자**로부터 **수수료**를 받고 **임대료** 부과·징수 및 **시설물** 유지·관리 등을 **대행**하는 형태의 업

② 등록요건 등

㉠ 자본금(법인이 아닌 경우는 자산평가액): 자기관리형(2억원 이상), 위탁관리형(1억원 이상)

㉡ 자격자: 자기관리형(2명 이상), 위탁관리형(1명 이상)

③ 행정처분 〈처분 1개월 전 **임대인** 및 **임차인**에게 통보〉

㉠ **필요적 등록말소** → **감경사유 있더라도 등록말소 의무**

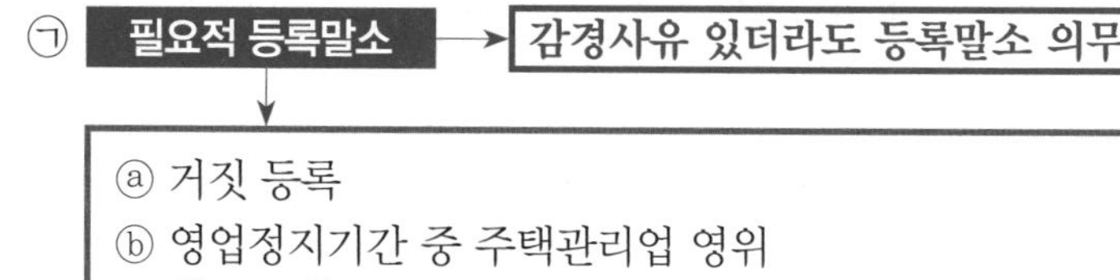

ⓐ 거짓 등록
ⓑ 영업정지기간 중 주택관리업 영위
ⓒ ③년－②회－⑫개월 초과
ⓓ 등록증 대여

㉡ **임의적 등록말소** → **감경사유: 6개월 이상 영업정지 처분**

ⓐ 고의로 잘못 관리하여 임대인 및 임차인에게 재산상 손해 (3차 이상 위반 시)
ⓑ 정당한 사유 없이 1년 이상 위탁계약 실적 ⊗
ⓒ 등록기준 갖추지 못하여 1개월 이내 보완 ⊗
→ 영업정지 처분받고 영업정지기간 끝나는 날까지 보완 ⊗

㉢ **(임의적) 영업정지** → **1천만원 이하의 과징금 부과**

ⓐ 고의 또는 중대한 과실로 임대인 및 임차인에게 재산상 손해
ⓑ 등록기준 갖추지 못하여 1개월 이내 보완 ⊗ 등

핵심 61 주택관리사등의 결격사유, 필요적 자격취소사유 및 주택임대관리업의 결격사유

주택관리사등의 결격사유

① 피성년후견인 또는 피한정후견인
② 파산선고를 받은 사람 + 복권 ⊗
③ 금고 이상의 **실형**을 선고받고 그 집행이 끝나거나 면제된 날부터 **2년**이 지나지 아니한 사람
④ 금고 이상의 형의 **집행유예**를 선고받고 그 **유예기간 중**에 있는 사람
⑤ 자격이 취소된 후 **3년**이 지나지 아니한 사람
(위 ① 및 ②에 해당하여 자격이 취소된 경우 **제외**)

필요적 자격취소사유

① 거짓·부정한 방법으로 자격을 취득한 경우
② 공동주택의 **관리업무**와 관련하여 금고 이상의 형을 **선고**받은 경우
③ **의무관리대상 공동주택**에 취업한 주택관리사등이 다른 공동주택 및 상가·오피스텔 등 주택 외의 시설에 취업한 경우
④ **자격정지기간**에 **공동주택관리업무**를 수행한 경우
⑤ 자격증 대여

주택임대관리업의 결격사유

① **파산선고**를 받고 **복권되지 아니한 자**
② **피성년후견인** 또는 **피한정후견인**
③ 주택임대관리업의 **등록이 말소**된 후 **2년**이 지나지 아니한 자. 이 경우 등록이 말소된 자가 법인인 경우에는 말소 당시의 원인이 된 행우를 한 사람과 대표자를 포함한다.
④ 이 법, 「주택법」, 「공공주택 특별법」 또는 「공동주택관리법」을 위반하여 금고 이상의 **실형**을 **선고**받고 **집행**이 **종료**(집행이 종료된 것으로 보는 경우를 포함한다)되거나 그 **집행이 면제된 날**부터 **3년**이 지나지 아니한 사람
⑤ 이 법, 「주택법」, 「공공주택 특별법」 또는 「공동주택관리법」을 위반하여 형의 **집행유예**를 **선고**받고 그 **유예기간 중에 있는 사람**

핵심 62 민간임대주택

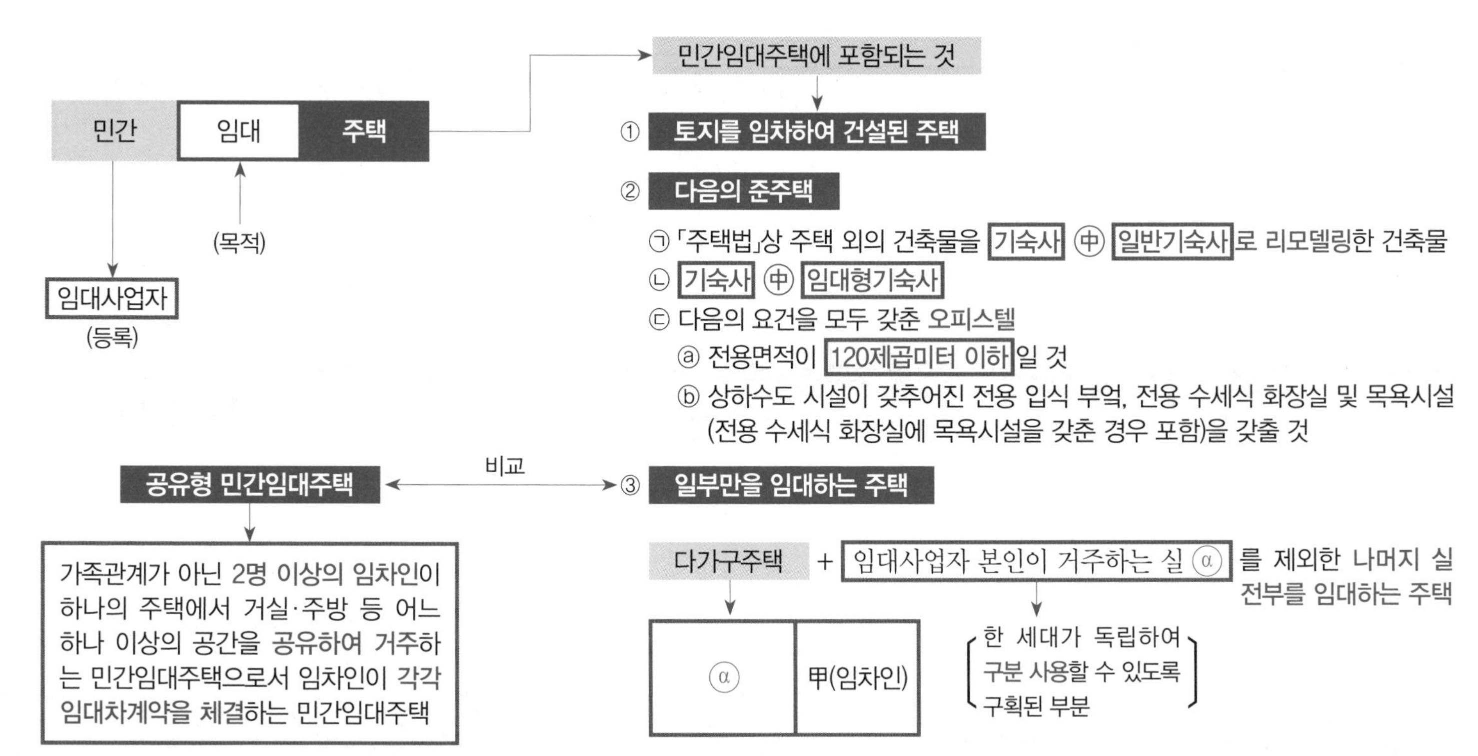
민간
임대
주택
임대사업자
(등록)
(목적)
민간임대주택에 포함되는 것
① 토지를 임차하여 건설된 주택
② 다음의 준주택
㉠ 「주택법」상 주택 외의 건축물을 기숙사 ㊥ 일반기숙사로 리모델링한 건축물
㉡ 기숙사 ㊥ 임대형기숙사
㉢ 다음의 요건을 모두 갖춘 오피스텔
ⓐ 전용면적이 120제곱미터 이하일 것
ⓑ 상하수도 시설이 갖추어진 전용 입식 부엌, 전용 수세식 화장실 및 목욕시설
(전용 수세식 화장실에 목욕시설을 갖춘 경우 포함)을 갖출 것
비교
③ 일부만을 임대하는 주택
공유형 민간임대주택
가족관계가 아닌 2명 이상의 임차인이 하나의 주택에서 거실·주방 등 어느 하나 이상의 공간을 공유하여 거주하는 민간임대주택으로서 임차인이 각각 임대차계약을 체결하는 민간임대주택
다가구주택
+
임대사업자 본인이 거주하는 실 α
를 제외한 나머지 실 전부를 임대하는 주택
α
甲(임차인)
한 세대가 독립하여 구분 사용할 수 있도록 구획된 부분

핵심 63 민간임대주택의 종류 등

구분	공공지원 민간임대주택	장기일반 민간임대주택
임대의무기간	10년	10년
특징	임대료 및 임차인 자격제한 등을 받아 임대	**아파트(도시형 생활주택이 아닌 것)**를 임대하는 **민간매입임대주택**은 제외
임차인 자격 및 선정방법	**국토교통부령**으로 정하는 기준에 따라 공급 (무주택세대주)	**임대사업자**가 정한 기준에 따라 공급
임대료	임대사업자가 정하는 표준임대료 **국토교통부령**으로 정하는 기준에 따라 **임대사업자**가 정하는 임대료	① **임대사업자**가 정하는 임대료 ② 다만, 등록 당시 존속 중인 임대차계약이 있는 경우에는 그 종전 임대차계약에 따른 임대료
임대료 증액 청구	① 임대료의 **5퍼센트** 범위에서 주거비 물가지수, 인근 지역의 임대료 변동률, 임대주택 세대수 등을 고려하여 대통령령으로 정하는 증액 비율 초과 청구 금지 ② 임대차계약 또는 약정한 임대료의 증액이 있은 후 1년 이내에는 하지 못한다.	

구분	공공지원 민간임대주택	장기일반 민간임대주택	단기 민간임대주택 〈신설〉
임대의무기간	기존 동일	기존 동일	6년
특징	기존 동일	기존 동일	임대사업자가 6년 이상 임대할 목적으로 취득하여 임대하는 **민간임대주택[아파트**(주택법 제2조 제20호의 **도시형 생활주택이 아닌 것**)는 제외]
임차인 자격 및 선정방법	기존 동일	기존 동일	**임대사업자**가 정한 기준에 따라 공급
임대료	기존 동일	기존 동일	① **임대사업자**가 정하는 임대료 ② 다만, 등록 당시 존속 중인 임대차계약이 있는 경우에는 그 종전 임대차계약에 따른 임대료
임대료 증액 청구	기존 동일		

핵심 64 공공주택지구, 도심 공공주택 복합지구 및 공공지원민간임대주택 공급촉진지구

① **공공주택지구** (국토교통부장관) (공공주택 특별법)

(비교) ↔

② **공공지원민간임대주택 공급촉진지구** (시·도지사 또는 국토교통부장관) (민간임대주택법)

①
- ㉠ **공공임대주택**: 전체 주택 호수의 **100분의 35 이상**
- ㉡ **공공분양주택**: 전체 주택 호수의 **100분의 30 이하**
  - ※ ㉠ + ㉡ = 전체 주택 호수의 **100분의 50 이상**

②
- **공공지원민간임대주택**이 전체 주택 호수의 **100분의 50 이상**

③ **도심 공공주택 복합지구** (시·도지사 또는 국토교통부장관) (공공주택 특별법) (2026.12.31.까지 유효함)

- ㉠ **공공임대주택**: 전체 주택 호수의 **100분의 10 이상**
  [다만, 주거상업고밀지구의 경우: 100분의 15 이상]
- ㉡ **공공분양주택**
  - ⓐ **지분적립형 분양주택 또는 이익공유형 분양주택** → 전체 주택 호수의 **100분의 10 이상**
  - ⓑ **위 ⓐ 외의** 공공분양주택 → 전체 주택 호수의 **100분의 60 이상**

→

- ㉠ **의의**
  도심 내 역세권, **준공업지역**, 저층주거지에서 [공공주택]과 [업무시설, 판매시설, 산업시설 등]을 **복합**하여 **조성**하는 거점으로서 법에 따라 지정·고시하는 지구
- ㉡ **지정권자**
  - ⓐ 지방공사 또는 지방공사가 총지분 50퍼센트를 초과하여 출자·설립한 법인이 지정·변경을 제안 → **시·도지사**
  - ⓑ 위 ⓐ 외의 공공주택사업자가 지정·변경을 제안 → **국토교통부장관**

핵심 65 공공주택

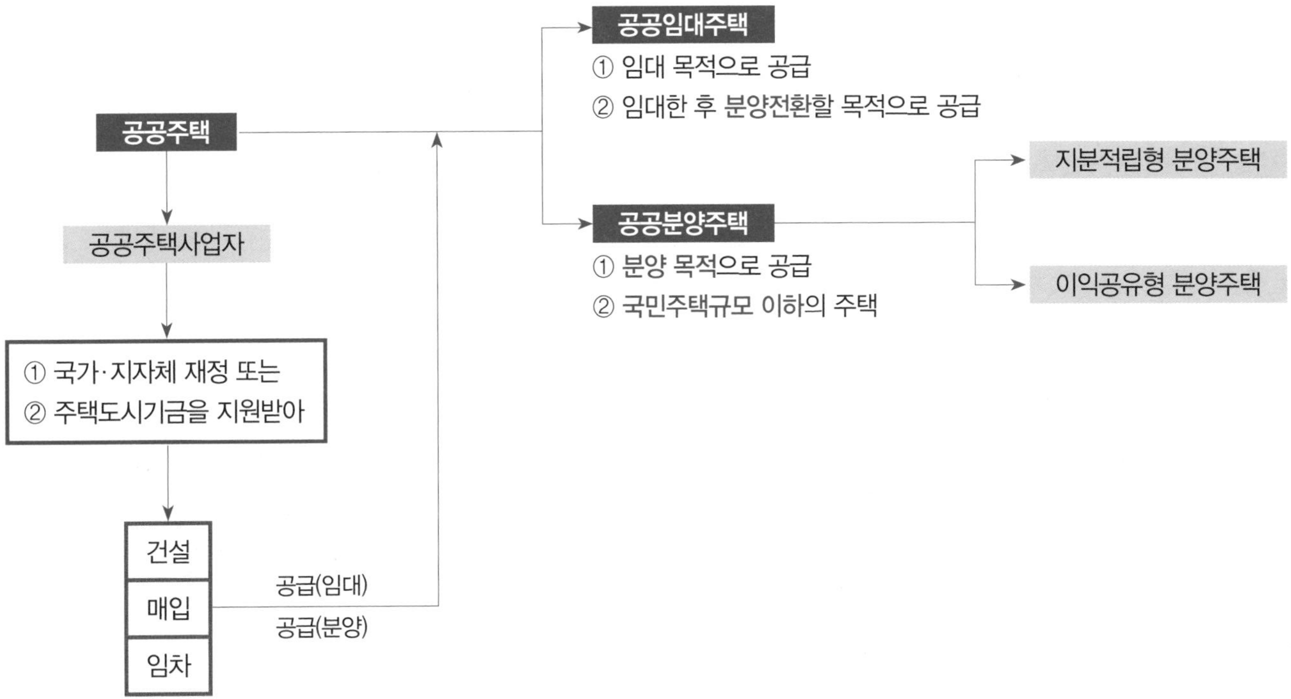

공공주택

공공주택사업자

① 국가·지자체 재정 또는
② 주택도시기금을 지원받아

건설

매입

임차

공급(임대)
공급(분양)

공공임대주택

① 임대 목적으로 공급
② 임대한 후 분양전환할 목적으로 공급

공공분양주택

① 분양 목적으로 공급
② 국민주택규모 이하의 주택

지분적립형 분양주택

이익공유형 분양주택

핵심 66 지분적립형 분양주택

① **의의**

공공주택사업자 ⓐ —[건설·매입한 공공분양주택]→ 주택을 공급받은 자 ㊙

㉠ 20년 이상 30년 이하 범위에서 대통령령으로 정한 기간 동안
㉡ 주택의 소유권을 ㊙과 공유
㉢ ㊙이 소유 지분을 적립하여 취득하는 주택

② **소유권 공유기간** (대통령령)

㉠ **20년** 또는 **30년** 중에서 ⓐ가 정하는 기간

㉡ ⓐ는 **20년** 또는 **30년** 중에서 ㊙**이 선택**하게 하는 방식으로 소유권 공유기간을 정할 수 있다.

③ **임대료**

ⓐ는 ㊙과 소유권을 공유하는 동안 ⓐ가 소유한 지분에 대하여 ㊙에게 **임대료**를 받을 수 있다.

④ **전매행위 제한**

㉠ **10년**이 지나기 전에는 전매하거나 전매를 알선할 수 없다.

㉡ ㊙이 전매제한기간이 지난 후 '소유권 전부를 취득하기 이전'에 소유지분을 전매하려면 ⓐ**와 매매가격 등을 협의**한 후 ⓐ**의 동의**를 받아 ⓐ 소유지분과 **함께 해당 주택의 소유권 전부**를 **전매**하여야 한다(**배우자에게 증여 → 예외**).

㉢ 위 ㉡의 경우 '매매가격'이 '취득가격'보다 높은 경우에는 그 차액을 **전매시점**의 **소유 지분 비율**에 따라 나누어야 한다.

⑤ **거주의무기간**

㉠ 해당 주택의 최초 입주가능일부터 **5년** 이내의 범위에서 대통령령으로 정하는 기간(5년) 동안 계속하여 거주하여야 한다.

㉡ 거주의무자가 정당한 사유 없이 거주의무기간 이내에 거주를 이전하려는 경우, 공공주택사업자에게 매입을 신청하여야 하며 공공주택사업자는 특별한 사유가 없으면 매입해야 한다.

⑥ **부기등기**

공공주택사업자는 거주의무자가 거주의무기간 동안 계속 거주하여야 함을 소유권등기에 부기등기를 소유권보존등기와 동시에 하여야 한다.

⑦ **재공급받은 자의 거주의무**

공공주택사업자가 재공급한 주택을 공급받은 사람은 전매제한기간 중 잔여기간 동안 그 주택을 전매할 수 없으며 거주의무기간 중 잔여기간 동안 계속하여 그 주택에 거주하여야 한다.

핵심 67 이익공유형 분양주택

① **의의**

공공주택사업자 ⓐ —(건설·매매 등 취득 후 공급하는 **공공분양주택** 으로서)→ 주택을 공급받은 자 ⓑ —(처분하려는 경우)→ 공공주택사업자 ⓐ

㉠ ⓐ가 환매하되,
㉡ ⓐ와 ⓑ가 처분손익을 공유하는 것을 조건으로 분양하는 주택

② **이익공유형 분양주택의 공급·처분등**

㉠ ⓑ가 처분하려는 경우 → 환매조건에 따라 ⓐ에게 매입신청하여야 한다.

㉡ ⓐ가 환매하는 경우 → ⓑ는 **처분손익**을 ⓐ와 공유하여야 한다.

㉢ 부기등기 의무 → ⓑ가 처분하려는 경우 'ⓐ가 환매하는 주택임'을 소유권보존등기와 동시에 부기등기를 하여야 한다.

㉣ 「주택법」 제64조(전매제한) 규정을 적용하지 아니한다.

㉤ 거주의무 → ⓑ는 최초 입주가능일부터 **5년간** 거주하여야 한다.

㉥ ⓐ는 환매하거나 해당주택을 취득한 경우 → **이익공유형 분양주택**으로 **재공급**하여야 한다.

㉦ 위 ㉥에 따라 주택을 공급받은 사람은 거주의무기간 중 잔여기간 동안 계속하여 그 주택에 거주하여야 한다.

③ **준용**

'핵심 66 지분적립형 분양주택'의 ⑤의 ㉡ 및 ⑥을 준용한다.

핵심 68 임차권 양도·전대의 제한 및 예외

① **원칙**

공공임대주택의 임차인은 임차권을 다른 사람에게 양도·전대할 수 없다.

② **예외** (공공주택사업자의 동의를 받은 경우)

㉠ 임대의무기간이 10년 이하인 경우로서 다음의 사유로 '무주택 세대구성원'에게 양도, 전대

ⓐ 근무, 생업, 질병치료(의료기관의 장이 1년 이상 치료 인정) + 최단 직선거리 40km 이상 다른 시·군·구로 이전

ⓑ 상속, 혼인으로 소유하게 된 주택으로 이전

ⓒ 국외로 이주하거나 1년 이상 국외에 머무를 경우

㉡ 혼인, 이혼이나 「국민기초생활 보장법」에 따른 수급인인 임차인이 보장시설에 입소하기 위해 퇴거하고, 계속 거주하려는 다음의 어느 하나에 해당하는 사람이 자신으로 임차인을 변경할 경우

ⓐ 배우자, 직계혈족, 형제자매

ⓑ 직계혈족의 배우자, 배우자의 직계혈족, 배우자의 형제자매

㉢ **일정 법률**에 따라 이전하는 기관 또는 그 기관에 종사하는 사람이 해당 기관이 '**이전하기 전**'에 **공공임대주택**을 **공급받아 전대**하는 경우

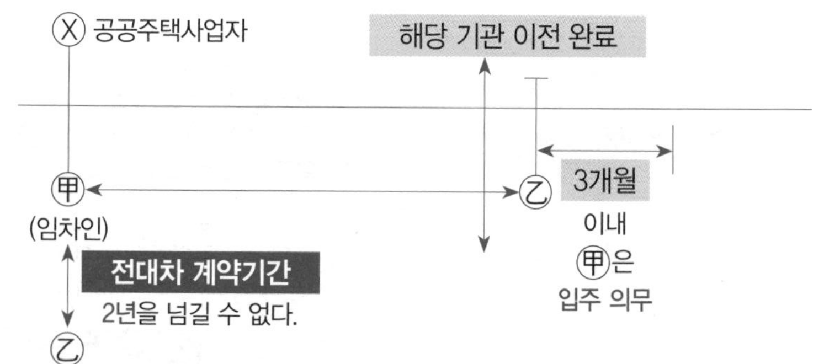

일정 법률(약칭)
ⓐ 지방자치분권 및 지역균형발전에 관한 특별법
ⓑ 행복도시법
ⓒ 도청이전법
ⓓ 혁신도시법

핵심 69 공공임대주택의 우선 분양전환

① **우선 분양전환을 받을 수 있는 임차인 ㊙**

㉠ 분양전환 시점에 해당 임대주택에 거주하고 있는 임차인으로서 다음의 어느 하나에 해당하는 경우

ⓐ 입주한 후부터 분양전환할 때까지 계속 거주한 무주택자

ⓑ 공공건설임대주택에 입주한 후 **상속**, **판결**, **혼인**으로 소유 + 입주한 후부터 분양전환할 때까지 계속 거주 + 분양전환 이전까지 다른 주택을 **처분**한 무주택자

ⓒ 「공공주택 특별법」 제49조의4 단서에 따라 임차권을 양도받은 자 + 분양전환할 때까지 거주한 무주택자

ⓓ 선착순 방법으로 입주자로 선정된 자 + 분양전환할 때까지 계속 거주 + 분양전환하는 시점에 해당 임대주택 입주 시 자격요건 중 주택소유기준을 충족하고 있는 경우

ⓔ 분양전환 당시에 **거주**하고 있는 해당 임대주택이 전용면적 85**제곱미터를 초과**하는 경우

㉡ 분양전환 시점에 해당 임대주택의 임차인인 **국가기관**이나 **법인**

② **분양전환 절차** 및 **제3자 매각**

㉠ 공공주택사업자 ⓧ의 의무

ⓧ는 임대의무기간이 지난 후 임차인 ㊙에게 우선 분양전환 자격, 우선 분양전환 가격 등을 통보하여야 한다.

㉡ ㊙의 의무

우선 분양전환 자격이 있다고 통보받은 임차인 ㊙이 우선 분양전환에 응하려는 경우에는 통보받은 후 **6개월**(임대의무기간이 **10년**인 공공건설임대주택의 경우는 12**개월**) 이내에 **우선 분양전환 계약**을 하여야 한다.

㉢ 제3자 매각

ⓧ는 다음의 어느 하나에 해당하는 경우 분양전환 가격 이하의 가격으로 **제3자**에게 매각할 수 있다.

ⓐ 위 ①의 자격을 갖춘 자가 존재하지 아니하는 경우

ⓑ ㊙이 위 ㉡의 의무를 이행하지 아니한 경우

핵심 70 건축선

① **의의**: 도로와 접한 부분에 건축물을 건축할 수 있는 선

② **원칙적인 건축선**: 대지와 도로의 경계선

③ **예외적인 건축선**

소요너비 미달 도로 (대지면적 제외)

(소요너비 4m, 실제 너비 2m인 경우)

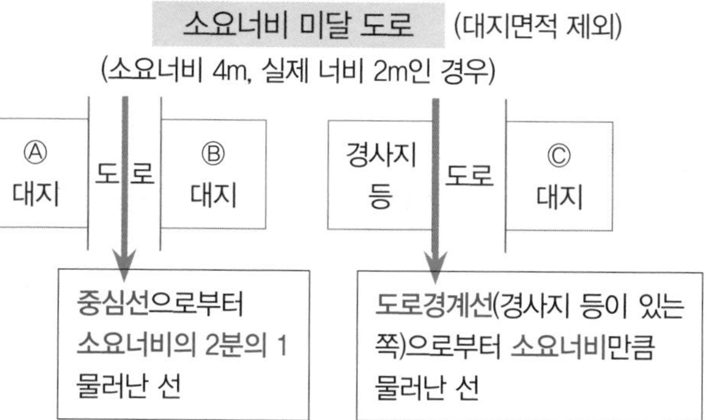

지정 건축선 (특·특·시·군·구청장) (대지 면적 포함)

도로

(후퇴)

(소요너비 충분한 도로)

㉠ 시가지 안에서 건축물의 위치나 환경을 정비할 필요가 있는 경우

㉡ 도시지역에는 4미터 이하의 범위에서 따로 정할 수 있다.

㉢ 지정하려면 30일 이상 공보, 일간신문, 인터넷 홈페이지 등에 공고하여야 한다.

㉣ 대지면적 포함

도로 모퉁이 (대지면적 제외)

Ⓓ 대지

Ⓔ 대지

α

β

교차점

	교차각	
ⓐ 도로 + ⓑ 도로	90° 미만	90° 이상 120° 미만
㉿ + ㉿	4미터	3미터
큰 + 작 (작 + 큰)	3미터	2미터
작 + 작	2미터	2미터

※ 큰 도로: 6미터 이상 8미터 미만
 작은 도로: 4미터 이상 6미터 미만

[교차점으로부터 위의 표의 거리만큼 후퇴]

핵심 71 「건축법」상의 행위 중 '건축'

① **신축**

건축물이 **없는** 대지에 새로 건축물을 축조하는 것

㉠

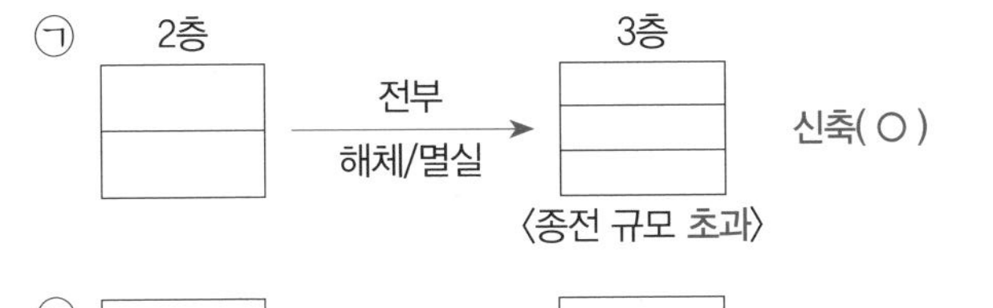

㉡

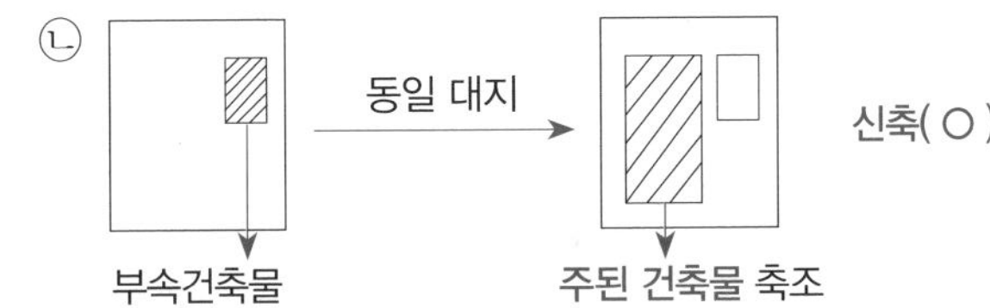

③ **개축**

기존 건축물의 전부 또는 일부를 **해체**하고 **종전과 같은 규모 범위**에서 다시 축조하는 것

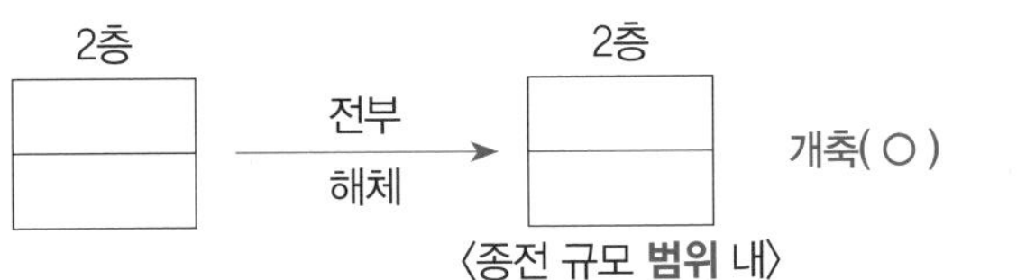

⑤ **이전**

건축물의 **주요구조부**를 해체하지 아니하고 **같은 대지**의 **다른 위치**로 옮기는 것

② **증축**

기존 건축물이 **있는** 대지에서 **건축면적**, **연면적**, **층수**, **높이**를 늘리는것

④ **재축**

건축물이 **멸실** + 다음의 ㉠, ㉡ 모두 구비

㉠ **연면적 합계**는 **종전 규모 이하**로 할 것

㉡ 다음의 어느 하나에 해당할 것

ⓐ **동수**, **층수**, **높이**가 모두 **종전 규모 이하**일 것

ⓑ 동수, 층수, 높이의 어느 하나가 종전 규모를 초과 + 동수, 층수, 높이가 건축법령에 모두 적합할 것

핵심 72 「건축법」상의 행위 중 '대수선'

대수선 해당 여부

사례	대수선 기준
① 벽을 50제곱미터 수선 → (×)	① **내력벽**을 **증설** 또는 **해체**하거나 그 벽 면적을 **30제곱미터 이상 수선** 또는 **변경**
② 기둥 2개를 변경 → (×)	② **기둥**을 **증설** 또는 **해체**하거나 **세 개 이상 수선** 또는 **변경**
③ 보 1개를 증설 → (○)	③ **보**를 **증설** 또는 **해체**하거나 **세 개 이상 수선** 또는 **변경**
④ 지붕틀 1개를 해체 → (○)	④ **지붕틀**(한옥 → 지붕틀의 범위에서 서까래는 제외)을 **증설** 또는 **해체**하거나 **세 개 이상 수선** 또는 **변경**
⑤ 방화벽을 10제곱미터 수선 → (○) 벽 1개를 증설 → (×)	⑤ [방화벽] 또는 [방화구획을 위한 **바닥** 또는 벽]을 **증설** 또는 **해체**하거나 **수선** 또는 **변경**
⑥ 옥외피난계단 1개를 증설 → (×)	⑥ **주계단**, 피난계단, 특별피난계단을 **증설** 또는 **해체**하거나 **수선** 또는 **변경**
⑦ 연립주택의 세대 간 경계벽을 해체 → (×)	⑦ **다가구주택**의 가구 간 경계벽 또는 **다세대주택**의 세대 간 경계벽을 **증설** 또는 **해체**하거나 **수선** 또는 **변경**
⑧ 3층 건축물의 내벽에 사용하는 마감재료의 벽면적 30제곱미터를 수선 → (×)	⑧ 건축물의 **외벽**에 사용하는 마감재료(법 제52조 제2항에 따른 마감재료)를 **증설** 또는 **해체**하거나 벽면적 **30제곱미터 이상 수선** 또는 **변경**

다음 건축물의 **외벽**에 사용하는 마감재료는 방화에 지장이 없는 재료로 하여야 한다.

① **상업지역**(근린상업지역 제외)의 건축물
  ㉠ 제1종 근린생활시설, 제2종 근린생활시설, 문화 및 집회시설, 종교시설, 판매시설, 운동시설, 위락시설 + **2천 제곱미터 이상**
  ㉡ '공장'으로부터 **6미터 이내**에 위치

② 의료시설, 교육연구시설, 노유자시설, 수련시설

③ **3층 이상** 또는 **높이 9미터 이상** 건축물

④ 1층의 전부 또는 일부를 필로티 구조로 설치하여 주차장으로 쓰는 건축물

⑤ 공장, 창고시설, 위험물 저장 및 처리 시설(자가난방과 자가발전 등의 용도로 쓰는 시설 포함), 자동차 관련 시설의 용도로 쓰는 건축물

핵심 73 건축위원회, 건축민원전문위원회 및 건축분쟁전문위원회

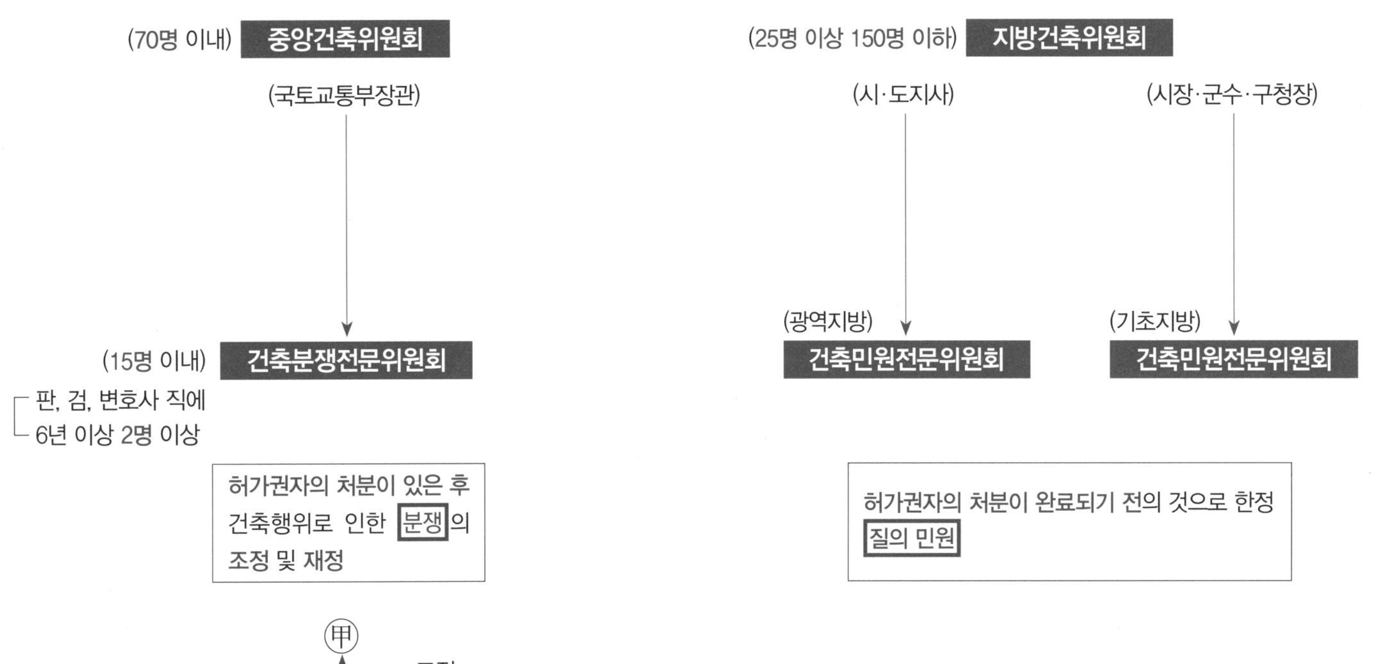

핵심 74 건축분쟁의 조정 및 재정

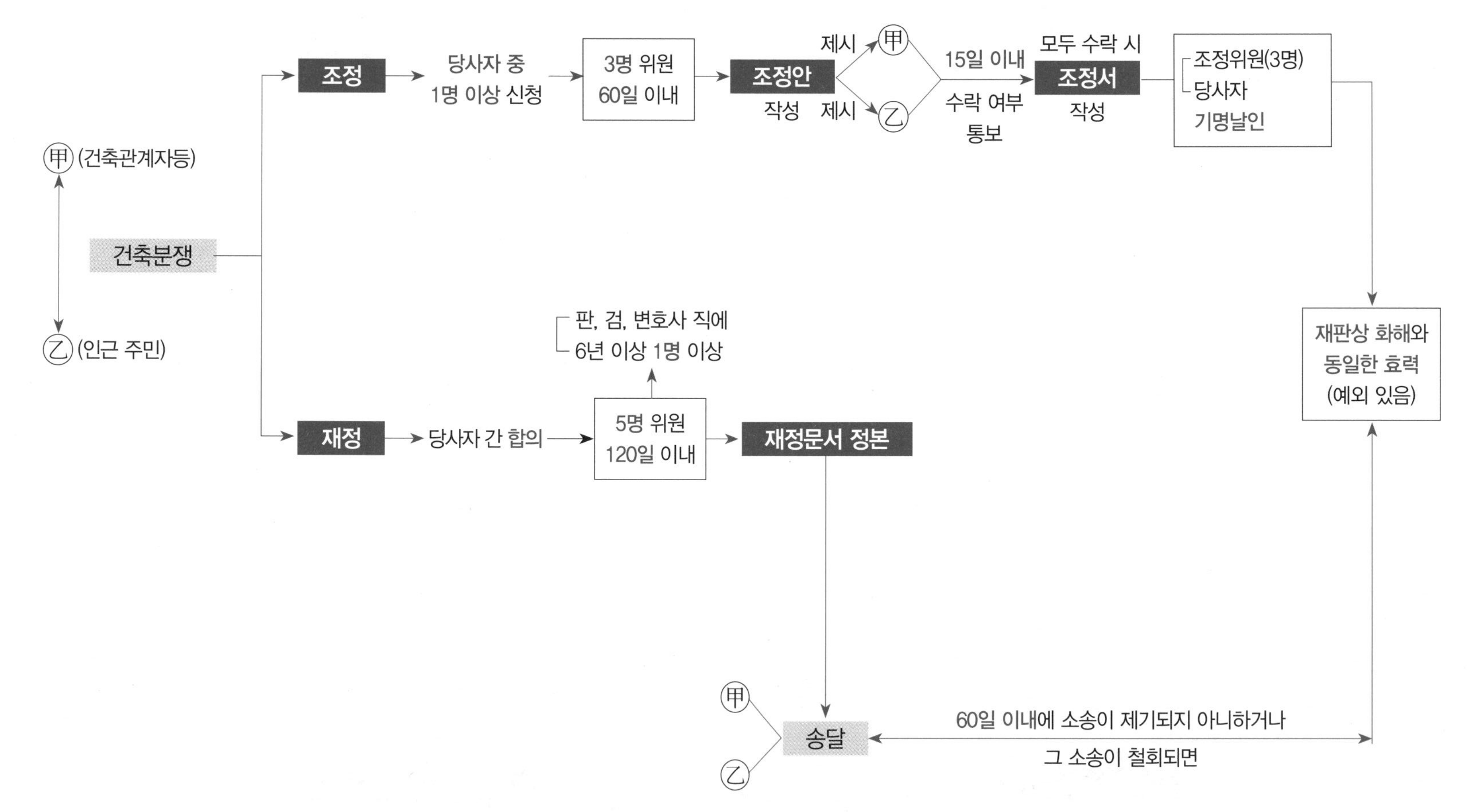

핵심 75 건축허가의 요건 및 매도 청구 등

① **건축허가의 요건(원칙)**

해당 대지의 **100퍼센트 소유권**을 확보하여야 한다.

② **예외**

㉠ 소유권을 확보하지 못하였으나 그 대지를 사용할 수 있는 권원을 확보(다만, **분양 목적 공동주택**은 제외)

㉡ 붕괴, 노후화 등 사유로 신축, 개축, 재축, 리모델링하기 위하여 **공유자 수의 100분의 80 이상** 동의

⊕

동의한 공유자의 **지분 합계**가 전체 지분의 **100분의 80 이상**인 경우

(a, b, c, d, e)

(a, b, c, d, e)
5명 지분
5분의 1 공유

③ **매도 청구**

㉠ 위 ②의 ㉡에 따라 건축허가를 받은 건축주는 동의하지 아니한 공유자에게 공유지분을 **시가**로 매도 청구 가능

㉡ 매도 청구를 하기 전에 매도 청구대상이 되는 공유자와 **3개월 이상** 협의를 하여야 한다.

④ **허가권자의 의무**

㉠ 허가권자는 **위 ②의 ㉡의 사유**로 동의요건을 갖추어 건축허가를 신청한 경우 그 사유(노후화 등)의 해당 여부를 확인하기 위하여 **현지조사**를 하여야 한다.

㉡ 허가권자는 필요한 경우, **건축사**, **건축구조기술사**, **건축분야 안전진단전문기관** 등으로부터 **안전진단**을 받고 그 결과를 제출하도록 할 수 있다.

핵심 76 용도변경

용도 (30개) → **시설군** (9개)

① **자동차 관련 시설군**
자동차 관련 시설

② **산업 등 시설군**
운수시설, 창고시설, 공장, 위험물저장 및 처리시설, 자원순환 관련 시설, 묘지 관련 시설, 장례시설

③ **전기통신시설군**
방송통신시설, 발전시설

④ **문화 및 집회시설군**
문화 및 집회시설, 종교시설, 위락시설, 관광휴게시설

⑤ **영업시설군**
판매시설, 운동시설, 숙박시설, 제2종 근린생활시설 중 다중생활시설

⑥ **교육 및 복지시설군**
의료시설, 교육연구시설, 노유자시설, 수련시설, 야영장시설

⑦ **근린생활시설군**
제1종 근린생활시설, 제2종 근린생활시설(다중생활시설은 제외)

⑧ **주거업무시설군**
단독주택, 공동주택, 업무시설, 교정시설, 국방·군사시설

⑨ **그 밖의 시설군**
동물 및 식물 관련 시설

용도변경

① **상위군**: 허가

② **하위군**: 신고

③ **같은 시설군**
㉠ **원칙**: 건축물대장 기재내용 변경신청
㉡ **예외**
ⓐ **같은 호**에 속하는 건축물 상호간의 용도변경
ⓑ '제1종 근린생활시설'과 '제2종 근린생활시설' 상호간의 용도변경(예외 있음)

④ **용도변경 후의 용도로 사용승인받아야 하는 경우**
허가대상 또는 **신고대상** + 100제곱미터 이상
[예외: 500제곱미터 미만 + 대수선에 해당되는 공사 수반(×)]

⑤ **건축사가 설계하여야 하는 경우**
허가대상 + 500제곱미터 이상
[예외: 1층인 축사를 공장으로 용도변경하는 경우로서 증축, 개축, 대수선이 수반되지 않고 구조안전이나 피난 등에 지장이 없는 경우]

핵심 77 공사감리자 및 건축지도원

공사감리자

① 공사감리자의 자격

㉠ (일반)**건축물**: 건축사

ⓐ 건축허가대상 건축물(**건축신고대상 건축물** 제외)

ⓑ 사용승인을 받은 후 15년 이상 되어 리모델링하는 경우

㉡ **다중이용 건축물**: 건설엔지니어링사업자 또는 건축사(건설사업관리기술인을 배치하는 경우만 해당)

② 지정권자가 허가권자인 경우(원칙: 건축주가 지정)

㉠ 건축주가 직접 시공하는 건축물(건설산업기본법 제41조 제1항에 해당하지 아니하는 소규모 건축물)

㉡ [**아파트, 연립주택, 다세대주택**], [**다중주택, 다가구주택**] 등

③ 지정권자가 허가권자인 경우의 조치

㉠ 시·도지사: 모집공고를 거쳐 '공사감리자 명부' 작성

㉡ 건축주: 착공신고 하기 전, 허가권자에게 감리자 지정신청

㉢ 허가권자는 위 ㉠의 명부에서 공사감리자 지정

④ 감리비 지급

㉠ 건축주: [**착공신고**하는 때 → 감리비용이 명시된 감리계약서를 허가권자에게 제출]

㉡ 건축주: [**사용승인** 신청하는 때 → 감리비용 지급]

㉢ 허가권자: [감리비용이 지급되었는지 확인 후 → **사용승인**]

건축지도원

① 건축지도원의 업무

㉠ 건축신고를 하고 건축 중에 있는 건축물의 **시공 지도**와 위법 시공 여부의 **확인·지도 및 단속**

㉡ 건축물 등이 적법하게 유지·관리되고 있는지 **확인·지도 및 단속**

㉢ 허가를 받지 아니하거나 신고를 하지 아니하고 건축하거나 용도변경한 건축물의 **단속**

② 지정권자

특별자치시장·특별자치도지사 또는 시장·군수·구청장

핵심 78 피난안전구역 및 헬리포트

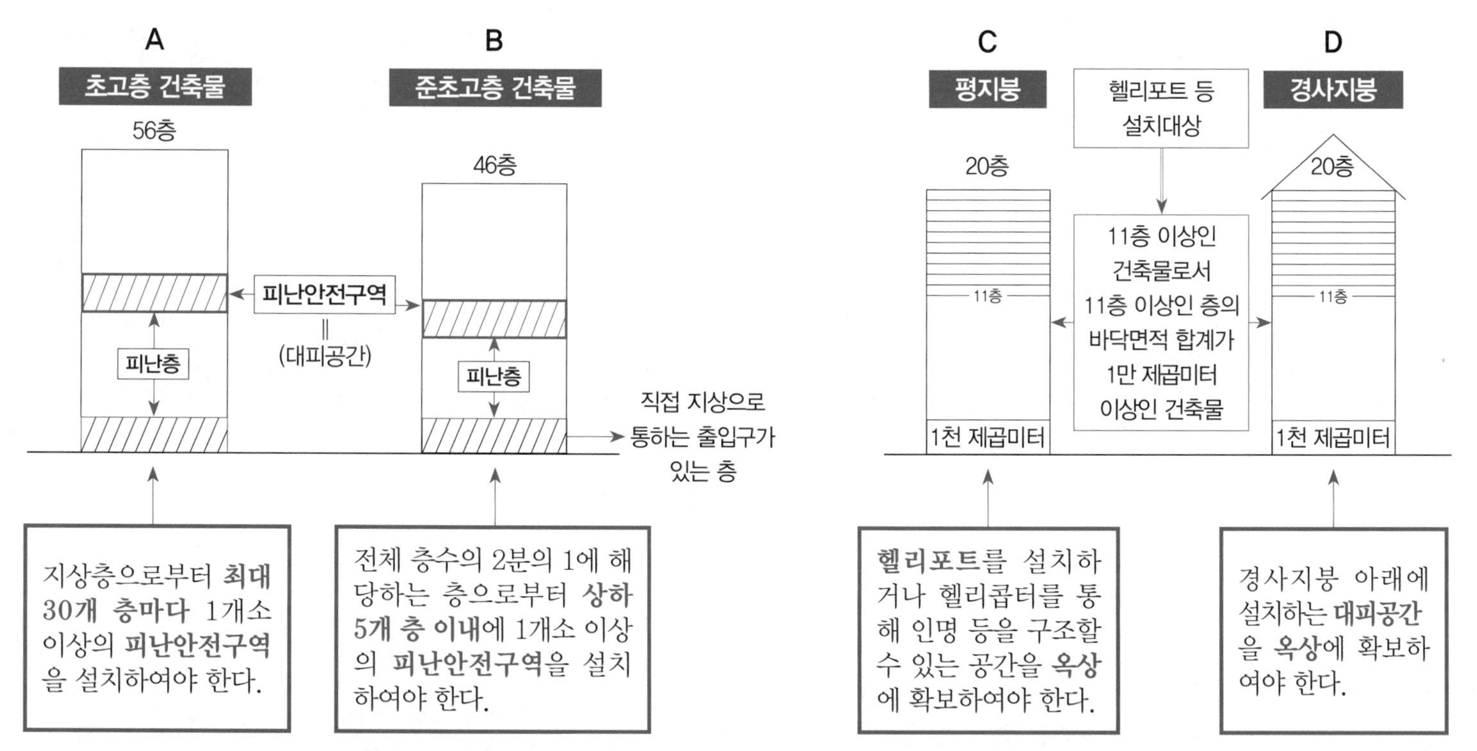
A
초고층 건축물
56층
피난안전구역
(대피공간)
피난층
B
준초고층 건축물
46층
피난층
직접 지상으로 통하는 출입구가 있는 층
지상층으로부터 **최대 30개 층마다** 1개소 이상의 **피난안전구역**을 설치하여야 한다.
전체 층수의 2분의 1에 해당하는 층으로부터 **상하 5개 층 이내**에 1개소 이상의 **피난안전구역**을 설치하여야 한다.
C
평지붕
20층
11층
1천 제곱미터
헬리포트 등 설치대상
11층 이상인 건축물로서 11층 이상인 층의 바닥면적 합계가 1만 제곱미터 이상인 건축물
D
경사지붕
20층
11층
1천 제곱미터
헬리포트를 설치하거나 헬리콥터를 통해 인명 등을 구조할 수 있는 공간을 **옥상**에 확보하여야 한다.
경사지붕 아래에 설치하는 **대피공간**을 **옥상**에 확보하여야 한다.

[위의 A, B, D의 경우, 설치하는 **피난안전구역** 및 **대피공간**은 **용적률**을 산정할 때 **연면적**에서 제외한다]

핵심 79 발코니에 대피공간 설치 의무(발코니의 외부에 접하는 경우를 포함)

대피공간 설치 의무(○)

〈계단실형〉

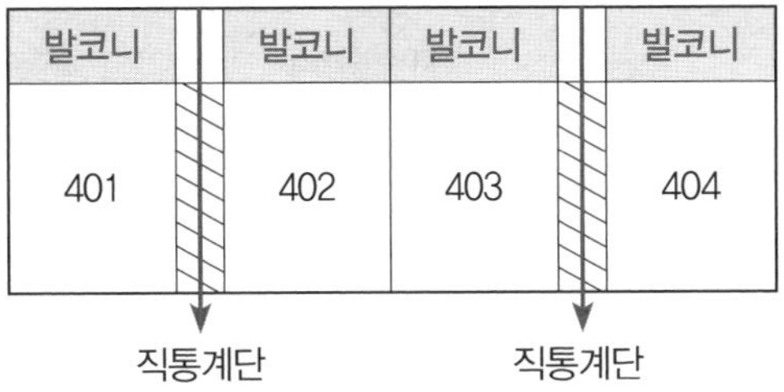

발코니 | 발코니 | 발코니 | 발코니

401 | 402 | 403 | 404

직통계단 직통계단

대피공간 설치 의무(×)

〈복도형〉

발코니 | 발코니 | 발코니 | 발코니

401 | 402 | 403 | 404

직통계단 직통계단

① **발코니에 대피공간 설치 의무가 있는 경우** → ② **①의 예외**

① 발코니에 대피공간 설치 의무가 있는 경우

㉠ 공동주택 중 **아파트**로서 **4층 이상인 층**

㉡ 2개 이상의 직통계단을 사용할 수 **없는** 경우

② ①의 예외

㉠ 발코니와 인접 세대와의 경계벽이 **파괴하기 쉬운 경량구조** 등인 경우

㉡ 발코니의 경계벽에 **피난구**를 설치한 경우

㉢ 발코니의 바닥에 **하향식 피난구**를 설치한 경우

㉣ 법정 대피공간과 동일하거나 그 이상의 성능이 있다고 인정하여 고시하는 구조 또는 시설인 **대체시설**을 갖춘 경우

③ 대피공간의 요건

㉠ 바깥의 공기와 접할 것

㉡ 실내의 다른 부분과 **방화구획**으로 구획될 것

㉢ 공동으로 설치하는 경우, 바닥면적 **3제곱미터 이상**
각 세대별로 설치하는 경우, 바닥면적 **2제곱미터 이상**

㉣ 대피공간으로 통하는 출입문은 '**60분+ 방화문**'으로 설치할 것

㉤ 국토교통부장관이 정하는 기준에 적합할 것

※ **바닥면적에 산입하지 않는 경우 〈신설〉**

[위 ②의 ㉢ 및 ㉣에 따른 '하향식 피난구' 또는 '대체시설'을 대피공간에 설치하는 경우] 또는 ['대체시설'을 '발코니'(발코니의 외부에 접하는 경우를 포함)에 설치하는 경우]에는 해당 구조 또는 시설이 설치되는 '대피공간 또는 발코니의 면적' 중 다음 면적까지를 바닥면적에 산입하지 않는다.

① 인접세대와 공동으로 설치하는 경우: 4제곱미터

② 각 세대별로 설치하는 경우: 3제곱미터

핵심 80 2개 이상의 지역 등에 걸치는 경우, 「건축법」의 적용

〈하나의 대지〉

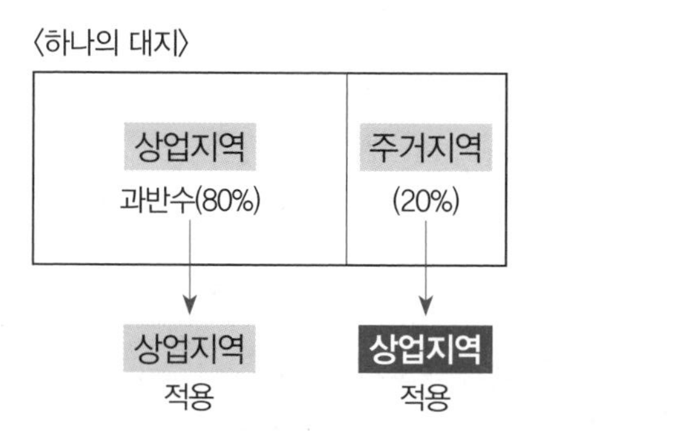

〈하나의 대지〉

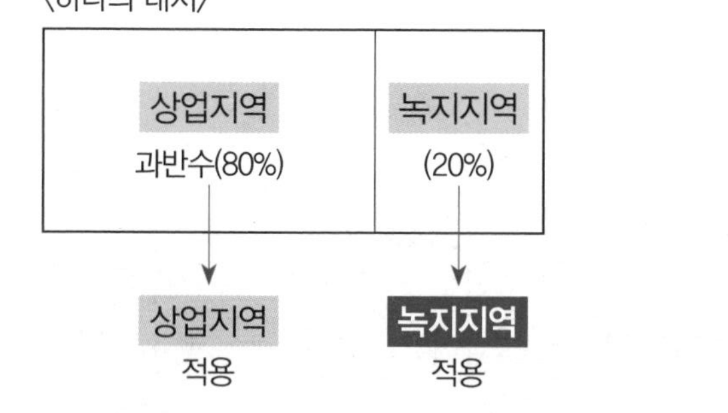

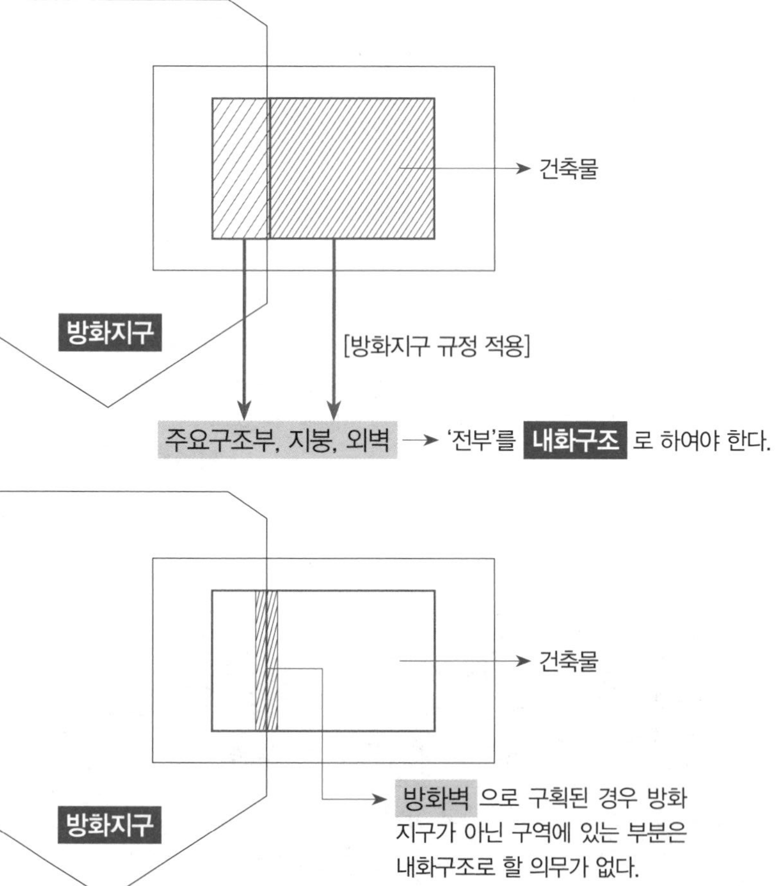

핵심 81 전용주거지역, 일반주거지역에서의 일조권 확보를 위한 높이 제한

① 정북방향의 인접 대지경계선으로부터의 이격

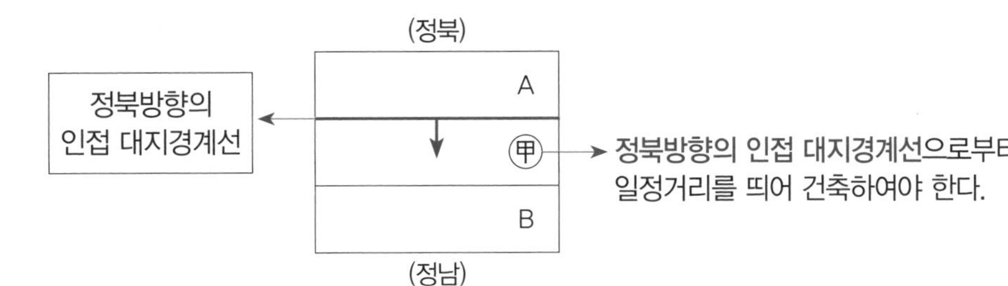

② 이격 거리

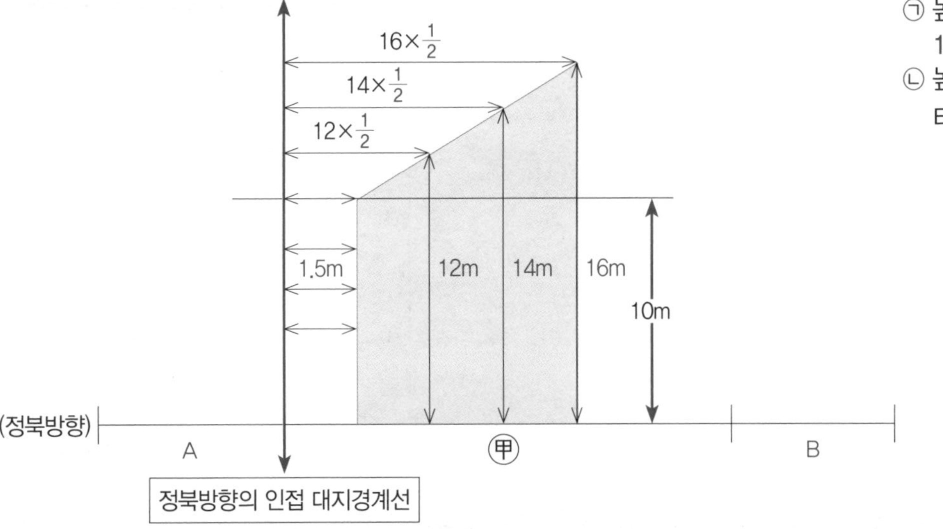

㉠ 높이 10미터 이하인 부분: 인접 대지경계선으로부터 1.5미터 이상

㉡ 높이 10미터를 초과하는 부분: 인접 대지경계선으로부터 해당 건축물 각 부분 높이의 2분의 1 이상

핵심 82 **공동주택**(기숙사 제외)**의 일조권 확보를 위한 높이 제한**(중심상업지역 및 일반상업지역 제외)

① **인동거리 제한**

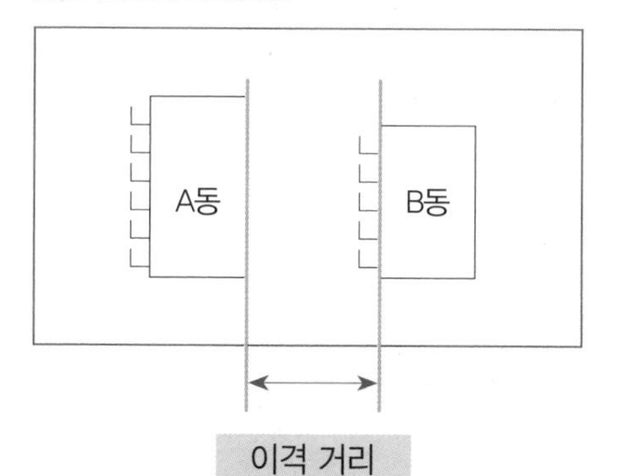

㉠ 채광창이 있는 벽면으로부터 직각방향으로 건축물 각 높이의 **0.5배**(도시형 생활주택의 경우는 0.25배) 이상 + 조례

㉡ 위 ㉠에도 불구하고 건축물(공동주택)과 부대시설 또는 복리시설이 서로 마주 보고 있는 경우에는 부대시설 또는 복리시설 각 부분 높이의 **1배** 이상

㉢ '채광창이 **없는** 벽면'과 '측벽'이 마주보는 경우에는 **8미터** 이상

㉣ 측벽과 측벽이 마주 보는 경우에는 **4미터** 이상

㉤ 위 ㉠에도 불구하고 **높은 건축물의 주된 개구부의 방향**이 **낮은 건축물을 향하는 경우**에는 **10미터** 이상으로서 낮은 건축물 각 부분의 높이의 **0.5배**(도시형 생활주택의 경우는 0.25배) 이상 + 조례

② **인접 대지경계선으로부터 이격**

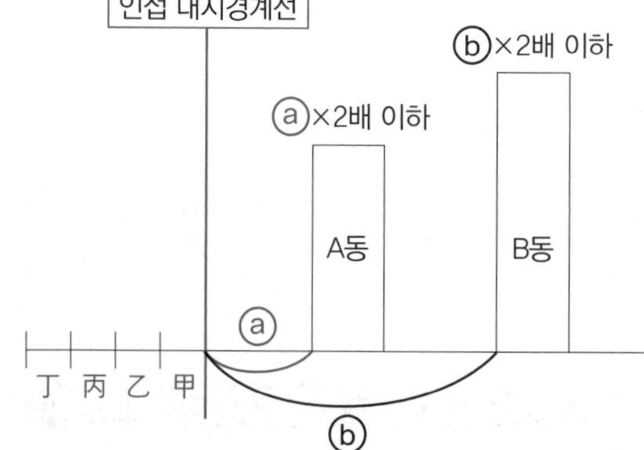

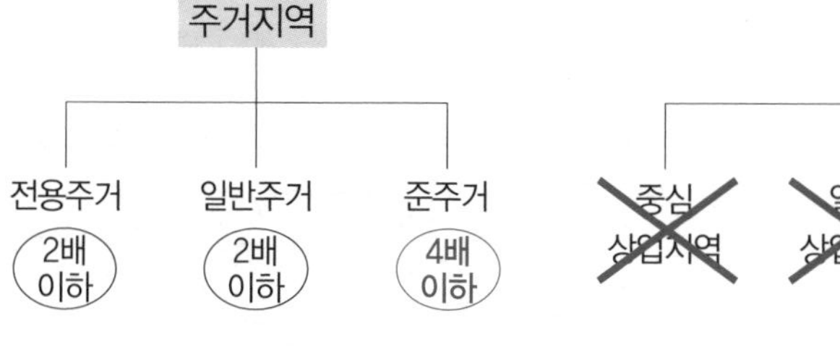

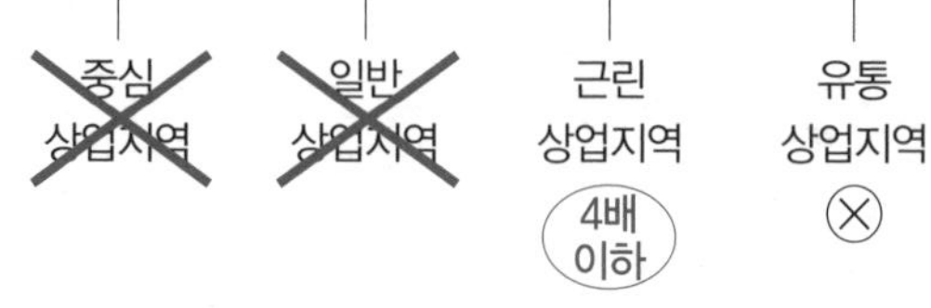

③ **위 ② 적용(×)**

1m 이상 + **조례**로 정하는 거리 이상 이격 + **다세대주택**

핵심 83 결합건축

① **의의**

용적률을 개별 대지마다 적용하지 아니하고, 2개 이상의 대지를 대상으로 **통합적용**하여 건축물을 건축하는 것

② **2개의 대지의 결합건축 요건**

〈상업지역〉

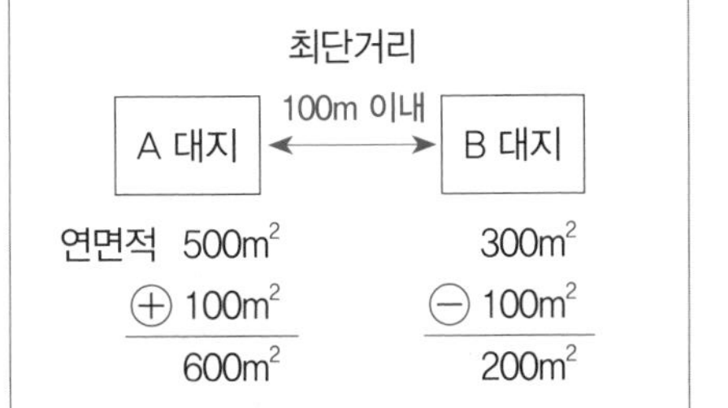

㉠ 상업지역 등의 지역일 것

㉡ 대지 간의 최단거리가 100미터 이내의 범위에서 '대통령령으로 정하는 다음의 범위'

ⓐ 2개 대지 모두가 동일한 지역에 속할 것

ⓑ 2개 대지 모두가 너비 **12미터 이상**인 도로로 둘러싸인 **하나의 구역 안**에 있을 것

㉢ 2개 대지의 건축주가 서로 **합의**한 경우

③ **3개 이상 대지의 결합건축 요건**

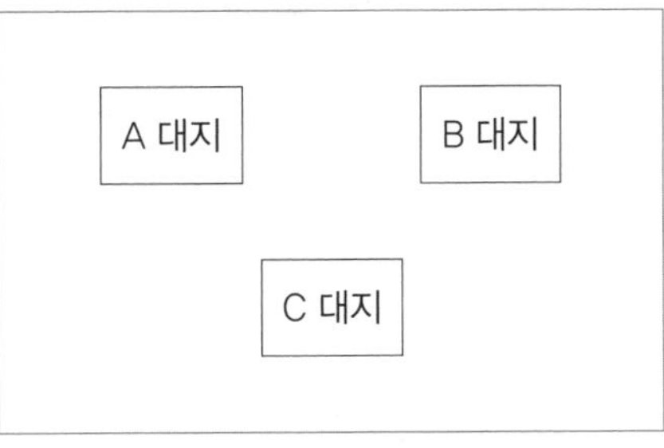

㉠ 다음의 어느 하나에 해당할 것

ⓐ **국가**·지자체, 공공기관이 **소유·관리하는 건축물**과 **결합건축**하는 경우

ⓑ **빈집** 또는 **빈 건축물**을 **철거**하여 그 대지에 **공원, 광장 등을 설치**하는 경우 등

㉡ 위 ②의 ㉠의 지역일 것

㉢ 대통령령으로 정하는 다음의 범위에 있는 3개 이상의 대지

ⓐ 대지 모두가 같은 지역에 속할 것

ⓑ 모든 대지 간 최단거리가 **500미터 이내**일 것

㉣ 3개 이상 대지의 건축주등이 서로 **합의**한 경우

핵심 84 건폐율 및 용적률

① 건폐율 $= \dfrac{\text{건축면적}}{\text{대지면적}}$

② 용적률 $= \dfrac{\text{연면적}}{\text{대지면적}}$

③ 연면적

㉠ 하나의 건축물

각 층 **바닥면적**의 합계(지하층 면적: 연면적에 **포함**)

㉡ 연면적에서 제외되는 면적(용적률을 산정하는 경우)

ⓐ **지하층**의 면적

ⓑ 지상층의 **주차용**으로 쓰는 면적

ⓒ **피난안전구역**의 면적

ⓓ 헬리포트 설치대상 건축물(11층 이상으로서 11층 이상인 층의 바닥면적의 합계가 1만 제곱미터 이상인 건축물)의 경사지붕 아래에 설치하는 대피공간 면적

Ⓐ 대지면적에서 제외되는 경우

㉠ **소요너비 미달 도로**에서 건축선과 도로 사이의 대지면적

㉡ **도로모퉁이**에서 건축선과 도로 사이의 대지면적

㉢ 대지에 **도시·군계획시설인 도로·공원**이 있는 경우, 그 면적

Ⓑ **건축면적**

㉠ 건축물의 **외벽**(외벽이 없는 경우: 외곽의 기둥)의 **중심선**으로 둘러싸인 부분의 **수평투영면적**으로 한다.

㉡ 제외되는 경우 있다.

Ⓒ **바닥면적**

㉠ 건축물의 각 층 또는 그 일부로서 **벽**, 기둥, 그 밖에 이와 비슷한 구획의 **중심선**으로 둘러싸인 부분의 **수평투영면적**으로 한다.

㉡ 제외되는 경우 있다.

핵심 85 지분형주택

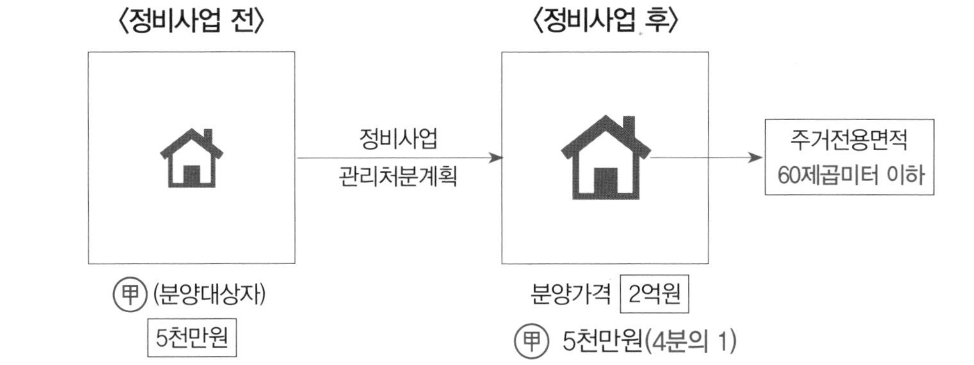

분양대상자의 요건

① 종전 소유한 부동산 가격 ≤ (이하) 주택의 분양가격

② **세대주** + 해당 정비구역에 **2년** 이상 **실제 거주**

③ 정비사업으로 철거되는 주택 외의 **다른 주택을 소유하지 아니한 사람**

공동 소유기간 10년의 범위에서 Ⓧ가 정하는 기간

(비교)

지분적립형 분양주택

① 「공공주택 특별법」상 공공분양주택

② **공공주택사업자**가 직접 건설하거나 매매 등으로 취득하여 공급하는 **공공분양주택**으로서 **주택을 공급받은 자**가 **20년** 이상 **30년** 이하의 범위에서 대통령령으로 정하는 기간 동안 **공공주택사업자**와 주택의 **소유권**을 **공유**하면서 **소유 지분**을 **적립하여 취득**하는 주택

③ 위 ②에서 '대통령령으로 정하는 기간'이란 **20년** 또는 **30년** 중에서 공공주택사업자가 정하는 기간을 말한다.

④ 공공주택사업자는 자신이 소유한 **지분**에 대하여 공급받은 자에게 **임대료**를 받을 수 있다.

핵심 86 재정비촉진사업의 절차

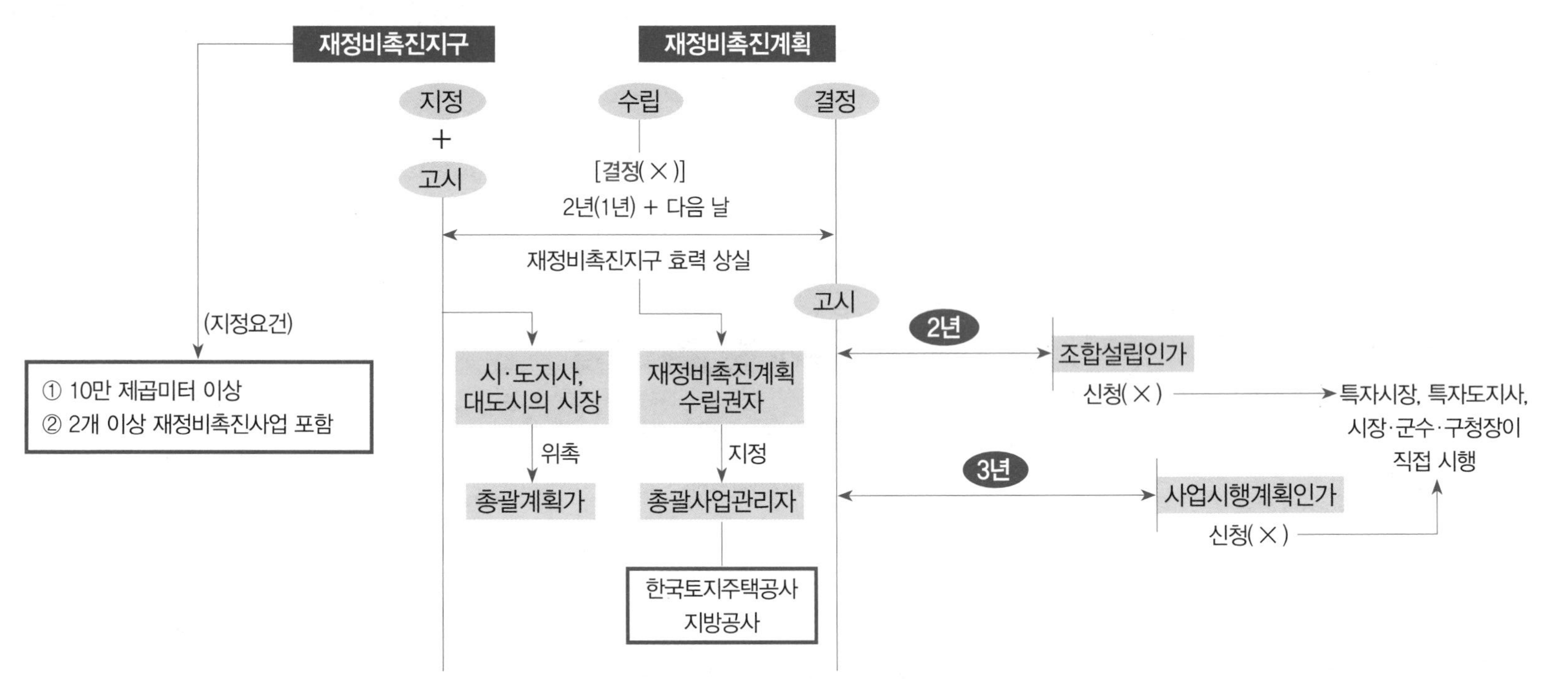

핵심 87 안전점검등

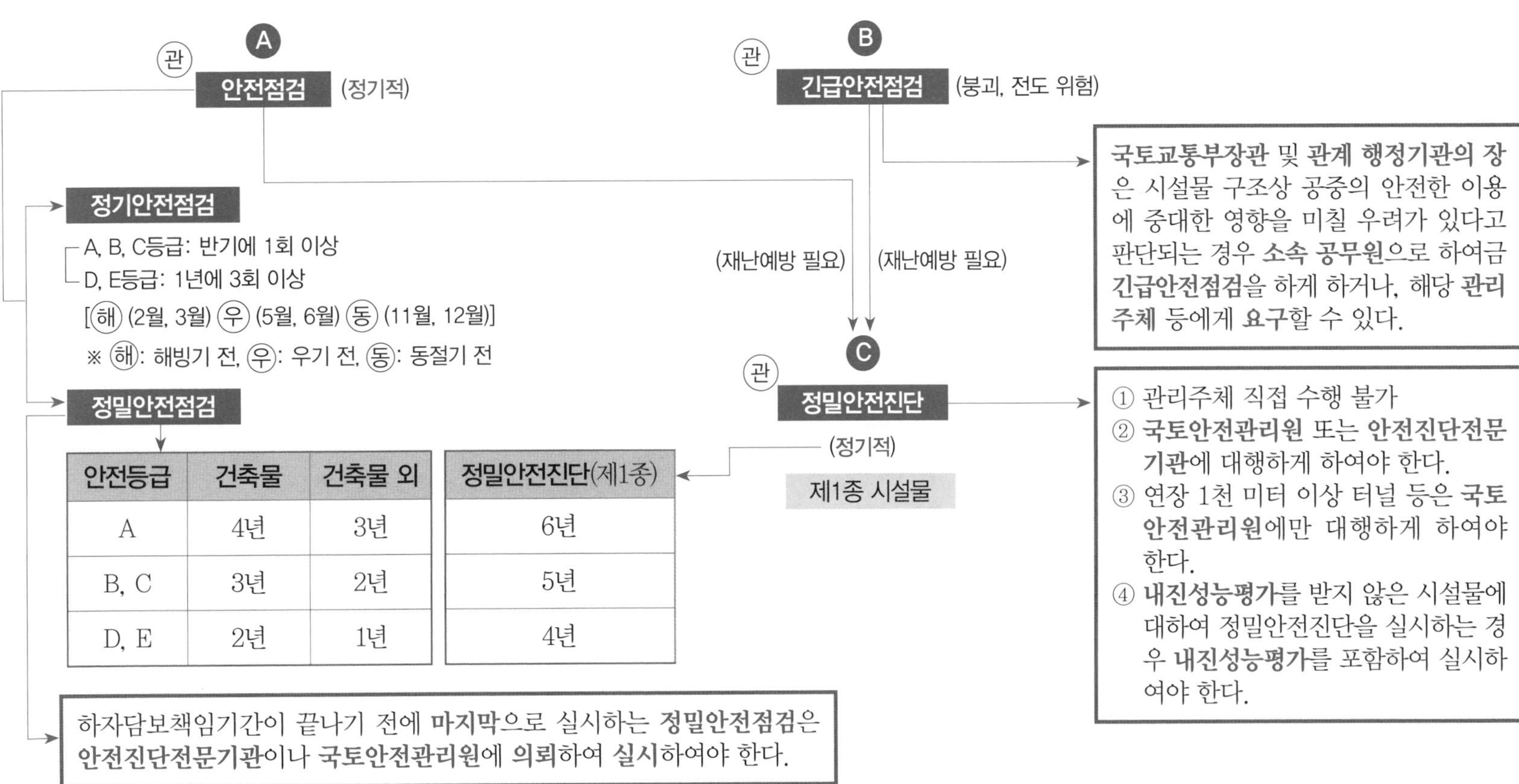

관 Ⓐ 안전점검 (정기적)
정기안전점검
A, B, C등급: 반기에 1회 이상
D, E등급: 1년에 3회 이상
[㉻ (2월, 3월) ㉾ (5월, 6월) 동 (11월, 12월)]
※ ㉻: 해빙기 전, ㉾: 우기 전, 동: 동절기 전
정밀안전점검
하자담보책임기간이 끝나기 전에 **마지막**으로 실시하는 **정밀안전점검**은 **안전진단전문기관**이나 **국토안전관리원**에 **의뢰**하여 **실시**하여야 한다.
관 Ⓑ 긴급안전점검 (붕괴, 전도 위험)
국토교통부장관 및 **관계 행정기관의 장**은 시설물 구조상 공중의 안전한 이용에 중대한 영향을 미칠 우려가 있다고 판단되는 경우 **소속 공무원**으로 하여금 **긴급안전점검**을 하게 하거나, 해당 **관리주체** 등에게 **요구**할 수 있다.
(재난예방 필요)
(재난예방 필요)
관 Ⓒ 정밀안전진단
(정기적)
제1종 시설물
① 관리주체 직접 수행 불가
② **국토안전관리원** 또는 **안전진단전문기관**에 대행하게 하여야 한다.
③ 연장 1천 미터 이상 터널 등은 **국토안전관리원**에만 대행하게 하여야 한다.
④ **내진성능평가**를 받지 않은 시설물에 대하여 정밀안전진단을 실시하는 경우 **내진성능평가**를 포함하여 실시하여야 한다.

안전등급	건축물	건축물 외	정밀안전진단(제1종)
A	4년	3년	6년
B, C	3년	2년	5년
D, E	2년	1년	4년

※ Ⓓ **성능평가** (등급 불문 5년마다 실시) → 성능평가를 실시한 자는 성능등급을 지정하여야 한다.
(도로, 철도, 항만, 댐, 공항청사 등)

핵심 88 최초의 안전점검등

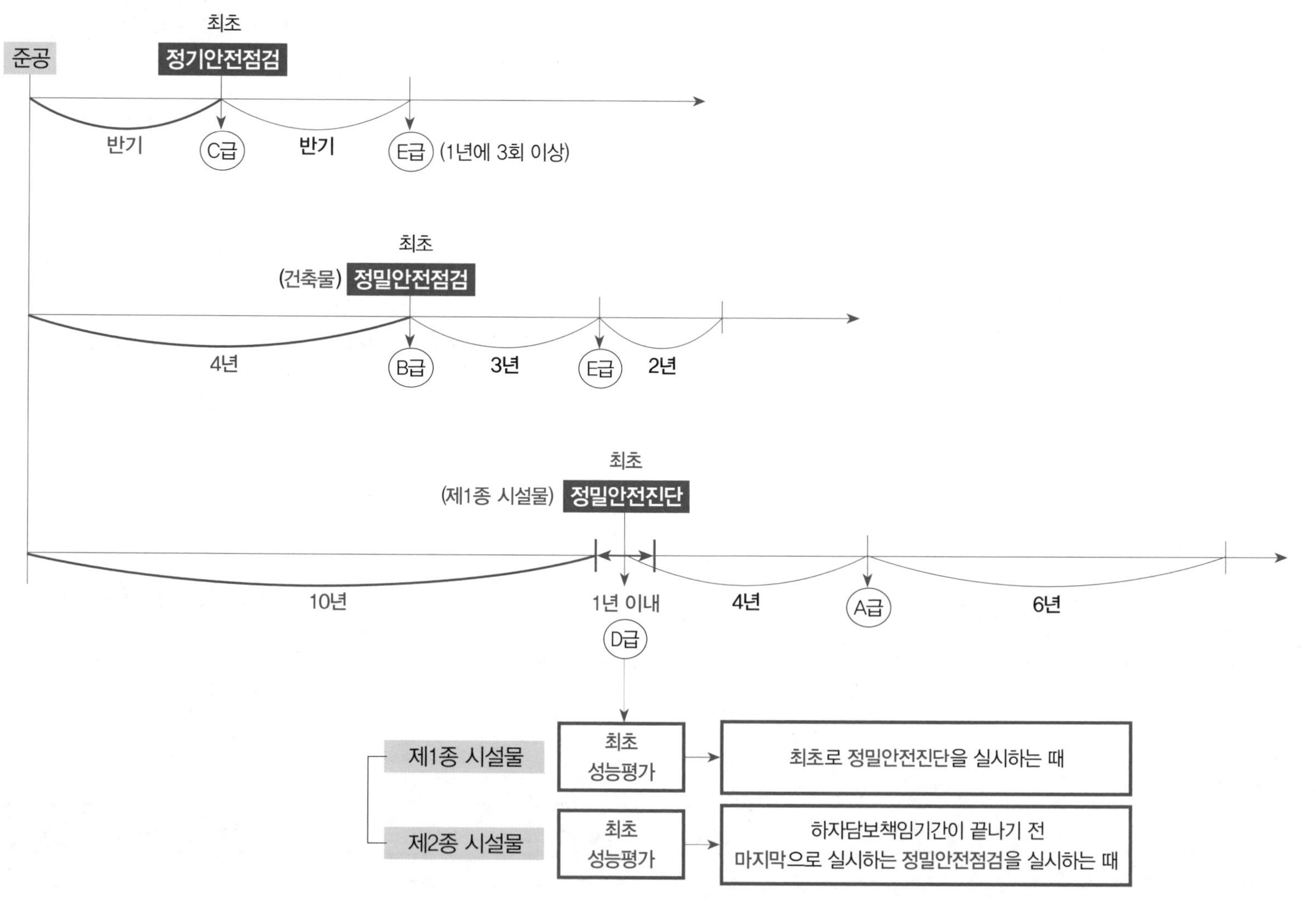

준공
최초
정기안전점검
반기
C급
반기
E급 (1년에 3회 이상)
최초
(건축물) 정밀안전점검
4년
B급
3년
E급
2년
최초
(제1종 시설물) 정밀안전진단
10년
1년 이내
D급
4년
A급
6년
제1종 시설물
제2종 시설물
최초
성능평가
최초로 정밀안전진단을 실시하는 때
최초
성능평가
하자담보책임기간이 끝나기 전
마지막으로 실시하는 정밀안전점검을 실시하는 때

핵심 89 제3종 시설물의 정밀안전점검

① 제3종 시설물에 대한 정밀안전점검은 정기안전점검 결과 해당 시설물의 **안전등급**이 **D등급**(**미흡**) 또는 **E등급**(**불량**)인 경우에 한정하여 실시한다.

② 제3종 시설물의 최초 정밀안전점검

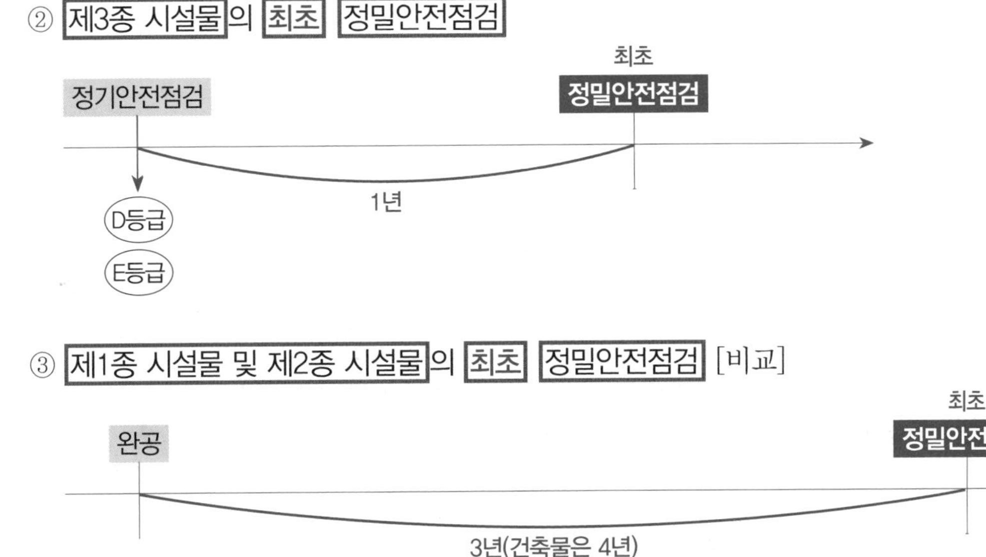

③ 제1종 시설물 및 제2종 시설물의 최초 정밀안전점검 [비교]

핵심 90 「소방기본법」 개요

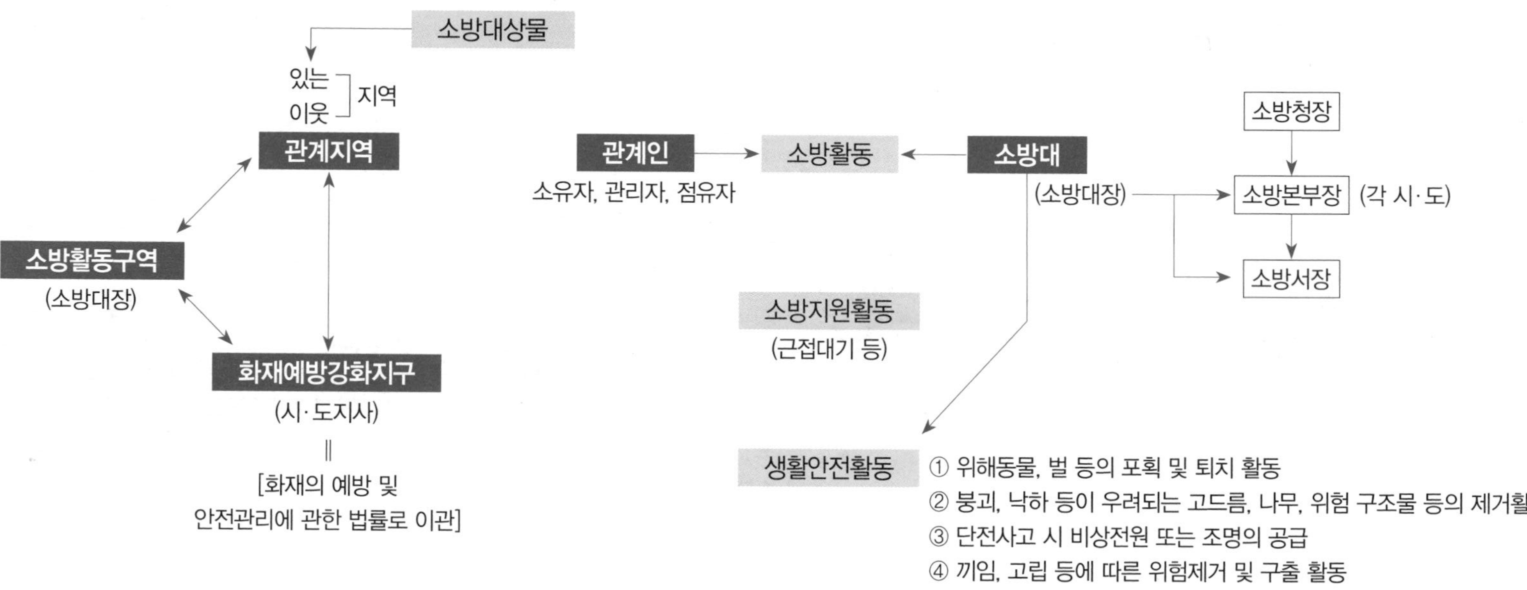

① 위해동물, 벌 등의 포획 및 퇴치 활동
② 붕괴, 낙하 등이 우려되는 고드름, 나무, 위험 구조물 등의 제거활동
③ 단전사고 시 비상전원 또는 조명의 공급
④ 끼임, 고립 등에 따른 위험제거 및 구출 활동
⑤ 그 밖에 방치하면 급박해질 우려가 있는 위험을 예방하기 위한 활동

소방활동 종사 명령

① 소방본부장 등: [관할 구역에 사는 사람 / 현장에 있는 사람] (보호장구 지급)

② 시·도지사: 활동비 지급(예외: 관계인, 불을 낸 사람, 물건을 가져간 사람)

③ 사망, 부상자에게 손실 보상(소방청장, 시·도지사 → 손실보상심의위원회, 정당 보상)

핵심 91 소방 관련법 개요

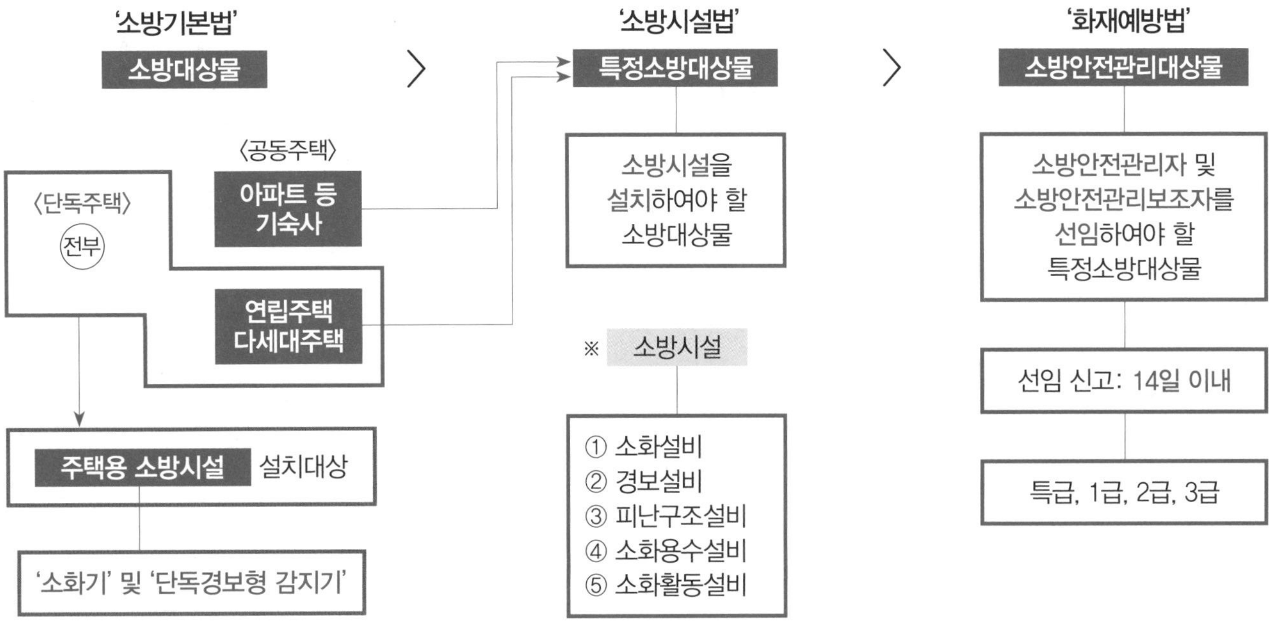

'소방기본법'

소방대상물

〈단독주택〉 전부 → **주택용 소방시설** 설치대상 – '소화기' 및 '단독경보형 감지기'

〈공동주택〉
- **아파트 등, 기숙사** → 특정소방대상물
- **연립주택, 다세대주택** → 특정소방대상물

〉

'소방시설법'

특정소방대상물

소방시설을 설치하여야 할 소방대상물

※ 소방시설

① 소화설비
② 경보설비
③ 피난구조설비
④ 소화용수설비
⑤ 소화활동설비

〉

'화재예방법'

소방안전관리대상물

소방안전관리자 및 소방안전관리보조자를 선임하여야 할 특정소방대상물

선임 신고: 14일 이내

특급, 1급, 2급, 3급

핵심 92 전기...

전기사업 등

전력시장	소규모전력중개시장
한국전력거래소가 개설	
전력시장 운영규칙	중개시장 운영규칙
① 한국전력거래소가 작성 ② 산업통상자원부장관의 승인	

전기사업 (종류 5개)	전기신사업 (종류 6개)
허가 **산업통상자원부장관** 또는 **시·도지사**의 허가	등록 ① **산업통상자원부장관**에게 등록 ② **지능형전력망협회 또는 한국전력거래소**에 등록신청서 제출

※ 전기신사업: 전기자동차충전사업, 소규모전력중개사업, 재생에너지전기공급사업, 통합발전소사업, 재생에너지전기저장판매사업, 송전제약발생지역전기공급사업

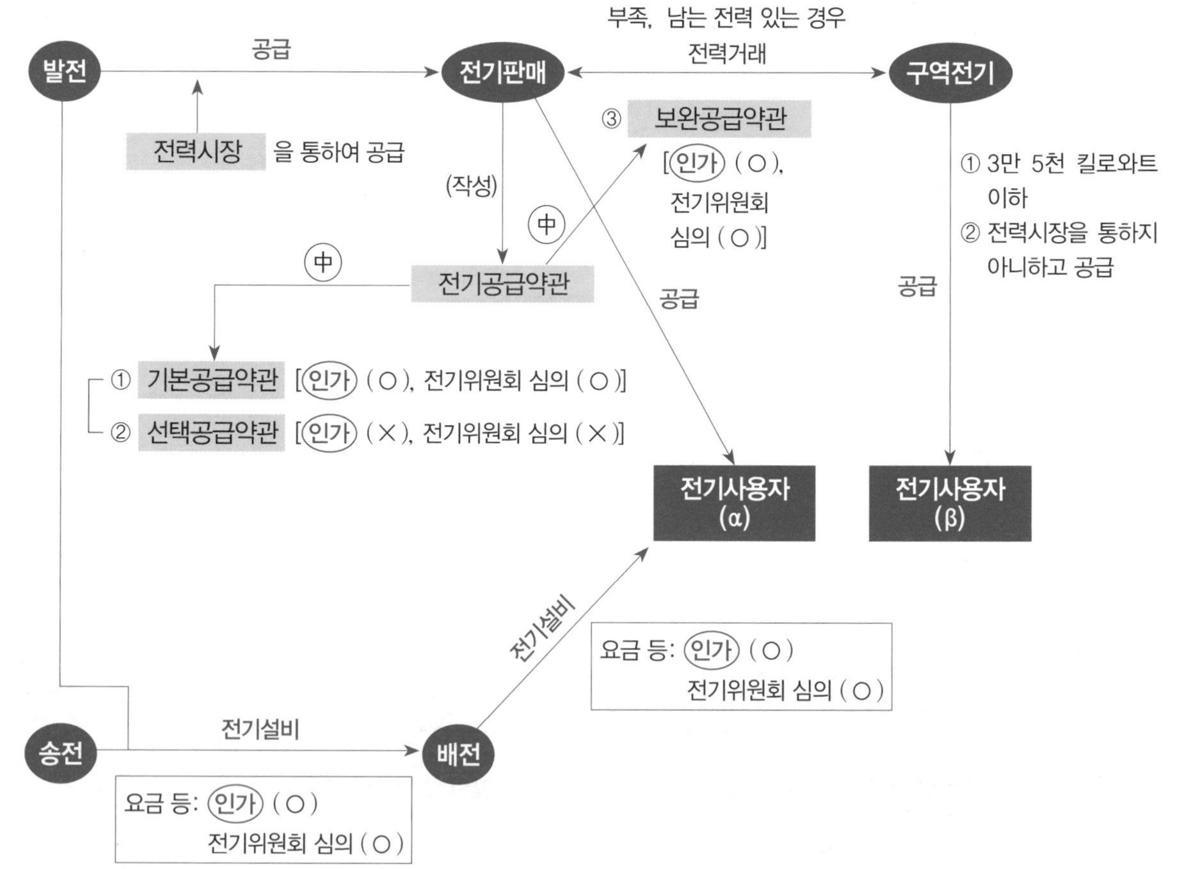

핵심 93 「승강기 안전관리법」상 절차

자체점검 (월 1회 이상)

① 의무자: 관리주체
② 자체점검을 담당하는 사람은 자체점검 결과를 양호, 주의관찰, 긴급수리로 구분하여 관리주체에 통보
③ 관리주체는 결과를 자체점검 후 10일 이내에 승강기안전종합정보망에 입력

설치신고

① 설치공사업자는 시·도지사에게 신고 의무
② 설치공사업자는 10일 이내 '공단'에 신고서 제출

설치검사

① 받아야 할 자: 제조·수입업자
② 신청서를 '공단'에 제출

사후관리 (A/S)

① 의무자: 제조·수입업자
② 의무
  ㉠ 승강기 유지관리용 부품의 유상 또는 무상 제공(2일 이내 제공)
  ㉡ 사용설명서 및 품질보증서 교부 의무
  ㉢ 품질보증기간(3년 이상)에 사용설명서에 따라 정상적으로 사용·관리했음에도 불구하고 고장이나 결함이 발생한 경우 무상으로 유지관리용 부품 등 제공 의무
  ㉣ 유지관리용 부품 등 10년 이상 제공 의무
  ㉤ 승강기부품의 권장 교체주기 및 가격 자료를 10년 이상 제조·수입업자의 인터넷 홈페이지에 공개 의무

안전검사

① 받아야 할 자: 관리주체
② 종류
  ㉠ 정기검사 2년 이하(원칙: 매 1년)
    ⓐ 2년
      i) 화물용, 자동차용, 소형화물용
      ii) 단독주택에 설치된 승강기
    ⓑ 6개월
      i) 설치검사를 받은 날부터 25년이 지난 승강기 [단서, 신설]
      ii) 중대한 사고 또는 중대한 고장 발생 후 2년이 지나지 않은 승강기
  ㉡ 수시검사
    변경, 교체, 사고 후 수리
  ㉢ 정밀안전검사
    ⓐ 정기검사, 수시검사 결과 결함의 원인이 불명확
    ⓑ 중대한 사고 또는 중대한 고장
    ⓒ 설치검사를 받은 날부터 15년이 지난 경우(그 후 3년마다 정기적으로 받을 의무)

핵심 94 운행금지 표지 및 운행정지 표지

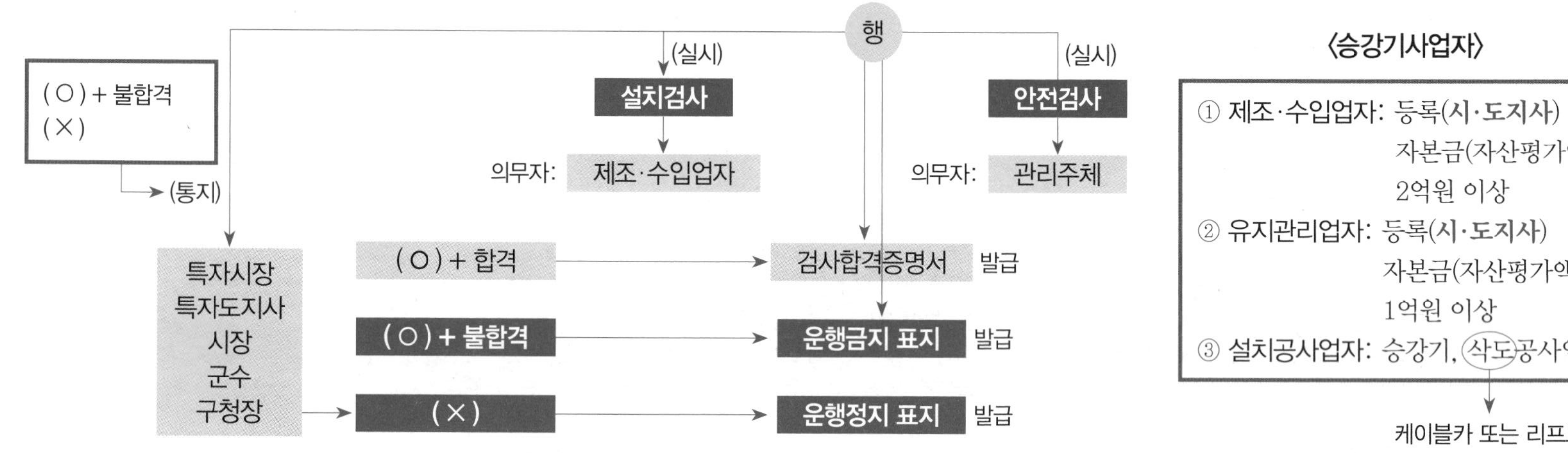

〈승강기사업자〉

① 제조·수입업자: 등록(시·도지사)
자본금(자산평가액)
2억원 이상

② 유지관리업자: 등록(시·도지사)
자본금(자산평가액)
1억원 이상

③ 설치공사업자: 승강기, 삭도공사업

케이블카 또는 리프트

핵심 95 장기수선충당금 및 수선적립금 등

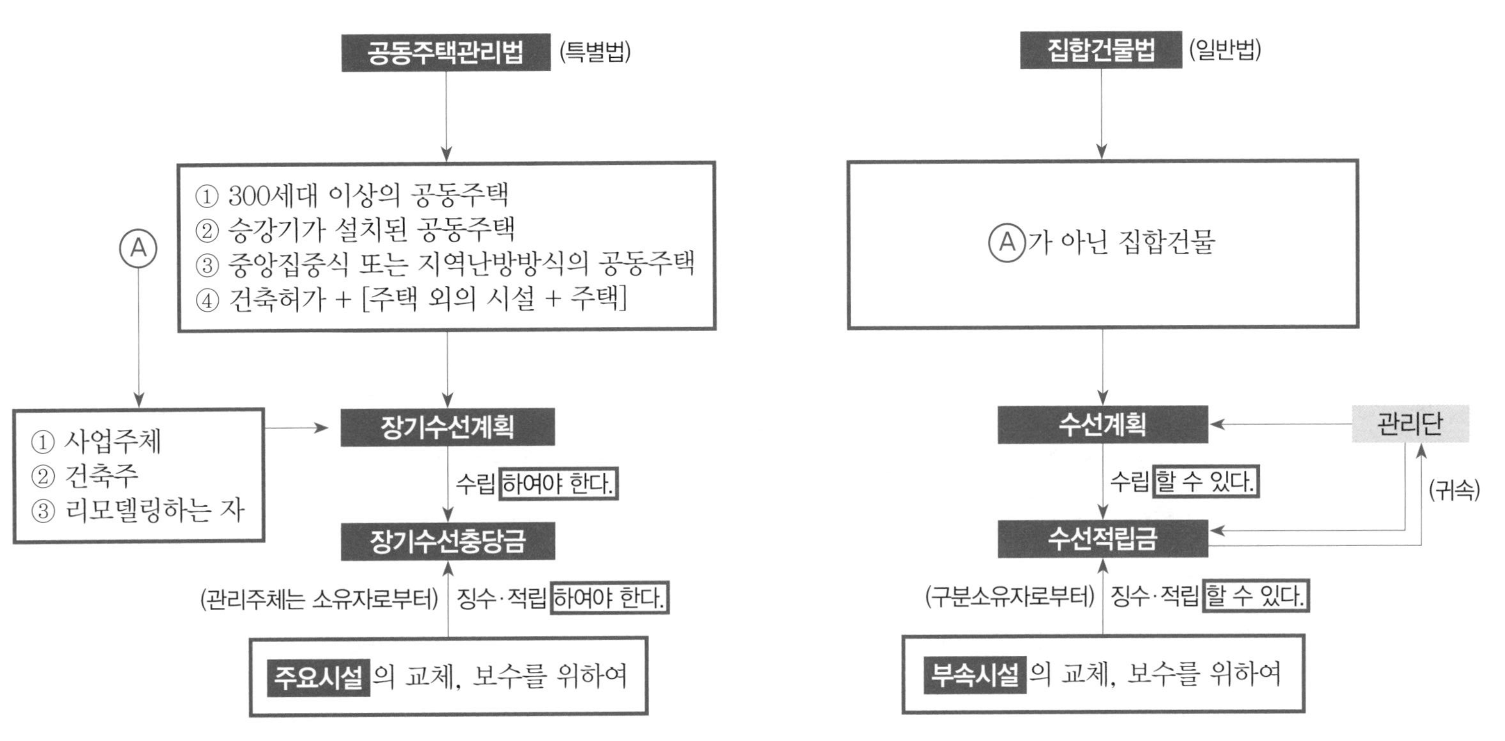

공동주택관리법 (특별법)
① 300세대 이상의 공동주택
② 승강기가 설치된 공동주택
③ 중앙집중식 또는 지역난방방식의 공동주택
④ 건축허가 + [주택 외의 시설 + 주택]
A
① 사업주체
② 건축주
③ 리모델링하는 자
장기수선계획
수립 하여야 한다.
장기수선충당금
(관리주체는 소유자로부터) 징수·적립 하여야 한다.
주요시설 의 교체, 보수를 위하여
집합건물법 (일반법)
A가 아닌 집합건물
수선계획
관리단
수립 할 수 있다.
(귀속)
수선적립금
(구분소유자로부터) 징수·적립 할 수 있다.
부속시설 의 교체, 보수를 위하여

핵심 96 입주자대표회의 및 관리단 등

공동주택관리법 (특별법)
집합건물법 (일반법)
Ⓐ 의무관리대상 공동주택
Ⓐ가 아닌 집합건물
관리주체
관리인
① 매년 1회 이상 사무보고
② 분담금액 및 비용산정방법: 월 1회 서면보고
① 구성원: 동별 대표자
② 구성 하여야 한다.
입주자대표회의
관리단
① 구성원: 구분소유자 전원
② (당연) 설립 된다.
[(동별 대표자 중에서)
1명을 선출하여야 한다]
회장
관리인
① 구분소유자가 10명 이상인 경우 선임하여야 한다.
(임기: 2년의 범위에서 규약으로 정함)
② 구분소유자일 필요가 없다.
③ 50개 이상: '소관청'에 선임 신고 의무(30일 이내)
④ 임시관리인 선임(6개월 이내 관리단 집회등 소집 의무)
(시·도지사가 정하여야 한다)
관리규약의 준칙
표준규약
① 법무부장관은 '표준규약'을 마련하여야 한다.
② 시·도지사는 '표준규약'을 참고하여 '지역별 표준규약'
을 마련·보급하여야 한다.
① 입주자등이 관리규약의 준칙을
참조하여 정한다.
② 과반수 서면동의
관리규약
규약 (설정, 변경, 폐지)
구분소유자 4분의 3 이상 및
의결권 4분의 3 이상의 찬성

삶의 순간순간이
아름다운 마무리이며
새로운 시작이어야 한다.

– 법정 스님

MEMO

2025

에듀윌 주택관리사 핵심요약집

2차 | 주택관리관계법규

체계도

고객의 꿈, 직원의 꿈, 지역사회의 꿈을 실현한다

에듀윌 도서몰
book.eduwill.net

• 부가학습자료 및 정오표: 에듀윌 도서몰 > 도서자료실
• 교재 문의: 에듀윌 도서몰 > 문의하기 > 교재(내용, 출간) / 주문 및 배송